荣朝和　林晓言　李红昌　等／编著

# 运输经济学通论

General Theory of Transport Economics

中国财经出版传媒集团
经济科学出版社
Economic Science Press

# 他序一

*傅志寰*

中国工程院院士、原铁道部部长

北京交通大学荣朝和、林晓言、李红昌三位教授及其团队编著的教材《运输经济学通论》（以下简称《通论》），开创性地构建了具有中国特色的运输经济学教材内容体系和方法论框架，书中有很多突出的亮点。

《通论》梳理了我国运输经济学科研究重点的三次重要转变。从原来单纯关注单一运输方式的成本、定价、统计和财务等具体业务管理活动（即"运输中的经济问题"）转到更多关注综合运输发展问题、运输业在国民经济中的作用等宏观趋势（即"经济中的运输问题"）；再转向更多关注运输业产业组织、产权、交易成本、管制等前沿经济学问题（即"运输中的经济学问题"）；进而再提出时空经济分析框架，即从区位与可达性、物信关系等视角重新认识交通运输的社会经济本质与形态（即"经济学中的运输问题"）。运输经济学科研究重点阶段转变的上述表述，其实质是对运输经济理论与经济社会关系的理性感悟和深化梳理，是运输经济学理论的升华，已经且必将进一步对运输经济学学科的发展起到重要导向作用。

《通论》创立了具有中国特色的运输经济学教材内容体系和方法论框架。以运输经济学绪论、基础性分析、时空经济分析、交通运输的责任关系与治理四大部分的篇章结构，突破了国内外已有运输经济学教材的传统内容编排模式，填补了不少原来的空白，富有新意。在《通论》的基础理论和方法论框架中，运输化理论从历史视角分析了运输与经济发展的关系，是业经国内外多年验证的分阶段运输发展理论；运输产品—资源—网络经济分析框架（PRN）、运输业网络形态的分层分析框架（TNFS），两者将一般经济学中微观分析方法针对交通运输的特殊性，进行了专项的基础性改造，体现了运输经济学科正在走向成熟；时空经济分析框架，从运输经济出发但又超越交通运输领域，可以更加深入地厘清运输经济问题，同时又能在更广泛领域为经济学解释时空现象提供方法论基础。综合集成我国学者长期潜心研究的代表性理论创新成果，使得这本《通论》教材给人以基础厚重的感受。

　　《通论》独创性地提出了物信关系和分布式运输等重要概念。任何经济活动产生相应实体过程的同时，也都会衍生一系列相关的特征信息。不同经济活动的实体过程和特征信息不同，同类经济活动在不同发展阶段也对应着不同的物信时空组合。在目前信息与数据作用凸显的时代，很多交通运输领域已出现信息主导实体过程的趋势，亟须物信关系这样有创意的理论成果。分布式运输概念则是利用物信关系分析的思路，针对信息与运输业融合出现的新业态所做出的概括。分布式运输的核心理念是及时了解用户需求，并迅速设计出使其满意的运输产品，这对运输市场中的供求格局以及所服务的经济社会都会产生长远的深刻影响。

　　我国交通事业的蓬勃发展需要理论支撑，其中也包括最新运输经济理论的支撑，《通论》的出版恰逢其时。本书不但会使有关教师、学生直接受益，也将使从事交通事业的同仁们从中得到许多新的知识和启迪。

# 他序二

## 孙永福

中国工程院院士
原铁道部常务副部长、中国铁道学会原理事长

交通运输是国民经济中基础性、先导性、战略性产业和重要服务性行业，是国家建设现代化经济体系的重要支撑。新中国成立70多年来，特别是改革开放以来，我国持续实施交通领域改革，推进交通基础设施建设，提升交通装备制造能力，提高运输服务保障水平，彻底改变了交通运输落后面貌。我国交通运输从对经济社会发展的"瓶颈制约"到"基本适应"，再到交通基础设施规模及运输能力世界领先，实现了历史性跨越。我国已成为名副其实的交通大国，正在阔步迈向交通强国的新征程。

在总结我国交通运输业巨大成就和丰硕经验的基础上，积极探索、发展中国自己的交通运输理论，对推进交通强国建设具有重要指导和促进作用。运输经济学是应用经济学的一个重要分支，是用经济学理论和方法研究与运输有关问题的一门学科。鉴于交通运输业具有网络经济特点，因此运输经济学显得尤为复杂。在相当长时期内，我国主要借鉴西方运输经济学，虽然使我们受到启迪，但由于不完全符合中国国情，遇到不少困境难以应对。现在，我国完全有能力宣讲中国交通运输实践，倡导创新中国运输经济学理论。

北京交通大学荣朝和教授及其团队，长期从事交通运输经济研究和教学工作，取得了许多重要成果，为创建中国运输经济学作出了重要贡献。这本新编《运输经济学通论》教材，集中反映了他及其团队30余年来的相关研究成果，构筑了一个全新的运输经济学理论体系框架：以运输化理论为代表的运输发展理论，阐明随着运输业从规模化供给到分布式供给的时代变迁，运输经济学理论的不断升华。以运输产品—运输资源—网络经济（即PRN）分析框架、运输网络形态分层（即TNFS）分析框架为两个基础性分析框架，是对重建运输经济学科基础理论的系统性尝试，也是学科走向成熟的重要标志。时空经济分析框架从运输领域出发但又超越运输自身的重要经济学认知，对运输经济学更加贴近实践有不可替代的作用。这部呈现给读者的运输经济领域最新论著，凝聚着作者及其团

队辛勤耕耘的汗水。

　　该书兼备中国特色与一般经济学深度融合的特征：通过问题导向的研究实践，更新运输经济学难以突破一般经济学已有研究水平的固有印象，反推经济学的基础理论与方法的创新。该书注重打破运输方式和运输领域之间的隔离壁垒，从交通一体化层面让运输经济学教材跟上运输业大发展带给各地时空可达性迅速提升的形势，跟上交通强国战略和运输业高质量发展的步伐，带领学习者主动将运输问题与更好服务"双循环"战略新格局相结合。

　　随着交通强国建设深入推进，交通运输发展进入新阶段，特别是交通网与互联网相融合，必然会出现新业态、提出新要求，这就为运输经济理论发展提供了新机遇。要以新视角探索运输业与经济社会发展之间的关系及其相互促进的规律性，同时关注交通运输企业履行社会责任等重大问题。衷心希望作者及其团队坚持不懈，协同创新，再创辉煌。热切期望我国运输经济领域的专家学者，不断推出运输经济研究新成果。我坚信，一定会形成有影响、有权威的中国学派，充分发挥中国运输经济理论对于中国交通运输发展的指导作用。

# 序 言

## 一、呼唤中国特色的运输经济学

改革开放以来，中国的交通运输业取得了长足的发展。2019 年，铁路客运周转量与货运量、公路客货运量及周转量、水运货运量与周转量、港口货物与集装箱吞吐量、民航总周转量、快递业务量均列世界前茅。高铁营业里程占世界高铁里程的 2/3；高速公路里程位居世界第一，覆盖 97% 的 20 万以上人口城市及地级行政中心；农村公路通达 99.98% 的建制村；轨道交通运营里程位居世界第一。网约车、共享单车、共享汽车等运输业新模式层出不穷，成为社会经济发展不可或缺的组成部分。伴随着中国交通运输业的发展，运输经济学也经历了从小到大、从松散到系统的转变。

我们认为，我国运输经济学领域伴随改革开放进程，经历了学科研究重点的三次重要转变：从原来单纯关注单一运输方式如铁路、公路、水运的运输计划、成本、定价、统计和财务等具体业务管理活动（即关注"运输中的经济问题"）；转到更多关注包括各种运输方式的综合运输发展问题、运输业在国民经济中的作用等宏观趋势（即更多关注"经济中的运输问题"）；再转向更多关注运输业产业组织、运输业的产权、交易成本、管制等前沿经济学问题（即更关注"运输中的经济学问题"）；再到现在能够提出时空经济分析框架，并从区位与可达性、物信关系、时空匹配、时空转换等视角，推动经济学重新认识包括交通运输的社会经济本质与形态（即如今能够关注"经济学中的运输问题"）。

随着社会经济发展与交通运输业发展的阶段性转变，在国家重大政策与战略、个人与家庭出行、企业运输物流以至供应链管理等方面，都对运输经济学科提出了诸多现实研究需要。与此同时，运输经济学发展本身也面临着诸多理论问题的困扰与挑战，必须关注那些由学科基础性内核所决定的基本科学问题并给予解释。运输经济学正在经历一个阶段性的重要转变，必须完成自身基础理论框架的构建。一个学科成熟程度的标志包括：具有相对独特的研究对象或视角、形成相对独特的研究方法、发掘出相对独特的基本科学问题，并在经济生活中发挥非其他学科所能替代的作用。运输经济学是应用经济学的一个重要分支，与其他行业相比，运输业更具网络经济、自然垄断和公益性等特征，这使其在供求关系、投资建设、运营组织以及政府作用等方面的重要性和复杂性更加明显，运输活动对社会经济的深层影响，也需要更有针对性的经济学分析和解释。

可喜的是，我国运输经济学科已经原创性地提出了从历史分析视角以运输化理论为代表的运输发展理论、运输经济学的两个基础性分析框架（运输产品—资源—网络经济分析框架和运输业网络形态的分层分析框架，即 PRN 和 TNFS 两个框架），尝试系统性地重建学科的基础理论体系，这是学科走向成熟的重要标志。而以避免损失视角的时间价值、非匀质时间价值、时间—费用替代曲线和时间距离位移链条等构成的时空经济分析框架，则是我国学者从运输领域出发但又超越运输自身的重要经济学认知，既可以更加深入地厘清运输经济问题，又能反过来在更广泛的领域为经济学提供方法论基础。当然，时空经济分析为运输经济学新框架增添了又一层坚实基础。

近年来，我国运输经济学发展走的是侧重特定行业背景的经济学研究之路。一方面，学科所主要关注的这些特定运输行业恰恰是那些基础性强、自然垄断特征明显、公益性突出、市场结构变化快且呈现产业融合性的典型领域。另一方面，在研究中注重从现实领域的现象出发定义学术问题并提出相应解释框架，强调在经济学研究中遵循从特殊到一般的认知过程，注重一般经济学原理在各个特定领域的使用条件。这些都可以帮助运输经济学尽量避免脱离现实追求形式化的不良倾向，因而成为本土化、规范化、解释性和批判性特色十分突出的一个经济学分支，也使得运输经济学在国家、区域与城市社会经济活动中的重要性越来越明显。

至于"交通""运输""交通运输"几个用词的关系，一般认为运输作为一项社会经济活动必须具备四个要素，即交通运输网络及其设施、载运工具、组织管理系统和运输对象，但也有人认为运输相比之下更多考虑直接涉及客货位移的活动，交通的范围则包括基础设施，而且广义的交通还应包括邮电通信。然而在很多情况下，人们对交通和运输这两个词的使用并不加以严格区分，有时甚至把它们合在一起，用交通运输作为载运工具在基础设施上实现人员与物资空间位移活动的概括统称。本教材不认为严格区分交通、运输和交通运输概念在这里有很重要的意义，因此在不同情况下并不特意选用某个词，如无特殊说明，读者可以认为它们的含义相同。

## 二、近年我国运输经济学教材的变化

北京交通大学的前身是清政府邮传部创办的北京铁路管理传习所，这也是我国最早设立的管理类高等学府，它在后来不断的发展壮大进程中为中国铁路和交通事业培养了大批人才。北京交大的经济学特色专业与应用经济学学科，同样也源自交通大学百年前设立的铁路商务专业，以及陆续延展下来的铁道经济、运输经济和产业经济专业以及相应学科。由于在铁路、轨道交通和综合交通运输等领域具有传统优势，因此运输经济在北京交通大学成为特色专业与学科。特别是改革开放以来，运输经济学作为具备相对独立知识体系的学科开始受到更多关注，学科建设也反过来对人才培养起到了重要支撑作用。交大运输经济学专业 1981

年获首批硕士学位授予权；1986年又获博士学位授予权，是我国理工科大学中最早设立的经济学博士点；1987年成为第一批国家重点学科，是全国唯一以运输经济为主要研究方向的重点学科；2002年再次被评为国家重点学科；且一直是"211工程"和"985平台"的重点建设学科。我校经济学专业也被教育部确定为高等学校特色专业建设点，运输经济学教学团队被评为北京市优秀教学团队和国家级教学团队。

北京交大运经团队在不同时期编写的几本运输经济教材，也大体上反映了经济学研究与教学焦点从"运输中的经济问题"到"经济中的运输问题"，再到"运输中的经济学问题"的转变，并在"经济学中的运输问题"方向上不断探索创新。改革开放以前，我国大专院校所使用的运输经济学教材主要是借用从苏联学习来的体系，这些教材当时存在的主要问题包括：以集中计划体制作为教材主线，大都以一种运输方式为研究对象，具体业务知识占有很大分量，从而不能给读者以比较充足的运输经济学科的知识。这些教材或者它们的修订版或改写版甚至在改革开放以后的相当长一段时期仍然在使用，因此到20世纪90年代中期，怎样拿出能够适应市场经济要求的运输经济学新教科书，已经成为当时摆在我国运输经济学界面前的一个挑战。

1995年，许庆斌、荣朝和与马运等合著出版了《运输经济学导论》（中国铁道出版社）。该书在国内第一次跳出苏联的学术体系，分交通运输及其与国民经济的关系，运输市场上的需求、供给与价格，运输政策与战略几个部分，初步奠定了我国运输经济学教材的一种新框架。正像该教材前言所述，要"推动运输经济学逐渐从以经验知识的传授为主转向以系统化的理论分析为主，从对一种运输方式具体工作的描述转向综合性运输政策研究，从只对问题进行分割或片断的讨论转向形成完整的运输经济思想和逻辑体系，即推进运输经济学从'术'到'学'的转变"。《运输经济学导论》希望完成的，实际上是从研究"运输中的经济问题"转变为研究"经济中的运输问题"。

虽然从古典经济学开始，运输问题就一直受到关注，而且对那些与运输有关的经济现象发生兴趣，很多次成为经济学代表人物提出他们重要思想或理论的原因，或成为著名的经济学案例。例如，可以很容易就举出亚当·斯密关于运输业与市场范围关系的论述、马克思关于运输与资本和商品剩余价值关系的论述、杜彼特利用运输案例提出边际概念、马歇尔和庇古关于运输与分工及外部性关系的论述、科斯在提出产权理论时关于蒸汽火车行驶殃及沿途农田的例子、威廉姆森以铁路为例说明资产专用性、钱德勒在论述现代企业形成和规模经济时对铁路等运输行业例子的引用等。但西方运输经济学教科书在一段时期内比较多的还是希望使用已经成熟的经济学分析方法，特别是将新古典理论框架应用到运输经济的分析中。

1997年，肯尼思·鲍依尔（Kenneth D. Boyer）的《运输经济学原理》（*Principles of Transportation Economics*）出版，是运输经济学教材开始走向成熟的一个标志。原因是它第一次比较清晰地把运输经济分析建立在运输业网络经济特性的基础之上。鲍依尔在网络经济特性的基础上讨论运输需求、运输成本、运输业的规模经济，以及运输业的投资与价格问题，包括用机会成本的概念进行运输成本分析，再加上对运输市场上的垄断、市场操纵力与相应的市场结构分析，以及运价领域中效率原则和其他分析方法的使用等，所有这些都使得该教材在运输经济学科的发展中具有非常重要的意义。

系统学习和了解国外运输经济学的内容体系与基本结构，编写若干具有代表性的西方运输经济学教材是必要的。荣朝和 2002 年出版、2008 年再版的《西方运输经济学》（经济科学出版社）是为此做出的努力。该教材除了吸收肯尼思·鲍依尔的运输经济网络分析框架，也吸收了肯尼思·巴顿（Kenneth J. Button）1993 年再版的《运输经济学》（*Transport Economics. 2nd Edition*）、Stuart Cole 的《应用运输经济学》（*Applied Transport Economics-Policy, Management and Decision Making. 2nd Edition, 1998*）、P. S. McCarthy 的《运输经济学——理论与应用》（*Transportation Economics-Theory and Practics: A Case Study Approach. 2001*）J. B. Polak 和 A. Heertje 的《运输经济学分析》（*Analytical Transport Economics – An International Perspective. 2000*）中的成果。中国台湾地区也全文翻译了肯尼斯·鲍伊尔的教材（《运输经济学》，五南图书出版股份有限公司，2002、2006、2012 版）。

2008 年版《西方运输经济学》的内容从之前的四个部分扩充为五个，分别是运输需求、运输成本、运输业投资与运价原理、运输市场结构以及运输政策与外部性，而且较多关注了运输业中的产业组织、垄断、产权、交易成本、管制等前沿经济学问题，也就是前述向更关注"运输中的经济学问题"转型。《西方运输经济学》出版后连续入选"十一五""十二五"国家级规划教材，北京交大的"运输经济学"被评为国家级精品课程，"运输经济学系列课程"也获评国家级教学成果奖。

国内其他学者在促进运输经济学教材体系化发展方面，也做出了贡献。1998 年赵锡铎的《运输经济学》（大连海事大学出版社）、1999 年陈贻龙、邵振一等的《运输经济学》（中国交通出版社）、2002 年管楚度的《新视域运输经济学》，为国内运输经济学的发展和普及，为深入开展运输经济与政策领域的研究发挥了作用。这以后相继出版了更多的中文运输经济学教材，包括 2014 年徐玉萍、魏堂建的《运输经济学》（中南大学出版社）、2015 年张丽娟的《运输经济学》（人民大学出版社），2016 年杭文的《运输经济学》（东南大学出版社）和蒋惠园的《交通运输经济学》（人民交通出版社），2017 年李永生的《运输经济学基础》（机械工业出版社），2018 年欧国立的《运输市场学》第二版（中国铁道出版社），2019 年贾顺平的《交通运输经济学》（人民交通出版社）、伊维尔赫夫、王雅璨、胡雅梅的《市场和政府：运输经济理论与应用》（社会科学文献出版社）、严作人等的《运输经济学》（人民交通出版社）和唐可月的《运输经济学》（北京交通大学出版社）等。教材种类增多反映了越来越多中国高等学校和社会各个层面对运输经济理论与政策的深度关注，这些教材也分别从不同视角构建了自己的内容体系，为丰富运输经济学的理论与实践教学以及国际学术交流做出了积极贡献。

## 三、本教材的结构特点与编写思路

虽然编写《西方运输经济学》教材时，在序言部分介绍了我们自己提出的"运输经济学基础性分析框架"，但还是基本保持了西方学者在运输经济学教材中所使用的思路结构。实际上我们当时就定下任务，即必须编写出版尽可能反映中国学者研究成果和内容体系的运输经济新教材。经过较长时间的努力，终于有了目前的这本《运输经济学通论》，我们希望它能够代表着中国运输经济学界自己的学术体系，而且在继续深入研究"运输中的经济问题""经济中的运输问题"和"运输中的经济学问题"之后，通过引入时空经济分析方法切实关注"经济学中的运输问题"。

在形成新的运输经济学理论框架方面：引入运输化理论并对不同运输化发展阶段进行划分，以便把握运输化与新型工业化、信息化、城镇化、农业现代化融合如何影响现代社会人们生产方式与生活方式；引入包括满足需求视角的运输产品、运输资源的时空特点及运输业的网络经济（PRN）分析和包括线网及设施层、设备及服务层、企业及组织层和政策及体制层的交通运输网络分层（TNFS）分析两个基础性框架；以及引入有助于进一步深入思考运输经济问题的时空经济分析方法。

在与一般经济学深度融合方面：博采经济学各个流派之长，用经济学的基本概念与原理，针对运输活动时空特点以及运输业普遍存在的经营性与公益性矛盾，处理好市场决定性作用和政府更好发挥作用之间的关系；打破运输经济学难以突破一般经济学已有研究水平的刻板印象，通过新的运输经济分析框架，突破经济学在时空背景和假设前提等方面的局限性，反推经济学基础理论与方法的创新。

在对不同运输方式及不同运输领域的处理方面：尽力打通运输方式之间的界限，打通受雇运输与自我运输之间的界限，打通"大交通"与城市交通之间的界限，打通国内运输与国际运输之间的界限；让运输经济学教材跟上运输业大发展带给各地时空可达性的迅速提升，跟上交通强国战略和运输业高质量发展的步伐，更好服务"双循环"战略，助力解决人民日益增长的美好生活需要和不平衡不充分发展之间的社会矛盾。

在针对各种交通运输活动的时空特殊性和物信关系方面：尽力打通原本要把运输市场上的需求方与供给方硬性分开的界限；破除交通运输只解决空间位移问题的传统理念，跟上现代交通运输重构社会经济生活物信关系的步伐；打通传统运输业与大数据和移动互联网所支撑的网络平台出行、现代物流、供应链等分布式交通运输新业态的界限；并能够分析包括新冠疫情的各种挑战对运输业提出的安全、卫生、环保等要求。

本教材的 17 章内容分为四个部分，即第一篇运输经济学绪论、第二篇运输经济的基础性分析、第三篇交通运输的时空经济分析和第四篇交通运输的责任关系与治理。其中第一篇包括第一章交通运输的发展及其阶段性，介绍了交通运输活动的基本特点与发展历程，运输业发展与工业化、城市化、信息化等的关系，以及运输化不同阶段的划分；第二章交通运输统计与指标，介绍使用交通运输统计指标和方法为进行运输经济分析打下基础；第三章运输经济分析框架，分别介绍了产品—资源—网络经济分析和交通运输网络的分层分析两个基础性框架，还引入了时空经济分析框架。

第二篇运输经济的基础性分析，包括第四章客货运输需求，介绍客货运输需求的主要特点和影响因素；第五章运输成本分析，介绍不同方式运输成本的主要特点，以及各种运输网络幅员经济和运输密度经济的分析方法；第六章运输业投资，介绍移动载运工具投资和固定交通设施投资的特点，以及运输领域私人投资与公共投资决策的差别；第七章运输价格，介绍运价的主要分类标准、类别与支付方式，以及运价理论；第八章运输市场及其结构，介绍运输市场不同于其他一般市场的主要特征，分析在运输市场上引入竞争的必要性与难度。

第三篇交通运输的时空经济分析，包括第九章区位与可达性，介绍区位与交通区位概念及理论进展，介绍可达性在运输经济研究中的重要性；第十章城市交通运输，介绍交通运输在城市化中的作用和主要城市交通问题的治理思路；第十一章国际运输，介绍国际客货运输相对于国内运输的特殊性，及其在全球化中的重要作用；第十二章联运、物流与供应链，介绍多式联运在现代运输体系中的作用和意义，以及现代物流与供应链在各国经济体系中的重要性；第十三章运输业的分布式供给，介绍传统规模化运输与分散化需求的矛盾，以及新型物信关系推动形成的交通运输新业态。

第四篇交通运输的责任关系与治理。包括第十四章运输风险与责任，介绍在交通运输这个典型高风险领域建立有效责任制度，对于运输业和社会经济的关键性作用；第十五章交通运输的公益性，介绍运输业属于社会基础产业、具有公用事业属性和显著的外部性，必须关注公益性运输，促进交通运输领域基本公共服务的社会公平；第十六章可持续交通运输，介绍交通运输活动外部性及其内部化的经济学分析思路，促进交通运输高质量发展与生态环境保护双赢；第十七章交通运输政策与监管，介绍交通运输政策的概念、体系与发展趋势，以及交通运输政策和监管在运输业发展中的重要作用。

## 四、本教材的使用

本教材构建了一个相对完整的运输经济学内容体系，除了方法论方面的介绍，我们在正文、专栏和网课资料中都补充了相关的案例分析，教材以大学本科高年级学生和研究生为主要使用对象，同时也可供其他对运输经济问题感兴趣的从业、研究、教学和政府工作人员参考。

在具体教学中可根据课时多少，既可以安排全部学习本教材所有的章节以全面系统地掌握运输经济学知识体系，也可以在课时较少时按照本科生和研究生的不同要求选择部分章节优先安排教学。图0-1是当课时较少时建议本教材教学内容分别按本科生和研究生安排的不同有所侧重。其中本科生阶段约32学时的主要学习内容包括：第一篇运输经济学绪论的全部，包括第一章交通运输的发展及其阶段性、第二章交通运输统计与指标、第三章运输经济分析框架；第二篇运输经济的基础性分析的全部，包括第四章客货运输需求、第五章运输成本分析、第六章运输业投资、第七章运输价格、第八章运输市场及其结构；第三篇、第四篇中的第十章城市交通运输、第十二章联运、物流与供应链、第十六章可持续交通运输。共11章，属于运输经济学的基础性内容。本科生教学在完成以上基础性内容以后，也可以加入其他扩展性章节的教学内容。

| 本科生阶段主要学习篇章 | | 研究生阶段主要学习篇章 | |
|---|---|---|---|
| 第一篇运输经济学绪论 | 1.交通运输的发展及其阶段性<br>2.交通运输统计与指标<br>3.运输经济分析框架 | 2.交通运输统计与指标<br>3.运输经济分析框架 | 前导基础 |
| 第二篇运输经济的基础性分析 | 4.客货运输需求<br>5.运输成本分析<br>6.运输业投资<br>7.运输价格<br>8.运输市场及其结构 | 9.区位与可达性<br>10.城市交通运输<br>11.国际运输<br>12.联运、物流与供应链<br>13.运输业的分布式供给 | 第三篇交通运输的时空经济分析 |
| 延伸内容 | 10.城市交通运输<br>12.联运、物流与供应链<br>16.可持续交通运输 | 14.运输风险与责任<br>15.交通运输的公益性<br>16.可持续交通运输<br>17.交通运输政策与监管 | 第四篇交通运输的责任关系与治理 |

**图0-1 《运输经济学通论》教学内容侧重**

而研究生阶段约32学时的主要学习内容则包括：第一篇运输经济学绪论中的第二章交通运输统计与指标、第三章运输经济分析框架；第三篇交通运输的时空经济分析全部，包括第九章区位与可达性、第十章城市交通运输、第十一章国际运输、第十二章联运、物流与供应链、第十三章运输业的分布式供给；第四篇交通运输的责任关系与治理框架全部，包括第十四章运输风险与责任、第十五章交通运输的公益性、第十六章可持续交通运输、第十七章交通运输政策与监管。也是11章，属于运输经济学深化研究的内容。

之前已经学习过本科阶段运输经济学课程的研究生同学，可以在复习运输经济学绪论和运输经济基础性框架内容之后，直接进入交通运输的时空经济分析和交通运输的责任关系与治理等内容的学习。之前没有接触过运输经济学基础的研究生同学，如果没有时间专门参加本科生运输经济学课程的补习，也完全可以利用本教材自学相关知识。其他读者可根据需要自行学习相关章节的内容。

## 五、合作分工与致谢

本教材的编写和出版是团队共同努力的成果,各章作者与合作者包括:序言 荣朝和、林晓言、王雅璨;第一章 荣朝和、王晓荣、朱丹、李星潺;第二章 荣朝和、武剑红、李彭;第三章 荣朝和;第四章 荣朝和、李星潺;第五章 荣朝和;第六章 荣朝和、林晓言、王学成;第七章 荣朝和、朱丹;第八章 荣朝和;第九章 荣朝和、焦敬娟、朱丹;第十章 荣朝和、陈佩虹、朱丹;第十一章 荣朝和、李玉涛、张帅;第十二章 荣朝和、李红昌;第十三章 荣朝和、李星潺;第十四章 荣朝和、任英、李彭;第十五章 荣朝和、林晓言;第十六章 荣朝和、蒋仁才、李彭;第十七章 李津京、荣朝和。全书总体设计与核对荣朝和、林晓言;书中教材网上资源设计李红昌。

感谢参加本教材工作的其他贡献者,包括管楚度、肖星、宗刚、欧国立、冯华、李连成、颜飞、丁琪琳、卜伟、曹志刚、佟琼、谭克虎、吴昊、王超、胡雅梅、张改平、韩舒怡、陈海曦、彭峥……

感谢所有列出和未及列出的参考文献作者。本教材的编写吸收了北京交大运输经济学团队的大量研究成果。包括从2002年起,我们开始出版《网络型基础产业经济学丛书》(荣朝和主编,经济科学出版社);2004年,丛书更名为《现代运输经济学丛书》(荣朝和主编,经济科学出版社);2017年丛书进一步更名为《运输与时空经济论丛》(荣朝和、林晓言主编,经济科学出版社)。到2020年,我们的丛书系列共已出版体现运输经济学最新前沿领域与成果的专著、论文集、译著和教材30本,得到业界和学术专业内外人士的广泛好评。上述丛书,也可以作为本教材延伸阅读的内容。

感谢多年来给予我们运输经济团队全力支持的北京交通大学退休老教师及北京交大经济管理学院和经济系;感谢一直与我们保持密切合作关系的经管学院教师群体;也感谢一直给予我们关爱和包容的交大运经团队其他老师,和一届届已经毕业或仍旧在读的博士生、硕士生和本科生同学,他们既是我们运输经济学教材的使用者,同时也是广泛深入我们研究工作和教材编写工作的合作者。

感谢一直给予我们关照和支持的经济科学出版社为本教材所付出的辛勤工作。

序言部分
思考题

# 目录·CONTENTS

## 第一篇 运输经济学绪论

**第一章 交通运输的发展及其阶段性**     003
  第一节   交通运输工具的发展     003
  第二节   交通运输基础设施的发展     008
  第三节   运输服务的发展与综合运输趋势     013
  第四节   交通运输发展的阶段性     017
  专栏1-1   哪些位移活动一般不被包括在运输业领域     022
  专栏1-2   关于运输化理论的客货运输量实证分析     024
  本章思考题     027

**第二章 交通运输统计与指标**     028
  第一节   交通运输统计与指标概述     028
  第二节   设施与设备的能力指标     032
  第三节   交通运输量指标     035
  第四节   不同运输方式货运统计     040
  第五节   与运输质量及运营效率有关的指标     045
  第六节   交通调查与分析     053
  专栏2-1   美国运输统计分析中的运输服务指数     055
  专栏2-2   日本运输统计中货物总运输量与纯运输量的区别     056
  专栏2-3   如何设计交通满意度的调查问卷     057
  本章思考题     058

**第三章 运输经济分析框架**     059
  第一节   运输经济的基础性分析框架     059
  第二节   时空经济分析框架     067
  第三节   运输经济分析框架的重要性与使用     077

| | | |
|---|---|---|
| 专栏3-1 | 马克思的运输经济思想 | 086 |
| 专栏3-2 | 境外运输经济研究前沿 | 088 |
| 专栏3-3 | 运输业网络经济与网络效应的区别 | 090 |
| 本章思考题 | | 091 |

## 第二篇 运输经济的基础性分析

### 第四章 客货运输需求 095
第一节 运输需求生成的简单例子 096
第二节 货物运输需求 100
第三节 旅客运输需求 107
第四节 运输需求的变化与弹性 113
第五节 交通运输需求管理 118
专栏4-1 美国钢铁工业的布局 122
专栏4-2 城市综合交通调查技术标准 122
本章思考题 124

### 第五章 运输成本分析 126
第一节 与运输成本相关的概念 126
第二节 运输成本的特点 133
第三节 固定资产对运输成本的影响 138
第四节 网络经济与运输成本的关系 142
专栏5-1 美国大陆航空公司的成功 149
专栏5-2 美国人为什么重新购买六缸和八缸的汽车 150
本章思考题 150

### 第六章 运输业投资 152
第一节 移动载运工具的投资 152
第二节 固定交通设施的投资 157
第三节 运输投资的社会经济评价 159
第四节 交通设施与服务提供的公私合作 163
第五节 运输设备与设施的租赁 169
第六节 运输领域的风险投资 172
专栏6-1 亚马逊航空公司(Amazon Air)进入欧洲"只是时间问题" 176

目 录

　　专栏 6-2　风险资本对网约车行业的影响　　177
　　本章思考题　　178

## 第七章　运输价格　　179
　　第一节　运价的基本分类与结构　　179
　　第二节　运价原理　　184
　　第三节　有效率运输定价的应用　　189
　　专栏 7-1　深化道路运输价格改革　　194
　　专栏 7-2　波罗的海指数　　195
　　专栏 7-3　航空公司的差别票价　　197
　　专栏 7-4　乘客是否应该为放弃原定航班而交易　　198
　　专栏 7-5　使用拉姆奇定价法的案例　　198
　　本章思考题　　199

## 第八章　运输市场及其结构　　201
　　第一节　运输市场的概念　　202
　　第二节　市场结构概念的变化　　205
　　第三节　运输业的中间层组织　　209
　　第四节　运输市场结构分析　　212
　　第五节　运输领域的垄断分析　　215
　　专栏 8-1　低票价航空公司的进入　　221
　　专栏 8-2　泛美航空公司的终结　　221
　　专栏 8-3　明尼阿波利斯航线上的竞争　　222
　　本章思考题　　223

# 第三篇　交通运输的时空经济分析

## 第九章　区位与可达性　　227
　　第一节　区位与区位论　　228
　　第二节　交通区位　　233
　　第三节　可达性　　238
　　第四节　地区间客货交流表（O-D 表）　　245
　　专栏 9-1　交通改善带来的时空转换或压缩　　249
　　专栏 9-2　青藏铁路带来的时空可达性　　250

专栏9-3　伦敦公共交通可达性分析方法及应用　　251
　　本章思考题　　252

## 第十章　城市交通运输　　254
　　第一节　城市与城市化过程　　255
　　第二节　交通运输在城市化中的作用　　259
　　第三节　城市功能的交通模型分析　　264
　　第四节　都市圈的轨道通勤与TOD发展　　268
　　第五节　城市交通拥堵治理　　276
　　专栏10-1　如何选择上下班方式　　279
　　专栏10-2　应该为节省10美元而到市区去买东西吗　　280
　　本章思考题　　281

## 第十一章　国际运输　　282
　　第一节　国际运输的供应商　　282
　　第二节　国际货运单证与相关责任规定　　287
　　第三节　国际运输中的过境权　　294
　　第四节　国际运输联盟　　299
　　专栏11-1　中欧班列　　304
　　专栏11-2　新冠肺炎疫情对国际运输的影响　　306
　　本章思考题　　307

## 第十二章　联运、物流与供应链　　308
　　第一节　联运及其承运人　　309
　　第二节　物流的发展　　313
　　第三节　物流形态与供应链　　317
　　第四节　物流与运输的关系　　321
　　专栏12-1　"无车承运人"与网络平台货运经营人　　324
　　专栏12-2　冷链物流的发展动态　　325
　　专栏12-3　美国港口的自动化缓步前进　　326
　　专栏12-4　中国铁路的35吨敞顶集装箱运输　　327
　　本章思考题　　329

## 第十三章　运输业的分布式供给　　330
　　第一节　分布式概念及其与规模化的关系　　330

| | | |
|---|---|---|
| 第二节 | 大数据对交通运输物信关系的影响 | 335 |
| 第三节 | 分布式供给中的互联网共享出行 | 339 |
| 第四节 | 集装箱多式联运与道路货运平台 | 344 |
| 第五节 | 对未来运输业业态的展望 | 349 |
| 专栏 13-1 | 交通运输大数据及分析方法 | 355 |
| 专栏 13-2 | 电子地图及其应用 | 356 |
| 专栏 13-3 | 出行即服务（即 MaaS） | 357 |
| 本章思考题 | | 359 |

## 第四篇　交通运输的责任关系与治理

### 第十四章　运输风险与责任　　363

| | | |
|---|---|---|
| 第一节 | 运输合同 | 363 |
| 第二节 | 运输合同中的责任 | 369 |
| 第三节 | 运输保险 | 373 |
| 第四节 | 运输风险 | 379 |
| 第五节 | 运输风险管理 | 381 |
| 专栏 14-1 | 机动车交通事故责任 | 388 |
| 专栏 14-2 | 海运台风损失合同纠纷案 | 389 |
| 本章思考题 | | 390 |

### 第十五章　交通运输的公益性　　392

| | | |
|---|---|---|
| 第一节 | 公益性运输及其提供 | 393 |
| 第二节 | 交通运输领域的社会公平性 | 398 |
| 第三节 | 基本公共服务均等化与交通事权 | 405 |
| 第四节 | 公益性运输的激励机制 | 410 |
| 专栏 15-1 | 公共物品与公益性的区别 | 415 |
| 专栏 15-2 | 修编的全国民用运输机场布局规划 | 416 |
| 专栏 15-3 | 交通不便的四川凉山"悬崖村" | 417 |
| 本章思考题 | | 417 |

### 第十六章　可持续交通运输　　419

| | | |
|---|---|---|
| 第一节 | 可持续交通运输的概念 | 420 |
| 第二节 | 交通运输可持续的资源环境约束 | 424 |
| 第三节 | 运输负外部性的内部化 | 430 |

第四节　治理运输负外部性的政策选择　　436
　　第五节　小汽车低碳化政策及未来展望　　439
　　专栏16-1　"避免—转移—提升"绿色出行策略　　444
　　专栏16-2　各种交通出行方式的碳足迹　　445
　　专栏16-3　德国能源转型进展：清洁电力达标、交通能耗反弹　　446
　　本章思考题　　446

## 第十七章　交通运输政策与监管　　448
　　第一节　交通运输政策概述　　449
　　第二节　运输政策的发展　　454
　　第三节　交通运输监管概述　　458
　　第四节　交通运输业监管模式　　462
　　第五节　行为经济学在运输政策领域的应用　　467
　　专栏17-1　日本交通政策基本法　　472
　　专栏17-2　网约车监管　　473
　　本章思考题　　475

**参考文献**　　476

# 第一篇

## 运输经济学绪论

## 第一章

# 交通运输的发展及其阶段性

第一章
讲义视频

**本章总体要求**

　　了解交通运输活动的基本特点与发展历程；了解交通运输在人类社会经济长期发展中所起的作用；初步领会近现代运输业发展与工业化、城市化、信息化等的关系；深入了解多式联运、一体化运输以及综合交通运输的意义；了解关于运输业发展的理论解释，以及运输化不同阶段的划分；初步领会社会经济生活中人与货物空间位移、物信关系与时空结构等的意义。

**本章主要内容**

- 交通运输工具的发展和主要交通运输工具的技术经济特点。
- 交通运输基础设施的发展，包括线网和枢纽场站的作用。
- 运输服务的发展、多式联运的重要性以及综合交通运输的趋势。
- 交通运输发展的阶段性，运输化理论与阶段划分的基本表述。
- 不同国家客货运输量长期变化的趋势及其与运输化阶段性转换的关系。
- 一般运输业的管理范围与运输经济分析的传统边界。

20 世纪早期中国陆上非机动交通运输工具设计

## 第一节　交通运输工具的发展

　　交通运输是实现人与货物空间位移的活动，与人们的生产生活息息相关，交通运输的每一次重大变革都深深影响着人类文明的进程。交通运输业是基础性、服务性、引领性、战略性产业，其发展关乎生产、流通、消费、人民生活，关乎国家综合国力、竞争力、军事能力和地缘政治。[①]

---

① 傅志寰、孙永福等：《交通强国战略研究》（第一卷），人民交通出版社 2019 年版。

## 一、水上运输工具

人类使用河流进行运输的历史，几乎和人类文明史一样悠久。远古人类利用树木、芦苇、畜皮气囊等浮具作为水上工具。但从某种意义上说，这些舟筏还算不上真正耐久性的船舶。后来由于战争和贸易的需要，各类木船和帆船不断出现，特别是帆船时代几乎延续了近五千年。据记载，远在公元前四千年古埃及就有了帆船，公元前2000年腓尼基人和希腊人等先后在地中海上行驶帆船，明代郑和七下西洋昭示了中国古代辉煌的航海事业。

地理大发现大大刺激了欧洲航海和造船事业的发展，16世纪以后，欧洲帆船的帆具日益复杂，三桅船渐趋普遍，船速得到很大提高。在工业革命以前，船舶航行主要依靠风力和人力，但人类只有利用机械动力才能在河湖与海上操驾船舶获得主动权。1807年，美国人富尔顿首次在"克莱蒙特"号船上用蒸汽机驱动装在两边的明轮，在哈德逊河上航行成功。从此，机械力开始代替自然力，船舶的发展进入了新的阶段，船壳也逐步由木制变为铁制和钢制。

随着技术和需求的不断发展，从20世纪初起，人类进入现代船舶时代。船舶载重迅速增加，油船吨位由50年代的3万~4万吨发展到目前的50万吨级，集装箱船载箱量由第一代集装箱船只装载约700标准集装箱（TEU）发展到21世纪初第七代10000 TEU以上，而2020年投入使用的HMM Algeciras号更可装载24000个TEU。[1] 专业船舶快速发展，目前世界已发展出远洋客船、内河客船等专业客船和干散货船、集装箱船、冷藏船、滚装船、驳船、拖船、油船、液化石油气船等各类专业货船。2019年我国自主设计建造的LNG运输船"泛非"号正式交付使用，其可运送8.25万吨-163℃极低温液化天然气，相当于1.04亿立方米气化后容量，[2] 而目前韩国在LNG船的制造技术更加领先。表1-1是目前世界上已有主要大型民用船舶及关键指标。

表1-1　　　　已有主要大型民用船舶及关键指标

| 船型 | 船长（米） | 船宽（米） | 设计吃水（米） | 载运能力 |
| --- | --- | --- | --- | --- |
| HMM Algeciras 集装箱轮 | 400 | 61 | 18.5 | 2.4万TEU |
| TI级超级油轮 | 380 | 68 | 24.5 | 44万吨原油 |
| Valemax 铁矿石轮 | 362 | 65 | 23 | 40万吨铁矿石 |
| Q-max 液化天然气轮 | 345 | 54 | 12 | 26.7万立方米天然气 |
| 海洋交响乐号游轮 | 362 | 66 | 9.1 | 6680名游客 |
| 粤海铁一号列车轮渡船 | 165 | 23 | 5.5 | 40节80吨载重铁路货车 |

资料来源：根据相关网站资料整理。

---

[1] 郑柱子、王喆：《全球最大24000标箱级集装箱船首航盐田国际》，央广网，2020年5月8日。
[2] 《我国自主设计建造LNG运输船"泛非"号正式交付》，中国经济网，2019年1月20日。

船速快速提高，随着新型柴油机、燃气轮机和核动力装置等应用于船舶，普通杂货船航速提高到 18 节，集装箱船航速在 22 节以上，结合更多设计的气垫船最高可达到 100 节。不过随着节能和环保越来越受重视，船舶在正常运行时会根据运输任务的轻重缓急而选择合理的航行速度。船舶自动化向全船综合自动化方向发展，目前先进国家已研制推出第 4 代综合船桥系统（IBS 系统），应用计算机、现代控制、信息处理等技术，将船上的各种导航、操作控制等设备有机组合起来，对导航、驾驶、航行管理、自动检测、自动报警等功能实施控制，实现船舶自动化运行。此外，为适应可持续发展的要求，一批新型船舶不断试验下水，如太阳能动力船、风能动力船以及复合动力船等，2010 年德国建造太阳能动力船"星球太阳能号"，航速 15 节，载客 50 人，航行时显得十分"宁静和干净"。[①]

## 二、陆路运输工具

蒸汽机的发明使得机械力代替了人力畜力，让陆路交通工具出现了翻天覆地的变化，因此可以将陆路交通工具演变主要分为蒸汽机发明前后的两个大阶段。

人类在最初阶段，行动和搬运货物都只能依靠人体自身的力量。后来，人类驯服了动物，懂得了利用畜力为陆上交通运输服务。但是以畜代步和驮物有其局限性，如老弱妇孺骑马有困难，陡峭崎岖山径牲畜也难以通行等。大约在出现木板船的时代，中国和当时比较发达的国家与地区，已经出现了最初的陆上交通工具，如单轮车和两轮车。公元前 2000 年前后，苏美尔人开始使用马作为挽畜，此后马车在相当长的时期内成为路上交通运输的主要方式。到 17 世纪，四轮的公共驿车承担了欧洲几乎所有的长途客运任务，但人们希望发明比马车更有耐力和更强壮的动力机器，以使车轮转得更快。

1769 年，法国人古诺制造出了世界上第一辆蒸汽驱动的三轮汽车。1804 年，托威迪克设计并制造出一辆蒸汽汽车。为改进蒸汽发动机，雷诺在 1800 年制造了一种与蒸汽机不同的发动机，让燃油在发动机内部燃烧。1885 年戴勒姆制造出了世界上第一辆以汽油发动机为动力的四轮汽车。进入 20 世纪，特别是当福特于 1908 年开始以流水装配线制造和销售 T 型车以后，汽车便不再是一种奢侈品。自此，西方国家开始竞相建立汽车制造业，汽车进入了商业性发展阶段。

到今天，汽车的性能、型制和规模都有了根本的改变：汽车时速不断提高，法拉利 F40 最高车速可达 327 公里/小时，从 0 到 100 公里加速时间只要 4.2 秒；黄金分割点、流线型以及仿生造型等设计理念融入汽车制造之中，有些车使用了变色油漆来增加汽车造型的艺术气息；使燃料充分燃烧和减少排放污染的电控燃油喷射发动机及三元催化装置日益普及；拥有"绿色发动机"的电动汽车、醇类燃料汽车、燃料电池汽车以及太阳能汽车技术不断成熟，加拿大"光辉"号太阳能汽车曾创造了 24 天行驶 7045 公里的世界纪录，其最高车速可达 125 公里/

---

① 《全球最大太阳能船艇德国亮相 将环游世界》，中国新闻网，2010 年 2 月 26 日。

小时；汽车制动防抱死系统（ABS 系统）以及安全气囊等装置的广泛应用极大提高了汽车的安全性能；夜视系统、音控系统、交通诱导系统、卫星定位与自动导航系统以及车距控制系统等汽车智能化技术使汽车驾驶更加方便。

火车也是为了满足社会需要而问世的。18 世纪初，社会生产力大发展，人们急需一种比马车装得多、跑得快的新型车辆。欧洲人最早尝试为马车铺设铁轨，并进一步尝试将蒸汽机装在车上，代替畜力使车辆在轨道上前进。英国工程师史蒂芬森 1825 年设计的蒸汽机车拉着数节车厢开始在轨道上起跑，随后其他工业国纷纷建铁路、造机车，很快火车便在全世界发展起来。从 20 世纪初起，燃耗率高且污染重的蒸汽机车逐渐被柴油机车和电力机车所取代。1932 年在德国柏林至汉堡的铁路上已出现时速为 125 公里的柴油机车；之后，具有功率大、效率高等优点的电力机车又逐步发展起来，目前已成为各国铁路的主要牵引动力。当前世界铁路已经发展出客运和货运兼顾的常规铁路、高速客运铁路、重载货运铁路等。

1964 年日本东海道新干线的正式通车，标志着世界高速铁路新纪元的到来。20 世纪 90 年代中期，欧洲国家大规模修建本国或跨国高速铁路，逐步形成了欧洲高速铁路网络。高速铁路的运营速度也不断被突破，日本新干线建成时营运时速约为 200 公里，目前各国高速铁路的运营时速很多已超过 300 公里，而中国也已经建设了一批时速 350 公里左右的高铁线路。在欧美各国修建高速铁路的同时，世界上一些有大宗煤炭或者其他矿产货物输送任务的国家开始行驶重载列车。加拿大、巴西、澳大利亚等国相继修建适于行驶重载列车的重载铁路，如澳大利亚 BHP 铁矿公司现已开行了长 7300 米，编组 682 辆，总重达 99734 吨的重载列车，[①] 美国也扩大了重载列车的运营。2007 年我国首批牵引电机功率达 10000 千瓦的机车在大秦铁路实现 2 万吨列车的牵引，2010 年大秦线年运输量已突破 4 亿吨，2018 年完成运输量 4.51 亿吨，创历史新高。[②]

铁路信号技术逐步实现微机化、集成化和智能化，主要体现在微机联锁技术、列车实时跟踪系统、综合调度系统、无线通信系统等研究和应用，如基于通信的移动闭塞技术逐渐替代之前的人工、半自动和自动闭塞技术，保证行车安全的同时大大提高了行车密度；数字列车运行自动控制系统（ATC）、CARAT 新型列车控制系统等使得列车信号系统的抗干扰性、安全性和可靠性得到大幅度提高；利用信息技术对铁路的生产经营、运输组织和管理决策全过程进行优化，提高运输效率，如美国切西滨海铁路公司运用综合运营管理信息系统（TOPS），3 万多公里铁路只有一个调度中心和一个信息中心，实现了道岔、信号的远程控制和所有列车运行的统一指挥；法国国铁引入中央客票发售系统（PDSD）；加拿大铁路公司 CN 还大力发展电子商务，目前已有 65% 的货运订单来自电子商务渠道。

---

① 谢贤良、刘重庆：《澳大利亚创重载列车新世界记录》，载于《铁道知识》2002 年第 3 期。
② 《大秦铁路 30 年运煤 60 亿吨》，载于《工人日报》2018 年 11 月 21 日。

## 三、民航运输工具

人类自古就希望自己能像鸟一样在空中飞翔。敦煌隋唐之前的壁画中已包括飞天、飞仙的艺术形象。明朝的万户更把47个自制的火箭绑在椅子上,自己坐在上面手握蒲扇想利用火箭的推力飞上天空。万户不幸为此献出了生命,他也被西方学者考证是"世界上第一个想利用火箭飞行的人"。为纪念万户,20世纪70年代,国际天文联合会将月球背面一座环形山命名为"Wan Hoo"。[①]

人类飞行的尝试一直没有停步。1782年,法国蒙高菲亚兄弟的热气球成功升空,第一次实现了飞天的梦想。1903年,莱特兄弟实现了人类历史上第一次真正的驾机飞行,宣告了航空时代的到来。两次世界大战前后,参战各国加速了作战飞机的研制和生产,如为了减小飞行时空气的阻力,飞机的外形由双翼式改进为单翼张臂式,为了缩短起飞滑跑距离,飞机上安装了襟翼和其他增加升力的装置等,这些都促进了民用航空技术的发展。

第二次世界大战后,航空发展更加迅速,民用航空也开始广泛采用续航里程较远的四引擎飞机,从而使越洋飞行更加活跃。喷气发动机技术越来越成熟,喷气式飞机迅速取代活塞式飞机。超音速民航机的诞生和使用,似乎使民用航空迈入了一个新时期,但1976年英法合作研制的喷气式超音速民航客机却并未得到市场认可。时至今日,喷气式客机的时速大体仍保持在900公里左右。多年来,美国波音公司制造的系列民航客机,特别是波音747曾垄断着大型运输机的市场,但越来越多受到欧洲空中客车的竞争威胁,近年全球载客量最大的空客A380客机的出现更成为一个标志。表1-2是世界上已有主要民航机型及关键指标。从表1-2中各机型的最大载客量、巡航速度、最大航程等关键指标上可以看出,空客和波音两大飞机制造商在不同等级大飞机的竞争中都在强调自己的特点和优势。

表1-2　　　　　　　　已有主要民航机型及关键指标

| 机　型 | 最大载客量（人） | 最大起飞重量（吨） | 巡航速度（马赫） | 最大航程（公里） |
| --- | --- | --- | --- | --- |
| 空客 A321-200 | 220 | 93.5 | 0.78 | 5900 |
| 空客 A340-600 | 419 | 368 | 0.83 | 13900 |
| 空客 A380-800 | 853 | 560 | 0.85 | 15100 |
| 波音 B737-800 | 189 | 78.2 | 0.79 | 5800 |
| 波音 B747-8 | 467 | 448 | 0.86 | 14800 |
| 波音 B787-9 | 292 | 253 | 0.85 | 14100 |
| 中国 C919 | 168 | 77.3 | 0.84 | 5600 |
| 中国 ARJ21 | 90 | 43.5 | 0.82 | 3700 |

资料来源:根据相关网站资料整理。

---

[①] 刘仙洲:《中国机械工程发明史》,北京出版社2020年版。

现代客机采用更多复合材料，使用新一代的发动机，减轻了飞机的重量，使平均每座百公里油耗和二氧化碳排放更低，更注重经济性能，飞机类型和航线也实现更好结合。最新的波音787系列使中型飞机尺寸和大型飞机航程实现结合，适应乘客偏爱直飞及更高航班频率的航线，成为民航客机中的一个亮点。民航飞机正在实现更加宜人的客舱环境、更平稳的飞行。全球定位系统、卫星导航系统等新技术不断应用于空中交通管制、夜航以及空中通信等。随着民用飞机种类的不断增加，用途也日益广泛，除主要承担客货运输的航线飞机外，还出现了应用于播种、巡逻、科研等的通用飞机。中国的航空工业也已经开始以后来者的身份参加200座和100座以下客机制造的竞争。

## 第二节　交通运输基础设施的发展

### 一、交通运输线网的发展

#### （一）水运网络

古时的水运航线仅限于自然河流流经地区，春秋时期，我国水上运输开始较快发展，水运线路密度和运量不断增加，而且开凿了许多人工运河，到隋朝更是人工开凿出长达2700余公里的南北大运河。[1] 从宋代指南针用于航海，我国海运特别是与东南亚的海上贸易的不断发展，海运航线增多，线路也变得繁忙。中华人民共和国成立以后，不论是内河航线还是远洋运输线路都有了巨大的发展。以外贸海运为主，形成了遍布全球的水运运输网络，其中中美、中欧和中澳贸易频繁，航线较为密集；开辟了中非、中国—南美等远洋航线。内河航道建设上，实施了京杭运河苏北段续建工程、西江航运建设工程等，建成了葛洲坝、三峡等一大批大型通航船闸，内河航道趋向完善。

欧洲的内河和海上运输线路也发展得较为完善。火车出现之前，水运是在欧洲起主导作用的交通方式，几乎所有的河流都经过技术改造，各国水运线路密集且相互连接成网。法国境内塞纳河、卢瓦尔河等通过人工运河彼此相通，内河航运网早已形成，至今仍在发挥作用。德国境内莱茵河、易北河、威悉河等可供通航的运河总长7000多公里。[2] 20世纪80年代施工的莱茵—多瑙运河完工后更是使北海、波罗的海与地中海实现了内陆通航。美国历史上也曾有过运河开挖高潮时期。从15世纪的航海大发现开始，葡萄牙、西班牙、荷兰、英国等相继崛起的海外殖民和对外侵略扩张以及当今的世界贸易，促使欧洲形成了十分发达的海运路网，其中以欧美航线最为密集。

---

[1] 赵权力等：《隋朝大运河的重要工程——通济渠和永济渠》，载于《中国水运》2007年第4期。
[2] 韩时琳、黄东胜：《德国运河建设的特点及启示》，载于《湖南交通科技》2003年第4期。

## （二）公路网

远古时期陆上交通线路受自然条件影响较大，如地形优越、经济发展水平较高的地区，自然是路况较好，路网密度较大。随着生产力的提高，人类逐渐拥有改造道路的能力。秦朝时期中国建成了以咸阳为中心，通向全国的驰道网，汉代在此基础上又发展了更为完善的驿站制度。罗马帝国利用迦太基人先前修筑的有路面的道路建成了罗马大道网，将首都罗马和欧洲其他地区以及西亚、北非等地连成整体。

随着汽车的出现和筑路技术的发展，现代道路逐渐形成。1819年英国工程师马克当利用碎石材料修筑路面并取得成功。1858年，轧石机出现并极大促进了碎石路面的发展，各地开始推广碎石路。由于汽车的迅速崛起、运输需求的不断增加，各国的道路发展开始提速，全国性的道路网不断形成并完善，特别是为适应现代社会对运输速度和便捷等方面要求的高速公路的出现成为公路现代化的标志，路面也多变为沥青或水泥铺装。第二次世界大战后美国开始修建高速公路，前后经30多年建成了覆盖全国的著名州际高速公路体系。而到2019年，中国的高速公路已覆盖了几乎所有人口超过20万的城市。就运输网长度而言，目前各国所有五种交通方式的综合运输网总长为3000多万公里，其中公路网长度就占了一多半。[①]

## （三）铁路网

近200年来，铁路技术不断发展，不同国家的铁路网形成也经历了很长时间。一般认为1825～1850年为铁路发展的开创时期，此时正值产业革命时期，客货运输需求急剧增加，促使铁路迅速兴起，1825年英国建成第一条铁路后，美国、德国等相继开始修建铁路；1850～1900年为铁路大发展时期，这个时期内有60多个国家和地区建成铁路并开始营业，且工业先进国家的铁路线网已初具规模；1900～1950年为铁路发展的相对成熟时期，此时又有非洲和中东地区的多个国家建成铁路并开始营业；第二次世界大战后，发达国家的铁路由于有公路、航空的竞争，发展逐渐趋缓，有些国家甚至拆除了部分铁路线，但铁路技术的重大进展以及能源形势的变化，促使铁路的经济效益有了新的提高，高速铁路、重载铁路里程数不断增加，城市轨道交通也在快速发展，各国铁路又有走向兴旺的趋势。[②] 近年来我国铁路也处于加快发展时期，其中高速铁路里程已占全球约2/3。

## （四）民航航线网

第二次世界大战之前，欧美发达国家开始出现国内定期航班，但是航线相对

---

[①] 李玉涛等：《美国高速公路百年史回顾》，载于《地理研究》2012年第5期；刘志强等：《交通事业驶入高质量发展快车道》，载于《人民日报（海外版）》2021年6月14日第3版。

[②] 克里斯蒂安·沃尔玛尔著，刘薇译：《铁路改变世界》，上海人民出版社2014年版。

较少。第二次世界大战后，民航开始广泛采用速度更快、续航里程较远的四引擎或喷气式飞机，使得远距离甚至跨洋飞行变得活跃起来，开辟了欧美、欧亚等航线。伴随着航空技术的进步，特别是大型民用运输机的出现，世界民航业一直处于快速发展状态。目前全球已经形成了以北美、欧洲和亚太地区为主的三大航空市场。各国内部也形成了较为完善的航空线路网，实现了干支线结合的局面。干线航空公司以"轴辐中转"方式经营，将国内和国际大城市连接起来，地方性航空公司则将小城市同大城市连接起来。各地区内部和各地区之间的航线系统也在逐步完善并成网。2001年欧盟委员会的《交通政策白皮书》提出至2010年欧洲航空运输发展行动计划，其中一条重要战略就是构建"欧洲单一天空"，将欧洲内部航空系统统一完善及线路连接起来。

### （五）管道网

早在公元前3世纪，中国就利用竹子连接成管道输送卤水，可以说是世界管道运输方式的开端。现代管道运输始于19世纪，1885年美国宾夕法尼亚州建成第一条原油输送管道。随着第二次世界大战后石油工业的发展，管道的建设进入了一个新的阶段，各产油国竞相开始兴建大量石油及油气管道。当前管道运输的发展趋势是：广泛采用大口径、高工作压力管道，输气管道口径由20世纪60年代的910毫米发展到现在的1420毫米，输油管道口径最大也达到1220毫米，采用x65高速管线钢材料的横贯阿拉斯加输气管道工作压力达到11.8兆帕的世界最大值；采用密闭输送和热处理后常温输送等先进的输油工艺；采用全线集中控制设计，实现管道运输的自动化。即根据运行情况的变化和报警信号由电子计算机提出合理的处理方案，调度人员分析判断后下达指令，调整运行参数或由电子计算机实行闭环控制。管道运输物资已从石油、天然气、化工产品扩展到煤炭、矿石等。中国目前也在大力建设连通全国以至周边国家的油气管线。

## 二、交通场站及枢纽的发展

伴随着各种交通运输方式的发展，交通场站、枢纽的规模、结构设计、功能等也不断发展变化，并体现出一定共性特征。

### （一）交通站场、枢纽的体量规模随社会经济发展与运输需求的增长而扩展

港口的发展始于自然区位优势明显的河湾、海湾，如腓尼基人在公元前2700年于地中海东岸利用天然海湾兴建的西顿港和提尔港。伴随港口技术的进步和近现代工商业的发展，具有深水码头、防波堤和装卸设备的人工港口快速发展。目前世界各大港口的面积达到数十甚至上百平方公里，年货物吞吐量都高达数亿吨。我国古代的驿馆或驿站具有陆上交通站场的功能，但最初房舍简易，仅供传递官府文书和军事情报的人途中食宿、换马，后发展成兼有接待过往官吏和专使

职能的馆驿。火车、汽车等近代陆路交通工具出现后，火车站、汽车站成为陆上交通站场、枢纽。

以铁路客站的发展为例，早期的铁路客站大多只是在铁路边上搭一个站棚，以使旅客免受风雨侵袭和烈日暴晒之苦。此后铁路客运量迅速增大，客站规模增大，站房与站场、站台与路轨之间分区明确，成为代表一个城市的标志性宏大建筑。如美国纽约中央车站、德国法兰克福车站、意大利的米兰中央车站等。而网络完善、信息技术发展、发车频率增加等逐步缩短了乘客的候车时间，所以西方发达国家逐步将车站多功能化。20世纪70年代以后，受能源与环境限制，各国开始重视铁路与城市的互动发展，利用铁路客站深入城市内部的优越区位条件，使其成为集多种交通方式换乘、商业及大型人流集散型建筑的综合体。

经济的发展与航空运输技术的进步也带来航空运输需求的增长，机场的数量增加、规模扩大。典型的如我国的北京首都国际机场，建成时仅有一座小型候机楼；1980年一号航站楼投入使用，面积为6万平方米；1999年二号航站楼启用，面积为33.6万平方米；2008年三号航站楼启用，面积为90多万平方米。2018年，首都机场年旅客吞吐量突破1亿人次，成为中国第一个年旅客吞吐量过亿人次的机场，也是继美国亚特兰大机场后，全球第二个年旅客吞吐量过亿人次的机场。

## （二）交通站场与枢纽的结构设计趋向复杂化、立体化，且更加人性化

在运输发展水平较低、线路较少、不同运输方式联运较少的背景下，站场或枢纽连接的线路很少，站场的结构简单。铁路最初发展时，伦敦、巴黎等城市在市区周围兴建了一系列简易的尽头式车站，每个车站可能仅有一条铁路线引入，如1835年建成的伦敦桥车站（London Bridge Station），它是伦敦地区第一条铁路线的起点站。那时车站之间相互独立，也没有用联络线将它们连接起来，私人马车或马拉公共班车等是换乘、接驳的交通工具；车站规模很小，以站台为主体，仅提供一个售票和上车的缓冲空间，类似于入口的功能。此后由于工业化与城市化的快速推进，城市内外交通联系变得越来越方便与频繁，铁路车站连接的线路日益增多，不同方向、方式的人流、车流在铁路客站集散，客站的结构设计更加复杂化、科学化。

1861年建成的巴黎第二北方总站，将候车厅分三等，并设有海关大厅，行包托取厅。纽约大中央火车站于1913年正式启用，它将市区之外的四条郊区通勤铁路线与市内地铁系统和干线铁路连在一起，并成为曼哈顿地下交通网络运行的中心枢纽，还通过电梯与地面的街道和高层建筑相连。20世纪20年代以后，铁路、公路与航空运输间的竞争加剧，铁路客站逐渐摆脱了烦琐的空间分割和刻意的豪华装饰，以进站和候车两大功能空间为核心，辅以服务空间，诸如售票、行李、邮电、问讯、商业等，并开始注重交通建筑的效率，流线安排被放在设计的首位，使平面更加紧凑，通过提高交通方式之间的衔接性和方便性来提高城市交通效率。

而现代综合交通枢纽的结构则更加人性化，突出表现在：集多种线路、多种交通方式于一体，集中配置，形成立体结构布局；功能多元化，实施综合开发，成为集交通、商业、办公、居住、娱乐等多功能于一体的地区中心；以人为本，通过对换乘站的形态与空间组织的合理设计、换乘辅助设施如自动扶梯、垂直与水平自动步行道等的应用，提供"零距离"的换乘服务。如柏林亚历山大广场站，铁路线、城铁线平行布设，均位于高架一层；有轨电车、公共汽车、出租车位于地面；地铁线位于地下；地下一层为商场及与地铁的换乘通道。这不仅可以缩短乘客走行距离与时间，而且可以减少枢纽内集散客流所需的空间用量。我国上海虹桥等大型综合交通枢纽的结构设计也体现出立体化、综合化与以人为本的理念。

### （三）交通枢纽的功能逐步综合化，整合各类资源，成为城市生产、生活的中心

在运输业的线性发展状态，每一种运输方式发展与运输业总体发展的关系，以及社会经济从运输业发展中获得的利益，都为"1 + 1 = 2"的关系。而到了非线性发展状态，由于各种运输方式的规模和水平已较高，不仅每种方式的发展要符合自身网络合理性的要求，而且不同运输方式之间必须符合综合交通网和综合运输体系的整体要求。从社会发展史看，在以水运为主导运输方式的时期，港口是城市发展的重要推动力与核心，拥有优良港口的城市发展迅速。铁路出现后优势明显，铁路枢纽地区成为各类资源的汇集地，铁路枢纽带动所在地区的发展。高速公路与航空业的发展也带来周边经济区的繁荣。在各种运输方式发展水平均已较高的现代，为适应现代经济的时空要求，运输方式间的协作已成为趋势。

综合交通运输枢纽成为运输业与经济发展的关键节点，它将多条线路与交通方式引入，整合多种交通资源，提高自身的可达性与区位优势。如大型港口在公路运输之外引入铁路。美国洛杉矶港于2002年改造完成的立体化疏港铁路，可使其集装箱多式联运效率大大提高，并明显改善环境质量。中国各大城市也已经或规划将轨道交通系统引入大型铁路客站、大型机场，如北京南站引入地铁4号线和14号线，南京南站引入多条地铁线，首都机场引入快轨交通等，提高了乘客集散的速度、便捷性与准时性。

枢纽的综合性不仅表现为对系统内部资源的整合、协调利用，还表现为对系统外部资源的整合。我国的广州、深圳、上海、宁波—舟山、天津等港口服务日渐多样化，整合海关、税务、金融等各部门与行业，发展港口保税区、保税物流园区，最终成为保税港区，极大地促进了港口与区域经济发展。日本在20世纪末就已开始有"Station City"（即站城）的概念，即每个大型换乘中心不仅集合了地铁、私铁、国铁、巴士等交通运输网络，还汇集娱乐休闲、商贸会展、餐饮购物等多种商业设施，是一个城市生活综合体，可满足交通运输需求与其他多种社会需求。

### (四) 交通枢纽逐步等级化，形成交通枢纽体系

人类社会发展特别是工业化与城市化过程产生了数量众多的各类小城市、中等城市、大城市或大都市区及城市群，且城市在自身发展过程中逐步由单中心向多中心发展。不同规模的城市内部结构不同，经济总量不同，运输需求不同（包括需求的数量、结构、布局等），对运输网络形态及功能的要求也就不同。自古以来交通便捷的地区通常既是经济中心又是交通中心。各国与地区在经济及交通运输发展过程中逐步形成大小与功能均不同的交通枢纽城市。纽约、东京与巴黎等都是国际经济中心，也是发达交通网络密集区和国际特大交通枢纽城市。

我国的珠三角、长三角与京津冀等经济发达地区，交通运输网络密集，广州、上海与北京、天津都是国内乃至国际重要通道的交汇点，综合运输网络上的重要节点。2021年发布的《国家综合立体交通网规划纲要》，要求建设多层级一体化国家综合交通枢纽系统，包括：建设面向世界的京津冀、长三角、粤港澳大湾区、成渝地区双城经济圈4大国际性综合交通枢纽集群；建设北京、上海、天津、重庆、广州、深圳、杭州、南京、武汉、郑州、沈阳、大连、哈尔滨、青岛、厦门、海口、西安、成都、昆明、乌鲁木齐等20个左右国际性综合交通枢纽城市；以及80个左右全国性综合交通枢纽城市；并推进一批国际性枢纽港站、全国性枢纽港站建设。从城市内部看，不同功能区域往往配合有相应功能的交通枢纽。日本东京的轨道交通网和综合换乘枢纽体系与其山手线带状走廊一起形成了高效率的城市客运体系。我国各城市也在尝试将城市内的交通枢纽依据功能进行等级划分，以更好地适应、促进城市发展。

## 第三节　运输服务的发展与综合运输趋势

### 一、集装化运输

集装箱作为标准化的货物装载工具，可以实现不同运输工具之间货物快速、低成本的换装，它的出现和应用被看成是20世纪"运输界的一场革命"。早在19世纪初，英国的安德森就提出了集装化运输的设想。19世纪下半叶，在兰开夏地区开始使用一种运输棉纱和面包的带有活动框架的托盘，这被看成是最早使用的集装化运输雏形。20世纪初，英国铁路正式使用简陋的集装箱运输。但早期的集装箱运输仅限于陆运，由于换装能力差，运量受限制等原因，其发展并不被人看好。

1955年，美国人麦克莱恩提出"集装箱运输应该由陆地运输走向海陆联运"，1957年美国泛大西洋轮船公司第一次使用普通轮船的甲板装运了57个集装箱。当日本和欧美各国船公司先后在世界各地展开集装箱运输时，集装箱国际标准随即建立，国际航线上迅速出现了一批以20英尺和40英尺集装箱为主流的

标准集装箱，各国也纷纷开始建设集装箱专用泊位，配以装卸桥及堆场轮胎式龙门起重机等。1980年日内瓦通过了《联合国国际货物多式联运公约》，集装箱运输进入成熟时期。

当前，集装箱运输系统广泛采用 EDI 技术、GPS 技术，实现了集装箱动态跟踪管理、实时信息管理；集装箱国际标准不断完善，发达国家之间集装箱运输已基本实现多式联运；集装箱运输日益大型化，集装箱船或货车的载箱量也在迅速增加；集装箱运输自动化也有较大发展。2000年，荷兰鹿特丹港 ECT 码头最早采用自动导向车（AGVS）和轨道式自动堆码起重机，建成了自动化控制的集装箱码头装卸搬运系统；新加坡新建港口码头前沿配备了自动化控制的大型集装箱装卸桥，堆场配置了全自动化控制的高架式起重机进行堆场集装箱作业。还有一些集装箱系统采用了激光、雷达、差分全球定位系统和光学字符识别系统等，应用于集装箱装卸搬运设备的自动识别和驱动等。2015年以后，中国青岛、厦门和上海等港口也相继开通了无人集装箱码头的运营。2020年，上海港全年集装箱吞吐量达到4350万标准箱，连续11年位居世界第一。[①]

## 二、运输服务组织

早期的交通运输企业由于规模小，服务对象少，运输需求仅仅限于位移的实现，运输企业表现出明显的散、小、弱等特点，一个企业拥有几辆车或几条线路，各个运输企业之间彼此独立。随着运输需求的增加，规模经济效益的显现，交通运输企业开始相互兼并重组，相对集中的大型运输企业出现。马士基航运公司，从1904年经营一条2200吨的二手蒸汽货轮起步，到目前已经占据世界集装箱航运市场的17%，拥有500多艘集装箱船以及150万个集装箱。[②] 地中海航运公司 MSC 于1970年成立，逐渐拓展业务到整个欧洲并开办大西洋航线。MSC 目前在全世界设有524个办事处，在155个国家和地区开展其业务，其船队已覆盖215条航运线路，停靠约500个港口，每年运送约2150万标准箱。[③] 总部设在法国马赛的达飞海运集团始建于1978年，经营初期主要承接区域航线业务，到20世纪90年代后期已开通了地中海至北欧、红海、东南亚及东亚的直达航线。根据法国海运咨询机构统计，截至2021年4月30日，达飞集团的总运力已达到304.97万 TEU，营运船舶557艘。其中，自有运力105.89万 TEU、船舶120艘；租赁运力199万 TEU，船舶437艘。[④] 马士基航运、MSC 和达飞轮船这三家全球性集装箱运输企业已占全球船队运力的40%。[⑤]

---

[①] 中央广播电视总台：《全国新闻联播》，2021年2月10日。
[②] 《马士基称第一不重要，全球船公司运力排名稳定》，国际船舶网，2019年12月29日。
[③] 资料来源于地中海航运公司（MSC）网站。
[④] 《达飞在中国船厂订造22艘集装箱船，总运力223000TEU》，载于《中国航务周刊》2021年4月30日。
[⑤] 《全球班轮公司运力百强最新排名（2020.10）》，国际船舶网，2021年10月30日。

为了实现货物从初始地到终点地完整运输产品的要求，减少货主与运输企业的交易成本，运输业务逐渐由单方式运输企业分别提供向多式联运方向发展，运输企业间签订长期的联运协议，组成多式联运公司。与此同时，货运代理企业在运输组织中的作用也逐渐增大，一些运输企业以及一些原来在运输市场为其他运输企业寻找货源、代结运费的货代企业逐渐深化对运输企业的代理作用并控制运输链条，发展出一系列大型货运代理企业。如瑞典的 ASG 公司，目前已成为一个大型货运代理公司，不仅在国内设有 15 个分公司，拥有 61 个货运中转站、3770 个货运代理点，还在多个国家和地区设有分支机构，它利用货运中转站吸引腹地发运的零散货物，以中、小吨位载货汽车按地区分批收集货物，在中转站分类配车，再按不同的组织流向合理组织大型载货汽车或火车进行长途运输，而在靠近收货人的中转站卸车，再按不同地区以中、小吨位载货汽车进行配送。[①] 中国对外贸易运输总公司于 1950 年成立时是国家对外贸易进出口货物运输的总代理，后与中国长江航运（集团）总公司合并，目前"中国外运长航集团有限公司"为招商局集团全资子公司，其国际货运业务主要由中国外运股份有限公司承担，2019 年实现营业收入 770.88 亿元。[②]

随着人们对高质量和准时运输服务需求的增加，可提供邮件追踪功能、速递时限承诺等服务的快递企业发展迅速。目前速递企业以不同的规模运作，小至服务特定市镇，大至区域、跨国甚至是全球服务。1969 年，敦豪航空货运公司（DHL）的创始人自己乘坐飞机来往于各大城市之间运送货物单证，并通过在快件实际抵达之前先帮助客户进行货物清关来减少时间。此后，DHL 网络以惊人的速度持续成长，今天 DHL 的全球网络已经连接了世界上 220 多个国家和地区，提供不论是文件还是包裹的当日快递、限时快递以及限日快递。[③]

同样作为大型快递承运商与包裹递送公司，同时也是专业运输、物流、电子商务服务的领导性提供者的美国联合包裹运送服务公司（即 UPS 快递）成立于 1907 年，开始时也只是递送商业小件和信息的小型公司，1910 年以后转型专业零售快递业务，如今 UPS 是覆盖 220 多个国家和地区的强大物流网络，可实现海、陆、空多式联运的"无缝连接"运作，实现货件畅达全球市场。2019 年，UPS 拥有超过 250 架自营飞机和 290 多架租赁飞机，每日 1180 个国际航段在 400 多个国际机场间提供服务，在全球有 12.3 万辆运输车辆，1800 多个运营设施，30000 多个 UPS 快递取寄件服务点，日均处理全球范围的 2190 万件包裹。[④]

如今的货运/物流企业正演绎着全新的商业模式，即商务同步协调，其核心是创造精确统一的供应链，以使货物流、信息流以及资金流可以更快更高效的运转，实现无缝衔接，保持整个商业活动的顺畅进行。运输企业已不再仅仅是单纯

---

① 张余华：《现代物流管理》（第 3 版），清华大学出版社 2017 年版。
② 《中国外运股份有限公司 2019 年年度业绩发布会成功召开》，载于中外运长航集团有限公司网站，2020 年 4 月 2 日。
③ 资料来源于中外运敦豪国际航空快递有限公司网站。
④ 资料来源于美国联合包裹运送服务公司网站。

的"货运"公司,而是将自身从传统单一的货物运输转向为用户提供多功能的综合物流服务企业,电子数据交换(EDI)、物联网、准时制生产(JIT)、配送计划等物流技术的不断涌现及应用,为运输企业的物流化管理发展提供了强有力的技术支持和保障。

我国的现代运输服务起步较晚,运输业高质量发展还存在很多短板。但 2010 年以后随着"互联网+"信息平台经济崛起,一系列客货运出行票务、网约车、共享单车、电商快递、外卖送餐、城市速运等一体化链条服务企业得到迅速发展。目前我国共享出行每日接单数已远远超过其他国家,快递件数也已位居全球第一。有关交通运输新业态和信息化支持的分布式运输供给问题,在后面的章节还会专门讨论。

### 三、综合运输的趋势

综合运输(或称为"综合交通、综合交通运输"等)一词大体是从 20 世纪 50 年代开始在中文中使用的。综合交通运输的"综合"在英文中多是用 comprehensive 或 integrated 两个词表示,其中前者主要是"全部的、所有的"意思,后者则主要是"各部分密切协调的、完整统一的"即一体化的意思。苏联对"综合运输"的主导观点认为其是各种运输方式的总和,并没有突出各种运输方式通过有机协调形成一个整体的含义。我国在从苏联引进此概念后,英文翻译用词多用 comprehensive transport。

欧美国家从 20 世纪六七十年代起,在政府文件和学术文献中越来越多地使用"一体化运输"(integrated transport)的概念,其不仅指各种运输方式的一体化,还包括了运输与土地利用、环境保护、健康及教育等方面的一体化。但对于一体化运输来讲,一般认为首先是要解决多式联运(intermodal or multimodal transport)的问题,主要是指运输业发展到一定阶段所要求的全程、无缝、连续运输过程,以及实现这种过程的经济、技术和组织系统。后来一体化运输才逐渐扩大到在技术上更多通过信息化手段、更加环境友好、更有利于土地开发和城市合理布局、促进社会和谐公平以及更多公众参与等内容。日本从第二次世界大战后的 20 世纪 60 年代起开始重视综合交通研究和有关政策的制定,70 年代成立了"运输政策审议会",并在经济企划厅内设立了"综合运输问题研究会",80 年代以后的"综合性交通政策"为该国相应时期经济高速增长、国土开发、应对全球化和老龄化等的调整发挥了重要作用。

我国从 20 世纪 80 年代党的十三大报告开始提到"加快发展以综合运输体系为主轴的交通业";"加快综合运输体系的建设"的提法第一次正式出现在 1996 年制定的"九五"(1996~2000 年)计划中;2001 年制定的国家"十五"计划中有"健全综合交通体系"小节,而且专门制定了《综合交通体系发展重点专项规划》;"十一五"规划纲要提出要"按照形成综合运输体系的要求,推进交通运输业管理体制改革";2011 年的"十二五"规划纲要和 2016 年的"十三五"

规划纲要中分别设了《构建综合交通运输体系》和《完善现代综合交通运输体系》的专章。2019年发布的《交通强国建设纲要》则要求推动交通发展由追求速度规模向更加注重质量效益转变，由各种交通方式相对独立发展向更加注重一体化融合发展转变，由依靠传统要素驱动向更加注重创新驱动转变，构建安全、便捷、高效、绿色、经济的现代化综合交通体系。总之，综合运输已经成为各国运输政策的重要组成部分。

我们认为，综合交通运输是由于工业化、城市化和运输化三个进程共同作用，同时受到全球化推动与信息化支持，并在社会目标及资源环境约束条件下，运输业通过市场、政府、社会三者协调关系所形成的一种良性发展形态，以满足社会经济中生产方式、生活方式时空关系及时空结构转变与改善的要求。综合交通运输是社会经济在工业化和城市化较高级阶段对运输业提出，而运输业通过相关网络形态改善所能够提供的JIT服务状态。为了能够提供高水平的JIT服务，运输业网络形态的相关层次内部和各个层次之间都必须做出调整。

## 第四节 交通运输发展的阶段性

### 一、运输化理论及不同运输化阶段的划分

交通运输对于任何国家以及任何地区或城市的经济发展都具有至关重要的作用，运输业的发展有力促进和支撑了各国和各地的经济发展，它也成为经济研究的一个重要领域。交通运输与经济发展之间的关系有一定规律或趋势可循，但在很长时期中，关于交通运输与经济发展的关系解释大多局限于一些比较传统的说法，如运输发展有利于资源的开发、有利于实现大工业的规模经济、有利于时间的节约、有利于开发新的市场、有利于区域和城市的发展或有利于国际交流等。过去对运输业发展阶段的划分，也主要是从几种近现代运输方式出现或按照成长的顺序分为水运时期、铁路时期、公路时期、航空时期以及综合运输时期等，一直缺少理性的描述与分析。

运输化理论是从长期变化的角度刻画交通运输与经济发展关系的基本理论。运输化理论认为在运输化过程中，人与货物空间位移的规模由于近代和现代运输工具的使用而急剧扩大，交通运输成为经济进入现代增长所依赖的最主要的基础产业、基础结构和环境条件。该理论认为运输化是工业化的重要特征之一，也是指伴随工业化而发生的一种经济过程。关于工业化的特征，人们一向更多强调的是专业化、规模化、机械化、电气化和城市化等，实际上运输化对于工业化来说，至少与另外几个特征同样重要。运输化与工业化相伴而生，没有运输化就没有工业化，没有工业化也没有运输化。

经济发展的运输化过程有一定阶段性。按照该理论的划分，在工业革命发生之前，从原始游牧经济、传统农业社会到工场手工业阶段，各国经济一直处于

对运输化阶段划分进行必要调整的思考

"前运输化"状态；与大工业对应的是运输化时期，而运输化本身的特征又在"初步运输化"和"完善运输化"这两个分阶段中得到充分发展；随着发达国家逐步向后工业经济转变，运输化的重要性在相对地位上开始让位于信息化，从而呈现出一种"后运输化"的趋势。图1-1是各发达国家运输化分阶段示意图，从中可以看出运输化与工业化及运输技术进步的对应关系，图中总货运量是一条在初步运输化阶段先逐渐加速增长，然后在完善运输化阶段减速增长，最后在后运输化阶段进入饱和状态的曲线。

图 1-1 运输化阶段划分

资料来源：作者绘制。

运输化理论认为，在运输化的不同发展阶段，一个国家所面临的主要运输问题显然是不同的，运输与经济发展的关系也会出现很大变化。在经济发展初期，运输化的主要任务是打破长期的封闭和隔绝状态，要求建设起运输网的骨架，满足工业化所要求的能源、原材料和产成品的运输。到了经济发展的较高级阶段，运输体系应该向着多种运输方式协调配合、多功能、方便节约和高效率的目标前进，运输化本身也由此向其完善阶段和后运输化阶段转化。运输化水平与工业化、产业结构、经济空间结构的水平都是相辅相成的。在一定的经济发展阶段，需要有一定水平的运输能力与之适应，以便最大限度地发挥一个国家或地区的潜在经济能力。

运输化理论提出以来，其基本结论从总体上一直为国内外运输与经济发展的实践所验证。当然，随着人们对工业化、信息化、低碳化等趋势的认识不断加深，对运输化过程的认识特别是对运输化阶段划分的思考也在逐步深化。20世纪90年代初运输化理论提出时，主要是以运输业发展与工业化之间的关系去对运输业发展与经济发展之间的关系进行分析，特别是以总货运量的增长变化趋势作为核心变量加以描述。这种运输化阶段的粗略划分，包括初步运输化分阶段和完善运输化分阶段，基本上可以适应分析需要，但对后运输化阶段的分析只是根据当时对后工业化的预测进行了粗略的对应。随着人们对工业化阶段性有了更加深刻的认识，特别是对"第三次工业革命"和"工业4.0"等概念的深入讨论，对运输化发展相应阶段性的认识也需要进一步深化。

据此，运输化理论适当修改了关于运输化各阶段划分的方法，以适应新的分析要求。具体是，将前运输化阶段保留，将原"初步运输化阶段"改为"运输化1.0阶段"，将原"完善运输化阶段"改为"运输化2.0阶段"，原"后运输化阶段"则改为"运输化3.0阶段"（见图1-2）。原分析框架中工业化和后工业化阶段替换为第一次工业革命、第二次工业革命和第三次工业革命，分别对应着蒸汽机、城市化；内燃机、电气化；信息化、都市区化、全球化和可持续发展等重要特征。

**图1-2　新的运输化阶段划分**

调整以后，前运输化阶段对应早期运输方式；运输化1.0阶段对应不同近现代运输方式各自独立发展；运输化2.0阶段对应多式联运、枢纽衔接和运输领域的综合管理体制；运输化3.0阶段则对应运输发展更多考虑资源环境、大都市区形态、信息化、全球化和以人为本等；不排除今后出现运输化4.0阶段。

## 二、运输化的阶段性特征与要求

在运输化1.0阶段，运输业发展的主要任务是大规模运输设施特别是运输线路的建设，满足迅速增长的运输需求；在运输化2.0阶段，客货运输需求在数量增长方面的压力放缓，运输业发展的主要任务在建设方面更多体现在枢纽衔接，运输质量特别是多式联运受到重视；而在运输化3.0阶段，运输业发展更多地体现在信息智能、低碳环保、物流与供应链管理、交通与土地综合开发、交通改善可达性并引领城市的时空形态方面。

从运输方式的发展看，一般而言全国性铁路网、公路网和港口体系的建成是运输化1.0阶段基本实现的标志；而高速公路、高速铁路以及航空网的普及则是运输化2.0阶段的体现。从运输需求方面看,运输化1.0阶段运输需求的扩大主要体现在数量的急剧增加上;而运输化2.0阶段的运输需求在数量增长上不再那样突出,在运输化3.0阶段甚至还会出现下降,但对运输质量和服务的要求却越来越高。从运输需要满足的程度看,运输化1.0阶段首先要解决大宗、长途货物的调运,其中最突出的问题是煤炭、石油等矿物能源在全国范围内的调运平衡;而在运输化2.0阶段,大宗能源和原材料的远距离运输问题已经得到了较好的解决。从总体上看,目前各发达经济体的工业化处于第三次工业革命阶段,而中国的工业化则正在从第二次工业革命向第三次工业革命转变,其中部分行业和地区还处于第二次工业革命的初级阶段,各国的运输化也处在相应的阶段。

运输化不同阶段对政府的政策制定和行政能力提出了不同要求,特别是在运输化较高级阶段,运输系统所具有的综合性和复杂性使得政府必须在更高层次上制定运输政策。运输化阶段性转变带来的变化包括:从粗放式发展到集约式发展;从运输产品的数量扩张到服务质量的提升;从主要关注线路建设到突出枢纽地位;从每种运输方式单独发展到方式之间有效连接,并形成以集装箱为载体的多式联运链条;从运输方式和企业之间以竞争为主上升到协作协同;从简单位移产品到关注综合物流服务和附加价值;从单纯增加供给到更注重增加有效供给并辅以需求管理;从单纯运输观点到交通运输与土地开发、城市时空形态综合考虑等。这些都给发展阶段转变中的中国运输业提出了深入思考的重要课题,必须尽快提升现代交通运输的治理能力与水平。

我国运输化进程的特点是运输化1.0阶段拖的时间特别长,经济条件长期限制了国家在运输化方面的进程,运输能力不足曾长期制约了经济发展。从20世纪末开始,我国运输业投资才得到超常规增长,公路、铁路、港口、机场、管道、城市道路和轨道交通建设成就有目共睹,运输化滞后的情况出现较大改观。到2019年底,我国铁路营业里程达到13.9万公里,位居世界第二,其中高速铁路里程3.5万公里,位居世界第一;公路总里程501万公里,位居世界第二,其中高速公路里程14.96万公里,跃居世界首位;各类港口拥有万吨级及以上泊位达2520个,居世界第一;铁路、公路、航空业完成的客货运量和周转率都已居世界前列,港口集装箱吞吐量占全世界总量的1/4以上[1]。运输业的巨大发展恰与经济借力全球化一致,支撑我国经济总量跻身于世界第二,运输业发展长期滞后的局面已然得到改变。

与我国运输化取得长足发展相伴随的,当然还存在着交通运输服务效率与水平方面的差距,包括但不限于:旅客运输服务发展不均衡,中西部地区相对滞后;大城市特别是特超大城市交通拥堵和交通污染仍旧严重;一体化综合运输服务缺乏强有力的信息化、智能化、标准化技术和行业协同支撑;跨方式、跨区域、跨行业的信息共享严重缺乏;多样性、个性化服务方式缺乏,体验感不强;货运服务的差异化、精细化、信息化、智能化、专业化水平总体较低;与物流及

---

[1] 中华人民共和国交通运输部:《2019年交通运输行业发展统计公报》,人民交通出版社2020年版。

商贸流通、制造业、农业等的联动融合程度浅；物流成本居高不下等[①]。这些问题的存在制约着运输业为社会经济提供更好的服务。

总之，目前我国总体上处于运输化2.0阶段，客货运量的增长趋势已开始放缓，但一些地区还存在运输化1.0阶段需要继续补课的状况，而且也出现一些运输化3.0阶段特征提前到来的情况，面临着阶段性转变的艰巨任务。这与《中国制造2025》提出由于国情原因，我国工业制造需走工业2.0、工业3.0、工业4.0并行和多层次发展的道路非常类似。我们将在相当一段时间内面临多阶段和多层次交叉的交通运输发展任务，需要各方面予以足够重视。

### 三、对运输化阶段性转变的分析

目前，我国运输业的发展和社会经济生活都面临着重大的阶段性转变，这里特别需要强调并厘清运输化3.0阶段与信息化的关系，并进而说明运输化阶段转型的社会经济意义，为此我们需要借助系统论、协同论和物信关系的分析框架。有关物信关系的基本概念及其在经济时空分析和对于分布式运输的解释作用，在后面的章节会专门讨论。

管楚度根据本体论原理和协同学中的哈肯伺服原理提出，一个社会经济系统的特性虽是由多种要素联合作用的结果，但往往只有一种要素是其中的主贡献要素或称支配变量，其他要素则均是非主贡献要素或非支配变量。系统的本质结构是由支配系统变化的序参量，即核心变量或支配变量所决定，而影响系统特性的支配变量在不同阶段会发生改变，即发生支配变量"换元"。也就是说，支配变量变更会导致系统特征发生重大变化，社会经济系统也会由于支配变量变更而发生重大改变。

支配变量通常属于系统结构本体，即支配变量与系统之间属于本体性关系，这不同于系统与其所能服务的对象之间的内外平衡关系。系统的核心特性具有本体特征或内源特征，即贡献这种特性的主贡献因素一定是系统的内构物，脱离了本体性关系就不能真正弄清楚系统的本质。我们认为，交通运输活动自身的物信关系属于交通运输系统内部的本体性关系，而运输系统对社会经济提供服务水平的提升只是内外平衡关系。运输能力、运输组织、运输结构等的改善或优化，都应该通过系统的本体属性来解释。因此，运输化过程何以开始以及不同阶段的转换也应该依此原理进行分析。

根据我们的看法，社会经济进入运输化1.0阶段的原因，是机械动力大规模引入运输业，运输能力大大超越自然状态的交通运输；运输化进程进入2.0阶段的原因，是一体化多式联运链条的内在作用凸显，明显超越单方式运输的功能；而运输化进程进入3.0阶段的原因，是运输业物信关系与结构发生重大改变，信息和数据开始主导实体运输过程。出现运输化3.0阶段趋势，并不意味着交通运输在正在到来的信息社会里将要逐渐失去存在价值，或可以很快被其他新兴产业

---

① 傅志寰、孙永福等：《交通强国战略研究》（第一卷），人民交通出版社2019年版。

所取代。该阶段的趋势只是表明，作为一种基础结构，作为实现人与货物空间位移实体的运输业在信息社会中的地位和重要性，由于社会经济物信关系与时空结构正在发生重大重组而有所改变。运输化 3.0 阶段的到来，意味着实体运输与信息技术实现内在协同，即运输化与信息化融合新阶段的到来。

由于交通运输是从属于社会经济总系统，因此影响交通子系统的物信关系支配变量也孕育于社会经济总系统，而实际上物信关系调整对社会经济各个方面都产生了重大影响。运输的实体传输与通信信息传输之间的融合，即物信关系基础性演变的阶段性，是影响系统出现重大阶段转换的支配性变量。它不但使运输业本身实现重大转型，而且能让社会经济在新的低成本高信度基础上进一步克服耗费巨大的时空阻隔。

交通改善一直在内部为社会经济提供客货位移服务和区位条件改善，同时构建和提升社会经济时空场域。前期人们更加关心客货运输克服空间距离所形成的开发性经济空间，但后期则会转向更加关心时间距离缩短所形成和完善的社会经济时空。客货运输量也会从前期的高速增长逐渐放慢甚至在数量上停止增长，运输业发展越来越体现在高质量运输服务的提供上，而这依赖于在内部构建超越传统运输模式的物信关系与结构。从社会经济系统的本体性关系看，目前其内部的交通、信息、能源、环境、土地、工业、农业、流通及其他服务业以及城市化等子系统，也已经到了必须进行深度融合与综合施策，而不是继续割裂发展的状况。

当一个国家的工业化从资本与资源密集型产业主导向知识与信息密集型产业主导转化，其运输业发展也会开始从运输化 2.0 向 3.0 阶段转变，其交通运输结构所对应的经济时空关系和结构与此前阶段相比一定会出现重大变化，其运输体系也必然同时经历服务需求升级和内部新型物信关系的换元。交通运输体系在基础设施、产品服务、组织结构与体制政策各个相关层次上都必须与这种变化相适应。

也就是说，交通与通信一直且未来仍旧将是社会经济时空结构构建与改善的核心基础，但它们的关系与作用程度有所改变。运输化的前两个阶段分步解决了人与货物实体移动的问题，运输化 3.0 阶段则是运输化与信息化融合的阶段，需要更加关注物信关系的合理重构，使社会经济时空场域建立在更加厚实、高效的基础设施之上。

---

**专栏 1-1**

### 哪些位移活动一般不被包括在运输业领域

交通运输是一项范围非常广泛的经济活动，而且国民经济与社会生活中发生的人与物体在空间位置上的移动几乎无所不在，但要在所有的人与物的位移里面划分清楚属于运输的界限，以便明确学科研究的范围却不是一件容易事。

有些社会经济中的输送活动也产生了人与货物的实体空间位移，但在传统的运输经济分析中，这些活动并不属于运输活动。首先，我们需要排除被称作厂内运输或内部运输的各种客货位移，例如在各种工作区域以及商业、景区、娱乐场所内的人与物体的空间移动。其次，需要排除那些专用车辆和移动设备，例如警车、救护车、消防车、扫街及洒水车、环境监测车、工程及救险车等所引起的人与物的位移，尽管这些车辆也常利用公共运输设施。另外，还需要排除像输电、输水、供暖、供气和排污等都已各自拥有独立于交通运输体系的传输系统所完成的物质位移。

这些人与物体位移一般不被包括在运输业的领域中。当然，我们不能轻视这些物质位移，其实它们与交通运输一起构成了现代社会运行无法缺少的基础设施，而且有时候它们与交通运输也难以完全分开，特别是当我们应该从时空视角看待运输经济问题的背景。例如，运煤与输电的选择就是很典型的例子。我国是煤炭的生产和消费大国，我国的煤炭资源及产量主要集中在西部地区，2019年内蒙古、山西、陕西地区煤炭产量26.4亿吨，占全国的70.5%，而对能源需求量较大的华东、华南地区煤炭产量却很少，客观存在的资源分布空间不匹配是国内需要大规模能源传输的根本原因。煤电的能源传输主要有运煤和输电两种方式，现实中就需要解决应该在多大的空间范围分别发挥这两种方式各自优势的问题。

运煤与输电的技术经济分析涉及比较复杂的影响因素，包括煤炭分为高热值和低热值煤，还分为原煤和洗精煤，输电也分为高压、特高压，交流、直流等不同的技术和可靠性，还涉及燃煤在坑口还是消费地设电厂发电所需要的水资源和污染及碳排放指标是否充足等问题。煤炭运输成本主要是铁路的煤炭运输价格，输电成本则主要考虑电网的输电成本。由于电网远距离输电会产生比较高的电网损耗，虽然在采用特高压输电技术后可以降低损耗，但还是要比运煤的损耗高5个百分点以上。所以，十几年前曾经有过一个研究成果，认为在不考虑能源消费地环境成本的条件下，800公里以内输电比较合理，2000公里以上运煤比较合理，800~2000公里之间可以二者并举，可根据不同情形得出结论。以新疆哈密到郑州为例，输电距离2200公里左右，输煤、输电全成本电价分别为258.06元/兆瓦小时、296.74元/兆瓦小时。

而最近十几年输电技术进步使得输电成本降低，以上临界距离是不是应该有变化，显然需要进一步研究。此外，燃煤电厂的碳排放也逐渐成为硬约束，京津冀、长三角、珠三角等东部主要能源消费地的碳排放指标控制越来越严格，以及远距离输电可靠性较弱的问题，也都是必须考虑的。我国特高压输电布局与煤运铁路基本重合，建设特高压是为了弥补东西、南北间能源分布缺口，在这一点上与我国煤运铁路运输规划的目标是一致的。运煤与输电作为平衡能源分布的重要手段，运煤模式长期仍是跨区域能源优化配置的重要手段，而输电模式将继续作为缓解输煤压力的有效补充。

资料来源：改写自许庆斌等：《运输经济学导论》，中国铁道出版社1995年版。

> 专栏 1-2

## 关于运输化理论的客货运输量实证分析

运输化理论的提出为从总体上解释交通运输与经济发展的关系提供了一个理论框架,也推动近年来取得一系列新成果,国内外运输学科相继出版的著作集中讨论了这方面的问题,取得了相当可喜的成果。如韩彪认为近现代运输业成长过程可分为渐变期和剧变期两种形态,它们交替占据主导地位,形成了各种运输方式演进与经济发展之间脉冲式的促进关系。熊永均认为现代经济增长过程只是在运输成本降低到某一个阈值时才出现的,而现代经济增长的成本阈值是指大工业所需要的人与货物位移的最低运行速度和可以接受的最高运输成本,其阈值理论从成本角度说明了人类社会经济为什么会以运输化为开端进入全新的现代发展时期。

王吉祥的铁路货运需求增长四阶段模型,把货运需求分为"数量性需求增长"和"结构性需求增长",进一步验证了运输化有关阶段的演变过程。曹忠勇通过城市内外部交通在不同阶段出现的显著变化,概括了交通与城市化发展之间的关系。而魏际刚则从制度构建的视角进一步论证了交通发展的阶段化进程。萨维和伯纳姆在近期著作中介绍了欧美国家货运趋势的分析方法,增加了所运货物价值的指标以克服货运量及周转量指标的局限性。图 1-2-1 是美、日、英三国货运周转量及其增长率变化情况。由图中图形与数据可见,美、日、英三国货运周转量从 20 世纪 70~80 年代以后的增长都开始出现明显放缓,而从 2000 年以后又都开始出现货运周转量绝对量减少的现象。

(a)美国

(b) 日本

(c) 英国

**图 1-2-1　美、日、英三国货运周转量及其增长率变化情况**

资料来源：傅志寰等：《交通强国战略研究》，人民交通出版社 2019 年版。

接近相同的趋势是，各国的总货运量增长曲线都表现出在运输化 1.0 阶段逐步加速增长，然后在运输化 2.0 阶段减速增长，最后大体在运输化 3.0 阶段进入饱和水平。在以国内生产总值（GDP）为主要指标的经济增长与货物运输量增长二者之间，由运输化 1.0 阶段货运量的增长率一直高于 GDP 的增长；到运输化 2.0 阶段总货运量的增长率放缓并与 GDP 的增长率大体相当；而在运输化 3.0 阶段，总货运量出现增长停滞甚至开始下降。也就是说，在经济发展和运输化的较高级阶段，经济增长与货物运输量之间会出现一定的解耦现象。也有人分析了不同国家客运量变化的趋势，如图 1-2-2 显示美国客运周转总量大约在 2001 年达到 37 万亿人英里后已没有再进一步增长，至少是明显放慢增长；而人均日出行距离在 1995 年以后也已开始出现下降趋势。

**图 1-2-2　美国 20 世纪 60 年代以来客运总量及人均个人出行变化**

资料来源：Passenger Travel FacTs and Figures, 2016. US Bureau of Transportation Statistics。

图 1-2-3 是美国 1990~2017 年包括各种出行方式的平均每日出行距离变化。由图中数据可以看出，美国平均每日出行的距离 1990 年约为 35 英里，1995 年为 38 英里，2001 年最高约 40 英里，但 2009 年降为约 36 英里，2017 年仍保持在该水平；但美国人每日出行中依靠私人汽车完成的英里数，已从 2001 年最高的约 35 英里，降至 2009 年的约 32 英里和 2017 年的约 27 英里；美国人每日出行中依靠地铁完成的英里数变化一直不大，但 2017 年由其他交通方式（包括地面公交、铁路、自行车、步行、出租车和航空）完成的比例明显上升，其中航空业完成的约占 3/4。图 1-2-2 与图 1-2-3 的统计口径和年份不同，数据也不完全一样，但基本上还是可以看出美国客运领域近些年来发生的变化。发达国家客货运输量的变化趋势是否完全验证了运输化理论的预计还需要仔细观察。

**图 1-2-3　美国 1990~2017 年平均每日出行的距离变化**

资料来源：美国运输部，《全国家庭出行调查》，2018 年。

## 本章思考题

[1] 早期人类可以依靠哪些典型的传统交通运输工具？

[2] 列举所知道的古代世界著名水陆商道及其主要作用。

[3] 你认为工业化之前运输能力最大的交通运输工程是什么？那时候的主要运输对象是什么？

[4] 工业化以后出现了哪几种主要近现代运输方式？主要运输对象转变为什么？

[5] 简述你所知道的主要现代交通运输工具的最大运输能力。

[6] 你认为工业化进程存在哪几方面的主要特征，并可以分为哪几个阶段？

[7] 简述你所知道的运输业发展阶段性，每一个不同阶段的主要特征是什么？

[8] 决定运输业不同发展阶段转换的主要影响因素是什么？

[9] 举例说明英文 intermodal 或 multimodal transport、comprehensive transport、integrated transport 等概念与中文综合运输概念的关系。

第一章思考题

# 第二章

# 交通运输统计与指标

第二章
讲义视频

> **本章总体要求**
>
> 了解交通运输统计的重要意义；初步掌握交通运输生产和经营活动中常用的统计指标与统计方法；培养学生使用交通运输统计指标和方法来对运输经济问题进行定量分析的基本能力；初步了解互联网客货运平台和交通运输大数据对交通运输统计的影响；掌握基本的交通调查方法。

**本章主要内容**

- 运输业信息密集的特性与交通运输统计制度、统计研究方法的演进。
- 交通运输量的基本概念、运输统计量的指标体系。
- 描述交通运输固定设施与移动设备的数量、质量和能力的指标与指标体系。
- 衡量交通运输系统设施、设备利用和运用效率的指标与指标体系。
- 完整的交通运输统计范围包括专业运输主体和非交通系统主体两个部分。
- 交通运输统计在传统基本指标以外的主要衍生指标和补充指标。
- 显示性偏好交通调查方法与表述性偏好交通调查方法。

## 第一节 交通运输统计与指标概述

### 一、交通运输统计的性质和任务

交通运输统计是社会经济统计的重要组成部分，是对运输业进行科学管理的重要工具，是认识运输生产和经营活动的有力武器之一。它是对运输活动的数量方面所进行的一种调查研究活动，通过这些调查活动从总体上反映和研究运输业和运输经济现象的数量、规模、构成、发展速度、发展水平、经济效益，与国民经济其他部门的联系及其发展变化的规律性。在交通运输经济活动的科学管理中，需要充分掌握和运用准确、全面、系统的统计资料，这对交通运输管理部门科学制定规划和政策，指挥生产，编制和检查运输计划的执行情况，促进运输业以至整个国民经济和社会的发展都有着重大意义。

统计工作的基本任务是对国民经济和社会发展情况进行统计调查、统计分析，提供统计资料，实行统计监督。交通运输统计的任务则是对交通运输业的情况进行统计调查、统计分析，提供统计资料，行使统计监督职权，充分发挥统计服务和监督作用。重点体现为：（1）为制定交通运输政策和编制交通运输规划提供参考依据；（2）对交通运输政策和规划的执行实行统计监督；（3）为指挥运输生产和加强企业管理提供信息支持；（4）经常搜集并系统地积累国内和国际的统计资料，为运输科学研究及经济预测、决策提供资料。

运输业的主要生产手段是各种运输工具和道路/线路/站场等基础设施，而运输工具常年分散在漫长的运输线和众多的运输站场上，进行跨地区，甚至跨国界的流动生产，"点多、线长、面广"，处于动态的频繁移动状态。运输业生产和经营的这一特点使得交通运输统计的研究和日常工作极具挑战性。在交通运输统计中必须有一套科学的指标体系和严密的组织，有关单位要高度协调，紧密结合，才能做好交通运输统计资料的搜集、整理和分析工作，全面反映运输生产的静态和动态过程，反映和分析运输基础设施和运输工具的数量、质量及其运用情况，把握运输生产进度，保证交通运输生产能够有节奏地进行，使交通运输能力得到充分利用，发挥统计为国民经济和社会发展服务的作用。

## 二、交通运输统计的主要内容与指标体系

交通运输统计必须把运输体系作为一个统一的整体进行统计研究，提供反映全社会运输经济活动情况的统计资料。交通运输统计研究的内容很广泛，主要有：

（1）运输生产成果统计。包括各种运输方式客货运量的多少，运量的构成、流量、流向等。运输量是运输业生产的直接成果，也是交通运输统计研究的中心问题。

（2）运输生产条件统计。包括运输线路、运输工具、车站、港口设施等运输劳动手段；运输生产过程中所消耗的材料和能源等；运输业的劳动力数量、构成、变动、劳动时间利用以及劳动生产率。

（3）运输财务成本统计。交通运输统计应对运输企业的成本、利润等进行统计研究，以促进运输经济效益的提高。运输生产过程同时也是资金的周转过程。运输企业要保证运输再生产的正常进行，必须拥有一定数量的流动资金和固定资金，交通运输统计也应该对运输业的固定资金和流动资金进行统计研究。

美国交通运输统计管理体制和标准体系研究与借鉴

(4) 运输与环境统计。统计、监督、比较各种交通运输方式的实际能耗量、单位能耗量和对运输环境保护进行统计，可为相关政府部门、研究机构和运输企业提供分析依据，能够促进运输业有效、平稳地推进节能减排工作，并对于推动其向资源节约、环境友好型的发展模式转变，具有重要意义。

(5) 运输质量与安全统计。运输行业竞争日益激烈，谁的服务质量好，谁就能赢得顾客。与此同时，客户的需要也在不断变化，对运输业服务的要求也在不断提升。运输过程中出现安全事故，不仅会产生不可挽回的人身伤亡和财产损失，同时在政治和经济上也会给运输业的生产和经营造成严重后果。如何描述、改进并提高服务质量，强化安全管理和控制，是交通运输指标所必须包含的重要内容。

统计指标体系是由一系列相对独立又相互联系、相互制约、互为补充的统计指标组合而成的有机整体，是多系统、多层次的统计指标集合，用以反映社会经济现象之间的内在联系及客观总体的全貌。交通运输业统计指标体系的作用主要体现为：(1) 通过统计指标体系来全面系统地认识研究交通运输活动；(2) 作为统计信息的载体，统计指标体系有助于深刻认识复杂的社会经济与交通运输现象及其本质联系，揭示相关规律性；(3) 从系统内已知的各指标之间的联系中，预测事物或现象未来的发展趋势，达到对运输系统全面、系统、深入的认识，为管理和决策提供充分的量化依据。

运输业统计指标体系有利于我们客观地认识运输业的基本状况，按照运输方式的不同，可划分为铁路、公路、水运、民航、管道等统计指标子体系。各种运输方式的指标体系各有其特点，但也有其共性。不同运输方式统计指标子体系均包括有基础设施、运输装备及运用、运输生产、财务成本统计、节能环保、质量安全等部分。

## 三、运输量统计的意义与范围

运输量指标是运输统计中的基本指标，是计算运输设施设备运用效率、劳动生产率、单位成本、燃料平均消耗量等一系列指标的基础，是搞好运输管理，保证运输生产活动的重要依据。而且，运输量指标不但反映了运输业在一定时期进行运输生产的成果，也反映了一定时期内社会生产和人民生活的运输需求量。因此，运输量指标不但是评价运输企业完成运输生产任务的工具，而且也是研究运输业与其他物质生产部门之间的比例关系以及运输业内部各种不同运输方式之间比例关系的依据。

运输量统计的主要任务包括：(1) 搜集、整理和分析客货运输量（包括客货运量和客货周转量）及其构成和流向、流量等项资料；(2) 反映客货运输的发展规模和速度，研究运输同国民经济的比例关系，反映和分析地区经济特征，研究各地区之间的经济文化联系；(3) 反映和分析研究运输流在时间上和空间上的不平衡情况；(4) 为编制运输计划、检查监督运输生产的执行情况，改进运输组织工作，充分利用运输能力和挖掘运输潜力提供统计资料。

旅客运输量统计的范围：（1）交通运输部门企业的营运工具所完成的旅客运输量；（2）非交通运输部门的单位中持有营运证的工具所完成的旅客运输量；（3）对于未发放营运证的如交通车、旅游车等，暂不统计。

我国现行统计制度规定，属于流通过程运输的货物运输量其统计范围是：（1）专业运输部门完成的及交通部门组织其他部门的车船完成的货物运输量；（2）非交通系统中独立核算运输单位完成的货物运输量；（3）非交通系统中非独立核算的车队或车辆完成的发生运输结算的营业性货物运输量；（4）运输邮电系统及其他系统中（除工业、农业、建筑、财贸等属物质生产部门的系统外），非独立核算的车队或车辆完成自货自运；（5）其他社会运输力量（民营企业、个体户等）完成的货物运输量。

必须指出的是货物装卸量及为装卸而进行的短距离的搬运量，其性质是属于场站或港站内部的作业过程，因此不统计货物运输量。

## 四、运输统计研究的主要方法与进步

总的来说，交通运输统计研究所采取的方法包括但不局限于以下四种：

（1）趋势分析法。交通运输是在经济和社会发展过程中诞生和发展起来的，并随着人类的进步和科学技术的发展与时俱进。通过对交通发展历史数据的分析，有利于认识交通运输在经济和社会发展中的作用和现代交通运输发展的历史背景。

（2）运输结构分析法。与其他产业相比，交通运输同国民经济关系非常密切，受整个经济变化的强烈影响。不同的经济结构对交通运输需求趋势产生的影响不同。要对由各种运输方式组成的交通运输结构进行分析，就需要掌握交通运输与国民经济和社会发展的相互关系。分析某一运输方式的技术经济特性，首先要对总体运输结构做出较为全面的研究。要科学地预测未来运输需求的发展趋势，也应对整个社会经济的发展趋势和经济结构的变化倾向做出预测。

（3）经济计量分析法。现代复杂的运输经济活动需要强化定量分析。历史上主要使用的方法有相关分析法、弹性分析法和增长率法等。随着我国统计理论水平和交通运输统计工作水平、统计技术和手段的不断进步，交通运输统计与数理统计学的关系也更加密切。多元统计分析、系统动力学、数据包络分析、神经网络分析、机器语言等方法已开始在我国交通运输统计工作中得到应用。

（4）国际比较法。交通运输虽然因国家、地区、经济发展阶段和管理体制等不同存在一些差异，但也有很多共同之处。在经济社会的发展过程中，交通运输的发展也具有一定的共同规律性。国外经验可资借鉴，我国交通运输问题既可能从其他国家的发展历程和研究成果中找到解决办法，也可为其他国家，尤其是发展中国家的交通运输问题的解决提供"他山之石"。

交通运输完成人与货物的空间位移，是典型的实体经济活动；同时，交通运输又是典型的信息密集型领域。传统时期的交通运输活动及其所依赖或服务的其他社会经济生活，都离不开信息的传递和指引。例如，自古航运特别是海运就必须在季风、气候、海况、航向、航速、经纬度、日月星辰乃至潮汐这些关键信息的支持下才能在与大自然的搏斗中生存下来；在内河中行船，包括开凿运河当然也必须掌握水文、地理以及工程知识；铁路运营准时性的要求不但推动了电报和电话的普及，而且为人类带来了标准时间的概念。除了技术性信息，越来越多经营性信息，如吨位、价值、运送时间、运输成本、运输损耗等，也为运输签约、经营、管理所必须，并成为不同运输方式出于规范管理要求而设立的行业统计指标的重要组成部分。

现代信息技术的进步也有很多是最早或最普遍地在交通运输领域得到应用。卫星导航技术对航海和国际航空的重要性自不待言；移动通信技术迅速伴随与人们出行相关的时空大数据分析，惠及到各种电子地图、出行导航、网络购票、网约车、共享租赁服务、自动驾驶……不断改变着大多数人的交通行为。交通运输活动相关特征信息的收集、传递、处理、应用等，对运输业和社会经济的重要性已变得越来越明显。对交通信息利用的程度已经大大超过传统交通运输统计及其指标设计的范畴，技术能力也发生了代际变化。但运输统计与交通大数据之间有很多传承关系，一些运输活动基本指标也仍旧在广泛使用。因此，了解和掌握运输统计及其指标体系的基本知识和分析方法，仍然具有重要意义。

中华人民共和国成立前，我国的运输统计相对薄弱。中华人民共和国成立以后，我国以苏联的计划经济模式为主，建立了相应的运输统计体系，主要为计划经济体制下的生产型运输供给和计划性运输需求服务。"文化大革命"时期，交通运输统计工作遭受严重破坏。1978年党的十一届三中全会后，交通运输统计工作得到恢复和发展，并逐渐从为计划经济体制服务的体系向适应市场经济体制需求的体系转变，由内向型的部门封闭性体系向外向型的开放性体系转变。

目前我国交通运输统计工作存在的问题包括：指标体系还需进一步更新和完善；交通运输统计调查方法和手段还不够多；交通运输统计的基础工作，尤其是统计数字的质量，不够扎实；交通运输统计分析研究的开展等还不适应分析预测市场、宏观管理和精细化管理等的要求；信息技术，尤其是交通大数据的应用还有待提高和完善；交通运输统计力量还需进一步加强。交通运输"大部制"的成立，为解决上述问题提供了一定体制性条件。

## 第二节　设施与设备的能力指标

交通运输的设施与设备是实现交通现代化的物质基础，其统计指标也反映了既有交通运输体系的规模与技术水平。交通设施与设备的统计范围可以是国家，也可以是省、市、县等不同级别的区域。

## 一、基础设施能力

交通运输基础设施能力指标是指各种运输方式的运营线网长度或节点数等具体指标。主要包括：

铁路营业里程（公里）：分为国家铁路和地方铁路等类别。

公路线路里程（公里）：按行政等级分为国道、省道、县道、乡道、村道和专用公路等；按技术等级分为高速、一级、二级、三级、四级、等外公路等。

公路桥梁数量与长度（座，万米）。

公路隧道数量与长度（处，万米）。

公共汽电车运营线路长度（公里）。

轨道交通运营线路长度（公里）。

轨道交通车站数（个）。

内河航道通航里程（公里）：包括等级航道里程。

港口生产用码头泊位（个）：分为沿海、内河码头泊位。包括万吨级及以上码头泊位。

民用航空机场数（个）。

定期航线条数及里程（条，公里）：分为国内、国际定期航线条数及里程。航线里程又分为重复距离和不重复距离的里程。

定期航班通航城市数（个）：分为国内、国际定期航班通航城市。

邮路长度（公里）：分为航空邮路、铁路邮路、汽车邮路。

邮政营业网点数（个）。

交通基础设施能力的现状指标数据一般均采用年末在用数据，不包括在建和未正式投入使用的设施。当然，我们通常还可以看到相关年度分运输方式的交通固定资产投资指标，和交通基础设施当年新增生产能力指标。

## 二、基础设施技术水平

依据前述公路线路里程指标中按技术等级划分的数据，可以计算出高速公路和一至四级公路等在公路总里程中所占的比重，了解公路设施在总体上的技术水平。从内河航道通航里程和港口码头泊位指标的细分中，也可以了解等级航道和万吨级及以上码头泊位所占比重，与水运设施的总体技术水平。

铁路设施的技术水平一般采用铁路复线率、铁路电气化率及高速铁路比重等指标。铁路复线率通常是指双线铁路里程占全部铁路营业里程的百分比；铁路电气化率是指电气化铁路里程占全部铁路营业里程的百分比；而高速铁路比重＝高速铁路里程/铁路总里程。

有时候，人们用平均国土面积（或人均）基础设施数量指标去反映一国或一个地区交通基础设施的发展水平。

$$平均国土面积基础设施里程 = 线路总里程/区域国土面积$$
$$人均基础设施里程 = 线路总里程/区域人口数量$$

城市交通运输基础设施也有相应的评价或对比指标，如包括：

主干道密度（公里/平方公里）：市区内主干道长度与市区面积的比值。

路网密度（公里/平方公里）：市区内宽 3.5 米以上道路的长度与市区面积的比值。

人均道路面积（平方米/万人）：建成区内平均每个常住人口占有的道路面积。

路面完好率（%）：建成区内路面完好的道路里程占道路总里程的比例。

百辆车停车位数（个）：建成区内平均每百辆注册机动车辆（或小汽车量，不包括外来车辆）占有的公共建筑的配建停车场、社会停车场和占路停车场的车辆泊位数。

行人过街设施设置率（%）：市区内中心商业区和旅游景点等人流密集地区内的行人过街设施（包括人行横道、人行过街天桥和地下通道）的数量占应设数量的比例。

城市中心区轨道交通站点之间的距离（米）。该指标能反映城市居民在市中心获得轨道交通服务的便利程度。

## 三、交通运输工具保有量

运输工具保有量指标体现了与基础设施相对应的运输工具的匹配程度，也在一定程度上反映了交通运输行业及所研究区域的社会经济发展情况。有关指标包括：

铁路机车拥有量、客车拥有量、货车拥有量（万辆）。

民用汽车保有量（万辆）。目前我国民用汽车中包括三轮汽车和低速货车。民用汽车中也包括私人汽车、民用轿车和私人轿车的分类。以国家统计局发布的 2019 年国民经济和社会发展统计公报数据理解相关指标之间的关系：2019 年底全国民用汽车保有量 26150 万辆（包括三轮汽车和低速货车 762 万辆），其中私人汽车保有量 22635 万辆；民用轿车保有量 14644 万辆，其中私人轿车保有量 13701 万辆。此外，我国汽车制造行业使用汽车产量统计指标，汽车总计（万辆）按使用类别分为乘用车和商用车，其中商用车又分为客车和货车。汽车按燃料类别则分为柴油汽车、汽油汽车和其他燃料汽车。

公路运营汽车拥有量（万辆）：分为载客汽车和载货汽车。

城市公共汽电车运营车辆数（万辆）。

出租汽车运营车辆数（万辆）。

轨道交通运营车辆数（万辆）。

客运轮渡营运船舶数（艘）。

营业性民用运输轮驳船拥有量（万艘）：分为机动船和驳船。还包括静载重量、载客量、集装箱箱位、总功率等指标。

飞机架数（架）：分为运输飞机和通用飞机。

人们也用平均运输工具保有量指标去反映一国或一个地区的交通发展水平。如每万人拥有公交车辆数，是市区内平均每一万个常住人口拥有的公交车辆数。

平均运输工具保有量 = 运输工具数量/总人口或总面积。

图 2-1 是 2009~2019 年北京市注册司机数量的变化及增长率变化。

**图 2-1  2009~2019 年北京市注册司机数量及增长率变化**

资料来源：北京交通发展研究院。

## 第三节　交通运输量指标

### 一、旅客交通运输量指标

旅客交通运输量是指由交通运输部门和组织其他部门的运输工具所完成的旅客运输量，主要统计指标为：客运量、旅客周转量、旅客平均运输距离和人均旅行次数等。

#### （一）客运量

客运量指在一定时期内各运输部门实际运送的旅客人数，其计算单位为人。

计算客运量时，不管旅客行程的长短或客票票价的多少，每位乘客均按一人计算，往返客票按往返各一人计算。半价、小孩票也按一人计算，免购客票的儿童不计客运量。图 2-2 是 2015~2019 年我国民航业完成的旅客运输量和增长率变化。

图 2-2 2015～2019 年我国民航业完成旅客运输量

资料来源：中国民用航空局《2019 年民航行业发展统计公报》。

### （二）旅客周转量

旅客周转量是指一定时期内，各运输部门实际运送的旅客人数与其相应的旅客运输距离乘积之和，其计算单位为人公里。计算公式为：旅客周转量 = $\sum$（旅客人数×运送距离）。一般将客运量和旅客周转量合称旅客运输量。

### （三）旅客平均运输距离

旅客平均运输距离是指一定时期内平均每名旅客被运送的距离。计算单位是公里。计算公式为：旅客平均运输距离 = 旅客周转量/客运量。

旅客平均运输距离是一个平均数，反映各种运输方式旅客被运送（或旅行）的平均距离，也可以称为旅客平均运程或平均行程。

## 二、货物运输量指标

货物运输量是指由运输企业和其他部门的运输工具所完成的货物运输量，主要统计指标有：货运量、货物周转量、换算周转量、换算系数、运输系数、货物平均运输距离、不平衡系数和集装箱运输量等。

### （一）货运量

货运量是指运输企业在一定时期内实际运送的货物数量，其计量单位为重量吨。货运量是反映运输生产成果的指标，体现着运输业为国民经济服务的数量。一定时期货运数量的大小，也是反映国力状况的一个重要指标。反映货运量的指标有发送货物吨数、到达货物吨数和运送货物吨数。

**1. 发送货物吨数**

发送货物吨数指货物在发送站（港）始发的货物重量吨数，发送货物吨数表明运输业者承运的货物数量。发送货物吨数还能表明承运站（港）所在地区供给其他地区的产品种类和数量，从而反映该站（港）所在地区的经济特征。这一指标还表明始发站（港）工作量的大小，是站（港）安排货物运输工作，配备劳动力及技术装备，进行经济核算的依据之一。

**2. 到达货物吨数**

到达货物吨数是从一批货物的运输已经完成的角度来反映运输业的成果，它能准确地反映货物运输的最终结果。通过运到站（港）所在地区的产品种类和数量，在一定程度上反映出该地区的经济特征，并表示该地区还需要其他地区供给的产品种类及数量。到达货物吨数也表明货物运输终了时站（港）工作量的大小，是安排与考核站（港）各项工作的依据之一。

**3. 运送货物吨数**

运送货物吨数是运输企业完成运送工作的货物吨数。一项运输任务，由同一运输方式或同一运输企业来完成时，发送、到达和运送货物吨数都是相同的。但当它由不同的运输企业来承担时，运送货物吨数的计算方法就会不一样。

以铁路运输为例。由于我国铁路划分为若干个铁路局（还有一些铁路公司），一项运输任务往往从一个铁路局发送，在另一个铁路局到达，而中间又往往通过其他一些铁路局。就整个铁路网来说，发送货物吨数或到达货物吨数就是它的运送货物吨数，但对于仅仅通过的铁路局，就只有运送货物吨数而无发送或到达货物吨数。对铁路局来说，运送货物吨数 = 该局的发送货物吨数 + 接运货物吨数，或是该局到达货物吨数与交出货物吨数之和。

货运量是按不同运输工具分别统计的，因此，铁路、公路、水路等多式联运时，由于运输方式不同、运输工具不同，也应视为几次不同的运输任务，分别统计其货运量。对于货主一次托运而在同运输一企业内货物由两种不同运输工具接运，其货运量每种运输工具可分别各自计算一次。各种不同的运输工具完成的货运量统计会有重复。

为实现货物运输而进行的装卸搬运工作与运输生产活动密切相关，但性质上是不同的生产活动。因此，货运量不包括装卸量及为装卸而进行的短距离的搬运，水运中的驳运量以及倒载、转堆亦不能计算或折算为运输量。

运输企业运送的旅客行李、包裹在有些情况下会另行统计。

**（二）货物周转量**

运输企业在货物运输方面做了多少工作，不仅表现在它运送了多少吨货物，还表现为这些货物被运送了多少距离。因此，要计算包括货运量和运送距离两个因素的综合指标，即货物周转量指标，以全面反映货物运输部门所完成的工作量。

货物周转量的计算单位通常为吨公里，计算方法是把每批货运量（货物吨

数）乘以该批货物的运送距离，然后加总。即：货物周转量 = $\sum$（每批货物的重量 × 该批货物的运程）

例如，有两批货物，第一批为 50 吨，运送距离为 100 公里，第二批为 100 吨，运送距离为 20 公里，则这两批货物的周转量为：50×100+100×20=5000+2000=7000（吨公里）。

计算周转量所用的运送距离通常是计费里程，即货物发送站（港）与到达站（港）之间的收费距离，也就是货物发送地点与到达地点之间按照某种运输方式在正常情况下必须经过的最短距离。但在实际工作中，有时货物并不是完全能够按照收费标准的最短里程运送，即发生绕道运送。例如铁路运输为了避开运输密度过大而通过能力不足的区段，公路运输和水运为了多揽顺路货，或者在洪水或枯水季节正常航道临时不通，或遇山洪塌方冲毁路基桥梁因而绕道行驶等情况，都会使货物实际运送里程不等于计费里程。为了考核和分析车船运用情况、燃料消耗、人员定额及营运费用等，运输企业除了计算计费吨公里外还要按实际运送距离计算运行吨公里指标，并以此作为考核燃料、材料消耗和各种费用的根据。

通常所说的货物运输量是货运量和货物周转量的合称（见表 2-1）。

表 2-1　　不同运输统计量视角下的各种运输方式市场份额（2019 年）　　单位：%

| 项目 | 货物运输量 | 货物运输周转量 | 旅客运输量 | 旅客运输周转量 |
| --- | --- | --- | --- | --- |
| 铁路 | 9.31 | 15.14 | 20.79 | 41.60 |
| 公路 | 72.88 | 29.91 | 73.91 | 25.06 |
| 水运 | 15.85 | 52.14 | 1.55 | 0.23 |
| 民航 | 0.02 | 0.13 | 3.75 | 33.11 |
| 管道 | 1.94 | 2.68 | — | — |
| 合计 | 100.00 | 100.00 | 100.00 | 100.00 |

**（三）换算周转量**

由于客运和货运生产往往是在统一的运输生产过程中完成的，为了综合反映运输业在一定时期内货物和旅客总的运输工作量，还需要设置换算周转量指标，以便在综合考核运输企业的运输工作成绩时，用以计算运输总产出、劳动生产率和运输单位成本等指标。

设置换算周转量指标之所以必要，是由于同一运输企业，甚至同一个运输工具（例如兼营客货运的铁路公司、客货轮、有货运底舱的客机等），也会兼营客货两种运输，其燃料、物料、折旧和劳动力消耗等都是合在一起核算的。把客货两种运输工作量用统一计量单位表示的指标就是换算周转量，或称换算吨公里。

**（四）换算系数**

换算周转量的计算方法是以一个货物周转量等于一个换算周转量，同时将旅客周转量与货物周转量按一定的比例换算成同一计量单位加总求得。换算比例的大小取决于运输企业运送一吨公里和一人公里所消耗的人力、物力等的多少。

为简化起见，我国现行制度规定，铁路、交通运输部直属水运和地方水运中的铺位运输，换算比例是 1 人公里折合 1 吨公里。地方水运座位运客，由于旅程短，生活设备所占空间及所费人力、物力消耗较少，换算比例为 3 人公里折合 1 吨公里。汽车运输方面，货车带客时每一旅客所占空间更小，因此按 10 人公里折合 1 吨公里。民用航空运输则将旅客人数按旅客体重（国内航线成人按 72 公斤，国际航线成人按 75 公斤计算，均包括手提行李 5 公斤），折算为重量吨，然后乘以运输距离，再与货物周转量相加求得，称为总周转量。

为了使换算周转量的计算符合劳动消耗量的实际情况，可以用实际每一旅客人公里成本与每一货物吨公里成本之比来修正旅客人公里数。各国的客货运输成本比例存在较大的差异。例如，英国铁路的研究者认为客运人公里消耗的劳动力要比货运吨公里消耗的大一倍。因此各国的换算周转量计算办法也不同。

### （五）运输系数

运输系数指的是一定期间内全社会或某一地区某种产品必须经过运输才能用于生产消费或个人生活消费的部分在总产量中所占的比重，运输系数越大，表明该产品的运输量越大，反之则越小。有了运输系数，便可以根据工农业产量和增长速度来预测运输业的运输量及其应有的增长速度。运输系数的一般计算公式如下：运输系数 = 运量/生产量。

运输系数可以按实物单位计算，也可以用价值指标计算。按实物单位计算的运输系数是按各类产品分别计算的，如煤的生产量是 100 吨，运输量是 65 吨，则煤的运输系数为 0.65。按价值计算的运输系数，可将农业、轻工业、重工业总产值或国内生产总值分别与货运量进行对比，计算每亿元农业、轻工业、重工业产值或 GDP 的运输系数，用以概括地全面反映货运量与生产量之间的比例关系，研究货物运输的发展趋势。

在计算运输系数时，一个重要的条件就是必须消除货运量的重复计算。即是说，同一批货物，不管经过多少种运输方式和多少次运输，它的重量只能被计算一次，否则便会夸大运输系数。但由于服务对象和运输条件的限制，有的货物要经过几种不同的运输方式，实际工作中重复吨数无法消除，这就使综合运输系数的指标值可能超过 1。因此，一般计算一种运输方式的运输系数比较能够说明问题。

### （六）货物平均运输距离

运输距离反映货物生产地与消费地的距离。但每一批货物的运输距离只是个别现象，只有从全社会来看，通过大量现象去观察，将货物周转量/货物发送量 = 货物平均运输距离，才能比较准确反映货物生产地与消费地的联系，观察其发展趋势。

平均运输距离是分析各地区之间和国民经济各部门、各企业之间的经济联系的重要指标，也是编制货物运输计划的依据之一。实际工作中，不仅要计算全社会或某一地区的全部货物平均运距，更重要的是要计算每一运输方式和每一货物品类的平均运距。

影响货物平均运距变化的因素很多，主要有：生产力布局、资源的综合利用程度；运输货物的构成、产销关系；货运量在各种运输方式间的分配比例、运输网的布局、运输价格的高低等等。因而在分析平均运距指标的变动时，必须结合具体情况进行分析。

### （七）集装箱运输量统计

集装箱（container）是一种装运货物的容器，所谓集装箱运输是指使用集装箱，通过现代运输工具进行货物运输的一种形式。集装箱运输统计的主要指标是集装箱运量、集装箱周转量和集装箱货运量。

**1. 集装箱运量**

集装箱运量，报告期内某种运输方式实际运送的集装箱数量。计算单位：箱；国际上规定以 20 英尺箱作为标准规格，其他各种型号都可按一定标准折算为 20 英尺标准规格。计算单位为"TEU"。按集装箱的外部尺寸分为 53 英尺、45 英尺、40 英尺箱（FEU）、20 英尺箱和 10 英尺箱等。

**2. 集装箱周转量**

集装箱周转量的计算公式是实际运送的每个集装箱与该集装箱运送的标准里程的乘积之和，计算单位：箱公里（海里）。

集装箱周转量 = $\sum$（每个集装箱 × 该箱实际运送距离）；

若折合为 TEU 公里，则：集装箱周转量 = $\sum$（每个集装箱换算的 TEU 数量 × 该箱实际运送距离）。

**3. 集装箱货运量**

集装箱货运量虽计算单位均为吨，但水运和铁路的定义有所不同：前者指报告期内船舶运送集装箱的实际重量，包括集装箱装载货物的重量和集装箱的自重；而后者则仅包括集装箱装载货物的重量。

## 第四节 不同运输方式货运统计

### 一、铁路货物运输统计

#### （一）精密统计及主要指标

铁路运输统计有精密统计和速报统计两种。精密统计采用集中汇总的形式整理资料。它是在规定的时间内，由有关单位将货物运输中的原始单据货票，送交铁路统计工厂。各铁路统计工厂依据货票上的各项记载进行分类、加工、处理，取得统计所需的各项指标及有关资料，并编制出定期（如月、季、年）或不定期的报表。货票是铁路运输企业办理货物运输业务的主要凭证，也是核收铁路运输收入的重要依据。

由于货票所记载的原始数据比较准确、完整，所以据以编制的精密统计报表数字比较准确，指标体系比较完备，分组也比较复杂，它是铁路货运统计资料的主要来源。精密统计中指标较多，其主要货物运输统计指标有：货物发送吨数、货物到达吨数、货物运送吨数、货物周转量和铁路货物运输密度等。

**1. 货物发送吨数**

货物发送吨数是指国家铁路所属各营业站的发送货物吨数，其中包括营业车站所承运的货物吨数，以及由国外铁路、新线铁路、地方铁路以及水路等接运的货物吨数。它是根据货票记载的重量进行计算的。铁路企业按报告期（年、季、月）和货物品种分别加以统计。铁路发送的货物中，大宗货物，如煤炭、粮食、钢铁等所占比重比较大，这是铁路货物运输的一个主要特点。

**2. 货物到达吨数**

货物到达吨数是指全国铁路所属各营业车站运输终了的货物吨数，其中包括到达各营业车站的货物吨数，以及由车站向国外铁路、新线铁路、地方铁路以及水路等移交的货物吨数。

**3. 货物运送吨数**

对于整个铁路网来说，发送货物吨数或到达货物吨数就是它的运送货物吨数。因此这一指标对全国铁路来说，意义不大。但是对铁路局来说，只有发送货物吨数和到达货物吨数两个指标却是不够的，因为有些铁路局还办理既不是本局发送又不是到达本局的通过货物的运输，对通过货物的运输，该局虽不办理装卸作业，但要办理中转作业及运送工作。为了说明铁路局的全部货物运输量及运输工作量，就需要计算货物运送吨数指标。

铁路局的货物运输，按其运输范围和作业的性质，又可分为（局）管内、输出、输入和通过"四种运输（量）"。管内运输，是指由本局车站发送（不经他局）到达本局车站的运输，即发送、运输和到达的全部过程都是在一个局范围内完成的；输出运输，是由本局发送到达外局的运输；输入运输，是由外局发送到达本局的运输；通过运输，是由外局发送经由本局而到达外局的运输。这些运输指标之间的关系可见以下公式：

$$货物运输量 = 发送量 + 接运（入）量$$
$$\| \qquad \| \qquad \|$$
$$货物到达量 = 管内运输 + 输入运输$$
$$+ \qquad + \qquad +$$

货物交出量 = 输出运输 + 通过运输

### (二) 速报统计及主要指标

速报统计是采用逐级汇总的形式由基层单位（如车站）编制统计报表于每日 18 点及时逐级上报铁路局直至国铁集团。速报统计报表中指标及分组都比较简单，但报告周期短，资料上报迅速、及时。铁路速报统计的主要指标有：货物发送吨数、装车数和卸车数。

**1. 货物发送吨数**

速报统计与精密统计中的货物发送吨数的区别在于，速报统计中的这个指标是由车站在每个报告日 18 点，按货物品类计算本站承运的货物发送吨数（其中整车货物按货车作业完了时刻统计，零担货物按承运时刻统计），全路报告日的货物发送吨数则根据车站的统计资料逐级汇总而得。

**2. 装车数**

装车数是指车站、铁路局和全国铁路在一定时期内以运用发送货物装车完了车的车数。按照现行铁路货车统计规则的规定，凡是国铁管辖的铁路营业线、临时营业线上的车站承运货物并填制货票，以运用车装车发送货物的均应统计装车数。根据铁路货车统计规则关于统计报告制度的规定，装车数采用 18 点结算制，即自昨日 18 点起至本日 18 点止为一个统计报告日，按此时刻统计一日的装车数。

由于计算装车数比计算货物发送吨数简便，而且在货车静载重指标完成或接近完成的条件下，装车数能否完成和货物发送吨数能否完成大体上是一致的。因此，这一指标经常被用于规定铁路局的日常运输任务，并被用于考核其完成情况。

铁路货物运输的过程，实际上是从货物装车发送时起，至货物到达卸车站卸完车后的全部过程。装车数的大小不仅决定装车作业本身工作量的大小，也决定着列车编组、列车运行等其他工作量。因此，装车数指标不仅用以检查装车计划的完成情况，而且还是编制列车编组计划、机车工作计划的参考。另外，装车数还是确定车站货位、劳动力及装卸机械设备的必要资料。装车数指标还可以用来计算某些车辆运用指标。

**3. 卸车数**

卸车数是指车站、铁路局或全国铁路在一定时期内到达的货车卸完车的车数。卸车数的统计范围与装车数相同，其统计报告制度，也是采用 18 点结算制。卸车数也是反映运输工作量的指标。卸车数的大小反映铁路货运终了作业的工作量大小。

卸车是装车的保证，对铁路局来说，本局的装车和向局外排送空车任务的完成取决于卸车。所以，卸车数能否完成往往是排空和装车任务是否完成的决定因素。将车站、铁路局的装车数与卸车数加以比较，就可以确定它的空车余欠情况，为编制空车调拨计划提供依据。

在实际统计工作中，装车数和卸车数还要按照货物种类和车种分类统计，以便按货物种类检查装车和卸车的完成情况及了解分车种的装卸车情况，为运输调度指挥提供资料。

## 二、公路货物运输量统计

公路运输与铁路运输的性质不同，公路本身是一种社会公共设施，它可由不同主体通过使用可运行于公路的不同车辆实现其各自的运输过程，因此，只要在公路上发生的货物位移都属于公路货物运输。例如，汽车、其他机动车、自行车、畜力和人力车的运输量，照理都应计入公路运输量。

目前我国公路运输是由交通运输系统及非交通运输系统两部分组成。所以对公路运输统计，应按照交通运输系统及非交通系统各部门自有运输工具所完成的公路货物运输量，采取抽样调查、重点调查和典型调查等方法取得统计资料。

## 三、水路货物运输量统计

水路运输的性质和公路接近。我国水运货物运输量也是由交通运输系统和非交通运输系统两部分所组成的。现行制度规定，水运货物运输量是指报告期内水运部门和其他部门所完成的全部货物运输量。水运企业货物运输量主要统计指标有：货运量、货物周转量、货物平均运距等。港口企业的货物生产主要统计指标是吞吐量。

港口是水运始发地、目的地或途经地，是货物换装和集散的中心，是水运和水陆联运的枢纽。港口生产统计指标很多，港口吞吐量是衡量港口运输生产规模大小的主要数量指标，也是港口指标体系中最重要的运量指标。吞吐量是编制港口生产计划、进行港口规划和设计的主要依据，港口的更新改造也是根据吞吐量来确定的。

货物吞吐量是指报告期内经由水路进出港区范围并经过装卸的货物数量。可分为货物到达量、货物发送量和货物中转量。货物到达量是指报告期内运到到达港（目的港）并已卸完的货物重量。现行制度规定水运运输量应按到达量统计，统计货物运输量的原始凭证是"货物交接清单"。货物发送量是指报告期内从港口装船发出的货物吨数。它包括货主在本港区的一次托运及重复托运的货物，但不包括由本企业船舶在中转港进行倒装换船的中转量。货物的中转量：是由水路运进港口，经装卸又从水路运出港口的转口货物量。货物中转量分别按进港口和出港口各计算一次吞吐量。

$$全国吞吐量 = \sum 各独立港口的发送量 + 到达量 + 中转量 \times 2$$

显然，全国港口货物吞吐量有可能大于全国水运货运量。但我国现行制度规定，在港区范围内为装卸服务的驳运量，同一船舶运载进港未经装卸又运载出港的货物，港口进行疏浚运出港外抛弃的泥沙，由同一船舶卸下随后又装上同一船舶运出港口的货物，或装船未运出又卸回本港的货物等，不能计算为吞吐量。

### 四、航空货物运输量统计

民用航空运输量统计分为航站运输统计和航线运输统计两部分。航站（机场）运输统计的内容主要是反映一定时期内航站起飞工作量、发运量、发运收入计划完成情况以及到达运量。航线运输统计的主要内容是反映一定时期内各航线完成的运输量、飞行情况等。

#### （一）发运量和到达量

发运量是航站运输统计的主要指标。包括旅客、行李、邮件和货物的发运量。在民航运输统计中，行李、邮件和货物的发运量通常称为货邮发运量。

货邮发运量包括始发运量和联运量。始发运量是指经由本站办理托运手续装机发运的货邮运量，包括由陆路运至本站始发的货邮运量。联运量是指由他站始发经本站转运和本站临时卸下后另换班机运送的运量。例如，由成都发运到沈阳的货物，由蓉京航线运到北京，再由北京经京沈哈航线转运去沈阳，这批货物在成都为始发运量，在北京为联运量。

发运量指标反映航站工作量的大小和各地区货物运输量情况，是编制发运量计划和发运收入计划，确定航站人员编制和设备配置的重要依据。发运量是根据进出港舱单、载重表等原始记录计算的。舱单是飞机上载运由本站出发的旅客、行李、邮件和货物的记录，是运输服务部门和空勤组之间，以及航线上各站之间交接载运量的凭证和统计实际发运量的根据。舱单分为旅客舱单和货邮舱单，还有客货合用舱单，供业务量不多的航站使用。载重表是根据舱单编制的，反映飞机载重情况。

到达运量是指到达航空站的运量，不包括中转和过境的运量。

#### （二）货运量

民航货运量和货物周转量是航线运输统计的主要指标。民航货运量通常称为货邮运量，是指飞机在运输飞行中实际载运的货物（包括行李、邮件）吨数。它是飞机在航线运输飞行沿途经停各航站发送货物的总和。民航货运量是表明民用航空运输生产成果的指标。

#### （三）货物周转量

民航货物周转量通常称为货邮周转量。其计算公式为：货邮周转量 $= \sum ($ 每批货物的重量×每批货物的运送距离）。

民航一定时期的货运量和货物周转量就是该时期各航线货运量和货物周转量的总和。它是根据飞行任务书按照运量到达时间，即以航班运输过程终了的时间作为统计时间进行统计的。就全国来说，一定时期的货运量也即为该时期内各航站的货物发运量。

#### （四）总周转量

民航总周转量也即民航运输换算周转量，是民航货邮周转量与旅客周转量之和。计算公式为：

$$总周转量 = 货物周转量 + 邮件周转量 + 行李周转量 + 旅客周转量$$

式中：旅客周转量 = 旅客人数 × 运送距离 × 换算标准

### 五、管道运输量统计

目前，我国管道运输按输送的产品种类不同，分为输送石油及其制品的管道即输油管道和输送天然气的管道即输气管道。这两种管道运输，作为石油工业的组成部分，是中国石油天然气集团公司和中国石油化工集团公司所属的管道运输企业，由两家集团公司分别负责收集审核本部门统计数据。

管输量即管道输油（气）量。一定时期内的管输量反映管道运输企业的生产成果，是管道运输企业的主要指标。主要指标是输油量和输气量、交油量和交气量以及周转量。

## 第五节　与运输质量及运营效率有关的指标

### 一、相关客运指标及计算

#### （一）人均旅行次数

人均旅行次数是指每人一定时期（通常一年）内平均旅行的次数，反映旅客的出行行为习惯，计算公式为：平均每人旅行次数 = 客运量/人口数。可按运输方式细分，例如地面公交、地铁、城际铁路、民航等。

#### （二）客车日车公里

客车日车公里是指平均每辆运用车在一昼夜内走行的公里数。

$$客车日车公里 = 运用客车公里总数/运用客车数$$

图 2-3 是北京市 2019 年机动车各月工作日日均行驶里程和次均出行距离。

图 2-3 北京市 2019 年机动车各月工作日日均、次均出行距离

资料来源：北京交通发展研究院。

### （三）客座利用率

客座利用率是反映旅客列车席位利用程度的指标，也被称为客座率。其值大于 100% 说明超员。

$$客座利用率 = (旅客周转量 / 客座公里总数) \times 100\%$$

在途中没有人上下车的情况下：

$$客座利用率 = (车厢载客人数 / 车厢定员人数) \times 100\%$$

### （四）实载率与空载率及空驶率

公路运输的实载率相关指标不光使用在客运领域，也使用在货运领域。实载率是指一定时期汽车实际完成的客货周转量与总行程座（吨）位公里的比值，综合反映车辆的行程利用程度和载运能力的利用程度。实载率可按下述公式计算：

$$实载率 = 行程利用率 \times 吨位利用率$$

其中：行程利用率 $= \sum 有载行程 / \sum 总行程$

座（吨）位利用率 $= \sum 旅客(货物)周转量 / \sum (核定座(吨)位 \times 有载行程)$

要提高车辆实载率，一方面要提高吨位利用率，另一方面要减少车辆的空驶行程，提高行程利用率。

空驶率应该是车辆无载行程占总行程的比重。空驶率 = 1 - 行程利用率。例如，出租车空驶率一般指没有搭乘乘客的出租车行驶距离在出租车总行驶距离中的百分比。显然必须尽可能减少车辆的空驶率。

空载率的影响因素比空驶率更复杂，因为除了行程利用率，还会受到吨位利用率的影响，也就是说，除了要尽可能减少车辆的空驶率，还必须尽可能减少车

辆吨位在利用中的虚糜。

$$空载率 = 1 - 实载率 = 1 - 行程利用率 \times 吨位利用率$$

### （五）飞机利用率

飞机利用率指一架飞机在一定时间内（一般为一年或一日）提供的生产飞行小时数，它是从时间的角度反映飞机的利用程度。狭义的飞机利用程度仅指飞机的时间利用；而广义的飞机利用程度则包括飞机的时间利用、飞机的座（吨）位利用和飞机载运能力的利用（如航线载运比率）。从衡量和考核各空运企业飞机利用情况的角度讲，通常是分机型分别列出各型在册飞机每天每架飞机能提供多少个生产飞行小时。

### （六）旅客运输密度

旅客运输密度（人公里/公里）表示一定时期（通常一年）内在区间、区段、某条线路或某个网络中，平均每公里营业线所通过的客运量，它反映线路能力的利用程度。计算方法为旅客周转量除以营业里程，即旅客运输密度 = 旅客周转量/线路运营里程。

## 二、相关货运指标及计算

### （一）货物运输密度

货物运输密度（单位：吨公里/公里）简称货运密度或称货流密度，是指在一定时期内（通常是指一年）某种运输方式平均每公里线路上所负担的货物周转量。它等于一定时期内货物周转量除以该线路的营业长度，计算单位是吨公里/公里。

$$货物运输密度 = 货物周转量/线路营业长度$$

货物运输密度可以按营业线路上某一区段计算，也可以按全部营业线路长度计算。由于线路各站间及区段上上行与下行的货物运输量不等，所以在计算货物运输密度时要按上、下行分别计算，为了便于分析，还应按货物品种分别统计。货物运输密度是说明线路能力利用程度和工作强度的指标。无论在新线设计和在旧线改建时，一般都要考虑货运密度的大小。货运密度是设计新线路的通过能力和沿线港站仓库信号场所等设备的依据之一。

货流密度同货流量是两个不同的概念。前者是指一定时期内每一公里线路平均通过的货物周转量，单位是吨公里/公里，后者是指一定时期内线路断面上通过的货物吨数，单位是吨。

### （二）不平衡系数

均衡运输对于充分利用现有运力，提高运输生产效率具有重大的经济意义。

因此，反映运输的不均衡性，研究逐步减少运输的不均衡，是运输统计的任务之一。货运量（港口为吞吐量）在时间上的不均衡性，是指在一定时期内货运量（吞吐量）的不均衡，统计上用不平衡系数来反映。它是报告期最大货运量与平均货运量之比，即：

$$不平衡系数 = 报告期最高月（日）货运量 \div 报告期全年（月）平均货运量$$

产生货物运输在时间上的不平衡因素是多方面的：首先，是由于工农业产品生产和消费的季节性所引起的；其次，是由于运输工作也带有季节性，如水运由于自然条件的限制，有的航区在冬季有封冻期或因受枯、洪水等影响，而造成的运输在时间上的不均衡；最后，运输中的货源组织工作及装卸组织工作的缺点等，也会造成人为的不平衡。对货物运输不平衡情况进行统计研究，掌握货物运输在时间上的不均衡情况及其规律性，可以为改善运输组织工作提供资料。

### （三）货车运用指标

分析货车运用指标的目的在于通过对各项指标实际完成情况的分析，提出进一步提高货车运用效率的措施。以铁路为例，考核货车运用效率的指标主要有：(1) 反映货车在时间上利用程度的基本指标，如货车周转时间和货车日车公里等；(2) 反映货车载重量利用程度的基本指标，如货车平均载重量和货车载重力利用率等；(3) 综合反映货车运用效率的指标，如货车日产量等。

**1. 货车日车公里**

货车日车公里是指平均一辆货车在一昼夜所走行的公里数，单位为公里/日。在空车走行率一定的条件下，货车日车公里越高，表明货车每日的运输量越大。

**2. 货车日产量**

货车日产量指平均一辆运用车一昼夜所完成的货物吨公里数，单位为吨公里/日。是综合反映货车在时间和载重力利用方面的货车运用效率指标。

$$货车日产量 = 货物周转量 / 运用车辆日$$

**3. 空车走行率**

空车走行率是指空车走行公里与运用车走行公里的比率。公式表达为：

$$空车走行率 = 运用空车车辆公里 / 运用车车辆公里$$

**4. 货车全周转距离**

货车全周转距离是指运用货车平均每周转一次所走行的公里数，包括空、重车走行公里。

$$货车全周转距离 = \left(\sum 运用车辆公里\right) / 运用车数$$

**5. 货车周转时间**

货车周转时间是指货车从上一次装车完了时起，至下一次装车完了时止这样一个货物运输全过程周期所消耗的全部时间车辆的运行时间、中转时间和装卸作业等停留时间，计算单位为天。

$$货车周转时间 = \left[\frac{货车全周转距离}{旅行速度} + \frac{货车全周转距离 \times 中转时间}{中转距离}\right.$$
$$\left. + 装卸作业站停留时间\right] \times \frac{1}{24}$$

货车周转时间是货车运用效率的综合性指标。在保持运用车数不变的条件下，所能完成的运输任务的多少，直接与货车周转时间的大小有关。

### 三、其他重要指标

#### （一）技术速度与旅行速度

技术速度是指交通工具在区间内处于行驶状态的平均行驶速度，技术速度 = 行驶距离/纯行驶时间。其纯行驶时间是完成这一行驶距离所实际需要的时间，如公路运输包括汽车起步、行驶和行车途中各种加减速的时间在内。铁路列车的技术速度是按列车在区段内运行且中途不停车的时间计算。

旅行速度是指交通工具在始发地与终到地之间相对于全程所用时间计算的平均行驶速度，旅行速度 = 行驶距离/全程时间。如列车旅行速度是指列车由始发站至终到站全程，包括在中间站停站和加减速时间在内的平均速度。旅行速度不局限于铁路领域，在其他运输领域皆适用，亦可以指汽车、民航、客轮等其他交通工具的旅行速度，当然技术速度也是如此。

这里以北京南站到上海虹桥站 1318 公里的高铁运行为例，如果某趟直达高铁列车全程用时 4 小时 08 分，则该列车全程的技术速度和旅行速度都为 319.1 公里/小时，实际上列车在一些区段的技术速度可达到甚至超过 350 公里/小时。根据 2021 年 3 月 21 日网上订票数据，G1 次高铁途中分别在济南西和南京南各停 2 分钟，北京南站到上海虹桥站全程总用时 4 小时 28 分，于是该列车全程的旅行速度为 294.9 公里/小时。而 G101 次高铁途中分别在沧州西、德州东、济南西、曲阜东、枣庄、宿州东、南京南、镇江南和苏州北 9 个中间站停车，该列车全程总用时 6 小时 4 分，其旅行速度仅为 217.1 公里/小时。

既可以只计算某种交通工具的技术速度和旅行速度，也可计算全运输链条的技术速度和旅行速度，即考察乘客从起始地到最终目的地的全程旅行速度。以航空为例，目前从北京首都国际机场到上海虹桥机场，直飞航班的起飞—到达时间一般约为 2 小时 20 分，如果以其计算飞机的旅行速度，约 565.7 公里/小时，差不多是最快高铁的 2 倍；如果只考虑飞机在空中飞行的时间，其技术速度也大约是高铁的 2 倍。但如果要加上旅客前往机场、排队值机、安检、候机，特别是飞机经常延迟起飞的时间，整个航空门到门运输链条在这个距离上的旅行速度相比于高铁，就不那么占优势了。

货物运输也存在具体交通工具的技术速度与旅行速度，以及全运输链条的技术速度与旅行速度的差别，并成为体现运输方式之间和运输/物流链条服务质量的重要指标。某一运输方式或运输物流链条的技术速度快,并不意味着其旅行速度也必然快,重要的是构建时空连续、衔接顺畅的运输与物流链条。特别是全运输链条的旅行速度或运输时限已成为链条之间竞争的主要内容,运输或物流链条上的停顿过多、衔接不畅就会影响整个链条的效率。提高"第一公里"和"最后一公里"的效率也已经越来越受到重视。

### (二) 货物运到期限

货物运到期限是指运输部门规定的货物运输一定里程所需的时间标准,一般包括货物发到时间(办理货物发送和达到作业的时间)、运行时间(途中运行所需要的时间)和特殊作业时间(中途换装、中转等作业时间)几部分。根据现有的技术设备条件和现阶段组织水平确定。规定和遵守货物运到期限,可约束货物送达速度,提高运输效率,降低运输成本,加速商品流转,保证物资及时供应,减少在途货物所占用的流动资金。运输企业未按规定的货物运到期限将货物运到,应按规定向收货人支付货物运到逾期罚款。

从公铁两种运输方式货物运到期限的对比看,道路零担货运常规在300公里运距内24小时以内运达,1000公里内48小时以内运达,2000公里内72小时以内运达;铁路常规货运的运到期限的起码天数为3日,其中包括货物发送期间为1日,货物运输期间每250运价公里或其未满为1日,还要加上途中作业时间250公里的零担货物另加2日,超过1000公里加3日,一件货物重量超过2吨、体积超过3立方米或长度超过9米的零担货物另加2日等。那么运输距离在1500公里左右的货物,道路零担货运3日(很多专线甚至在2日)内即可送达,而铁路整车至少需要6天,零担则需要9天以上。因此从货物送达期限看,铁路在常规运输条件下与公路相比已在很大程度上失去竞争能力。

铁路运输在安全、经济、环保等方面有自身的优势,但在货物运输的快捷、方便上仍存在诸多问题,主要表现为手续烦琐、速度慢、时效差、运到期限缺乏保证,这不仅影响运输质量,也是造成高附加值货运市场份额下降、货源流失的重要原因。1997年,我国铁路开始在一些城市之间试开行定站点、定线路、定车次、定时间、定价格为特征的"五定"快运货物列车,实行优先配车、优先装车、优先挂运、优先放行、优先卸车、不准停限车、不准保留、不准中途解体、严格按图行车、确保运输到期限的直达快运货物列车。这实际上是打破前述传统货运组织模式,仿照客运列车创新开行的货运服务。近些年,铁路货运班列发展较快,中欧班列是其典型代表。

现实中既存在某运输方式的货物运到期限,也存在多式联运全链条或整个门到门物流链条的货物运到期限,并成为运输方式之间和运输/物流链条服务质量竞争的标志,甚至是制定服务价格的最重要基础,而 just-in-time (JIT) 的服务越来越受到特别欢迎。显然,货物运到期限与前述货运旅行速度是对同一个问题的两个相关视角。

## （三）准点率

绝大多数公共交通运输，包括客运和货运的班车、列车、水运空运航班、航线等，都有事前规定的始发和终到时刻。现代社会人们对交通运输准时性的要求越来越高，准时性既是交通运输企业能够有效组织运输生产的基础，遵守始发和运到时刻也成为运输合同所包含的重要内容。由于民航运输相对于火车、轮船和汽车运输而言，受到客观条件如天气、空中管制、机械故障等因素影响较大，所以，准点率更为经常用于衡量航空公司和机场的运行效率和服务质量。

准点率，又称正点率、航班正常率，是指航空旅客运输部门在执行运输计划时，航班实际出发时间与计划出发时间的较为一致的航班数量（即正常航班）与全部航班数量的比率。航班准点率的具体计算方法是：在统计期内航班降落时间比计划降落时间（航班时刻表表定时间）延迟30分钟以上或航班取消的情况称为延误。将出现延误情况的航班数除以统计期内实际执行的航班数量得出延误率。准点率＝100%－延误率。

对于机场来说，如果一个航班在计划起飞时间后30分钟内完成起飞（机轮离地），即认为该航班准点放行；如果一个航班在计划降落后30分钟内着陆（机轮接地），即认为该航班准点到港，反之即为晚点。机场准点率是机场准点航班量与放行和到港总航班量之比，用百分率表示。

## （四）运输损耗率

货物在运输过程中总会由于各种原因产生一些损耗，如磨损、物理碰撞损伤、易挥发物料的挥发、液体物料的泄漏等，针对不同的物料，国家或行业标准中都规定了不同运输方式下的损耗率。对于在损耗率范围内造成的损伤，运输服务机构不承担责任，而是由货主自行承担；而对于损耗率范围外的损失，则由运输服务机构来承担，或者通过本教材后面讨论的运输保险等方式解决。

必须尽可能采取措施降低运输和物流过程中的损耗。例如，有数据认为我国冷链运输损耗相对高。由于我国冷链物流处于发展初期，综合冷链应用率仅为19%，果蔬、肉类、水产品冷链流通率分别只有5%、15%和23%；而美国、日本等发达国家蔬菜、水果冷链流通率超过95%，肉禽冷链流通率接近100%。冷链物流落后造成生鲜运输损耗严重，我国果蔬、肉类、水产品腐损率分别为20%~30%、12%、15%，远高于发达国家5%左右的水平。[①]

## （五）运输能耗

各种运输方式的能耗指标包括燃油消耗量（万吨）、电力消耗量（亿千瓦小时）等。还可以把各种运输方式消耗的各种能源实物量折算成标准能源数量，并

---

[①] 王军等：《时空视角下中间层组织在农产品冷链物流中的作用研究》，载于《北京交通大学学报（社会科学版）》2019年第2期。

计算各自的单位运输能耗（吨标准煤/每亿人公里或换算吨公里；千卡/每人公里或换算吨公里）。

### （六）排放量

运输过程中产生并排入大气中的各种污染物［包括烟尘、氮氧化物、一氧化碳、二氧化硫、碳氢化合物、苯肼并（a）芘、铅化合物等］的总量。也可以按时段和地区分别计算各种运输方式的单位排放量。

### （七）安全

道路交通事故统计指标包括：（1）事故次数；（2）死亡人数；（3）受伤人数；（4）直接经济损失等交通事故的绝对指标；（5）车辆事故率；（6）人口事故率；（7）运行事故率；（8）交叉口事故率等交通事故的相对指标。

我国道路交通事故的等级按损失程度分为：（1）轻微事故，指一次造成轻伤1~2人，或者财产损失机动车事故不足1000元，非机动车事故不足200元的事故；（2）一般事故，指一次造成重伤1~2人，或轻伤3人以上，或者财产损失不足3万元的事故；（3）重大事故，指一次造成死亡1~2人，或重伤3人以上10人以下，或者财产损失3万元以上不足6万元的事故；（4）特大事故，指一次造成死亡3人以上，或重伤11人以上，或者死亡1人，同时重伤8人以上，或者死亡2人，同时重伤5人以上，或者财产损失6万元以上的事故。

而根据国家生产安全事故等级的划分：（1）一般事故，是指造成3人以下死亡或10人以下重伤，或者1000万元以下直接经济损失的事故；（2）较大事故，指造成3人以上10人以下死亡，或10人以上50人以下重伤，或者1000万元以上5000万元以下直接经济损失的事故；（3）重大事故，指造成10人以上30人以下死亡，或50人以上100人以下重伤，或者5000万元以上1亿元以下直接经济损失的事故；（4）特别重大事故，指造成30人以上死亡，或100人以上重伤，或者1亿元以上直接经济损失的事故。交通运输领域发生的一些安全事故，如海难、坠机、列车相撞等，损失程度常有可能达到特别重大事故的标准。

### （八）收入和成本

运输收入（万元或亿元）。分为客运收入、货运收入和其他收入。

平均人公里收入率是反映旅客运输的综合效益指标，可分为客座人公里收入率和客运人公里收入率，单位均为元/人公里。

客座人公里收入率 = 票价收入/（车次定员×全程运距）

客运人公里收入率 = 客运收入/旅客周转量

也可以计算平均每位旅客的收入水平。

运输成本（万元或亿元）。此处为总成本概念，可分为客运成本和货运成本。

平均运输成本（元/人或吨；元/人公里或吨公里）。可根据需要进行相应客货运输产品，甚至包括更具体类别运输产品的单位成本数据计算。

## 第六节　交通调查与分析

交通调查与分析在传统上是交通运输工程和交通运输管理专业的学生必须掌握的方法和技能，近些年也已经成为运输经济领域进行深入研究所必须重视的工具。交通调查与分析对于真正深入了解自己所需要研究的不管是企业、行业、城市、区域、国家，还是国家之间对比的交通运输活动，都是非常重要的基础性工作。参加的交通调查与分析越多，对某一类特殊交通运输系统的了解就越深入细致，对不同交通运输系统之间的共性与差异的认识也会越扎实，对运输经济领域重要规律或趋势的把握也越牢靠。

### 一、交通实测统计调查

交通调查是指通过实测、统计与分析判断，掌握交通状态发展趋势及有关交通现象的工作过程。随着社会与经济的发展，人们的交通需求越来越旺盛，同时对交通服务水平的要求也越来越高，这很多都会涉及交通运输的政策、规划、设计、投资、建设、运营和管理，而这些工作要做好都离不开广泛、深入、持久的交通调查分析。

交通量调查的作用包括：（1）在某一地点作周期调查，了解交通流量的组成、分布，掌握交通量随时间推移的变化规律，据此可预测交通量及其发展趋势；（2）为交通规划、建设及交通营运管理与控制，提供交通流量流向、运输速度、时限与延误、停车等数据；（3）为交通项目及交通控制的设计与改善提供依据，通过事前、事后的交通量调查，评价交通服务水平与交通管理措施的效果；（4）在交通研究中通过交通需求调查推算交通通行能力、预测成本和效益等为制定交通政策法规与科学理论研究提供基础数据。

交通调查在多数情况下是在交通现场进行观测统计，工作量大、延续时间长且要求一定的实测精度。为此要求调查人员要有较好的素质，其中包括技术水平和分析能力、工作态度。此外，交通调查工作经常涉及社会各个方面，需要有广泛的协作和良好的组织，只有这样才能作好这项工作。

交通流特性参数的大小与变化规律受交通设施及其所处环境的制约，而且这些条件经常变化，因此交通调查总是在某些特定条件下进行，这些条件在调查中必须予以注明。某些特定目的调查必须真实地反映特定的实际交通条件以防止失真。

交通调查与调查数据的分析处理方法也应视实测目的要求予以选择。但不论何种调查目的或使用何种调查、分析方法，都应本着实事求是的原则，对交通流进行实地观测统计或调查，切忌主观臆断，甚至弄虚作假，否则会导致错误结论，这将给规划、设计科学研究和社会带来危害。

## 二、显示性偏好与陈述性偏好研究

在交通调查获取数据的过程中,一般认为通过直接观察法获取的出行数据最为真实可靠,即调查人员亲临现场对出行者行为进行测定、度量,并加以登记,以取得第一手资料。这大体上也符合经济学的显示性偏好理论,该理论由美国经济学家保罗·萨缪尔森(P. Samuelson)提出,其基本精神是消费者在一定价格条件下的购买行为暴露了或显示了他内在的偏好倾向,因此可以根据消费者的购买行为来推测消费者的偏好。这是一种与"偏好关系(效用函数)决定消费者选择"顺序相反,即采用"消费者选择体现偏好关系"的逻辑思路。在经济学中,消费者需求理论是以边际替代率假设作为基础,就是消费者以效用最大化而作消费决定。但需求理论隐含着的效用函数难以被准确定义,而显示性偏好理论能弥补需求理论的不足,借观察行为来界定效用函数。

但是在实际研究中进行大规模现场观察、记录和定量分析研究的成本往往很高。而且以观察为主的效用估计也会出现误差,原因在于研究者不可能观察到全部,并不是所有个体的特征都可以被测量,人们之间的差异必然有一部分是在可观测的特征以外。而当那些未被观测到的异质性被忽略时,对行为基础的估计就可能出现偏差,这在包括相当部分带有主观偏好的经济行为分析中应该得到重视。

还有一种可行的方法是陈述性选择调查,即使用调查问卷的方法。陈述性选择调查方法向参与者呈现一组可供选择的情境,这些情境可能具有不同交通方式、出行路线、出行时间、拥堵收费情况等变量,进而通过参与者的情景选择来调查其偏好。调查问卷方法相对成本较低,为研究人员提供了大量基于假设的出行选择数据。于是,运输经济领域的调查分析大体被分为两大类。过去学者们多采用显示性偏好(revealed preferences)的分析方法,但近年来学者们开始更多地使用陈述性偏好(stated preferences,也被称为表述性、宣告性或描述性偏好)的方法,它们之间的区别是前者注重实际观察到的人们已经做出的选择是什么,而后者则更多根据并未实际发生,但人们在调查表上对各种情况作出明确表述的选择意愿进行分析。

陈述性选择调查为交通调查与分析提供了一种替代性且相对低成本的方法,并已被越来越多地使用。但正如实测的显示性偏好调查结果一般只能说明参与者的历史行为,且可能与真实偏好有偏差相似,陈述性偏好调查方法也存在只是在假想的交通情境下没有任何实际后果地选择预期行为的问题。这同样会导致行为反馈可能与实际行为并不相符,就像有专家所说:"我们常常言不由衷——或者更具体地说,我们会说我们认为对方想听的话,而私下却做着自己想做的事"。[①]

---

[①] 史蒂芬·列维特等著,王晓鹏等译:《魔鬼经济学》,中信出版社2016年版。

此外，新兴的实验经济学研究方法也已经进入交通运输问题的研究领域。实验经济学的特点包括：可以直接观察实际的选择结果；能够按照陈述性选择的方法控制和操纵交通环境；成本较低。实验经济学与陈述性选择研究的相似之处是它们都可以控制环境和背景，当然也存在着类似的局限性。

---

**专栏 2 – 1**

### 美国运输统计分析中的运输服务指数

美国运输统计分析中有一个反映客货运输量波动性的运输服务指数（transportation services index，TSI）指标。图 2 – 1 – 1 是 1979~2018 年美国货运服务指数（TSI）与经济增长的周期关系。图中的灰线是去除长期发展趋势以后的货运服务指数曲线，黑线是同时去除长期发展趋势和月度不规则数据以后的货运服务指数曲线（因此黑线相对于灰线更平缓），而几个灰色区域则是美国经济增长出现明显放缓或受到冲击的时期，包括 1997 年东南亚金融危机、2001 年 911 事件、2008 年全球经济危机等。由图可以看出，每次货运服务指数曲线出现较大波动的下跌与回升，都与美国经济出现衰退然后恢复的时期对应在一起。这也从一个侧面说明货运服务的变化与经济增长周期之间存在着非常密切的关系。

图 2 – 1 – 1　1979~2018 年美国货运服务指数与经济增长周期关系

资料来源：美国运输部运输统计局 2018 年年报。

> 专栏 2-2

## 日本运输统计中货物总运输量与纯运输量的区别

  不同国家的运输统计方法存在一些差别，在进行国际对比研究时要注意这些差别。在我国的运输统计中，货运量（或货物发送量）是指一定时期内不同运输工具累计的运送货物重量，是以各种运输工具为中心的货物运输量的统计。而在日本的运输统计中，类似上述的货运量统计被称为货物总运输量，除此之外，日本从1970年开始每五年编制一部《全国货物纯流动调查报告书》，在掌握货物总运输量的基础上，还以货物本身的位置转移为中心，以矿业、制造业、批发业、仓储业等发生货物运输的具体地点为对象进行统计，把货物发送地到目的地作为一个整体进行统一调查，这样所得到的数据被称为货物纯运输量。

  以图2-2-1为例说明日本运输统计中货物总运输量与纯运输量的差异。图中A地点的家电工厂要把500台10吨电视机运给D地点的零售商，其中由A地点到B地点火车站的30公里距离采用公路运输，从车站B到车站C的500公里采用铁路运输，从车站C到D地点的20公里还是采用公路运输。按照货物总运输量的统计，这10吨电视机运输的几个阶段是分别考虑的，其中从A地到B地汽车运输10吨、从B地到C地铁路运输10吨、从C地到D地汽车运输10吨，最终货物总运输量为30吨。而货物纯运输量的统计只考虑起点和终点，从A地到D地运输这500台电视机的货物纯运输量最终为10吨，还是这500台电视机，两种不同统计方法得出的货运周转量其实是一样的，但所得出的货运量却存在很大差别。

**图2-2-1　日本运输统计中货物总运输量与纯运输量的比较**

资料来源：日本《全国货物纯流动调查报告书（2015）》。

  货物纯运输量的统计实际上就是完整运输产品的统计，是很有意义的。由于多方面的原因，完整的运输过程往往被不同运输方式所组成的链条分阶段完成，分方式进行的运量统计简单易行，数据容易取得，但其统计数字却只反映了各个运输链条内不同环节上的运量，而不是整个链条的运输过程。运输网络内各种运输链条上不同方式的转换环节越多，货运量被重复计算的次数也越多。显然，传统货运量统计方法造成运量在一定程度上虚增，并不能真正反映社会经济生活中的运输量规模与准确变化。而货物纯运输量的统计不但可以准确记录货物运输从真正起始地至最终目的地的品类、数量、全程所花费的时间、所经历的主要运输方式与环节和完整运输成本，而且由于货物纯运输量的统计调查往往结合 O-D 表和投入产出表的编制，因此也可以为国民经济进行相对准确的地区与产业联系分析。

由于在成熟运输市场上会形成越来越多竞争性的多式联运链条，而各种直达运输也会千方百计体现自己的效率优势，因此也很需要像日本运输统计所进行的这种货物纯运输量分析，以便考察已有运输链条所选路径、运输过程中节点数量和集装化模式的合理性，等等。运输统计并不仅仅是运输活动的简单记录，它可以帮助查明每件出厂货物的重量和批次，合理化生产、销售、仓储保管等活动；可以帮助明确各物流链条和运输方式所处的地位与竞争关系，推进改善；也可以帮助判断各相关因素与货运量的关系，明确产业结构变化给货物运输结构带来的影响。旅客运输统计其实也存在相似的问题。希望我国也能对客货运量统计建立纯运输量（或全链条运量）的统计调查制度。

资料来源：姜旭：《日本货物总运输量与纯运输量的实证研究》，载于《中国流通经济》，2010 年第 6 期。

## 专栏 2-3

### 如何设计交通满意度的调查问卷

首先应该弄清楚以下几个问题：（1）由谁来评分？是要征求市民的看法？商家的看法？驾驶者的看法？道路使用者的看法？必须要弄清楚。（2）"交通"都包含哪些：航空？铁路或轨道交通？城市路面交通？人行道？自行车道？需要将范围厘定好。（3）"满意度"应该包含什么元素？假设是市民对公交车服务的满意度，是否要考虑车站距离、路线覆盖范围、班次密度、等车时间、司机礼貌、驾驶安全、准点/误点情况、车厢清洁和舒适性、拥挤程度、车身整洁、售票/投币便捷程度……

调查问卷基本要求：（1）根据明确的调查主题，从实际出发拟题，问题目的明确，重点突出，没有可有可无的问题。（2）结构合理、逻辑性强。问题的排列应有一定的逻辑顺序，符合应答者的思维程序。一般是先易后难、先简后繁、先具体后抽象。（3）通俗易懂。问卷应使应答者一目了然，并愿意如实回答。问卷中语气要亲切,符合应答者的理解能力和认识能力,避免使用专业术语。(4) 对敏感性问题采取一定的技巧调查,使问卷具有合理性和可答性,避免主观性和暗示性,以免答案失真。(5) 控制问卷的长度并使问卷设计便于资料的校验、整理和统计。(6) 抽样或者访问执行方式,需要划分不同的基本抽样单元,了解人口以及年龄收入分布等数据,选区作为抽样框和样本比重的分布设计,样本数要有足够的代表性,且样本分布相对均衡。

问卷的结构分为前言、正文、结尾三个部分。前言要说明调查目的和意义,以有助于被调查者的配合并打消其顾虑。正文是问卷的核心部分,包括两部分:(1) 出行者行为特征,如何时、何地、为何目的出行、出行距离与交通方式等;(2) 客户满意度测评指标体系。结尾包括两个部分:(1) 被调查者的基本情况,如性别、年龄、教育水平、职业、家庭收入等,以了解消费者的特征;(2) 对被调查者表示感谢。

资料来源:赵明宇:《多模式公共交通服务乘客满意度调查》,载于《城市公共交通》2013 年第 12 期。

## 本章思考题

[1] 什么是交通运输统计?它有什么特点?

[2] 货物和旅客运输量统计指标有哪些?它们之间的共性和特性有哪些?

[3] 什么是运输网密度?常用的统计指标有哪些?

[4] 举例说明交通运输工具生产量、进出口量、报废量与保有量等指标的关系。

[5] 举例说明人公里、吨公里等运输指标与运输产品的关系。

[6] 简述铁路运输业机车运用与货车运用的统计指标。

[7] 尽可能详细地查找资料并分析不同汽车和飞机的时间与里程利用率。

[8] 为什么货物装卸量及为装卸而进行的短距离的搬运量不统计为货物运输量?

[9] 简述货物运输系数的指标有哪些并举例说明有关变化趋势。

[10] 评述日本运输统计中区分货物总运输量与纯运输量的意义。

[11] 简述互联网平台和交通运输大数据的趋势对交通运输统计的影响。

[12] 简述显示性偏好与表述性偏好交通调查方法的异同与优劣势。

# 第三章

# 运输经济分析框架

**本章总体要求**

初步领会近期运输经济学理论研究的进展，根据学科领域特点建立运输经济分析框架的重要性；较深入掌握产品-资源-网络经济分析框架（the product-resource-network economies analysis framework, PRN）和交通运输网络的分层分析框架（the transport network form stratifying analysis framework, TNFS）两个运输经济学的基础性分析框架，并逐步熟练运用；初步领会非匀质的时间价值和时间—费用替代曲线等的意义和分析方法，并尝试使用。

**本章主要内容**

- 包括从需求出发的运输产品、运输资源时空配置、规模经济与范围经济转化的运输业网络经济的 PRN 分析框架。
- 主要包括线网及设施层、设备及服务层、企业及组织层和政策及体制层的 TNFS 交通运输网络分层分析框架。
- 包括重视避免损失视角的时间价值、非匀质时间价值、时间—费用替代曲线和时间距离位移链条的时空经济分析框架。
- 日程安排、匹配等其他运输经济与时空经济分析方法。
- 运输经济学具有一定特殊性的分析框架与一般经济学相对通用性分析框架的区别与联系。

## 第一节 运输经济的基础性分析框架

### 一、产品-资源-网络经济（PRN）分析框架

了解和把握运输业在产品、资源和网络经济三个方面的技术经济特性，是认

识运输业的关键,也是运用经济学前沿理论与方法对这个领域进行深入分析的基础。实际上,对任何行业的经济学分析可能都需要从类似的角度去把握特点,才能真正有效地应用经济学工具。

### (一) 需求角度的运输产品分析

从需求角度出发的运输产品分析首先是强调其完整性。完整运输产品从最基本的意义上讲,就是指客户所需要的从起始地到最终目的地的全过程位移服务。运输产品从本质上讲应该是完整的,因为旅客或货物不运到目的地,位移服务就没有真正完成,运输的原本目的就没有达到。运输业内部分工当然是不可避免的,从起点到终点的运输全过程也常常会被分成几段分别完成。但对运输过程的分割如果超过了合理限度,不完整运输产品直接面对消费者,就会大大增加后者所承担的各种价格或非价格运输成本。假如运输市场上有人能够根据客户的需要,以可以接受的价格提供从起始地到最终目的地的完整运输服务,那么无疑地消费者会倾向于选择这个供给者,这显然是运输业竞争的基本内容之一。更进一步地,运输业今天已经超越单一运输方式自我发展的阶段,运输方式或运输企业之间的联运、合作、相容、共赢变得越来越重要,通过相互衔接与协作形成一体化链条已经成为趋势。从这个角度看,运输业的发展过程实际上就是向客户提供越来越完整和质量更优的运输服务的过程。

运输市场和所有其他市场一样都在经历显著变化,社会经济对运输服务质量的要求不断提高,不但在与客货位移核心功能相关的安全、生理需要、快捷、方便、可靠、经济、完整性和损害赔偿等基本特性方面的要求越来越严格,还作为必然拓展增加了对以位移为载体的更多附加服务功能的需要。此时,运输产品完整性的概念也已经逐渐扩展到包括更高的发送频率、更加舒适、代理制、一站式电话或网上委托、途中信息查询、风险担保与迅速赔付、可选付费方式、单据抵押、代收货款、仓储服务、适时配送、运输及物流方案策划等诸多附加项目的综合性服务链条,成为高效率出行链或供应链的核心内容(可以从图3-1中看到

**图 3-1 运输产品分层结构**

这种变化）。不同国家及地区在不同的运输业发展阶段，不同运输企业或运输服务提供商所面对的市场需求以及所能够提供的服务层次显然是有差别的，这也决定了运输产品分析在运输经济研究中的基础性与重要性。

还有学者认为，完整运输产品从更深层意义上讲应该是即时制（just-in time, JIT）运输服务的实现，这种看法是有道理的。人类对交通运输的需要或依赖并不仅仅在于单纯的客货位移，深层要求其实应该是交通运输提供相应条件，以便使人们能够"在需要的时间和需要的地点进行所需要数量的活动"。人类过去很长时期的交通运输水平都无法支持按照 JIT 方式组织大规模社会生产，而交通工具的进步一直在帮助人类逐渐改善这种能力，直到工业和运输革命带来了相当根本性的改变。但真正全社会 JIT 效率的实现还需要运输业不断进步，甚至要求超越运输业本身的进步，于是类似 TOD、现代物流和供应链的理念及组织相继应运而生。也就是说，运输业的发展实际上是不断满足和提升社会经济 JIT 效率的过程。

## （二）交通运输资源分析

作为从事交通运输活动的条件和手段，交通资源包括固定交通资源和可移动交通资源这两类硬资源，以及由运输系统中的人力、信息、组织与管理制度等构成的软资源（见图 3-2）。其中固定交通资源又包括由地理环境所决定的自然交通条件（包括交通用地、空域、岸线、港址、桥位、航道、山口等）和人工建设所形成的交通设施（如线路、场站及枢纽设施、停车场等）两部分。由地理环境所决定的自然交通条件也叫作自然交通资源，其中一部分已被结合进人工交通设施中，但也有很多天然水域和空域被作为水上和空中航线使用。可移动交通资源主要指移动载运工具及相关物力特别是所必需的能源配备。运输系统中的人力、信息、组织与管理制度等软资源不但不可少，而且随着运输业的进步变得越来越重要。

重视基于交通运输资源的运输经济分析

图 3-2 交通运输资源的分类

再进一步地看，人工交通设施又分为线路通道和场站枢纽两大类型，可移动交通资源也可分为移动载运工具和在现代多式联运中越来越重要的集装箱和其他装载器具两大类。人工交通设施、移动载运工具和箱具以及人力、信息、组织与管理制度等软资源，与相应自然交通条件一起组成了交通系统。而作为运输对象的人和货物与交通系统结合在一起，就是交通运输系统。从交通运输系统的内外部关系看，交通运输资源属于地球资源和其他人类经济资源的一部分，而系统外资源一旦被吸收进入交通运输系统，就形成运输系统内的资源，或称系统专属资源。

运输业占用了极其大量的社会经济资源，相应资源的类别与质量也在很大程度上决定了运输活动甚至整个社会经济的效率水平，因此资源分析在运输经济研究中具有非常重要的作用。交通资源可以从许多不同角度进行分析考察：行业部门和地方政府首先关心如何使本系统获得更多外部资源，然后才是如何使系统或地区内的运输资源配置效率更高；中央政府更应该关心如何使交通系统专属资源和系统外部的资源环境保持平衡，使更大的宏观系统平稳运行；运输企业关心自身能够控制或利用的交通资源与其他资源有效结合，并尽可能把外部资源内化，使核心资源的使用效率最高，以形成市场上的核心竞争力；交通使用者则更关心如何利用社会交通资源实现自己所需要的客货位移，有时候他们也会自己拥有和掌控部分资源；对于社会公众来说，人们会更关注交通资源的分配制度和分配的公平性；而学术界的兴趣则在于各种资源配置问题中的因果关系，包括在各种约束条件下和规则保障条件下如何通过交换实现交通资源的有效配置，特别是如何有助于实现一体化的完整运输链条。

过去运输经济学的理论框架中缺少对交通运输资源的深入分析，但实际上交通资源与运输经济学讨论的任何重要主题都有着密切关系，要尽可能用较少的社会经济资源包括交通资源尽可能高效率地实现必要的位移目标。当然，不同运输活动以及不同运输行业或企业所依赖和使用的资源类别是有差异的，因此还要根据具体研究对象，如铁路、公路、水运、航空、管道或城市交通的不同类别，进一步划分相关交通运输资源的类别及配置条件。

陈卫提出，航空运输业资源从航空运输生产的特性理解呈现一定的层次性。航空运输生产过程需要产业上下游的机场、空中交通管理、服务保障等构成的航空运输系统支持。机场构成网络的节点，空管部门保障网络路线的形成与正常运转，而航空公司在由机场与空管部门构成的运输网络上，完成客、货的空间位移。服务保障部门则为航空运输业提供航油供应、航空器维修、销售渠道、航空培训、金融支持等专业化的服务。从航空运输的整个价值链条看，航空公司是旅客、货主航空运输需求的直接供给者，又是机场、空管服务以及各种专业化的直接需求方，在整个价值链条中处于中心地位。航空运输业的资源层次构成如图3-3所示。

由于部分自然交通资源的可耗竭性和非再生性，也由于人工交通设施能力增加的突变性和大量投资的沉淀性，以及很多交通资源存在的公益性和准公共性等特点，运输经济学必须关注系统外部资源转化为专属交通资源和已有交通资源的优化配置与使用问题，避免交通规划、建设及交通运输活动中的资源浪费和滥用。任何社会资源都是有限的，当一项资源用作某种用途以后，就减少了其在其他地方使用的机会，因此经济学特别关注资源被使用而产生的社会付出，即机会

图 3-3 航空运输业的资源层次构成

成本。无论是运输系统内部的资源，还是有可能形成专属交通资源的外部资源，都是短缺的，要尽可能用较少的交通资源完成社会经济所需要的运输位移。

### （三）运输业网络经济分析

在经济学中，规模经济意味着当固定成本可以分摊到较大的生产量时会产生的经济性，是指随着厂商生产规模的扩大，其产品的平均单位成本呈现下降趋势；范围经济则意味着对多产品进行共同生产相对于单独生产的经济性，是指一个厂商由于生产多种产品而对有关生产要素共同使用所产生的成本节约。使生产成本得以降低的最简单同时也最有效的方法，就是充分发挥规模经济的作用，因为平均成本低廉的区间也就是生产线上的资源得到充分利用的区间。一个经济系统走向规模经济的过程，就是要使其生产过程所涉及的资源能得到有效配置，得以充分利用的过程，它当然也是任何企业或产业赢得市场竞争优势的基础。

现代运输活动也普遍存在着规模经济和范围经济的现象，但由于运输业网络特性、运输生产及产品计量方法的复杂性，使得对运输业规模经济与范围经济的把握变得十分困难。运输业规模经济有如下一些具体表现：线路通过密度经济（其中包括只运输特定对象的线路通过密度经济），指在某一条具体线路上由于运输密度增加引起平均运输成本不断下降的现象；港站（或枢纽）处理能力经济，指随着运输网络节点上港站吞吐及中转客货量、编解列车、配载车辆、起降飞机、停靠船舶等能力的提高引起平均成本逐渐降低的现象；载运工具的载运能力经济，指随着单个载运工具的载运量增加而平均运输成本逐渐降低的现象；车（船、机）队规模经济，指随同一经营主体掌控的载运工具数量增加而平均运输成本逐渐降低的现象；运行、衔接与转换速度经济，指随着载运工具运行速度以及各种相关衔接、转换速度的提高，引起平均运输成本逐渐降低的现象；运输距离经济，指随着距离延长而平均运输成本不断降低（即递远递减）的现象。运输设施与设备的大型化同时要求较高的实载率，于是在很多情况下运输设施特别是运行线路往往需要客货运混用，甚至就在同一部载运工具上的旅客和货物，也会由于启运终到地不同而对应着很多不同的运输产品。因此，运输业作为一个提供极端多样化产品的行业，在很大程度上其规模经济与范围经济密不可分。

我们将运输业各种网络经济特性之间的相互关系绘成表3-1的形式。这里把运输业的网络经济定义成运输网络由于其规模经济与范围经济的共同作用，运输总产出扩大引起平均运输成本不断下降的现象，而这种网络经济又是通过运输业规模经济和范围经济的转型，即运输密度经济和网络幅员经济共同构成。其中运输业规模经济是指随着运输总产出扩大平均运输成本不断下降的现象；运输业的范围经济是指与分别生产每一种运输产品相比较，共同生产多种运输产品的平均成本可以更低；运输密度经济是指运输网络内设施与设备的使用由于运输产出扩大引起平均生产成本不断下降的现象；网络幅员经济则是指运输网络由于服务对象增加导致总产出扩大引起平均成本不断下降的现象。运输生产在很多方面都存在着明显的网络经济现象，但必须说明并不是任何情况下所有的网络经济要求都可以同时实现，大多数运输业经营者都只能利用局部的网络经济。同时，并不是任何情况下运输设施与设备都是规模越大越好，运输链条上各个环节的能力必须匹配，而且所有运输密度经济和网络幅员经济的表现也都存在着合理边界。

表3-1 运输业各种网络经济特性之间的关系

| 规模经济与范围经济的划分 | 密度经济与网络幅员经济的划分 | 运输业网络经济的具体表现 ||
|---|---|---|---|
| 规模经济 | 运输密度经济 | 线路通过密度经济 | 特定产品的线路密度经济 |
| | | | 多产品的线路通过密度经济 |
| | | 港站（枢纽）处理能力经济 ||
| | | 载运工具的载运能力经济 ||
| | | 车（船、机）队规模经济 ||
| | | 运行、衔接与转换速度经济 ||
| 范围经济 | 网络幅员经济 | 线路延长 | 运输距离经济 |
| | | | 由于幅员广大带来的多产品经济 |
| | | 服务节点增多 ||

与国外很多文献在网络经济、规模经济、范围经济、密度经济及幅员经济等有关概念的使用上有所混淆不同，我们主张清楚界定这些运输业网络经济的特点与相互间关系。我们还认为，应该主要从供给角度讨论运输业网络经济问题。不但因为这与一般经济学定义规模经济和范围经济的角度相同，而且也由于始自电

信网与互联网、只针对增加使用者所带来的外部性去讨论需求角度网络经济（更准确说应该是网络效用）问题，并不能取代从生产成本视角出发的运输业网络经济研究。需求角度的网络效用如果不能满足成本下降视角的运输业网络经济，特别是运输密度经济的支持，没有外部补贴也就难以长久维持。供给与需求两个视角的网络经济分析，实际上正应该反映经济学供求平衡在网络型产业坐标系中的实现，而供给曲线在这里很大程度上仍旧要由相关行业的边际成本决定。

## 二、交通运输网络的分层（TNFS）分析框架

形态是指事物在一定条件下的表现形式，而网络形态一词最初是指一些网络在几何形状上的分形拓扑状态，后来这个概念更多被用来分析各种网络多方面的特征。此前关于交通网络形态的研究，大都是讨论各种交通网络在空间上的几何形状，运输业网络是非常复杂的系统，其网络形态不能仅仅从空间视角讨论几何分形结构，需要借鉴计算机网络分析、组织网络分析和社会形态分析的方法，在对网络形态合理分层的基础上解析其内外部结构及联系，系统完整地进行刻画与描述。运输业网络形态分析的主要内容包括：网络形态的分层；每一层级内部的结构分析；不同层级之间关系的分析；网络系统与外部环境之间关系的分析等。

网络组织的机制——演化与形态研究

### （一）运输业网络形态的层级划分

运输业网络形态的分层结构除了实体物理形态的网络和传输对象及其载体在网络中运行的规则，运输业网络还包括相关经营主体的组织结构，以及发挥着重要影响的社会经济体制。我们以城市轨道交通为例，按由下至上顺序讨论一般运输业网络形态的分层结构。

首先是线网及设施层。该层网络形态体现城市轨道交通网络的规模与空间分布特征，包括线路长度、覆盖城市空间范围、服务人口数量、城区线与市郊线的比例与数量、站点数及分布特点等，还包括城轨与城市空间形态的融合程度以及与机场、火车站、汽车站等的衔接方式。

其次是设备及服务层。该层网络形态体现城市轨道交通的技术装备与提供的服务水平，主要包括列车开行对数、间隔时间、客运组织、信号及控制指挥模式、列车时刻衔接与换乘、票制票价以及统计、清算手段等。

再次是企业及组织层。该层网络形态体现作为城市轨道交通投资、建设、运营等主体的状况，包括一家或多家投资、一家或多家运营、一体化或专业化分工、官营民营或混合模式、企业之间的竞争与合作、融资与经营模式，也包括城铁与国铁及城市公交的合作程度等。

最后是政策及体制层。该层网络形态体现所在城市的政府对城市轨道交通的网络化进程所承担的责任，主要包括所制定的政策、战略、规划及投资总量、对相应主体的授权方式、定价与补贴模式、城轨网络化的有关技术规范、相关市场规则与监管体制等。图3-4是运输业网络形态分层及相关关系。

图 3-4 运输业网络形态分层及相互关系

各种运输行业作为网络型基础产业，其网络形态大体上都应该包括这 4 个层次，但根据不同的研究对象和不同的研究重点，研究者所关心的范围及所包含的层次可能有差别。例如，网络形态分析一般首先是初步观察即可反映的网络在某一空间上覆盖的范围，但在有些情况下该网络体现为基础设施网络（如轨道交通），而另一些情况下则体现为服务网络（如快递业）。又如，在运输业基础设施发展或运输市场秩序的研究中，政府的政策、规划与监管体制可能被作为分析的关键层，而在另一些诸如企业内部组织演变的研究中，政府层面可能就只是作为背景进行分析。显然，运输业网络形态根据研究的需要，也可以在以上基本分层结构的基础上进行层级的增减，例如对技术标准特别关注的研究者就可能为此专门增加一个新的层级进行研究。

### （二）运输业网络形态不同层级之间的关系

除了对运输业网络形态划分层级和对每个层级内部的结构进行研究，每一对层级之间的相互关系也需要深入分析。一般来说，网络形态的层级越多关系越复杂。相对于计算机网络只有物理形态与逻辑形态两个层面之间的单一关系，运输业网络形态的 4 个层面之间同时存在着 6 对复杂的相互关系，而且计算机网络只涉及技术上的标准、规则及规模等关系，运输业网络则包括众多涉及到人与社会的组织、体制及政策等关系，问题要复杂得多。总的来看，从政府层向下的关系多为政策与体制性质的问题；从企业层向下的关系多为经营或组织性质的问题；线网设施层与设备服务层之间的关系多为内在技术性的问题。从契约或协调角度看，这三组关系分别对应着公契约、私契约和技术协调关系。

这里还是以城市轨道交通为例，讨论政策及体制层与其他层级之间的关系，其他层级之间的关系可以此类推。由于城市轨道交通不同于一般竞争性行业，政府在该行业的总体发展与运营中一定处于主导地位。在政府与线网及设施层之间，政府有进行整体上的规划和建设资金筹集责任、有相关技术及安全标准的制定与监督责任，公营或私营企业有可能主动兴建并运营个别线路，但城轨网络在整体上一定是由政府负责筹划的。在政府与设备及服务层之间，政府有相关技术、安全及服务标准的制定与监督责任，企业可以从事城轨领域的投资、运营并提供服务，但相关标准应该由政府制定，政府对向城市提供合格、安全及有效的轨道交通服务负有最终责任。在政府与企业及组织层之间，政府有制定相关政策、构建相应企业主体并授以相应权力、确定价格与补贴模式、制定市场规则并进行监督的责任。为使城轨事业上的委托代理关系足够有效，政府在相应企业主体的构建上负有重要责任，这里很可能需要公企业形式，契约的设计与授权实际上也是相关激励约束机制的设计。在这里，城轨交通体系能否伴随城市化进程获得健康和可持续发展，在很大程度上取决于所在城市政府对所负责的事务能否有效地承担起责任。

需要说明的是，不同的运输经济研究对象根据不同的研究重点，所关心的层级之间相互关系也有差别。此外，系统内的部分层级及其相互关系也有可能构成相对独立的子系统并成为研究对象。此时，其他未进入的层级与相互关系就成为主要研究对象的外部影响条件。

### （三）运输网络形态与外部环境的关系

运输网络形态分层系统作为整体与其外部环境之间也存在着密切的关系，不同的外部环境影响着运输网络的形态结构，运输网络形态也可能反过来对外部环境产生重要作用。例如从总体上看，城市轨道交通系统的外部环境主要表现在城市化及经济发展的总体水平和财政收入水平、城市的空间形态与经济布局、服务对象以及其他相关企业与经济主体4个大的方向上。不同方向的外部环境分别与运输网络形态的若干不同层级产生较为密切的影响关系，例如在城轨交通领域，经济发展和财政收入水平与政府层级关系密切，城市空间形态更多与线网及设施层相互影响，服务对象主要联系的是运营层级，而其他相关企业及经济主体涉及较多的是企业与组织层级。需要根据研究对象和问题确定所需要关注的外部联系并划定研究范围。

各种运输网络的形态都在不断地变化和演进。例如，网络覆盖的空间范围在不断扩张，其点线设施的能力和完备水平越来越高，网络（包括线路、通道和节点、枢纽）的几何分形结构也会不断发生改变；网络内各种移动载运工具的技术装备水平不断更新，所提供的服务种类和级别逐渐提升；行业内的企业组织结构可能出现多元化的趋势，既形成一些特大型的运营集成商，也出现了大批中小型中间业务企业，同时特殊法人性质的公企业也在发挥作用；而政府的相关政策、规划及监管体制也一直处于调整完善过程中。

## 第二节 时空经济分析框架

交通运输与经济时空有着非常密切的关系，但在传统上运输仅被看作是空间现象，运输产品或服务一般也只被定义为人与货物的空间位移。然而，时空其实

关于经济学时间概念及经济时空分析框架的思考

论时空分析在经济研究中的基础性作用

是不可分的，时空经济分析意义重大。运输经济分析在时空经济分析中可以发挥重大作用，而时空经济分析反过来又可以大大加深对交通运输本身，甚至更成为真正理解什么是交通运输的关键。时空经济分析已经形成了多种分析方法，这里仅介绍几种与交通运输研究关系比较密切的。

## 一、重视避免损失视角的时间价值分析

时间是社会经济活动的存在形式或存在方式之一。时间也是一种特殊资源，但它与其他资源存在着显著差别。时间本身并不能被生产出来，因此与其他资源尽管稀缺却仍可通过努力更多获取不同，时间资源只能依靠不断节约去提高利用效率。时间进程是非逆的，无论愿意不愿意，任何人对时间的耗费都是不可避免的，区别仅在于对时间的不同支配或使用方式。而且很自然地，时间不能存储，不能转借，也无法通过交换改变所有权。

经济节奏加快和收入水平提高致使人们的时间价值上升，而且由于时间无法增加的特性，让时间的升值幅度越到后来越高于其他资源，这使得时间资源对于其他资源的相对价值发生变化。时间的硬约束使得决策主体需要更合理地解决其他资源的配置，以适应节约时间的要求，而生产要素之间相对价格的改变发展到一定程度就会引起生产方式的改变。人们必须围绕时间的最大节约去有效配置资本和其他资源，以满足各种要素的边际替代率实现均衡化的要求，以至于时间竞争最终会成为个人与企业核心能力的决定性问题。

交通时间当然也有价值，过去对交通时间价值的研究多从平均值视角对交通运输时间消耗或节约产生的价值进行观察。例如，梅托施和康姆比（Meintosh & Quarmby，1970）认为由于旅行者在旅途中耗用的时间存在机会成本，因此旅行时间的价值就是由这种机会成本所产生的价值。关宏志和西井和夫（2000）也提出货物的时间价值表现为货主对于为运输某种货物所节约的时间而支付货币的界限值。从时间消耗或节约视角观察的交通时间价值，通常只考虑旅客的平均工资、平均产值和货物的平均在途时间价值，多被用于交通项目评价中因项目实施导致交通时间节约而产生社会效益的计算。客运旅行时间价值的计算在采用生产法时，一般是用年总产值除以生产工人的总数和劳动者的年平均工作小时，在采用收入法时大多是按照当地的人均小时工资乘以一个系数。货运产生的社会效益的计算，则多是用在途货物平均价格乘以货物在途时间，再乘以社会折现率。

时间价值应该表现为对于时间的货币替代率，但由于时间本身并不能用于交换，因此时间价值在很大程度上带有主观性质，它取决于时间的拥有者或时间所依附于各类其他资源的权利主体对其价值的判断。时间价值的差异体现在机会收益或损失上。虽然时间价值一般容易被理解为是在确定的时点上或时段内可能使人们获得的机会收入，但在更大的程度上，时间价值更应该是可能使人们失去的机会收入。因为机会收入一旦被列入计划或活动流程，人们就必须想尽办法避免

失去这种收入，即避免使其变成机会损失。避免损失视角的时间价值分析将理性趋利性和价值感受性统一起来，符合大多数人对损失要比对收益更敏感的心理经济学原理。图3-5是收益与损失的价值感受对比，图3-5的右上方是人们获得金钱收益时的一般心理收益曲线，而左下方则是人们遭受金钱损失时的心理损失曲线。由图3-5可见，从心理感受角度看，相对于同样价值的金钱收益与损失，人们在遭受损失时所感受到的价值要明显大于获取收益的情况。

**图 3-5 收益与损失的价值感受对比**

资料来源：作者根据 Kahneman & Tversky. Prospect theory: an analysis of decision under risk. Econometrica, 1979, 47, 263-291 作图修改。

因此相比较而言，我们更愿意使用如下交通—物流时间价值定义，即指客货运输及物流过程中由于时间的节省或者延误而可能导致相关主体的机会收入或损失。时间价值对于人们的意义，在于人们有能力在一定程度上将时间变为可控，以便能让事情的发展符合预期，并不让时间的延误造成过大损失。

## 二、非匀质的时间价值分析

传统的时间价值研究大都把时间当作是匀质的，但时间和时间价值其实都是非匀质的，不同人对时间价值的评价差别会很大，而且时间价值在特别时点前后或特别时段内更存在着明显的凸高现象。即便是同一个人或企业，其在不同时点上的时间价值也有很大差别，有些特定的时点对特定的人或事而言要明显比其他时间更重要，因此相应的时间价值也应该更高。例如职工上班上岗、师生上课、预定的约会或开会、火车检票或飞机登机的停止时间等，人们一般必须要赶在这些时点之前到达必要的地点，为避免迟到常常愿意付出较高的代价。货运领域也充满了类似的情况，人们必须尽可能保证在预定的交货期之前把货运到，否则货运延误无论是违约还是造成销售上的断档或生产过程的中断，都会带来经济损失。图3-6中的几条曲线就粗略反映了在几种特定时点时间价值明显提高的情况。

图 3-6 特定时点时间价值变化

图 3-6 中横坐标表示采取行动或做成某事的不同时点，纵坐标代表时间价值。在特定时间点 $t_0$ 前后时间价值凸起的情况可以分为三大类：第一类情况是在该时点能够赶到相应地点的时间价值最高，在该时点之前的一段相对短时间内时间价值陡升，而在该时点之后赶到仍有必要，但价值已迅速下降［见图 3-6（a）中的 A 曲线］，在上班、上课之前赶到以避免迟到就属于此类情况；第一类情况在特定时间点 $t_0$ 的时间价值峰值高低也会因情况或行为主体不同而异，有的高些有的低些［见图 3-6（a'）中的 A'曲线］。第二类情况的前一半与第一种情况类似，但在特定时间点 $t_0$ 以后赶到已失去意义，也就是说必须在该时点之前赶到［见图 3-6（b）中的 B 曲线］，赶末班火车和飞机等一般属于此种情况。第三类情况是特定时间点 $t_0$ 有突发事件发生，在该时点之后越早赶到相应地点的时间价值最高，而在一定时点 $t_1$ 以后赶到相应地点虽然仍有价值但价值迅速下降［见图 3-6（c）中的 C 曲线］，应急救援一般属于此种情况，例如地震 72 小时以后救援队到达抢救生命的可能性就已经很小。

我们可以根据 $t_0$ 时刻到达的机会收益来定义交通—物流时间价值，其数学表达式如下：

$$V_{交通-物流时间} = F_{机会收益}(t_0) \qquad (3-1)$$

式（3-1）中 $V_{交通-物流时间}$ 为交通时间价值，$F_{机会收益}(t_0)$ 为 $t_0$ 时刻到达的机会收益函数。式（3-1）表明交通—物流时间价值是 $t_0$ 时刻到达的机会收益的函数，时间价值随着 $t_0$ 时刻的到来、离去逐渐提升或降低。然而，时间价值提升的实际原因其实是该机会收益有可能由于机会的错过而丧失，换一个说法就是，如果相关机会收益已经被列入预期，那么人们的出发点就会更多转向避免预期收益变成损失。而从避免损失的角度看，则交通—物流时间价值的数学表达式可以变换如下：

$$V_{交通-物流时间} = F_{机会损失1}(t_0) + F_{机会损失2}(t_0) \quad (3-2)$$

式（3-2）中 $F_{机会损失1}(t_0)$ 为 $t_0$ 时刻未能到达的机会损失函数，$F_{机会损失2}(t_0)$ 为 $t_0$ 时刻以后未能到达的机会损失函数。式（3-2）说明交通—物流时间价值是 $t_0$ 时刻未能到达的机会损失函数与 $t_0$ 时刻以后未能到达的机会损失函数之和。可分别对应图 3-6 中 A、B、C 曲线的情况进行说明：A 曲线在 $t_0$ 时刻前后都有机会损失，因此两个函数项都对交通—物流时间价值起作用；B 曲线表示 $t_0$ 之后机会损失已无法弥补，主要是前项对交通—物流时间价值起作用；C 曲线表示事件发生的 $t_0$ 之后越早到达机会损失越小，主要是后项对交通—物流时间价值起作用。

对时间价值高低的评价，往往更多是取决于如果不能准时到达所造成的损失程度，即相关机会成本有多大。一般而言，经济越发达、出行链或供应链越成熟，社会所需要避免的损失越多，交通—物流时间价值出现峰值的频率越高，峰值也越大。因此，分析交通—物流时间价值的思路也应该从过去如何通过节约交通时间获取收益，更多转变为分析如何避免交通不可靠造成更大的经济损失。在客运领域，人们需要出行链上的各种运输方式都能够准时发到和衔接换乘，如果交通系统不够可靠，人们避免损失发生的办法自然就是提前到达以便预留时间。这是出行者在时间成本与时间机会损失之间的权衡。在货运领域，货主要求货物能够准时发运和送达，尤其是要确保生产不断链，如果受雇运输系统不够可靠，人们避免损失发生的办法通常就是更多依靠自有运输和保有更多的物资储备，以防万一。这是货主在运输及仓储成本与机会损失之间的权衡。

### 三、时间—费用替代的等距离曲线分析

这里借用经济学厂商理论中等产量曲线的分析方法构造出"等距离曲线"，用以讨论人们在交通出行及企业在运输或物流方式选择中的时间与费用替代问题。采用等产量曲线而不是消费理论中的效用无差异曲线进行分析时空问题的原因，在于更应该将交通与物流看作是生产行为，即便是个人出行也应该属于贝克尔所主张的"消费性生产"，而交通与物流过程中所投入的时间和货币资源无论对个人还是企业都是生产要素。

图 3-7 中横、纵坐标分别代表旅行者所花费的旅行时间和货币费用，这二者都是实现旅行目的而要付出的代价。假设有多种交通工具，它们的其他特性都

没有区别,只是速度快的票价高,速度慢的票价低,在该假设前提条件下,出行者需要选择的就是节约时间但花费较多货币,或是节约货币但花费较多时间。此分析也可以用于说明货运或物流中的时间与费用替代问题。图3-7(a)中$L_1$曲线是一条等距离曲线,代表在其他条件不变情况下,可供选择的交通工具在该距离上所需支付费用与所需花费时间的所有组合点的轨迹,如曲线上的a点对应着较高的票价$C_a$和较短的交通时间$t_a$,b点则对应着较低的票价$C_b$和较长的交通时间$t_b$。与同一距离相关的所有出行选择可能性组合,包括从最快同时也最贵到速度和价格都适中再到最慢但价格也最低的所有出行方式,都在所对应的那条曲线上。

图3-7 交通时间—费用替代的等距离曲线

图3-7(b)中直线$K_a$与$K_b$分别是代表不同出行者或不同出行目的相关出行时间与费用组合的预算线(或等成本线)。$K_a$与$K_b$斜率的大小,取决于出行者对时间价值的评价,如果出行者的时间价值较高,他愿意为节约每单位时间付出的货币数量较多,其预算线斜率的绝对值就较大(如$K_a$);反之,其预算线斜率的绝对值就较小(如$K_b$)。在这里,不同预算线位置与斜率之间的差异既可以代表不同收入水平出行者之间的选择差异,也可以代表同一出行者在不同出行目的以及不同出行时间约束情况下的选择差异。经济学分析能够确认,图3-7(b)中a点和b点分别是预算线$K_a$和$K_b$与等距离曲线$L_1$分别相切的切点,或者反过来说$K_a$和$K_b$分别是$L_1$上a、b两点的切线。显然a、b两点所代表的,

就是两个旅行时间价值不同的出行者或同一出行者在两种不同出行目的以及两种不同出行时间约束等情况下对不同出行方式所做的选择。

与等距离曲线 L 相切的时间—费用预算线的斜率，就是特定出行者在相应出行选择上的时间—费用边际替代率，其数学表达式为：

$$\text{MRS}_{出行时间—费用} = -\frac{\Delta C}{\Delta T} \qquad (3-3)$$

式（3-3）中 $\text{MRS}_{出行时间—费用}$ 为出行选择的边际时间—费用替代率，$\Delta T$ 为时间增量，$\Delta C$ 为费用增量。从经济学意义上看，出行选择的边际时间—费用替代率代表了出行者在时间与货币总预算的约束条件下，对于确定距离上出行时间与出行费用的权衡取舍和相互替代关系，因此在一定程度上体现了对特定交通时间价值的认识。可以估计到的两种极端情况是：时间—费用预算线斜率为零对应着出行人的时间价值低到可以忽略不计的程度，可以无限地消耗时间；而时间—费用预算线斜率为无穷大则对应着出行人的时间价值已经大到可以不惜一切货币代价的程度。

图 3-7（c）中 $L_2$、$L_3$ 和 $L_4$ 分别代表着另一个出行距离上的等距离曲线，形成在特定条件下互不相交的一组等距离曲线族，而每一条等距离曲线又都会与不同出行者或出行目的的出行时间与费用预算线形成相切的选择点。如果把针对不同距离连续做出的选择 $a_1$、$a_2$、$a_3$……及 $b_1$、$b_2$、$b_3$……分别连接起来，就可以形成图 3-7（d）中 A 和 B 两条不同的"出行习惯曲线"（类似于等产量曲线分析中的生产扩张曲线）。其中 A 曲线代表在各种距离上都选用速度快但费用较高的出行习惯，一般代表因收入水平较高或因出行目的与时间约束较大而对交通时间价值评价较高的出行者的选择；而 B 曲线代表在各种距离上都选用速度慢同时费用低的出行习惯，一般代表因收入水平较低或因出行目的与时间约束较小而对交通时间价值评价较低的出行者的选择。当然，还可以在图 3-7 中找到其他有代表性的出行习惯曲线，但通常处于等距离曲线族上半段的出行者其交通时间价值均较高，而处于曲线族下半段的出行者其交通时间价值均较低。

如果将此最简单的时间—费用替代性图示用于企业的交通与物流选择，就需要把时间—费用坐标系和相关的等距离曲线分为客运和货运两种情况，分别对应企业人员出差和货运物流。个人或企业都必须在时间和货币能力的双重约束之下形成对自己最合适的时空状态，也都能在相应的位置找到自己的理性区域或习惯曲线。通过合理的计划或管理优化，交通与物流使用者的时间和费用应该都可以得到节约，但可以理解至少在部分情况下时间约束的刚性会大于货币约束。而交通运输及物流服务的改进，就体现在使相应等距离曲线的位置向左下方移动，即能够使相同距离上运输—物流服务所需付出的时间与费用更少。

这里必须指出二维时间—费用替代模型表现能力的局限性。等距离曲线已经过极大简化，因为距离与交通时间、运行速度之间实际上都非简单的几何映射关系，如果再增加身份、动机、偏好等因素，更不再是一个平面图示所能刻画的。因此，这里的交通—物流时间价值只是一个分析思路，最多只能用来进行对比，并非一定可以算出确定的数值。这还不包括其他交通服务特性和人们偏好改变的因素，例如随着生活节奏加快以及收入水平上升，尽管人们往往更倾向于选择速度快并可节约更多时间的出行方式，但也并不排除一些专为休闲观光而有意开发的豪华游船和空中游艇等相对慢速交通工具。为了有利于分析，可能需要在相关模型中带入更多的变量甚至变更模型，但不能指望通过某种特定的计算方法就能获取一劳永逸的交通时间价值数据结果。

### 四、时间距离的概念与位移链条

距离是对两个位置之间相隔长度关系的度量。通常距离均是从空间意义上去理解，例如米或者公里就是常用的空间距离衡量单位；但克服空间距离要耗费时间，因此也可以从时间意义上去定义距离，例如"光年"就是天文学衡量星际距离常用的单位。这里的时间距离从狭义上是指实现经济活动中人与货物在两地之间空间距离的位移上所需要的时间。两地之间的空间距离一般不会改变，而时间距离却可能由于运输技术和组织水平的进步不断缩短。最简单的时间距离计算公式如下：

$$T_{ab} = \frac{L_{ab}}{V_{ab}} \quad (3-4)$$

式（3-4）中 $T_{ab}$ 为 a、b 两地之间的时间距离，$L_{ab}$ 为 a、b 两地之间的空间距离，$V_{ab}$ 为 a、b 两地之间交通运输的速度，式（3-4）表示时间距离要由运行速度决定。

在同样的空间距离上，如果不同运输方式完成位移所需要的时间不一样，则对应的时间距离也是有差别的，假定两地之间目前水运的时间需两天、火车需 8 小时、飞机需 1 小时等，这些大体上也就对应着各种运输方式的时间距离。在不同的经济与运输发展时代，时间距离的标准尺度差别很大，从早期人类以年、月或旬为单位计算，到近代和现代逐渐转为以周、日或小时计算。显然，经济越发达社会生活的运转速度越快，时间距离从总体上也就越短，这可被称作"时空收缩"。无论是个人出行计划、住所选择，还是企业确定供销渠道，时间距离的长短都成为最基本的决策要素。

时间距离的概念显然非常重要，然而实际上时间距离中不仅包括运行时间，还包括克服空间障碍所需要的衔接与转换时间（以下简称"衔接时间"），其中客运的衔接时间包括离家、等待、上下车（机、船）和换乘等时间，货运的衔接时间则包括装卸、换装和仓储等时间。因此，时间距离概念应该同时包括衔接时间和运行时间，其计算公式应为：

$$T_{ab} = T_{衔接a} + T_{运行ab} + T_{衔接b} \quad (3-5)$$

式（3-5）中 $T_{衔接a}$ 和 $T_{衔接b}$ 分别为在 a 和 b 地的衔接时间，$T_{运行ab}$ 为 a、b 两地之间的运行时间，$T_{运行ab} = \frac{L_{ab}}{V_{ab}}$，可以看出式（3-4）只是式（3-5）在衔接时间为零条件下的特殊表示。

衔接时间不但现实存在，而且由于衔接效率的改进往往跟不上运行速度的提高，衔接时间在时间距离中所占的比重会明显上升，甚至可能超过运行时间。图3-8是通过运行图表示的时间距离，图中横轴是时间，纵轴是空间位置的距离，运行曲线分别包括相应的衔接时间和运行时间。在方式一的情况下，a地至b地之间的运行时间是4个单位时间，其两端的衔接时间各为1个单位时间，共计6个单位时间。在方式二的情况下，a、b地之间的运行时间缩短一半为2个单位时间，其两端的衔接时间仍各为1个单位时间，共计4个单位时间。可见，单纯缩短运行时间并不能成比例地缩短整个两地之间的时间距离。如果运行时间继续进一步缩短而两端的衔接时间仍旧不变，则总的衔接时间就会超过运行时间。

**图3-8 用运行图表示的时间距离**

显然，在运行速度已经提升到一定水平以后，如何减少衔接时间就会逐渐成为交通运输发展中的关键问题。因此在一定的运输业发展阶段上，联运及适时配送等现代物流组织问题就变得越来越重要。如果关于时间距离的研究只单纯关注运行速度，就存在着很大的片面性。此外，整个运输过程经常被分为几个需要相互连接的环节，每一个环节内部又有自己的衔接时间和运行时间，因此整个运输过程应该被看作是一个运输位移的链条。从任何一个运输链条的两端看，也都分别有自己对应着的空间距离和时间距离，也需要进行分析研究。链条两端时间距离计算公式为：

$$T_{an} = T_{衔接a} + T_{运行ab} + T_{衔接b} + \cdots\cdots + T_{衔接n-1} + T_{运行(n-1)n} + T_{衔接n}$$

也即：

$$T_{链条} = \sum_{i=0}^{n} T_{衔接i} + \sum_{i=1}^{n} T_{运行i} \qquad (3-6)$$

可以看出，相对于式（3-4）和式（3-5），式（3-6）是时间距离更加一般化的计算公式。应该承认，从链条视角更有助于从时间和空间两个维度上同时考察距离，帮助人们关注时空距离并从实质性的意义上把握距离概念。需要充分认识链条的重要性，链条两端时间距离的概念不但可以针对交通运输活动，也可以适用于与时空距离有关的任何社会经济行为，例如生产制造、商业流通以及其他各种服务经营，而且对链条以及由链条构成的链网时间距离的研究也可以包括微观、中观和宏观多种尺度。

考虑时间距离的运输—物流发展问题，就要从过去主要考虑位移问题，以提高运营速度为主，转变为更多考虑衔接问题。生产节奏的提高并不是仅靠加快某一个环节上的工作速率就可以做到的，它其实是整个系统中所有环节都能够充分合作与协调的要求得到满足的结果，因此是系统协作状态的体现。形成平滑的匀速链条，特别是最大限度地减少停顿和拥堵导致的时间浪费，比只在某个环节上一味提速更加重要。对运输效率的最大制约已经逐渐转移到了节点和枢纽上，因为节点和枢纽往往恰是链条内不同组织及技术制式之间进行转换、或者移动对象在不同运动状态之间进行转换的界面，绝大多数衔接问题以及相关信息交换和支付行为的摩擦也都发生在节点上。因此，节点和枢纽的容量、结构与效率在很大程度上制约或决定着整个链条乃至整体网络的效率。

与克服空间距离一样，克服时间距离也要支付相对应的成本。随着运输业发展水平的提高，时间距离的缩短一般也伴随着运输成本的逐渐下降，但也不排除某些运输方式为缩短时间距离付出的成本代价过大，因而并不被市场接受的情况。例如，超音速协和客机因一直未能吸引到足够需求最终退出经营，高速磁浮列车似乎短期也很难找到理想的市场空间。还有高铁车站远离城市中心造成总出行时间过长等问题。因此，必须针对链条的特质和每一项功能去设计安排客户真正需要的时空匹配，避免事倍功半的资源配置代价。

经济学已经从多重视角考察过企业的基本功能，既包括实现规模经济和节约交易成本，也包括资源基础与核心能力的解释，而我们认为企业的基本功能也同时要满足经济活动在时空关系上的要求，或者说在某种程度上企业是满足时空关系变化要求的经济组织。

与位置高度相关的产品或服务，位置不对就造成损失；与时间高度相关的产品或服务，时间不对就造成损失；与位置和时间同时高度相关的产品或服务，位置或时间中任何一个不对都会造成损失。在高度组织化的社会经济形态中，特定对象必须准时出现在特定的位置，如果时间延迟就会造成较大或巨大损失，而这也就提出使特定时空关系相对固化的要求。也就是说，那些与位置和时间高度相关的生产活动由于生产过程不可间断而必须受到特别重视，以至于需要通过特别的流程甚至组织以确保满足相关时空关系固化要求。例如，为了使特定时空关系的相对固化能够实现，避免运输—物流活动不可靠造成生产断链，制造厂商在原材料采购、进货、储藏、配送等各个环节上都要留足必要的余量，直接关系到生产过程的厂内运输、仓储和配送等活动在传统上往往更是必须放在内部由自己完成。

企业如此行为的原因是，在普通契约、技术或其他手段无法有效解决经济时空关系中的不确定性困扰时，只能通过产权和组织措施去最终解决。

当考虑不确定因素发生对运输—物流过程发生影响，则前面链条时间距离的计算公式可调整为：

$$T_{链条} = \sum_{i=0}^{n} T_{衔接i}(1 + f_{ai}) + \sum_{i=1}^{n} T_{运行i}(1 + f_{bi}) \qquad (3-7)$$

式（3-7）中 $f_{ai}$ 和 $f_{bi}$ 分别为在环节 i 的衔接和运行过程中不确定因素对标准作业时间的影响因子。不确定因素的影响过大，就会导致链条的时间距离延长很多，而提高效率的重要途径，显然就是要尽可能减少运输—物流过程中不确定风险的影响。经济生活中存在大量由于时空高度相关所产生的套牢和不确定性问题，必须通过特殊契约或组织手段加以解决。企业的作用就是要通过分工和组织的形式，确保特定生产、经营流程的时空关系相对固化能够顺利实现。在某种程度上，在有能力成为通过内外部手段化解或控制时空关系不确定性的经济主体时，企业就生成了。而任何有效的组织实际上都会成为时空关系固化要求得以实现的保证。

## 第三节　运输经济分析框架的重要性与使用

### 一、运输经济研究的特殊性

运输经济学是应用经济学的一个重要分支，是以经济学的一般理论和方法研究探讨与运输有关的各类问题的一门学科。人类从事交通运输以克服空间距离的阻隔，这是一项无时不在、无地不在的任务，其联系和影响远远超出运输业本身而深入到社会经济生活的各个方面，因此运输是人类的基本活动之一。和其他行业甚至包括一些网络型行业相比，运输业更具网络经济、自然垄断和公益性特点，这使得其在供求关系、投资建设、运营组织以及政府作用等方面的重要性和复杂性更加明显，需要进行更有针对性的经济学分析和解释。运输问题的重要性和复杂性使得运输业成为一个能够应用几乎所有经济学基本理论与方法的极好领域，也是严格检验与完善这些基本理论与方法的极好场所。

运输是一个很好的经济学研究对象，但在运输经济研究中我们深切地感受到，一般经济学的基本理论和最新前沿成果，如交易成本理论、产权理论、博弈论、制度变迁理论、契约理论和产业组织理论等，都不能直接平移或套用，因为每一个领域都存在适用经济学一般原理的技术约束和体制约束，运输业也不例外。尽管经济学提供了很好的分析手段，然而需要分析的对象在这里是以实体网络作为基础的运输业，需求是旅客与货物在空间上的位置移动，供给则是在运输网络上提供的服务，网络特性使得运输业的经济分析与一般工商业有很大不同，即使是已经十分成熟的经济学分析方法，也必须在网络特性这一特定坐标系中重新考虑其针对性和适用性。

改革开放以来，我国运输业的发展与改革都取得了重大成就，我国运输经济学的学科体系也发生了根本性变化。学科研究重点从20世纪80年代改革开放初期从微观视角分析行业内的运价、成本、计划、统计、财务等行业经营管理问题，逐渐扩大到90年代更多从宏观及历史角度探讨运输业发展与国民经济的关系问题，2000年前后发展到更自觉地使用经济学最新成果，研究包括运输经济活动中的各种资源、组织、契约与产权结构等问题，再到目前开始自觉重建学科研究范式并深入探讨经济时空关系。按照简单的说法，运输经济学的研究重点从最早单纯关注运输中的经济问题，发展到研究经济中的运输问题，再进一步发展到研究运输中的经济学问题，如今又开始关注经济学中的运输问题。

学科研究范围也从原来只分别关注单个运输方式转变到研究综合运输体系，又进一步拓展到物流经济及其他相关时空经济领域。有关学科团队围绕运输业发展与体制改革中的重大课题，以及学科本身发展中的重大理论问题深入研究探索，在运输经济学科体系的重构、综合交通体制改革、交通规划理论与方法、运输与物流企业组织、运输市场结构、运输业投融资体制等方面取得了重要进展。运输经济学正在成为应用现代经济学理论和方法，对市场经济中的各种运输活动进行综合性和系统化解释的重要研究领域，形成了能够及时甚至超前开展有关政策研究和提出政策建议的成熟学科。

前面提到过运输经济学曾在很长一段时间里似乎与主流经济学没有很好地融合，我们认为其原因在于：一方面，运输经济问题确实有很强的行业特点，运输经济学家在进行经济分析时似乎更像行业技术专家，较少使用通用的经济学方法和语言，而一般经济学家也难以在短期内从总体上把握住整个运输经济学的脉络，因此学科之间的沟通比较困难。另一方面，过去的一般经济学是以新古典理论作为基本框架，但这种分析框架需要一系列非常严格的假设前提，例如完全竞争、资源自由流动、交易成本为零、信息完全对称等，相比一般工商业，这些假设在交通运输领域更加不适用，因此运输经济学一直缺少适当的分析框架或基础，以建立起自己合理的理论体系，而直接平移过来的经济学理论又确实距离运输市场的现实十分遥远。可喜的是这两种情况都已经出现显著变化，运输经济学家开始比较自觉和熟练地运用经济学的通用分析方法，经济学微观领域的几乎所有最新进展也都为运输经济研究提供了相对比较理想的理论工具。

运输经济学正在经历一个阶段性的重要转变。这种阶段性转变的重要性，不仅由于运输经济学在国家、区域与城市社会经济活动中的重要性越来越明显，而且在于该学科具备了把从社会经济实践中发现的重大政策问题，和从学术理论探讨中提炼的基本科学问题进行有机结合的能力，也不仅在于该学科开始自觉重视哲学及系统论等认识科学的指导。运输经济学必须完成自身基础理论框架的构建，使对网络性供求关系和资源时空属性的关注成为其有别于其他经济学科的主要特点，这决定了运输经济学未来的自身发展，也决定了运输经济学在整个经济学科中的地位和重要性。

## 二、运输经济分析框架的实用性

我们从产品-资源-网络经济（PRN）分析框架和运输业网络形态的分层（TNFS）分析框架，探讨如何建立区别于其他行业基本技术经济特征的经济学坐标系，和如何刻画并解释具有网络形态的研究对象，并进一步提出深入研究学科领域基本科学问题的意义与方法。

运输经济基础性分析框架的实用价值在于，能够先帮助研究者调整好观察问题的坐标系，再帮助判断问题所处的背景环境并帮助明确定义问题本身，而在此基础之上研究者就可比较容易地形成自己的核心命题和解释问题的逻辑主线。也就是说，针对具体研究问题，分别应用以上两个基础性分析框架，再结合相关的经济学理论，我们就易于形成较好的特定研究框架，在此基础上明确核心命题，并构建起认识与表述的逻辑主线。

运输经济基础性分析框架与其他学术范式类似，都是相对独立于客观研究对象的思维形式。思维形式不是认识的内容，而是认识的规律或认识的前提，是认识中相对稳定的方面。而认识内容则是不断变化的，不仅认识对象的范围在不断地变化，就是对同一对象认识的深度也在不断变化。人们建立起相应的思维形式以后，才能比较自觉地运用认识规律去认识客观对象。这正如人在游泳中学会游泳，是指在游泳中认识、掌握游泳规律，但游泳规律本身不是在人学习游泳中产生的。在人学习游泳之前，流体力学等规律就客观存在。人学习游泳的过程也就是不断体验游泳规律的过程，而能够尽快掌握科学方法的人对游泳规律运用也会越好。

运输经济学需要几个重要主题作为过滤器，以便把过于庞大的有关信息群处理成为研究者容易把握的对象，而这些主题就提供了观察运输经济问题的视角和框架。产品、资源和网络经济是运输经济系统中的基础性慢变量，因而也就成为决定系统基本特征和对其加以认识的最重要维度。产品-资源-网络经济分析框架的价值，相当于在运输领域和经济学之间架起一座相互理解的桥梁。运输业网络形态既是运输活动得以进行的基础和保证，同时也是运输活动本身的存在和表现形式。在前面产品-资源-网络经济分析框架帮助校准观察视角和坐标系的基础上，运输业网络形态的分层分析框架可以帮助我们更细致地考察研究对象，并对其进行更准确的刻画和描述。

在产品-资源-网络经济分析框架帮助校准观察视角和坐标系的基础上，运输业网络形态的分层分析框架可以帮助人们更细致地考察研究对象，并对其进行更准确的把握和描述。这两个框架为经济学提供了对大多数运输问题进行深入分析与解释的平台。该分析框架以经济学的视角、研究方法、解释构架和政策基准提供了一个系统性和实用性很强的运输经济学研究套路。绝大多数运输经济问题都可以归结到运输业网络形态的分析框架中进行分析，只不过所分析的层面与角度有所差别，所强调的重点也各有侧重。与产业经济学特别关注一般产业组织的分析相类似，运输经济学需要特别关注运输业网络形态的分析。

相对具体而言，从产品－资源－网络经济分析框架出发，我们可以形成运输经济学的三个基本命题，即：

（1）经济主体基于时空可达性的客货位移需求应该得到尊重和满足；

（2）运输资源配置应该符合提供相应位移服务所需要的时空特性；

（3）运输活动的成本应该符合相关运输网络经济的要求。

我们所研究的运输经济对象或系统如果运转属于基本正常，那么以上三个运输经济学的基本命题都应大体上得到满足，而如果我们所研究的运输经济对象或系统运转出现问题，那么一般来说以上三个运输经济学的基本命题中至少有一个就已经出现了问题。体现在问题或者是客货位移需求未能得到应有的尊重和满足；或者是运输资源配置未能符合提供相应位移服务所需要的时空特性；或者是运输活动的成本不符合相关运输网络经济的要求，造成严重亏损。

而从交通运输网络的分层分析框架出发，我们可以容易判断已经及正在发生的问题是属于交通运输网络的哪一个或哪几个层面，以便进行有针对性的分析。例如，铁路可分为图 3-9 中跨区域干线铁路、区域性铁路（包括省级和城市群铁路）、城市轨道交通（包括市郊通勤铁路和地铁），铁路客货列车也可以分为远距离跨区列车、中距离区域（或城际）列车和市郊列车、地铁列车等，并分别对应着各自的服务半径、站间距和运行速度等技术指标。在一定条件下线路与列车可以跨级兼容，即某一级别的列车不一定只在同级线路上运营。从服务对象看，确有相应的责任主体，如干线铁路以中央为主、区域铁路以省及区域为主、城市铁路则以城市为主，但铁路设施与服务的边界并非与分层事权的主体清晰对应。而如果考虑作为事权履行实施主体的经营者，包括引入民间资本的情况，其中的责权关系将更加复杂，因此必须明确所研究的问题。

实线为主体责任关系；虚线为共同事权及委托、兼容服务关系

**图 3-9 铁路服务范围、技术标准、经营主体及责任主体分类**

我们据此推荐研究运输经济问题的一般性建议"套路"，即以下 7 个步骤：

（1）先判断问题所发生的网络形态层次（基础设施层、设备及服务层、企业及组织层或政策及体制层？是一个层次内的问题还是多个层次的问题？）；

（2）判断三个基本命题是否得到满足（哪方面的缺陷最为显著？有无其他不足？）；

（3）定义需要研究与解释的核心问题（正确定义并解决问题是研究成功与否的关键）；

（4）判断是否需要使用其他分析方法（决定并找到分析方法，有时需向其他学科借用理论和方法）；

（5）提出针对问题的解释框架（分析方法或模型的使用必须有针对性，这也是前面强调正确定义问题的目的）；

（6）以案例或数据验证并给出结论（深入分析已有成功或失败的案例，并充分利用关键数据与信息推导出结论）；

（7）提出解决问题的政策建议（做到有事实、有逻辑、有判断、有实施办法地回到相应网络形态的层次）。

运输经济问题相对于一般或其他经济问题具有其特殊性，运输经济基础性分析框架是相对于经济学一般性框架，如一般化市场中的供求、成本、价格、组织、结构、均衡等分析方法，具有行业性技术经济特征的特殊分析方法。其实各种运输经济问题又都具有各自不同的特性，因而在深入分析的时候仍旧需要细化不同的方法。因此，这里的运输经济基础性分析框架相对于一般经济学而言具有一定特殊性，而相对于各种特殊运输经济问题所需要的具体研究方法，它也只是提供了一些基础性和一般性的分析概念和思路，研究者仍旧需要继续深化研究。

对于不同类型的运输经济问题或经济学问题，运输经济研究的基础性分析框架表现出不同的作用。对于比较单纯的运输经济问题，只需认真结合一些基础性的经济学原理，该框架就能体现出很强的分析与解释能力。对于同时属于运输经济学和另一个平行经济学科如产业经济学的问题，该框架需要与相关经济理论密切结合才能一起形成应有的分析与解释能力。而对于运输经济问题从属于某个更一般性的经济学或管理学问题，该框架也可以起到必不可少的协助作用，或者帮助提供重要的分析视角。

运输经济学在目前和今后相当一个时期，需要继续关注本领域的科学问题，特别是其中基本科学问题的提出与持续深化研究。科学问题是一定时代的科学研究者在当时知识背景下提出的、关于科学认识和科学实践中需要解决而未解决的矛盾。它们是科学探究活动的对象，是研究的起点，也是科学理论发展的动力并贯穿于科研活动的始终。而且由于科学进步的基本单位是已解决的科学问题，也因此可作为科学理论进步的标志。在学科的众多科学问题中有一些属于基本科学问题，这些基本科学问题往往构成了学科研究的重大基础领域，并在一定程度上决定了相当时期内学科进步的方向和步伐。运输经济学的进步，在很大程度上取决于其研究者所能够提出和解释的学术问题。当然，我们在这里也特别强调要重视基于研究框架的案例分析。

## 三、时空经济视角下的交通运输研究

中国目前正处于工业化中期和城市化迅速推进的过程中，产业结构、消费结构都正在经历重大转变，中国也深度参与了经济区域化与全球化的进程，因此人们的生活空间、城市空间、产业空间以及区域的经济地理格局都处在大幅度重塑过程之中，经济生活的节奏也在不断加快。交通运输在这中间发挥的作用是有目共睹的：小汽车、高速公路、轨道交通和民用航空的普及，使各层级社会经济空间所依赖的交通基础设施出现根本性改善，普通民众的生活与出行方式发生巨大变化，而集装箱多式联运和以准时配送为特征的现代物流业的兴起，则为各类企业提升经营水平和效率、扩大营销规模甚至拓展全球市场提供了条件。

我国社会经济发展已经进入了一个新的阶段转换期，新型工业化和科学发展要求关注经济时空结构与时空秩序的合理化。资源在时空配置上的效率从更长远的视角上决定着国家和地区未来发展方向和水平，也应该是经济结构调整的重要内容。时空结构改变和时空秩序的建立需要大量资源投入并经历相当长时期，必须避免资源配置被扭曲给社会经济带来低效率和过高代价，而时空统一视角的经济学分析框架显然有进一步深入研究的必要。

影响经济时空结构的因素有很多，但自始至终发挥着决定性作用的首要因素当属交通运输。人类首先是通过交通运输活动把社会经济的时间与空间维度联系在一起，以交通运输为基础构建起社会经济的时空结构，交通运输当然也就成为进行时空经济分析不可或缺的核心因素。运输业的合理发展是社会经济时空关系与结构能够不断得以改善的基础，因此综合交通运输的研究必须关注运输业发展新阶段所涉及的时空问题。

传统运输业的产品与服务主要是为解决空间位移与可达性问题，而综合运输新阶段的运输产品与服务将会越来越多地满足社会经济在时空关系改善方面的要求。经济学对交通—物流时间价值的认识，要从过去只能通过简单取平均收入或平均货值计算如何通过节约交通时间获取收益，转变为分析如何避免交通—物流不可靠造成更大的机会损失；从只能分析其影响个人出行行为的程度，转变为更多针对经济组织如何适应时空关系的要求；从只能考虑现有资源配置条件下的经济活动，转变为更多考虑各种资源在节约时间与合理利用空间上的配置效率。

伴随着避免损失指向性的日益明显，社会对运输业发展的要求也从原来单纯提高载运工具的运行速度，变为越来越强调包括准时在内的可靠性标准。旅客出行不会仅仅追求线上的运输速度，而是要求包括多种选择和在节点枢纽上的换乘方便，要求整个出行链条的高效率；货运的进步也更多体现在整个运输过程的无缝衔接和匀速化，以及送达的准时性或及时性。准时就是效率，相关资源和行为的时空精准化配置与管理成为社会成熟程度的重要标志，也意味着运输业的发展进入了重要的阶段性转变。可以看到使用者更多利用信息网络和代理商安排运输过程，运输业在内部方式之间衍生出多式联运组织，在外部则延伸出适时配送的现代物流体系。运输业在客运方面与现代旅游业的结合，在很大程度上也是为了帮助各类旅行者更合理地安排所有旅行要素在整个旅行链条上的时空关系。通过提高可靠性，运输—物流业一方面帮助人们节约更多时间，并避免可能遭受的损失，同时也大大减少了在避免损失的过程中所需付出的代价和成本，因为使用者已经可以大幅度减少原来必须的等待时间和物资储备。当然也有特殊情况，例如为了提高应急反应水平，政府必须储备一定数量的相关物资和救援能力，这也是社会在储备成本与可能的机会损失之间的权衡，社会越成熟这方面的要求就越高。

时空经济分析也已经积累了很多有说服力的实际问题分析案例。

## 四、时空经济分析方法的应用

### （一）日程安排

人们的行为总要受到时间约束，既有在时间长度即时段上的约束，也有在具体时点上的约束。日程安排（scheduling）是个人或组织为达到一定目标而在特定时空及其他约束条件下对事务执行顺序的计划与确认。个人需要日程安排，团体和组织更需要日程安排，日程安排的实质就是在约束条件下使个人或组织事务的时空流程合理化。人们总有内生的动力去不断完善时空流程，因此日程安排是时序世界的内在要求。

日程安排在时间上主要是处理约束性时刻与可调整时刻的关系。约束性时刻指由若干重要事项所决定的对行为主体具有硬约束性的重要时刻，一般包括规定的开始时刻、截止时刻或限制时段等。任何个人或组织都有其生活、工作或业务流程中的约束性时刻，并对日程安排起着支配性作用。可调整时刻指对行为主体硬约束性较小因而能够相对灵活安排的事务处理时间。日程安排也可以认为是行为主体在特定时间范围内确定约束性时刻并进一步以此为基础确定其他相应可调整时刻的计划性活动。

约束性时刻是包含权威意义、集体行为意义和契约意义等在内选择弹性较小的时间安排，包括上级要求的指定时间、集体行动的开始时间、契约规定的"交货时间"等。人感觉忙往往是由于处理或完成事务的能力与相应约束性时刻存在一定矛盾。约束性时刻中有一部分被称作公布时刻（public timetable 或 fixed public schedule），指涉及公共性并要求所有相关人员遵守的时刻，如上下班时间、营业时间、列车或航班时刻表等。公布时刻一般较少更改，一旦更改仍需要公布。包括公布时刻的约束性时刻在日程安排中具有优先性。人们的日程安排其实就是通过对活动与流程的协调、整合，使得各种事务得以在不违背约束性时刻的条件下顺利完成。

日程安排所涉及的核心要素包括规划事务及其行为主体、时间及地点。最简单的日程安排是在宽松的约束条件下针对唯一事务为唯一主体确定唯一时间和唯一地点；复杂日程安排是指约束条件较严格，且事务、主体、时间和地点4要素中的一部分并不唯一或因存在矛盾不容易确定；特别复杂的日程安排则是指约束条件特别严格，且其与相关4要素之间由于矛盾性质而很难加以协调。

时间窗口是允许行为主体参与或从事某一事务的时间段。允许事务在特定时段内处理的时点或时长约束程度称作时间窗口的弹性，不同行为主体、不同事务在不同情况下的时间窗口弹性有差别。涉及多主体的日程安排，实际上就是通过为所有参与人寻找、匹配合适的时间窗口，确定共同的约束性时刻。

对于现代人而言，行动时刻表的可靠性和衔接的准时性至关重要。既要保证相关活动按计划顺利进行，又要尽可能减少不必要的时间余量。人们会尽可能把时空范围相近的活动安排在同一个时段内，或尽可能实现衔接紧凑的安排，使流程实现平稳有序。由于企业经营涉及多方面业务流程，动用大量资源，牵扯众多主体，因此对日程安排的计划性和控制性相比个人要复杂得多，也严格得多。要使各种必须遵守的外部约束性时刻与企业内部业务的各类约束性或可调整时刻得到最好的结合，让整个系统节律一致，而对时空关系不确定性的解决甚至在某种程度上决定着企业的核心组织与治理结构。

衡量日程安排质量的主要标准是行动计划与实施的确定性程度，主要包括计划过程中对诸多约束性要素的把控程度、相关辅助条件的准备落实以及对计划执行过程的控制与协调能力等。很显然，无论是日程安排计划的落实，还是日程安排执行过程中出现问题的处理、补救与应急安排，都需要充分体现必要的时空协调能力。可以理解首长秘书、行政办公室、军队参谋部等在这些方面的重要作用；当然日程安排本身毕竟不是决策，流程设计与落实并不能取代决策者把握重要时机的能力。

日程安排也被称作时刻安排，有些研究则是针对行程安排或旅程安排。显然行程安排是日程安排的组成部分，主要针对出行活动进行计划，而日程安排则可以针对包括行程在内的各种活动进行计划。行程安排研究多局限于个人交通选择领域，但日程安排对交通以外的领域，包括企业作为行为主体的研究也有非常重要的意义。其实肯尼斯·斯莫尔（Kenneth Small，1982）就曾断言过，日程安排等行为研究将给大多数经济研究带来富有成果的变化。当然，为更好地深入日程安排研究，我们还需要做很多深入分析。

### （二）时空匹配

匹配无论在市场运行的过程中，还是人们的日常生活中都扮演了非常重要的角色。2012年，埃尔文·罗斯（Alvin Roth）和罗伊德·沙普利（Lloyd Shapley）因稳定匹配理论和市场设计中的实践成果获得诺贝尔经济学奖，反映出匹配问题的重大理论和现实意义被认可。但匹配并不是被经济学家发现之后才有的东西，匹配是交易和契约关系的前提，是市场完成资源配置使命的途径，同时还有很多匹配发生在一般经济学所关心的范围以外。

匹配（matching）是指在一定场域范围内供需两侧对象之间遵照相应条件或目标，并根据信息引导克服时空阻隔建立相对稳定互动及配对关系的过程。此定义一是强调任何匹配都是在一定的时空条件下产生的；二是强调信息引导对于匹配过程的重要性；三是强调匹配是满足特定约束或支撑条件建立稳定互动或配对关系的过程；四则强调匹配需承担克服时空阻隔的成本，匹配的范围也因此存在边界。

其他相关概念还包括：匹配失败，指供需两侧对象之间不能建立相对稳定的互动或配对关系；错配（mismatching）指由于信息引导错误或匹配机制低效致使所建立的匹配关系不稳定；匹配破裂指已通过匹配建立的互动关系未能持续；匹配效率指匹配过程的成功程度与匹配成本的关系。

需要说明匹配是一个中性概念，既包括双方同意的善意匹配，如交易、婚姻、求职等，也包括一方主动另一方虽被动但无需或无法反抗的匹配，如采集果实、找寻地点、分配物品等，还包括一方强加的恶意匹配，如捕猎、偷窃、抢劫、谋杀等，在此类情况下受害方会试图避免匹配。此外，与双方善意但由于信息不完善或匹配机制低效所导致的一般性错配不同，还存在由于一方利用对方的匹配意愿和信息弱势，故意提供错误信息所导致的欺骗性恶意匹配，例如制假售假、虚假广告、金融诈骗等行为。欺骗性恶意匹配损害相关方权益，也干扰正常的社会经济生活秩序。

从只有一侧主体做出选择决策还是两侧对象都需要选择可分为单边匹配和双边匹配，仅一方进行选择决策的是单边匹配，需要双方都决策的是双边匹配。而根据两侧对象的数量可分为一对一、一对多、多对一、多对多等不同类别匹配。从这两个维度进行的典型匹配现象分类如表3-2所示，可以看出无论是单边匹配还是双边匹配，都可以找出一对一、一对多、多对一、多对多的不同典型。

表3-2　　　　　　　　　匹配的典型分类

| 匹配类别 | 单边匹配 | 双边匹配 |
| --- | --- | --- |
| 一对一 | 单车停车、个人寻物、自己发明创造、航天在轨对接 | 个体捕猎、两人找对象、收购企业、银行贷款、诈骗 |
| 一对多 | 个体采集、个人在实体店采购商品或网淘 | 某岗位招聘、设计产品、发布广告、发行股票、拍卖某商品、制定政策 |
| 多对一 | 动物迁徙、众人去看同一电影、众人买同一股票 | 合作捕猎、多人应聘某岗位、竞买所拍卖商品 |
| 多对多 | 多车停车、多人选购商品、众人旅游季节出游 | 学生高考录取、相亲网站交友、出租车揽客、公路零担车货配对 |

有研究已把匹配过程又分为由价格作为主要信息媒介的匹配和非价格影响的匹配，也有从时间上划分的即刻匹配与延迟匹配，从确定性或随机程度划分的确定性匹配与随机性匹配，还讨论过稳定匹配、不稳定匹配以及最优匹配等。此

外，匹配过程可能分别通过随机相遇方式、自愿结合方式、由第三方介入引导或强制方式；匹配也可以分别发生在即期、短期或长期。经济学家已经尝试过将一些随机分散的匹配由配对中心进行事前计算设计，以促成较高效率的匹配。市场是人类建立匹配关系的基本机制，市场自发的匹配过程可以经过机制设计得以改善，但提升匹配效率的外力介入也应顺应市场作用。

已有匹配理论多从匹配的质量即稳定性视角进行思考，匹配成功在很大程度上取决于匹配机制和信息质量也已被相当程度认可，但匹配研究还更应强调匹配过程所需克服的时空约束与成本，因此经济时空分析为匹配提供了更有深度的解释框架。移动互联网技术有助于大幅降低相关匹配的时空阻隔与成本，并创造新的匹配机会，而大数据主要反映的就是经济实体的动态时空信息，其意义必须得到充分认识。例如，信息化就可以大大提升分时租赁和停车服务等单边匹配的效率。

匹配是资源配置过程的组成部分，匹配低效必然导致社会经济效率损失，因此，人类要通过各种创新改善匹配推进社会进步。此外，既要大力鼓励和促进正当匹配，也必须同时治理恶意匹配，特别是有效打击欺骗性恶意匹配的犯罪行为。要让市场机制在匹配包括非价格匹配中更充分发挥作用，也需要明确政府对规范社会经济匹配行为和提高匹配效率负有责任，同时，政府也必须改善自己的行政匹配能力。

---

**专栏 3-1**

### 马克思的运输经济思想

在马克思的经济理论中运输问题占有相当重要的地位，这是因为现代运输是资本主义大生产绝对不能缺少的组成部分，马克思看到了这两者之间的重要联系，所以他在《资本论》和其他著作中，用大量篇幅对运输问题作了深入的分析研究。马克思的运输经济思想十分丰富，涉及的领域也很广，概括起来主要有以下几个方面：

在运输业的性质方面，马克思明确指出运输属于物质生产性活动，他认为货物运输与纯粹流通性的商业活动不同，"是生产过程在流通过程内的继续"，其内容是使物质发生空间位置变化[1]。运输工人的劳动创造新价值，而且运输价值"要追加到所运输的产品中去"，因此运输业是除了开采业、农业和加工制造业以外的"第四个物质生产领域"[2]。但与一般的物质生产部门相比，运输业在产品和生产过程方面有一些自己的特性：运输业的劳动对象

---

[1]《资本论》（第二卷），引自《马克思恩格斯全集》（第24卷），人民出版社1974年版，第167~170页。

[2]《资本论》（第四卷），引自《马克思恩格斯全集》（第26卷上），人民出版社1974年版，第444~445页。

既可以是物，也可以是人类本身，且劳动对象不必为运输业所有；运输业不改变运输对象的形态或物理化学属性，只改变它们的位置；运输业的产品和所售出的东西就是运输对象的位置变化，而不是实体产品，它不具实物形态，而且运输产品的消费与运输过程即运输业的生产过程不可分离地结合在一起；运输业的资本结构特殊，固定资本比重较大，流动资本比重较小。

马克思认为运输从一开始就是产品或商品交换所不可缺少的工具或手段，而货币出现以后，运输和货币更成了商品流通的两个主要车轮。他特别重视运输业对资本主义大工业和商品经济的影响，他认为市场的供求除了受商品自身理化性质影响外，还受其所处的时空状态影响，运输正是通过改变商品的时空状态，降低商品的运输费用，提高了商品在更大空间中的竞争能力。他认为"一个过程的产品能够以什么样的速度作为生产资料进入另一个生产过程，取决于交通运输工具的发展"①。交通运输影响资金周转的主要途径一方面是缩短商品的运输时间，从而减少束缚在运输中的资本的数量；另一方面是减少原料和商品的储存数量，从而减少束缚在储存状态的资本。马克思说，"商品经济越发展，生产越是以交换价值为基础，因而越是以交换为基础，交换的物质条件——交通运输工具——对生产来说就越是重要"。资本主义生产是大机器生产，"资本按其本性来说，力求超出一切空间界限"，它要力求摧毁商品交换的一切地方限制，资本越发展，资本借以流通的市场越大，它就越是力求进一步扩大市场，它对现代运输业的依赖性就越大。

马克思从多方面论述了运输革命给社会经济带来的影响，包括为工业运来了较远地方的廉价原料；不断为工商业开拓远方市场，加强了地区间的联系，拓宽了商品流通的范围；使商品产地和销地的位置和距离发生相对变化，改变资源的配置；加速了人口和资本的集中，促进了城市的发展；运输业的发展需要物质基础，这些物质基础的不断消耗构成了对工业生产的巨大需求，刺激着工业生产的发展，铁路等现代运输业带动了其他许多工业的发展，"成为现代工业的先驱"；运输业加速瓦解了各国小生产的分工方式，促使资本主义经济体系全面形成，同时也激化了资本主义的经济和社会矛盾；等等。马克思认为"工农业生产方式的革命，尤其使社会生产过程的一般条件即交通运输工具的革命成为必要"，交通运输业因而在资本主义时期得到了前所未有的大发展，并成为工业化的最直接结果，它"逐渐地靠内河轮船、铁路、远洋轮船和电报的体系而适应了大工业的生产方式"②。马克思多次热情称颂运输业出现的进步，他说，19 世纪交通运输方面发生的革命，"只有 18 世纪下半叶的工业革命才能与之相比"③。

---

① 《资本论》（第二卷），引自《马克思恩格斯全集》（第 24 卷），人民出版社 1974 年版，第 160～161 页。
② 《资本论》（第一卷），引自《马克思恩格斯全集》（第 23 卷），人民出版社 1974 年版，第 421 页。
③ 《资本论》（第三卷），引自《马克思恩格斯全集》（第 25 卷上），人民出版社 1974 年版，第 85 页。

在运输业投资方面，马克思通过分析运输业需要聚集大量资本，指出了交通运输规模形成的跳跃性同运输需求增长的连续性之间的矛盾，认为运输需求增长到一定规模之前交通运输项目是不会获利的。马克思分析了资本投资于运输事业的条件，指出了股份制在发展现代运输业中的作用。马克思说："假如必须等待积累去使某些单个资本增长到能够修建铁路的程度，那么恐怕直到今天世界上还没有铁路。但是，集中通过股份公司转瞬之间就把这件事完成了。"[①] 马克思还提到国家在发展运输业方面所给予的支持。

马克思的运输经济思想是留给运输经济学的一份宝贵财富，其内容非常深刻，直到一百多年后的今天，仍值得我们认真体会、总结和汲取营养。

资料来源：根据《资本论》与马克思的其他著作整理。

### 专栏 3-2

## 境外运输经济研究前沿

**1. 时间特性**

从交通需求的角度来看，运输经济学所研究的时间特性，主要从出行时间的角度展开讨论。威廉·维克瑞（William Vickrey）基于确定性排队理论，探讨了有限道路容量下出行者的出发时间选择问题，提出出行者成本由在途时间价值和时间提前/延误价值两部分组成。在此基础上，肯尼思·斯莫尔（Kenneth A. Small）提出了行程规划模型，实现了对出行时间价值的实证测算。不少学者针对出行时间这一概念进行了一系列的引申讨论，伊瑞克·维尔赫夫（Erik Verhoef）将异质性融入到出行者时间价值的研究，认为不同的出行者群体对相同的交通需求管理政策会产生不同的行为响应。德·帕尔玛（De Palma）将出行时间的研究从道路拓展到公共交通，明确了公共交通出行决策中特殊的时间决策变量，即相对固定的出行时间成本和与道路出行相似的行程提前/延误成本。从运输供给方的角度来说，运输经济学所研究的时间特性，主要从定价和运营的角度展开讨论，其中比较有代表性的研究有：张安民考虑了机场停机位的拥堵和航空公司价格歧视的定价策略，分析了机场航班时刻以及票价的制定问题，杨海研究分析了垄断条件下的公交车发车频率和票价制定的问题。

**2. 空间特性**

运输经济学研究空间特性，是因为交通活动具有空间分离的特征，而这种空间分离会导致土地具有可变租金，改变竞争规律，以及产生空间不平等

---

[①] 《资本论》（第一卷），引自《马克思恩格斯全集》（第23卷），人民出版社1974年版，第693页。

等问题。因此，交通在空间组织中的角色是土地利用政策需要解决的一个重要问题。保罗·克鲁格曼（Paul Krugman）提出新经济地理学（New Economic Geography），考虑了传统经济学所忽视的由空间位移所产生的运输成本。该理论聚焦增加收益与降低运输成本之间的权衡，解释了人类活动产生空间集聚而非均匀分布的原因。该理论同时提出了中心外围模型（Core-Periphery Model）揭示了城市经济发展和产业结构的空间演变规律，城市增长随着与中心城市之间的距离呈现出先下降、后上升、再下降的层级演进趋势。不少学者将新经济地理学应用于经济活动空间聚集的分析，进行了一系列的拓展研究。例如，新经济地理学被广泛应用于分析运输成本在国际贸易中的重要作用，菲利普·麦肯（Philip McCann）分析了运输成本和交易成本对跨国公司的空间聚集分布的重要影响。戴维·基林（David J. Keeling）从空间的角度分析了不同地区（亚洲、非洲以及美洲）运输业发展和经济发展的关系，其结果表明运输成本的降低促进了经济的聚集与发展，同时克服了由于地理隔离给经济发展带来的限制。

**3. 出行者的行为决策特性**

出行决策可以分为短期决策和长期决策。短期决策包括出行目的地、出发时间、出行路径、出行模式选择，长期决策包括居住地点和工作地点，是否考取驾照或购买汽车等。这些选择大多数都是离散的。丹尼尔·麦克法登（Daniel McFadden）和詹姆斯·赫克曼（James Heckman）基于对交通出行行为的分析所提出的离散选择理论，不仅在运输领域而且在许多其他领域都已成为探究行为选择问题的主要研究方法。

出行者受心理态度的影响，在一系列活动之间做出选择，或者是基于经验或记忆做出顺序性的决策，在离散选择模型中，决策者通常对由心理学家们研究的各种刺激做出反应，离散选择模型构建的这一决策过程，是被完全信息下传统理性行为理论所忽略的。肯尼斯·崔恩（Kenneth Train）、摩西·本–阿基瓦（Moshe Ben-Akiva）、大卫·亨甚尔（David Hensher）、斯蒂文·汉斯（Stephane Hess）、莫恩斯·福斯劳（Mogens Fosgerau）、米歇尔·比埃雷尔（Michel Bierlaire）等众多学者，也基于对交通问题的解读，从不确定性环境、心理潜变量、动态决策等多个角度不断对离散选择理论进行深化和丰富。

行为经济学家莫里斯·阿莱（Maurice Allais）观测到行为悖论的存在，希尔伯特·西蒙（Herbert Simon）提出有限理性的概念，丹尼尔·卡内曼（Daniel Kahneman）提出前景理论等，这些行为经济学模型综合了经济学和心理学的观点，适用于个人和团体的多种决策情况，也特别适合于解决交通运输问题。例如，大卫·亨甚尔（David Hensher）等强调了情景依赖和启发式决策对行为选择的重要影响。蒂姆·史瓦南（Tim Schwanen）、温杰华（Wen Chieh-Hua）、塞珀·加德（Sepehr Ghader）等学者发现前景理论对于交通模式、出行路径、出发时间等选择问题同样适用。

**4. 公私合作特性**

公私合作逐渐成为了公共管理领域，尤其是交通领域中的重要话题。一方面，外部性问题在交通领域普遍存在。其中，拥堵作为交通运输中最为常见的一种外部性问题，其治理手段得到了非常广泛的探讨，包括价格杠杆或数量管控政策，法律的变更以及对新信息和通信技术的使用。伊瑞克·维尔赫夫等（Erik Verheof）从价格手段和非价格手段探讨了外部性问题的规制问题。另一方面，私营交通部门以及公共管理共同参与到交通服务的供给中，因此由詹姆斯·莫里斯（James Mirrlees）和埃里克·马斯金（Eric Maskin）提出的公私合作、不对称信息下的不完全竞争、间接征税、契约与监管等问题在交通领域受到了越来越多的关注与讨论。毛里西奥·桑切斯-希尔瓦（Mauricio Sánchez-Silva）等基于委托—代理的理论框架探讨了公私合营下交通基础设施投资建设中潜在的问题和监管机制的设计；阿米特·维玛（Amit Verma）、瑞·库尼亚·马克斯（Rui Cunha Marques）将理论分析和实证研究结合，探讨分析了公私合营情况下存在的投资风险以及监管问题。

资料来源：根据 Fu, X., van den Berg, V. A., & Verhoef, E. T. (2018). Private road networks with uncertain demand. Research in Transportation Economics, 70; Keeling, D. J. (2019). Twenty five years of the Journal of Transport Geography. Journal of Transport Geography, 81（C）等文献整理。

---

专栏 3-3

## 运输业网络经济与网络效应的区别

本章介绍了运输业网络经济的概念和分析方法，这是运输经济基础性分析框架非常重要的组成部分。而若干年前，有另外一个"网络经济"的概念也曾广泛流传，但实际上那指的是另外一种东西，即"网络效应"。经济学概念显然不应该随意混用，因此我们必须在这里说明一下二者的异同。

网络效应（network effect）是以色列经济学家奥兹·夏伊（Oz Shy）在《网络产业经济学》（The Economics of Network Industries）中提出的。网络效应是新经济中的重要概念，通俗地说，就是每个用户从使用网络中得到的效用或价值与该网络用户的数量正相关，用户人数越多，每个用户得到的效用就越高。例如在电信系统中，当只有一个人使用电话时安装电话是没有价值的，而电话越普及用户安装电话可以联系到的人越多，电话的使用价值就越高。这也就意味着网络用户数量的增长，将会带动用户总所得效用的几何级数增长，因此网络效应引发了正反馈。在通信、交通、互联网等领域相当普遍地存在着网络效应。

*关于运输业规模经济和范围经济问题的探讨*

网络效应也称为网络需求方的规模经济和范围经济，这恰好与本教材所强调的运输业网络经济形成对照。我们已经知道，运输业的网络经济是运输网络由于其规模经济与范围经济的共同作用，运输总产出扩大引起平均运输成本不断下降的现象，因此这种网络经济是通过运输业规模经济和范围经济转型而形成。也就是说，运输业网络经济是典型的运输供给方的规模经济与范围经济。

虽然都是网络型产业经济分析需要关注的对象，但运输业网络经济与网络效应从定义和作用上都是有区别的。网络经济与网络效应都发生在经济网络上，也都由于产量或用户数量增加产生了经济性，但网络经济发生在供给方或生产者一端，表现为随产量扩大单位生产成本降低，而网络效应发生在需求方或消费者一端，表现为随用户数量增加客户的效用得到提升。而且供给方规模经济与需求方规模经济也并不互相排斥，厂商应该尽可能在这两个方面都做得出色，就能相得益彰。

这里所分析的在特定消费行为方面由于"互存性"（independency）导致的网络效应，也被称为"网络外部性"（network externality）。网络外部性的概念最早是由罗尔夫斯（Rohlfs，1974）提出的，他指出网络外部性是需求方规模经济的源泉。可以把网络用户所能得到的价值分为两个不同的部分：一部分叫做"自有价值"，是在初始状态使用者规模下网络使用者所具有的价值；另一部分叫做"协同价值"，是当新用户加入网络时老用户从网络使用中获得的额外价值。在没有实现外部性的内在化之前，用户是无须对这部分额外价值进行相应支付的，而这部分"协同价值"就是网络外部性的经济本质。

资料来源：根据奥兹·谢伊：《网络产业经济学》，张磊译，上海财经大学出版社，2002年和Jeffery Rohlfs. A Theory of Interdependent Demand for a Communications Service. Bell Journal of Economics，1974，vol.5，no.1. 整理。

## 本章思考题

[1] 一个学科为什么应该有自己相对独特的研究对象和研究框架？

[2] 运输业的产品、资源和网络经济相比一般经济学领域有什么特殊性？

[3] 一般经济学中的规模经济与范围经济在交通运输领域是如何表现的？

[4] 从产品-资源-网络经济（PRN）分析框架出发，可以得出运输经济学的哪些基本命题？

[5] 除了线网及设施层、设备及服务层、企业及组织层和政策及体制层，交通运输网络中还存在其他需要重点关注的层次吗？

[6] 举例说明相比传统的时间价值分析方法，重视避免损失视角的时间价值分析和非匀质的时间价值分析更符合人们心理评价。

［7］你认为时间—费用替代的等距离曲线分析是消费分析还是生产性分析？

［8］以不同尺度举例说明社会经济生活中的时间距离与位移链条概念。

［9］用实例说明日程安排（或时刻安排）的实质及约束性时刻在其中所起的作用。

［10］用实例说明匹配现象与时空经济分析的关系。

# 第二篇

# 运输经济的基础性分析

# 第四章

# 客货运输需求

**本章总体要求**

深入了解运输需求的派生性以及网络化运输需求的时空特点；深入了解客货运输需求的主要影响因素；深入了解各主要货物品类的运输特点，和各有关行业的货运—物流特征；深入了解居民收支水平变化与人民出行需求变化的关系；能够熟练计算各种运输需求弹性；初步领会交通需求管理的必要性和策略措施。

**本章主要内容**

- 具有派生性的交通运输需求，同时也具有网络化的时空特点。
- 煤炭、钢铁、石油、粮食、棉花等主要货物产运系数的变化。
- 有关货物品类运量、平均运距与吨均运费，以及相关行业产品的平均运距、吨均产品价值和运费用比重异同。
- 我国各种运输方式货物运输平均运距的变化及原因。
- 不同产业对专业受雇运输或对自备车辆、自有运输的依赖程度。
- 旅客运输分析中需要（need）与需求（demand）的区别。
- 国内外居民消费结构在不同收入水平方向上衣食住行比例变化的共性。
- 运输需求变化与运输需求量变化的异同，以及运输需求价格弹性、交叉弹性、收入弹性、长短期弹性的差别。
- 私人小汽车增长与交通需求管理的关系。

汤普逊（Thompson，1974）曾经把现代社会的人们为什么需要交通运输归结为以下七个原因：（1）自然资源分布的非均衡性，这意味着任何一地都不可能提供当地居民所需要的全部物品，因此需要运输使不同地区之间互通有无；（2）现代社会的高度物质文明依赖于专业化分工，而大工业既需要从各地获得多样化的原材料，也需要为自己的产品去开拓远方市场；（3）优良的运输系统有助于实现由技术革新、自动化、大批量生产与销售以及研究与开发活动支持的规模经济;(4)运输还一直承担着重要的政治与军事角色:对内而言,一个国家需要良好的运输系统以支持有效的国防和政治上的凝聚力;对外而言,强大的运输能力是一个国家强盛的重要标志,也是那些大国实现海外野心和统治殖民地的手段之一;(5)良好的交通是增加社会交流与理解的基础,并有助于解决由于地域不同而产生的问题;对于很多不发达国家,提供基本的交通条件目前还是解除一些地区封闭状态的首要途径;(6)交通条件的改善使得人们在自己的居住地点、工作地点以及日常购物、休闲地点之间可以做出很多选择和安排,这在很大程度上影响了人们的生活方式;(7)现代交通有助于国际文化交流,以便人们了解其他国家的文化特点,并通过国际展览、艺术表演、体育比赛等方式向国外展示本国文化。实际上,这些方面也都是客货运输需求的重要影响因素。

## 第一节 运输需求生成的简单例子

### 一、运输需求派生的简单例子

运输需求在传统上被认为是一种派生出来的需求,即它不是本源性的社会需求,而是由社会经济中的其他活动所引发出来的一种需求。这里以图4-1为例进行说明。图中A地是煤炭产地,B地是煤炭销售地,两地之间有煤炭经销商把A地生产的煤炭运到B地销售,图中的价格和供求数量都是象征性的。[①]

图4-1 运输需求的来源:产销两地的煤炭供求

图4-1(a)是生产地A的煤炭供给曲线,我们把它画成最简单的直线形式,表示供给量随价格的上升而增加。该供给曲线的数学公式为式(4-1)。

$$Q = 1000P_A \tag{4-1}$$

---

① 本节内容参考了 Kenneth D. Boyer, *Principles of transportation economics*, 1997。

式（4-1）中 Q 为煤炭供给量，$P_A$ 为产地价格。式（4-1）表示价格每上升 1 美元，A 地的生产厂商就愿意增加 1000 吨的供给量。图 4-1（b）是销售地的煤炭需求曲线，我们也把它画成最简单的直线形式，表示需求量随价格的上升而减少。该需求曲线的公式为式（4-2）。

$$Q = 10000 - 1000P_B \qquad (4-2)$$

式（4-2）中 Q 为煤炭需求量，$P_B$ 为销地价格。式（4-2）表示价格每上升 1 美元，B 地的消费者就要减少 1000 吨的需求量。

A 地的煤炭供给要变成 B 地的煤炭消费，必须依靠煤炭运输。A 地煤价中不包含煤炭运输的价格，而 B 地的煤炭销地价格中显然包括了煤炭的运输价格，因此 A 地与 B 地之间存在着一个煤炭的价格差，这里假定该价格差仅仅是由于煤炭运输造成的。可以想象，在产销地供求曲线已经分别确定的情况下，从 A 地运往 B 地的煤炭数量，取决于煤炭的运输价格。运价越低，煤炭的运输需求越大，而运价越高，运输需求越小。从图 4-1 中可以看出，当运输价格为零时，A 地的厂商在 5 美元的煤炭产地价格下愿意提供 5000 吨煤炭，这正好与 B 地消费者在 5 美元的煤炭销地价格下愿意消费的 5000 吨煤炭相等，此时两地煤炭的供求正好达到均衡状态。从式（4-1）和式（4-2）的联立求解中我们也可以得到完全一样的结果。

如果煤炭运输价格上升到 2 美元，此时煤炭经销商就会提高 B 地的销售价并同时压低 A 地的收购价，以消化上升了的运输价格，而两地价格的变化当然会引起供求数量的变化。在这个例子中，B 地的销售价提高到 6 元，需求量相应地减少到 4000 吨，A 地的收购价压低到 4 元，而供给量也相应地减少到 4000 吨，两地煤炭的供求再一次达到均衡状态。煤炭运输价格的公式为式（4-3）。

$$P_T = P_B - P_A \qquad (4-3)$$

式（4-3）中 $P_T$ 为运输价格。把式（4-1）、式（4-2）和式（4-3）结合起来，我们就可以得到本例的运输需求公式为：

$$Q = 5000 - 500P_T \qquad (4-4)$$

表 4-1 表示的是运输价格分别定为 0、1 美元、2 美元……10 美元时，煤炭的销地价格、产地价格和运输数量，这些煤炭运输数量也是 A、B 两地在各个均衡状态上的产销数量。

表 4-1　　　　　　　　　　衍生的煤炭运输需求

| 煤炭销地价格（美元） | 煤炭产地价格（美元） | 运输价格（美元） | 数量（吨） |
| --- | --- | --- | --- |
| 5.0 | 5.0 | 0 | 5000 |
| 5.5 | 4.5 | 1.0 | 4500 |
| 6.0 | 4.0 | 2.0 | 4000 |
| 6.5 | 3.5 | 3.0 | 3500 |
| 7.0 | 3.0 | 4.0 | 3000 |

续表

| 煤炭销地价格（美元） | 煤炭产地价格（美元） | 运输价格（美元） | 数量（吨） |
| --- | --- | --- | --- |
| 7.5 | 2.5 | 5.0 | 2500 |
| 8.0 | 2.0 | 6.0 | 2000 |
| 8.5 | 1.5 | 7.0 | 1500 |
| 9.0 | 1.0 | 8.0 | 1000 |
| 9.5 | 0.5 | 9.0 | 500 |
| 10.0 | 0 | 10.0 | 0 |

当我们把表4-1第一栏和第四栏的数字转换到坐标图上，就可以得到图4-2，这是一条煤炭运输需求随运输价格变化的曲线。从形式上看，运输需求曲线与一般产品或服务的需求曲线没有什么不同，也是向右下方倾斜，即随着价格下降需求逐渐增加，但我们通过上面的例子已经知道运输需求是衍生出来的。从这个例子中还可知道，运输价格越低产销两地之间的价格差别也越小，因而运输需求也越大；极端地看，如果运输是免费的，那么意味着运输极为方便，产销两地之间的价格没有差别。而运输价格水平高到一定程度以上，该产品的运销就不再具有经济性，运输就不会发生，地区之间则处于隔绝状态。因此很容易得出这样的结论，即随着交通运输条件的改善，运价不断降低会鼓励不同地区之间的客货交流，而由于运输条件落后，过高的运输价格则阻碍地区之间的客货交流。

图4-2 衍生出的煤炭运输需求曲线

## 二、网络上的运输需求生成

上面用一个最简单例子分析了运输需求的衍生过程。然而，如果出现多个始发到达地的情况，而且运输方式也不止只有一种，运价与运输需求之间的关系往往就不再像前面所描述的那样简单了。假设在一个有限的经济空间中（见图4-3）

存在着若干个煤炭生产地,用菱形代表它们的位置,菱形的大小表示产煤能力;煤炭的需求地或消费地用圆形代表,它们可能是一些大的钢铁企业、火电站,也可能是城市,圆形的大小表示煤炭需求的多少。假设存在着铁路和卡车两种可以相互替代的运输方式,图4-3中的网格代表已有的铁路网,卡车运输所使用的道路在图中没有画出。

**图4-3 多个煤炭产销地点的分布**

要在类似本例图4-3的运输网络系统中确定运输供求的均衡。每一个煤炭生产地与相应的消费地能够建立起真正的煤炭运销联系,及其运输量的大小,既取决于本身的生产成本、消费地的需求曲线和联系两地的最低运输费用,也同时取决于其他可能的竞争者的生产成本及可能的最低运输费用;而系统中所有生产地、消费地和运输方式的供求均衡,更需要从整个系统加以考虑才可能真正实现。在给定产销地点和供求曲线,同时假设铁路综合运输成本较高的情况下,用图4-4表示该网络系统的一个运输均衡解。

**图4-4 多产销地的运输需求分析:铁路运输成本较高情况下的运输均衡**

在图4-4中,虚线表示使用卡车把煤炭从生产地运到需求地,粗实线表示使用铁路承担相应的煤炭运输。我们发现该运输均衡使用的卡车运输要多于铁路运输,而很多可能发挥作用的铁路线没有被利用。如果我们在图4-4已经实现的运输均衡条件中改善铁路的服务并采取降价措施，比如说使铁路的总运输费用降低20%，则可能在其他条件不变的情况下得到另外一种运输均衡（见图4-5）。由于铁路运输费用下降，因此有些原先使用卡车运输的用户现在改为利用铁路，卡车运输大体上只保留在比较近的范围里；而且由于相对运输费用的变化，有些原来提供煤炭的生产地因为不再合算而退出，而另一些原先没有得到利用的生产地投入了生产。

图4-5 多产销地的运输需求分析：铁路运输费用下降情况下的运输均衡

显然，在存在多个始发地和到达地并有多种运输方式存在的时候，情况要复杂得多，因为任何一对始发到达地的产品供给曲线和需求曲线都不再能够单独决定运输需求。当某一条特定运输线的运价水平发生变动，它所影响的可能不光是该线路上的运输量，所有有关的产品供给地都会重新调整自己最合适的运输终到地点，也就是说，所有可能的始发到达地的产品供给曲线和需求曲线都会对新的运输均衡产生影响。我们也可以将货物的种类想象成其他原材料或消费品，甚至也可以把需求地和供给地想象成人们的居住地点和度假旅游地，也就是说可以把这个例子用于说明客运需求。但不管怎样，现实生活中的社会经济系统和运输网络比这里所举的假想例子要复杂得多。

## 第二节 货物运输需求

货物运输需求的影响因素包括经济发展特别是工业化水平、经济总量与经济结构、资源禀赋与国际贸易水平、货物运输的成本与价格、非价格影响因素等，当然也包括伴随经济发展所形成的新的生产与生活方式。

我们在第一章已经分析过，在工业化和运输化的不同阶段，各国货运量的增长变化情况有所不同。大体上是总货运量的增长先加速增长，然后变为减速增长，最后大体进入饱和水平，货运结构也有一定变化。我国经济自改革开放以来得到长足发展，2000年成为世界第六大经济体，2007年超越德国成为世界第三，

2010年又超过日本成为世界第二大经济体。2019年我国GDP为99.1万亿元，人均GDP突破1万美元。图4-6是我国一二三次产业结构变化趋势。由数据可知，1978年我国一二三次产业占GDP比重分别为27.7%、47.7%和24.6%，到2019年已分别变为7.1%、39.0%和53.9%，明显成为服务业主导的经济。经济总量和经济结构都对货运量与结构产生重大影响。

**图4-6 我国一二三次产业结构变化**

我国若干年份煤炭、钢铁、石油、粮食、棉花等主要货物的产量，与其铁路运量对比计算而成的铁路产运系数的变化如表4-2所示，铁路产运系数一直用于说明铁路对一些大宗物资运输的重要性。1994~2017年，我国的煤炭产量从12.12亿吨升至35.24亿吨，煤炭的铁路产运系数一直保持在50%~60%，说明煤炭对铁路运输的依赖性一直比较高。粗钢产量从0.93亿吨升至8.32亿吨，但钢铁的铁路产运系数却从50%以上一路跌至10.1%，说明钢铁对铁路运输的依赖性下降很多。同期我国原油产量从1.48亿吨升至1.92亿吨，粮食产量从4.45亿吨升至6.18亿吨，棉花产量从434万吨升至549万吨，产量增速没有煤炭和钢铁那么快。

表4-2　　　　　　　　我国铁路主要货物产运系数的变化　　　　　　　单位：%

| 年份 | 煤炭 | 钢铁 | 石油 | 粮食 | 棉花 |
|---|---|---|---|---|---|
| 1994 | 54.4 | 51.8 | 46.8 | 17.0 | 24.4 |
| 1998 | 51.3 | 43.1 | 48.9 | 11.3 | 34.8 |
| 2003 | 60.6 | 35.5 | 75.4 | 25.0 | 45.5 |
| 2008 | 62.0 | 19.8 | 71.3 | 22.2 | 51.9 |
| 2013 | 63.1 | 12.6 | 66.3 | 18.3 | 72.4 |
| 2017 | 61.2 | 10.1 | 69.5 | 13.6 | 36.0 |

资料来源：根据《中国交通年鉴》（2017）整理。

从 20 世纪 90 年代到目前，粮食的铁路产运系数一直在百分之十几和 25% 之间波动；棉花的铁路产运系数则在更大的百分之二十几和 70% 多之间波动；石油的铁路产运系数也比较高，2003 年曾达到 75.4%。但实际上，我国石油运输中管道所占比重已较大，石油铁路产运系数仍较高的原因，应该与在此期间我国石油进口大幅度增加因而原油自产量占总消费量比重已明显下降有关，而且石油运输还分为原油和成品油，目前铁路罐车运送的很多应该是成品油，其数量与本国的原油产量关系不大。这一时期我国也分别进口了一定数量的煤炭、粮食和棉花，因此，必要时如能将产运系数指标调整为货物消费量与运量的对比分析也许可以弥补原来的不足。

从表 4-3 可以看到从 1978~2016 年我国几种主要公共货运平均运距延长的情况。其中铁路货运的平均运输距离从 485 公里增加到 714 公里，公路货运的平均运距从 23 公里增加到 183 公里，延长了近 7 倍。水运货物的平均运距从 805 公里增至 1525 公里，延长不到一倍，应该与外向型经济包含的远洋货运增加有关。民航货运的平均运距增加了一倍多。而管道油气运输的平均运距则从 416 公里延长到 572 公里。

表 4-3　　　　　　　　我国货物运输平均运距的变化　　　　　　　　单位：公里

| 年份 | 铁路 | 公路 | 水运 | 其中远洋 | 民航 | 管道 |
| --- | --- | --- | --- | --- | --- | --- |
| 1978 | 485 | 23 | 803 | 6797 | 1516 | 416 |
| 1990 | 705 | 46 | 1447 | 8653 | 2211 | 398 |
| 2003 | 769 | 61 | 1817 | 6560 | 2643 | 336 |
| 2016 | 714 | 183 | 1525 | 7280 | 3330 | 572 |

资料来源：根据《中国交通年鉴》（2017）整理。

我国电商快递也是发展特别迅速的领域，从图 4-7 可以看出我国快递业务量快速增长的变化情况。2006~2012 年的 6 年间，我国快递业务量由约 10 亿件增至 57 亿件，2013 年增至 92 亿件，从 2014~2018 年分别突破 100 亿件、200 亿件、300 亿件、400 亿件和 500 亿件，2011~2016 年连续 6 年同比增长基本上都在 50% 以上。根据有关数据，2019 年我国快递业务量完成 630 亿件，同比增长 24%，快递业务量连续 6 年稳居世界第一。

各不同工业部门对运输业的依赖程度是不一样的，表 4-4 是美国若干类工业品的平均运输距离、每吨产品平均价值和运输费用占价值比重对比。从表 4-4 中数据可以看出，皮革制品的平均运距最长，达到 900 英里以上，而运输费用占产品价值的比重却最低，仅有 3%；电气及电子设备、光学仪器和服装三类产品的每吨平均价值也比较高，它们的平均运距都在 600 英里以上，运输费用比重也仅占 4%；而在另一端，非金属矿石的每吨平均价值只有 12 美元，它的平均运距最低，只有 87 英里；建材及玻璃制品、成品油和木材的每吨平均价值也比较低，

图 4-7　我国快递业务量变化情况

资料来源：艾媒数据中心（data.iimedia.cn）。

相应的平均运距也都较短，而运输费用比重却接近或超过 20%；煤炭的情况似乎比较特殊，它的价值很低，但运输距离却很长，可能与其作为主要能源的产销特点有关，它的运输费用比重与非金属矿石一样缺失，但可以相信应该都属于最高之列。这与不同国家资源分布的条件有关，我国煤炭运输的成本大大高出煤炭生产的出厂价。一般而言，各国初级产品的平均运输距离都较短，运输费用占产品价值的比重却较高，而最终产品则正好相反，平均运输距离较长，但运输费用占产品价值的比重较低。

表 4-4　美国若干类工业品的平均运距、每吨产品价值和运输费用比重

| 产品分类 | 平均运距（英里） | 每吨平均价值（美元） | 运输费用占价值比重（%） |
| --- | --- | --- | --- |
| 皮革制品 | 909 | 21093 | 3 |
| 电气及电子设备 | 650 | 13630 | 4 |
| 光学仪器 | 624 | 23080 | 4 |
| 服装 | 659 | 19249 | 4 |
| 一般机械 | 559 | 12954 | 5 |
| 橡胶及塑料制品 | 488 | 3348 | 7 |
| 运输设备 | 560 | 7447 | 8 |
| 布匹 | 458 | 4128 | 8 |
| 初级金属材料 | 365 | 858 | 9 |
| 纸张及制品 | 464 | 898 | 11 |
| 家具 | 591 | 4193 | 12 |
| 食品 | 315 | 997 | 13 |

续表

| 产品分类 | 平均运距（英里） | 每吨平均价值（美元） | 运输费用占价值比重（%） |
|---|---|---|---|
| 化工产品 | 434 | 977 | 14 |
| 木材 | 182 | 191 | 18 |
| 成品油 | 152 | 191 | 24 |
| 建材及玻璃制品 | 105 | 114 | 27 |
| 煤炭 | 432 | 21 | n.a. |
| 非金属矿石 | 87 | 12 | n.a. |

注：每吨平均价值和平均运距为1993年数据。

资料来源：分别转引自US Department of Transportation, Bureau of Transportation Statistics. *Transportation Statistics Annual Report*. 1998, p.175 and 184；运输费用占价值比重为1982年数据，转引自K. J. Button. *Transport Economics*. 1993, p.24。1英里≈1.61公里。

表4-5是2018年我国铁路有关货物品类运量、占比、平均运距与收入，可将表4-5与表4-4中美国的数据进行对比，但要注意统计口径和指标的差别。

由表4-5中数据可见，占铁路运量比重最大的煤运量166274万吨，约占总运量的51.05%，平均运距642公里，平均每吨运费93.49元；石油运量13239万吨，占比4.06%，平均运距714公里，均吨运费123.90元；焦炭运量8468万吨，占比2.60%，平均运距1019公里，均吨运费135.55元；金属矿石运量41897万吨，占比12.86%，平均运距534公里，均吨运费73.19元；钢铁运量18674万吨，占比5.73%，平均运距852公里，均吨运费108.32元；矿建材料运量7578万吨，占比2.33%，平均运距339公里，均吨运费37.66元；粮食运量8471万吨，占比2.60%，平均运距1804公里，均吨运费190.49元；化肥农药运量5112万吨，占比1.57%，平均运距1818公里，均吨运费197.35元；化工品运量4568万吨，占比1.40%，平均运距1765公里，均吨运费217.35元；工业机械运量6338万吨，占比1.95%，平均运距1594公里，均吨运费166.42元；集装箱运量25252万吨，占比7.75%，平均运距1306公里，平均每吨运费157.23元。

从数据可以看出当前铁路货运的优势和短板，如煤运量仍超过总运量的一半以上；棉花的平均运距最远3978公里吨均收入358.69元，但其运量还不到总运量的0.1%；高价值电子电器运量仅占总运量的0.02%；矿建材料的平均每吨运费只有37.66，运量占比是2.33%。2020年上半年我国铁路货运量虽然总体上保持了上年水平，但货种结构中低运价的矿建材料比重上升，致使货运收入下降。

表4-5　　　　2018年我国铁路有关货物品类运量、占比、平均运距与收入

| 货物分类 | 运量（万吨） | 占比（%） | 平均运距（公里） | 平均吨收入（元） |
|---|---|---|---|---|
| 煤 | 166274 | 51.05 | 642 | 93.49 |
| 石油 | 13239 | 4.06 | 714 | 123.90 |
| 焦炭 | 8468 | 2.60 | 1019 | 135.55 |

续表

| 货物分类 | 运量（万吨） | 占比（%） | 平均运距（公里） | 平均吨收入（元） |
|---|---|---|---|---|
| 金属矿石 | 41897 | 12.86 | 534 | 73.19 |
| 钢铁 | 18674 | 5.73 | 852 | 108.32 |
| 非金矿石 | 6276 | 1.93 | 544 | 55.00 |
| 磷矿石 | 1565 | 0.48 | 742 | 77.01 |
| 矿建材料 | 7578 | 2.33 | 339 | 37.66 |
| 水泥 | 2441 | 0.75 | 345 | 41.65 |
| 木材 | 2200 | 0.68 | 738 | 89.90 |
| 粮食 | 8471 | 2.60 | 1804 | 190.49 |
| 棉花 | 248 | 0.08 | 3978 | 358.69 |
| 化肥农药 | 5112 | 1.57 | 1818 | 197.35 |
| 盐 | 1234 | 0.38 | 386 | 44.61 |
| 化工品 | 4568 | 1.40 | 1765 | 217.35 |
| 工业机械 | 6338 | 1.95 | 1594 | 166.42 |
| 电子电器 | 58 | 0.02 | 2176 | 271.63 |
| 饮食烟草 | 1192 | 0.37 | 1537 | 175.15 |
| 集装箱 | 25252 | 7.75 | 1306 | 157.23 |
| 合计 | 325695 | 100.00 | 797 | 105.68 |

资料来源：根据《中国交通年鉴》（2019）整理。

有些必须考虑的影响因素是"运输的非价格成本"（non-rate cost to transport）。运输的非价格成本本身不是运输价格的组成部分，但是一旦发生这种成本并且其水平达到某种程度，那么它所起的作用与提高运价水平是相似的，也会减少运输需求（或者使运输需求曲线向左移动）。例如，某些产品的性质使其属于易腐坏、易破损或易被偷盗丢失的货物，那么在运输这些产品时，货主就需要多付出额外的费用，例如保证活牲畜运输中的饲养和清洁条件并安排专人押运，易破损货物的特殊包装条件，易损易盗货物的保险费用等，这些额外费用就属于运输的非价格成本。又如，运输是需要时间的，而在市场经济中"时间就是金钱"的概念已经被普遍接受。在运输过程中的货物对货主来说有相应在途资金被占用的问题，货物本身价值越高，运输所耗费的时间越长，被占用资金所需付出的代价（至少等于同期的银行利息）就越大，而这个代价也是由运输引起但却不包括在运输价格中。还有，在市场经济还不完善的情况下，很多货主在运输中受到承运方工作态度或服务水平较差的影响，例如不能按合同提供运输车辆、运输被延误、货物出现不应有的损害或灭失、出现责任事故后不能及时得到应有的赔偿等情况时有发生，这些情况给货主带来的损失显然也是运输的非价格成本。无论是上述的哪一种情况，运输的非价格成本越高，运输需求就越受到限制。

在这里不少地方都涉及了运输服务的质量问题，也就是说，运输服务质量对运输需求是有实际影响的。然而对于经济计量分析来说，运输质量的概念目前却很难发挥更多的作用，原因在于很难给出运输质量的准确定义并进而收集到能够进行定量分析的实证数据。每一种运输服务都存在着很多方面的特点，对某些发货人来说运输能力的大小可能是最重要的，对另一些发货人来说运输速度可能更重要，对第三类发货人可能更看重运输的可靠性包括正点服务，还有很多发货人可能对承运人的形象和服务态度十分注重等。表4-6是英国价格协会对发货人进行的一次调查结果，可以看出，随着经济结构的转变，货物运输的轻型化、小批量、时间紧、安全可靠等特点越来越突出，因此无论是区内运输还是跨区运输，货主都把车型合适与发货迅速摆在最突出的位置。

表4-6　　　　　英国发货人对公路运输公司的各种要求　　　　　单位：%

| 类　别 | 区内货运 | 跨区货运 |
| --- | --- | --- |
| 车型合适 | 38 | 43 |
| 发送迅速 | 29 | 36 |
| 装载及时 | 10 | 12 |
| 声誉良好 | 15 | 5 |
| 手续方便 | 8 | 4 |

资料来源：英国价格协会，转引自 K. J. Button. *Transport Economics*. 1993。

在经济生活中还有一种现象，就是尽管专业受雇运输公司的能力越来越大，服务也不断改善，但还有很多一般的工商企业保留了自备运货车或车队。也就是说，这些企业或多或少要把一部分运输能力控制在自己手里，除了必需的内部运输和短途接运，有些还要用于完成中远距离的运输任务。这种情况在各国都很普遍。照理说维持自备车队的成本可能会高于利用专业运输公司，那么为什么企业愿意保留自己的运输力量而不完全依靠专业运输呢？根据英国运输部的有关调查，企业在更可靠、更容易控制、有利于与客户建立更好的关系、更快和更有灵活性等因素上的考虑都超过了对常规运输成本或运价的考虑，此外，满足特殊服务需要、专门化、反应和适应性、安全等因素也都是需要顾及的内容。因此，综合起来看，只要专业运输公司的服务尚无法在这些方面超过自备车辆，就算运价可以更低，对运输质量越来越挑剔的客户们还是要自己保留一手。

但不同产业或部门对自备车辆或自有运输的依赖程度是不一样的，表4-7是20世纪90年代中期美国有关产业的运输总费用和其中使用自有运输与受雇运输的比例。从表4-7中数据可以看出，各产业平均使用自有运输与受雇运输的比例分别是52%和48%，自有运输比重略大；但金融保险业、电信业和运输总费用最大的制造业对自有运输的依赖较小，其比例分别为7.9%、11.9%和21.4%；而农林渔业、建筑业和商业对自有运输的依赖却很大，分别达到69.7%、74.6%和82.7%，其他服务业的比例也有66.2%。

表 4-7　美国若干产业运输总费用中使用自有运输与受雇运输的对比

| 产　业 | 运输总费用（亿美元） | 自有运输比重（%） | 受雇运输比重（%） |
| --- | --- | --- | --- |
| 农、林、渔业 | 188.97 | 69.7 | 30.3 |
| 采掘业 | 66.80 | 57.9 | 42.1 |
| 建筑业 | 522.35 | 74.6 | 25.4 |
| 制造业 | 1020.54 | 21.4 | 78.6 |
| 电信业 | 99.90 | 11.9 | 88.1 |
| 商　业 | 517.83 | 82.7 | 17.3 |
| 金融、保险业 | 114.22 | 7.9 | 92.1 |
| 其他服务业 | 635.17 | 66.2 | 33.8 |
| 平　均 | — | 52.0 | 48.0 |

资料来源：US Department of Transportation, Bureau of Transportation Statistics. *Transportation Statistics Annual Report*. 1998.

## 第三节　旅客运输需求

旅客运输需求的影响因素涉及人口数量及有关的基本出行需要、居民收入水平、旅客运输的成本与价格、城市化水平等，也包括人们的生活方式及其变化。

在旅客运输需求分析中涉及一个重要概念，就是运输"需要"。一般来说，需要（need）的概念比需求（demand）大，因为需求只是有支付能力的那部分需要。由于需求要受个人收支预算的限制，所以仅仅按需求去分配社会资源就会由于收入水平的差别而产生出一些不平等。人们普遍认为，在现代社会中每一个人都应该有权利享受一些不低于基本水平的教育、医疗等服务，而不论他们收入的多少，交通运输也应该属于这一类服务。任何一个国家或地区，都会有一些低收入者，还有残疾人、老人和儿童，这些人相比之下需要一些特殊的运输服务，任何一个国家也都会有一些地区的经济开发水平较低同时交通条件较差，需要外界提供一些它们自己难以实现的运输服务，这些运输服务仅靠市场上自发的供求平衡力量往往无法满足。因此，需要被认为是既包括可以用市场去满足的需求，同时也包括要依靠市场以外力量去满足的那些基本要求，这后一部分运输需要有时也被称作"公益性运输"或"普遍服务"。

本教材在后面的章节会专门讨论政府主导下的公益性运输供给。但即使承认了运输需要与需求的差别并采用政府补贴的办法处理，在现实中还是存在很多问题，特别是大量界限不清的交叉补贴会引起公共交通企业降低效率。因此，有一部分学者虽然支持妥善解决低收入和残疾等人群的交通困难，但仍主张应该采用明晰的收入补贴而不要搞混杂的交叉补贴，认为这样才可以实现让市场的有效需求正确反映消费者购买具体运输服务的意愿，而政府为特定群体提供的专项补贴

基于旅客需求的高速铁路客运服务质量评价

也不致造成不必要的效率损失。这个问题的存在确实给运输需求分析又增加了一定难度。

人们的收入水平与交通需求之间有一定联系，一般来说，收入水平提高会使人们出行更远的距离或在交通上花更多的钱。不少学者对同一国家不同收入水平的家庭，或不同人均收入水平的国家进行对比分析，结论基本都是相同的。表4-8是1989年英国家庭开支分类按收入水平分组的对比，可以看出交通开支大体上是随着收入水平提高的，从最低收入组占总支出的6.8%，到高收入组超过18%。其他国家的情况与英国类似。

表4-8　　　　1989年英国按收入水平分组的家庭开支分类　　　　单位：%

| 每周收入（英镑） | 食品 | 住房 | 水电 | 烟酒 | 服装 | 日用品 | 交通 | 其他 |
|---|---|---|---|---|---|---|---|---|
| 低于60 | 27.2 | 14.1 | 10.0 | 8.0 | 5.2 | 12.5 | 6.8 | 13.1 |
| 60~99 | 25.4 | 21.6 | 9.6 | 6.3 | 5.4 | 11.2 | 8.4 | 12.0 |
| 100~149 | 23.0 | 22.2 | 7.2 | 7.0 | 6.6 | 10.5 | 9.3 | 14.2 |
| 150~199 | 20.1 | 20.1 | 5.9 | 6.2 | 5.6 | 9.8 | 14.6 | 17.7 |
| 200~249 | 20.5 | 19.5 | 5.6 | 7.5 | 6.2 | 10.9 | 14.8 | 15.0 |
| 250~299 | 19.2 | 17.1 | 4.6 | 6.7 | 6.6 | 13.6 | 16.7 | 15.4 |
| 300~349 | 19.3 | 17.1 | 4.8 | 7.0 | 6.8 | 11.5 | 17.0 | 16.3 |
| 350~399 | 18.7 | 16.0 | 3.9 | 6.6 | 6.5 | 11.5 | 17.5 | 19.3 |
| 400~524 | 17.7 | 15.6 | 3.9 | 6.5 | 7.1 | 11.8 | 18.4 | 19.0 |
| 525以上 | 15.8 | 16.4 | 3.1 | 5.7 | 7.9 | 12.1 | 18.3 | 20.7 |
| 平均 | 18.8 | 17.4 | 4.8 | 6.5 | 6.9 | 11.7 | 16.2 | 17.8 |

资料来源：转引自 K. J. Button. *Transport Economics*. 1993。

表4-9是我国城市居民1990~2014年消费结构的变化。由表4-9中数据可以看出，在约25年期间内，食品、衣着和"家用"这3项所占比重分别下降了24.20个百分点、5.21个百分点和3.96个百分点；"文娱"项目占总消费的比重在9.36%~13.82%之间波动；而医疗、居住和交通这3项所占比重分别上升了4.53个百分点、15.50个百分点和12.01个百分点。这20多年是我国人均收入提升最快的时期，居民消费中衣食住行的比例也伴随着发生了很大变化，特别是交通所占比重迅速从1.20%增加到13.21%。应该说，我国居民消费结构在时间轴纵方向上的变化，与表4-8按横方向进行比较所得出的结论一致。

表4-9　　　　　　我国城市居民消费结构的变化　　　　　　单位：%

| 项目 | 1990年 | 1995年 | 2000年 | 2005年 | 2014年 |
|---|---|---|---|---|---|
| 食品 | 54.25 | 50.09 | 39.44 | 36.69 | 30.05 |
| 衣着 | 13.36 | 13.55 | 10.01 | 10.08 | 8.15 |

续表

| 项目 | 1990年 | 1995年 | 2000年 | 2005年 | 2014年 |
|---|---|---|---|---|---|
| 家用 | 10.14 | 7.44 | 7.49 | 5.62 | 6.18 |
| 医疗 | 2.01 | 3.11 | 6.36 | 7.55 | 6.54 |
| 文娱 | 11.12 | 9.36 | 13.40 | 13.82 | 10.73 |
| 居住 | 6.98 | 8.02 | 11.31 | 10.18 | 22.48 |
| 交通 | 1.20 | 5.18 | 8.54 | 12.55 | 13.21 |
| 其他 | 0.94 | 3.25 | 3.44 | 3.50 | 2.67 |

资料来源：杭文：《运输经济学》，东南大学出版社2016年版。

图4-8是2019年全国居民人均消费支出分布情况。由图可见交通通信所占比重已经上升到15%。而教育文化娱乐和医疗保健的比重仍在快速增长。

**图4-8　2019年全国居民人均消费支出分布情况**

资料来源：国家统计局网站。

图4-9是1995年美国人均长途旅行次数的分类统计。从图中看出，当时美国平均每人每年出行4次，但不同性别、年龄、婚育、种族和收入人群的出行次数有较大差别。其中男性平均出行4.5次，女性为3.5次；45～54岁人群平均出行6.0次，65岁以上老人平均出行就降到2.9次，而18岁以下青少年的出行只有2.3次；已婚但没有孩子的成年人出行明显较高，为每年平均5.2次，而已婚且需抚养18岁以下孩子的父母年出行就降到3.7次；美国白人组群年均出行为4.4次，亚太裔组群为2.8次，而西班牙语裔和非洲裔组群平均分别只有2.2次和1.9次；年收入在5万美元以上家庭人均出行6.3次，年收入在2.5万～5万美元的家庭人均出行4.7次，而年收入在2.5万美元以下的家庭人均出行只有1.6次。

| | |
|---|---|
| 6.3 | 家庭年收入在5万美元以上人群平均 |
| 6.0 | 45~54岁人群平均 |
| 5.2 | 已婚但没有孩子的成年人平均 |
| 4.7 | 家庭收入在2.5万~5万美元人群平均 |
| 4.5 | 男性平均 |
| 4.4 | 白人组群平均 |
| 4.0 | 全美平均 |
| 3.7 | 已婚且需抚养18岁以下孩子的父母平均 |
| 3.5 | 女性平均 |
| 2.9 | 65岁以上老人平均 |
| 2.8 | 亚太裔组群平均 |
| 2.3 | 18岁以下青少年平均 |
| 2.2 | 西班牙语裔组群平均 |
| 1.9 | 非洲裔组群平均 |
| 1.6 | 家庭年收入在2.5万美元以下人群平均 |

**图 4-9　美国 1995 年人均长途旅行次数分类**

资料来源：美国运输部：Transportation Statistics Annual Report, 1998。

从表 4-10 可以看到我国几种主要公共运输旅客平均运距的变化。其中铁路旅客平均每次乘车的运输距离从 1957 年的 116 公里增加到 2016 年的 447 公里，但也可以看到自 2008 年高铁开通以后，铁路旅客的平均运距已比之前 2007 年的 532 公里缩短了 65 公里，这说明高铁旅客的平均运距相对比较短。公路旅客平均每次乘车的运距从 1957 年的 37 公里增加到 2016 年的 66 公里，但这个指标应该是不包括乘坐城市公交及私家车或其他非运营车辆的情况。水运旅客的平均运距在这几十年间缩短了将近一半，而民航旅客的平均运距增加了约一半。

表 4-10　　　　　　　我国旅客运输平均运距的变化　　　　　　单位：公里

| 年份 | 铁路 | 公路 | 水运 | 民航 |
|---|---|---|---|---|
| 1957 | 116 | 37 | 53 | 1143 |
| 1978 | 134 | 35 | 44 | 1208 |
| 1992 | 316 | 44 | 75 | 1407 |
| 2007 | 532 | 56 | 34 | 1503 |
| 2016 | 447 | 66 | 27 | 1717 |

资料来源：根据《中国交通年鉴》（2017）整理。

旅游业和运输业二者之间也有着互相促进的密切关系。图4-10是2011~2019年中国旅游人数增长情况。由图可见，2011年我国国内旅游人数为28.5亿人次，2019年已增至64.8亿人次，增长1.27倍，而且一直保持两位数以上的年增长率。另据统计，2012~2018年，我国出境旅游人数也从8300万人次增加到1.48亿人次，增长78.3%。[①] 旅游业高速发展的基础之一，是各种客运基础设施和优质客运服务的长足进步。

图4-10 2011~2019年中国旅游人数增长情况

资料来源：前瞻产业研究院。

城市化过程和城市生活对人们的日常出行有很大影响。图4-11和图4-12是1986~2014年北京市建成区面积和居民出行距离、六环内出行周转量变化情况增长情况。根据第五次北京城市交通综合调查报告，1986~2014年，北京市建成区面积从653平方公里增至2831平方公里，增长了3.3倍；北京居民平均出行距离由1986年的5.2公里增至2014年的8.1公里，增长了56%；2000年北京市六环内各种交通方式的出行总量是2370万人次，到2010年已超过4000万人次，其中2014年达到4628万人次；六环内每日的旅客出行周转量由1986年的4883万人公里增长至2014年的3.6亿人公里，增长了6.4倍。

表4-11是2017年北京市中心出行情况。表中数据是根据调查所得到的地面公交、轨道交通、出租车、私家车、自行车、步行等不同出行方式的每天平均出行距离、早晚高峰平均出行耗时和早晚高峰的平均行程速度。

---

① 《2018年中国出境游人数逼近1.5亿人次》，中国新闻网，2019年2月12日。

图 4-11　1986~2014 年北京市建成区面积和居民出行距离增长情况

资料来源：第五次北京城市交通综合调查总报告。

图 4-12　1986~2014 年北京市六环内出行周转量变化情况

资料来源：第五次北京城市交通综合调查总报告。

表 4-11　　　　　　　　2017 年北京市中心出行情况

| 出行方式 | 平均出行距离（公里） | 平均出行耗时（分钟） | | 平均行程速度（公里/小时） | |
|---|---|---|---|---|---|
| | 全日 | 早高峰 | 晚高峰 | 早高峰 | 晚高峰 |
| 地面公交 | 10.9 | 66.1 | 67.2 | 9.9 | 9.7 |
| 轨道交通 | 17.7 | 73.2 | 74.9 | 15.4 | 15.1 |
| 出租车 | 9.2 | 41.4 | 43.0 | 11.7 | 10.1 |
| 私家车 | 13.9 | 46.5 | 47.1 | 16.0 | 15.8 |
| 自行车 | 3.0 | 22.5 | 23.7 | 9.2 | 9.0 |
| 步　行 | 0.9 | 10.8 | 11.5 | 5.3 | 5.2 |

资料来源：傅志寰、孙永福等：《交通强国战略研究》，人民交通出版社 2019 年版。

图 4-13 是美国城市人口不同目的日常出行的时间分布。由图可见，美国人上班和上学出行的早高峰都是 7：00 左右，但不少上班族的离家动身时间要早于学生，学生返家的交通高峰大约在午后 3：00，而上班族的返家归程高峰是在 5：00 以后；人们购物出行的高峰期从早 10：00 一直持续到下午 4：00 以后；中午前后才是人们社交与休闲出行较多的时候，但全天的高峰期则是在下午 5：00 以后。我国城市人口的日常出行时间分布其实也是相似的。这些交通调查和统计有助于了解并把握一个国家或城市居民的出行规律，以便提供更加合理的交通服务，或采取更加有力的交通治理对策。

图 4-13　美国城市人口不同目的日常出行的时间分布

资料来源：美国运输部：Transportation Statistics Annual Report，2005。

## 第四节　运输需求的变化与弹性

### 一、运输需求的变化

人们通过对自己消费的物品或服务的支付意愿来表达需求，因此可以从人们如何花钱来得到有关需求的信息。图 4-14 是美国 1994 年的运输费用（expenditures）分类，其中左边那个柱形反映了美国消费者支付给运输公司的费用，总计超过 2200 亿美元，大约相当于美国当年国内生产总值（GDP）的 3%。从图中可以看出，在美国的受雇运输（for heir transportation，也称公共运输，即 public transportation）中公路货运排位第一，航空和铁路次之，而包括轻轨和公共汽车的城市公共交通排在后面。

图 4-14  美国 1994 年的运输费用分类

资料来源：Kenneth Boyer. Principles of Transportation Economics. 1997。

但如果想了解一个国家交通运输开支的总体情况，那么只看受雇运输业显然是不够的，图中右边那个柱形就反映了美国在私人交通或自有运输方面的花费，总额竟接近 1 万亿美元，大约相当于当年 GDP 的 14%，远远超过受雇运输业的水平。美国的私人交通主要是指私人驾驶自己的小汽车，也包括一些驾驶私人飞机的情况；货运方面的自有运输则主要是指企业和其他单位使用自备车辆、船舶以及通过管道从事的运输。无论是私人交通还是自有运输都需要为相应运输设备的购置、维护保养以及使用支付各种费用。对比左右两个柱形可以很容易看出，美国人用在私人小汽车上的开销远远超过用在所有公共交通工具上的，美国一般企业使用自备卡车支出的费用也大大超过支付给受雇运输业的钱。

美国用于各类交通运输的开支加总目前约等于 GDP 的 17%，这个数字充分说明了运输业在其国民经济中的重要性。但在最近的 20 余年间，美国运输支出虽然仍在继续增长，而它相当于 GDP 的百分比却是在缓慢下降的，20 世纪 70 年代后期这个数字曾经超过 22%。[1] 那么这种变化是否反映了美国人正在倾向于减少他们的出行和运输活动呢？不能这样简单地下结论，因为运输支出总额并没有下降，此外，运输支出本身是由运输价格和运输需求所决定的，而后者又是其他许多因素影响的结果。

当然，客运需求也受运价水平的影响。如果我们已经比较清楚地知道了运输需求与运输价格之间的相互关系，就可以在价格与需求坐标系中画出一条运输需求曲线，可以根据运价水平的变化考察运输需求量的变化。但需求曲线的位置却

---

[1] Button, Kenneth John. Transport economics, 3rd edition, Edward Elgar, 2010.

是由运输价格以外的因素决定的,例如我们在前面讨论过的人口增加、收入水平提高和人们在旅行上的偏好提高等。因此,在客运需求分析中,我们也必须同时考虑运输价格和运价以外的其他因素。表 4-12 是美国 1960~1995 年客运周转量和平均运输费用(包括私人小汽车、公共汽车、火车及航空各种运输方式)。

表 4-12　　　　　　　1960~1995 年美国客运周转量及平均运输费用

| 年份 | 客运周转量(10 亿人英里) | 平均每人英里费用(美元,1995 年价格) |
| --- | --- | --- |
| 1960 | 781 | 0.40 |
| 1970 | 1181 | 0.38 |
| 1975 | 1355 | 0.39 |
| 1980 | 1468 | 0.43 |
| 1981 | 1469 | 0.43 |
| 1982 | 1490 | 0.40 |
| 1983 | 1524 | 0.41 |
| 1984 | 1577 | 0.43 |
| 1985 | 1636 | 0.43 |
| 1986 | 1724 | 0.40 |
| 1987 | 1807 | 0.39 |
| 1988 | 1877 | 0.39 |
| 1989 | 1936 | 0.38 |
| 1990 | 2034 | 0.36 |
| 1991 | 2069 | 0.33 |
| 1992 | 2143 | 0.32 |
| 1993 | 2197 | 0.33 |
| 1994 | 2286 | 0.32 |
| 1995 | 2363 | 0.31 |

资料来源:Kenneth Boyer. Principles of Transportation Economics. 1997。

从表 4-12 中数据可以看出,20 世纪 60 年代初一直到 80 年代中期,美国平均每人英里的运输费用变化不大,基本稳定在约 0.40 美元的水平上,然而同期全美国的客运周转量却增加了一倍以上。因此,我们可以根据表 4-12 的数据资料大体得出图 4-15 上 1960 年和 1987 年的两条客运需求曲线。十分明显的是,在运价基本不变的情况下,1987 年的需求曲线比 1960 年需求曲线向右大幅度地移动了。从表 4-12 中的数据还可以了解到,美国平均每人英里的运输费用从 80 年代中后期有了一定幅度的下降,那么应该说在这以后的时期中,运价和其他因素对客运需求都产生了比较大的影响。

图 4-15 美国客运需求曲线

## 二、运输需求的弹性

弹性概念在经济学中得到了广泛的应用。当经济变量之间存在函数关系时，弹性被用来表示作为因变量的经济变量的相对变化对于作为自变量的经济变量的相对变化的反应程度。这种反应程度用弹性系数的大小来表示。弹性系数的一般公式为式（4-5）。

$$需求弹性系数 = \frac{需求量变动率}{影响因素变动率} \quad (4-5)$$

需求弹性（elasticity of demand）包括需求的价格弹性、需求的收入弹性和需求的交叉弹性等。其中，需求的价格弹性常常被简称为需求弹性，用来表示一种商品需求量的相对变动对于该商品价格相对变动的反应程度，它是商品需求量的变动率与价格的变动率之比。如果如图 4-16 所示，知道运输需求曲线上价格变

图 4-16 运输需求弹性计算

动前后的需求量，就可以如式（4-6）计算需求曲线上这两点之间的平均弹性。由于需求量和价格变动的方向相反，因此需求弹性本为负，再加上负号是为了取其绝对值，以便不同弹性之间的比较。

$$需求的价格弹性系数 = -\frac{\Delta Q/Q}{\Delta P/P} = -\frac{(Q_2 - Q_1) \times (P_2 + P_1)}{(P_2 - P_1) \times (Q_2 + Q_1)} \quad (4-6)$$

需求弹性系数值如果大于1，一般被称为富有弹性，表示需求量的变动大于价格的变动；需求弹性系数值如果小于1，则被称为缺乏弹性，表示需求量的变动小于价格的变动。任何一种交通工具的需求，大都也会受到与其竞争或与其互补的其他交通工具的影响，这其中也包括收费或价格方面变动的影响。运输需求的交叉弹性（cross elasticity of demand）是用来衡量某种运输服务的需求受其他交通工具价格变化的影响程度，其计算公式为式（4-7）。

$$需求的交叉弹性系数 = \frac{A\text{运输服务需求量变动率}}{B\text{运输服务价格变动率}} \quad (4-7)$$

运输需求的收入弹性（income elasticity of demand）是用来衡量某种运输需求变动相对于收入变动的敏感程度，其计算公式为式（4-8）。我们已经知道，有些运输需求会随着收入增加而增加，包括下面会谈到的私人小汽车，也有些运输需求会随着收入增加反而减少，例如有些情况下的公共交通。

$$需求的收入弹性系数 = \frac{\text{运输服务需求量变动率}}{\text{收入变动率}} \quad (4-8)$$

曾有学者对1970~1990年20年时间内影响美国波士顿市公共客运的若干影响因素，包括收入水平、就业人数、公交票价和公交服务质量等，进行了分析，分析结果显示在表4-13内。居民收入水平对波士顿城市公交需求的影响是负面的，因为人们收入增加一般更愿意选择使用私人小汽车而放弃使用公共交通，该弹性值为-0.715，在该期间人们的收入水平实际增长了44.5%，对公交需求的估计影响程度为-30.1%；就业人数对公交需求的影响是正的，其弹性值为+1.75，在该期间波士顿就业人数实际增加了8.3%，对公交需求的估计影响程度为+12.7%；公交需求对票价的弹性值为-0.234，在该期间公交票价下降了42.4%，对公交需求的估计影响程度为+12.1%；公共交通服务水平的提高可以鼓励人们更多地使用公共客运，公交需求对其的弹性值为+0.358，在该期间波士顿城市公交开行的车英里数实际增加了38.3%，对公交需求的估计影响程度为+10.9%。从总的情况看，这20年间对公共交通正的影响累计共为35.7%，负的影响为30.1%，正负相抵后波士顿城市公共交通的需求只增长了5.6%。

表4-13　波士顿城市公交需求的影响因素、弹性与变化（1970~1990年）

| 变　量 | 弹性值 | 变量实际变化（%） | 影响程度（%） |
| --- | --- | --- | --- |
| 收入水平 | -0.715 | +44.5 | -30.1 |
| 就业人数 | +1.75 | +8.3 | +12.7 |
| 公交票价 | -0.234 | -42.4 | +12.1 |
| 车英里数 | +0.358 | +38.3 | +10.9 |

资料来源：转引自《美国规划协会学报》，1996冬季版。

需求弹性计算是运输经济分析的重要工具之一，但由于运输服务及运输市场的影响因素很多，因此在计算需求弹性和得出有关结论时需要尽可能慎重。有学者建议要分类对运输需求弹性进行分析，而且至少在观察客运需求弹性时需要考虑如下不同层面：第一是出行的目的不同。例如，一般认为公务出差的旅行需求对运价的弹性要低于以旅游度假及探亲访友为目的的旅行。第二是费用支付方式的不同。例如，公交车票在分为一次性票、按时间的期票和按里程的累积优惠票等，结果会使价格弹性有不同。第三是长短期的弹性不同。例如，人们对市内公交车票涨价的反应，在短期内往往是需求明显减少，但一段时间以后，当人们的心理逐渐适应，这种反应会软化，因此表现为需求价格弹性短期较高而长期较低。第四是运输距离或支付总额的差别。例如，都是20%的上涨率，但5美元票价和500美元票价两种基数却会使人反应不同。在计算货运需求弹性时也应该考虑类似的问题。

## 第五节 交通运输需求管理

### 一、私人小汽车数量的增长

改革开放以来，我国私人小汽车的数量随着人均收入水平的提高增加很快。据统计，私人小汽车的数量从1985年的1.9万辆到2017年已增加到1.7亿辆，平均每千人拥有的汽车保有量也达到了150辆，而2019年我国的人均GDP已超过1万美元。数据显示，2019年全球乘用车产量6714.92万辆，其中中国乘用车产销分别完成2136万辆和2144.4万辆，占全球产销量的约1/3，中国已经成为全球最大的汽车产销市场。① 图4-17是各国千人乘用车保有量与人均GDP对比

图4-17 各国千人乘用车保有量与人均GDP对比

资料来源：傅志寰、孙永福等：《交通强国战略研究》，人民交通出版社2019年版。

① 《中汽协：2019年中国汽车产销量继续蝉联全球第一》，中国经济网，2020年1月14日。

示意图，可以看出高收入国家的千人乘用车保有量确实比较高。2015年前后各国千人乘用车保有量美国820辆、德国660辆、日本635辆、英国518辆、法国583辆、加拿大637辆、韩国398辆。可以预计未来我国的汽车拥有量仍旧会有进一步增长，但小汽车过多也引起了很多问题。

图4-18是美国人2003年采用不同交通方式上班的比例结构示意图。由图可见，高达79%的美国上班族是独自驾车去上班，但2003年时也有9%的人采用了与他人一起拼车的方式；使用大众公共交通上班的比例只有4%，另有1%的人选择计程出租车；骑自行车或摩托车的人很少，还不到1%，但步行到工作单位去的占了3%，还有另外3%的人选择了在家工作。当然，美国大城市中使用公交方式上班的比重要大一些。

图4-18　美国人采用不同交通方式上班的比例

资料来源：美国运输部：Transportation Statistics Annual Report, 2005。

## 二、交通需求管理的理念

随着社会进步和人们生活水平的提高，交通需求不断增大，交通拥堵也变得越来越严重。缓和交通拥堵的通常做法是增加投资，扩展交通运输系统的能力。但这一简单化的方法存在着许多问题，特别是城市交通普遍面临着越修路越拥堵的"唐斯定律"效应，即不断增加和拓宽的道路反而诱发了人们驾车出行的欲望，结果不断加剧交通拥堵，而交通供给却不可能无限制地扩大。因此，人们开始寻找其他解决办法。20世纪70年代，美国一些交通专家曾试图采用包括增加运输系统容量、提高系统使用效率和降低交通需求等多目标手段，被归结为交通系统管理技术（transportation system management，TSM）。再后来，交通需求管理（transportation demand management，TDM）理念被提出。TDM更加关注通过不同策略改变人们的出行行为，以实现尽量少投资就可以减少拥堵，提高交通运输系统效率的可能。

总之，近些年解决大城市交通问题的理念，已经由单纯增加供给转到对交通需求进行控制上来。交通需求管理的目标首先是要减少私家车的使用，也包括减少私家车的拥有，鼓励公交出行，以降低道路上车辆的拥堵；其次是要在时间与方向上削峰填谷，充分利用运输能力，改善出行质量；最后才是真正减少不必要的交通出行，引导人们节约社会资源。国内外对TDM的研究和实施已经取得了一定的成果，交通需求管理措施能够调节人们出行方式的选择，引导居民合理出行，提高路网通行能力，实现交通供需平衡，有利于城市交通的可持续发展。

### 三、交通需求管理的策略

交通需求管理是对交通源进行政策性管理，它通过一系列的政策措施来降低出行需求量、优化交通结构。一般可以采用以下三类交通需求管理策略：

**1. 优先发展策略**

在城市的各种出行方式中，不同交通方式的道路空间占用、能源消耗和环境污染程度等均有着较大差异。优先发展策略就是对那些平均占地要求少、能源消耗小、环境污染轻的公共交通方式实行优先发展，并根据城市道路网络、能源拥有及环境控制等实际情况，制定优先发展的实施措施。

**2. 限制出行策略**

在大城市或特大城市中心区出现道路网络的总体负荷水平接近饱和或局部超饱和时，就应采取暂时或较长时间的禁止某些交通工具在某些区域内或某个时段内出行的管理策略，以保证整体交通水平的均衡。通常被限制的都是运输效率低、车辆状况差、污染大、能耗高的交通工具。

**3. 经济杠杆策略**

经济杠杆策略是通过经济手段，如车辆拥有收费、道路拥挤收费、停车收费等措施来调整出行分布或减少某类交通出行需求的管理措施。通过体现拥挤和污染的边际成本、社会成本、环境成本等，经济杠杆类措施对于交通需求管理来说可以有力地抑制道路的无效使用。

### 四、交通需求管理的措施

世界各国采用的交通需求管理方法很多，大致可以分为政策法规强制类、经济手段调节类、技术及设施引导类三大类型。虽然从政策制定到技术实施各不相同，但这些交通需求管理方法都要基于所实施地区的实际情况使用。

#### （一）政策法规强制类措施

（1）车辆拥有限制。车辆拥有限制措施是通过定量或征收额外费用来限制人们对私家车的拥有，以达到从根源上减少私家车出行总量的目标。例如，新加坡采用拍卖车牌的措施，并在一定拥有期满后重新进行拍卖，上海实行了车牌拍卖措施，北京推行了车牌摇号分配措施，目的均是减缓车辆拥有快速增长的势头，控制私家车出行的迅猛增长。

(2) 出行时段限制。出行时段限制措施是通过限制车辆一定时间段的行驶权实现需求总量降低及其时间分布的均衡。例如，北京实施了单双号限行、尾号限行等措施，在一定程度上降低了特别是高峰时间段的出行总量。

(3) 出行区域限制。出行区域限制措施是通过限制车辆一定空间区域内的行驶权实现需求总量降低及其空间分布的均衡。例如，北京采取了外地车高峰时段五环内禁行的措施。

(4) 车辆种类限制。车辆种类限制措施是通过限制特定种类车辆的行驶权以实现需求总量降低。例如，部分城市实施的货车日间限行措施，以降低这部分车辆与城市公共交通车辆、私家车对道路资源的竞争力度。

**（二）经济调节类措施**

(1) 道路收费措施。道路行驶收费是向道路使用者收取使用费的形式。一般划定一个收费区域，在通往该区域的道路上征收费用。费用可以根据不同边界线、时间、行驶方向、车辆类型或使用者类型而变化；也可以为了引导路线或时间上的变化根据拥挤情况收费。

(2) 停车收费措施。停车收费措施是最广泛应用的停车控制方式之一。停车收费措施将需求保持在可以提供的停车位数量以下，且减少寻找停车位的时间。定价策略有基于统一标准、以单位时间定价、最大停留时间定价等方法。

(3) 公交收费调整措施。公交收费调整措施是通过对公交服务的细分，制定吸引乘客的合理价格。措施包括根据使用者（职工与学生、通勤者与非通勤者、年长者与年幼者等）、地区、交通方式（包括联合运输售票）、出行时间段（工作日、假期、昼夜等）对费用进行调整和区别。

**（三）技术及设施引导措施**

(1) 公共交通优先。公共交通优先措施的一般做法是使公共汽车避开拥堵的交通，从而减少旅行时间并使其更加可靠。最常见的措施是根据公交车流量设置公共汽车专用道，其他措施还有设置公共汽车专用出入口和公共汽车专用路段，在路口对公交车解除禁止转弯、在信号灯处对公交车进行选择性探测以对公共汽车实行信号优先。

(2) 鼓励车辆共乘与高载客车道。车辆共乘是指在同一地点居住的工作伙伴可以在上下班交通中搭乘同事的私家车。高载客车道是为合乘车辆提供优先行驶的车道，这项措施是将公交车优先原理扩展到其他利用率相对高的车辆，使道路资源得到更高效率的使用。

(3) 停车—换乘（park-and-ride）。停车—换乘是指通过交通设施设计，使小汽车驾驶者开车到公交车站换乘公共交通方式通勤进城，以减少驶入市区的私家车数量。停车—换乘设计在欧洲一些城市得到相对成功的应用。

(4) 鼓励步行和非机动车。这类措施为行人和非机动车的交通环境带来较大改善，包括行人穿越设施、非机动车车道与优先设施和非机动车停车场。这些措施改善了许多城市的居住、出行与商业环境,提升了慢行系统的安全性,又促进了其与公交系统的衔接。

而从长期来看,轨道交通 TOD 开发模式应该是有效实施交通需求管理的最佳手段之一。

---

**专栏 4-1**

## 美国钢铁工业的布局

在 20 世纪初期,钢铁工业的选址决策主要是依据生产中所用原料,特别是煤和铁矿石成本的最低化。那时,约两吨煤和一吨铁矿石生产不到半吨钢。显然这是一个"失重"过程,决定选址决策的是原料的运输成本。钢铁工业还大量用水,每生产一吨钢约需水 6.5 万加仑,主要用于冷却和加工。尽管很多水是可以循环使用的,但水的供求数量仍然很大,因此在选择厂址时,河流和湖泊附近肯定要优先考虑。由于宾夕法尼亚州西部可以获得丰富且廉价的煤和水,所以当时全美国的钢铁工业基本上都分布在那里,匹茨堡成为全国的钢都。

但技术进步使加工一吨铁矿石所需煤的数量不断下降,到 20 世纪 70 年代中期,加工一吨矿石的用煤量已经不到一吨。尽管这一工业仍在原料产地布点,但接近铁矿石产地变得更为重要,五大湖地区埋藏丰富的铁矿,由于可以利用廉价的水运运输煤和矿石,又有大量的水源,于是大型钢铁联合企业就在克利夫兰、扬斯敦、底特律、布法罗和芝加哥等地发展起来——这些城市全部都在五大湖区。

近年来,用废金属作为原料变得重要起来。由于底特律和芝加哥有大量的废钢铁,结果使钢铁工业在这两个城市有了更快的发展。而且事实上,几乎完全依靠废钢铁来生产的相对较小的钢铁厂,已经在不少过去认为根本不可能有钢铁工业的地方建立起来了。

资料来源:H. 彼得森、W. 刘易斯(1994):《管理经济学》,中国人民大学出版社 1998 年版。

---

**专栏 4-2**

## 城市综合交通调查技术标准

2018 年,中华人民共和国住房和城乡建设部发布《城市综合交通调查技术标准(国标,GB/T 51334-2018)》,明确城市综合交通调查(urban comprehensive travel survey)是城市综合交通体系规划编制、交通模型标定与校验等提供基础数据而开展的,主要针对城市交通需求和运行特征的调查。城市综合交通调查已成为分析城市交通现状与问题的必要途径,为建立交通模型并预测交通需求、分析交通供需平衡以及交通供需关系的发展趋势等提供基础数据，各国都很重视。

该国标规定城市综合交通调查项目宜包括居民出行调查、流动人口出行调查、公共交通调查、出租车调查、出行生成源调查、城市道路交通调查、出入境道路交通调查、道路货运调查和停车调查等。城市综合交通调查应以城市规划区为重点调查范围。调查范围可根据实际需要扩大至对城市交通影响显著的区域。城市综合交通调查中各项调查应选择无重大事件及恶劣天气的工作日同时开展，或结合具体情况分别开展。城市综合交通调查对象的分类如表4-2-1所示。

表4-2-1　　　　　　　　　　　调查对象

| 序号 | 调查类型 | 调查对象 |
| --- | --- | --- |
| 1 | 居民出行调查 | 居民住户 |
| 2 | 流动人口出行调查 | 住在旅馆中或其他流动人口集中地的人 |
| 3 | 公共交通调查 | 城市公共交通乘客 |
| 4 | 出租车调查 | 出租车司机及乘客 |
| 5 | 出行生成源调查 | 交通枢纽、大型公建等的就业者、访客 |
| 6 | 城市道路交通调查 | 城市路段上的车辆、人 |
| 7 | 出入境道路交通调查 | 城市出入境道路上的车辆、人 |
| 8 | 道路货运调查 | 货车、货物 |
| 9 | 停车调查 | 到离停车场的机动车 |

交通调查的总体流程应分为调查规划、调查设计、调查实施、数据处理、数据分析五个阶段。其中调查规划阶段工作应包括明确调查目的，明确调查对象、范围、规模，确定调查项目，拟订调查计划。调查设计阶段工作应包括资料收集，制定调查技术方法，确定调查抽样方法和抽样率，确定调查内容并形成调查表，编制调查人员、资金、资料等需求计划。调查实施阶段工作应包括调查相关人员培训，实施试调查，实施调查，数据收集与审核。数据处理阶段工作应包括数据编码与录入，数据清洗，加权与扩样等。数据分析阶段工作应包括数据校验，统计分析并形成调查成果。调查成果应包括调查数据库、调查统计分析报告以及中间过程的主要技术文件。

具备条件的城市可在利用信息化数据的基础上，对城市综合交通调查的调查项目及调查内容进行适当调整。可采用下列信息化数据利用技术：(1) 利用视频数据、检测数据等对道路机动车流量的分析技术；(2) 利用车辆定位系统数据对行程车速的分析技术；(3) 利用公交车定位系统数据及公交IC卡数据对公交客流特征的分析技术；(4) 利用移动通信数据对居民出行特征和流动人口出行特征的分析技术；(5) 其他信息化数据利用技术。

其中居民出行调查内容应包括住户特征、个人特征、车辆特征和出行特征四大类并应符合下列规定：（1）住户特征应包括住户住址、总人口和住户交通工具拥有情况等，并宜包括住房建筑面积、住房性质和家庭收入等；（2）个人特征应包括性别、年龄、户籍和职业等，并宜包括与户主关系、文化程度和有无驾照等；（3）车辆特征应包括车辆类型、车辆性质等，并宜包括车龄、车辆行驶总里程、工作日一天平均行驶里程等；（4）出行特征应包括出发地点、出发时间、各出行段交通方式、主要交通方式、出行目的、到达地点、到达时间等，并宜包括同行人数、支付费用、停车类型等。

出行目的宜分为上班、上学、公务、购物餐饮、文体娱乐或休闲旅游、探亲访友、看病或探病、接送陪护、回家及其他目的。根据具体城市出行特征，可进行出行目的细分或合并。出行交通方式宜分为步行、自行车、电动自行车、公交车、轨道交通、小汽车（自驾）、小汽车（搭乘）、通勤班车、出租车、摩托车及其他方式。根据具体城市出行特征，可进行交通方式细分或合并。

北京市在1986年、2000年、2005年、2010年和2015年分别开展过5次全市交通综合调查。2010年的第四次全市交通调查，共获得了4.7万份居民家庭出行信息，收集了126个地铁站点、8万公交乘客、346个交叉路段、1.2万旅客、3400所学校、2000辆出租车等交通调查数据。与之前相比，第五次调查增加了自行车调查、就医调查、城六区中小学生的通学交通调查等新内容。并注重新技术、新方法在调查实施领域和数据挖掘、分析阶段的应用，将交通检测数据与人工调查数据有效结合，充分利用IC卡数据、GPS定位、视频检测等信息化科技手段，还开发了手持智能调查采集终端设备和后台大数据分析平台。

资料来源：中华人民共和国住房和城乡建设部：《城市综合交通调查技术标准（GB/T 51334-2018）》，中国建筑工业出版社2018年版。

## 本章思考题

［1］为什么说运输需求具有派生性？能否举出出行需求属于源需求的例子？

［2］为什么强调运输需求也具有网络化的时空特点？它与普通的经济需求有何差别？

［3］对比分析不同国家在不同发展阶段大宗货物运输的重要特点与变化。

［4］举例说明并分析我国城市外卖、快递、配送和货运需求的增长及市场特点。

［5］举例说明并分析我国农民消费品和农村土特产品电商与物流市场的特点。

［6］根据居民在不同收入水平上交通费用比例的变化分析交通属于正常品、优质品还是劣质品，说明原因。

［7］试说明旅客运输中的需要（need）与需求（demand）如何区分以及区

分的意义。

［8］分析自己所在学校或工作单位自备车辆或自有运输的规模与优缺点。

［9］根据自己所在城市通勤、通学、社交、购物等不同出行活动，分别大致画出平日和周末的时间分布曲线。

［10］谈谈交通需求管理的必要性及其概念、意义、策略和措施。

# 第五章

# 运输成本分析

第五章
讲义视频

**本章总体要求**

领会成本分析在经济研究和运输经济学中的重要意义；理解相比于一般工商业，不同方式运输成本的主要特点；了解运输成本与运输规模经济、范围经济、网络幅员经济和运量密度经济等运输业网络经济的关系；初步掌握不同运输方式固定资产分类及其对运输企业成本结构的影响；初步掌握不同方式运输成本的计算方法。

**本章主要内容**

- 各类企业管理活动中成本与支出、费用、现金流等概念的关系。
- 运输活动中机会成本和沉没成本的概念。
- 运输企业成本与运输使用者（包括受雇运输消费者和自我运输服务者）成本的异同。
- 运输企业短期和长期平均成本曲线及总成本曲线与一般企业的差别。
- 运输活动不可分性与运输成本分析中边际成本和增量成本的关系。
- 不同方式运输固定资产分类及其对运输企业成本结构的影响。
- 运输企业固定资产折旧费用、财务费用与总成本的关系，EBITDA 的计算与使用。
- 运输设施和载运设备折旧费提取方式差异的原因。
- 铁路、管道、航空等典型企业与网络化相关的运输成本计算方法。

## 第一节　与运输成本相关的概念

一、成本与供给的关系

铁路运输成本
函数分析

在经济学分析中需求与供给是一对相互联系的概念，但是在实际中成本分析在某种程度上可以代表供给分析。成本函数与生产函数都应该用来反映供给，而且二者之间存在对偶性，因此把握住一个好的成本函数可以等同于把握住一个好的生产函数。任何厂商或产业都有自己特定的成本曲线，而它们在经济学中的供给曲线只不过是其边际成本曲线的一部分，对运输业者和运输行业来说也是这样。因此可以说，如果我们比较好地理解了运输成本，也就自然理解了运输供给。

成本函数能够用来进行成本分析，也能全面反映运输生产的各种经济特性，如运输经济规模水平、运输经济密度水平、运输经济运距水平、运输投入的替代性、运输成本的结构等，还可以用来进行其他方面的经济分析，如定价决策、市场分析以及运输政策研究等。虽然由于运输业的复杂特性以及许多技术难点，使得成本函数的估计总是存在这样那样的缺陷，各国的学者还是在这方面进行了大量研究。

## 二、成本与支出、费用、现金流等概念的关系

一般来说，成本（cost）是在生产和销售一定种类与数量产品或服务时所耗费资源以货币计量的经济价值。成本与支出、费用这两个很相关的概念在很多场合被人们混用，要想真正做好成本分析，最好还是先把这些概念之间的关系弄清楚。按照会计原理，费用（expense）是企业生产经营过程中发生的各项耗费，具体表现为企业的资金支出，而支出（payment）则是企业在生产经营过程中为获得另一项资产或为清偿债务等所发生的资产的流出。我们用图5-1来简要说明成本、支出、费用这三个概念之间的关系。

图5-1 企业生产支出、费用与成本的关系

在图5-1中，位于中间的企业需要分别与上下游市场发生业务联系，通过支付从上游市场获取生产所需要的各种生产要素，然后组织生产活动，并通过向下游市场销售产品与服务获得收入。而在企业内部，支付给上游市场的支出被转化为财会核算所需要的要素费用，有关要素一般分为外购原材料、燃料动力、工

资及职工福利、折旧、利息支出、税金及其他。企业直接为生产产品或服务发生的材料、燃料、人工等费用，直接计入生产经营成本；为生产产品或服务而发生的各项间接费用，应按一定标准分配计入生产经营成本；企业行政部门发生的管理费用、财务费用和销售费用则应作为期间费用，在会计上计入当期损益。可以看出，费用主要是以要素分类与支出相联系，更强调一定期间内的管理，而成本更强调与具体品种和数量的产品或服务相联系，强调与不同的创收项目相对应。

  由于企业的产品往往有多种，例如经营客货混用铁路的企业，其运输产品就有客货运两大类，客运又分不同方向、不同到站、不同速度的列车和不同坐席或卧席的服务，货运产品也分为不同货类、不同运输距离和送达速度，为准确计算产品成本就经常需要对无法直接归入某类产品的费用，如线路、车站、通信信号费用进行分劈。因此，针对产品的成本分析相对于支出管理的费用要素分析，有自己的特点。就像制造业企业可以计算出不同产品的单位成本，根据分类计算出的运输产品成本也可以具体到人公里或吨公里的客运和货运产品，被称为"单位运输产品成本"。但在实际工作中，人们常常把企业的支出总额称为"企业总成本"。

  有观点认为，如果费用仅指与产品或服务联系密切的耗费，就只是一种狭义的费用概念，而广义的费用应该包括各种费用和损失，因为企业的收益毕竟是应该覆盖所有费用和支出，所以总成本的概念也很有意义。但财务会计管理要求分清生产费用与期间费用，这在一定程度上也是很有道理的。财务会计领域还有一种把"企业的完全成本"简单划分为营业成本、折旧与摊销和财务费用三大部分的分析方法。其中营业成本包括生产成本与销售费用、管理费用；折旧与摊销是分期转移的固定资产或无形资产价值（下文有专门对折旧的分析）；财务费用是企业负债应付的利息。该成本划分方法有利于分析企业现金流与利息支付的关系。

  企业管理中有一个重要概念是经营产生的现金流，它甚至比企业能否赚钱盈利更重要，因为企业必须确保现金流不断裂以维持运转，包括必须支付所欠债务的利息。经营现金流的简单计算公式等于从顾客处收到的现金减去向供应商支付的现金（再减税金），而"向供应商支付的现金"大体上就等于企业的生产费用，即企业的运营成本，也被称为"付现成本"。现金流量管理中的现金是指企业可以随时用于支付的库存现金和银行存款等，审查现金流的意义在于分析企业来自经营活动的现金流量是否能够维持企业运转并偿还贷款本息，如果不足就存在较大的风险。

  企业现金流分析还会用到一个 EBITDA 指标。EBITDA 是英文 Earnings Before Interest, Taxes, Depreciation and Amortization 的缩写，即未计利息、税项、折旧及摊销前的收益，也称"息税折旧前盈余"。EBITDA = 税前净利润 + 利息 + 折旧 + 摊销 = 营业收入 – 运营成本。用企业的 EBITDA 数额除以财务费用即应付利息的数额，就得到 EBITDA 利息覆盖率指标。当该指标数值大于 2 时，一般可以认为这家公司有足够现金流可用于支付利息费用，企业经营处于相对良性的状态。例如，若某家公司经营亏损，但其 EBITDA 为 5000 多万元，它的利息费用为 2500 万元，则 EBITDA 利息覆盖率为 2，那么可认为这家公司能够支付利息费用，即便其总的经营状态仍旧亏损，但所欠债务仍不属于不良。

### 三、运输活动中的机会成本

有观点认为经济分析中所使用的成本概念应该是机会成本。机会成本（opportunity cost）与一般意义上的会计成本不同，它不一定是做某件事的时候实际发生的账面费用支出，而更多的是指为了做这件事而不得不放弃做其他事而在观念上的一种代价。使用一种资源的机会成本，是指把该资源投入某一特定用途所放弃的在其他用途中所能获得的最大利益。只要资源是稀缺的，并且只要人们对于稀缺资源的使用进行选择，就必然会产生机会成本。

例如，不论是土地还是其他自然资源，也不论是劳动力还是资金，一旦被用于某种运输设施建设或运输服务，就不能同时用于其他产品的生产或提供其他服务，因此选择了资源在运输方面的使用机会就意味着放弃了其他可能获得利益的机会。又例如，已经用于运输服务的经济资源，仍然有在不同运输方式或在不同运输服务项目的区别，特定的资源被用于提供某种运输服务，就必须放弃被用于其他的运输服务，究竟用在哪方面更有利是需要权衡的。

铁路运输中不同列车对线路能力利用的扣除系数是解释机会成本的很好例子。扣除系数是指在一条线路上安排不同速度列车时，增加一对某种列车而需减少其他种类，特别是基础种类列车的对数。在铁路行车管理的运行图中，扣除系数实际上是非平行运行图相对于平行运行图列车对线路的占用率。对于常规铁路来说，增开一对旅客列车特别是快车往往会占用 2~3 对甚至更多对普通货物列车的能力。在常规铁路上客车速度越快扣除系数越大。图 5-2 是一张普通铁路的列车运行图，横轴代表运行时间（每小格 10 分钟），纵轴代表车站。图中细斜线代表 a 与 d 两站之间开行的普通列车，因为速度慢所以斜率较缓，而粗斜线表示该两站之间开行的快速列车，因为速度快所以斜率较陡。

**图 5-2 铁路列车扣除系数**

资料来源：北京交通大学《列车运行图》教案。

由图 5-2 可见，虽然每列普通列车在 a 与 d 两站之间的运行时间需要约 1.5 小时，而快速列车只需要不到 1 小时。但两列普通列车之间的发车间隔时间和追踪时间相对较短，基本可以做到连发平行运行，可以保障线路能力的高效率使用；而快速列车与普通列车之间的发车间隔时间和追踪间隔时间却变得很长，结果造成线路能力出现虚糜。因此在该运行图中，开行一列快速列车相对于普通列车占用了更多的线路能力，其扣除系数大约为3。而在高速铁路或城际客专线路上，由于高铁和动车组的运行速度普遍很快，如果要在其中开行常规铁路上的普速列车，则反过来也会对高速列车的运行产生很大干扰。或者说，在高速铁路上列车速度越慢扣除系数越大。因此，在线路能力紧张的情况下，铁路企业就需要对不同类型列车的开行方案进行分析和优化选择。

当然更进一步地说，避免更大损失也是把握机会成本概念的重要方面，"两害相权取其轻"的说法早就清楚地刻画了人们在这方面对机会成本的理解，因此机会成本还可以有一个补充定义："在做出希望使损害最小的某种选择时，如果不做该选择可能会遭受的更大损害，就是该项选择所要避免的机会成本"。我们在运输活动中也可以找到很多这样的例证，例如由于不正确的投资决策造成某些运输设施经营严重亏损，投资回收已不可能，那么是应该废弃已经建成的运输设施，还是维持该设施的运营并使损失尽可能减少，这也需要用机会成本去进行分析和权衡。

由于机会成本只是一种观念上的代价，因此要十分精确地对其进行计算往往较难。在运输经济分析时有时候会采用两个替代性的机会成本衡量方法，即利用隐含成本和影子价格概念。所谓隐含成本（implicit cost）是指厂商使用自己所拥有的生产要素，由于在形式上没有发生明显的货币支付，故称为隐含成本。例如，运输业者或运输企业自己拥有固定运输设施或运输工具的情况下，从事运输时似乎并不需要支付相应的利息和租金等。这部分支出在形式上虽然没有发生，但这并不等于没有机会成本，因为他们当时建设或购置这些财产的时候是付了钱的，这些钱如果存在银行可以获得利息，如果投资在其他领域也可以获得利润，而假如运输业者或运输企业租用运输设施或运输工具从事运输则无疑需要付出租金。因此计算隐含成本是大体把握运输企业使用自有财产机会成本的一个替代方法。

影子价格（shadow price），也称最优计划价格或计算价格，主要应用在投入使用的生产要素的账面成本与这些要素现实在市场上的价格有差别的情况下。例如运输业者或运输企业原来储存的燃油与现实的燃油市场价格有了较大不同，或所拥有的土地及其他财产也由于时间和其他条件变化产生了价值的增减，这就需要把有关生产要素放到开放的要素市场中去进行重新估价，用当前的市场价格修正账面会计成本。

## 四、使用者视角的运输成本

任何市场都可以分为需求方与供给方，运输市场当然也不例外。在运输市场上，需求方或运输系统使用者或客户的运输成本，与运输服务的提供者或运输业者的运输成本，尽管也存在很大交集，但由于视角不同，从两个方向观察的运输成本还是各有特点。这里主要讨论需求者视角的运输成本。

运输需求方在很多情况下是由受雇运输业者提供服务，例如出行者乘坐火车、飞机、地铁和公交车，或者工商企业委托运输公司及物流企业运送货物。然而在另一些情况下，运输需求方也常常自我服务，例如出行者可以选择步行、骑车或者自驾车，各种类型的工商企业也有很多自备货车运输自己的货物。在使用他人提供的运输服务时，运输需求方的表现与一般经济分析中的需求方没有太多差异；而在运输需求方自我提供服务时，运输需求和供给在某种程度上已经融为一体了，但即便如此，这些运输的自我服务者也仍旧需要交通基础设施并接受他人的其他服务，因此其在另外的层次上仍旧是需求方。

运输需求者、使用者或客户的运输成本可以分为货币成本和非货币成本。其中非货币成本或非价格成本是指运输使用者在各种运输付费之外，还需要为运输活动承担的其他各种代价。一种典型的非价格运输成本是交通运输所引起的环境成本，这是由于运输活动的外部性所造成的社会成本。交通运输外部性我们会在后面章节详细分析。另一种非价格运输成本往往表现为由于运输链条可靠性出现问题而对运输使用者造成的损失，特别是由于运输时间耽搁而引起的一系列计划失效、合同违约、信誉及客户关系影响等。这些情况一旦发生，给相关主体造成的损失常常是很大的，甚至可能大大超过所支付的运费。

有很多一般工商企业保留了自备运货车或车队。这些企业或多或少要把一部分运输能力控制在自己手里，除了必需的内部运输和短途接运，有些还要用于完成中远距离的运输任务。这种情况在各国都很普遍。照理说维持自备车队的成本可能会高于利用专业运输公司，那么为什么企业愿意保留自己的运输力量而不完全依靠专业运输呢？表5-1是英国运输部对有关调查归纳出的结果，可以看出企业在更可靠、更容易控制、有利于与客户建立更好的关系、更快和更有灵活性等因素上的考虑都超过了对常规运输成本或运价的考虑，此外，满足特殊服务需要、专门化、反应和适应性、安全等因素也都是需要顾及的内容。因此，综合看只要专业运输公司的服务尚无法在这些方面超过自备车辆，就算运价可以更低，对运输质量越来越挑剔的客户们还是要自己保留一手，以避免可能的损失。

表5-1　　　　　英国一般企业保留自备车队的若干原因　　　　　单位：%

| 原因 | 占比重 |
| --- | --- |
| 可靠性 | 14.9 |
| 可控性 | 13.0 |
| 与客户建立更好的关系 | 9.4 |
| 发运迅速 | 9.2 |
| 灵活性 | 7.8 |
| 成本与运价 | 7.4 |

续表

| 原　因 | 占比重 |
| --- | --- |
| 满足时间上的特殊需要 | 6.6 |
| 有特定的服务要求 | 6.5 |
| 专门化的运输能力 | 5.5 |
| 反应快 | 5.1 |
| 适应性好 | 3.6 |
| 始终如一 | 3.5 |
| 减少货损货差 | 3.4 |
| 更安全 | 2.6 |

资料来源：英国运输部，转引自 K. J. Button. *Transport Economics*. 1993。

货币运输成本又可以分为运费和其他运输费用。其中运费是运输使用者或客户根据运价向运输业者支付的费用，我们会在后面的章节讨论。而其他运输费用主要是指包括自我服务的运输需求方向其他相关服务提供主体支付的费用，例如对驾车人而言就包括购（租）车费用、上牌费、保险费、维修费、燃油费、过路过桥费等。

与小汽车有关的最大开支是购买和拥有车辆的成本，而不是驾驶车辆的费用。图 5-3 反映的是美国小汽车拥有者所面对的平均开支分布情况。在全部固定成本中执照和注册费用只占 5%，保险费的支付要根据保险公司对驾车人以往驾车经历的评估等确定，平均约占 17%，而在固定成本中占据最大比重的仍然是车辆的折旧价值和购车所需的筹资费用。数据显示美国每年小汽车的拥有成本超过其年度运输总开支的一半，美国人用于购置小汽车的开支约为其道路方面开支的 3 倍。

图 5-3　美国小汽车拥有者固定成本分类

资料来源：Kenneth Boyer. *Principles of Transportation Economics*. 1997。

私人小汽车拥有者自己开车出行，所引起的直接费用（如燃油费）可能并不大，但他选择小汽车作为自己日常的主要交通工具，还是要付出很多代价的，像汽车购置、保险、维修、停车及交通堵塞等，他肯定要在拥有小汽车的利益与必须付出的代价之间进行对比与权衡。又如，任何人出行都需要花费时间，时间也是有成本或者价值的，选择方便快捷的交通方式、避免堵车所节省的时间也许可以用于其他更有价值的工作。因此，私人交通领域考虑的也不仅仅是实际发生的费用，而且这又涉及机会成本的概念。

## 第二节　运输成本的特点

### 一、运输成本曲线

根据一般成本理论可以做出短期成本示意图（见图5-4）。其中平均固定成本AFC随着产量的增加而逐渐减少，因为当固定总成本不变时，分摊到单位产量上的固定成本是递减的。平均变动成本AVC最初随着产量的增加逐渐减少，但当产量增加到一定程度后，由于边际收益递减的作用又开始增加。单位平均总成本曲线ATC的形状取决于平均固定成本和平均变动成本的共同作用，开始时由于平均固定成本和平均变动成本下降，因此单位平均成本也不断下降；而到后期，平均固定成本的下降越来越小，但平均变动成本却在不断增加，所以在产量增加到一定程度后，单位平均总成本曲线也会上升，形成"U"字形状。边际成本MC是增加一单位产量的成本增加额，它最初随着产量的增加而减少，当产量增加到一定程度时，又随着产量的增加而上升，并在其上升过程中先后经过AVC和ATC的最低点。短期单位运输成本的曲线走势与此大体相仿，但部分运输企业可能由于平均固定成本AFC曲线的位置较高而发生变化。

图5-4　短期单位成本

长期平均成本曲线也反映产量与单位平均成本之间的关系，但与短期平均成本曲线起伏较大不同的是，企业在长期内可以根据不同需要调整生产规模，从而始终使自己处于较低的平均成本状态（见图5-5）。图5-5中LAC是长期成本曲线，各SAC是多个短期成本曲线，与图5-4中ATC单位平均总成本曲线相对应。大多数企业或产业的长期平均成本曲线也是"U"字形,但相对比较平缓。有些产业中企业的长期平均成本曲线"U"字形底部范围很宽,甚至有些长期平均成本曲线的右端不再上翘,说明这些产业具有比较显著的规模经济,即该产业中的企业生产规模越大越合理。具有显著规模经济的产业在经济学中有时也被称作"自然垄断"产业。

**图 5-5　短期平均成本与长期平均成本的关系**

由于固定运输设施常常规模和投入巨大,因此新的固定设施往往会使短期平均成本曲线的形状和位置发生很大改变。在图 5-6 中 $ATC_1$ 和 $ATC_2$ 分别代表新的固定运输设施建成前后的两条短期单位平均成本曲线,$ATC_2$ 的运输能力远远超过 $ATC_1$,在运量足够大时平均成本也比较低。显然,在运输需求小于 $q^*$ 的情况下,使用 $ATC_1$ 的规模组织运输更为合理,而在运输需求大于 $q^*$ 的情况下,使用 $ATC_2$ 的规模组织运输才更合适。那么在图 5-6 中沿 $ATC_1$ 和 $ATC_2$ 两条曲线下部形成的连线就代表了这段相对长时期的平均成本曲线,它隆起而不那么平缓。一条铁路由原来的单线改造成复线以后,其单位平均成本曲线就可能发生这样的变化;运营企业采购特大载运工具如超大型货轮、游轮或客机,也可能引起自己的平均成本曲线发生这样的变化。

**图 5-6　新固定设施投产引起的平均成本变化**

运输业企业长期总成本曲线也可能由于大规模基础设施投资而发生明显提升。图 5-7 给出由一个新固定设施投产所引起的总成本曲线变化示意。运输成本曲线发生隆起的主要原因是基础设施存在一定程度的不可分割性。例如，一条铁路或公路不建完往往不能使用，一座大桥或隧道也不能只造一半，于是投资巨大的工程项目完工就会形成新的强大运输能力，并形成急剧改变的成本曲线。

图 5-7　新固定设施投产引起的长期运输总成本曲线

作为社会基础设施的一部分，运输供给具有一定的不可分性。例如，运输建设一般需要数量巨大的投资并需要进行连续投资，才能形成运输能力，因此运输供给在资金上具有不可分性；运输设施的设计、建造一般需要相当长时间，运输设施的寿命周期一般也很长，如铁路和港口经常在百年以上，因此运输供给在时间上也具有一定的不可分性；从空间上的不可分性看，运输网是一个整体，要为整个地区或整个国家服务，运输设施的能力一旦形成就很难在空间上转移，而运输任务的完成在很多情况下却是跨地区的，不应人为地加以分割；此外，运输业属于公共事业，为全社会的公众提供服务，且在某些情况下需由社会共同负担成本，因此在这方面显然也具有一定的不可分性。运输供给这种一定程度的不可分性当然会影响到运输成本的特性。

## 二、运输成本分析中的边际成本与增量成本

在经济学中，边际成本（marginal cost）一般被定义为增加额外一单位产量的成本增加额。在一些运输经济学教材中，边际成本是用增加的运输成本除以增加的人公里或吨公里数计算的。然而吨公里和人公里仅是运输产品的一类计量单位，并不是实际的运输产品，例如一位旅客随飞机在空中飞行一公里距离与他的整个旅程有很大差别，因此这样定义的边际运输成本就可能与一般经济学发生偏差。有些学者在运输成本分析中还使用了增量成本（incremental cost）的概念，希望能借此厘清运输成本分析中的概念混淆，这确实给了我们一定的启发。下面给出我们对交通运输边际成本与增量成本的解释，边际成本分析和增量成本分析在运输经济分析中都是重要和必不可少的。

首先，运输服务的边际成本应该是针对一个相对完整运输的增量产品。我们在前面已经讨论过，作为旅客与货物空间位移的运输产品的完整性不可分割，旅客从起点至终点的完整位移才是运输产品，而仅从旅程中拿出某一公里来作为计算边际成本的依据并没有实际意义。对旅客与货主来说，是否应该增加一个人或一件货物的运输才是现实考虑，而对供给方来说，分析边际成本的基础应该是可以定价并提供相对完整服务的最小业务单元。因此，运输服务的边际成本应该是在已有运输工具上再增加一个人或一件货物的运输成本，而不是以人公里或吨公里计算的成本。

其次，运输企业的成本不仅受运输产品或服务数量的影响，还受载运工具数量变化的影响。由于载运工具数量变化常引起总变动成本非连续变化，使得运输企业边际成本加总与总成本的变化量相去甚远。为了解决这个问题，应该在计算运输企业成本增量时考虑由于载运工具变化引起的成本变化，并将将增量成本定义为由运输产品和载运工具数量同时变化所引起的成本增加。

以铁路运输业为例，载运工具的变化包括车辆编组数量的变化和开行列车数量的变化。总变动成本（TVC）可以划分为由列车引起的成本、由车辆引起的成本和由旅客或货物个体引起的成本。其表达式如式（5-1）。

$$TVC = \sum_{i=1}^{n} X_i + \sum_{j=1}^{m} Y_j + f(q) \quad (5-1)$$

式（5-1）中 X 代表列车成本，n 为列车数；Y 为车辆成本，m 为车辆数；q 为运输产品数量，即完成的人或货物的位移数量。

边际成本（MC）可以通过对式（5-1）求导计算出来，假定 n、m 为固定值，则有式（5-2）。

$$MC \approx TVC' = f'(q) \quad (5-2)$$

假设运量由 $q_1$ 变为 $q_2$，对应的总变动成本分别为 $TVC_1$ 和 $TVC_2$，当车辆数和列车数不变时，增量成本 IC 可以表示为式（5-3）。

$$IC = TVC_2 - TVC_1 = \int_{q_1}^{q_2} f'(q)dq \quad (5-3)$$

如果在一批运量增加的同时车辆数和/或列车数也发生了变化，例如车辆数由 $m_1$ 变为 $m_2$，列车数由 $n_1$ 变为 $n_2$，则增量成本表达式如式（5-4）。

$$IC = (\sum_{i=1}^{n_2} X_i - \sum_{i=1}^{n_1} X_i) + (\sum_{j=1}^{m_2} Y_j - \sum_{j=1}^{m_1} Y_j) + \int_{q_1}^{q_2} f'(q)dq \quad (5-4)$$

可见运输业的增量成本并不总等于相应边际成本的和，当由于运量变化同时也引起车辆编组或开行列车数量发生变化时，增量成本会远远大于边际成本。当然，只由于增加最后一位乘客就增开一列车的情况比喻得过于极端，但道理上确实是这样的，当旅客数增加得足够多时增开列车当然必不可少。而且，如果去掉列车项，这个分析思路也同样适用于公路、城市公交、民航或水运企业考虑是否增开运输工具的增量成本。用增量成本结合边际成本进行经济分析和经营决策，可以在一定程度上避免边际运输成本局限性所带来的问题。

## 三、运输成本的归依性及计量模型

运输成本分析的另外一个难点是运输费用的难以归依（non-assignable）或不易归依性（untraceability）。无论是运输的边际成本分析还是增量成本分析都会产生一个问题，就是有些运输费用的发生无法归依到某一位具体旅客或某一批具体货物的运输上。运输费用出现部分不可归依性的原因是运输业范围经济的存在。范围经济（economies of scope）是指两种或两种以上的产品或服务由一个企业提供比分别由两个或多个企业分别提供时的成本更低，或效率更高。运输业产品或服务的多样性使得运输业的范围经济现象十分普遍，即由同一运输企业提供多种不同的运输产品或服务，例如高铁就可以满足旅行始发终到地点不同的旅客出行需要，铁路行业更同时提供客运和货运两种完全不同的运输产品。运输企业在合并运量时充分利用固定设施和载运工具的能力，发挥网络密度经济优势的同时，很大程度上也是同时在发挥其范围经济的优势。

由于运输业范围经济现象的普遍存在，也就同时产生出联合成本（joint cost）及共同成本（common cost）的问题。在西方运输经济学中，联合成本的出现是由于联合产品（或服务）的存在，而联合产品是指两种产品（或服务）以某种无法避免和改变的比例关系被生产出来。运输经济学家经常举运输返程回空的例子，就像本章后面提到的那条独立运煤铁路，由于没有其他货物，因此满载的运煤列车由煤矿驶往电厂，卸载后空车返回，满载的煤炭运输当然是该铁路的主要产品，但空列车必须返回煤矿才有可能开始下一次运输，而且因为列车往返的比例是不变的，所以返程空的列车就成了满载煤炭列车的联合产品。于是，列车空返的成本就是满载列车运输的联合成本，它们是不可分割的。

又如一架 150 座的客机，在为机上任何一个客座提供飞行服务时，也就同时提供了其余 149 个客座的飞行服务，这无法随意改变，因此这一个客座与其余 149 个客座的飞行服务也是联合产品，而这 150 个客座的飞行成本也是不可分割的联合成本。联合成本甚至也体现在固定运输设施方面，例如一条公路建成通车后每天 24 小时都可以使用，如果硬要把它分成每小时一段的公路使用服务，并且把每天下午 3~4 点那一段的建设成本分离出来，也是不可能的，因为公路不可能只为每天下午 3~4 点而不为其他 23 个小时建设，该公路的建设成本应该是每天 24 小时的联合成本。也有人认为运输产品或服务联合成本的存在是造成运输成本曲线隆起的一个原因，这给运输成本分析增加了一定难度。

运输业经营中的共同成本与前述联合成本有相似之处，但概念是不同的。例如一列运货火车有 50 节车厢，这列火车的运输成本对这 50 节车厢来说是共同成本而不是联合成本，原因在于火车的长度是能够改变的，车厢可以多一些也可以少一些，因此从技术上看这 50 节车厢不是绝对不可分的。共同成本的存在当然也为不同运输产品或服务的成本分担造成了困难，但其原理与联合成本还是有区别。共同成本可以使其中的某一部分增量成本找到相应的对象，而联合成本中的

基于作业成本法的动车组旅客运输成本分摊研究

任何一部分都不可能分离出来。

除了会计成本的计算,经济计量分析方法也已经在不同国家铁路等行业的成本分析中使用了。运输成本的经济计量分析是用于解释与某一类别运量相关的费用与运量本身及主要投入要素数量和价格的关系,例如某一个运输成本计量模型的方程是这样的:

$$C_i = \alpha + \beta Q_i + \sigma W_i + \tau F_i + \varepsilon_i \qquad (5-5)$$

其中,$C_i$ 为某类运量的成本,$Q_i$ 为该类旅客或货物的运输量,$W_i$ 为工资水平,$F_i$ 为燃料价格,$\varepsilon_i$ 为其他不可知因素的影响,而 $\alpha$、$\beta$、$\sigma$ 和 $\tau$ 则分别是待定参数。一旦分析者得到足够的有关该类运输量、工资和燃料等方面的时间序列数据资料或横断面资料,就可以确定模型中的参数,并进行经济分析。其中 $\beta$ 值体现运输成本与该类运输量增长变化的关系,有学者认为可将其作为边际成本的变化率对待,但边际成本在不同的产量范围内的变化是有区别的,该模型中 $\beta$ 值仅为线性变化,因此还是有一定的缺陷和不足。也有学者提出了改进模型的建议,主要是在其中建立成本与生产率的关系,并把模型改为对数形式(因为改进模型的形式已相当复杂,本书不再进一步介绍,有兴趣的读者可参考有关文献)。运输成本的计量分析与会计分析往往需要相互补充。

## 第三节 固定资产对运输成本的影响

### 一、运输固定资产的特征

成本可以从不同角度进行分析和研究。前面说到过一般成本费用的分类包括各种原材料和燃料费用、生产用工的工资以及固定资产(如厂房、设备和其他必要设施)费用等。但由于运输业并不像制造业那样对原材料进行加工,而只是完成旅客与货物的空间位移,因此在运输成本中不包含原材料的有关费用。完成客货位移需要消耗大量能源和人员操作,所以运输成本中的能源动力费和人工费占比一般较大,此外固定资产费用包括折旧费在运输成本中也占有相当比重。

成本还可以分为固定成本和变动成本,其中固定成本是不随产量变化的要素支出,变动成本是随产量变化而变化的要素支出,用公式表示为:$A = B + C \times Q$,其中 A 是完全成本,B 是固定成本,C 是单位变动成本,Q 代表产量或与产量对应的营业指标。根据分析时期的长短,或者企业的生产规模是否发生改变,成本也可以划分为短期成本和长期成本;等等。

现代运输业所使用的固定资产被分成了固定设施和移动设备两大部分,了解这一点对运输成本的分析也具有关键性意义。运输业的固定设施一般是指运输基础设施如铁路、公路、管道、机场、港口及枢纽场站和附属设施,对每一种运输方式都必不可少,但这些基础设施一般不能直接提供运输服务。固定运输设施的投资很大,而且通常被认为是一种沉没成本(sunk cost),因为这些设施一旦建成就不能再移动,且在一定程度上不能再被用于其他用途。固定运输设施的使用寿命也很长,很多都会超过百年,除了起初的投资建设,在其使用寿命期间内还需要养护维修,因此固定设施成本还包括养护、维修及其他相关使用成本,这些养护维修费用有时候数字也相当庞大。

管道是唯一仅使用固定设施的运输方式,其他各种运输方式都同时包括固定设施和移动设备,可移动的载运工具包括铁路机车车辆、各类卡车、公共汽车、小汽车、各类船舶和飞机等。这些移动设备的投资额也很大,例如小汽车的价格从几万到几十万元人民币,而大型客机则价值上亿美元,但由于这些运输工具可以根据需要在不同运输市场之间甚至不同用途之间转移,因而经济学认为在移动设备上的投资不属于沉没成本。各种运输工具都有其使用寿命,运输工具的价值在其使用期内会通过折旧逐渐转化为运输成本。

不同运输业经营者的性质可以从其与固定设施及移动设备的财产关系,及其相应的成本结构看出来。从图5-8我们可以看出,出租车司机、公路客运、航空客运、公路整车货运、轮船航运、移动设备租赁等基本属于只通过拥有或掌管移动设备提供服务的运输业者;轻资产物流企业和平台企业可能既不拥有固定设施,也很少拥有移动设备;城市公交、航空货运、公路零担货运和网运分离的铁路运营公司是拥有或掌管移动设备同时也掌控相应场站的运输业者;港口企业、空港企业、网运分离的铁路车站企业、仓储与物流园区以及高速公路服务区属于只提供场站服务的运输业者;油气管道运输、网运分离的铁路线网公司和高速公路公司拥有或掌控包括线路和场站的基础设施,但很少移动设备,其中油气管道只通过固定设施就可以运输服务;而网运合一的铁路企业和城市轨道交通公司通常都是既拥有固定设施网络,又使用移动设备提供服务的一体化运输业者。

公路零担货运行业网络结构的国际比较分析

| | | | |
|---|---|---|---|
| 掌控<br>移动设备 | 出租车司机<br>公路客运<br>航空客运<br>公路整车货运<br>轮船航运<br>移动设备租赁 | 城市公交<br>航空货运<br>公路零担货运<br>铁路运营公司 | 网运合一铁路<br>城市轨道交通 |
| 很少掌控<br>移动设备 | 轻资产物流<br>平台公司 | 港口企业<br>空港企业<br>铁路场站公司<br>仓储、物流园区<br>高速公路服务区 | 油气管道运输<br>铁路线网公司<br>高速公路公司 |
| | 很少掌控固定设施 | 掌控场站 | 掌控线路及场站 |

图5-8 运输业者与固定设施及移动设备的关系

## 二、几种运输方式的成本特点

### (一)管道运输成本

在某条管道的径路上增加油气运输量的途径有多种:一是在原有管道上靠增

加现有泵站的压力提高管道内油气的流动速度,这需要泵站耗费更多的燃油或电力;二是在原有管道沿线增建更多的泵站,也是用于提高油气的流动速度;三是沿原有管道增建一条新的小口径管道;四是根据油气需求的状况重新铺设一条大口径管道,取代原有的小口径管道。

可以在图5-9中看到用不同途径增加管道油气运输量的成本曲线,其中曲线A代表在原有管道上靠增加现有泵站的压力提高管道内油气的流动速度,由于在一定范围以外再提高油气流动速度需要耗费更多的燃油或电力,因此单位运输成本上升很快,但在运输量增加不太大(小于$q_1$)的情况下还是合理的;曲线B代表在原有管道沿线增建更多的泵站和其他设备,可以看出在运输量超过$q_1$以后曲线B所代表的单位运输成本具有一定优势;曲线C代表沿原有管道增建一条新大口径管道取代原有小口径管道的运输成本变化情况,可以看出在运量小于$q_2$时C所代表的规模并不经济,但当运输量超过$q_2$以后曲线C所代表的单位运输成本已明显低于另外两条曲线,经济上是合理的。因此管道运输的线路运输密度经济是有一定条件的,应该根据具体的油气需求数量铺设相应口径的管道以达到单位运输成本最低的目的。

图5-9 管道运输成本

## (二)不同载重车辆对公路路面的损毁程度

公路路面是有使用寿命的,根据美国的有关资料,其一般沥青路面的使用寿命是12年,而普通水泥路面的寿命可达到25年。虽然有些路面的损坏与交通量没有直接关系,例如气候原因也会发生作用,但在大多数情况下公路上的交通量和车辆结构对公路影响很大。一辆载重10万磅(约45.4吨)的卡车在行驶中对路面的破坏是一辆载重8万磅(约36.3吨)卡车的四倍,这同时又大约等于5000辆小汽车行驶所造成的影响。但路面铺设的厚度显然也有很大关系,路面越厚车辆行驶所造成的影响越小。

公路的维护和修整工作是十分重要的,费用当然也很昂贵。公路维修如果被推迟,一些成本就会转移到公路的其他使用者身上,因为路况较差的公路会造成车辆行驶速度降低、油耗增加以及增加额外的车辆修理费用。因此,某些车辆对其他车辆可能的不良影响程度,在某种程度上也取决于公路部门对路面的维护水平和修复速度。美国运输部有结论说,尽管美国小汽车的数量大大多于其他车辆,但根据使用程度的差别,载货卡车应该承担更多的公路维修费用。

### (三) 散装货船的成本变化特点

表 5-2 是散装货船不同类别成本的变化幅度对比,反映了海运业实现规模经济的一些内在原因。由表 5-2 中数据可以看出,随着货船排水量级别从 1.5 万吨、2.5 万吨、4.1 万吨、6.1 万吨、12 万吨到 20 万吨,船型指数从 100 提升到 1318,是 13 倍多;但为货船支付的资本成本指数值提升到 6.41 倍,燃油消耗指数要高一些,但也只提升到 8.43 倍,都远远低于货船排水量的提升倍数;非燃油运营成本指数只提升到 2.75 倍;而每条 2.5 万吨级以上货船所使用的船员人数都是不变的 38 人。也就是说,造船技术使得散装货船的排水量成数倍以至十倍以上增长,但大型货船的建造成本和包括燃油、人力和其他耗费的运营成本的增加幅度要低很多,因此使得大型船舶的建造和使用更具有经济性。

表 5-2　　　　　　　散装货船不同类别成本的变化幅度对比

| 货船排水量级别 | 1.5 万吨 | 2.5 万吨 | 4.1 万吨 | 6.1 万吨 | 12 万吨 | 20 万吨 |
|---|---|---|---|---|---|---|
| 船型指数 | 100 | 167 | 267 | 432 | 793 | 1318 |
| 资本成本指数 | 100 | 140 | 197 | 291 | 457 | 641 |
| 非燃油运营成本指数 | 100 | 121 | 134 | 155 | 201 | 275 |
| 燃油消耗指数 | 100 | 155 | 230 | 353 | 578 | 843 |
| 船员人数 | 31 | 38 | 38 | 38 | 38 | 38 |

资料来源:肯尼斯·巴顿:《运输经济学》,商务印书馆 2002 年版。

### 三、折旧费的计提

几种传统运输方式都是相对重资产的行业,因此运输成本中固定资产折旧所占比重较大。固定资产的主要特征是能够连续在若干个生产周期内发挥作用并保持其原有的实物形态,而其价值则是随着固定资产的磨损逐渐地转移到所生产的产品中去,这些按期部分转移到产品成本中的固定资产价值,就是固定资产折旧。也就是说,固定资产折旧是指在固定资产使用寿命内,按照确定的方法对应计折旧额进行分摊。应计折旧额是指应计提折旧的固定资产的原价扣除其预计净残值后的金额。

企业计提固定资产折旧的方法有多种,基本上可以分为按使用年限平均法、按年度工作量平均法和加速折旧法。按使用年限平均法计算的年折旧额 = 固定资产应计提折旧总额 × 年折旧率。以年限计提折旧转移成本似乎与其所提供的运输量没有直接关系,可以视为每年或每月的固定成本;而以行驶里程或运输量计算使用寿命的固定资产的折旧转移成本就与运输量有直接关系,属于变动成本。在现实中，固定运输设施与移动设备的折旧大多采用按年限计提折旧，但确实也有因基础设施初期运量不足，为降低成本而采用按工作量计提折旧的，而且也有对技术更新较快的移动设备采用加速折旧办法的。由于运输业是资本密集型行业，固定资产的管理和扩张模式会使不同运输业经营者的成本结构产生差别。

表5-3是我国国铁运输企业固定资产的相应折旧规定，由表中数据可以看出，各种类别的铁路固定资产的净残值率都是5%左右，但计提折旧的使用年限差别却很大，从最长和比较长的线路路基100年、隧道80年、桥梁65年，到机车车辆16年、钢轨15年、集装箱和电气化供电设备8年，到最短的信息技术设备只有5年。因此，这些铁路固定资产类别的年折旧率也差别很大，从线路路基的只有0.95%，到信息技术设备的19%。

表5-3　　　　　　　　铁路运输企业固定资产相应折旧规定

| 类　别 | 折旧年限 | 净残值率（%） | 年折旧率（%） |
| --- | --- | --- | --- |
| 机车车辆 | 16 | 5.12 | 5.93 |
| 集装箱 | 8 | 5.04 | 11.87 |
| 线路路基 | 100 | 5 | 0.95 |
| 桥梁 | 65 | 5.10 | 1.46 |
| 隧道 | 80 | 5.60 | 1.18 |
| 钢轨 | 15 | 5.05 | 6.33 |
| 一般房屋 | 38 | 5 | 2.5 |
| 机械动力设备 | 10 | 5 | 9.5 |
| 电气化供电设备 | 8 | 5 | 11.87 |
| 信息技术设备 | 5 | 5 | 19.0 |

资料来源：《中国铁路总公司固定资产管理办法》，2015年。

固定资产折旧率有三种，即个别折旧率、分类折旧率和综合折旧率。企业折旧方法不同，计提折旧额相差很大。其他运输方式也各有自己规定的固定资产折旧率和折旧计提方法。

## 第四节　网络经济与运输成本的关系

### 一、铁路运输成本的计算

#### （一）独立铁路线的简单成本计算

这里用位于美国亚利桑那州一条被简称为BM&LP的短线铁路为例，说明一般成本理论在运输上的应用。该独立铁路与美国其他铁路系统不接轨，本身长78英里，一端连接一座煤矿，另一端连接一座燃煤电厂。该铁路的3辆机车和77辆敞车组成一列单元运煤列车，满载由煤矿驶往电厂，卸载后空车返回。由于是一条独立的铁路,因此它只有唯一的始发到达地、唯一的运输产品和完全自用的固定设施与机车车辆,这使它与其他铁路或运输系统相比成为非常特殊的例子,我们正是借助于它的独立特性来进行最简单的运输成本分析。人们平常所接触的其他运输系统一般都不会处于如此隔绝的状态。

该铁路的运营成本曲线十分近似于图5-4上的标准短期成本曲线。该铁路的建设造价和机车车辆的购置费用都被看作固定费用,单位固定成本随着运量的增加逐渐降低;工人工资和燃料费用属于变动成本,在一定的运量范围内比较稳定。在一般情况下,该单元运煤列车每天3次往返于煤矿和电厂之间,每次所需时间平均为6小时40分(其中装车1小时45分,满载运行2小时40分,卸车30分,空返运行1小时45分),其平均成本在图5-4中ATC曲线较低的位置。如果需要增加运量,该铁路可以利用现有的设备每天增运一列车煤,也就是说让单元列车每天4次往返,但由于工人加班工资和列车提速增加燃料,边际成本较高,单位运输成本将会有所上升。

如果还要增加运量,例如设想在现有的运输能力下增开第5列车,那么该铁路的边际成本会非常大,平均成本将上升到无法接受的水平;因此更现实的办法应该是通过扩大运能来实现,例如购置另一列单元列车等,那么该铁路的平均成本曲线将向右移动到一个更大生产规模的位置。这条独立铁路的成本分析只是一个使读者便于理解的实例,绝大多数运输系统由于都具有网络特性,因此成本变化的情况要复杂得多。

### (二) 铁路运输成本计算的作业成本法

绝大多数的铁路运输生产过程是在全国纵横交错甚至跨国的铁路网上进行,生产作业环节多而复杂。旅客运输由于使用线路和起讫点不同、列车等级不同、速度和距离不同、服务水平不同等因素,造成客运产品成本差异;货物运输由于货物种类不同、运输批量不同、对车辆载重利用程度不同、距离和运输方式不同、是否需要特殊服务等因素,也造成货运产品成本差异。

铁路运输产品存在大量需要分摊的共同成本费用,因此需要选择适当方法把生产费用在各种产品之间进行分配。基本思想是要通过中间环节去计算运输产品的成本,这些中间环节就是铁路的各种运营作业。一项作业是作业成本法计算中典型的最小归集单元,如旅客发到作业、货物装卸作业、机车作业、列车运行作业等。作业是指为了完成运输产品而分解实施的相对独立工作,是连接资源与成本对象的桥梁。

例如,在我国的铁路作业成本法研究中,铁路的运营作业被分为客运作业、货运作业、客货基础作业三大类;客运作业又细分为旅客发到作业、行包发到作业、行包中转作业、客运机车作业、客运车辆运行作业;货运作业细分为货物发到作业、货物中转作业、货运机车作业、货车编解作业、货车运行作业;客货基础作业细分为工务作业、电务作业、车站及站舍作业等。客运作业和货运作业又分别选取了若干运营指标作为支出归集的标的,如旅客车辆公里、列车公里、货

车公里、货运通过总重吨公里等。成本计算系统在以上这些作业划分的基础上通过一系列技术处理，计算每一种运输产品所耗用的作业量和每一种作业的单位支出率，再去计算不同产品的单位成本和总成本。

运输产品的成本 = Σ 与产品相关的不同作业支出率 × 作业消耗量 + 产品直接费用

按照作业成本法的研究设计，该系统可以分别计算铁路客运分席别的车辆成本、分列车级别的列车成本、不同到站（点到点）客运列车成本。货运分货物类别的单车运输成本、分列车种类类别的单车成本、点到点货运单车成本等，为运输成本分析和制定价格提供依据。

一度对运输成本计算要求十分严格的美国政府运输主管部门，还曾专门规定了铁路和公路的运输成本标准计算方法。其计算方法也是将已发生的各种费用尽可能十分细致地分类，以便把这些费用直接归并到具体的运输服务项目中去，而无法直接归类的费用就作为综合费用或管理费用以某种指标分配到所有的服务项目中，最后汇总为运输服务的完全成本。

## 二、航空网络的运输成本计算

这里用一个国外教材的例子来说明航空网络中的运输成本分析①。在我们的例子中有两组城市（见图 5-10），其中一组（包括 A、B、C 和 D）都在左边的地区，而另一组（包括 E、F、G 和 H）都在右边的地区。地区内城市之间的距离，如由 C 到 A、B 或 D，以及由 F 到 E、G 或 H 都是 100 英里，地区之间的 C 到 F 距离是 700 英里。假设所有城市之间的客运联系都是通过航空运输，而且为了简化问题，还假设本例中所有旅客的出行都是跨地区的，也就是说，左边地区的旅客都要到右边地区的城市去，而右边地区的旅客都要到左边地区的城市去，没有目的地在本地区的旅行。城市之间的旅客流量大体是由各城市人口数量决定的，表 5-4 列出了每天总的旅客人数和每一对城市之间的旅客人数。每天总的旅客人数是 2226 人，其中从左边地区到右边地区的和从右边地区到左边地区的都是 1113 人，由于在假设中两个方向的运量相同，所以我们下面的计算只考虑从左边地区到右边地区的客流。在城市对之间，从 D 到 E 的旅客人数最多，每天有 173 人，从 C 到 G 的旅客人数最少，每天只有 16 人。

图 5-10 两个地区城市的分布

---

① 本节内容参考了 Kenneth D. Boyer, *Principles of transportation economics*, 1997。

表 5-4　　　　　　　采取"点点直达"方式的运输成本计算及分析

| 城市对 | 旅客人数 | 直达里程（英里） | 飞机数量及类型 | 运输成本（美元） |
|---|---|---|---|---|
| (1) | (2) | (3) | (4) | (5) |
| A—E | 142 | 806 | 1 大 | 12800 |
| A—F | 63 | 800 | 1 大 | 12315 |
| A—G | 43 | 806 | 3 小 | 9887 |
| A—H | 114 | 900 | 1 大 | 14070 |
| B—E | 67 | 700 | 1 大 | 10835 |
| B—F | 28 | 707 | 2 小 | 5796 |
| B—G | 18 | 728 | 1 小 | 3002 |
| B—H | 50 | 806 | 3 小 | 9922 |
| C—E | 55 | 707 | 3 小 | 8759 |
| C—F | 24 | 700 | 2 小 | 5720 |
| C—G | 16 | 707 | 1 小 | 2908 |
| C—H | 43 | 800 | 3 小 | 9815 |
| D—E | 173 | 728 | 2 大 | 22705 |
| D—F | 80 | 707 | 1 大 | 11005 |
| D—G | 56 | 700 | 3 小 | 8680 |
| D—H | 141 | 806 | 1 大 | 12795 |
| 合计 | 1113 | | 29（8 大、21 小） | 161014 |

| 客座英里总数（英里） | 1240370 |
|---|---|
| 人英里总数（人英里） | 858957 |
| 平均人英里成本（美元） | 0.187 |
| 客座率（%） | 69.3 |
| 平均每位旅客旅行距离（英里） | 771.8 |

在本例中，航空公司有两种飞机可用于航班飞行，一种是 150 座的大飞机，其平均每客座公里的运输成本是 0.1 美元，另一种是 20 座的小飞机，其平均每客座公里的运输成本是 0.2 美元。平均每客座公里的运输成本无论飞机是否满员都是需要支出的。此外，每位旅客每次飞行还另有 5 美元的机场费用。实际的航空成本当然比这要复杂得多，但我们的计算中假定只发生这两种费用。

航空公司可以有两种不同的运输组织方式："点点直达"方式和"轴辐中转"方式。如果采取"点点直达"方式，就要在每一对有运量的城市之间直接开航班，其航线结构见图 5-11，一共有 16 条航线。

图 5-11 "点点直达"方式航线结构

采取"点点直达"方式的运输成本计算和分析如表 5-4 所示。由于在两个区域的城市对之间都需要有直达航班，而有些城市对之间的运量较小或很小，因此要么使用载客率不高的大型飞机，要么只能使用经济性能不好的小型飞机。从表 5-4 中可以看出，采取"点点直达"方式每天单向的航班总数为 29，其中使用小型飞机 21 架次，使用大型飞机只有 8 架次；运输成本总额为 161014 美元，平均人英里成本为 0.187 美元；飞机的客座率（或实载率）为 69.3%。

运输业所具有的网络经济可以通过调整运营结构，特别是合并运量和共用固定设施与载运工具，起到降低成本、提高效率的作用。在本例中，相比之下"轴辐中转"方式的效率更高一些。假设航空公司把 C 和 F 作为中转枢纽机场，所有跨地区的旅客都要通过这两个枢纽机场进行中转，例如从 A 到 E 就必须要先后在 C 和 F 两次转机才能到达，这样中转枢纽机场之间的主要航线就像"轴"，其他机场与枢纽机场之间的次要航线就像"辐"，共同组成如图 5-12 所示的"轴辐结构"，采用该方式的运输成本计算和分析如表 5-5 所示。

图 5-12 "轴辐中转"方式航线结构

表 5-5 采取"轴辐中转"方式的运输成本计算及分析

| 发到及中转地点 | 旅客人数 | 飞行里程（英里） | 飞机数量及类型 | 运输成本（美元） |
| --- | --- | --- | --- | --- |
| (1) | (2) | (3) | (4) | (5) |
| A 出发 | 362 | 100 | 3 大 | 6310 |
| B 出发 | 163 | 100 | 1 大、1 小 | 2715 |

续表

| 发到及中转地点 | 旅客人数 | 飞行里程（英里） | 飞机数量及类型 | 运输成本（美元） |
|---|---|---|---|---|
| D 出发 | 450 | 100 | 3 大 | 6750 |
| C 至 F | 1113 | 700 | 8 大 | 89565 |
| 到达 E | 437 | 100 | 3 大 | 6685 |
| 到达 G | 133 | 100 | 1 大 | 2165 |
| 到达 H | 348 | 100 | 3 大 | 6240 |
| 合计 | 1113 | | 23（22 大、1 小） | 120430 |
| 客座英里总数（英里） | | 1052000 | | |
| 人英里总数（人英里） | | 968400 | | |
| 平均人英里成本（美元） | | 0.124 | | |
| 客座率（%） | | 92.1 | | |
| 平均每位旅客旅行距离（英里） | | 870.1 | | |

与"点点直达"方式相比，由于合并了过去分别运送的旅客，因此"轴辐中转"方式的航线数量大大减少，只有 7 条，但每一条航线上航班数却增加了。例如从 A 和 D 出发的旅客分别被集中到每天 3 架大型飞机上先运至 C，从 B 出发的旅客则被集中到每天 1 大 1 小两飞机上先运至 C，从 C 到 F 之间的主航线现在每天有 8 次大型飞机航班（过去只有两架小型飞机航班），而分别到 E、G 和 H 的旅客也分别集中到从 F 出发的 7 架大型飞机航班上。从表 5-5 中可以看出，采用"轴辐中转"方式的运输成本总额为 120430 美元，平均人英里成本为 0.124 美元，分别比"点点直达"方式下降了 25.2% 和 33.7%。

在本例中，"轴辐中转"方式的运输成本节约主要来自两个方面，一是更多地使用了经济性能较好的大型飞机，二是提高了飞机的载客率。目前每天单向的航班总数为 23，航班总数减少了，但其中使用大型飞机 22 架次，使用小型飞机只有 1 次。由于旅客集中，目前载客率达到 92.1%，比"点点直达"方式的 69.3% 提高了 22.8 个百分点。

从以上例子可以看出，绝大多数运输企业只要有可能有条件，就会尽可能使用"轴辐中转"方式组织运营。这是因为在运输网络上，允许运输企业把不同运输市场的客户集中到一起，利用经济效能更好的运输工具并同时提高客座率（或货运实载率），以便降低运营成本。但是在本例中，航空公司利用"轴辐中转"方式也存在着副作用，其中首先旅客需要增加中转次数，这一方面会增加旅客的在途时间和不便，另一方面也会增加每次 5 美元的机场费用；其次，虽然运输系统总的客座公里数减少，载客率上升，但旅客人公里数增加了（从 858957 人英里增加到 968400 人英里），平均每位旅客的旅行距离也延长了将近 100 英里（从 771.8 英里增加到 870.1 英里），延长了 12.7%。说明大多数旅客的旅程被人为分割成几段，并因此要飞更长的距离和可能耗费更多的时间。但从总的效果看，由于运营成本的节约幅度较大，因此采用"轴辐中转"方式比采用"点点直达"方式还具有更高的效率。此外，小型飞机在运量小的短航线上还是存在一定的经济性，读者可以对本例"轴辐中转"的方案进行若干调整，在若干短航线上用小型飞机替代部分大型飞机，还可以得到一定成本节约。

利用一般的成本理论或曲线来进行运输成本的分析具有一定难度，其主要原因之一是，运输企业往往是在一个运输网络内运营，它们经常要把不同质的运输产品或服务合并到共同的固定设施或载运工具中，也就是说，同时提供多种运输产品或服务的运输企业很难找到一种合适的方法准确地计算每一产品或服务的成本。运输经济分析不得不常常使用吨公里或人公里这些内涵差别很大的统计指标。运输成本分析中还必须注意吨公里或人公里这些统计数字是如何产生的。如果统计量的增加是由于运输需求增加引起的，当然情况比较简单，但在我们上面所举的例子中，由于航空公司运输组织方式的改变使得旅客人英里总数增加了12.7%，而真正的运输产品—旅客所要求的空间位移却并根本没有变化。因此用吨公里或人公里这些统计数字去代替运输产品或服务的数量，有时候是不可靠的。

需要指出的是，在航空业采用"轴辐中转"方式并不是任何情况下都比采用"点点直达"方式更有效率。在我们的例子中，"轴辐中转"方式一是用经济性能较好的大型飞机减少了航班数，二是提高了飞机的客座率，也就是说它更有效地利用了网络中的资源；但它同时也造成中转次数和飞行距离增加的负面影响。如果各个城市的旅客运输需求都增加到"点点直达"方式也同样能够十分有效地利用大型飞机，那么"轴辐中转"的优势就会消失，而直达方式可能会更可取。实际上，网络的密度经济是普遍存在的，"点点直达"和"轴辐中转"两种运输组织方式都可以利用，而利用的程度取决于各自发挥网络资源效率的水平。图 5-13 是"点点直达"和"轴辐中转"两种民航组织方式的成本曲线，从图中可以看出，每一种运营组织方式都有自己合理的适用范围，"轴辐中转"方式比较适合运输量较小的阶段，而"点点直达"方式到运量较大时更有效率。

图 5-13 两种民航组织方式的成本曲线

可以通过不同方法增加网络上的运输产品，如可以通过增加新线路或服务站点扩大网络的幅员，也可以普遍增加网络上的运输流量密度，但如果我们要考察运营活动的边际成本，就需要固定其他因素，只增加一组客流或货流。例如，我们可以在图 5-12 例子的轴辐系统中假定其他因素不变，只把从 D 到 H 的客流增加一倍（141 人），这一增加的客流使该系统的旅客周转量增加了 126900 人英里，运输成本增加了 15615 美元。如果用增加的人英里数去除增加的运输成本，就可以算出这一新增客运服务的单位成本为 0.123 美元/人英里。与系统原来的平均每人英里单位成本 0.124 美元相比，新增平均成本有所降低。

---

**专栏 5-1**

### 美国大陆航空公司的成功

20 世纪 60 年代时，大陆航空公司看起来犯了一个可怕的错误。当时其他航空公司都遵循这样一个简单的规则，即在现有飞机 65% 的舱位能够售出的情况下才会提供一个航班，因为只有这样才能收支相抵。然而，大陆航空公司却在飞机载客量只有 50% 的时候就载客飞行，并且还在不断地扩充航班。当大陆航空公司的这项举措传开时，股东们很担心，竞争对手们则很得意，他们等着看大陆航空公司的失败。但是该公司的利润却一直在持续增长。

其实，是其他那些航空公司犯了错误：用平均成本代替边际成本作决策。当时普遍采用的"载客量 65% 法则"，是基于以航空公司的年度总成本除以年度航班数得到的每一航班平均成本计算得出。当时典型的航班平均成本大约是 4000 美元。因为只有当 65% 的舱位售出才能获得 4000 美元机票收入，所以一般将任一载客量低于 65% 的航班视为亏损，要予以取消。

而大陆航空公司却决定采用边际成本计算利润。每考虑一个新的航班时，主要确定其新增加的可变投入，包括增加的空勤和地勤人员费用、燃料费和飞行餐饮费用等。每个新航班增加的这些可变成本大约是 2000 美元。也就是说，一个新航班的边际成本远远少于载客量为 65% 的边际收益 4000 美元。利润的边际分析告诉我们，当边际收益 MR 大于边际成本 MC 时，应该增加产量，大陆航空公司就这样做了。实际上，该公司得出了正确的结论，即一个航班即便载客量只有 50%，其边际收益 3000 美元还是比边际成本高，因此可以增加航班使利润提高。这就是大陆航空公司在载客量只有 50% 的情况下仍然增加航班的原因，它靠这个秘密战胜了竞争对手。现在，所有航空公司都会利用边际分析方法去决定航班增减了。

资料来源：罗伯特·霍尔等（2003）：《微观经济学原理与应用》（第二版），东北财经大学出版社 2004 年版。

> 专栏 5-2

## 美国人为什么重新购买六缸和八缸的汽车

20世纪70年代石油危机造成的油价飞涨导致消费者对四缸汽车的需求大幅增加，因为四缸车比六缸、八缸汽车更节能。美国每加仑汽油的价格从1973年的38美分一直猛涨到1980年的1.19美元才逐渐缓和下来，到1999年，每加仑汽油的价格已升到约为1.40美元。尽管油价一直保持在高位，但90年代以后美国消费者对六缸、八缸汽车的需求却不断回升。如何解释这种逆转呢？

解释这些现象的关键在于了解汽油实际价格的变化。当一些人在考虑选择多大发动机引擎时，影响其决定的往往不是汽油的名义价格，而是汽油相对于其他所有产品和服务的价格。尽管自从1981年以来汽油的名义价格继续缓慢上涨，然而相对于其他产品而言其价格却是下降的。事实上，从实际购买力角度看，汽油1999年的价格甚至略低于1973年的价格（1999年1.40美元可以购买的产品与服务要略多于1973年38美分所能购买的产品与服务）。汽油实际价格的下降解释了为什么消费者对大型汽车的购买欲望再次回升。

汽油实际价格的下降也有助于解释为什么同一时期消费者对跑车的需求也出现爆炸式增长。2001年，美国市场上跑车的销售量达到400万辆，远高于1990年的75万辆。其中一些车型，如福特Excursion系列比本田Civic系列重两倍，每加仑汽油所能行驶的路程要比本田车少10英里，这样的汽车在20世纪70年代一定会滞销，但现在却成为最热销的款型。

资料来源：Robert H. Frank 等著，郑捷等译：《微观经济学原理》（第二版），清华大学出版社2004年版。

## 本章思考题

[1] 举例说明企业固定资产折旧费用、财务费用与总成本的关系。
[2] 举例说明什么是运输活动中的机会成本和沉没成本。
[3] 举例说明运输企业成本与运输使用者（包括受雇运输客户和自我运输服务者）成本的异同。
[4] 试说明分析运输成本变动性或不变性的意义。
[5] 举例说明运输企业短期和长期平均成本曲线及总成本曲线与一般企业的差别。
[6] 试说明运输成本分析中边际成本和增量成本的关系。
[7] 试分析运输固定资产分类及其对运输企业成本结构的影响。

［8］试分析运输设施（或载运设备）折旧费按时间提取与按使用强度提取的差异。

［9］铁路运输成本计算的作业成本法中的主要作业分类和计算支出率的主要运营指标。

［10］根据本章航空运输的案例，对表5-4给出的数据进行调整：①把每个城市对之间的旅客人数分别乘以3和10，重新计算并对比分析"点点直达"和"轴辐中转"两种方式的成本与效率；②增加一种300座的更大型飞机，平均每客座公里的运输成本是0.07美元作为条件重新计算并分析。

# 第六章

# 运输业投资

**本章总体要求**

了解运输业投资，包括移动载运工具投资和固定交通设施投资的特点，以及私人投资与公共投资决策基础的差别；掌握运输业投资中企业财务评价和社会经济评价的方法；深入了解在交通运输领域如何充分发挥市场在资源配置中的决定性作用，以及更好发挥政府作用；了解世界上若干重要交通运输公私合作项目的尝试与经验教训；了解租赁和风险投资在交通运输领域所起的作用。

**本章主要内容**

- 在交通运输领域私人投资与公共投资的项目评价方法的差别。
- 在包括运输业在内的基础设施领域引入社会资本并实行市场化运作的趋势，以及政府仍然需要承担的责任。
- 交通运输领域公私合作（PPP）的主要类别与特点，以及应该从英吉利海峡隧道和中国台湾地区高铁 BOT 项目汲取的经验教训。
- 交通运输企业经营绩效与其资产、债务、营收、成本、利润、亏损、现金流等主要财务指标的关系。
- 运输设备与设施的租赁活动，以及经营租赁和融资租赁两类租赁业务的异同。
- 风险投资的概念及运输业风险投资的特点、优势与局限性。

## 第一节 移动载运工具的投资

移动载运工具可以比较容易地从一个地方的运输市场转移到另外一个地方的运输市场。如果所有运输市场上同一种载运工具的售价都是一样的，那我们可以很方便地用图 6-1 来说明这方面的投资问题。图中 AFC 曲线代表载运工具的平均购置成本，这应该是一种资本成本，与市场的利息率有关。由于车船或车船队的购置费用是相对固定的，因此随着这些载运工具使用天数的增加，平均每车（船）日所分摊到的单位固定成本应该逐渐下降。AVC 曲线代表载运工具的平均使用成本，主要包括维修费用和折旧费，它是一条先水平然后逐渐上升的曲线。AVC 曲线后期逐渐上升的一个原因是，随着车船使用强度的增加，其维修费用会大大提高；另一个可能原因是，如果车船的使用强度超过其原有的设计标准，那么它的使用寿命就会缩短，因此必须加速折旧。AFC 曲线与 AVC 曲线的叠加是载运工具的平均完全成本曲线 ATC。边际成本曲线 MC 应该分别穿过 AVC 曲线和 ATC 曲线的最低点。

图 6-1　盈利的载运工具投资

在图 6-1 中，假定车船供求市场是一个完全竞争市场，因此代表价格 P 的水平线也就是市场的需求曲线，它不受载运工具拥有者提供服务数量的影响。根据微观经济学原理，运载工具拥有者提供车（船）服务日的数量却是由价格线与边际成本 MC 曲线的交点决定的，即在价格 P 水平上最优的车（船）服务日数量为 $n^*$。在 $n^*$ 数量上，价格水平高于平均完全成本的部分 BA 是边际利润，面积 PABC 是运载工具拥有者提供该数量服务所获得的超过总成本的经济利润。有利可图的拥有者如果判断这种情况会继续下去，就会投资扩大他的车船队，以便增加盈利。

但如果车船供求市场上的需求减少导致价格较低，如图 6-2 所示，在 P' 的位置，载运工具拥有者就不能获得经济利润。尽管他的收入可以弥补平均变动成本，但却不能补偿购置设备的资本成本，面积 P'ABC 是其亏损的数额。在这种情况下，拥有者一般不再考虑如何扩大他的车船队，而是要报废旧车船或者出售一部分现有的载运工具以平衡收支。但也有可能的是，运输工具拥有者在少量亏损的局面中维持经营，因为其收入还可以弥补变动费用，他也许愿意等待市场转好时再弥补损失。

**图 6-2  亏损的载运工具投资**

然而，投资分析切忌过于简单化，原因之一是运输投资往往都要涉及相当长的时间范围。在载运工具中汽车的使用寿命是最短的，一般也有 5~10 年的寿命，而飞机的使用期限有些竟达到了 50 年，固定设施的寿命则更长。除非载运工具拥有者愿意或能够经常通过二手市场购入和卖出，否则购置决策通常都会根据设备的预计使用寿命而做出。有这样一个运输投资的例子：1986 年，美国联合太平洋铁路公司花费 12 亿美元兼并了一家大型公路货运公司，但这一投资决策受到后来接任该铁路公司总裁的 D. 刘易斯的批评。根据他的观点，在银行利率为 10% 的情况下，收购一家每年盈利仅有 6000 万美元的公司根本不需要 12 亿美元，因此联合太平洋铁路公司的这笔投资是不成功的。我们可以假定这是一笔只涉及移动载运工具的投资，因为分析原理是一样的。[①]

进行投资评估的方法有多种，其中最常用的一种是将投资项目日后预计获得的收益折算成目前价值，并与投资额进行比较，当折现值（present discounted value，PDV）在计算期限内的总和大于投资额时投资决策可以接受。从表 6-1 的计算结果可知，当那家公路货运公司每年盈利为 6000 万美元，而银行利率为 10% 的情况下，它 30 年的收益折现值合计仅为 5.6563 亿美元，不足 6 亿美元（见表 6-1 的第 4 列）。

**表 6-1  联合太平洋铁路公司投资收益折现值计算**

| 年份 | 年收益<br>（百万美元） | 折现率为 10% 时的折现系数 | 折现值<br>（百万美元） | 折现率为 5% 时的折现系数 | 折现值<br>（百万美元） |
|---|---|---|---|---|---|
| （1） | （2） | （3） | （4） | （5） | （6） |
| 1987 | 60 | 0.909 | 54.55 | 0.952 | 57.14 |
| 1988 | 60 | 0.826 | 49.59 | 0.909 | 54.42 |
| 1989 | 60 | 0.752 | 45.08 | 0.862 | 51.83 |

---

[①] 本节内容参考了 Kenneth D. Boyer, *Principles of transportation economics*, 1997。

续表

| 年份 | 年收益（百万美元） | 折现率为10%时的折现系数 | 折现值（百万美元） | 折现率为5%时的折现系数 | 折现值（百万美元） |
|---|---|---|---|---|---|
| 1990 | 60 | 0.685 | 40.98 | 0.820 | 49.36 |
| 1991 | 60 | 0.621 | 37.26 | 0.781 | 47.01 |
| 1992 | 60 | 0.565 | 33.87 | 0.746 | 44.77 |
| 1993 | 60 | 0.513 | 30.79 | 0.709 | 42.64 |
| 1994 | 60 | 0.467 | 27.99 | 0.676 | 40.61 |
| 1995 | 60 | 0.424 | 25.45 | 0.645 | 38.68 |
| 1996 | 60 | 0.386 | 23.13 | 0.613 | 36.83 |
| 1997 | 60 | 0.351 | 21.03 | 0.585 | 35.08 |
| 1998 | 60 | 0.318 | 19.12 | 0.556 | 33.41 |
| 1999 | 60 | 0.290 | 17.38 | 0.529 | 31.82 |
| 2000 | 60 | 0.263 | 15.80 | 0.505 | 30.30 |
| 2001 | 60 | 0.239 | 14.36 | 0.481 | 28.86 |
| 2002 | 60 | 0.218 | 13.06 | 0.459 | 27.49 |
| 2003 | 60 | 0.198 | 11.87 | 0.437 | 26.18 |
| 2004 | 60 | 0.180 | 10.79 | 0.414 | 24.93 |
| 2005 | 60 | 0.163 | 9.81 | 0.395 | 23.74 |
| 2006 | 60 | 0.149 | 8.92 | 0.377 | 22.61 |
| 2007 | 60 | 0.135 | 8.11 | 0.358 | 21.54 |
| 2008 | 60 | 0.123 | 7.37 | 0.341 | 20.51 |
| 2009 | 60 | 0.112 | 6.70 | 0.326 | 19.53 |
| 2010 | 60 | 0.102 | 6.09 | 0.310 | 18.60 |
| 2011 | 60 | 0.092 | 5.54 | 0.295 | 17.72 |
| 2012 | 60 | 0.084 | 5.03 | 0.281 | 16.87 |
| 2013 | 60 | 0.076 | 4.58 | 0.268 | 16.07 |
| 2014 | 60 | 0.069 | 4.16 | 0.255 | 15.31 |
| 2015 | 60 | 0.063 | 3.78 | 0.243 | 14.58 |
| 2016 | 60 | 0.057 | 3.44 | 0.231 | 13.88 |
| 合计 | | | 565.63 | | 922.32 |

资料来源：Boyer. Principles of Transportation Economics, 1997。

收益折现值是将投资项目今后各个年度的收益现金流根据某一折现率（discount factor）折合成当前的现金价值。表6-1第2列的数据是假定公路货运公司被收购以后每年的盈利均为6000万美元，而第3列和第4列是在银行利率为10%的情况下，把各个年度的盈利折算成收购发生的1986年的现值。折现值的计算公式是：

$$\text{PDV}(i) = \frac{I(i)}{(1+r)^i} \tag{6-1}$$

式（6-1）中 PDV（i）是第 i 年收益的折现值，I（i）是第 i 年的当年收益，r 是银行利率。式（6-2）是收益折现值合计的计算公式。

$$\text{PDV} = \sum_{i=1}^{n} \frac{I(i)}{(1+r)^i} \tag{6-2}$$

表 6-1 中第 5 和第 6 两列是在银行利率为 5% 的情况下，把各个年度的盈利折算成 1986 年的现值，可以看到在 30 年的经营期内收益折现值合计为 9.2232 亿美元。

如果假定项目收益和银行利率都是不变的，而且收益期限可以无限长，那么收益折现值合计的计算公式就可以简化为 PDV = I/r。我们也可很容易地计算出，假定那个公路货运公司的年盈利 6000 万美元一直不变，在利率一直保持为 10% 的情况下，无限期收益折现值合计是 6 亿美元，而在利率一直保持 5% 的情况下，则无限期收益折现值合计是 12 亿美元。很明显，在利率为 10% 的情况下，刘易斯批评联合太平洋铁路公司的投资不成功是有道理的。

除了折现值这种比较简易同时相对可靠的方法以外，对投资项目的评价还可以使用"内部收益率"（internal rate of return）的方法。在使用期无限长的前提下，一项投资的年均收益额与投资总额相比所得到的比值，在数量上等于该项投资的内部收益率。还以上面的联合太平洋铁路公司为例，当投资的年均盈利是 6000 万美元，投资总额为 12 亿美元时，其相应的内部收益率为 5%。将计算得到的内部收益率与银行利息率对比，就可以得到对投资效益的评价。在本例中，投资的内部收益率仅与 5% 的银行利率持平，而 10% 的银行利率明显高于内部收益率，说明投资是不成功的，这笔钱还不如存入银行。

但是也可能由于存在其他一些原因，使得联合太平洋铁路公司当时做出了此项投资决策。首先，也许该公司预计银行利率会降低到 5% 以下，如果是这样，5% 的内部收益率就会高于银行利率了。其次，投资者预计公路货运公司的年盈利会超过 6000 万美元，如果盈利增加幅度较大，那么结论当然可能会不同。最后，投资者可能希望通过兼并公路货运公司使自身的铁路货运业务获得更好的衔接服务，因而改善公司总的经营业绩，如果是这样，则可以用铁路方面增加的收益去弥补不足。但如果以上的预期或希望都未能实现，那么联合太平洋铁路公司的投资就真是失败了。

假如联合太平洋铁路公司的该项投资确实失败，它是否还可以通过出售那家公路货运公司以便撤回全部投资呢？答案是它不一定能够如愿。在做出投资决策的时候，任何投资者都是要把投资的机会成本与可能得到的收益进行对比；而出售一项资产时所要考虑的，则是要把保留该资产所要承担的机会成本（资产潜在购买者的愿意收购价）与保留该资产可能得到的收益进行对比。在联合太平洋铁路公司的投资行为中，10% 的银行利率已经使其中 6 亿美元因为超过购买对象的实际价值而成为沉淀成本，因此对以后的决策不应该再发生作用了。如果存在该公路货运公司新的购买者，其愿意支付的收购价格如果超过 6 亿美元，那么联合太平洋公司就应该果断出手。

## 第二节　固定交通设施的投资

当私人公司打算投资于固定运输设施的时候，应该使用的评价方法也是把其未来收益的折现值与投资的机会成本进行比较。但是做这类投资决策应该比投资移动载运设备时更为小心和谨慎，不但因为固定设施的投资数额更大，沉没成本更大，而且固定设施的建设周期和使用周期都较长，因此未来的投资成本和项目收益也都具有更多的不确定性。

美国第一条铁路是 1830 年建成的。1850 年以后，美国进入了铁路大发展时期，到 1916 年其铁路营业里程达到最高峰的 40 万公里。美国铁路实行的是私营体制，为鼓励修建铁路，美国各级政府都曾向铁路公司大量赠送土地，包括支持著名的太平洋铁路建设。但实际上，1871 年以后美国国会已停止授权政府继续向铁路公司赠地，其后美国铁路的大规模修建应该主要是资本力量推动的。

### 一、美国铁路的"摩根式重组"

19 世纪后半叶，铁路证券在美国资本市场上大行其道，极大地促进了美国资本市场的形成和发展，同时，美国铁路的快速扩张也得益于在资本市场上筹集到资金。但资本市场对铁路证券的狂热与投机，使得美国铁路产业一度进入到一个盲动时期，经营主体的碎片化也让整个行业陷入经营混乱的局面。而以摩根为代表的投资银行家借助金融资本的力量对美国铁路产业进行了一定程度的整合。

由于当时持有铁路股票的投资者大都只关注建设更多铁路，并实现其资产的证券化以赚取短期资本溢价，造成很多重复建设、过度竞争并令一些铁路线运能严重过剩。在价格战、经营不善和经济不景气的叠加作用下，不断有铁路公司破产，有的甚至破产清算过四五次。美国虽然早已成为铁路最多的国家，但诸多主体分散、管理混乱的铁路公司并没有形成有效的整体网络。铁路行业内也曾有过大型公司加快自身扩张或组成企业联盟，并出现了像范德比尔特、古尔德等产业巨头，推动形成把重要货物发送地和到达地铁路都涵盖在一家公司线路范围以内的"铁路自给系统"。

作为投资银行家的约翰·皮尔庞特·摩根与资本市场中的金融投机家不同，与原有的铁路产业巨头也不同。他试图将金融资本与产业资本进行融合，以期控制产业资本并获得更大的利润，并因此对美国铁路业进行了长达几十年的收购兼并之旅。摩根所开展的一系列典型战略性投资活动被后人命名为"摩根化"或"摩根式重组"。摩根化有三层含义：一是产融结合，即金融资本投向实业成为产业资本，

交通基础设施投资与经济增长——基于准自然实验的证据

对整合、重构和提升一个产业发挥关键性作用。二是收购、兼并那些因为运营成本高、管理混乱陷入现金流困难、甚至资不抵债滑向破产境地的铁路企业，拥有对公司的绝对控制权。三是不仅仅为标的公司提供融资服务，而是使用控股权接管公司并变更管理层，通过采取一系列决定性变革彻底改善公司运营状况。

由于摩根收购兼并的都是亏损或经营不当以及有待整合的铁路，因此对公司经营实施强力介入成为必须，从而也开启了资本接管公司的先河。摩根时代美国曾有1/3的铁路公司陷入经营困境，而包括萨斯科哈那铁路、俄亥俄铁路、费城—里丁铁路、俄勒冈横跨铁路、纽约—伊利湖西部铁路、南方铁路和北太平洋铁路等一批铁路企业，从19世纪60年代后期至20世纪初被摩根银行主导进行了重组，里程接近全美铁路的1/6。重组成功的铁路企业焕发出经营活力，其资本价值重新获得资本市场的认可，摩根化也奠定了摩根银行在美国金融界的地位。

## 二、巴菲特收购BNSF铁路

随着其他运输方式逐渐兴起，20世纪20年代美国开始拆除过多的铁路，政府对铁路的管制不断加强，美国铁路业进入到衰退期，资本市场对这个行业在很大程度上失去了兴趣。直到1980年通过斯塔格斯铁路法，推动放松管制改革，美国铁路才重新开始缓慢恢复竞争活力。2009年，沃伦·巴菲特以巨资整体收购BNSF铁路，显示出铁路产业再一次被资本和金融市场所关注。

伯灵顿北方圣达菲（BNSF）铁路公司是美国第二大铁路运营商，排名仅次于自有线路里程最长的联合太平洋（UP）铁路公司。BNSF总部位于美国得克萨斯州沃斯堡，其历史可追溯到1849年，经过上百次兼并重组后，BNSF公司2009年的运营里程包括3.7万公里的自有铁路和1.45万公里的线路使用权，运输范围遍布美国中西部28个州和加拿大两个省，并拥有行业中首屈一指的南加州至芝加哥之间的铁路干线。BNSF每年运送超过500万个集装箱和半挂公路货车拖车，为世界最大的铁路多式联运承运公司。2009年，BNSF的铁路运营收入为138.48亿美元，净利润为20.14亿美元，净资产收益率为13.45%，运营净现金流34.13亿美元。[①]

BNSF铁路公司良好的盈利能力和稳定的现金流情况，以及在美国铁路行业的市场地位，使其具有长期的投资价值。2009年10月，当巴菲特旗下的伯克希尔公司向BNSF公司发出整体收购要约时，这家公司已经是持有BNSF公司22.5%流通股的第一大股东。从2007年3月开始，伯克希尔公司就在二级公开市场不断地买入BNSF公司的股票，尽管其间经历了2008年的全球金融危机，但国际经济的下行和股票市场的震荡都没有影响巴菲特继续持有BNSF公司股票的决心。

2009年11月3日，伯克希尔与BNSF正式确认了这项收购交易，并向外界披露了收购协议的主要内容。由于伯克希尔公司当时决定将以每股100美元的价格收购剩余股权，因此BNSF整体估值预计达到340亿美元，收购剩余77.5%的

---

① 杨博：《巴菲特收购美第二大铁路营运商》，载于《中国证券报》2009年11月5日。

股权总共需支付264.51亿美元。由于采用现金支付60%和股权支付40%的方式，伯克希尔公司需要向其他股东支付现金158.74亿美元，由此这笔交易也成为伯克希尔公司有史以来最大的收购案。此后BNSF铁路成为伯克希尔的全资子公司从纽约股票交易所退市。①

巴菲特所掌控的伯克希尔·哈撒韦公司是一家以保险业为主的多元化投资集团。与一般的投资公司相比，伯克希尔最大的优势就是保险业务所带来"浮存金（float）"，巴菲特利用这部分资金来进行投资，数十年来并购企业完全不依靠债务融资。同时，巴菲特一直以来所贯彻的"长期持有"的价值投资理念使其并不在意所投资公司的短期股价波动。从财务的角度看，铁路属于初始投资大、回报细水长流的那一类资产，适合资金充足、负债率低、追求长期稳健回报、具有一定规模的企业投资者，这正好和巴菲特的理念相符。BNSF铁路被收购后，与中美洲能源、伊斯卡金属、路博润和Marmon Group一起成为伯克希尔公司的"五驾马车"。BNSF持续稳定的经营能力也为伯克希尔公司带来丰厚的股息回报。

收购以后，作为财务投资者的巴菲特让BNSF依旧保持独立运营和稳定性。BNSF的经营收入和盈利能力明显增长，2015年公司运营收入达219.67亿美元，比2009年增长了56.73%，实现净利润42.48亿美元，是2009年的2.47倍。BNSF公司的股东权益在2015年底增加到350.32亿美元，是2009年的2.74倍，使得BNSF公司的资产负债率很快下降并稳定在60%。负债率降低和伯克希尔带来的强大财务背景，使BNSF在资本市场上的融资成本大幅度降低，因此资本性支出逐年增加，2015年达到56.51亿美元，是当年折旧的3倍，这不但超过BNSF公司历史上的单年投资额，也超过竞争的其他铁路公司。BNSF的运营现金流充裕，利息保障倍数保持在8倍以上。②

铁路行业自诞生起，就与资本市场建立了密不可分的关系。大规模的铁路建设投融资催生并完善了现代资本市场，而资本市场也是任何铁路项目确保可持续发展与良好运营状态所必须依赖的条件，规范运作的资本市场同时也有助于构建铁路行业的现代治理体系。业界人士很高兴看到相隔差不多百年以后，资本市场以巴菲特斥巨资全额收购BNSF并取得成功的形式宣告重新青睐铁路行业。

## 第三节 运输投资的社会经济评价

### 一、社会经济评价方法

由于私人投资运输项目的风险过大，因此运输基础设施领域的投资在传统上

---

① 吴云英、姜捷：《透过现金流看巴菲特投资铁路股理念》，载于《资本市场》2009年第12期。
② 晓白：《BNSF：巴菲特的摇钱树》，侨报网，2016年1月28日。

基本都是由政府机构依托公共财政进行建设的。公共投资与私人投资的项目评价方法不同，因为公共投资主要应用在私人不愿或不能进行投资的领域。与私人投资的财务评价以盈利性为主要依据不同，公共投资的经济评价用社会净福利作为基本标准。私营公司的利润是用收入（revenues）减去成本，而社会净福利则是用效益（benefits）减去费用，社会净福利不一定要求得到全部效益的货币补偿。

我们都知道，需求曲线体现的是消费者购买数量与商品价格之间的关系，在公共投资项目的费用—效益分析（cost-benefit analysis）中，需求曲线是计算社会效益的根据。典型的供求平衡关系如图 6-3 所示。图中的供求均衡数量是 $q^*$，均衡价格是 $p^*$。人们一般会把总效益分为消费者支付（consumers' expenditure）和消费者剩余（consumers' surplus）两部分，前者在图 6-3 中是 $Op^*Aq^*$ 所包围的面积，而后者则是 $p^*AB$ 所包围的面积。消费者剩余被定义为消费者对某种产品或服务的支付意愿超过其实际支付的部分，然而它在实际中很难进行精确的计算。一个公共交通项目的社会效益通常也包括该项目所产生的消费者支付和消费者剩余，也就是说，公共交通项目的效益是消费者对该项目支付意愿的总和。但是这种效益很容易被夸大估计，原因是有些效益常被多次计算。例如，一条新公路的修建可以使货物的运输更加快捷，但如果在计算效益的时候既在货运业那里算上一笔，然后又在货物的发货人和最终消费者那里再各算上一笔，那么这种效益显然就被重复计算了。为避免公共设施效益的重复计算，一般要规定这种效益只对该设施的直接使用者进行计算，而不再计算间接使用者。

**图 6-3 社会效益计算**

只有在不存在外部性的情况下，直接在费用—效益分析中将固定设施的提供成本与对其的意愿支付进行对比才是有意义的，而若存在外部性则情况有不同。外部性是指某人的生产或消费对其他人的福利发生了影响，却没有为之付费或接受补偿。如果一次驾车出行具有外部性，那么它对社会形成的效益就与单独考察该驾车人自己的效益有所不同。在产生外部成本的情况下，例如空气污染，总的效益计算就要根据受损害人希望避免该损害的支出额向下调整，或者把相应边际成本的计算向上调整。例如某人去电影院的驾车成本和效益都是 1 美元，而所有其他人为免受其汽车废气污染愿意支付0.5美元，则社会由于该次驾车的总成本就应调整为1.5美元。运输外部成本和外部效益的计算是运输项目费用—效益分析中最复杂的问题之一，这一点在后文还会谈到。

运输项目社会经济评价与企业财务评价不同的另一个问题是，有些竞争性运输方式的运价低于它的完全边际成本。例如，运输竞争者接受政府的运营补贴，或者并不为自己所引起的环境污染支付补偿，在这种情况下，没有得到补贴和没有造成污染的运输方式实际上社会效益更大（或实际成本更低），但其运价却可能不占优势。

如果不考虑税收，那么消费者的支付与运输企业的收益应该是一致的。运输企业的盈利计算与公共机构的费用—效益计算存在的主要差别，一是费用—效益分析要考虑外部性，二是费用—效益分析要考虑消费者剩余。此外，还有一点需要说明，即消费者的意愿支付如果实际上并没有真正发生，那么在企业财务评价中是不能被算作收益的，而在费用—效益分析中无论意愿支付发生与否，都应该算作效益。这一差别确实很重要，例如在价格管制的情况下，如果私人企业认为运价水平不足以补偿其投资和运营成本，它就不会为那些潜在而无法获得的收益投资，但这对于公共机构而言该项目却可能是可行的。

社会净福利是投资项目的社会效益与社会成本之间的差额，或者更准确一些说，是社会效益的折现值与社会成本折现值之间的差额。在大多数运输项目中，社会成本的计算是固定设施的建设与维护费用，此外还应该加上外部成本。显然，一个运输项目如果从社会角度看是合理的，那么它的社会净福利应该增加。如果利用图形把社会净福利定义为图形中需求曲线下方的总面积减去相应的总成本，那么可以得出等式：

$$社会净福利 = 消费者剩余 + 企业利润 \qquad (6-3)$$

但我们都知道利润 = 收入 – 成本，因此又可以得到等式：

$$社会净福利 = 消费者剩余 + 企业收入 - 企业成本 \qquad (6-4)$$

式（6-4）对于理解费用—效益分析的评价标准，社会净福利是很有用的，而且它也强调了费用—效益分析并不在乎谁得到了效益或者谁负担了费用，只要社会净福利是正值就可以。例如某一投资项目可以带来较大的消费者剩余，并使它的社会净福利为正值，那么尽管该项目可能使投资者或经营者亏损，也应该建设。当然从另一方面说，根据同样的道理，假如某一项目没有多少消费者剩余，但却可以带来巨大的生产者剩余（即利润），那么也应该建设。美国五大湖航道一直要维持大型矿石船通航的深度，其实每年并没有多少用户需要使用那样深的航道，而政府始终承担着航道疏浚费用，原因就在于有关钢铁公司因此所获得的效益大于公共财政的负担，结果这种做法就一直延续下来。

公共投资于运输项目产生的一个问题是，那些使用该设施获得效益的用户可能并不必须为此而支付全部成本，因此往往引起对项目或设施的需要过大，但公共财政的能力总是有限的，结果就必须由政府根据费用—效益分析做出兴建某些设施而不兴建另一些设施的决策。有很多时候这种决策机制并不成功，于是就出现一些设施投资过量，而另一些必要的设施却未能及时兴建。假如使用公共运输设施获利的人能够自愿根据获利的多少而支付使用费，可能就不会出现上述问题了，但由于经济学中"搭便车"动机的普遍存在，很难避免这些现象。为了解决地方政府一般愿意争相在本地上项目，而项目实际并不完全满足费用—效益分析标准的问题，美国政府在投资建设一些公共运输项目时，往往规定地方政府也必须配套一部分资金，例如高速公路项目的各州承担比例是10%。

## 二、青藏铁路格拉段投资案例

青藏铁路是连接青海省西宁市至西藏自治区拉萨市的国家干线铁路，全长1956公里，是通往西藏腹地的第一条铁路，也是世界上海拔最高、线路最长的高原铁路。青藏铁路分两期建成，一期工程东起青海省西宁市，西至格尔木市，简称青藏铁路西格段，全长814公里，于1958年开工建设，1984年5月建成通车，设计最高时速为160公里；二期工程，东起青海省格尔木市，西至西藏自治区拉萨市，简称青藏铁路格拉段，全长1142公里，于2001年6月29日开工，2006年7月1日全线通车，设计最高时速为100公里。

青藏铁路格拉段建设创造了铁路史上的多项纪录。青藏铁路是世界海拔最高，也是最长的高原铁路：铁路穿越海拔4000米以上地段达960公里，最高点为海拔5072米；铁路穿越多年连续冻土里程达550公里，是世界上穿越冻土里程最长的铁路；海拔5068米的唐古拉山车站，是世界海拔最高的铁路车站；海拔4905米的风火山隧道，是世界海拔最高的冻土隧道；全长1686米的昆仑山隧道，是世界最长的高原冻土隧道；全长11.7公里的清水河特大桥，是世界最长的高原冻土铁路桥；……。青藏铁路加强国内其他广大地区与西藏联系，促进藏族与其他各民族的文化交流，增强民族团结，有利于促进西藏在工业、旅游业等产业的发展，优化西藏的产业结构。青藏铁路格拉段总投资330亿元，建设期间没有使用债务资金，全部为资本金，其中中央财政直接出资占75%，铁道部建设基金出资占25%。由于铁路建设基金也属中央财政预算内资金，因此青藏铁路格拉段属于全额使用中央财政性投资的铁路建设项目。

2006年7月1日起，青藏铁路格拉段分别开通进出西藏的货运列车和北京、上海、广州、成都、兰州及西宁与拉萨之间的旅客列车。每年通过铁路运输的进出藏货物和旅客呈明显增长趋势。铁路进出藏货运量从初期的每年几十万吨增至2013年的519万吨，进出藏铁路旅客由2006年的66.4万人次增长到2014年的211.4万人次。由于客货运量快速增长，从2016年起对青藏铁路格拉段进行了历时两年半扩能改造工程，总投资37.78亿元。工程主要包括新增车站13个，延长8处既有站到发线有效长度，并对拉萨西货场进行升级改造，有效提升了青藏铁路格拉段的通过能力。[①]

---

① 荣朝和：《青藏铁路在西藏交通时空结构演变中的作用》，载于《中国藏学》2016年第2期。

青藏铁路格拉段开通运营以来，对促进青藏两省的经济社会发展提供了有力支撑，但由于铁路沿线地区人口稀少、经济不发达，因此铁路运营仍旧一直是亏损的。这一点在国家发改委在项目批复的时候就已经预计到了，所以批复明确格拉段的运营亏损由国家财政给予补贴。从开通运营以来，青藏铁路格拉段已经得到中央财政对其扣除折旧后的运营亏损补贴几十亿元。由于财政补贴不包括折旧费，因此格拉段在累计亏损中挂账的折旧费也有几十亿元。此外，格拉段在运营过程中每年还会发生相应的更新改造费用，是由青藏铁路公司自己向银行申请贷款解决，虽然利息可向中央财政申请报销，但贷款本金还须自己偿还，由于现金流不足使格拉段也累积了一些待偿债务。也就是说，尽管青藏铁路格拉段作为典型公益性铁路项目其修建投资得到国家财政全额支持，但其开通后的运营仍旧需要在更长时期内继续得到相当数额的财政补贴。

## 第四节　交通设施与服务提供的公私合作

### 一、公私合作的概念

自 20 世纪 80 年代起，欧美一些国家开始在公共设施领域主动引入私人资本，后在各国推广并逐渐形成潮流，目前多被称为建立公私合作关系（或公私伙伴关系；public private partnership，PPP）。该模式允许在不发生财产所有权彻底转移的情况下，实现民间资本参与公共设施或服务的提供，由公私双方共同承担责任、分担风险，较高质量地满足民众对公共服务的需要。

按照法国人的说法，将公共事业委托给私人企业建设与经营是在古希腊和古罗马时代就已经有的做法，该国在 17 世纪和 18 世纪建设港口、运河及桥梁，19 世纪建设铁路、城市水务与照明上也都实行过，第二次世界大战以后则进一步拓展到高速公路、停车场、供暖、通信、电视、学校甚至监狱等领域。然而，一般人们更愿意将公共领域引入私人资本与英美两国 20 世纪 80 年代的撒切尔革命和里根革命联系起来。由于 20 世纪 70～80 年代欧美国家私有化浪潮正盛，因此在基础设施领域引入私人资本开始时也像在其他领域那样被贴上了私有化的标签。

英文 privatization 的意思是私有化，也有人将其译作民营化，隐含认为私有化与民营化的意思相同；但实际上民营化在英文里还有另外一个单词 non-governmentalization，即"非政府化"。从引入多种形式的私人参与角度看，民营化概念比更强调产权的私有化应该更贴切一些。20 世纪 90 年代，英国政府的政策文件又分别为民间机构兴建公共设施或提供公共服务使用了"民间主动融资"（private finance initiative，PFI）和"公私合作或伙伴关系"（PPP）的概念。公共基础设施与服务领域引入民资显然并不是一个私有化概念可以概括的，越来越多成熟的公私合作关系才是必然选择。

有必要弄清楚与公共领域公私合作有关的一系列概念及其相互关系，否则不利于理论分析以及政策的正确制定与实施。公共事业中的公私合作关系与民营化及政府采购有密切关系，可以将这三者放到与企业类别及公私责任划分有关的谱系图中去对比（见图6-4）。

**图6-4 公私合作关系与民营化及政府采购等关系**
资料来源：根据多种文献汇总、归纳、提炼而成。

从程度上看，民营化可以分为狭义民营化和广义民营化，其中狭义民营化就是产权和责任都彻底地私有化，而广义民营化则既包括各种公私合作关系（PPP），也包括政府责任与参与程度虽放松但仍保持公有经济性质的国有主体公司化和国有企业（以下简称"国企"）上市。在PPP中，外包公共服务是指在不涉及基础设施投资的基础上，由民间企业承担不收费或低收费的公共服务供给，由政府补贴；租赁经营是指民间企业在租赁基础设施的条件下通过收费提供公共服务，其中一般租赁是民间企业只需为使用已有基础设施交租赁费，而不需投资基础设施；投资租赁是民间企业先要投资建设基础设施，然后再向政府租赁该设施进行经营（也有称此为建设—移交—运营，即BTO模式）；特许经营则是指民间企业以BOT模式取得项目的投资建设权与一定时期内的收费服务经营权，在经营期满时再将相应基础设施移交给政府。投资租赁BTO与特许经营BOT的主要区别在于，前者先履行政府拥有项目设施的财产权利，再开始租赁经营，后者是到运营期结束时才履行财产移交。而BOT与狭义民营化即纯粹私人投资的核心区别，在于后者不必将项目所形成的设施资产交还给政府，民资将相关责任一直承担下去。从外包服务、租赁经营到特许经营再到私有化，民间企业所承担的责任及独立核算的程度越来越完整。从图6-4中还可以看到，所谓私人主动投资（PFI），其狭义的范围基本上与包括前述两种做法的租赁经营一致，而外包服务、特许经营和私有化则可算作广义PFI。

从经济性质看，公共事业领域原有国企的公司化与上市仍旧属于公有经济，完全私有化的企业当然属于私有经济，而外包公共服务、租赁经营、特许经营则属于经济中的公私伙伴关系。国有经济从非公共事业领域的退出，一般都是先将相关国有主体公司化和上市，或直接出售实现民营化。而在公共事业领域，由于政府责任无法彻底免除，因此民营化更多是与建立公私合作关系结合在一起，根据政府需要保留的责任和起作用程度选用不同的民间参与形式，当然部分继续保留国企或彻底私有化的也并不完全排除。从政府行为角度看，公共服务外包、租赁经营、特许经营和私有化都可看作政府采购，其中外包公共服务和一般租赁属于服务采购，投资租赁、特许经营和私有化属于工程采购；而公共事业领域原有国企的公司化与上市一般仍旧属于政府提供行为，但在法国模式中也转变为是政府向国有企业进行采购。

## 二、英吉利海峡隧道项目的教训

全长50公里的英吉利海峡隧道项目完全是由私人公司投融资并进行建设的，是当时世界上最大的BOT项目。

该海峡隧道是设计用来开行往返于英法之间的铁路客货列车，包括用特殊车辆装载小汽车和货运卡车的铁路列车。在1994年该隧道开通之前，英吉利海峡上的跨海交通主要是由轮渡承担的，海峡隧道的开通使得英法两国之间的运输能力明显增强，而且能够提供比轮渡更快和更可靠的服务。然而隧道工程的代价也是十分昂贵的，投资已从1987年开工前预算的48亿英镑上升到建成时的106亿英镑。为了让项目成功，必须对投资进行评估。从成本方面看，人们需要预测工程本身的造价、相关机车车辆的购置费用和开通以后的运营费用。从需求角度看，则需要预测通过海峡隧道的交通流，还得分析具有吸引力的收费水平。投资者必须在做出决策之前认真地分析预测所有的相关指标，包括建设费用、车辆购置费用、运营费用、交通量、运价水平以及利率和投资的内部收益率等，任何判断错误都可能导致决策错误。而英吉利海峡隧道工程确实提供了很多值得借鉴的教训。

首先是工程造价大大高于初期预算。很多参与该项目的投资者和银行财团都曾数度失去信心，甚至提出了工程是否应该中途废止的问题。当然海峡隧道最后还是建成了，但在建成时其每天所应支付的债务利息就高达300万美元。也就是说，海峡隧道每天的运营收入除了支付运营支出，还至少应该多出300万美元用于支付利息，这成了十分巨大的财务负担。运营支出本身也估计得不准确，一些运营中的问题没有事前得到预见，甚至原本计划好与隧道同时完工的由隧道英国入口至伦敦的高速铁路线，根本就没有按计划施工。实际交通量与预测有较大差距，而且收费水平也远远达不到原先的设计值。此外，由于轮渡公司不愿轻易退出市场，因此采取了激烈的竞争措施，包括大幅度降低轮渡票价，结果海峡隧道的收费标准也只得随之下降。[①]

---

① Kenneth Boyer. Principles of transportation economics, Addison-Wesley, 1997.

海峡欧洲隧道正式开通后，由于实际客货运输量与原先的设想差距甚大，造成严重亏损，收益难以弥补债务和利息，隧道公司只好依靠借新还旧，结果债务余额迅速攀升，而且已经借不到钱了。1995年9月欧洲隧道公司宣布暂停支付利息，并开始寻求债务重组。1997年，欧洲隧道有关各方终于达成696亿法郎的债务重组协议，其中只有不到1/3债务维持原状；其余120亿法郎债务转为定期调整息率债券，96亿法郎债务转为参与贷款票据，都要大幅降息并展期；80亿法郎的债务转为公司股份（即债转股）；再向债权银行发行80亿法郎的可转换股票；英法两国政府同意将特许经营期从55年延长至99年。1998年债务重组完成，当时有估计债权银行为此要损失200亿法郎。

但第一次债务重组并未使欧洲隧道公司的经营状况和债务负担得到实质性的缓解。2003年，该公司就又出现高达十几亿英镑的净亏损；2005年由于有超过17亿英镑的资产减值，使得欧洲隧道公司出现13亿英镑的负资产净值，已经资不抵债；2006年5月公司股票被迫退出股市；2006年7月13日公司向巴黎商业法庭申请破产保护，8月2日法庭批准其申请，并允许公司停止支付债务利息。2007年1月15日，巴黎商业法庭批准欧洲隧道公司的破产保护计划：以一家法国为主的新欧洲隧道集团公司在德意志银行、高盛和花旗集团注资入股并提供长期融资的支持下，取代英国为主的原欧洲隧道公司；使其债务余额从92亿欧元减少到40亿欧元；原债权银行和股东承担债务减免和股票减值的损失。①

2007年7月破产保护计划完成，新的欧洲隧道集团替代欧洲隧道公司负责英法海峡隧道的经营，并重新在巴黎和伦敦证券交易所上市。在经过2008年海峡隧道火灾和国际金融危机带来的不利影响后，欧洲隧道集团的运输业务和收入终于有了相对稳定的增长，并开始向股东派发股息。

实际上从经济学来看，公司破产并不意味着海峡隧道也要关闭，这其中的原因在于运输基础设施的投入在很大程度上是沉没成本，隧道继续运营的决策可以不去考虑那些已经沉没了的建设费用。只要运营收入继续超过其直接的运营支出，海峡隧道公司在商业上就是有价值的。使用隧道的旅客根本体验不到隧道公司破产，受损的只是那些当年投资兴建海底隧道的股票所有者和银行财团，他们要承担财产严重缩水的损失。

## 三、中国台湾地区高铁屡陷财务困局的教训

### （一）中国台湾地区高铁建设的基本情况

中国台湾地区高铁自台北至高雄全长345公里，以BOT方式投资近4500亿新台币（不包括台湾当局前期投入的土地征收等资金1057亿新台币）建成，

---

① 胡杰明：《英吉利海峡隧道在可持续发展方面的启示》，载于《综合运输》2012年第1期。

2007年初开通运营。① 高铁作为纵贯中国台湾地区人口最密集地区的西部走廊，已经使沿线形成"一日生活圈"，成为中国台湾地区社会生活不可或缺的一部分。但该高铁公司的财务状况却一直差强人意，开通仅两年就发生现金流断裂，后又由于特别股恢复债务属性而再次行将破产，迫使台湾当局频频出手相救，最后竟至提前终止民营化BOT模式。

20世纪70～80年代，中国台湾地区开始筹划高速铁路以增强西部人口与城市密集地区的交通走廊。1998年5月，台湾高速铁路股份有限公司由中国台湾地区高铁联盟的5家民企出资125亿新台币发起成立，并于7月与台湾交通主管部门签订《台湾南北高速铁路兴建营运合约》《台湾南北高速铁路站区开发合约》《合约执行备忘录》等文件。

所签订合约的主要内容有：高铁公司特许经营权包括高铁的兴建、运营以及车站用地和商用地开发，其中兴建、运营及车站用地开发的特许年限为签约后35年，商用地开发年限为签约后50年；特许期限届满时公司须将相应资产及其所有权无条件移交给台湾当局；规定公司将营业利润的10%回馈台湾交通主管部门，累积总额不低于1080亿新台币。中国台湾地区高铁的工程预算约为4000亿新台币，要求其中有1200亿新台币作为资本金，占总投资的30%，其余2800亿新台币则向银行贷款。原本规定发起股东的投资不能低于资本金的40%，即高铁公司注册应有"额定资本额"500亿新台币。还规定台湾当局的公方持股比重不得超过20%，但在BOT项目经营不善的情况下，台湾当局有义务提前接手收购并维持高铁运营。②

高铁联盟当初是以台湾当局不但"零出资"，而且最终还可获得逾千亿新台币"回馈金"而中标的，这对台湾当局有极大诱惑力。但在高铁实际建设过程中，5家民企原始发起股东一直利用BOT合约中不完善的条款，和台湾当局在高铁项目上欲罢不能的"被套"局面，把台湾当局的资金大量拉进来。这5家公司直到高铁正式开通运营时的持股比例仅占27.9%。台湾当局虽不情愿，但只能指使公营和半公营机构将大量资金投入高铁。为扩大投资来源，台湾当局批准高铁公司采取多种股权融资办法公开发行普通股和可转换特别股募集股本金。高铁开通前其实收股本资金总额约为1053亿新台币，仍未达到规定数额。

中国台湾地区高铁于2000年3月正式开工建设，2007年初开通运营。建设期延长了一年，包括可资本化的财务费用在内，实际高铁建设经费达到4497亿新台币，比计划的4076亿新台币超支了10.33%。投入运营时高铁公司的资产负债率已经高达80.7%。③

## （二）两次财务重组并提前公营

从开通以来，中国台湾地区高铁的客运量和客运周转量都是增长的，其中

---

① ② 谭克虎、梁晓红：《台湾高铁BOT模式的实践及启示》，载于《亚太经济》2013年第8期。
③ 荣朝和、王大鹏：《台湾高铁财务困局的原因分析》，载于《广东社会科学》2017年第3期。

2015年的运送旅客人数达到5056万人次,日均运送旅客近14万人次,客运密度已达到2798万人/公里,比开通时分别增加了2.3倍和1.7倍。日均开行列车对数也稳定上升至近70对,2015年的519.01亿元营业收入也比第一年的135亿元增长了284.37%。然而在2009年9月,正式运营还不满3年的台湾高铁公司,却由于严重财务危机濒临破产而被迫改组董事会,并于2010年初进行了大规模债务重组。①

中国台湾地区高铁迅速陷入财务危机并几近破产的主要原因包括,运量和运营收入与原可行性研究的预期相差过大,过度依赖债务融资造成的利息支出负担过重,再加上过高的折旧摊销,致使高铁公司亏损严重并出现现金流断裂。为缓解高铁公司的财务困局,台湾当局先后将高铁的折旧办法由平均年限法改为运量百分比法,让公营银行与机构置换私营银行贷款并大幅度降息及展期,使得折旧成本和还本付息压力明显下降,并以公方董事长替换原私方董事长,台湾当局开始在BOT高铁公司中扮演主导角色。

2010年的债务重组使中国台湾地区高铁现金流随时断裂的窘况有所修复,看上去似乎已经得到解决。但令人始料未及的是刚过去四五年时间,由于几场诉讼官司和推行新会计制度,高铁公司因其可转换特别股问题发酵竟又再次出现严重的财务危机。

当初由于5大发起人股东未充分注资导致资本金严重短缺,高铁公司为增加权益资本,陆续发行了551亿新台币可转换特别股,约占公司总股本的一半。特别股设有每年5%甚至更高的固定股息,并规定4~6年期满后可选择转换为普通股或由公司回购。这些可转换特别股的实质属性是债务,并埋下了日后的风险隐患。高铁公司由于持续亏损无力回购特别股并支付股息,截至2014年底累计应付特别股息已高达140.12亿新台币,面临诸多要求赎回特别股及支付股息的诉讼案,已陷入破产困局。自中国台湾地区高铁开通以来,其名义资产负债率似乎并没有超过100%,然而若是恢复特别股的债务本性并加上应付的股息,高铁公司从2008年起就已经资不抵债了。

2015年5月27日,台湾当局审核通过了经过修改的《高铁财务解决方案》,确认原普通股股东承担累积亏损的损失,股票价值主动缩水60%;公股增资300亿并处于控股地位,5大发起股东持股比例缩至17.1%;特许期延长35年;为防止高铁公司获取过高资本回报,规定年盈利超过40亿新台币的部分必须存入备用的平准基金等。这意味着中国台湾地区承认其高铁的BOT模式失败,意味着重组后的高铁公司已实质上改变了民营企业的性质,自此进入台湾当局真正主导经营的阶段。

中国台湾地区高铁BOT项目两次财务重组并被迫提前换为公营应该汲取的教训包括:当局必须承担起公共服务提供中的责任;警惕过度负债对铁路建设事业的影响;精心设计公私合作模式中的风险分担机制;继续探索基础设施与公共

---

① 荣朝和、王大鹏:《台湾高铁财务困局的原因分析》,载于《广东社会科学》2017年第3期。

服务的投融资改革。

## 第五节 运输设备与设施的租赁

### 一、租赁的概念与分类

运输业所使用的各种设备很多都十分昂贵，这使得运输业者需要投入巨额资金进行采购和配置，如果还需要设施建设，所需要的投融资数量就更不用说了，再加上运营过程中其他人员、动力及养护维修费用，致使运输业者常常处于资金短缺的压力之下。而现代租赁业的发展为各种运输方式经营者提供了尽快取得运输设备的新途径。租赁是一种以一定费用借贷实物的经济行为，出租人将自己所拥有的某种物品交与承租人使用，承租人由此获得在一段时期内使用该物品的权利，但物品的所有权仍保留在出租人手中，而承租人为其所获得的物品使用权需向出租人支付一定的租金。租赁业务大体上分为经营租赁和融资租赁两类。

运输设备的经营租赁（operating lease）是运输企业在需要运输设备时，由租赁公司先购入该项设备之后再转租给运输企业，以"融物"代替"融资"，运输企业作为承租人在约定的租期内使用该租赁物，并支付相关费用。经营租赁中租赁物运输设备的所有权仍旧归属租赁公司，由租赁公司计提固定资产折旧，由所有权引起的成本和风险也由出租人承担。运输企业为经营租赁支付的租金相对要高一些，但由于租赁模式较易操作、租期长费用支付期限就长、还款方式灵活等优点，还是比自己购买大型运输设备一次性付清、贷款或分期付款而承担的压力要小。此外，采取经营租赁方式，企业所付租金不计入负债，而是作为费用处理，可以为承租人实现"表外融资"改善企业的资产负债表。租赁业其实为运输企业开辟了一条获取昂贵设备的新途径，因此像航运和民航企业在传统上就习惯于通过租赁增加所需要的轮船和飞机。

而在现代租赁中发展起来具备融资与融物相结合特点的融资租赁（financial lease）业务，更具备集金融、贸易、技术于一体的优势。融资租赁是出租人根据承租人（用户）的请求，与第三方（供货商）订立供货合同，根据此合同出租人出资向供货商购买承租人选定的设备；同时，出租人与承租人订立一项租赁合同，将设备出租给承租人并向承租人收取租金。融资租赁是一种不可解约的租赁，即在租期内双方均无权撤消合同；租期一般相当于设备的有效寿命；承租人支付租金的累计总额为设备价款、利息及租赁公司的手续费之和；由所有权引起的成本和风险转由承租人承担，租赁物计入其资产负债表并计提折旧；付清全部租金后，设备的所有权即归于承租人。

融资租赁从其本质上看是以融通资金为目的，为解决实体企业资金不足的问题而产生的，近年除简单融资租赁外，还衍生出售后回租融资租赁、杠杆融资租赁、项目融资租赁、委托融资租赁、联合融资租赁、转租赁等一系列服务品种。目前世界上以金融资本与制造业资本为依托成立融资租赁公司已成为主流,融资租赁通过分别与金融机构、设备制造企业联合,实现资金优势与专业技术优势,相当于为需要添置设备的企业提供一笔便捷优惠的中长期贷款,并在担保、费率、付款期限和税收等方面享受比贷款和分期付款更加优惠的条件。融资租赁已演变成目前国际上一种非常普遍和基本性的非银行金融服务形式,除了金额巨大的各类机器设备,包括民航客机、轮船等通过融资租赁售出的比例越来越大,其服务领域也已经扩展到私家车等私人消费领域。

运输固定资产的租赁活动也并不是仅仅局限在移动设备上,例如,有港口所有者将港口中的一部分码头设施长期出租给码头运营公司使用。铁路在网运分离状况下,运营公司就需要为其列车开行而向线路基础设施公司支付线路使用费,像美国的 Amtrak 铁路客运公司在绝大多数情况下就是使用各家货运铁路公司的线路。在日本,国铁民营化改革后形成的数家 JR 客运公司只拥有部分线路的所有权,开行高铁列车很多要租用日本铁路建设公团(后改为铁路建设·运输施设整备支援机构)的高铁线路,而不拥有铁路线的 JR 货运公司开行货物列车,也要支付线路使用费。

租赁可以在一定程度上帮助运输业者处理固定资产投融资的资金局限与约束,提供一些新选择,但运输投资从本质上说仍旧是责任重大的决策,需要认真对待。要靠踏踏实实的分析权衡、不可大意。

## 二、飞机租赁

### (一) 飞机租赁的发展

飞机租赁是指出租人在一定时期内把飞机提供给承租人使用,承租人则按租赁合同向出租人定期支付租金,飞机的所有权属于出租人,承租人取得的是使用权。民航客机的使用寿命可以达到 20~30 年,因此新启用飞机的租赁期一般较长,是一种以融物的形式实现中长期资金融通的贸易方式。飞机租赁也包括融资性租赁和经营性租赁。图 6-5 是航空公司新飞机购后回租关系示意图。

图 6-5 航空公司新飞机购后回租关系

资料来源:谭向东:《飞机租赁实务》,2012 绘制。

从20世纪50年代开始，世界航空运输业蓬勃发展，为适应市场需求，飞机制造商不断开发出技术更加先进、性能更加优越的新型飞机。但当时各航空公司购买飞机的资金几乎全部是传统的自有资金、政府投资或银行贷款，因此普遍面临着购买飞机需求和资金短缺的矛盾。1960年，美国联合航空公司以杠杆租赁的形式获得了一架喷气式客机，揭开了飞机租赁的序幕。此后飞机租赁市场迅速扩展，从美国发展到欧洲、日本以及第三世界国家。飞机租赁的应运而生，为航空公司带来了新的融资方式和渠道，也为航空业发展创造了外部条件。根据统计，国外各大航空公司航空租赁和购买飞机的比例约达6∶4。

20世纪80年代，为满足航空运输加速发展对运力的需求，我国民航飞机引进和更新换代步伐加快，大量添置了国外大中型飞机，除了利用贷款购买以外也开始利用飞机租赁等方式，使机队规模不断扩大。我国民航的飞机租赁是以融资租赁开始的，目前融资租赁仍占据飞机租赁交易的大部分。据统计，1980～2000年底，我国民航通过融资租赁方式引进了各类波音和空中客车等喷气客机365架，而同期采用经营租赁方式引进的飞机只有十几架。截至2011年8月，在民航局登记在册的民用客机数量为1257架，其中721架是通过租赁方式而来的。[①]2019年我国民用运输航空机队规模达3615架，商用飞机机队的租赁渗透率为45%。

### （二）我国的飞机租赁业

2008年之前，国内的飞机租赁市场主要被国外租赁公司垄断，仅美国通用电气集团旗下的GECAS和国际租赁金融公司（ILFC）两家租赁公司就占据了中国市场超过60%的市场份额。2008年起国内银行系金融租赁公司陆续涉足飞机租赁领域，并逐步克服税务成本较高、审批手续繁杂、外汇收支困难等制约航空公司利用境内租赁公司的障碍。以2009年工银租赁通过天津东疆保税港区完成国内首单飞机租赁业务为起点，飞机租赁产业在我国的发展已逾10年。特别是随着2013年以来天津、上海、广东等自贸区实行对飞机租赁和航空配套产业的扶持政策，国内航空公司或集团开始在境内设立租赁公司，通过内部租赁公司引进飞机也逐渐成为一种主要方式。经过10余年发展，中资租赁公司已占据国内新飞机租赁90%以上的市场份额，有7家公司已跻身全球排名前20位。[②]

飞机租赁公司可分为四类，包括：（1）银行系金融租赁公司。金融租赁公司开展飞机租赁的优势有品牌实力强，客户资源多，机构覆盖面广；融资能力强，成本低；资本实力雄厚；管理规范，风险控制能力较强。（2）航空公司附属租赁公司。其优势是飞机来源和租约都由母公司提供，开展业务有保障；机队规划、资产管理等职能可以直接利用母公司资源；业务操作简单高效；但劣势是独立性差，资本实力薄弱，融资抗风险能力一般。（3）飞机制造商附属租赁公

---

① 赵姝杰：《国内航空公司设立融资租赁公司的现象分析》，载于《中国民用航空》2016年第5期。
② 谭向东：《飞机租赁实务（修订版）》，中信出版社2012年版。

司。由于有制造商支持，在飞机价格、残值管理上具有较强优势，是制造商销售飞机的重要渠道；其劣势在于资产单一，独立性差，融资能力有限。（4）独立飞机租赁公司。该类飞机租赁公司与银行、航空公司及制造商都没有股权关系，因此所需要的各方面能力与资质、经验等应该更丰富。

其中发展较早的银行系租赁公司目前占据主要市场份额，是我国飞机租赁行业里的主导力量。但由于设立附属租赁公司可使航空公司获得优化财税结构、降低运营成本，改善公司的财务报表，有利于飞机处置、调配和资产管理，利用外债额度从境外获得低成本资金，提高融资额度，有利于飞机资产证券化等好处，因此目前我国的大型航空公司都相继设立了自己的附属租赁公司。

### （三）飞机资产管理

飞机资产管理是飞机租赁过程中的重要环节。飞机租赁是指航空公司（或承租人）从租赁公司（或直接从制造厂商）选择一定型号、数量的飞机，并与租赁公司（或出租人）签订有关租赁飞机的协议。从前期签订飞机租赁合约条款的多方谈判，到整个租期内对飞机技术状态的长期跟踪及成本控制，再到退租时飞机资产的交易与处置，都需要飞机资产管理。飞机资产管理是延长飞机租赁使用周期的关键步骤。

飞机资产管理是飞机全生命周期管理模式，要统筹考虑资产的规划、设计、采购、建设、运行、检修、技改、出口贸易、循环利用、报废等各个阶段，是在满足安全、效益、效能的前提下追求资产全寿命周期成本最低、实现资产价值最大化及不断提升专业化管理水平的全过程。

飞机资产管理体现航空业的核心价值，在航空业、飞机制造和飞机租赁产业规模快速扩张的背后，市场需求和竞争格局也在不断变化，管理能力应该不断提高。随着我国飞机租赁公司即将迎来第一波退租高峰期，如何退租及处置老旧飞机对租赁公司提出了更高的要求，而更多国产大飞机的投入使用，飞机资产管理也无疑将向飞机全寿命管理发展，实现利用最大化、价值最大化、产业最大化的要求。为了推动飞机租赁业和整个航空业实现高质量发展，国内租赁公司必须加强飞机资产管理，加速从资金管理向资产管理转变。

## 第六节 运输领域的风险投资

### 一、风险投资的概念

风险投资（venture capital，VC）简称风投，又被称为创业投资，是职业投资者将资金投入到希望具有突破性技术、有竞争潜力或可以引起行业革命性变革的初创企业，并取得该公司股份，以获得投资利润或满足自身战略发展需求的一种投融资模式。

风险资本向被投资公司提供融资的目标是为了能够最终退出而获利,退出途径包括被投公司直接被大型公司并购,而更一般的则是通过使被投公司上市并出售其股票。一家初创公司需要经营得足够好才会被股票市场接受,实现公司的首次公开募股(initial public offering,IPO),才可能实现其估值并向公众出售股票,套现获利。因此,被投公司 IPO 往往被作为风险投资成功的重要标志。但风险投资之所以被称为风险投资,是因为在投资中有很多不确定性,给投资及其回报带来很大的风险,因此被投公司成功 IPO 的比例并不高。然而,如果一家被投公司上市能给风投公司带来很多倍收益,就可以弥补其他投资项目的亏损。

风险投资的轮次包括种子轮、天使轮、A 轮、B 轮、C 轮、D 轮、Pre – IPO 和 IPO。种子轮是项目最开始的投资,一般是用于项目的启动,金额少则几十万元,多则一二百万元。天使轮主要是用于项目的前期,比如团队的组建和日常运营,金额也比较少,但相对于种子轮会多一些。A 轮融资是项目有一定业绩之后的投资,主要是用于加快项目的发展,比较小的 A 轮融资可能是千万级别,比较大的可能是亿元级别。B 轮融资是创业公司到一定的阶段以后,为扩大业务规模或者打击竞争对手而进行的融资,金额一般都会比较大,少则 1 亿~2 亿元,多则 10 亿元,甚至可能几十亿元。C 轮融资一般是为了以后的 IPO 做准备,这时融资金额往往是很大数字,比如美团点评的 C 轮融资高达 40 亿美元。

19 世纪末 20 世纪初,美国开始出现风险投资,当时美国与欧洲财团投资铁路、钢铁、石油和玻璃等工业,有了一些风险投资的雏形。第一家规范的风险投资公司是第二次世界大战后成立的美国研究与开发公司,主要是在政府支持下扶植一些小型创新企业。20 世纪 80 年代以后,美国的风险投资得到迅速发展,风险投资额从 1979 年的仅 25 亿美元,增加到 1997 年的约 6000 亿美元。目前,美国风险投资公司有四千多家,主要投资信息技术、生命科学等高科技产业,风投总额占 GDP 的比例总体保持在 0.2%~0.3% 之间。[①]

随着经济结构与创新能力的提升,中国也成为风险投资青睐的重要市场。中国自 2003 年以来有私募股权或风险投资参与的新上市公司占比已达 48%,融资额占 36%,而最受风投欢迎的一般是与互联网融合的创新发展型企业,或能够受惠于改革或国家政策支持的企业。中国风投规模目前超过美国,是全球第二大风投市场。[②]

VC 分为传统意义上的独立风险投资(independent venture capital,IVC)以及企业风险投资(corporate venture capital,CVC)。IVC 一般是采用有限合伙制,其中有限合伙人为主要出资人,但不参与公司投资运营,承担有限责任;而普通合伙人作为管理者负责基金的运营管理,寻找投资机会、管理投资组合等。典型的 IVC 机构有美国的标杆资本(Benchmark Capital)、日本的软银集团(SoftBank

---

[①] 阿伦·拉奥等著,闫景立等译:《硅谷百年史:伟大的科技创新与创业历程》,人民邮电出版社 2014 年版。
[②] 《全球创投风投行业年度白皮书(2021)》,2021 青岛全球创投风投大会。

Group）、中国的高瓴资本集团等。

CVC 一般为非金融企业设立的独立投资子公司，由母公司提供投资资金，对被选中的企业进行择优培育，长期支持。CVC 的主要目标除了要求财务上的回报，更注重配合母公司的战略发展需要。CVC 母公司希望被投公司可以与自身形成利益关联，从而获取新技术、新产品、新科技信息以增强自身创新能力，或寻求合作以在产品供应、研发、物流、销售等领域达成协同效应。

## 二、交通运输风险投资

一般认为，交通运输新业态包括科技出行（网约车、共享单车、共享汽车等）、自动驾驶、汽车流通、汽车后市场、新能源、智能网联、汽车金融、汽车综合等领域，国内外各个领域的部分代表企业如表 6-2 所示。全球交通新业态出行平台都大量接受了风投公司的融资支持，有些交通出行平台企业自身也创立投资部门或投资子公司通过 CVC 为初创企业融资，以助力自生长型组织架构扩张以及行业生态圈演进。

表 6-2　　　　　　　　　国内外交通出行行业分类

| 领域 | | 简介 | 国内企业例子 | 国外企业例子 |
| --- | --- | --- | --- | --- |
| 科技出行 | 网约车 | 网络预约出租汽车 | 滴滴出行、首约汽车 | Uber、Grab |
| | 共享单车 | 一种分时租赁模式下的新型绿色环保共享经济 | 摩拜单车、哈啰出行 | Bird、Spin |
| | 共享汽车 | 自助式车辆预订、车辆取还、费用结算的汽车分时租赁 | 小二租车、大道用车 | Zipcar |
| 自动驾驶 | | 一种通过电脑系统实现的智能技术，也称无人驾驶，主要发展路径为 V2V 或 V2X | 小马智行、智加科技 | Zoox、Cruise |
| 汽车流通 | | 包含汽车销售、二手车交易、汽车俱乐部、汽车租赁、汽车配件等多类行业 | 乐行科技 | AutoTrader |
| 汽车后市场 | | 汽车销售以后，围绕汽车使用过程中的各种服务 | 共轨之家 | CleanseCar |
| 新能源 | | 采用非常规的车用燃料作为动力来源 | 优移科技 | ChargePoint、Thunder Power |
| 智能网联 | | 即 ICV（intelligent connected vehicle），是指车联网与智能车的有机联合 | 东车智能 | Phiar Technologies |
| 汽车金融 | | 由消费者在购买汽车需要贷款时，可以直接向汽车金融公司申请优惠的支付方式 | 君嘉控股 | 丰田金融、宝马金融 |
| 汽车综合 | | 专注汽车出行领域科创报道与投资价值研究的媒体等 | 亿欧汽车、嘿电 | Electrek |

资料来源：作者自行整理。

从融资总体情况来看，交通新业态是中国风投案例数量和风投金额最为集中的领域之一。2018年我国新出行行业共发生341起融资，总融资达到1873亿元，其中网约车、共享单车、共享汽车等科技出行领域共有84家企业完成融资，占企业总数的28%，融资总额近750亿元；排在第二的自动驾驶融资总额超300亿元，两个领域总融资金额占比超过50%，是风险投资追逐的焦点。① 毕马威发布的2019年第三季《风投脉搏》显示，在亚太区十大交易中，中国内地市场的交通及出行行业占五宗，已成为中国市场风投中最热门的领域。②

在网约车领域，从美国的Uber及Lyft、中国的滴滴出行、东南亚市场中的Grab和GoJek以及印度的Ola这六个估值在10亿美元以上的网约车巨头的融资版图来看，这些网约车"独角兽"或上市公司背后大部分都有诸如软银集团等世界顶尖风投机构，有中国国内排名较高的高瓴资本、中投公司、赛领资本、中国平安和经纬中国等风投，也有来自阿里巴巴、丰田、滴滴等互联网巨头的战略投资部门或具有业务协同性的其他交通相关企业的风险投资。另外，这些网约车巨头们自身也会选择业务协同性较高的汽车后市场和支付业务进行企业风险投资，除此之外投资赛道还包括有共享单车、地图服务、人工智能、运输物流等领域。

## 三、运输业风险投资的特点与局限性

传统的运输业投资主要集中在基础设施占比相对较大的领域，投资特点为资金需求量大、建设和使用周期长、资产专用性强且沉没成本高、投资回报相对较低。因此这类项目投资主体往往以政府为主，而且政府公共投资的经济评价往往以社会净福利为基本标准。但是，由于以网约车和共享单车为代表的"互联网+"新业态依靠发达的信息数据和互联网平台提供服务，因此进入该领域的风险投资体现出鲜明的互联网特征。

"互联网+"运输项目普遍具有资产相对较轻的特点，基本不涉及运输固定设施投资，有些网约车平台，如滴滴出行甚至不涉及车辆固定资产的投资，因此相对进入壁垒较低，被投企业的营业收入高度依赖平台的使用人数和频率，网络效应和马太效应等特点显著。而风险投资希望被投公司尽快实现首次公开募股（即IPO）的目标，使其投资行为存在着相对短期化的局限性。一般风险投资的投资期限预期多为3~5年，即最好能在3~5年内就实现3~5倍回报。

由于风险投资对被投公司短期内提升市场份额极度重视，不但关注平台的订单量，也关注包括点击量、注册量、月活人数、渗透率等的一系列指标，因此在互联网各细分市场发展初期，互联网平台企业的核心竞争策略一般都是尽可能快

---

① 张男：《汽车出行2018年融资汇总》，亿欧企业官网，2019年1月16日。
② 赵萌：《2019年第三季度亚洲风险投资交投增长强劲但总投资额下跌》，中国金融新闻网，2019年12月4日。

地抢占用户、形成市场优势、借此排挤其他竞争者，而这一切往往都依靠大量资金的支持。于是，也就出现了被投公司向平台两侧使用者发放补贴的"烧钱"行为，和互联网平台市场出现"羊毛出在猪身上，由狗买单"的市场现象。无论网约车还是共享单车市场，都在短短几年内经历了诸多企业成立—资本注入市场—企业间进行价格战—资金不足的企业退出市场这样的过程，最后只有少数头部企业才能存留下来并仍旧需要寻找可持续的盈利模式或继续注资。

### 专栏 6-1

#### 亚马逊航空公司（Amazon Air）进入欧洲"只是时间问题"

KFW IPEX-Bank 的一份报告指出，亚马逊在欧洲推出自己的航空公司只是时间问题。

尽管目前有报道指出，亚马逊通过与运营商签约的形式委托其代理自身在欧洲的航空物流业务，而非在美国本土推出自有航空公司。但 KFW 的报告表明，亚马逊希望通过加强对航空网络的控制来降低在欧洲的运输成本。KFW 的报告说："最近几个月，在科隆/波恩和莱比锡/哈勒等德国重要的地点，装有亚马逊包裹的飞机飞行频率已经大大增加。这类似于美国的辛辛那提/北肯塔基机场，亚马逊还利用 DHL 在莱比锡的配送中心，将其发展为自己的运输枢纽。亚马逊不仅将扩展其航空和陆地运输网络，还有可能包括集装箱运输网络，之所以会发生这一变化是两种原因促成的：一方面是亚马逊的业务快速增长，所有部门的业务都以两位数的速度增长；另一方面，北美以外的物流成本太高，亚马逊因为要快速向客户递交商品花费不菲，导致自身的国际业务持续亏损。因此，可以预料亚马逊将逐渐推动自身的物流能力向欧洲渗透，至于 Amazon Air 何时，以及以何种形式进入欧洲只是时间问题。"

这一报告还指出，亚马逊通过在美国运行自己的空运网络而节省了大量资金。Amazon Air 成立后，亚马逊的运输成本在 2018 年同比增长 277 亿美元，但这低于 2017 年 33% 和 2016 年 40% 的增长。

KFW 的报告认为："鉴于亚马逊自身航空运输在节省成本方面的优势，亚马逊会继续扩展其在这一领域的业务。例如，与使用集成商相比，自身的交付业务节省了约 30% 的成本。与传统的供应链形式相比，这种直飞模式效率更高，并且其内部处理的数据都可以用于进一步优化流程。目前亚马逊是位于 DHL、UPS 和 FedEx 的第四大货运航空公司。到 2021 年，其机队规模预计将达 70 架飞机，而辛辛那提枢纽将拥有足以容纳 100 架飞机的空间。"

但该银行还对 DHL 发出警告："亚马逊一方面使这家位于波恩的公司承受极大的价格压力，另一方面，由于 DHL 快递的亏损，DHL 快递部门的销售与美国相似正在下降，而且整个部门市场下降额应远远超过官方承认的 1%~2%"。

资料来源：《航空货运新闻（Air Cargo News）》，2020 年 1 月 20 日。

> **专栏 6-2**
>
> **风险资本对网约车行业的影响**
>
> 2010年，Uber（优步）在旧金山推出通过手机App叫车的服务，这一模式迅速得到市场认可。同年10月，Uber得到了125万美元的风险投资。在中国，曾经专注于高端商务用车的易到用车，也推出自己的线上用车服务，并在2011年获得天使轮投资。
>
> 打车软件方便了群众出行，降低了司机的空驶率，这种商业模式上的创新，很快得到市场的高度关注，大量打车软件如雨后春笋般出现。2012年，摇摇招车、拼豆出行、滴滴打车、快的打车、嘟嘟叫车等一批软件快速上线。与其他交通类创业公司不同，大多数打车软件的创始团队成员，以互联网行业从业人员为主，而他们敢于进入陌生领域参与竞争，与风险资本的支持密不可分。
>
> 2013年5月，正式上线的出行软件达到40多款。为了在激烈竞争中胜出，网约车平台通过在乘客端发放优惠券、在司机端提供多种奖励方案，因此出现了中国互联网历史上最"血腥"的补贴战争。补贴大战白热化阶段，滴滴每天的亏损高达4000万元。仅滴滴和快的两家公司在补贴大战中就投入了二三十亿元。在资本的推动下，一方面以滴滴出行、快的出行为代表的平台快速成长为行业的领军者；另一方面大量中小平台，还没有来得及经历成长就走向了覆灭。互联网出行平台依托资本进行的竞争，就像一场花钱竞赛，不能坚持的只能被淘汰出局。
>
> 资本不仅主导了网约车行业的初创期，也对行业的成长期产生了深刻的影响。随着一轮轮融资的推进，滴滴、快的、优步占据了网约车市场的主要份额，而那些利益相关的共同投资者出于避免自伤目的，迅速推动了三者之间的合并。2015年2月，滴滴和快的宣布战略合并。2016年8月，滴滴出行宣布与Uber全球达成战略协议，通过换股等方式收购后者在中国的业务。至此，滴滴出行成为中国市场占据绝对优势地位的网约车平台，自此市场格局一直没有发生大的变化。
>
> 但天下没有免费的午餐。资本促成了网约车平台的快速成长，而风险资本的动机主要是通过并购重组、上市等途径退出盈利。这就倒逼网约车平台企业需要尽快实现上市等目标，这可能会影响平台企业的运营决策。近期监管部门多次采取行动防止平台企业为了经济利益损害社会利益。而松懈安全意识、不当收集或泄露出行者信息、利用大数据杀熟、急于上市等问题，也成为网约车平台必须慎重予以避免的问题。
>
> 资料来源：赵新培：《网约车重演补贴大战》，载于《北京青年报》2018年1月4日；姚隽懿：《网约车巨头投融资版图：汽车后市场和支付行业受青睐》，投中网，2019年8月21日。

交通运输部部长李小鹏谈网约车：安全是政府和企业必须遵守的底线

### 本章思考题

[1] 分析私人投资移动载运工具与分析其投资于固定运输设施在方法上有哪些异同？

[2] 国际航运市场不景气的时候，可以看到有些航运公司出售自己已经变得多余的船只，而另一些航运公司则乘机低价购入以扩大自己的船队，试分析这两种行为的动机。

[3] 某海运公司打算增购一只价值8000万元的货轮，预计使用寿命为30年，每年可为公司赢利500万元，试用折现值法分析银行利率分别是5%和8%情况下，该海运公司的投资决策。

[4] 根据某实际交通运输企业的三大财务报表（资产负债表、利润表、现金流量表），分析该公司EBITDA相关指标变化与其债务负担程度的关系。

[5] 举例说明运输业私人投资与公共投资的评价方法有哪些异同？

[6] 简述公共物品、经济效益、社会净福利、消费者剩余和生产者剩余的概念以及相互之间的关系。

[7] 为什么要推进交通运输领域的公私合作，公私合作与私有化是什么关系？

[8] 试对比分析英吉利海峡隧道和中国台湾地区高铁两个BOT项目在建设主体、投融资模式及债务承担等方面的异同与教训。

[9] 分析一个具体航空公司分别以租赁和购买方式添置新飞机的得与失。

[10] 关注近10年国内外交通运输风险投资的主要案例和动态。

[11] 为有效降低债务风险，盘活存量资产，促进运输业高质量发展，我国近年在基础设施领域开展公募REITs试点。试分析基础设施REITs的主要特点和适用范围。

# 第七章

# 运输价格

第七章
讲义视频

**本章总体要求**

了解运价的主要分类标准、主要类别与支付方式；理解按距离别和客货运类别的运价基本结构；掌握各种运输方式具有的多种运价形式与异同；领会经济学一般价格原理与运输价格特殊性的关系；理解主要的运价理论及其解释力与局限性；熟练掌握使运输活动有效的定价原则，以及有效率运输定价理论在具体领域的应用；了解改革开放以来我国运输价格领域改革的趋势。

**本章主要内容**

- 运输价格的主要类别、运价形式及运价在运输市场和国民经济中的作用。
- 根据竞争程度将运输价格分为市场调节价、政府指导价和政府定价的意义。
- 按距离别以及按货种别或客运类别的两种差别运价基本结构的意义。
- 用运价工具解决各种货物的比重和对货车载重力利用程度不同的矛盾。
- 以成本为基础、按负担能力和使运输活动有效等主要运输价格定价原理。
- 运价＝短期边际成本和对运输服务的总支付意愿≥所用资源的机会成本两个运输效率定价原则。
- 运输效率定价理论在重空运输方向定价、拥堵收费、固定运输成本分摊等领域的应用。

## 第一节 运价的基本分类与结构

### 一、运价的分类

运价根据不同的要求，有以下几种划分方法：

（1）按运输对象可以划分为客运运价（或票价）、货物运价和行李包裹运价。

（2）按运输方式可以划分为铁路运价、公路运价、水运运价（包括长江运价、地方内河运价、沿海海运运价和远洋运价）、航空运价、管道运价和当货物或旅客位移是由几种运输方式联合完成时在各种运输方式运价基础上形成的联运运价。

（3）按运价适用的地区可以划分为适用于国际运输线路、航线的国际运价、适用于国内旅客和货物运输的国内运价和适用于某一地区的地方运价。

（4）按运价适用的范围可以划分为普通运价、特定运价和优待运价等。普通运价是运价的基本形式，如铁路有适用于全国正式营业线路的全国各地统一运价，其他运输方式也有普通运价这种形式。特定运价是普通运价的补充形式，适用于一定货物、一定车型、一定地区、一定线路和航线等。优待运价属于优待减价性质，例如客票中有减价的小孩票、学生票，也有季节性的优惠票。货运优待运价适用于某些部门或有专门用途的货物，以及适用于回空方向运输的货物等。

（5）按照货物托运数量可以划分为整车、零担和集装箱运价。整车运价适用于一批重量、体积或形状需要以一辆货车或卡车装载，按整车托运的货物。通常有两种计费形式：一是按吨计费，二是按车计费。大多数国家采用按吨计费，也有一些国家按车计费。零担运价适用于每批不够整车条件运输，而按零担托运的货物。一般来说，由于零担货物批量小，到站分散，货物种类繁多，在运输中需要比整车花费较多的支出，所以同一品名的零担运价要比整车运价高得多。集装箱运价适用于使用集装箱运送的货物。

（6）按照运输市场竞争性和价格管理放开程度，我国运输价格分为市场调节价、政府指导价和政府定价。《中华人民共和国价格法》要求，"实行并逐步完善宏观经济调控下主要由市场形成价格的机制，大多数商品和服务价格实行市场调节价，极少数商品和服务价格实行政府指导价或者政府定价"。其中，市场调节价是指由经营者自主制定，通过市场竞争形成的价格；政府指导价是指由政府价格主管部门或者其他有关部门，按照定价权限和范围规定基准价及其浮动幅度，指导经营者制定的价格；政府定价是指由政府价格主管部门或者其他有关部门，按照定价权限和范围制定的价格。历史上各国都曾有过政府严格控制运价的时期，但目前实行市场调节价的运输价格已经越来越多。

（7）按照运费的支付方式可以划分为预付运费和到付运费。预付运费是出行者、货主或发货人在签约时或运输活动正式开始之前就要提前把运费支付给承运人。这种支付方式使出行者和货主承担相应风险。到付运费是客户在运输活动完成之后才把运费支付给承运人。这种支付方式使承运人承担更多风险。

## 二、运价结构

运价结构主要可以分为按距离别的差别运价结构以及按货种别和客运类别的差别运价结构两种形式，也可以说各类运输价格主要是按照这两种结构形式形成的。

### （一）按距离别的差别运价结构

运输费用是随着运输距离的延长而增加的，按距离远近制定运价是最简单也是最基本的运价结构形式。

如果完全按距离远近成比例地制定运价，若一吨货物运输 1 公里运价是 5 分，那么运输 100 公里就是 5 元，运输 1000 公里就是 50 元，即运价与距离成正比例变化。但实际中并不是完全按这一原则定价，绝大多数距离运价是按递远递减原则制定的，即运价随着距离增加而增加，但不如距离增加的快。换言之，虽然运价总额长距离比短距离多，但每公里运价则是短距离时较高而长距离时较低。这样的例子在实际中是完全可能的：一吨货物运输距离在 100 公里以内时运价都是 7 元，运输 200 公里是 10 元，300 公里是 13 元，400 公里只有 15 元。之所以不使运价随着距离成正比例增加，主要原因可以归结到运输成本的变化是递远递减的，即单位运输成本是随着运输距离的延长而逐渐降低的。运输支出按三项作业过程可以分为发到作业支出、运行作业支出和中转作业支出，运输距离增加，虽然运输总支出会随着增加，但是其中成比例增加的只是与运行作业有关的支出和中转作业支出，而始发和终到作业支出是不变的。因此，运输距离长时，分摊到单位运输成本中的始发和终到作业费用较少，因而运输成本低。相反，如果运输距离短，分摊到单位运输成本中的始发和终到作业费用较多，成本就高。运输成本结构的这种变化是实行运价递远递减的基础。

国外的距离运价结构中还有成组运价结构和基点运价结构。成组运价结构是将某一区域内的所有发送站或到达站集合成组，所有在一个组内的各点都适用同一运价，也被称为区域共同运价。基点运价是把某一到达站作为基点，并制定基点运价，运费总额是从发站到基点的运费加上从基点到终点站的运费。这两种运价结构显然也是以距离运价为基础的。此外也有人探讨和使用过邮票式的运价结构，即运价不随距离变动，但这只能在比较少和相当特殊的情况下适用，而且邮票本身也是有距离意义的，市内、外地以及国际邮费之间有很大差别。

### （二）按货种别和客运类别的差别运价结构

按货种别的差别运价系统是指不同的货物，适用高低不同的运价。实行按货种别的差别运价的依据在于各种货物的运输价值或运输成本客观上存在着差异，同时按照运价政策和运输供求的需要，个别货物的运价和运输价值可以有不同程度的背离。

影响各种货物运输成本的主要因素是：

（1）各种货物的性质和状态不同，需要使用不同类型的车辆或货舱装载，如散堆装货物使用敞车或砂石车装载，贵重品、怕湿货物和危险品需用棚车，石油、液体货物需用罐车，易腐货物需用冷藏车，某些货物需用专用车等。而各种车辆的自重、造价、修理费和折旧费不同，车辆的代用程度也不同，从而对运输成本有不同的影响。

（2）各种货物的比重和包装状态不同，对货车载重力的利用程度不同。重质货物在整车运送时可以达到货车标记载重量；而轻质货物单位体积的重量低，占用车辆容积大，不能充分利用车辆载重力，而且同种轻质货物对车辆载力的利用程度，还因包装状态和包装方法而有差别。因此，完成同等周转量的不同货物所占用的运输能力和所花费的支出可能不相等。

（3）由于货物性质和所使用的车辆类型不同，装卸作业的难易程度不同。车辆停留时间长短不一，货流的集中程度对运输成本也有影响，例如煤炭、矿石、砂石料等大宗货物，发送和到达比较集中，便于组织运输。而有些货物，如活牲畜不仅需要特殊的车辆，而且需要提供特殊服务和设施，这都会使运输成本提高。

因此在制定运价时要根据不同类别的货物制定相应的运价。按货种别的差别运价是通过货物分类和确定级差来体现的。在我国现行运价制度中，铁路采用分号制，水运和公路采用分级制，即将货物运价分成若干号或若干级别，每个运价号或级别都规定一个基本运价率，各种货物根据按其运输成本和国家政策的要求，分别纳入适当的运价号或运价级别。

同一运输方式内不同客运类别所需要的设备、设施，占用的运输能力及消耗的运输成本也是有很大差别的，例如客船上的一、二等舱与四、五等舱之间，飞机上的头等舱与经济舱之间，火车上的软卧包厢与硬座车厢之间，普通客车与特快列车之间，就有很大差别，旅客的舒适程度和旅行速度也不同。客运运价当然应该根据这些类别的不同而有差别。例如我国铁路客票就分为普通客票、加快客票（普快、特快）和卧铺票（硬卧、软卧）等。

### 三、不同运输方式的运价

根据以上的运价分类和运价结构的分析，在实际运用中，为了适用各种需求和各种特殊情况等，各种运输方式都有多种运价形式来满足不同的需要。

#### （一）铁路运价

（1）统一运价。这是铁路运价的主要形式，适用于全国各个地区，实行按距离别、货种别的差别运价。

（2）特定运价。除上述统一运价外，根据运价政策，对按特定运输条件办理，或在特定的地区、线路运输的货物，规定特定运价，对于提高服务水平和改善服务质量如客运空调列车、货运快运等实行优质优价。特定运价一般按普通运价减成或加成，也可另定，它是统一运价的补充，可以因时因地因货制宜。

（3）浮动运价。对于不同季节、忙闲不均的线路根据不同的情况实行不同的运价。

（4）地方铁路运价。为了鼓励地方修路的积极性，允许地方铁路采用单独的运价。

（5）新路新价。对于新建的铁路线路，进行复线或电气化改造的铁路线路，实行新路新价，一般高于统一运价的水平。

（6）合同运价。也称协议运价，其运价水平由货主和承运者双方根据运输市场供求关系及各自的利益协商认定，国外采取这种运价的运输企业比较多。

### （二）公路运价

（1）计程运价。按整车运输和零担运输分别计算，整车运输以吨公里、零担运输以公斤公里为单位计价。

（2）计时运价。以吨位小时为单位计价，适用于特大型汽车或挂车以及计时包车运输的货物。

（3）短途运价。适用于短途运输的货物，按递近递增原则采取里程分段或基本运价加吨次费的办法计算。

（4）加成运价。对于以下条件运输实行加成运价：一些专项物资、非营运线路单程货物运输、特殊条件下运输的货物、特种货物等。

### （三）水运运价

国内水运运价包括以下三种：

（1）里程运价。又称航区运价，适用于同一航区各港间不同货种、不同运距而规定的差别运价。

（2）航线运价。适用于某两个港口之间的直达货物运价。

（3）联运运价。适用于水陆联运、水水联运等运输的货物运价，一般分别按铁路、公路和水路各区段的运价并以统一规定的减免率进行计价。

国际水运运价可分为以下三种：

（1）班轮运价。远洋运输的班轮运价采取级差运价和航线运价相结合的运价。班轮运输是按照轮船公司或班轮公会制定并事先公布的运价和计费规则计收费用的。

（2）航次租船运价。按照船舶所有人和承租人之间在租船合同中约定的运价和装运货物数量计算运费的，有时也以一个运费总额包干。航次租船运价取决于租船市场上运力的供给和需求关系，而其升降幅度则受货物对运费的负担能力和运输成本的限制。

### （四）航空运价

航空货物运价分为国内和国际货物运价，国际货物运价又分为普通货物运价、特种货物运价、专门货物运价、集装箱货物运价等几种形式。航空客运运价一般有：

（1）普通票价。按距离别制定的基本票价。同一航班上会有不同等级的普通票价，如头等舱票价、公务舱票价、特种经济舱票价、经济舱票价等。

（2）浮动票价。根据不同季节、线路而在普通票价的基础上加减成。为了鼓励旅客乘坐飞机，航空公司通常会推出旅游淡季往返票价、优待折扣票价等。

(3) 包机票价。开行包机所实行的客运票价。

### （五）城市交通运价

城市交通运价通常包括公共汽电车票价、地铁及轨道交通票价、出租车及网约车、共享单车等的使用价格、停车费、过路费、拥堵收费等，也包括城市货运与配送收费。

### （六）运价附加费

除了正式的运价，乘客和货主往往还需要在运输合同内外承担各种附加费用，这些费用其实也是由于出行或运货活动所引起的。这里仅列举一些常见的运输附加费用：保险费、政府基金性收费（如机场建设费、铁路建设基金等）、装卸费、车辆清洗费或洗舱费、货物逾期保管费、水运的港口使用费、引水费和拖轮费、运河通行费、速遣费和船员航行津贴等。

## 第二节 运价原理

经济学一般主张商品的均衡价格决定于市场供给曲线和需求曲线的交点处，以及价格应该等于所提供产品或服务的机会成本，但关于运输价格曾经有过不同的理论分析和实践总结。我们在这里分别进行介绍。

### 一、以成本为基础定价

成本是运输价格及运输价值的重要组成部分。运输价值是运输价格的基础，运价总是以运输产品中凝结着的物化劳动和活劳动为基础上下波动。由于运输产品的价值量在实际中难以准确确定，因此往往只能采用间接的方法代替，一般是首先计算运输产品的必要劳动消耗，即运输成本，并在运输成本的基础上加成一部分利润以制定运价。运价中利润的确定方法有多种，包括以工资为基础计算、以完全成本为基础计算、以所占用资金为基础计算和其他复合型计算。

以工资为基础计算利润的运价是按平均工资盈利率来确定，即：

$$运价 = 运输成本 + 运输业职工的工资 \times 平均工资利润率 \qquad (7-1)$$

以完全成本为基础计算利润的运价是按成本盈利率制定价格，即：

$$运价 = 运输成本 + 运输成本 \times 社会平均成本盈利率 \qquad (7-2)$$

以所占用资金为基础计算利润的运价，则以资金利润率来确定，即：

$$运价 = 运输成本 + 单位运输产品占用资金量 \times 社会平均资金利润率$$

$$(7-3)$$

复合型的运价定价则主张综合考虑工资、成本和资金等的利润率来确定价格。采用成本加成方法制定运价，方法简便，但其缺陷也是明显的。因为如果成本越高价格定得越高，就可能造成为高定价而乱增成本，价格中的利润率一般也是由政府人为确定的，有可能使所制定的运价水平背离运输价值，不符合运输市场上的供求关系。

西方国家在运输管制中所实行的运价政策也大都是以成本为基础确定运价水平，一方面要求相对准确地计算成本，另一方面也是要确定公正的报酬率（fair rate of return）。其中一种采用典型的投资回报率模型，公式是：

$$p = c + s \cdot \frac{RB}{Q} \qquad (7-4)$$

式（7-4）中 p 为价格，c 为单位成本，s 为政府规定的投资回报率，RB 为企业的投资总额，Q 为运输量。但实际上无论是政府规定投资回报率还是确定合理的投资总额，都存在着较大的人为因素，而且会导致被管制企业倾向于过度使用资本和缺乏效率的高成本产出，即产生所谓的 A-J 低效率。管制改革以后，英国伯明翰大学的李特查尔德提出基于激励机制的 PRI-X 价格管制模型，其公式为：

$$p_t = p_{t-1} \cdot (1 + PRI - X) \qquad (7-5)$$

式（7-5）中 $p_t$ 为 t 时期所允许的最高运价，$p_{t-1}$ 为上一期实际运价，PRI 为社会通货膨胀率，X 为一段时期内产业生产效率应有的提升百分比。该价格管制模型意味着，被管制企业在当前时期的运价水平取决于 PRI 与 X 的相对值，只要产业生产效率应有的增长百分比 X 大于零，价格的上涨幅度就要低于社会零售物价的上涨幅度。实际上是要求被监管企业主动控制以至降低价格，而企业要想获得更多利润，就必须努力降低成本并使自己的实际生产效率提升值高于政府规定的产业生产效率提升值。PRI-X 模型被认为是一个对企业有激励作用的价格管制工具。

## 二、按负担能力定价

西方运输界还长期存在着"按负担能力收费"的观点和做法，即以货物的运费负担能力为依据，高价值货物制定较高运价，低价值货物制定较低运价。负担能力主张的核心是以对运输的需求而不是以运输成本为基础。高价货物实行高运价的原因是价值高的货物负担高运价能力较大，高价值货物运价虽高，但其承受能力大，运价在商品总价值中所占的比重往往低于低价商品价值中运价所占的比重，因此运价对于高价值货物价格的影响反而较低。当然还有一个原因是运输高价值货物比运输低价值货物对运输条件要求高，运输者责任更大些。

有观点认为实行按货物负担能力收费，低等货物实际是受了高等货物高运价的补助，这对于货主来说是不公平的。此外，运输业者对每种运输都尽可能收取最高的运费，获取高额利润，从而侵犯了公众的利益。实际上属于价格歧视的按负担能力制定运价虽然存在一定争议，但毕竟也有其存在的理由。尽管在运输市场上供给方都希望按负担能力对高价货物多收费，但竞争力量对此有制约作用，运价过高就会失去市场。

## 三、追求效率的定价

### （一）运价应该支持效率

有学者认为效率显然应该是制定运价的首要原则，因为这对于资源的有效配置至关重要。而且运价制定与运输业投资是两个紧密相连的问题：由投资形成的运输设施在某种程度上决定了使用该设施所需要支付的价格，而使用者愿意的支付价格又在某种程度上决定了这些运输设施在何时以及何地建设。很多经济活动中的无效率都与价格水平的不适当有关。价格是同时引导消费者和供给者的最有效信号：过低的价格会导致某些产品或服务的需求过于旺盛，但生产者却没有兴趣增加供给；而过高的价格又会引起生产者在缺少足够社会需求的产品或服务上投入过多资源。此原理在运输市场是完全适用的。

一个好的运价结构应该是鼓励运输消费者和生产者有效利用其所得到的资源。如果一家公路运输公司的运营活动导致了过多的车辆空驶，那肯定存在着无效率；如果车辆的维修工作实际只需要 40 个修理工，但公司却雇用了 50 个，那肯定也浪费了资源。经济效率原则的重要性在于，它可以使人们在给定土地、劳动力和资本等资源数量下取得最大的社会福利。运输活动中的经济效率原则不只适用于减少空车行驶，频繁发生的交通堵塞就是造成人力与资本严重浪费的明显例子，而交通堵塞产生于对拥挤道路的过度需求。如果人与车辆不是在阻塞的道路上一再耽搁，这些人和耗费掉的资源完全可以在其他领域或用途中产生出更大的社会福利。

效率原则认为，对某一特殊产品或服务愿意支付最高价格的人可以享有消费的优先权。而大家都知道消费者的支付意愿与其收入水平有关，那么这一标准会不会因为有偏袒富有人群之嫌，因而引起人们的不满呢？经济学家认为社会生活中确实存在收入分配的不平等，但导致这一现象的原因是多方面的，因此也不能仅仅依靠某一个部门例如运输业的价格制定去扭转这种情况。在市场经济中，是价格决定生产哪些产品或服务和由谁来消费这些产品或服务，因此要运输业偏离经济效率原则而遵循与其他部门或行业完全不同的价格制定标准，显然是不合理的。社会分配不平等问题的解决应该通过税收对工资、租金、利息和利润等进行调节，而不是依靠扭曲运输价格去解决；否则，不但手段和工具用错了，无效率的引入还会导致在运输业和社会生活中产生一系列新问题。

为了实现资源的有效利用，价格应该等于所提供产品或服务的机会成本，对于运输价格也是如此。例如，重型卡车行驶时对道路的损坏较大，因此就应该对它们收取较大的费用，以便让那些卡车为道路的维修承担责任。又如，小汽车从 A 地到 B 地的机会成本是 10 美元，但是如果驾车者仅需要支付 5 美元，那么驾车者们就会得到有关资源稀缺的错误信息，即他们的驾车成本只有 5 美元，但实际上被占用的社会资源却价值 10 美元。在该两地之间的车流中，有些驾车者其实愿意为他们的出行支付 10 美元，如果剥夺他们的这一出行机会，损失会更大；而另一些驾车者的支付意愿可能是在 5~10 美元之间，如果需要支付 10 美元全额，他们就会放弃这次出行，但现在只需付 5 美元，所以他们还是开车上路了。后一部分驾车者实际上浪费了社会资源，因为他们的出行决策是在 5 美元的价格上做出的，如果价格正确，这些人就可能不出行或会选择其他交通方式，而社会资源就会节省，道路上的拥挤程度也不会那么厉害。

### （二）使运输活动有效的定价原则

要实现经济的有效性，必须在满足某项服务的收费等于使用者短期边际成本的同时，对其的总支付意愿也要大于或等于所用资源的机会成本这两项条件。其中第一个条件是决定由对使用效用评价足够大的那些用户获得使用的优先权；第二个条件是决定从社会总的角度看，哪些设施应该予以建设或保留，哪些则应该放弃。也就是说，使运输活动经济效率最大化的定价原则有两个。其一是：

$$运价 = 短期边际成本 \qquad (7-6)$$

或者说价格应该等于做出每一次位移或出行决策的短期边际成本。做出每一次位移或出行决策的机会成本被称为短期边际成本，其之所以称为短期，是因为在做出决策之前，运输基础设施已经建成，或者车辆已经配置好了。但式 (7-6) 只提供了使社会福利最大化的一半条件，另一半条件是对接受某项运输服务的所有客户而言：

$$总的支付意愿 \geq 所用资源的机会成本 \qquad (7-7)$$

我们已经知道，对于某项运输服务，所有客户总的支付意愿与提供该服务所用资源的机会成本之差，应该是社会剩余（或社会净福利，即消费者剩余与生产者剩余之和）。因此，式 (7-7) 所表明的社会福利最大化的第二个条件是要求提供某项运输服务的社会剩余不能为负值。

图 7-1 是上述运价效率原则。图中横轴代表某种交通运输服务量，纵轴代表运输成本和价格，那条向右下方倾斜的是运输需求曲线 D，AVC 是运输厂商的平均变动成本曲线，ATC 是其平均总成本曲线，MC 是其边际成本曲线。图中需求曲线 D 与运输厂商的短期边际成本曲线 MC 相交于 E 点，它所决定的均衡价格和供求数量分别为 $p^*$ 和 $q^*$。先看对于运输活动经济效率最大化的定价原则之一，即运价 = 短期边际成本的条件，图 7-1 显然是满足的，而且运价水平也高于厂商的平均变动成本。至于短期边际成本是个体的还是社会的，还可以讨论，我们在后面分析交通运输负外部性的时候会涉及。当然，如果出现不能按照运价 = 短期边际成本的条件定价，特别是市场运价水平低于 A，即收入无法覆盖厂商平均变动成本的情况，该厂商的运营将属于在短期内都难以维持的糟糕状况。

再看对于运输活动经济效率最大化的定价原则之二，即总的支付意愿 ≥ 所用资源的机会成本的条件，对该运输服务的总意愿支付在理论上是需求曲线以下的部分，在图 7-1 上表示是 $0GEq^*$ 所包围的面积，其中包括消费者剩余是 $p^*GE p^*$ 部分，和厂商的收入 $0P^*Eq^*$ 部分；由于在均衡数量上的厂商总成本是 $0BCq^*$

所包围的面积，而价格水平低于平均总成本造成亏损，亏损额是 $p^*$BCE 部分，导致没有形成生产者剩余。由图中各部分面积之间的关系可以看出，消费者剩余的面积要大于厂商的亏损，因此，总的支付意愿≥所用资源的机会成本的条件还是得到了满足。

图 7-1 运价效率原则

应该注意的是，在图 7-1 中由于消费者剩余要大于厂商亏损，因此总的支付意愿≥所用资源的机会成本的条件在理论上得到了满足。但在实践中能否将消费者剩余，或者该运输服务的正外部性成功内部化，使得所用资源的总成本真正得以补偿，还是存在很大难度的任务。在比较理想的情况下，运输企业最好能通过运输收入完全弥补自己的全部成本，甚至获得一定利润；运输收入不能完全覆盖全部成本，能通过多种经营包括 TOD 开发取得收益弥补运输亏损也很好；再不行，就应该由政府提供财政资金以补贴亏损。也就是说，这里所讨论的"运输服务的总支付意愿"包括企业多种经营和政府补贴等多种途径，通过算总账能使运输服务的提供保持财务可持续状态。

此外，上述某项运输服务的运价等于短期边际成本的同时，对其的总支付意愿也要大于或等于所用资源的机会成本，这两个条件同时得到满足还必须考虑时间因素。也就是说，交通运输项目在可预见未来的收益与成本都应该进行折现以保证可持续性。特别是，上述第二个条件的更一般表示为：

$$\text{总支付意愿的折现值} \geq \text{所用资源机会成本的折现值} \tag{7-8}$$

如果条件不能满足，运输服务的提供可能就是不可持续的。在图 7-1 中，尽管按照运输服务的全成本核算是亏损的，但是否应该继续固定运输设施运营的经济决定，应该是对比经营者的收益 $0p^*Eq^*$ 与消费者剩余 $p^*$GE 之和是否大于维持该设施的机会成本，而私营公司考虑的往往却是其收益 $0p^*Eq^*$ 是否大于其经营成本 $0BCq^*$。私营企业的经营决策在很多时候是以财务成本而不是以机会成本为基础的，这中间的主要差别是是否考虑沉淀成本。这可以理解，因为经营者在开始时往往是靠贷款开办运输业务的，固定设施形成以后即使已经成为沉淀成本，但贷款还是要偿还的。而政府由于不是仅仅以经营收支为基础来做出经营是否有利的判断，因此往往不会轻易做出放弃已有基础设施的决策。但政府有责任尽可能提供使运输企业能够以收抵支正常运营的条件，帮助企业实现财务可持续。

## 第三节　有效率运输定价的应用

### 一、重空方向的运费

运输业者往往需要载运工具在完成运输任务后回到起始时的位置，而实际的运输业务却往往只是单程的。货物一般绝不会再由原车载回；旅客多会需要返回其旅行的原起始地，但却存在一个时间差，例如上下班通勤往返的时间差是从早晨到傍晚。因此，运输需求在方向上的不平衡会引起如何在满载方向与回程方向分配运输成本的问题，这也需要用有效的运价来解决。[①]

这里以甲乙两港口之间的集装箱海运为例，假定甲到乙是主要货运方向，货物是计算机零部件，而乙到甲的返程货物主要是废旧纸，分析过程如图7-2所示。图中横轴表示两地之间集装箱航班的数量，纵轴是每个航程的运价；$D_{main}$和$D_{back}$分别是主要运输方向和返程方向的运输需求曲线，由于返程方向的货物可以利用主要运输方向货物卸空后的轮船舱位，因此可以把这两条需求曲线在纵方向上叠加成为对集装箱轮循环往返的总运输需求曲线$D_{total}$；图7-2中还有一条表示一个循环周期船舶租金加运营费用的水平直线，这条船舶使用的机会成本曲线也可以看做甲乙两地之间的运输供给曲线。由前文我们已经知道，形成载运工具一次循环的两个航程是联合产品，因为满载方向的运输不可避免会引起船舶回程的需要。图中总需求曲线上有一个拐点，该点对应着回程方向运价为零时的运输需求量，即$q^*$；当航班数量少于$q^*$时，两个运输方向都有为正值的运价水平。

图7-2　某航线主要货运方向与返程供求均衡

---

[①] 本节内容参考了 Kenneth D. Boyer, Principles of transportation economics, 1997。

在图 7-2 中，航行次数的均衡数量是 $x^*$，它是由甲到乙主要运输方向上的运价水平 $P_{main}$ 和乙到甲返程方向上的运价水平 $P_{back}$ 共同决定的。在这一均衡水平的运价和航行次数，使主要运输方向的客户需求在他们愿意接受的运价上得到满足，回程方向的客户需求也是在他们可以接受的运价上得到满足。在竞争性的航运市场上，市场力量会自动地使主要运输方向的运费水平高于返程方向。这是有效率的运价。因为如果返程方向上的运价水平被拉到与主要方向相同，就会出现空返增加和运力浪费的情况。

当然在现实中返程运量不足的情况也是很常见的，我们用图 7-3 继续进行分析。图 7-3 与图 7-2 的区别是返程运量很小，该方向运输需求小到回程方向运价为零时其运输需求量 $q^*$ 仍小于航班的均衡数量 $x^*$。在图 7-3 中我们看到运输量不平衡，返程船只多数不能满载，有些甚至只能空返。这种情况一旦出现，那么船只一个循环的全程成本都需要由主要运输方向来承担，而不管回程方向是否搭载了部分货物。这种定价方法被称作"重载方向定价"（peak-load pricing）。由于多个承运人会竞相压低运价以承揽那些数量有限的回程货物，因此回程运价只能定得很低，这时候对航运公司来说运价再低也比空返更合算。

图 7-3 返程需求不足情况下的均衡

人们还可以举出城市轨道交通每天都会有两次运输高峰期的例子，其运量在方向上也明显地出现不平衡，早上是从市郊住宅区到市中心工作的客流，下午则是从市中心返回市郊住宅区的客流，一些城市的轨道客运公司就自然地让重车方向的乘客票价能够同时抵偿重空车两个方向的成本。又如，计程出租车对某些前往偏远地点的乘客也会加收回程车费。

## 二、拥堵收费

当交通运输发生拥堵的时候，运营成本就会随着使用者的增加而迅速上升。在这种情况下，有效的运价应该是实行拥堵收费（congestion toll）。接触过微观经济学的人都熟悉在超过某一数量之后迅速上升的边际成本曲线。经济学对边际成本曲线上升的解释是，在每一个短期的生产规模下，当产量超过某一点后，变动投入要素就会在固定要素的限制下发生拥堵现象，于是效率下降、成本上升。这一解释对运输活动同样适用。前面已经讨论过公路上车的数量不应超过合理水平，否则车越多车速越慢，成本上升也越快。有效率运价要求每一位道路的使用者都支付由其引起的边际成本。这意味着除了支付燃油费、维护费、车辆折旧和自己驾车时间的成本，新加入的驾车者还应该承担他所引起的其他驾车人的时间损失。这种损失并不是公路部门的实际花费，而是由于车速降低给社会带来的。拥挤收费可以抑制对道路的需求，因此能够减少车流量，提高车速，节约驾车人的时间。

图 7-4 是在拥堵道路上征收拥堵费用的示意图。图中平均变动成本曲线 AVC 是根据汇总所有汽车的直接运行成本和时间成本，再除以车辆总数得出的。当发生拥堵时，车辆行驶速度放慢，平均变动运行成本开始上升，但平均成本曲线的位置低于上升更快的边际成本曲线 MC。在不考虑拥挤收费的情况下，对每位驾车人而言价格就是图 7-4 中需求曲线 D 与平均变动成本曲线 AVC 交点 E 所决定的 p'，该价格对应的交通量是 q'。q' 交通量大于最优的交通量 $q^*$，这说明由于驾车人没有按照边际成本支付价格，因此产生了无效率，导致过多资源投入而引起的拥堵。如果对驾车人征收相当于图 7-4 中 FC 的拥堵费用，就可以把车辆数减少到 $q^*$ 的水平。这时候的价格等于平均运行成本与拥堵费用之和，在这种交通量水平上，车辆的行驶速度可以大大加快。

图 7-4　拥挤收费

在所有驾车人中，那些对自己时间价值估计最低的人，对交通拥堵的损失估计也最低，也最不愿意支付拥堵费用；而在不征收拥挤收费的情况下，这些人实际上又是最不怕堵在道路上的那些人。一旦开始征收拥堵费用，对时间价值估计较低的人就会因选择不交费而放弃在道路上占据空间，留下的那些认为快速驾驶十分重要的人则能更有效率地使用道路。关于道路拥堵收费可能恰恰损害了低收入者，即最没有能力支付这种费用的人群的问题，有学者提出这并不难解决。其中一个简单的办法是，每月向每一位有执照的驾车者发放一张价值100美元的道路通行卡。这样，需要在拥堵时间使用道路的低收入者就没有增加支出；而通行卡又允许出售，那些收入低同时又愿意放弃在拥堵时间使用道路的人还可以出售该卡，结果是增加了他们的收入。

道路拥堵现象正在世界各地的大城市愈演愈烈，而增建道路在很多情况下被证明不是解决问题的真正途径。城市交通问题的严重压力，包括拥挤所带来的噪声、空气污染和时间浪费等，将迫使人们采取各种措施，甚至有专家断言道路拥堵收费可能是最有效的办法。

### 三、固定设施成本的分摊

运输设施所需要的投资数量巨大、回收周期长，尽管有政府参与的必要，我们还是需要研究如何利用资本市场为运输基础设施筹集基金，具体来说就是研究固定设施成本如何在不同运输使用者之间进行合理分摊。几乎所有的运输基础设施都是由很多使用者共同利用的：卡车和小汽车共同使用公路，客机和货机共同使用机场，客运列车和货运列车共同使用铁路，而货运列车上又装载着不同货主的货物等，为运输固定设施制定价格常常被认为就是其成本的分摊问题。那么每一个或每一组使用者应该分摊到多少固定设施成本呢？以下不同方法有各自的适用范围及局限性。

#### （一）均摊法

"均摊法"（the fully-allocated cost standard）是一种最简单的平均计算方法，像把全年用于公路的所有开支总额除以上路的车辆总数。例如，美国1995年公路总成本约为900亿美元，各种登记机动车的总数约为2亿辆，则平均每辆车的平均固定设施成本为450美元。有人认为这种方法简单明了，也容易理解。但是，不同的人在使用均摊法的时候却可能得出不同的结论，这一下子就使得原本似乎很准确的计算变得不那么可信了。例如，第一个人是用上面说的车辆总数作除数，第二个人认为用轴数作除数更合理些，因为轴数多的大型车辆应该承担更多道路成本，于是五轴的卡车就需要承担相当于小汽车两倍半的道路成本；第三个人则可能认为车轮数更有代表性，于是18个车轮的重型卡车就要承担相当于小汽车四倍半的道路成本；还有第四个人，他认为车的吨位应该更说明问题，那么总重80000磅的卡车相对于4000磅的小汽车就应该承担20倍的道路成本。而事情还不算完，因为实际上卡车每年平均的行驶里程是小汽车的两倍，如果考虑这一因素，分别用车公里、轴公里、轮公里或总重公里等指标作为除数，结果就会更加复杂。总之，简单使用均摊法定价并不能鼓励有效率地利用运输基础设施。

## （二）高峰定价法

高峰定价法（peak-load pricing）是使用类似前述拥堵收费的办法，只对出现拥堵情况的时段收费，以补偿基础设施的投资。但是需要注意的是，高峰定价法的使用也需要比较谨慎，因为如果要依靠这种办法全部分摊运输基础设施成本，它所要求的适用条件是非常严格的，很少有能够完全满足条件的情况。因此，如果某些条件不满足，例如运输设施一直处于不拥挤状态，那么增加车辆对道路和其他驾车人所引起的边际成本就很小或者没有，也就不需要收费，结果固定设施的投资成本就根本无法收回。

## （三）两部收费法

两部收费（two-part tariff）或两步收费法也是运输设施成本分摊的方法。例如，每部车辆必须首先缴纳相当数量的年度执照费，该费用与车辆的行驶距离多少无关，然后再根据行驶距离支付行车费或拥挤费等。这可能是一个有效的方法，如果初始的固定费用标准足以弥补固定设施成本，又不是定得过高因此吓退潜在的道路使用者，而行车费的标准也能恰好等于驾车人的边际成本。

## （四）互不补贴定价法

互不补贴定价法（subsidy-free pricing）源于这样一个原则，是要做到使每一个使用者群体都最少能够支付由他们所引起的运输系统的增量成本。即不但某一运输设施的所有使用者作为一个整体，应该补偿该设施的全部成本，而且其中的每一个使用者或者每一类使用者也都应该分别补偿其所应该分摊到的那部分成本。如果做不到这一点，那么肯定就会出现由其他人对他们提供补贴的情况。互不补贴定价的概念是在使用者群体的基础上扩大了前述有效率定价的原则，从道理上讲是对的，但在如何划分不同类别的使用者以及如何确定他们分别应该合理承担的成本上还是有些难度。有些国家采取对重型卡车或者征收高额执照税或者收取高额通行费的办法，用来补偿其引起的道路成本，还需要更多研究工作以更好地落实互不补贴原则。

## （五）拉姆奇定价法

拉姆奇定价法（Ramsey pricing）也被称作"次优定价"（second-best pricing），是指在最优定价无法实行的情况下，采取次优方式分摊固定设施成本，具体地说，是利用不同使用者群体的需求价格弹性差别作为分摊固定成本的基础。根据拉姆奇定价法，每一个使用者群体都要支付一部分固定成本，其中需求弹性最小（也就是其他选择可能最少）的使用者群体承担的比重相对最大。该理论的解释是，任何偏离边际成本的定价（此时已无法避免）都会引起运输设施使用中的无效率，对于那些需求弹性较大的使用者，价格上升引起的退出使用的无效率也会较大，而为了尽可能地减少这种无效率，就只好对需求弹性较小的使用者提高价格。拉姆奇定价法的计算公式如下：

$$\frac{P_i - C_i}{P_i} = \frac{\lambda}{e_i} \quad (7-9)$$

或

$$P_i = \frac{e_i \cdot C_i}{e_i - \lambda} \quad (7-10)$$

式（7-10）中 $P_i$ 是对使用者 i 群体收取的单位运价，$C_i$ 是对使用者 i 群体引起的边际运输成本，$e_i$ 是对使用者 i 群体的需求弹性，$\lambda$ 则是对所有使用者群体都相同的常数，其数值由所需要的收入目标决定。一些学者认为拉姆奇定价法只能应用于剩余固定设施成本的分摊，也就是说，应该先利用互不补贴定价将固定设施成本的主要部分在不同使用者群体之间进行分摊，分摊不完的部分再使用拉姆奇定价法。拉姆奇定价法也可以用来在不同运输服务客户之间分摊其他的固定成本。

> **专栏 7-1**
>
> ## 深化道路运输价格改革
>
> 按照党中央、国务院决策部署和高质量发展要求，深化道路运输价格市场化改革，完善道路运输价格管理方式，使市场在资源配置中起决定性作用，更好发挥政府作用，促进道路运输转型升级、提质增效，更好满足人民日益增长的美好生活需要。
>
> （1）坚持市场导向。充分发挥价格调节市场供求关系的杠杆作用，加快完善主要由市场决定价格的机制，凡是能由市场形成价格的都交给市场，激发市场活力，提高资源配置效率。对暂不具备放开条件的道路运输价格，建立健全科学反映成本、体现质量效率、灵活动态调整的政府定价机制。
>
> （2）坚持保障民生。牢固树立以人民为中心的发展思想，坚持在发展中保障和改善民生，妥善处理提高市场效率和保障社会公平的关系，保持基本公共服务领域运输服务价格基本稳定，防止春运、节假日等运输旺季价格大起大落，保障人民群众基本出行和合法价格权益，努力满足人民群众个性化、多样化、高品质出行需求。
>
> （3）坚持包容审慎。落实新发展理念，对道路运输新业态新模式实施包容审慎的价格政策。按照放管结合的要求，加强价格行为事中事后监管和市场价格水平监测，保障市场稳定，促进公平竞争。
>
> 到 2020 年，道路运输竞争性领域和环节价格基本放开，确需保留的实行政府定价、政府指导价的道路运输价格动态调整机制有效建立，道路客运、出租汽车等领域经营者价格行为更加规范，主要由市场决定的道路运输价格形成机制和科学、规范、透明的道路运输价格监管制度基本健全，价格机制引导资源配置、促进行业高质量发展、满足人民群众出行需求的作用明显增强。

交通运输专家热议运价改革

主要任务：

(1) 深化道路客运价格市场化改革。除农村客运外，由三家及以上经营者共同经营线路、与高铁动车组线路平行线路等竞争充分的班车客运，原则上实行市场调节价；同一方向上运输方式单一且同业竞争不充分的班车客运，可实行政府指导价（最高上限价格）管理。取得道路客运经营许可、按照固定线路运行或者实行区域经营的农村客运，原则上实行政府指导价（最高上限价格）管理。

(2) 完善汽车客运站收费分类管理。汽车客运站提供的可由班车客运经营者、旅客自主选择的服务收费，应实行市场调节价。汽车客运站提供的客运代理、客车发班、车辆安全例行检查等车辆站务基本服务，以及退票、站务等旅客基本服务收费，原则上实行政府指导价。各地也可结合实际，部分实行或者全部实行市场调节价。

(3) 健全巡游出租汽车运价形成机制。对于巡游出租汽车价格实行政府定价或者政府指导价管理的，各地要按照国办文件要求，加快健全运价形成机制，建立完善运价动态调整机制，并定期评估完善。

(4) 规范道路运输新业态新模式价格管理。规范网络预约出租汽车价格行为，对网约车实行市场调节价，城市人民政府认为确有必要的可实行政府指导价。网约车平台公司应主动公开定价机制和动态加价机制，保持加价标准合理且相对稳定，保障结算账单清晰、规范、透明，并接受社会监督。道路客运定制服务（含预约响应式的农村客运服务）实行市场调节价。在农村地区开通的公共汽电车客运，原则上纳入公共交通价格管理。

(5) 健全特殊旅客权益保障。包括对伤残军人、伤残人民警察以及儿童等乘车减免票价的规定。

资料来源：交通运输部、国家发展改革委：《关于深化道路运输价格改革的意见》，2019年10月30日。

---

**专栏 7-2**

## 波罗的海指数

波罗的海指数，是由历史悠久的波罗的海航交所发布的国际海运价格指数。目前拥有全球40多个国家600多家公司会员的波罗的海航交所的前身，是1744年诞生于英国伦敦的"弗吉尼亚和波罗的海"（Virginia and Baltick）咖啡屋，是世界最著名的航运交易所。为了满足客户的需要，波罗的海航交所于1985年开始发布日运价指数（Baltic Freight Index，BFI），该指数是由若干条传统的干散货船航线的运价，按照各自在航运市场上的重要程度和所占比重构成的综合性指数。1999年，国际波罗的海综合运费指数（Baltic Dry Index，BDI）取代了BFI，成为代表国际干散货运输市场走势的晴雨表。

波罗的海综合指数是散装船航运运价指标，散装船运以运输钢材、纸浆、谷物、煤、矿砂、磷矿石、铝矾土等民生物资及工业原料为主。因此，散装航运业营运状况与全球经济景气荣枯、原物料行情高低息息相关。波罗的海指数是世界上衡量国际海运情况的权威指数，也是反映国际间贸易情况的领先指数。如果该指数出现显著上扬，说明各国经济情况良好，国际间的贸易火热；反之则说明国际贸易走势不佳。

一般认为，BDI 指数 2000 点是航运公司的盈亏线，跌破 2000 点后，所有航运公司都是亏损运营。对生产企业以及从事贸易的商人来说，波罗的海指数的高低与他们的利润息息相关，企业和贸易商可以根据指数，对生产和销售进行适当调整，而对于个人投资者来说，这个指数更是可以清楚地反映市场的行情。

由图 7-2-1 可以看出，2003 年以后国际海运散装船运价总体上保持了几年时间的景气上涨，甚至超过 1 万点并达到历史高位，但 2008 年全球金融危机导致运价暴跌，并使国际航运业进入长期萎靡的状态。2012 年 2 月，波罗的海指数从上月的 1700 点左右跌至 651 点，跌破此前金融危机期间的历史低位 663 点，航运企业普遍面临巨亏。由图 7-2-2 可以看出，波罗的海指数

图 7-2-1 波罗的海指数（BDI）变化（2001~2014 年）

图 7-2-2 波罗的海指数（BDI）变化（2016~2020 年）

从2016年低于500点逐渐上升,在2019年中美贸易摩擦期间出现大幅波动并在该年年底升至2500点,但2020年的全球新冠肺炎疫情又将该指数迅速打压到500点以下。但2020年下半年国际海运集装箱运价出现大幅上升。

资料来源:《波罗的海干散货指数连续5周录得上涨》,载于《现代矿业》2021年第1期。

---

**专栏 7-3**

## 航空公司的差别票价

寻找最低的飞机票可能是一件令人眼花缭乱的事,因为一架150座在美国两个城市之间飞行的飞机上,其中一个座位有30种不同的票价也不奇怪。有时候这些票价差别至少部分反映服务质量上的差别,例如头等舱乘客有更多的伸腿空间和更加丰盛的餐食,但另一些时候,同样的旅行经历却付出了不同的价格。1992年夏天,从芝加哥到旧金山正常的二等舱往返票价为800美元,但航空公司的促销票价有的只卖200美元,而在飞机上服务水平和所用设施是完全相同的。

许多年来,航空公司用所谓的收入管理来增加利润,做法包括差别定价和市场促销。其中差别定价就是根据不同乘客的不同需求价格弹性来定价。一般来说,公务舱乘客的价格弹性较小,因为他们必须满足客户和市场机会对确定时间和地点的要求,通常这种旅行一接到通知马上就要动身。航空公司利用这种情况向这类乘客要高价,而且不要求他们必须提前购票。相比之下,假期旅行者可以在许多目的地之间进行选择(包括不坐飞机旅行),并在很久之前就预先做好计划。由于这些可由旅行者自行作主的旅行需求对价格变化很敏感,因此航空公司就对某些机票定优惠出低价,以吸引乘客提前7~30天购买。

收入管理还包括确定有多少低价机票可以出售。虽然航空公司有必要留出一些座位按促销价出售,但在确定每个航班上到底应分配多少,仍有很大决策余地。经常客满的航班就没必要再出售很多低价票,而对那些客座率经常较低的航班,则应该多一些低价票以吸引更多乘客。确定最有利的票价组合是航空公司的一项复杂而又经常性的工作,计算机系统可以用来不断根据最新的资料评判和改变票价的最优组合。一位乘客在星期二打电话给旅行社,被告知某个航班没有优惠低价票,但另一位乘客却有可能在星期三同样通过电话买到了同一航班的优惠票。

优惠低价票往往有许多限制,例如要求提前付款出票并且不能退票等,而正常机票就没有这些限制。因此,有些人认为这些代表了不同的服务水平,正常机票的较高票价体现这种票能给乘客提供更多方便。

资料来源:[美]彼得森、W. 刘易斯:《管理经济学》,中国人民大学出版社1998年版。

*航空公司差别票价的经济学分析——以国航为例*

### 专栏 7-4

### 乘客是否应该为放弃原定航班而交易

近来,航空公司在处理超售机票导致少数旅客不能搭乘原定航班的问题上,放弃了早先采取的"谁先来谁先走"的办法,转而采取请求某些乘客放弃原定航班的座位,改乘下一个航班,由航空公司支付给他们一定的现金或者赠送免费机票作为补偿。结果,现在放弃座位的乘客都是自愿的,他们得到了补偿,原来对超售机票很大的抱怨基本上消失了。"谁先来谁先走"和"自愿获得补偿"这两种办法,哪一种更有效率?

"谁先来谁先走"的问题在于,它没有给那些有着迫切理由、要求准时到达的乘客以足够重视。有时候,这类旅客无法控制提前到达机场的时间,比如转机或交通拥堵等的原因,更多的时候,这类旅客过早到达机场的时间机会成本可能太高,比如商务人员在机场等待的时间机会成本远高于普通旅客。而在"谁先来谁先走"的办法下,他们被迫放弃原有航班所导致的损失也可能很大。

航空公司对自愿放弃座位的乘客进行补偿的办法应该更有效,因为实际上它为稀缺资源建立了一个市场,避免对这些资源进行非市场的强行配置。在实行"自愿获得补偿"的情况下,凡是自愿放弃座位的乘客,自然都获得了高于其放弃座位所要支付的成本,也保证了那些放弃座位必须支付更大代价的乘客先行登机离开。如果没有人愿意接受最初的补偿而放弃座位,航空公司甚至可以采取竞拍的方式提价出售有关座位,直到有人愿意出让为止。

有意思的是,这种改变招致一个"以保护航班乘客利益和监督航空公司为己任"的航空消费者组织的抗议。该组织认为,采取补偿支付办法意味着穷人将永远成为在机场等候航班的乘客。但实际上,那些放弃原定航班机座的乘客并不一定就是收入最低的乘客,他们更可能是那些正巧没有紧急安排,而在特定时间段可以推迟计划的人。经济学家们也怀疑,即便该组织能成功阻止航空公司采取补偿支付的办法,会有多少穷人会感激他们。

资料来源:Robert H. Frank 等:《微观经济学原理》(第二版),清华大学出版社 2004 年版。

### 专栏 7-5

### 使用拉姆奇定价法的案例

假定有一家企业向市场供应两种产品 X 和 Y,假定这两种产品的边际成本都是常数,为 10 美元,还假定企业每期的共同成本为 99 美元,而且这一成本也必须得到补偿。产品 X 的需求价格弹性为 -1.0, Y 为 -0.1。如果价格等于边际成本, 每种产品每期的销售量为 10 件, 但这时该企业每期就会亏损 99 美元。问题是 X 和 Y 应如何定价才能使企业既能补偿它的边际和共同成本, 同时又能使对资源配置的消极影响最小?

这里的关键是, 如何提高价格以补偿 99 美元的共同成本, 同时与边际成本定价法相比, 又使消费模式的变化最小。拉姆奇原理认为, 产品 Y 因其需求价格弹性较小, 因此价格相对边际成本来说, 应该比产品 X 定得更高。最简单的拉姆奇定价法就使用"与弹性成反比"规则, 它规定价格偏离边际成本的程度应与其需求弹性成反比。在这个例子中, 由于 Y 的弹性值是 X 的 1/10, 因此 Y 的价格偏离边际成本的程度应当是 X 的 10 倍。

根据与弹性成反比的规则, 产品 Y 的价格应定为 20 美元, X 则为 11 美元。需要注意, 在这里 Y 的价格提高 100%, 但销售量只减少 10% (因为需求弹性为 -0.1), 即仍可出售 9 件; X 的价格提高 10% 为 11 元, 其销售量也只减少 10% (因为需求弹性为 -1.0), 也仍可出售 9 件。现在每销售一件 Y 能为共同成本提供贡献 10 美元, 总共提供 90 美元; 每销售一件 X 能为共同成本提供贡献 1 美元, 总共提供 9 美元。加在一起, 这一定价方法使 99 美元的共同成本全部得到了补偿, 而且这一目标是在对消费者需求模式影响最小的情况下实现的。与边际成本定价法相比, 这两种产品需求量的减少都只有一件。

资料来源: H. 彼得森、W. 刘易斯:《管理经济学》, 中国人民大学出版社 1998 年版。

## 本章思考题

[1] 做一张表格反映运价都有哪些分类。

[2] 说明为什么要实行按距离别的差别运价以及按货种别和客运类别的差别运价两种基本结构, 并举例。

[3] 画出直接里程运价和终点费加里程运价的总运费示意图。

[4] 分析为什么运费的支付方式要分为预付运费和到付运费两种?

[5] 做一张表格反映各种运输方式的运价附加费及其收取原因。

[6] 运价方面的基本原理有哪些? 简述它们之间的区别。

[7] 简述运输活动效率最大化的两个条件, 并分析其原理和它们之间的关系。

[8] 分析"提供运输服务的社会剩余不应为负值"的理论和现实意义。

[9] 参考本章图示, 绘出某条公路货运线上主要方向与返程方向的供求均衡示意图, 并加以分析。

[10] 分析在运价中分摊相关固定成本办法的利弊与使用条件。

[11] 拉姆奇定价法计算题: 飞机上公务舱乘客与经济舱乘客的出行需求

对票价的弹性不同,设前者的需求价格弹性为 $-0.1$,后者的需求价格弹性为 $-1.0$。前者每人的边际成本均为 100 美元,后者为 50 美元,每次航行共同成本为 2700 美元。如果价格等于边际成本时前者的运输量是 20 位,而后者为 200 位,问如何分担共同成本最合理?[①]

---

[①] 拉姆奇定价法计算题解:根据拉姆奇定价原理,公务舱乘客的需求价格弹性是经济舱乘客的 1/10,因此前者票价偏离边际成本的程度应该是后者的 10 倍。所以当把公务舱的票价提高 1 倍,即为 200 美元时,其运输量减少到 18 人,可以为共同成本贡献 1800 美元收入;而当把经济舱的票价提高 10%,即 55 美元时,其运输量减少到 180 人,可为共同成本贡献 900 美元。此时 2700 美元共同成本均得到补偿,而且对消费者需求影响最小。

# 第八章

# 运输市场及其结构

> **本章总体要求**
>
> 深入了解运输市场的概念及其不同于其他一般市场的主要特征；运输市场的分类和复杂性；理解四种传统基本市场结构和后期新发展的市场结构分析理论；掌握运输市场中间层分析方法并领会其意义；理解是否拥有基础设施在分析运输市场结构和运输企业市场地位中所起的作用；理解运输市场上特定时空条件对形成市场势力的影响；了解在运输市场上引入竞争的必要性和难度。

## 本章主要内容

- 运输产品的非实体性、时空特定性、确保安全等特性对运输市场的影响。
- 运输市场分别按运输对象、空间和地理范围、运输市场主体等标准进行的分类。
- 运输市场由四种基本市场结构延伸出的有效竞争与可竞争性分析方法。
- 运输领域市场势力的表现及分别由规模经济和成本弱增性定义的自然垄断表现。
- 市场的中间层理论和运输市场上各类典型运输企业的中间层组织性质谱系。
- 弄清交通运输领域产业与市场的关系及分析意义。
- 基础设施、移动设备和企业主业及规模分别对不同方式运输市场结构的影响。
- 各国市场化改革中对不同运输方式引入竞争的主要途径。

产业组织结构和市场结构是经济学研究的重要领域，这方面的学术成果对企业边界的确定、对制定明确和有针对性的行业政策、建立合理和有效的管理体制都具有重要理论和实践意义。而作为网络型产业的运输业，其产业组织和市场结构又具有特殊的复杂性，不能不引起运输经济学更多关注。

## 第一节　运输市场的概念

### 一、运输市场的概念与特征

运输市场有狭义和广义之分。狭义的运输市场是运输产品交换的场所，该场所为旅客、货主、运输业者、运输代理者提供交易的空间。广义的运输市场则包括运输参与各方在交易中所产生的经济活动和经济关系，即运输市场不仅是运输产品交换的场所，而且还包括运输活动参与者之间、运输部门与其他部门之间的经济关系。运输市场的特征包括：

**1. 运输产品的非实体性使得运输市场供求调节不同于一般商品市场**

运输市场与一般的商品市场不同，它出售的不是普通的实物产品，而是不具有实物形态、不能储存、不能调拨的运输服务。在一般的商品市场上，商品生产、交换和消费都是互相独立存在的，商品的生产、出售和消费构成一个整体循环过程，而运输产品的生产过程和消费过程融合在一起。在运输生产过程中，运输对象随着交通工具的场所变动而改变所在位置。由于运输所创造的产品在生产过程中同时被消费掉，因此不存在任何可以存储、转移或调拨的运输"产成品"。同时运输产品又具有矢量的特征，不同的发站和到站之间的运输形成不同的运输产品，彼此不能相互替代。因此，运输服务的供给只能表现在各种运输方式的现实运输能力之中，不能像一般商品市场那样以储存商品、调拨商品的方式对供求状况进行调节，而只能以提高运输效率或新增运输能力来满足不断增长的运输需求，而一旦需求下降，供给能力就会闲置起来。

**2. 运输市场既有空间上的广泛性，又有具体位移的特定性**

实现运输产品或服务的场所，是纵横交错、遍布各地的运输线路和港站，这些线路和港站联结城乡，跨越省区甚至超越国界，相互贯通，交织成网。客运市场看起来主要集中在交通干线、车站、码头、机场等地，但出行源头其实很分散；货运市场也很分散，哪里有货物运输需求，哪里就会有货运场所。但旅客和货物位移是具体的，只有相同的旅客和货物从相同起运点到相同终点的运输才是相同的运输产品，同一运输线上不同方向的运输也是完全不同的运输产品。然而同一种运输产品可以由不同的运输方式提供，并行的竞争性运输工具可以提供互相替代但质量上（比如运输速度、方便程度、舒适程度等）有差别的运输产品。在具体的运输市场上，不同运输服务提供商的竞争，不仅发生在同一部门内部的不同企业之间，也发生在不同运输方式之间。可以互相替代的运输工具共同组成运输市场上的供给方，它们之间存在竞争关系，而且要根据提供运输服务质量的差别保持一定的合理运价比价。运输市场在多数情况下是地区性的，或跨地区呈走廊状的，而且由可以互相替代的若干种运输工具组成。运输市场的这种性质，要求对其实行综合的和跨部门的管理，要求打破条块分割、部门各自为政的局面。

**3. 运输市场比一般商品市场更要求强化安全和质量监管**

在一般商品市场上，消费者购买商品可以挑挑拣拣，购买后对质量不满意还可以退货。而在客运中，当旅客发现运输服务质量较差时，他已经身处运输过程之中，于是很难立即退出该过程，改变自己的行程安排；而在货运中，当货主发现运输质量有问题时，则是在运输过程完成之后。这就使得旅客和货主不得不勉强消费自己事先选择了的运输服务，不管它是时间上的延误、感觉上的不舒适或是货损货差。如果运输过程中发生安全事故，还会带来生命财产损失。运输市场的这种特殊性使得该领域安全和质量方面的监管要求应该比一般商品交换更加严格。在市场准入之前，要对运输业者提供良好服务的可能性进行严格的审查；在运输服务过程中进行严格监督，以切实保护运输消费者的利益；为了在发生意外事故之后尽可能补偿旅客或货主的经济损失，对运输市场还应普遍实行运输保险制度，甚至采取强制保险方式。

## 二、运输市场的分类

运输市场按照不同的标准，可以划分不同类别。按运输市场的主体，即运输企业所属的运输方式来划分，可以分为铁路运输市场、水路运输市场、公路运输市场、航空运输市场、管道运输市场，以及包括两种或两种以上运输方式所组成的多式联运市场；在各运输方式内部还可细分为若干类型的运输市场，如水运中的海运与内河、海运中的沿海与远洋等。

按照运输距离的远近，可以分为短途、中途、中长途、长途运输市场。

按照运输市场的空间和地理范围，可以分为国际运输市场、国内运输市场、区域运输市场、跨区域运输市场、城市运输市场、城市间（或城际）运输市场、农村运输市场及城乡运输市场等。

按照运输市场的客体结构来划分，可分为基本运输市场和运输相关市场。基本市场分为提供运输位移服务的客运市场和货运市场，其中货运市场还可按货种不同分为普通货物运输市场和特种货物运输市场。例如，海运的普通货物运输市场可分为散货运输市场、件杂货运输市场、集装箱运输市场等，散货市场可进一步细分为粮食运输市场、煤炭运输市场、油品运输市场等。特种货物运输市场可分为大件运输市场、零担运输市场、冷藏货物运输市场、危险品运输市场、搬家品运输市场、电商快递市场、餐食外卖市场、各种城市配送等。客运市场也可以分为多个种类。近年来迅速普及了的打车平台、网上订票平台和道路货运平台显然也成为新型出行市场与货运市场的组成部分。

运输相关市场则可分为运输设备租赁市场、运输设备制造市场、车辆（船舶、飞机)维修市场、汽车加油市场、新能源车充电市场、运输设施建设施工市场等。其中汽车租赁包括一般长租、日租、分时租赁与计程出租车市场,后者与运输市场关系非常密切,甚至无法明确分开。其他运输相关市场也有类似情况,例如,近年来中国石化在汽车加油市场中利用众多加油站的位置优势销售各种生活用品,甚至卖菜,也一定程度上影响到驾车人的出行和生活习惯。而携程网、飞猪网、去哪网等平台更是利用票务切入,把越来越多的生活服务嵌入到人们的出行生态中,也表现出更多的产业融合趋势。

### 三、运输市场的复杂性

在第四章煤炭产销关系的例子中,只由一对始发到达地组成了十分典型的特定煤炭运输市场,该例中并没有强调只有唯一的运输工具可以提供这种运输,而实际上运输市场并不排斥存在可相互替代或竞争的几种运输工具,只要它们提供的是相对同质的运输服务或产品就可以。该章另一个例子中运输方式之间的相互替代增加了分析难度,但多个始发到达地却是复杂性的主要原因。任何一对煤炭的生产地和消费地之间都可能形成一个特定的运输市场,虽然很多由于距离过远或其他不便而不会发生实际运量,因此在它们之间的煤炭供求很难出现相互替代的关系,然而确实也存在着很多煤炭供给的现实或潜在竞争者,一旦运输成本水平的变化足够大,就会出现煤炭供求和运输市场关系的重新调整。

显而易见的是,在有多个供给地的情况下,对某一具体消费地的运输需求弹性,就显然应该比只有一对始发到达地的情况要复杂得多,因为任何一个特定运输市场上的需求除了受到市场内部运价和其他有关因素变化的影响,还受到其他所有可能的替代品和运输通道上运价水平变化的影响。该例中还只包括了煤炭一种货物的运输,如果在我们给定的经济空间中像现实一样包括更多种货物和多得多的始发到达地点,那么可以想见相应的运输市场、运输产品或服务、运输需求及其价格弹性等将会变得何等复杂。因此,运输经济学对运输市场的分析比一般人们想象的要复杂得多。

有学者主张,运输经济分析应该避免比较笼统地谈论一般的所谓运输市场,例如"铁路运输市场""公路运输市场""某货类的运输市场""西南地区运输市场""城市运输市场"等,而是更加注意根据所提出的具体问题,区别各种基于特定运输对象(不同种类的货物或旅客)、有特定运输目的和特定始发和到达地点的运输服务,并根据可搜集到的可靠数据资料进行分析。因此,目前有些运输经济学家主张"运输市场是一组其产出和价格均可计算的运输服务"这样的提法,也就是说,每一个具体运输市场上的产出应该是同质的,即其起讫地点和运输方向、所运货物或对象都是一致的,与其他运输市场上的需求及供给不应混为一谈。这是有道理的,运输经济学现在应该更加注意特定运输市场的分析。

## 第二节　市场结构概念的变化

### 一、四种基本市场结构

所谓市场结构（market structure）是指某种产品或服务市场的竞争状况和竞争程度。影响市场竞争程度的因素主要有以下四个方面：第一，市场上厂商的数目。数目越少，甚至仅此一家，那么厂商的垄断力量便越强，市场的竞争程度便越弱。第二，厂商所提供的产品的差别程度。厂商越是提供了其他厂商所无法替代的产品，它的市场垄断力便越强。第三，单个厂商对市场价格的控制程度。厂商的定价能力越强，市场的竞争程度越弱。第四，厂商进入或退出该市场的难易程度。进入的壁垒越高，市场上现有厂商的数目越少；退出时的沉没成本越高，厂商在决定进入时更加谨慎。依此四个标准可以把市场分为完全竞争市场、垄断竞争市场、寡头垄断市场和完全垄断市场四种类型。

#### （一）完全竞争（perfect competition）市场

经济学家对完全竞争市场主要作了四点假设：（1）市场上买者和卖者数量很多，任何一个人的购买量或销售量都只占很小的市场份额，无法通过自己的买卖行为影响市场价格，因此都是市场上既定价格的接受者；（2）市场中所有厂商生产的产品都相同，表现在质量、包装、性能等方面都没有差别，产品可以完全替代；（3）市场中的各种生产资源（包括资本、劳动力、技术等）都可以根据市场信息的变化自由和无限制地流入或流出，厂商进入或退出市场非常容易，因此在长期中厂商只能获得正常利润；（4）市场中的买者、卖者和要素所有者都有完备、准确的市场信息，对市场状况和未来变化都有完全的知识。

#### （二）垄断竞争（monopolistic competition）市场

垄断竞争市场的特点包括：（1）市场中厂商数量比较多，每家厂商在整个市场中所占比例较小，个别厂商对市场可以施加有限的影响，是市场价格的影响者；（2）产品有差别，但可以相互替代，差别造成垄断，替代又保证了竞争，因此每个厂商既是垄断者又是竞争者；（3）厂商可以随时参加生产，也随时退出市场，没有人为的障碍，所以从长期看企业的超额利润会趋于消失。

#### （三）寡头垄断（oligopoly）又称寡头市场

寡头垄断是指市场上由为数不多的大型厂商生产和销售了绝大部分产品的市场结构。寡头市场的特点包括：（1）每个寡头厂商对于市场的价格和产量都有举足轻重的影响，因此厂商之间的行为具有相互依存性；（2）由于大厂商已在市场中占有优越地位,因此新进入者较难和老厂商竞争;(3)由于进入成本较高且一般又是沉没性的,因此退出市场也有较大难度。如果市场中只有两个厂商,它们又被称为双头垄断厂商。

### (四) 完全垄断(complete monopoly) 又称垄断市场

垄断市场是指整个行业的市场完全由一家厂商所控制的市场结构。完全垄断市场具有以下特点:(1)市场上只有唯一的一个企业生产和销售某种商品,生产者成为价格的制定者;(2)该垄断企业生产和销售的商品在市场上不存在任何相近似的替代品;(3)其他企业进入该行业极为困难或不可能。

从理论上看,完全竞争是市场结构的一个极端,完全垄断则是另一个极端。但在现实经济生活中,大量存在的是竞争与垄断混合的市场结构,都存在某种程度的竞争,但其程度均比在完全竞争市场受到更大的限制,这些市场被称为不完全竞争市场。不完全竞争市场大体划分为两类,一类是竞争在其中起主要作用,被称作垄断竞争市场结构;另一类是垄断在其中起主要作用,被称作寡头垄断市场结构。

前面四种基本市场结构为市场分析提供了很方便的框架,但经济学后来的进展使我们对市场的认识可以进一步加深。有关成果包括有效竞争与可竞争、市场势力及成本弱增性定义的自然垄断等理论。

## 二、有效竞争与可竞争

马歇尔在《经济学原理》中提出了在规模经济与竞争活力之间存在着的两难选择,即"马歇尔悖论"。马歇尔同时肯定规模经济和竞争所带来的效率,然而矛盾的是企业在通过竞争追求规模效益的过程中往往会导致垄断,结果这又扼杀了竞争,使经济运行缺乏进一步的动力。马歇尔关于规模经济与竞争活力的这种两难困境由于"有效竞争"概念的提出而得到解决。1940年,克拉克把有效竞争定义为将规模经济和竞争活力有效地协调起来的一种竞争状态,认为只要该产业中的企业已经达到最低经济规模的要求,同时其市场竞争度能够保证竞争收益大于竞争成本,即处于有效竞争的范围。有效竞争属于适度规模和适度竞争的交集,虽然单纯从规模经济或单纯从竞争角度看它都不一定是最佳的,但有效竞争可以实现综合效益最大。图 8-1 是有效竞争区间示意图。

由于各产业或行业的技术经济特征不同,因此它们的合理经济规模和市场竞争度也不相同,需要分别研究不同产业的有效竞争问题,也需要确定有效竞争的衡量标准,以便分析各个产业的有效竞争。通过规模经济、市场集中度和进入壁垒三个指标,可以衡量各个产业有效竞争的程度。图 8-2 是不同产业的有效竞争区间示意图,图中画了三个不同产业,每一产业都有各自的有效竞争区间,其中有些在较少竞争程度上形成有效竞争区间,而另一些则会在较多竞争的程度上形成。

图 8-1　有效竞争区间

图 8-2　不同产业的有效竞争区间

1982 年，鲍莫尔等人提出了可竞争市场理论（the theory of contestable markets）。该理论的主要观点是，那些不属于完全竞争的寡头垄断甚至完全垄断市场也同样可以实现良好的生产效率和技术效率，因为只要保持市场的完全自由，不存在特别的进出市场成本，那么潜在的竞争压力就会迫使任何市场结构条件下的企业采取竞争行为。

可竞争市场的关键特征是存在潜在的可替代性生产来源，容易受到类似"打了就跑"（hit and run）进入者的侵袭。由于市场可以自由进出，因此垄断者或寡头垄断者只有采用让价格等于边际成本的方式才能阻止新的进入者，否则即使一个非常短暂的获利机会，也会吸引"打了就跑"的加入者，而后者可以在价格改变之前就获取盈利，如果条件恶化又能迅速撤离。

可竞争理论认为，最佳的产业组织形式是一个完全可竞争市场，在这种市场中价格 P 与边际成本 MC 完全相等，企业没有垄断利润。市场的自由进出意味着即使在短期内，无论是 P > MC 还是 P < MC，市场都不会处于均衡状态，因为当 P > MC 时会很快吸引新的加入者，而当 P < MC 时，市场上过多的竞争者就会退

出。因此，一个完全可竞争市场不必像完全竞争市场一样必须拥有众多小型并生产同质产品的企业，它的假设条件要宽泛得多。

一个完全竞争市场必然是一个完全可竞争市场，但完全可竞争市场并不必然是完全竞争市场，这表明完全竞争市场是完全可竞争市场的一个特例，而完全可竞争更具有一般性。尤其是，一个可竞争市场甚至可以是自然垄断的，只要它能够满足可竞争市场的条件，并且垄断者自动执行着合理的价格。

### 三、市场势力与成本弱增性定义的自然垄断

经济学也关心市场势力（market power），也称市场权力或市场控制力的概念，即一个经济主体可以不适当地影响市场的正常运作，导致市场无效。市场势力的表现形式肯定应该包括限定购买、妨碍交易、制定不合理规定等各种不正当竞争或垄断行为，但现实中或者经济学分析中的市场势力比反不正当竞争法或反垄断法所规定的行为更宽泛。市场势力的来源包括各种形式的垄断，也包括各种尚未严格达到垄断标准，但却足以在特定市场对弱势方形成不利影响的优势。有学者甚至断言，现实中每个供给者或需求者都可能具有一定的市场势力。

经济学中识别或度量一个企业的市场势力的大与小可以用需求弹性估计法。企业拥有的市场势力与其出售产品的需求价格弹性呈反向相关，即需求价格弹性越小，市场势力水平越高，因为需求方即便在产品涨价的情况下仍不得不购买。也可以借助勒纳指数衡量。勒纳指数是指价格高出边际成本的比率，即：勒纳指数 =（价格 - 边际成本）/价格。由于在完全竞争市场结构中价格就等于边际成本，所以其勒纳指数为零。可见勒纳指数与企业拥有的市场势力呈正向相关，并与其所处的市场结构类型有关，即垄断市场中超额利润的形成就与企业市场势力的扩张有关。

在经济学中，自然垄断被用来解释某些产品和服务由单个企业大规模生产经营比多个企业同时生产经营更有效率的现象。一般认为，自然垄断的产生原因一是规模经济，二是范围经济。当长期平均总成本随着产量的增加而降低时，规模经济就出现了。如图 8-3（a）所示，一个行业的长期平均成本曲线 LAC 随产量增加不断下降，或至少不再上升，这个行业显然就属于自然垄断行业，由两个及以上企业进行生产的成本一定会高于只由一个企业进行生产。如果由一个企业生产多种产品的成本低于几个企业分别生产它们的成本，就表明存在着范围经济。有经济学家认为范围经济也可以用来解释自然垄断的出现。

经济学已经区分了由规模经济决定的强自然垄断和由成本弱增性（cost subadditivity）决定的弱自然垄断。1982 年，夏基、鲍莫尔、潘泽与威利格等人用成本函数弱增性（subadditivity）重新定义自然垄断，这实际上扩大了自然垄断的范围。也就是说，即使在平均成本已经开始上升的情况下［见图 8-3（b）］，只要由单一企业提供整个产业的产量时其成本低于多家企业分别生产时的成本，该行业也是自然垄断的，这称作由成本弱增性决定的弱自然垄断。他们主张，弱自然垄断行业

可以在具备条件时引入竞争，由少数几家而不是过去的一家企业共同提供产品。

图 8-3　两种具有自然垄断特性的长期平均成本曲线

（a）规模经济定义　　（b）成本弱增性定义

我们以图 8-4 对弱自然垄断行业引入竞争的条件，即当市场需求超过弱自然垄断的边界后，引入竞争就变得合理。图中 LAC 代表某行业先下降然后上升的长期平均成本曲线，产量 $q^*$ 对应着成本的最低点；当需求与产量均处在 $0 \sim q^*$ 区间，长期平均成本曲线不断下降，由单一企业生产的成本肯定低于两个企业，则该行业属于由规模经济决定的强自然垄断；当需求与产量在 $q^* \sim q'$ 区间，虽然 LAC 已经开始上升，但由两个企业生产的成本仍旧高于由单一企业生产的成本，即在 $c'$ 以上，则该行业属于由成本弱增区间决定的弱自然垄断；当需求与产量均已大于 $q'$，譬如在 $q''$ 位置，由于 LAC 不断上升，由两个企业生产的成本就会低于继续由单一企业生产的成本 $c''$，因此该行业已经进入合理竞争区间，不再符合自然垄断条件。

图 8-4　规模经济、成本弱增性以及市场需求与自然垄断的关系

## 第三节　运输业的中间层组织

### 一、市场的中间层理论

1998 年，斯帕尔博（Daniel Spulber）提出中间层理论，指出市场微观结构

的根本内容应该是交易的中介化程度。他认为,技术和市场的变化不断地创造出新型中间层组织,随着互联网和电子数据交换的兴起,各类产品和服务都会出现交易速度加快、交易量增加以及交易制度的演进。我们以图8-5和图8-6分别象征性地说明中间层组织有效发挥作用前后的市场情况。图8-5中的 $P_E$ 和 $Q_E$ 是一般经济学教科书中所描述的当需求曲线D与供给曲线S相交时的均衡价格与均衡数量,也可以将这种市场理解为类似无摩擦力物理世界的市场。而在真实的市场中,由于搜寻、谈判、履约等交易成本的存在,需求和供给双方所实际接受的价格却分别是 $P_{D1}$ 和 $P_{S1}$,而成交数量也只有 $Q_1$。需求方支付更高价格的同时,供给方的实际收益却更低,成交量也比理想的均衡少很多,由于交易成本非常高,结果消费者剩余和生产者剩余都大幅减少。

图8-5 中间层组织有效发挥作用之前的市场情况

图8-6则反映当中间层组织发挥作用有效降低交易成本时,需求方接受的价格降低到 $P_{D2}$,供给方所接受的价格提高到 $P_{S2}$,而成交数量增加到 $Q_2$。如果中间层组织在分别向需求方和供给方提供差价D和差价S增加社会效益的同时,还能在中间成本为自己找到盈利空间,那么这类中间层组织在创造市场的过程中也就做大了自己。

图8-6 中间层组织有效发挥作用之后的市场情况

斯帕尔伯认为有很多理由可以说明经由中间层的交易比直接交易更有优势，这些优势包括：(1) 减少搜寻和讨价还价的成本；(2) 减轻逆向选择的影响；(3) 减少道德风险和机会主义行为；(4) 通过监督促使买卖双方做出可信的承诺；(5) 通过交换的集中化来降低交易成本等。他认为通过中间人的参与，企业在市场中的作用除了引导价格，还通过协调交易进行资源配置和市场出清，中间层在供需双方之间充当沟通者、经纪人、代理人及监督人的角色，对这些角色的分析都是以信息作用为基础进行的。

## 二、运输领域的中间层组织

运输市场中的需求方和供货方可以采用直接交易的方式，由旅客自己购票、自己前往车站或机场，由货主自己办理送取货和托运等一系列手续。但运输市场中的交易成本是一种代价高昂的付出，运输交易成本除了与一般市场相类似的搜寻与签约等成本，还应该包括由于运输产品和市场特殊性所带来的额外成本，例如由多种运输方式或多个承运人联合完成运输过程以及国际运输所引起的复杂性和相关签约、交接、支付、担保、保险等问题。运输市场上需求方和供给方之间的交易成本如果过高，相关的运输交易就会受阻。运输市场上的中间层组织包括旅行社、订票公司、货运代理、报关行、保险公司、联运组织、有关快递公司和物流公司等，近几年还出现了一大批货运与出行平台公司，这些中间商在降低市场的交易成本上起到了非常重要和不可替代的作用。

从中铁快运看运输市场微观结构变化与中间层组织的作用

如果我们暂不考虑自有运输的情况，那么运输供给方面大体可以划分为各种运输方式的运输企业和具有运输中间商性质的企业两大类，也可以把前一类称作基本运输业务运营商，而运输中间商的主要特点一般是不拥有运输设施或运输工具，或不拥有主要运输工具，但也可以再分成不同形态。例如，一部分运输中间商不作为承运人，而只是在需求方和基本运输业务运营商中间起到中介作用或提供必要服务，协助运输交易和运输活动实现的企业。还有很多运输中间商是作为承运人，但主要是通过租赁其他人的运输设施、设备或能力，或通过业务组织整合多家运输企业的能力，提供运输服务的企业。在运输代理分类中这一种被称为"无船承运人"或"无车承运人"。而在基本运输业务运营商方面，有一些企业也逐步扩充了自己的业务，通过多式联运或延伸物流服务使自己逐步具备了超出原来单一运输方式位移服务的领域，能够为市场提供完整运输服务。

可以从前面提到过的是否拥有全部或部分运输基础设施以及移动载运工具角度对运输企业分类，也可以从企业是否属于重资产并承担相应基本运输业务，或只是从事运输中间商业务进行分类。当然，运输的基本业务运营商与中间商有时候并不是界限分明的，因此大体上存在着一个从完全直接提供服务到完全由中间商实现服务的谱系（见图 8-7），对任何一个具体运输企业或相关的服务运营商，都可以找到其在该谱系上的位置。

```
单纯业务      运输企业      快递企业      物流企业      完全
运输企业      从事联运                              中间商
                                    中间性质业务
        基本运输业务

铁路公司    COSCO        EMS                      无船货代      旅游公司
航空公司    铁路多式联运公司    快递公司          公路专线公司  售票公司
公路整车运输              公路零担公司             第三方物流企业 货代经济人
                                                运与出行平台企业
```

图 8 – 7　运输服务提供商谱系

## 第四节　运输市场结构分析

### 一、运输市场结构的特性

经济学一般认为产业是生产相同产品企业的集合，而且"产业＝市场"，但实际上，不但产业是否一定等于市场是有争议的，就连什么是"相同产品"，也存在不同看法，而且弄清有关争论对真正认知运输市场结构至关重要。经济学中有对相同或相似产品以及同质产品的说明。相同产品是指两种产品在用途和功能上完全相同，相似产品是指二者用途相同但具体功能有所不同。相同或相似产品对消费者来讲是可以选择和替代的，对生产者和销售者来讲是具有竞争关系的。而凡消费者或用户对某一产品的需要、偏好、购买行为以及对企业营销的反应等方面具有基本相同或极为相似的一致性，即为同质产品。在市场上，同质产品是指消费者无论从任何供应商购买商品，这些物品各方面的特性都基本相同。但具体经济分析中，人们常常不重视区分产品的异质性，因此也很容易混淆产品、产业与市场的界限。实际上，很多产品看起来一样，但其实却是不同市场中的异质产品。例如，房地产业就包括无数的区域性市场，两栋位于不同城市但设计建造完全相同的房子，显然是两个市场中的异质产品。这种情况在交通运输领域也很明显，不同起讫点和不同运输对象的客货位移都是不同运输产品。

还有研究者主张在分析运输市场结构时，要把像铁路那样实行上下一体化经营的运输方式，即同时拥有交通基础设施，又拥有移动的机车车辆，还负责提供客货运输服务的运输业者，与其他只拥有部分固定设施以及基本上不拥有固定设施的运输经营者分别开来，因为拥有基础设施的运输业者相比于只拥有和运营载运工具的运输业者，表现出具有更大的运输市场势力。这种想法有一定的道理。

交通基础设施投资巨大，因此拥有相关基础设施的运输业者往往规模体量较大，财力不够的其他企业较难进入，而且基础设施的规模经济或者运输密度经济显著，能力提升与成本大幅凸起，一般不是想建就建的；基础设施所需要的特殊通道、线位、站位、桥位等具有稀缺性甚至唯一性，而交通基础设施具有公共性，往往由政府赋予修建特许权，甚至是由政府自己投资或运营；车站、枢纽是旅客、货物和各种车辆的集散地，区位优势和马太效应明显，对扩大运输业务非常有利；另外，车站、枢纽等交通聚集地通常也都是区位条件优越，是各种运输辅助业务及相关商业布局条件极好的位置，不会轻易搬离；……一般来说，具有较大设施网络的运输企业就可以较高的频率提供服务，实现较高的运输设施与设备利用率。这一类运输经营者也更容易通过扩大网络的幅员规模来提高自己在市场上的份额与控制力，相比只通过供载运工具提供服务的运输业者更有优势。

而只经营移动载运工具的运输业者，一方面，他们不需要投资昂贵的基础设施，只需要支付移动设备的费用就可以比较容易地进入市场，另一方面，在经营情况不好的时候，他们又可以很方便地将这些载运工具转移到相对更有希望的市场去。因此只依靠载运工具提供运输服务的运输业者进入、退出市场比较容易。类似这种沉没成本较低同时市场比较容易进入的行业，在经济学中被称为可竞争的行业。如前述，可竞争性市场是指市场内可能只有一家或少数几家供给者，但这些厂商却很难利用垄断地位获取垄断利润，因为市场以外的竞争者随时可能进入以分享这种利润。经济学一般认为这些且只由移动载运工具经营者组成供给方的运输市场，运输业者不具有垄断力量。

从整体上看，运输业中的铁路易被当作自然垄断行业，航空和海运也都具有相当的规模经济特点，但如果能够更加细分来看，特大规模经济大都体现在它们的线路和港站上，并不是这些行业中的所有业务全都具有自然垄断性质，例如铁路客货运营、航空公司和海运公司等大体都只属于寡头垄断的市场结构。对于非自然垄断性的业务，就应该打破垄断，实行竞争。

我们还认为，拥有或控制基础设施确实对运输活动市场势力的程度起一定作用，但观察的视角最好不局限于交通基础设施，而是更需要关注特定时空中运输市场的特殊性，这对理解运输市场结构更加重要。不同时空间要素如起讫点位置、距离、方向、速度、产销地特点、货物自身特点与价格、装载要求、运输批量……都决定了运输市场相比一般商品所对应的一般时空，是每个市场差别都很大的特殊时空。每一个特定时空要求的位移服务，都是不同的产品，对应着不同的市场供需方。而在每一个特定时空的运输市场上，竞争特点与市场势力的表现也都不一样。有分析认为，判断航空客运市场存在市场操纵行为的标志就是：高的票价、高的飞机客座率和低的航班频率。在其他定期运输服务市场上，人们也很容易发现类似的现象。

以传统巡游出租车运营模式中司机拒载为例，也能说明在特定时空条件的运输市场中，仅为小型车辆的驾驶员就可能滥用其所拥有的市场势力。城市出租车出行需求分散，供给也分散，看起来好像是一个完全竞争市场。但其实每位（或每组共同出行）乘客出行的始发到达地点以及时间一般来说是不同的，出租车所提供的位移服务也是特定的，因此每一对出租车司乘位移服务供需关系都是特殊的，不能随意拿另外一对司乘服务关系去替代。也就是说，任何一对出租车司乘位移服务都是一个特定市场的供需关系，而在传统巡游出租车运营模式下，乘客在这个特定市场中处于相对弱势，出租车司机拥有市场势力，例如此前经常出现出租车拒载等情况。

在巡游扬招模式下，路边乘客向出租车招手，一般没有能力挑选出租车，而出租车司机却可以由于目的地路途太近等原因找一个借口而拒载。那时候很多打车人都有过类似的境遇。可见如果缺少必要的监管手段，在特定的打车出行市场上出租车司机都很容易动用其相对于乘客的市场势力。也曾经有过不少城市出租车由于不满政府准备增加出租车数量而罢运的事例，这在经济学中就是在位者拒绝新进入者。因此在传统巡游出租车模式下，人们并没有感觉到市场竞争的作用。

## 二、在运输市场上引入竞争

主要由运输密度经济和网络幅员经济所决定的铁路自然垄断特性，在一定范围内确实存在但并非一成不变。在目前的铁路运输市场上，无论是列车运营还是基础设施都在不同程度上出现了改变。在运输密度经济方面，修建平行铁路线已成为相当普遍的现象，其中合理内涵是当通道内的客货运需求足够大时，分线运输和竞争就已具备经济性。而网络幅员经济也不一定越大越好，例如美国大型铁路企业之间的兼并在 2000 年以后基本停止，就有对铁路公司无法适应过大规模经营的担心；而日本国铁改革拆分为多家地区性 JR 公司的原因，也是认为原来统一经营管理的国铁规模太大，无法适应地区性很强的具体运输市场竞争。因此，经济学并不支持全国所有铁路都必须由一家公司统一运营的结论。

在 20 世纪的最后 10 年，世界上很多国家的铁路开始实行把基础设施与客货运输服务分开实施管理的新模式。这种类型的管理模式在不同国家有不同的具体表现形式：有的把线路等基础设施仍留给国家负责建设和维护，客货运输则采取商业化经营的形式，有些国家又进一步把客货运营进行分割，形成了若干个能够开展一定内部竞争的运营公司。因此，铁路行业的组织结构目前已经发生了很大变化，在很多国家至少它已经不再是那种传统意义上下一体化运输经营者的典型了。

国外铁路改革中有些就采用了经济学家主张的可竞争性方案，例如英国通过将铁路基础设施、客货运营及机车车辆的租赁等相分离，并实行开放通路权和特许经营权招标来最大限度地实现铁路这一最显著自然垄断行业的可竞争性。图 8-8 显示了英国铁路民营化后的产业组织，由图可见英国国铁改革后形成了一个路网基础设施公司，6 个铁路货运公司和 25 个铁路客运公司，路网公司接受多个基础设施维修公司和轨道更新公司的服务，有3家车辆公司为客运公司服务，6家机车车辆维修公司为货运公司服务。

**图8-8 英国铁路民营化后的产业组织和管制体系**
资料来源：潘振峰：《资源视角的铁路产业竞争壁垒研究》，北京交通大学学位论文，2010年。

## 第五节 运输领域的垄断分析

### 一、麦基诺大桥的假想案例

#### （一）麦基诺大桥概况及其价格垄断

肯尼思·鲍依尔曾以一座收费桥梁，即位于美国密歇根州的麦基诺大桥作为例子，来分析运输领域中市场垄断会是什么样的情况。密歇根州是由地处大湖区的两个半岛组成，该桥是连接北部上密歇根半岛和南部下密歇根半岛的唯一陆上通道，如果硬要绕道则至少得多走800公里的路程，而且附近别的地点都不适于另建新桥。因此麦基诺大桥在连通两个密歇根半岛的交通中具有垄断地位。该桥是1956年由州政府花费1.5亿美元建造的，至今仍归州政府所有。根据州法令，目前每辆小汽车的过桥费是1.5美元，大型车的过桥费要高一些。[①] 密歇根州北部的主要经济活动是旅游业，外加一些木材工业，由于人口密度较低，所以该桥的通行能力一直十分充裕，不存在拥挤现象。大桥每年仅需要少量的维修，车辆行驶对维修费的影响很小，因此过桥所引起的边际成本微乎其微。现在假设麦基诺大桥是属于一家以营利为目的的私营公司，看看在没有政府干预的情况下，该公司如何经营大桥以便获得最大利润（见图8-9）。

---

① Kenneth D. Boyer, Principles of transportation economics, 1997.

图 8-9 上有车辆通过麦基诺大桥的假想需求曲线。在边际成本假设为零的情况下，根据微观经济学理论，垄断的大桥公司将会把过桥费定在边际收益曲线与横轴交点所决定的 5 美元，这个价格下每年会有 500 万辆车通过大桥，并使该公司获得最大的利润（2500 万美元）。但如果该桥是免费使用的，那样就会有 1000 万辆车通过，而且大桥每年所带来的社会总效益或消费者剩余会有 5000 万美元（需求曲线与横轴之间的所有面积）。也就是说，大桥公司制定的垄断价格只让它获得了消费者意愿支付的一半，有两个三角形所代表的效益它没有得到，一块是 5 美元价格以上那个三角形代表的消费者剩余，另一块是右边那个三角形。一个理性的垄断企业面对着它没有得到的利益，肯定要想办法改变价格策略，以便尽可能地获取这些收益。

**图 8-9 麦基诺大桥的简单垄断定价**

资料来源：Kenneth D. Boyer, Principles of transportation economics, 1997。

采用对同一产品制定不同价格的价格歧视是办法之一，而且运输领域是实施价格歧视的理想领域，因为不同消费者对各种运输服务的需求强度差别很大，而且运输服务只能消费而不可储存，转售非常困难。于是，可以想象垄断的麦基诺大桥公司通过把过桥的驾车人分为当地居民和旅游者两类。其中当地居民对桥的利用频率较高，但对过桥费高低相对敏感，如果价格过高他们就会明显减少过桥的次数；而对于旅游者来说，过桥费只占他们到上密歇根半岛旅游总支出的很小一部分，因此需求的价格弹性较小，适当提高过桥费标准不会影响其开车过桥的决定。图 8-10 是大桥公司实施这种价格歧视的示意图。

图 8-10（a）是由旅游者需求曲线决定的过桥费标准，图 8-10（b）则是由当地居民需求曲线决定的过桥费标准。可以看出，旅游者驾车过桥的需求价格弹性较小，因此需求曲线比较陡峭，允许制定较高的过桥费标准，每次 10 美元，此时每年过桥的旅游者车辆为 200 万辆次；而当地居民驾车过桥的需求价格弹性较大，因此需求曲线十分平缓，如果也制定较高的过桥费标准就不切实际了，因此价格定在每次 2.5 美元，此时每年过桥的当地车辆为 400 万辆次。在这种价格

**图 8-10 麦基诺大桥的市场分割定价**

资料来源：Kenneth D. Boyer, Principles of transportation economics, 1997。

策略下，大桥公司每年的收益是 2000 + 1000 = 3000 万美元，显然利润高于单一定价时的水平。为了避免有人提出这种收费办法不公平，大桥公司可以采用这样的差别定价形式，即宣布每次 10 美元过桥费是标准价格，而 2.5 美元的过桥费是打折扣的优惠价，它只对能够出示当地居民身份的驾车者适用。

大桥公司还可以采用其他的价格歧视策略，例如它可以在平时收取较低过桥费，而在周末收取较高的过桥费，因为那个时间旅游者通过较多。它还可以对一天的不同时段制定不同的过桥费，让那些对价格比较敏感的驾车者能够选择过桥费较低的时间段。它还可以通过当地报纸公布一些实行优惠价格的日期，这样可以让使用者对信息了解的程度成为市场细分的标准，实际上还是要让当地居民在较低的价格下多使用大桥。此外，大桥公司同样可以在当地报纸上印行过桥费的优惠券，以便让希望少付费的当地居民可以剪下来使用。总之，所有这些市场细分技术，都可以帮助大桥公司获取一部分原来实行单一价格时所无法得到的消费者剩余或避免价格损失。

按照经济学的解释，"第一类价格歧视"是指对每一位需求者都根据最高的可能制定价格，因而供给者将获取全部可能的消费者剩余；"第二类价格歧视"是指供给者根据消费者的购买或消费数量，采取数量折扣的办法把商品价格划分成几类；"第三类价格歧视"则是指将需求者根据偏好及弹性分为不同的类别，对每一类需求者都索要可能的最高价格。第二和第三价格歧视不能让供给者获取全部消费者剩余，但收益要高于单一垄断价格时的水平。价格歧视的实施必须满足三个前提条件：一是企业必须有一定的市场影响力，能够在某种程度上决定市场价格；二是企业必须有容易区别的、对产品有不同需求弹性的顾客群；三是企业必须能制止消费者的套利行为，能够成功地分离市场，使低价购买商品的消费者没有途径再以高价卖出。

为了尽可能获得更大的收益或利润，麦基诺大桥公司还可以对驾车人中意愿支付的最高价格水平和用最低过桥费可能吸引到的使用者进行分析，再确定进一步的价格策略，以便把所有的消费者剩余和价格损失都变成公司的收入。例如，公司可以对旅游者出售价值 100 美元的年票，对当地居民出售 250 美元的年票，允许他们在一年内无限次通过；还可以根据情况对当地居民出售月票或周票，以便提高定期票的吸引力；还可以对老年人和低收入者出售优惠折扣定期票。总之，大桥公司可以把各种定价策略结合起来使用，以求让尽可能多的车辆通过大桥，同时又能收取到最多的过桥费，实现利润的最大化。

## （二）进一步的分析

但假如麦基诺大桥公司是有更大进取性的，那么它就不会仅仅满足于以前述价格水平确定的现存需求曲线的位置，它会想办法将车辆过桥的需求曲线向右移动。例如，它可以通过广告宣传上密歇根半岛的旅游资源，吸引更多的旅游者前来。它也可以说服商家在桥两端所在的地区兴建不同的商场、旅店和其他服务设施，以便让消费者需要更多地过桥才能满足全部需要。大桥公司甚至可能直接投资在大桥两端购置土地，并自己开发成度假村和其他旅游设施，以便吸引更多大桥的使用者。这样，大桥公司就可能获得有关土地租金和旅游设施经营利润的一部分。

一个地区的可达性如果被控制在一个垄断者手中，那么这个地区的土地所有者和居民的日常经济活动就可能在很大程度上由这个垄断者所掌握。虽然比起大桥私营之前的情况，每年过桥的车辆数更多了，这座大桥附近地区的经济活动明显增加，地区开发程度也提高了，但由于垄断阴影的存在，当地经济活动在很大程度上要受制于大桥公司，因此当地居民和其他企业就有可能会采取措施保护自己。如果在技术上可行，当地居民和土地所有者就会尝试组成修建另一座大桥的公司，以便与原大桥竞争，但由于已没有另建大桥的合适地点，因此他们可能选择开通轮渡达到同样的目的。此外，他们还可以采用要求政府管制、公共接管或其他方式，以便对大桥公司的价格歧视和其他垄断行为进行控制。

肯尼思·鲍依尔认为经济学家们从效率角度进行的衡量，有可能站在大桥公司一边。比如，他们认为用不限制次数的定期票取代每次付费，鼓励了对大桥的使用；他们还会说，为了避免对大桥使用者的交叉补贴，大桥公司实行一定程度的价格歧视也是必要的；此外，他们认为大桥属于自然垄断（natural monopoly）性质，唯一的供给者可以实现生产成本的最小化，在大桥通过能力目前还有富余的情况下另外再增加轮渡的想法显然是不合理的，因为这会造成资源浪费；而大桥公司的经营做法除了导致充分利用大桥资本以外，还促进了当地的经济活动，等等。

然而，美国人从传统上不喜欢自己的命运由别人来操纵，因此当一家私营公司通过垄断力量在很大程度上控制了当地居民的生活，并可以决定有关的企业哪家生哪家死，他们就不愿忍受并希望政府禁止这种权力的滥用。大桥公司的反对者会提出，虽然经济学家认为大桥公司有权用收入补偿成本的看法是有道理的，但如果公司利用价格歧视导致了过高的收入和垄断利润，就是不公正的。这样，问题就转化为大桥公司是否赚取了过高的垄断利润，以便判别其是否有垄断行为。但如果以"给合理确定的价值以合理的回报"（fair return on fair value）为标准去进行衡量，采用原始成本法、机会成本法、市场价值法、重置成本法等不同方法计算的大桥价值会有很大不同。就算确定了大桥的合理价值并且可以根据合理的收益率确定大桥公司应该获得的合理收益，要找到使大桥公司、当地居民和旅游者都感到公平的办法，而且还不应该因此而损失效率，仍旧不容易。

以上关于麦基诺大桥公司的讨论还是最简单的情况，因为它只提供了大桥基础设施的通过服务，也基本上不存在网络和竞争问题。如果包括了在基础设施网络上的各种客货运输服务，那么市场结构的复杂程度以及垄断和竞争性的判断就会复杂得多。需要对运输市场上的垄断现象进行更加细致的分析，不能把一般经济学关于竞争与垄断的结论简单平移使用。况且，经济学关于市场结构以及垄断理论也并不是一成不变的。

## 二、运输领域的行政性垄断

在经济学中狭义垄断概念是指一家企业独占经营的市场状态或格局。现实中的垄断现象有很多，包括由要素先天优势决定的天赋垄断、技术创新所致的专利垄断、超大规模经济所致的自然垄断、由竞争活动所致的经济垄断和以行政权为基础的行政垄断。垄断概念又应分为垄断地位和垄断行为，反垄断并不是一般性地反对市场主体的垄断地位，而主要是反对借助垄断地位破坏公平竞争市场秩序的垄断行为。反垄断是各国竞争政策的重要组成部分，反垄断立法在各国经济法体系中也都占重要地位。

铁路在传统上曾长期被认为是典型的自然垄断行业，各国都希望通过改革在铁路行业内实现一定程度的竞争。但对铁路是不是还存在垄断有不同看法，例如，面对铁路在综合运输市场份额上的大幅度下降，有人认为铁路的垄断已经减少了，还强调铁路并不能从受管制的运价中获取超额利润就是典型看法。对铁路垄断问题模糊认识的来源，一是没有分清是在什么样的市场概念中看待铁路垄断，二是没有分清不同类型垄断的性质。不注意这些区别，使用刻画一般市场上垄断势力程度的 Lerner 指数等工具就可能失去意义。首先必须切实把握住所需分析的市场，才有可能正确判别铁路行业的垄断程度。于立（2019）分析了现实经济中既存在"产业等于市场"的情况，也存在"产业不等于市场"的情况，并提出弄清产业（行业）与市场的关系是反垄断经济学的基石。我们认可这一观点并借助其思路分析铁路在不同市场中的垄断程度。

铁路行业与市场存在着多种关系：（1）从铁路行业提供各种不同方向不同距离而且不能相互替代的位移产品和服务看，铁路一个行业对应着几乎无穷多的

破除行政垄断是铁路改革必须解决的核心问题

Market power and its determinants in the Chinese railway industry

具体客货运输市场；（2）也可以把所有铁路提供的客货位移服务加总在一起作为铁路行业运输市场，并将其放在包括各种运输方式的全国或各地综合运输市场中去考察，在国民经济统计中就可以看到各种运输方式所完成的客货运量和周转量及其所占比重，其中铁路的比重已经下降了很多；（3）在有确定起讫点的具体客货位移市场上，铁路一般是提供可替代位移服务的几种运输方式之一，铁路在这些具体运输市场内的垄断程度各有不同，其中有些可能还保有市场支配地位，但总体上方式之间的竞争已经越来越激烈；（4）在同一个有确定起讫点的具体客货位移市场上，存在不同铁路企业的平行线，或在同一线路上有一家以上铁路企业提供竞争性服务，这属于行业内外市场交叉的情况；（5）在一些具体客货全程位移链条上，铁路运输只是其中的组成部分，如多式联运服务需要不同运输方式间高度协作；（6）从供给侧角度看，也可以把铁路行业内从事铁路运输生产与经营的所有企业，包括不同专业化铁路企业之间提供的各种 B2B 中间产品看作一个市场；（7）根据产业前后向联系还存在着铁路建筑施工和铁路设备制造市场。

从以上分析可以看出，以上关系（1）至关系（5）中的市场都是运输市场，从满足客货位移需求视角看，铁路行业都不等于市场；关系（6）中的铁路行业正好等于市场，但这个市场并不是传统意义上的运输市场，而是构成运输市场供给方的不同铁路企业的集合，包括各种要素和中间产品市场，伴随各国铁路改革进程的是铁路内部市场的多样化；而关系（7）实际上是铁路作为需求方的特定跨行业建设施工市场和设备制造市场。关系（6）中由各类铁路企业共同组成的供给侧铁路行业市场，具有进行反垄断经济分析的典型意义。

铁路在多方式运输市场上所占比重下降并不意味着其在行业内市场上就不存在垄断，目前铁路领域中很多垄断现象的根源是行政性垄断，而且行政性垄断与经济性垄断混杂在一起。行政性垄断与经济性垄断的重要区别在于前者不是在市场竞争中形成的，而是行政权力渗透所形成的一种垄断。

1993 年反不正当竞争法中已经包括有关规范行政性垄断行为的条款，规定政府及其所属部门以及公用企业或者其他依法具有独占地位的经营者，不得滥用行政权力限定他人购买其指定的经营者的商品，或限制其他经营者正当的经营活动等。对行政性垄断的规制在 2008 年反垄断法中得到进一步明确和扩展。该法明确"行政机关和法律、法规授权的具有管理公共事务职能的组织不得滥用行政权力，排除、限制竞争"；禁止公权力组织限定交易、妨碍流通、限制招投标、限制设立分支机构、强制经营者垄断行为和制定不合理规定等滥用行政权力排除、限制竞争行为。

2016 年，国务院发文建立公平竞争审查制度，有助于实现对行政性垄断的事前性规制。2017 年，党的十九大报告进一步明确提出"打破行政性垄断"，意味着包括规制行政性垄断的竞争政策作为基本经济政策已达成高度共识。2018 年新组建的国家市场监督管理总局正式成立，并明确该局承担反垄断统一执法职责。2019 年的政府工作报告则明确提出按照竞争中性原则，在要素获取、准入许可、经营运行、政府采购和招投标等方面对各类所有制企业平等对待。应该说，虽然还存在制度上的不足，但我国竞争政策和反垄断立法已经初步构建了规制行业性垄断的基本条件。

行政性垄断已对铁路行业发展的可持续性、路网内互联互通的达成与效率、综合交通运输体系的建立产生了明显的负面影响，推进以打破垄断、促进竞争、重塑监管为重点的行业改革已刻不容缓。有必要认真研究促推竞争政策在行业性行政垄断领域实施，尽快形成治理逻辑与规制手段，切实放宽准入条件，形成竞争性市场结构，探索适合国情的多元化铁路产权形态和运营模式，切实促进互联互通。

---

**专栏 8-1**

### 低票价航空公司的进入

一项美国政府研究显示：众多低票价新航空公司的进入可能会帮助消费者每年节省 40 亿美元，或者每一单程节约 46~54 美元。

在最近三年中，有 14 家新的客运航空公司开始营业，并希望自己也像采取低成本、低票价的西南航空公司那样成功。另外还有 9 家公司则正在等待政府的市场进入批准。美国运输部目前受理的开业申请比此前 10 年的总数还多。

新进入者正在从根本上对美国航空业产生"巨大影响"，运输部负责航空事务的部长助理帕垂克·墨菲（Patrick Murphy）这样说。由于票价打折的低成本航空公司在数百条航线上的票价要低于那些主要的在位航空公司，因此这些原有的航空公司也被迫降价并改进自己的经营效率……

低票价航空公司目前参与竞争的航线占美国全国国内航线的 37%。消费者显然是受益的。运输部估计，在两个非中心机场之间的单程旅行平均节约数额为 46 美元，而在包括一个主要机场的单程旅行节约数额是 54 美元。如果低票价航空公司数量继续增加的话，相信消费者还会节省更多。

结论是如果进入壁垒足够低，新的进入者就会不断争夺市场，并在价格和服务水平方面保持压力。

资料来源：布拉德利·希勒：《当代微观经济学》（第八版），人民邮电出版社 2003 年版。

---

机票价格越搜越高，你被"大数据杀熟"了吗？

---

**专栏 8-2**

### 泛美航空公司的终结

1991 年 12 月 4 日，世界著名的泛美（PAN AM）航空公司寿终正寝。这家公司自 1927 年投入飞行以来，曾数十年保持了国际航空巨子的骄人业绩，泛美也被人们认为是世界上最广为人知的企业标识。但是对于了解内情的人来说，这个商业巨人的倒下算不上什么令人吃惊的新闻。1980~1991年泛美公司只有一年不亏损，亏损总额累计接近20亿美元，而且在几乎一年前已经宣告破产。但是什么因素使这家公司能得以苟延残喘，连续亏损经营长达12年之久？

从经济学角度看，这是以市场供求曲线为基础的企业进出市场规则作用的结果。可变成本是随生产规模变化而变化的成本，只要企业能够以一个高于其平均可变成本并被顾客所接受的价格提供产品，那么即使这一价格实际上导致了该企业亏损，这种经营在一定时期之内还是有经济意义的。

当然，企业要想在亏损情况下继续经营，往往必须通过出售其原有资产来维持。泛美公司在几十年的经营中积累了巨大的资产财富，足够它出售好一段时间。从20世纪80年代初起，这家公司先后卖掉了不少大型资产，包括以4亿美元出售泛美大厦，国际饭店子公司卖了5亿美元，还把位于日本东京的房地产转手。在整个20世纪80年代，尽管泛美公司仍然坚持飞行，但已经逐步撤出国际航空市场，它向联合航空公司出售了太平洋和大西洋航线，把其他一些重要航线转让给三角洲航空公司，自己则缩减成一家以迈阿密为基地的小型航空企业。但这还是未能挽救泛美公司的命运。

市场经济是否应该加速企业退出市场，在这一问题上有不同意见。从泛美公司的例子看，企业在较长时间内退出，员工们可以晚一些经历裁员的痛苦；而公司股票持有者的利益大多在公司经年积累的家当上，当然不会愿意以出售资产维持经营，但仍对变卖家产渡过难关抱有希望。如果他们了解公司必然倒闭的结局，就可能会迫使它早些关门以便尽可能多地收回资产的残值了。

资料来源：斯蒂格利茨：《经济学的小品和案例》，中国人民大学出版社1998年版。

#### 专栏 8-3

### 明尼阿波利斯航线上的竞争

航空运输市场上的竞争有时候并不充分，某些航线上甚至可能长期只有一家航空公司在供高价直航服务。在各地飞往明尼阿波利斯的航线上有一段时期就是这种情况，这些航线主要是由西北航空公司垄断着，在总共63个航班中只有6个是其他航空公司提供的。由于竞争不足，往返于明尼阿波利斯的机票价格也相对较高。

其他航空公司其实不是不想参与明尼阿波利斯航线的利润分享，但却担心拥有市场优势地位的西北航空公司在它们进入后，为保护市场而采取激烈的降价行动。西北航空公司可以从往返明尼阿波利斯的高价航班中获取丰厚利润，它也能让它的竞争对手相信，如果它们中的一家选择进入这个市场，票价马上会大幅度降低。

直到1999年事情才起了变化。那一年，其他航空公司与美国航空公司在达拉斯——福特沃斯航线上展开竞争，由于美国航空公司在对手进入市场时大幅削价并增加航班，而在对手因无利可图退出市场后又提价并减少航班服务，美国联邦司法部因而对美国航空公司进行了反垄断调查。后来，美国航空公司被判补偿消费者的损失。

该反垄断起诉对明尼阿波利斯航线上的竞争也起到了鼓励作用，有一些以前不敢进入的竞争者开始参与进来。1999年5月，就在美航案子开始后不久，一家规模较小的低成本航空公司——太阳国公司开始飞行6条抵达明尼阿波利斯的航线。可以看出，太阳国公司做出竞争决策的一个重要原因是，相信西北航空公司鉴于美国航空公司的反垄断诉讼一定不敢采取过激的低价竞争手段。

资料来源：罗伯特·霍尔等：《微观经济学原理与应用》（第二版），东北财经大学出版社2004年版。

## 本章思考题

[1] 分析运输市场不同于其他一般市场的主要特征。

[2] 根据不同划分标准制作一个运输市场的分类表格。

[3] 简述四种基本市场结构和后期的市场结构分析理论。

[4] 举例说明运输市场中间层分析方法的意义。

[5] 试分析基本上不拥有固定设施的那些运输方式的可竞争性，并说明它们与上下一体化运输方式市场结构的区别。

[6] 为什么可以把提供航班的频率作为帮助判断航空公司是否具有市场操纵力的标准之一？做出准确判断还需要借助哪些标准，为什么？

[7] 调查公路货运市场，并分别对整车、零担货运或城市货运的市场结构及其内外部竞争状况进行分析。

[8] 对比各国铁路改革中网运分离、客货分离、区域或线路公司等重组方案的区别。

[9] 根据麦基诺大桥公司的案例分析运输业中的市场操纵力问题。

[10] 如何看待铁路行业与市场存在着多种关系，与铁路相关的一共有多少种不同市场？

# 第三篇

## 交通运输的时空经济分析

# 第九章

# 区位与可达性

**本章总体要求**

领会从时空经济分析视角深入研究运输经济问题的重要性;深入了解区位概念、区位理论的进展和主要代表性人物;理解基于本体论研究交通区位的必要性,以及交通区位的主要影响因素;清楚可达性的含义与特征以及可达性分析在运输经济研究中的重要性;了解可达性研究的进展并掌握常用的可达性评价方法;了解如何分析由于交通改善带来的时空转换或压缩;熟悉地区间客货交流表(O-D表)。

**本章主要内容**

- 工农业生产区位、市场区位、城市区位等主要区位理论及其代表性人物的贡献。
- 交通在其他主要区位分析中的作用,以及交通区位与其他区位分析方法的异同。
- 地理、经济、科技、出行意愿等交通区位主要影响因素变化的时间尺度,及其对交通网不同层次特征参数的影响。
- 中外不同历史时期交通路网发展变化中所表现出的共同特点,及交通区位分析与交通规划中的"背景变换"方法。
- 可达性概念与分类,可达性研究的进展及常用可达性的评价指标与公式。
- 交通通信网络的连通性、位置的可接近性和行为主体的可参与能力这三种意义可达性之间的关系。
- 地区间客货交流表(O-D表)的概念、基本结构、平衡关系与构建方法。

## 第一节 区位与区位论

### 一、区位概念与理论进展

一般认为,"区位"一方面指该事物的位置,另一方面指该事物与其他事物的空间联系。农业、工业及其他产业的生产活动、城市的形成和发展等都有确定的空间位置,也离不开与其他事物的联系,这种联系可以分为两大类:一是与自然环境的联系,二是与社会经济环境的联系。因此经济活动与城市的形成和发展实际是综合了自然及社会经济两大类要素的结果。

也有观点认为区位是指人类行为活动的空间,区位是自然地理区位、经济地理区位和交通地理区位在空间地域上有机结合的具体表现。自然地理区位包含地球上某一事物与其周围陆地、山川、河湖、海洋等自然环境的空间位置关系,以及该位置上的地质、地貌、植被、气候等自然条件的组合特征。经济地理区位是指地球上某一事物由于人类社会经济活动创造的人地关系。如对城市而言,是指一个城市在特定的经济区内所处的具体位置及其与其他市镇之间经济上的相互关系,以及城市内部不同街区或地段之间的相对地理位置和人们相互之间工作、生活等多方面的社会经济关系。交通地理区位主要是指某些人类活动与交通线路和设施的关系。

区位理论是关于人类活动的空间分布及其空间中的相互关系的学说。农业区位理论的创始人是德国经济学家冯·杜能,他于1826年出版了农业区位论专著——《孤立国对农业和国民经济之关系》,世界上第一部关于区位理论的名著。新古典区位理论是指以新古典经济学家阿尔弗雷德·马歇尔及 A. 韦伯为代表的传统区位理论体系。马歇尔1920年的《经济学原理》为研究产业集聚现象提供了理论基础,A. 韦伯在1929年的《工业区位论》中更进一步对集聚经济现象的形成机理、动力机制、集聚类型、竞争优势等内容加以梳理与补充。

对新古典区位理论的发展做出贡献的还有其他代表性人物,如运输费用学派的 E. M. 胡佛、市场学派的廖施、区域科学学派的 W. 伊萨德、贸易学派的赫克歇尔—俄林、行为学派的 A. R. 普雷德,也包括分析商业区位的 W. 瑞利和提出中心地理论的克里斯塔勒。后来,区位理论又得到行为经济学和结构主义经济学的修正与补充。迈克尔·波特的《国家竞争优势》和保罗·克鲁格曼的《收益递增与经济地理》《地理与贸易》《发展、地理学与经济地理》等则开创了现代区位理论与新经济地理学研究的热潮。在该领域做出贡献的还包括戈登、菲力普、雷科、哈里森、西尔、布雷那、科兰西等人,相关成果包括外部规模经济、向心力或离心力、核心区与边缘区、区位竞争、尺度重构等理论。

在区位理论中，区位主体在空间区位中的运行关系称为区位关联度，区位关联度影响投资者和使用者的区位选择。一般来说，投资者或使用者都力图选择总成本最小的区位，即地租和累计运输成本总和最小的地方。以往的区位理论，大多局限在区位主体（一般指相关企业）如何根据现有条件选择投资设厂的地点（即区位选择问题），而忽略了地区主体（即有意吸引投资的土地所有人，也包括政府机构）如何改善投资环境与潜在对手开展积极的区位竞争，力争本地区成为集聚性投资行为的首选地点。但这一点已开始受到重视。

## 二、生产地的区位决定

杜能提出的农业区位分析方法是在假设均质的大平原上，以单一市场和单一的运输手段为条件，研究农业经营的空间形态及产地与市场间距离的关系。按照 19 世纪的运输条件，杜能证明了易腐产品和重量大、价值低从而不利于运输的产品应该靠近市场生产，而不易腐坏和每单位重量价值较高、相对较易运输的产品则可适当远离市场进行生产。这样，以市场为中心就会形成一个呈同心圆状的农业空间经营结构，即所谓的"杜能环"。杜能的分析虽然很形式化，他的假设条件距离现实也很远，但他的开创性工作为区位理论的形成做出了巨大贡献，也成为后来农业区位、土地和地租分析进一步发展完善的基础。

高速铁路改变交通区位：高铁引动长三角

工业区位分析的主要原理之一，是根据加工过程中原材料或产成品减重或增重的程度确定加工厂的位置。凡加工过程减重程度较大的产业，被认为应该设立在原料集中的地点；而加工过程增重程度较大的产业，则应设立在靠近市场的地点。前者我们可以看到造纸厂（包括纸浆厂）和糖厂等绝大多数都设立在原料产地，例如加拿大和北欧国家有丰富的木材资源可以造纸，但它们大量出口的是加工过程中已经减重很多的纸张或纸浆，而不是造纸的初始原料，制糖厂也大都建在甘蔗或甜菜产地；而后者如饮料业，则大多设立在靠近消费地的地方，最明显的例子就是全球最大的饮料厂商美国可口可乐公司为了节约运输成本，而把自己的分装厂建了在全世界几乎所有被它打开市场的国家。

经济学告诉我们，一个地区或产业规模经济的实现与运输条件有很大关系，我们可以从图 9-1 看到这种影响。一方面，图中所示某一种产品的长期平均生产成本曲线随着产量的增加不断下降，直到差不多最右端，说明该产品的生产具有较明显的规模经济，当生产量较大时是经济合理的。然而另一方面，随着产量的增加，产品的销售范围也越来越大，空间运输距离的延长会增加单位产品的运输成本，因此我们也看到了一条逐渐上升的单位产品平均运输成本曲线。假定产品的市场销售（供货）成本只包括生产成本和运输成本，于是产品的平均供货成本曲线就是由上述平均生产成本曲线和平均运输成本曲线相加而形成的，它的形状是先下降，在中部到达最低位以后开始上升。在不考虑运输成本的情况下，由最小平均生产成本决定的最佳产量在 $q_1$ 的位置；而在考虑运输成本的情况下，由最小市场销售成本决定的最佳产量却在 $q_2$ 的位置，$q_2$ 小于 $q_1$。这说明运输条件对生产中存在的规模经济能在何种程度上真正实现产生着实际的影响。

图 9-1　生产的规模经济与运输成本的平衡

现实经济中的各种产业都存在程度不同的规模经济，有些产业的生产甚至可以达到很大的经济规模，如汽车和彩电、冰箱等家电产品年产几十万以至上百万台的数量都是可以的。然而，如此大量产品销售所需要付出的运输费用也已经非常可观，于是汽车和家电厂商在扩大产量占领更大市场甚至世界市场的同时也往往寻找更靠近消费市场的生产地点。例如，日本汽车厂商早就把制造厂设在了美国和欧洲，欧美的汽车厂商则把生产厂设在了南美和亚洲，而我们知道，中国的海尔等公司也已经开始把自己的家电工厂设立在欧美国家。

如果由于运输条件的改善，单位运输成本水平下降，或者说产品可以更经济地运到更远的市场，那么厂商原本所具有的规模经济就可以更好地实现。图 9-2 中产品的平均生产成本曲线没有变化，但由于平均运输成本曲线的降低，使得产品的市场销售成本曲线也发生了变化，由最小市场销售成本决定的最佳产量移到 $q_2'$ 的位置，相对来说比较靠近生产的经济规模。

图 9-2　运输成本下降对厂商规模经济的影响

人们发现，国家在公共基础设施包括交通运输领域的投资可以从社会经济的发展中获得很高的回报，原因是运输条件改善中蕴藏着促进地区专业化和更好地发挥产业规模经济优势的良性机制。从提高社会福利的角度来说，运输条件改善和运输成本的降低可以增加各种产品和服务的供给，允许更大的选择性。在运输成本很高的情况下，居民一般只能接受当地唯一但可能是低效率厂商的独家供给，产品与服务没有替代品，价格和质量也是唯一的；而当运输成本有了明显下降时，远方更有实力的厂商就会参与当地市场的竞争，居民消费时在价格和质量等方面的可选择性就大得多了。

当然，各种类型的企业在做选址决策的时候要考虑很多因素，例如投资的数量与结构、劳动力成本、不同企业在区位上的集中程度、与产品销售市场的距离、与供应商的距离、基础设施的完善程度，以及城市或地区的生活质量等。不同类型企业对不同因素的重视程度是有差别的，对有些企业来说距离和运输因素至关重要，而对另一些企业来说，可能劳动力的成本或地区生活质量更为重要。早期工业区位理论的代表人物韦伯认为工业区位的形成主要与运费、劳动力费用和生产集聚力三个因素有关，其中运费具有把工业企业吸引到运输费用最小地点的趋势，而劳动力费用和生产集聚力具有使区位发生变动的可能。他运用了"区位三角形"和"等费用线"等几何方法，来研究上述三因素对区位形成过程的影响。除了以韦伯为代表的费用最小学说，区位研究中还包括销售额最大和利润最大等分析方法。

## 三、市场区位

美国经济学家佛朗克·费特曾对两个生产者之间的市场划分进行过分析。他假定任何供货者与客户之间都有同样的直线交通，货物运价均按重量和距离计算，供货成本是生产成本与运费之和，购货人的需求是有弹性的，即当价格增加时购买数量就减少，直到价格涨到一点也卖不出去。当两个生产者 $P_1$ 和 $P_2$ 把生产费用和运输费用都完全相同的产品出售给均匀分布的消费者，则两个市场的界限是在两个销售者正中的那一条直线［见图 9-3（a）］。图 9-3（a）中同心圆是围绕每个生产者的总成本（包括生产成本和运输费用）等值线。因为消费者只选择价格较低的产品，所以任何一个销售者都无法越过界限去销售。当假设 $P_2$ 比 $P_1$ 的生产费用高 2 个单位，二者的运费仍保持不变时，如图 9-3（b）所示，把两套等值线交叉点连接起来的 AA 线表示市场范围的分界线，可以看出分界线靠近并弯向生产成本较高的 $P_2$ 点。当假设生产费用相等但 $P_2$ 的运输费用是 $P_1$ 的两倍，此时环绕 $P_2$ 的等值线的密度加大，如图 9-3（c）所示，结果市场分界线 AA 比前面的例子更加弯向 $P_2$，原因是费用在这里不止增加一次，而是按每单位距离成比例增加。

(a) 生产成本与运输费用均相同时的市场边界

(b) 运输费用相同但生产成本不同时的市场边界

(c) 生产成本相同但运输费用不同时的市场边界

图 9-3 两市场边界变动

还有一个比较有名的模型是 W.J. 瑞利的零售引力定律，是用于解决位于 X 和 Y 两个城市中间的零售商 Z 如何将货物量按照人口和距离分配到 X 和 Y 两个城市。瑞利的模型用如下公式表示：

$$\frac{Z \text{ 向 } X \text{ 的销售额}}{Z \text{ 向 } Y \text{ 的销售额}} = \frac{X \text{ 的人口}}{Y \text{ 的人口}} \times \frac{(Y \text{ 与 } Z \text{ 的距离})^2}{(X \text{ 与 } Z \text{ 的距离})^2} \tag{9-1}$$

模型中一个区域或城市的规模产生一个需求拉力，而距离则带来一个供给阻力，销售额与城市的人口成正比而与距离的平方成反比。看起来这是认定距离或与距离有关的运输费用，对较长距离货流产生很大的阻力，而且当距离增加时，这个阻力影响比拉力因素相对地变得更大。

德国学者奥古斯特·廖什（August Losch）1940 年出版的《经济的空间分布》对市场区位的理论做出重大贡献。廖什用需求圆锥体的方法把市场区与最常见的需求曲线结合起来。商品的需求曲线如图 9-4（a）所示，图中横坐标为商品销售量，纵坐标为商品售价，d 曲线为需求曲线，表示销售量随价格变动的趋势；纵坐标上 OP 是商品的出厂价格，在 P 点的商品销售量为 PQ，商品离开 P 点会产生运费，商品价格提高则导致需求和销售量下降，直至价格升至 F 点时销售量为零。把 PFQ 平面以 PQ 为轴旋转一周可得一锥形体 [见图 9-4(b)]，此时 PF 为横轴表示与生产地点的距离，纵轴 PQ 代表销售量，该锥形体的体积就是商品的销售总量，它的底面就是该生产者的市场区，是一半径为 PF 的圆。

图 9-4 商品销售量与市场区

廖什还认为，在多个销售者的情况下圆形市场是不能持久的，因为圆与圆之间会有空角未被占领，而市场之间的竞争将使圆挤在一起，最后形成一种蜂房结构，呈一组正六角形形状。可以从数学上证明正六角形既可以填满整个平面，又可以使中心到每一处边缘的距离达到最短，还能使每一位销售者的可利用市场区面积达到最大。不同的商品由于在性质、成本价格和承担运费的能力上的差异，所以各自形成的市场区范围也不一样，即不同商品的市场体系呈现为大小不同的正六角形网。然后廖什将各种商品的市场网叠放在一起，并使它们至少具有一个共同的中心点，结果出现了一个混合的市场网体系。廖什用这种方法来说明聚集区和城市体系的形成过程。在这个市场网体系的中心，是一个大都市，它聚集了各种商品的生产厂家，而在它周围其他或多或少几种商品生产的集合点上就形成了大大小小的市镇。这是一种在理想状态下由生产聚集和市场发展过程所自然形成的城市体系。

有一些区位论学者十分重视各种商品和生产要素在不同市场之间移动的所有障碍，特别是在国际间移动的障碍。例如，俄林（B. Ohlin）在他的国际贸易和地域交易理论中把运输费用作为一个重要因素来考虑，认为地域之间的商品、资源和其他要素的价格与其移动费的差异有关，而移动费既包括关税，也包括运输费。在俄林的国际贸易模型中，如果各国或地区之间存在着较强的移动费用壁垒，生产区位就会趋于分散并丧失规模经济效益，因此无论是贸易壁垒还是运输费用的降低，都有助于国际贸易的增加和国际生产区位的调整。

克鲁格曼（P. Krugman）在他的"新贸易理论"中也主张把传统国际贸易理论与区位理论的长处结合起来，并克服经济学理论一般忽视现实空间，盲目假定生产要素可以不需要费用转瞬间由一种经济活动转移到另一种经济活动的不真实。该贸易理论相对而言更强调：国家间贸易特别是发达水平相似的工业化国家之间贸易的增加，在很大程度上是来源于规模经济的报酬递增，而不是过去所说的比较优势；一定的区位特别是微观工业区位具有很大的不确定性和历史依赖性；生产技术条件对不完全竞争和贸易结构具有很大影响；一定的贸易政策有可能带来比较优势；运输费用是影响国际贸易和区域间贸易的一个重要因素。

## 第二节　交通区位

### 一、基于本体论的交通区位分析方法

在社会经济中，交通运输需求表现出相对快变性，而交通运输网络的形成则表现出慢变性，交通规划应该能帮助解决这两种不同特性之间的平衡。管楚度主张，长远期规划必须借助内源性本体论方法和系统论协同学伺服原理才能实现预期均衡，并据此提出了与众不同的交通区位概念和分析框架。

本体论又称存在论，最早可追溯到古希腊哲学，它是研究世界本质的哲学范畴。本体论从广义说是关注一切存在的最终本性，这种本性需要通过认识论得到认识，因而研究一切存在最终本性的是本体论，研究如何认识则为认识论。我们在这里不讨论哲学意义上的本体论和认识论概念，只借鉴本体论思想的基本方法，即重视系统本体特征或内源性特征的影响。

而根据协同学中的哈肯伺服原理，系统的本质结构是由支配系统变化的序参量，即核心慢变量决定，而且系统的快变量服从于慢变量。结合前述本体论要求，系统的核心特性具有本体特征或内源特征，即贡献这种特性的主贡献因素一定是系统的内构物。任何现象都必须依靠一定的内部结构才能产生。结构是现象的载体，而现象是结构的载荷。结构物就是本体的、内源的，而被系统慢变量决定着的结构物显然具有本体属性。

按照管楚度的观点，某区位与决定该区位的影响因素之间的关系，和某区位与其所能服务的对象之间的关系有着根本区别，前者属于本体性关系，而后者只是内外平衡关系。大多数一般区位理论，即已有的农业、工业、商业及城市等区位理论，都是用本体论方法展开的，例如无论是杜能的农业区位论，还是韦伯的工业区位论，或是克里斯塔勒和廖什的中心地理论，都只是讨论系统内部的地理因素是如何构成区位的。交通也是最重要的地理因素，因此各种区位研究都会涉及交通，但交通所帮助形成的区位又如何服务农业、工业或商业，则是在内外平衡关系部分讨论。

然而，目前绝大多数对交通区位的讨论，都说的是交通与相关国民经济活动的关系，因而立足点是内外平衡关系，并没有涉及最重要的地理因素对交通区位的决定性影响，脱离了本体论。不应该在讨论农业、工业、商业及城市等区位时使用本体论关系的逻辑，而在讨论交通区位时转变为使用内外平衡关系的逻辑。而脱离了本体论也并不能真正弄清楚交通区位的本质。

管楚度的观点是有道理的。相比于其他区位分析，在针对交通区位的这个特殊区位研究中，交通从一般区位研究中的最重要影响因素转变为被影响的对象，如何分析影响交通区位的地理因素，长期以来确实缺少足够重视。显然，应该找到其中能够切实说清问题的特殊解释框架。交通现象中的交通网络是系统中具有本体性特征的结构物，需要进行本体论层面的分析，即交通区位分析。

按照管楚度的观点，之所以强调交通区位的本体论特征，是因为本体特征具有更好的操作性和有效性。本体客体均衡分析只适合用于短期计划，无法满足像运输通道和交通网络长远布局规划的要求。

## 二、交通区位的主要影响因素

根据本体论和系统论的要求，系统的本质结构是由支配系统变化的核心慢变量决定的。但在各种交通规划中，我们经常看到起决定性作用的规划技术却是客货运量预测，对此管楚度持不同看法。他认为建立在内外平衡关系基础上的运量预测技术只适合用于短期计划,而运输通道或网络布局这样的长期规划则应该找对系统在该层次特性上的主贡献因素,并分析该主贡献因素的变化速度。

管楚度提出,支配要素通常属于系统结构本体,并且,支配要素与其所决定的特性之间存在同寿命周期或准同寿命周期的特性。在交通运输体系中,交通通道网络、运输方式、线路技术等级、客货运量及车流等分属于不同层次,也各有自己的支配要素,包括地理因素、社会经济或产业因素、科技因素、出行意愿因素等,每一种影响因素的变化速度各有不同。

地理因素主要是指山文、水文与城市,城市的出现和发展变化很多都经历了几百年甚至上千年,属于文明史的尺度,山文、水文的变化更是以地质史角度衡量;社会经济因素中产业发展的时间尺度至少是几十年;科技因素的变化速度则往往是以"日新月异"形容,一般以十年计,相比之下显然属于快变因素;而通道内客货运量及车流的变化,则是建立在居民个体需求或厂商供销计划基础上,很难准确预测3~5年以后的变化。因此,式(9-2)体现了几种影响因素变化速度的排序:地理因素的变化最慢,社会经济或产业因素的变化次之,科技因素的变化较快,而出行意愿因素的变化最快。

$$V_{地理因素的变化} < V_{社会经济因素的变化} < V_{科技因素的变化} < V_{出行意愿因素的变化} \quad (9-2)$$

进一步看,变化最慢的地理因素决定通道或路网地理特征参数,即通道或路网的空间布局特性;变化较慢的社会经济或产业因素决定通道或路网物性特征参数,即通道或路网的运输方式特性;变化较快的科技因素决定通道或路网技术特征参数,即通道或路网的技术等级特性;而变化最快的群众的收入生活水平和企业的供销经营能力决定具体通道或网络上的客货运量及车流特性。因此,式(9-3)体现了交通运输系统不同层次特征参数变化速度的排序:通道或路网地理特征参数变化最慢,通道或路网物性特征参数变化较慢,通道或路网技术特征参数变化较快,通道或网络上的客货运量及车流特性变化最快。

$$V_{通道或路网地理特征参数变化} < V_{通道或路网物性特征参数变化速度} < V_{通道或路网技术特征参数变化} < V_{通道或路网客货流或车流特征参数变化} \quad (9-3)$$

举一个典型案例:河西走廊是丝绸之路在我国境内的其中一段,相关地理因素山文水文以及沿线城市决定该通道的地理走向特征长期稳定,数千年过去至今仍旧是最重要的人与货物运输通道,并被不断赋予其更新的政治经济含义。但伴随社会经济进步,河西走廊上的交通方式已经历了从驼队到马车、到公路和汽车、到铁路、到飞机的巨大变化,几十年上百年的产业史变化使河西走廊成为综合性交通运输通道。而随着技术进步因素的影响,河西走廊运输通道的技术标准也在不断提升,通道中的砂石路面公路已经变成高级路面,并进一步升级为高速公路,铁路从单线到复线,从蒸汽牵引到内燃牵引再到电气化高速铁路,螺旋桨飞机也变成喷气式飞机,而且技术升级的速度仍在加快。

因此,运输通道或网络布局长期规划应该特别关注系统在该层次特性上的主贡献因素,并分析该主贡献因素的变化速度。交通运输通道与网络的地理联系特性显然主要是由地理因素决定。

### 三、历史形成的交通区位现象

从观察角度来讲，交通区位被定义为交通现象在地理上的大概率高发场所，而交通区位线在交通区位分析被特别强调。其中交通区位射线，即交通网络从中心辐射展开，是保证系统整体性最有效的结构模式。在社会地理系统中，各级中心就是首都、省会、地市、县治等。凡从首都到各省会的最捷径交通线都是最重要的一级交通线，也就是一个国家的首都到各省会之间都存在国家级的交通区位射线。各省是国家下一级的相对独立的系统，因此从省会到各地市节点间应有直达的近似于直线的交通线，这是省级交通区位射线存在的根据。依此类推地市与地市所辖县城也是如此进行区位射线联系的。而且交通区位线具有历史传承的稳定性。

#### （一）我国历代交通网的演变

通过对我国秦、汉、唐、宋、元、明、清等朝代的主要交通网络进行纵向历史比较，可以发现以下规律：各朝代路网辐射状格局的总趋势变化不大，京城是总辐射中心；另外还会有少数几个次级辐射中心，当京城偏离国土的几何中心时，这些次级辐射中心多在另一侧；辐射道路一定都是延伸到对应辐射方向当时领土版图最外凸的地方；当这些交通线偏离两个大节点间的几何连线时，则一定会具有沿河流或沿山文线展开的特点，并会在合适的山口或渡口翻山或渡河；几乎各代所有的重要地方行政单位（例如秦、汉的郡治，唐的州府，元、明、清的省城等）都在这些主要辐射线上。

两个相邻朝代的京城所在地不变时，那么两个朝代的主要交通格局不会大变，只是后来的朝代总是会增加一些新的连线；如果两个相邻朝代的京城所在地改变了，总的交通路网格局变化的重点是京畿附近，边远地区变化则不大；如果两个朝代在某个辐射线方向的边远处的版图变化很大，则相应交通线长度会改变。实际上不论京城位置、国家版图大小变化与否，一个朝代基本上都会在继承前一个朝代交通线路的基础上新增一些线路，同时也使一些线路的重要性等级发生变化。可以看出每个朝代中的最重要的交通线，今天基本上都被开发为公路线、铁路线或公路铁路水路的伴行通道。

#### （二）国外交通网的演变

对法国铁路发展中1840年、1850年、1860年的线路分布图，及高速公路网发展中1960年、1970年、1980年的线路分布图进行纵向比较，可以看出高速公路网络的发展过程与铁路网络的发展过程几乎如出一辙。都是从首都巴黎开始起步，先向西北、东南两个方向发展，然后再向东北、西南两方向发展。在以巴黎为中心向外辐射的同时，也在其他一些城市间修筑一些初期不联网的铁路或高速公路，但最终这些线路还都被整合入网络之中，成为辐射线上的一段。在这些城市中，有些可能成为下一级的辐射中心，但始终不能形成与巴黎平起平坐，或超过巴黎的铁路或高速公路的辐射中心。无论是铁路网，还是高速公路网都伸展到法国版图中最凸出的偏远地区。

对比墨西哥公路网发展过程中1930年、1940年、1950年、1960年的线路分布图，可以看出在墨西哥最初的公路网中除全国最大的中心首都墨西哥城外，另外还有3个次级的地方中心。1940年最大的次级中心及其公路网最先与以首都为中心的公路网连成一体，同时又出现一些不联网的次级中心。到下一个10年（1950年）这些中心及其路网又被纳入全国路网之中。无论在哪个时期，墨西哥长途公路网都是呈辐射状的结构。墨西哥城以北、以西地区的路网建设发展最快，而与坎昆卡坦半岛也有公路联网。

上述古今中外交通路网发展中所表现出的特点，归纳起来包括：每个国家每个时期的主要交通线都是分级以辐射状展开的；首都总是交通中心；交通线总是要优先达到版图中凸出部分的前缘地带。

## 四、交通区位分析在交通网规划中的应用

从观察角度来讲，交通区位是交通现象在地理上的高发（或大概率的）场所，交通区位线、交通区位站点是交通区位的内容。从操作角度来讲，为达到某种经济目标，将交通线或站等项目设置在能达到目标的一定范围内的地理位置。因此，在交通区位分析时必须强调交通在地理上持久的高发性和达到某种经济目标的有效性。

交通区位研究，是根据地域内部交通区位因素分析得出该地域交通区位线的几何结构，根据不同背景层次的地域外部交通区位线，分析得出该地域交通区位线重要性等级的不同。即交通区位线重要性的等级由地域外部背景的大小决定，背景越大对地域交通需求的重要等级越高，或者说，地域交通区位线重要性的重权部分是由外部交通区位线"借道"决定的。而走进内部细节的重要性，在于将研究对象内部的结构、要素等深化认识。总之，根据需要调整"望远镜"或"显微镜"的焦距，就会有助于明确需要研究的交通区位问题。

交通区位分析流程包括：（1）确定分析对象地域及其小、中、大背景与近景的等级与范围；（2）确定分析对象地域的节点与山文、水文分布；（3）分别按照非经济因素和经济因素确定重要节点（非经济因素节点的确定多以行政区划等级为依据，经济因素节点的确定多以人口等级为依据）；（4）针对这些重要节点及相关山文水文约束，分别确定满足各主要因素要求的交通区位线；（5）合成这些分别确定的要素级交通区位线；（6）将合成的综合性交通区位线与交点进一步确定为主要的交通区位射线、纵线、横线与节点，以形成交通网布局规划所需主要通道与枢纽的基础；（7）根据交通区位分析成果，并结合各个地区实际情况进行必要局部调整，就可以把以上交通区位线转化为具体的交通网布局规划方案。

交通发展区位测度的理论与方法

管楚度以国家高速公路网规划为例对交通区位线做了说明。在对"国家"和"高速"等概念所具有的规定性，和国家高速公路网应具的特征进行分析后，他提出高速交通区位研究是高速公路网规划前的概念设计或原理设计，而高速公路规划自身则属于技术设计。高速交通区位研究应由背景变化分析得出所有应该建设，并符合空间经济原理的高速交通线路或通道全集，供高速公路网规划根据需要与可能进行选用。

在非经济因素的交通区位分析中，分别确定了国家行政因素、国家统一因素、民族团结因素、地缘政治因素以及国防军事因素决定的国家高速快速交通区位线与网络；在经济因素的交通区位分析中，则分别确定了大城市和城市群因素、大陆桥（即后来的"一带一路"）因素、一级陆上口岸因素、海港经济腹地因素、进口石油因素、重型产业因素、农业因素、西部大开发因素、旅游因素等所决定的我国高速快速交通区位线与网络；分别集合而成的非经济因素和经济因素决定的高速快速交通区位线合成图、我国政治中心、经济中心高速交通区位线；在此基础上整合确定的国家高速交通区位射线、纵线与横线网络体系。公路规划部门根据各个地区的情况进行必要局部调整，就可将其转化为具体的高速公路网布局规划方案，并根据实际需要制定中近期的建设规划与实施计划。高速交通区位研究成果也可供铁路包括高速铁路网布局规划参考。

不同尺度地域交通区位分析与交通规划的关系在原理上类似，都是应该分别在向外两个层次的宏观视角和向内两个层次的微观视角入手，只不过分析时所需考虑的尺度与范围有差别。以江西省地级市萍乡市为例。萍乡市的外部交通区位线分析，包括国家和赣湘地区两个层次，而其内部交通区位线的分析，则包括市域内的各个县和事实上已经成为重要交通节点或可能为交通网络发挥重要作用的镇。

## 第三节　可达性

### 一、可达性的含义与特征

有观点认为，可达性（或易达性，accessibility）是指利用一种特定的交通系统从某一给定区位到达活动地点的便利程度。而且在不同的空间尺度上，可达性所衡量的具体对象也不相同。在区域范围内，可达性反映了某一城市或区域与其他城市或区域之间发生空间相互作用的难易程度。而在城市内部，一般从个体或微观商业区位的角度来评价可达性，例如将可达性分为个人可达性（personal accessibility）和地点可达性（place accessibility）两类，前者是反映个人生活机会的一个指标，后者则是指某一区位"被接近"的能力。根据韦伯斯特（Webster, 2010）的提法，可达性可以分为个体可达性和总体可达性（generalized accessibility），前者指个人到达其要参与活动的方便程度，而后者是一种多元可达性，比如一个城市的中心具有各种活动，像文化教育、商业金融服务等。综合而多元的活动地点配合了便捷的交通系统，使得该地点的总体可达性高，从而导致其区位价值高。

可达性的测量一般涉及四个方面的要素：（1）土地利用要素：是土地利用系统的反映，包括目的地机会供应的数量、质量和空间分布，如工作、商店、健康、社会和娱乐设施等；以及机会需求的数量、质量和空间分布等。（2）交通要素：描述交通系统，一般包括交通基础设施的种类、位置和特征如最大行驶速度、车道数、出行支出等，往往还包括出行方式的可靠性、舒适度、事故风险等。（3）时态要素：反映了时态约束，例如机会在不同时段的可用性，不同个体参与活动的时间效用等。常包括公共交通时间表、实际乘交通工具的时间、等待及换乘时间等。（4）个体要素：用于描述个体，一般包括年龄、收入、教育程度、家庭情况、能力及获得机会等方面的差异。图9-5为可达性四要素之间的相互关系。

**图9-5 可达性各要素间的相互关系**

资料来源：Karst Geurs etc.：Accessibility evaluation of land-use and transport strategies, *Journal of Transport Geography*, Dec. 2004。

有些研究将可达性的主要特征总结为以下三个方面：第一，可达性是一个空间概念。可达性反映了空间实体之间克服距离障碍进行交流的难易程度，表达了空间实体之间的疏密关系。因此它与区位、空间相互作用和空间尺度等概念紧密相关。第二，可达性具有时间意义。空间实体相互作用或接近经济活动中心主要是通过交通系统来完成，时间是交通旅行中最基本的阻抗因素，因此通常用时间单位来衡量空间距离。许多关于可达性的研究和应用中都设定一个时间的门槛值，例如从某一区位出发半径在行车45分钟范围内可以获得的工作机会。第三，可达性具有社会和经济价值。可达性与交通运输的社会、经济成本之间存在着复杂的关系，因此其对于理解和预期相对区位价值和土地利用模式的变化等，具有重要的意义。也可以说，较高水平的可达性与高质量的生活及吸引力等相关联。

可达性所包含的区位经济价值含义，是通过区位的交通成本来反映的，而交通成本与交通时间紧密相关。因此，交通时间在很大程度上可以作为可达性的度量指标。在已有交通条件下，当交通网络处于畅通状态时，路网或路网所覆盖的具体位置或区域就具有较好的可达性；而当交通网络处于拥堵状态时，路网或路网所覆盖的具体位置或区域的可达性就会下降。在通过规划建设改善交通的条件下，新运输通道、更快捷交通工具或更先进的交通组织技术的引入，都会改善路网或路网所覆盖的具体位置或区域的可达性。

## 二、可达性研究的进展

最早的可达性理念来自古典区位论，在农业区位论中，杜能（1826）就把交通运输作为最根本的考虑因素，伴随着工业结构的变化，虽然区位模型中传统的成本决定因素至少部分已被一些新的区位因素所替代，但交通成本始终是其中不可忽视的一个方面。汉森（Hansen，1959）首次提出了可达性的概念，将其定义为交通网络中各节点相互作用的机会的大小。此后，可达性研究得到城市规划、交通地理以及从事区域和空间研究的众多学者长期而持续的关注。许多学者基于自己研究的角度，提出了可达性的含义并深入探讨了对其进行定量评价的方法。例如提出可达性是"交通网络中各节点相互作用的机会的大小"，或"某一区域能被到达或者能到达其他区域能力"的衡量指标等。

地理学重视可达性概念所涉及的与运输基础设施有关的空间相对位置和距离所代表的阻抗程度。在地理学中所涉及的可达性大体上可以划分为三种类型：交通可达性、面向地点的可达性和面向人的可达性。其中，交通可达性是指由于交通基础设施的分布为空间交互提供了可能性；面向地点的可达性包括就业可达性、社会交往可达性、绿地可达性、商业地可达性、公共服务设施可达性等；面向人的可达性是指从人的角度构建可达性，包括可获得性（availability）、交通可达性（accessibility）、可适应性（accommodation）、可负担性（affordability）和可接受性（acceptance）等。常见的可达性评价方法可以划分为两种类型，第一类是拓扑意义上的可达性分析，主要与由节点和路径组成的交通网络的测量指标（如连接的线路数量与能力等）有关，实际上研究的是某地区或交通网络连接性（connectivity）的改善；第二类被称为接近意义上的可达性分析，主要利用相应主体时间距离对具体位置的实际可接近程度进行属性测量，主要包括基于空间阻隔、基于累计机会和基于空间相互作用的三种评价方法。

由于空间和时间在人们进入活动区位的过程中具有重要作用，因此个体的时空约束对可达性的影响是可达性研究的一个活跃领域。20世纪60年代末，哈格斯特朗（Hagerstrand）倡导的时间地理学为可达性研究提供了一个新的视角。在时间地理学角度上建立的可达性研究框架的中心内容是时空约束和时空棱柱。时空约束是指个人活动的时间和空间特性所引起的对于活动选择的限制，而时空棱柱则是某一个体在特定的时空约束下可能的活动空间。基于时空地理模型，一些学者将约束个体活动的时间和空间因素与其他社会、经济、文化等因素相结合，提出可达性收益模型，评价用于增强区域可达性的不同措施的有效性。雷克（Recker）等利用时空棱柱方法分析了家庭旅行决策对于节约时间的影响。

近期的可达性研究已相当广泛地关注时间距离分析，这是可达性研究从仅限于空间意义提升到时空协调的重要进展。时间距离模型在分析所涵盖的空间范围层面可分为积累机会和平均出行时间两种途径，其中前者计算在确定交通条件下和一定时间内可以到达的就业、就医、上学等机会地的数量，而后者根据交通网的时间矩阵计算从相应居住地到所有机会地点的平均时间距离；在分析所涵盖的出行主体或目的层面可分为对所有人包括所有交通方式的计算、对特定出行目的或行为的计算、对不同交通方式的计算、对特定群体（如弱势群体、残疾人）的计算等；在分析所采用的方法层面则可分为集计方法、非集计方法、案例调查方法等。因此易达性的计量定义有多种，且差异甚大。

可达性规划（accessibility planning）近来成为西方城市交通规划研究中的一个新热点，其中澳大利亚和英国是试行社区可达性规划的先驱者。由于注意到社区层次的活动场所分布及相关联的交通系统细节最直接影响居民日常生活，其可达程度改善是城市成熟、公平及更具活力的重要环节，但又恰恰是缺少责任人的领域，于是英国便通过行政手段把社区可达性硬性规定在2005年及以后的交通规划中并要求实施。

## 三、可达性与移动性的关系

关于可达性的认识，也进一步引发了对交通运输需求究竟只是派生性需求，还是也包括本源性需求的讨论。王缉宪认为交通运输设施具有双重身份：一方面，运输系统提供客货位移，使需求者享用运输产品效用；另一方面，运输系统又通过改变空间连通形态提升相应区位的土地价值，于是运输也是土地利用系统的一个组成部分。也即如果将移动性和可达性一并考虑，则某地或某站点交通建设与运营的成功实际上同时提供了移动性和可达性两种产品。移动性是以实际发生的运输量和周转量衡量，而可达性则是以众多乘客享受到的总体出行方便和时间的节约衡量。移动性所对应的运输产品在运输服务市场上由运输业者和需求者进行交易，而可达性所对应的区位条件改善，则可以由该地或该站点的土地所有者或投资者从区位改善所导致的房地产升值，或其他如吸引更多投资、促进旅游发展中得到好处。①

图9-6以轨道交通场站为例说明移动性和可达性的关系。图中象限Ⅰ代表生活与出行需求，象限Ⅱ代表运输企业提供的位移服务，象限Ⅲ代表轨道交通场站，象限Ⅳ代表在场站实施土地的TOD开发；横轴表示场站区位土地升值的情况，纵轴则表示运输收益的情况。如果交通场站设施只单纯提供了运输位移服务功能，那么人们出行对场站的使用只是通过图9-6中使用方式1满足移动性的要求；如果交通场站已经较好地进行了相关土地的TOD开发，很多人的职住通勤都是通过轨道交通实现的，那么人们对场站的使用是通过图中使用方式2同时满足移动性和可达性的要求；如果轨道交通TOD开发模式已相当成熟，站点上盖周边聚集的商务、商业、餐饮、观光等功能本身就成为TOD社区居民日常活动的目的地，那么人们对场站的使用主要是通过图9-6中使用方式3满足对可达性的要求。

图9-6 交通场站设施与移动性和可达性的关系

在人们出行对场站的使用只是满足移动性要求的情况下，轨道交通企业只能通过票款收入获取运输收益；在人们出行对场站的使用同时也可以满足可达性要求的情况下，轨道交通企业就可以同时获取运输收入和可达性改善所带来的土地价值增值收入，甚至场站所在地政府也可以同时获得相关房地产以及其他产业的税收或就业利益。而且，运输业的位移服务与场站TOD职住、商业二者都需要密度经济的支撑，运输客流与TOD商流无疑是相互促进的。王缉宪甚至借此认为，如果只考虑运输系统单纯满足移动性所引发的客货位移需求就是派生需求；而如果同时考虑运输系统共同满足移动性和可达性目标，则交通运输场站设施的建设，特别是TOD综合开发本身也引发大量的原生性生产生活位移需求。这种观点具有一定的代表性。

虽然可达性与交通条件关系极其密切，但目前可达性研究却较多集中在一般

---

① 本节内容参考了王缉宪2016年工作论文《探讨交通运输地理的两个理论基石》。

的城市规划研究领域。王缉宪分析可达性指标并没有被纳入城市交通规划的主要原因包括：（1）它不适合传统以提高运输系统本身效能为核心的交通规划，交通规划中最常用的道路密度、长度、行车速度、公交线路的数量、总长度、车辆数量、乘客数量、居民平均年出行公里数、停车位数量等在本质上都属于"机动性规划"的体系。（2）可达性不太适合在较大的地域单元进行投资和建设的交通规划，而更适于采用易达程度指标的社区层次却往往不做交通规划，规划和投资的地域层次并不是问题发生和可以处理的地域层次。（3）可达性本身的系统性理论支撑和实际操作仍欠缺。这种状态应该尽快扭转。

在传统运输业发展中，各种运输方式的衔接并不特别受重视，传统交通规划也不太重视乘客进出场站，特别是衔接换乘中的时间距离和方便程度。因此以连接性或移动性为核心指标的传统交通规划与建设，确实并不一定能很好地解决关注时间节省的可达性问题。而交通建设如果偏离本应符合的区位线或区位点，则其所形成的连接性也仍旧可能无法集聚足够数量的运输量与相关经济活动，可达性优势难以形成。可达性与连通性及移动性并非对立，而是在更高层次上对连通性和移动性提出要求。传统交通规划、建设与运营是否成功的考核是以连通性和移动性为主，而新的交通规划、建设与运营应该以可达性为核心指标。用可达性的理念去指导连通性和移动性，以可达性的实现去确保连通性和移动性，而不至于为连通而连通耗费大量资源，城市和区域的时空形态却未得到必要的改善。

运输业移动性和可达性的双重身份对运输规划、投资、建设决策者提出了更高要求，因为无论是运输业的位移服务还是形态构建，其效果如何都需要运输密度经济检验，或需要运输密度支撑，否则无法在经济上可持续，移动性和可达性的双重任务也都无法完成。也就是说，对应于一个特定的运输系统而言，在其运输需求和运营密度达不到某个阈值之前，相应的人口流动和产业集聚都难以实现，必然出现双输局面。例如，近些年出现了一些地方政府把高铁站放到需求不足的新区，就反映出还缺少对可达性的深层认知。

我们认为完整的可达性概念应该包括：（1）交通通信网络的连通性（quality of connecting）与可靠性；（2）地点或位置的可接近性（reachable character）；（3）行为主体的可抵达或可参与能力（ability of playing a part in）三个方面的内容，这三种意义的可达性之间有着密不可分的关系。从时空分析角度看，第三种意义可达性关注的层面是行为主体的能动性及时空链条组织，也就是个人或组织所具备的时空转换能力。对行为主体可达性的关注，可以进一步将可达性概念扩展到交通以外的信息传递、企业经营以至思想传播等领域，是可达性概念的一般化。

可达性概念的重要性既体现在对交通运输相关现象的解释，它也是更加一般性的社会经济时空关系与时空结构的理解及分析工具，因此我们有必要争取更深入的认识。时间距离是刻画可达性的最重要指标，无论是位置的可接近性、行为主体的可抵达或可参与能力，还是交通网络的连通性、可靠性，都可以用时间距离进行衡量并做出判断。时间距离缩短意味着可达性提高，反之亦然，例如交通拥堵就是交通系统的时间可靠性无法满足大量居民日常出行对于目的地可达性的要求。

时空转换能力是行为主体在已有约束条件下通过努力改变原有时间距离以实现既定目标的能力。行为主体既可以是个人、企业及任何组织，也可以是城市或国家。而时空转换效率则是行为主体改变时间距离、实现时空转换的收益与代价的对比关系。时空转换效率也可以分别从个体角度、集体角度和社会角度去衡量。例如，能够把通勤圈范围内的单程出行时间距离压缩到何种程度，是一个城市交通系统时空转换能力的核心指标。

### 四、常用的可达性测度方法

常用的交通可达性评价指标主要包括基于空间阻隔、基于累计机会、基于空间相互作用和基于拓扑关系等四种评价类型，具体包含指标如表9-1所示。其中，基于空间阻隔的可达性评价方法就是计算空间阻隔程度，阻隔程度越低，则可达性越好，常用旅行时间成本、经济成本和距离成本等进行衡量。基于累计机会的可达性评价方法则衡量接近发展机会的难易程度，指居民从某一地出发，利用某种交通方式，在一定出行时间范围内所能到达的工作地数量及工作机会数量，常用的评价指标包括日可达性等，该方法能够考虑空间要素实体的分布形态与土地利用形态，但时间阈值的确定带有主观性。基于空间相互作用的评价方法认为可达性是指到达活动目的地的难易程度，它不仅受到两点间空间阻隔的负向影响，还受到该点活动规模大小的正向影响，常见的评价指标包括潜力模型等，但该方法难以对结果的量纲进行解释，并且应对距离衰减函数的形式和参数进行审慎检验。基于拓扑网络的评价方法是将交通运输网络抽象成拓扑关系图，利用图论和社会网络的相关指标和方法开展可达性评价，能够直观地反映节点间的连通情况与网络的结构，但容易忽略了要素实体的部分空间属性，如地理位置、分布形态等。

表9-1 常用可达性的评价指标、公式及说明

| 方　法 | 指标或公式 | 说　明 |
| --- | --- | --- |
| 基于空间阻隔 | （平均）空间阻隔： $A_i = \sum_{j=1,j \neq i}^{n} C_{ij}$ 或 $A_i = \dfrac{1}{n-1} \sum_{j=1,j \neq i}^{n} C_{ij}$ | $C_{ij}$为表征空间阻隔的具体指标，常见的有空间距离指标、时间距离指标及经济距离指标等 |
| | 加权平均旅行时间： $A_i = \dfrac{\sum_{j=1}^{n}(T_{ij} \times M_j)}{\sum_{j=1}^{n} M_j}$ | $T_{ij}$是节点i到节点j通过交通网络中所花费的最短旅行时间；$M_j$是节点j的质量（GDP、职位或人口等） |

续表

| 方 法 | 指标或公式 | 说 明 |
|---|---|---|
| 基于累计机会 | 机会可达性/日可达性，一般以等时圈表征 | 从经济中心出发，在特定交通成本内（例如20分钟）能接触到的经济活动或人口，日可达性通常将时间阈值设为3~4小时 |
| | 累计机会模型：$A_i = \int_0^T O(t) dt$ | 式中$O(t)$是发展机会随出行时间的分布函数，$T$代表指定的出行时间 |
| | 效用模型：$A_i = \ln \sum_{j \in C} \exp(V_{ij})$ | $V_{ij}$是$i$小区中的个体选择$j$小区的效用，$C$是选择集。该模型以离散选择模型为理论依据，假定出行终点会赋予个体一定的效用，而个体会选择效用最大的终点出行，因此可达性是出行选择的最大期望效用 |
| 基于空间相互作用 | 汉森势能模型：$A_i = \sum_j O_j f(C_{ij})$ | $O_j$表示分布在$j$小区的发展机会，$f(C_{ij})$为阻抗衰减函数，常见形式有幂函数、指数函数、高斯函数等 |
| | 潜力模型：$A_i^v = \sum_j \frac{O_j f(C_{ij}^v)}{\sum_m \sum_k P_k^m f(C_{kj}^m)}$； $A_i^G = \sum_v (\frac{P_i^v}{P_i}) A_i^v$ | $A_i^G$为$i$小区所有居民的总可达性；$A_i^v$为住在$i$小区内通过交通方式$v$的可达性；$P_k^m$为在$k$小区通过交通方式$m$寻找就业机会的居民数；$P_i^v$为在$i$小区使用交通方式$v$寻找就业机会的居民数；$f(C_{ij}^v)$和$f(C_{kj}^m)$分别指通过交通方式$v$和$m$的交通阻抗函数，$v, m = 1, 2, \cdots, M$；$P_i$指在$i$小区寻找就业机会的居民总数 |
| 基于拓扑关系 | 连接率：$\beta = \frac{e}{v}$ | $e$是网络中线路数，$v$为网络节点数，$p$为网络子图个数。$\beta$反映了每个节点平均连接的线路数，$\beta < 1$时，网络呈树状网络，$\beta > 1$时，网络为回路网络；$\mu$为网络的环路数，网络愈发达，$\mu$值愈大；$\alpha$、$\gamma$为反映网络扩展潜力的指标 |
| | 环路指数：$\mu = e - v + p$ | |
| | 实际成环率：$\alpha = \frac{e - v + p}{2(v - 5)}$，$(0 \leq \alpha \leq 1)$ | |
| | 实际结合度：$\gamma = \frac{e}{3(v - 2)}$，$(0 \leq \gamma \leq 1)$ | |
| | 网络直径：$D = \max \{S_{ij}\}$，$1 \leq D \leq n - 1$ | $S_{ij}$表示点$i$与$j$之间最短路径上的边的个数 |

资料来源：作者根据相关文献整理。

# 第四节　地区间客货交流表（O-D表）

在运输经济或空间经济分析中，人们为了反映旅客、物资在地区或城市之间的流向和流量状况，并通过流向和流量的相互联系建立平衡关系，使用了地区间客货交流表。假设共有 n 个发送地区（或城市）和 m 个到达地区（或城市），$x_{ij}$ 为 i 地区到 j 地区的客货流量，$O_i$ 为 i 地区的总发送量，$D_j$ 为 j 地区的总到达量，X 为总运输量，则地区间客货运量交流表的基本形式如表 9-2 所示。

表 9-2　　　　　　　　　　地区间客（货）运量交流

| 发送地＼到达地 | $R_1$ | $R_2$ | $R_3$ | … | $R_j$ | … | $R_m$ | 发送量合计 |
|---|---|---|---|---|---|---|---|---|
| $R_1$ | $x_{11}$ | $x_{12}$ | $x_{13}$ | … | $x_{1j}$ | … | $x_{1m}$ | $O_1$ |
| $R_2$ | $x_{21}$ | $x_{22}$ | $x_{23}$ | … | $x_{2j}$ | … | $x_{2m}$ | $O_2$ |
| $R_3$ | $x_{31}$ | $x_{32}$ | $x_{33}$ | … | $x_{3j}$ | … | $x_{3m}$ | $O_3$ |
| ⋮ | ⋮ | ⋮ | ⋮ | | ⋮ | | ⋮ | ⋮ |
| $R_i$ | $x_{i1}$ | $x_{i2}$ | $x_{i3}$ | … | $x_{ij}$ | … | $x_{im}$ | $O_i$ |
| ⋮ | ⋮ | ⋮ | ⋮ | | ⋮ | | ⋮ | ⋮ |
| $R_n$ | $x_{n1}$ | $x_{n2}$ | $x_{n3}$ | … | $x_{nj}$ | … | $x_{nm}$ | $O_n$ |
| 到达量合计 | $D_1$ | $D_2$ | $D_3$ | … | $D_j$ | … | $D_m$ | X |

在发到平衡的情况下，表内流量显然满足下列等式：

$$\sum_{j=1}^{m} x_{ij} = O_i, \ i = 1,2,3,\cdots,n \quad (9-4)$$

$$\sum_{i=1}^{n} x_{ij} = D_j, \ j = 1,2,3,\cdots,m \quad (9-5)$$

$$\sum_{i=1}^{n}\sum_{j=1}^{m} x_{ij} = \sum_{j=1}^{m} O_i = \sum_{i}^{n} D_j = X, \ i=1,2,3,\cdots,n; \ j=1,2,3,\cdots,m \quad (9-6)$$

即第 i 个发送地区发往各到达地区运量之和应等于该地区的总发送量，所有运到第 j 个到达地区的运量之和应等于该地区的总到达量，而总运输量应同时等于各地总发送量或各地总到达量的合计。因此，地区间客货交流表在一些情况下也被称为地区间客（货）流平衡表、客（货）流分布表或者简称为 O-D 表（Origin-Destination Table）。应该根据一定的时间长度，如一年或一月，编制地区间客（货）交流表，同一表内客（货）流量的计量单位必须一致。

实际使用的 O-D 表包括很多种类。从表的大小来看，如果只有很少几个地区需要进行分析，那么就只需要建立小型 O-D 表，例如把美国本土分为东北、东南、中部、西北和西南 5 个地区，则反映它们之间的客货运联系就只需建立一个 5×5 的小型表；如果需要分析的地区数量较多，就需要中型的 O-D 表，例如要分析美国 50 个州之间的客货运输联系，就需要 50×50 的中型表；而如果需要分析某大城市内所有居民小区或者整个国家铁路网上所有车站之间的交流情况，就可能需要建立发送到达地点（也称为模区）分别为数百甚至上千个的大型或特大型 O-D 表。从表的形式来看，在客（货）交流表的各发送地同时也是表内的相应到达地的情况下，m=n，该表被称为 n×n 形标准交流表或正方形表；其他类型的客货交流表有些发到地数量不一样，是 n×m 形表或长方形表；有些数量一样但不对应一致；有些形成三角形表或别的不完整结构；还有些表的发到量不要求平衡或者还包括进出境运量，后者又被称为开放型 O-D 表（与封闭型表对应）。从 O-D 表的内容和用途来看，又分为客流量 O-D 表、货流量 O-D 表；综合性 O-D 表，即包括各种运输方式的客（货）流量；某一运输方式的 O-D 表，如铁路客运交流表；某一货物品类的 O-D 表，如地区间煤炭交流表；基期 O-D 表、分析期或预测期 O-D 表等。

O-D 表所反映的城市或地区间客货运输联系也可以通过作图的方式在地图上体现出来。例如，图 9-7 和图 9-8 就分别是美国前 100 位的城市间客流分布情况和美国前 50 位的州际货流分布情况。有些 O-D 表，特别是发到地点较多的大型 O-D 表中，会有许多 $x_{ij}$ 的数值很小甚至为零，如果把这些数值很小甚至为零的 $x_{ij}$ 的忽略掉，那么那些最主要的城市或地区间客货流分布情况就可以清楚和容易地在图上反映出来。从图 9-7 上可以看出，美国城市间客流的分布在其东北部和西南部的城市群聚区比较集中，南部得州也形成了一个较密集的三角形，而在地区之间，东北部与大湖地区、东南部以及西部加州之间的长距离联系比较密切，加州与西北部地区、得州与大湖区之间也有较大的客流。

**图 9-7 美国前 100 位城市间客流分布**

资料来源：US Department of Transportation, Bureau of Transportation Statistics. *Transportation Statistics Annual Report* 1998。

而从图 9-8 的州际货流分布情况可以看出，美国大宗长距离货流主要是东西方向的，其中地处西南的加州与全美多数地区都有较大量的货物交流，而东北部和大湖区附近地区的相邻州际货流联系比较密切。

247

图 9-8 美国前 50 位（按价值量计算）州际货流分布

资料来源：US Department of Transportation, Bureau of Transportation Statistics. *Transportation Statistics Annual Report* 1998。

利用 O-D 表，人们可以对地区之间的客货运输联系通过建立模型进行分析或预测，例如引力模型的数学形式如式（9-7）：

$$x_{ij} = k \cdot \frac{T_i^\alpha \cdot U_j^\beta}{r_{ij}^\gamma} \quad (9-7)$$

式（9-7）中 $T_i$、$U_j$ 为 i 地和 j 地的相关总量指标，在分析客流量时可采用两地的总人口，在分析货流量时，可采用两地的总产值或有关产品的产量，当采用 i 地的总发送量和 j 地的总到达量时，$T_i = O_i$，$U_j = D_j$；$r_{ij}$ 为两地之间的距离；$\alpha$、$\beta$ 和 $\gamma$ 为模型的指数常数，在一些情况下取 $\alpha = \beta = 0.5$ 或 1，取 $\gamma = 1$ 或 2；k 为模型的比例常数，需要根据具体的研究问题确定。引力模型是空间联系分析中应用比较广泛的一种模型。它因形式与物理学的万有引力定律（两物体之间的引力与物体的质量成正比，与物体之间距离的平方成反比）近似而得名。

空间相互作用模型的数学形式则如式（9-8）：

$$x_{ij} = A_i \cdot O_i \cdot B_j \cdot D_j \cdot f(r_{ij}) \quad (9-8)$$

式（9-8）中 $x_{ij}$，$O_i$ 和 $D_j$ 的含义同前，$A_i$ 和 $B_j$ 分别是对应各发送地 i 和到达地 j 的比例因子，而 $f(r_{ij})$ 是一距离递减函数，该函数可以有多种形式，其中最常用的是指数型函数和幂函数两种形式。

空间相互作用模型允许根据实际问题确定不同形式的距离递减函数，以便较好地体现距离因素对客货流量的影响；模型中分别用 $A_i$ 和 $B_j$ 体现地区间客货流量受一地被其他地区吸引以及吸引其他地区强度和能力的影响，有一定的现实意义；还可以根据情况将模型扩展成其他形式，如引申为一种或几种改进型的引力模型，具有较大的通用性。因此，空间相互作用模型已成为国际上应用较广的客货交流量分析方法。

> **专栏 9-1**
>
> ## 交通改善带来的时空转换或压缩
>
> 国外文献中有对时空转换（或时空压缩，time-space convergence 或 time-space compression，TSC）的计算案例。美国的纽约到波士顿两个城市之间的距离约为340公里，由图9-1-1可见，由于交通运输条件的变化使得两地之间交通所需要的时间在160多年中大大缩短。1800年时两地之间主要靠驿站马车的旅行约需要4800分钟（即80小时），1860年时两地之间的火车旅行时间已缩短至约660分钟（11小时），而1965年两地之间汽车运行所需要的时间已经缩至300分钟（5小时）。图9-1-1中运输方式只包括驿站马车、火车和汽车，如果考虑后来的高速公路，以及今天有可能的高速铁路加入运营，两地之间通行的时间距离还会缩短到3小时和1小时。
>
> 图 9-1-1 纽约至波士顿之间旅行时间变化
>
> 图9-1-1中斜线A代表165年期间内两地之间通行时间逐渐缩短的变化趋势。斜线B代表1860~1888年28年相对较短期间内两地之间通行时间缩短的变化趋势。斜线斜率反映了时间距离缩短的快慢，斜率越陡表示旅行时间缩短得越明显。1830~1860年期间由于铁路开通所导致的时间距离缩短，明显要快于其之前的阶段和之后的阶段。与斜线相对应的水平线段代表该段运输时间缩短所对应的年份段，垂直线段则代表该段运输时间缩短所对应的时间段，如B斜线所对应的水平线是从1860~1888年，垂直线所对应的运输时间减少是从约660分钟减至400分钟。

高铁时空收敛视角下长三角经济联系的变化

利用与斜线相对应的垂直线段和水平线段的长度，可以计算该期间平均每年缩短的旅行时间或时间距离。例如根据图 9-1-1 上的数据，1800~1965 年间两地之间的旅行时间从 4800 分钟降至 300 分钟，算出每年的旅行时间距离缩短了 27.3 分钟；1830~1860 年间两地之间的旅行时间从 2000 分钟降至 660 分钟，则每年的旅行时间距离缩短了 44.7 分钟。

资料来源：根据 Billy Janelle（1968）：Time-Space Convergence 所提供的数据计算。

### 专栏 9-2

## 青藏铁路带来的时空可达性

2006 年 7 月 1 日青藏铁路格尔木—拉萨段建成，贯通西宁—格尔木—拉萨的青藏铁路全线通车，终于结束了西藏没有铁路的历史。以我国各大地理区域代表性中心城市距离拉萨的陆上里程，粗略计算各大区与西藏的平均距离：西北（西宁—拉萨）1463 公里；西南（成都—拉萨）公路 2095 公里，铁路 3360 公里；中南（长沙—拉萨）4250 公里；华东（杭州—拉萨）4543 公里；华北（北京—拉萨）4070 公里；东北（长春—拉萨）5163 公里。表 9-2-1 是各地区与西藏之间不同交通方式时间距离的对比，可以看出近现代交通已经大大缩短了各地区与西藏之间的时间距离。

表 9-2-1　　各地区与西藏之间不同交通方式时间距离的对比

| 地区 | 早期驮队时间距离 | 公路运输时间距离 | 铁路普货时间距离 | 铁路快运时间距离 | 铁路客运时间距离 | 航空客运时间距离 |
|---|---|---|---|---|---|---|
| 西北 | 3 个月 | 3~4 日 | 6 日 | 隔 3 日 | 第 2 日 | 当日 |
| 西南 | 3 个月 | 3~7 日 | 14 日 | 隔 5 日 | 第 3 日 | 当日 |
| 中南 | 4 个月 | 1~2 周 | 17 日 | 隔 5 日 | 第 4 日 | 当日 |
| 华北 | 4 个月 | 1~2 周 | 17 日 | 隔 5 日 | 第 3 日 | 当日 |
| 华东 | 5 个月 | 1~2 周 | 18 日 | 隔 5 日 | 第 3 日 | 当日 |
| 东北 | 6 个月 | 2 周以上 | 21 日 | 约 1 周 | 第 4 日 | 当日 |

注：不同地区与西藏之间的时间距离以各地代表性城市与拉萨为标准计算。
资料来源：《青藏铁路在西藏交通时空结构演变中的作用》，2016。

除了在交通运输时间距离上的差别，客货运输的数量规模也是交通运输可达性的一个重要体现。表 9-2-2 是对不同运输方式进出西藏运输规模量级以及运输成本的对比分析。

表 9-2-2　不同运输方式进出西藏运输规模、成本、对象、影响

| 项目 | 早期驮队 | 公路运输 | 铁路货运 | 铁路客运 | 航空客运 |
|---|---|---|---|---|---|
| 年运输规模 | 百吨~千吨 | 万吨~百万吨 | 百万~千万吨 | 百万~千万人次 | 十万~百万人次 |
| 每吨或每人运输成本 | 超半数货物和驮畜 | 约1000元 | 约200元 | 690元 | 1900元 |
| 主要运输对象 | 粮食 | 粮食、燃料、军品 | 建筑材料和贸易品 | 大众出行 | 快捷出行 |
| 支持政治、经济、社会关系 | 象征性主权 | +军事存在 | +经济建设 | +经济、文化与社会发展 | |

注：货运成本按2000公里距离，客运按西安—拉萨铁路硬卧、航空经济舱全价计算；"+"指在前一项的基础上增加的新内容。
资料来源：《青藏铁路在西藏交通时空结构演变中的作用》，2016。

交通改善实质上是通过有效的时空转换提升人与货物位移的可达性，我们从西藏交通可达性的提升能够很清楚地分析现代公路、铁路以至航空事业发展所产生的巨大影响，特别是西藏交通跨入铁路时代的重要意义。

资料来源：荣朝和：青藏铁路在西藏交通时空结构演变中的作用，载于《中国藏学》2016年第2期。

---

**专栏 9-3**

# 伦敦公共交通可达性分析方法及应用

在伦敦交通规划中，分析交通基础设施和服务作用的重要方法是可达性。使用可达性分析的主要目标是：识别因交通改善而得益的区域；更好地了解新公共交通线路、车站和道路规划的影响；识别医院、影剧院等公共服务建筑的最佳选址以便居民使用；了解伦敦的哪些地方更适合居住和办公开发；对不同区域的停车配建标准提出建议。

可达性分析的主要形式有三种：公共交通可达性水平（public transport access level，PTAL），基于区域内公共交通的服务距离和频率的公共交通可达性指标；等时线地图，展示特定区域到其他区域的时间或一定时间内可到达的区域；服务范围分析（catchment analysis），描述特定区域在一定时间内可到达的工作地点，或不同形式的服务情况。

1. 公共交通可达性水平

PTAL的取值范围为0~6，越大表示可达性越好。计算PTAL的输入数据包括：（1）区域内的住宅、办公、商店等要素规模；（2）所有公共交通车站，称为服务点；（3）所有可以步行的网络；（4）所有公共交通运行线路（包括轨道交通线路），以及在服务点的停站情况和服务频率；（5）根据PTAL的计算要求，所有输入数据区分现状和未来的两种情况。

## 2. 出行时间地图（等时线地图）

等时线地图主要展示特定区域到其他区域的时间或一定时间内可以到达的区域。还有一种可达性表示方法，是机会和服务可获得性（access to opportunities and services，ATOS）。ATOS用来计算通过步行或公共交通能够得到潜在服务的容易程度，包括就业、教育、健康、食品商店、开放空间等方面。等时线地图可以辅助交通设施规划决策，以及对比不同交通方式服务范围的差异。

## 3. 服务范围分析

服务范围表示可以从某个区域方便到达的区域。例如某个区域提供了类似商店、学校和医院的服务，则大多数顾客、学生和病人来自服务范围；又如某个区域是住宅，则服务范围是大多数居民要去工作的地方。具体的分析包括某中心60分钟公共汽车和所有公共交通方式可达范围分析等。

伦敦公共交通可达性的应用较为广泛，有些指标甚至提升到对规划的指引作用。例如直接应用于停车配建政策分区、居住和办公的开发密度分区等。同时也将交通设施项目和改善效果、公共服务设施等相关因素联系起来，突破了单纯交通供给分析的界限。从分析方法上看，PTAL的计算步骤简单明了，虽然存在一些缺点，但比较容易操作和应用。等时线及相应时间范围内的各种机会和服务要素分析是可达性的主要度量指标，可以充分体现地区交通发展的差异性。对相关的政策分析，如引导TOD发展、土地使用及开发强度、提高公共交通出行分担率等方面具有较好的促进作用。可达性分析是交通和土地利用互动反馈的一座联系桥梁。

资料来源：张天然等：《伦敦公共交通可达性分析方法及应用》，载于《城市交通》2019年第1期。

## 本章思考题

[1] 阅读有关区位理论的著作，简述韦伯区位论中运费、劳动力费用及集聚因素对工业区位变动的影响，并思考后来的区位模型对运输条件的考虑有哪些变化。

[2] 举例说明交通在其他主要区位分析中的作用，并试评述交通区位与其他区位分析方法的异同。

[3] 举例说明中外不同历史时期交通路网发展变化中所表现出的共同特点。

[4] 举例说明地理因素、经济因素、科技因素、出行意愿因素等几种交通区位主要影响因素变化的时间尺度，及其对交通网不同层次特征参数和交通规划思路的影响。

[5] 试说明不同尺度地域交通区位分析与交通规划在原理上共同的"背景变换"方法，并举例说明"望远镜"和"显微镜"在分析中的作用。

［6］梳理可达性的概念与分类，列表并举例说明各类可达性测度指标的类型、优点和缺点。

［7］举例说明运输经济分析中可达性和移动性的区别与联系，并探讨其理论及实际意义。

［8］试分析时空转换能力的意义，并举例说明交通改善在时空转换中的重要作用。

［9］简述地区间客货交流表（O-D表）的概念、基本结构、平衡关系与构建方法，并查找基于O-D表的主要地区间客货运输联系分析模型。

［10］试设计一个尽可能符合实际，但不过于复杂的O-D表，如某年度全国各大区的煤炭产销平衡表（最好为开放型表），并将其作为基期表预测出一个三年后的O-D表。

# 第十章

# 城市交通运输

> **本章总体要求**
>
> 理解交通运输在城市、城市化或城镇化不同发展阶段所发挥的作用;理解运输化与城市化、工业化等之间的相互关系;熟悉交通运输与城市聚集经济的关系以及如何影响产业布局与城市形态;了解大都市区化的主要特征和轨道通勤与TOD发展对都市圈的作用;熟悉大城市交通拥堵治理的主要思路。

**本章主要内容**

- 城市概念及有关社会分工与早期城市形成的关系,以及工业革命以后现代城市的发展。
- 城市化或城镇化的概念,以及城市化的发展进程与不同阶段。
- 历史上交通运输对城市产生与发展所起的作用以及现代交通在城市化中的作用。
- 基于城市功能与居民日常出行行为的交通模型分析方法。
- 都市圈或大都市区概念,通勤模式以及职住平衡时空关系决定的城市集聚经济边界。
- 各种公交方式技术经济特点的对比。不同主导公交方式所支持的城市规模与效率。
- 公交特别是轨道交通引导的城市发展模式(TOD)对特大超大城市的意义。
- 大城市交通拥堵治理与停车问题。

城市化是人类社会进步的标志,也是社会的发展趋势。城市化最明显的标志是人类由分散、传统的农村生产与生活方式转向集中化、机械化、大规模、深化分工的现代生产与生活方式。由于能够克服空间与时间的阻隔,因此交通运输成为影响城市形成发展、城市化推进的重要因素。同时，城市化的发展又不断产生、改变运输需求，从而影响运输业的发展。

# 第一节　城市与城市化过程

## 一、城市的概念

城市是一个既包含时间空间，又涉及政治、经济、文化等社会方方面面的综合概念，不同学科形成了对城市的多种定义。地理学定义城市为具有一定人口规模、以非农业人口为主的居民点。经济学定义城市为具有相当面积、经济活动和住户集中，以致在私人企业和公共部门产生规模经济的连片地理区域。社会学中城市被定义为具有某些特征的、在地理上有界的社会组织形式。

对于城市的界定应该把握住城市的本质性特点，具体说来有三方面。一是集中，它是城市的本质特点之一，如人口的聚集成为衡量城市规模的一项重要指标。二是中心，城市是国家或地区的政治、经济、文化、教育、交通、金融、信息中心。三是有别于乡村聚落的高级聚落。城市是人类第二次社会大分工即农业和手工业分离后的产物，是伴随生产力水平的提高，产品和财富剩余积累足以供应非农业行为存在时，在地域空间上出现的人类文明的重新分布。

### （一）经济活动的集聚产生城市

不同城市形成的原因可能不同，这其中有一些特殊的甚至偶然性的因素在起作用。例如有的城市主要产生于政治因素（如行政中心），有的城市主要产生于军事的需要（如关塞、要塞等），有的城市产生于地理因素（如渡口、港口等）。但就本质而言，城市的出现乃是经济活动在一定的空间聚集的过程，而分工的不断深化又对经济活动的空间聚集和城市的形成起了决定性作用。

人类社会从蒙昧向文明迈进的过程中经历了三次社会化大分工，每一次都为城市的产生创造了必要条件。畜牧业和农业的分离是人类的第一次社会大分工，使得农业产品和畜牧业产品的交换成为一种经常性活动，直接导致了固定交换场所的出现。手工业和农牧业的分离是人类的第二次社会大分工，不仅形成了与农牧业相互依存的原始制造业，也提高了农牧业的劳动生产率，可供交换的产品增加，交换场所的规模增大。这一时期出现了集市与城郭相结合的趋势。商业和农业、畜牧业以及手工业的分离是人类的第三次社会大分工。商业的出现，使人类在生产之外进入了一种全新的经济活动领域——流通领域，这是早期城市形成的重要条件和标志。

现代城市的产生是在工业革命以后。社会分工的深化推动了产业集群的形成，产业集群又促进了现代城市形成。随着分工增加，交易次数增多，各行业的企业面对更大更复杂的市场。为了减少运输成本，共享公共设施，减少不确定性风险和交易成本，企业偏好于聚集。产业集群内的企业会雇用大量工人，而工人及其家庭为了节约通勤费用和通勤时间，会选择在企业的附近集中居住。同时，为工人及其家庭服务的交通运输业、文化娱乐业和教育业也会应运而生。在生产与人口的不断集聚过程中，现代城市加速发展壮大。

## （二）交通运输是集聚产生的基本条件

产业集聚、专业化分工、规模经济、资源共享等都影响城市的形成与发展，而交通运输是促使城市形成的重要且基本因素。如果可达性不够强、运输成本不够低，就不可能形成一定规模的生产、交换与消费市场。简言之，交通区位优势与交通运输业的发展使得区域交通成本下降，便利了生产、生活与贸易活动的集聚，形成城市。

19世纪以来人们开始注意到区位因素，特别是交通带来的区位影响对于城市的产生和成长的重要意义。韦伯在其1909年出版的《工业区位论：区位的纯理论》中从经济区位的角度探索资本、人口向大城市移动背后的空间机制。韦伯认为最小费用点就是最佳区位点，人口和产业等向最佳区位点的集聚可以带来内部经济和外部经济，聚集的产生和发展形成了经济活动的地域分布及等费用线，而城市就在等费用线的交点处产生和发展起来。帕兰德1935年在《区位理论研究》中不仅使用了等费用线、等送达价格线，还提出了等距离线、等时间线、等商品费用线和等运输费线的概念。这些线由近到远由密集变为稀疏，线密集的地方就是各种要素聚集的地方，也是经济实体获益最大的地方，由此奠定了城市产生的基础。

图10-1是克里斯塔勒中心地体系示意图。中心地理论是阐述一个区域中各中心地的分布及其相对规模的理论。根据该理论，城市的基本功能是为周围地区

图10-1 克里斯塔勒中心地体系

资料来源：奥沙利文：《城市经济学》，中国人民大学出版社2013年版。

提供商品和服务，低级中心地的特点是数量多、分布广、服务范围小、提供的商品和服务档次低、种类少，高级中心地的特点是数量少、服务范围广、提供的商品和服务种类多。一定等级的中心地不仅提供相应级别的商品和服务，还提供所有低于这一级别的商品和服务，中心地的等级性表现在每个高级中心地都附属几个中级中心地和更多的低级中心地，形成中心地体系。克里斯塔勒认为，市场、交通和行政三个条件或原则支配中心地体系的形成，在不同的原则支配下，中心地网络呈现出不同的结构。

## 二、城市化的定义与特征

不同学科对城市化的定义也不同，有一定代表性的包括：（1）"人口城市化"观点，这种观点将城市化定义为农业人口转化为非农业人口的过程，如埃尔德里奇认为"人口的集中过程就是城市化的全部含义"，克拉克则将城市化视为"第一产业人口不断减少，第二、第三产业人口不断增加的过程"。（2）"空间城市化"观点，该观点认为城市化是指一定地域内的人口规模、产业结构、管理手段、服务设施、环境条件以及人们的生活水平和生活方式等要素的发展、转变过程。（3）"农村城市化"观点，如高珮义（2009）认为城市化就是变传统落后的乡村社会为现代先进的城市社会的自然历史过程。

学术界对于人类城市化的起始点存在一些争议，有些学者把城市的发展史等同于城市化过程，但本书作者认同城市化发端于工业革命。城市化需要高度发达的生产力水平为支撑，如果没有生产工具的极大改良与进步，没有大规模的集中生产，单凭分散的手工劳动，即使劳动强度再大，劳动时间再长，也无法提供足够多剩余资源支持城市化的规模。主要发达国家城市化开始的时间如表10-1所示。工业革命之后，世界城市人口的比重约以每50年翻一番的速度增长，1800年为3%，1850年为6.4%，1900年为13.6%，1950年为28.2%，2010年已超过50%。

表10-1　　　　　　　　　　发达国家城市化的起点

| 国　　家 | 英国 | 法国 | 德国 | 瑞典 | 美国 | 日本 |
| --- | --- | --- | --- | --- | --- | --- |
| 时　间（年） | 1750 | 1780 | 1830 | 1850 | 1840 | 1870 |
| 城市化水平（%） | 17~19 | 12 | 10 | 7 | 10.8 | 11~14 |

资料来源：保罗·贝洛克：《城市与经济发展》，江西人民出版社1991年版。

从18世纪工业革命开始，英国在工业化蓬勃展开的同时城市化也快速发展，到1850年其城市化水平达到50%，远超过世界同时期6.4%的水平。1851~1960年，城市化在欧洲和北美国家快速推进，主要发达国家城市化达到约70%。1960年至今，城市化开始在全球范围内推广和普及，更多发展中国家进入城市化快速上升阶段。图10-2是1800~2000年世界城市化趋势，由图可见发达国家从 1850 年前后进入城市化快速发展阶段，到 2000 年其城市化已经接近 75% 的稳定水平；而发展中国家的城市化水平从第二次世界大战后不到 20%，发展到 2000 年的约 40%。到 2010 年，全世界城市人口占全部人口的比重为 51.8%。

**图 10-2　世界城市化趋势**

资料来源：陈锐等：《世界与中国城市化之路》，社会科学文献出版社 2012 年版。

综合学者们的研究，城市化的内容或城市化的特征主要包含以下四个方面：

（1）人口向城市的迁移与集中。城市化首先表现为人口的大规模迁移和集中过程，是一种随着经济的发展和社会的进步而自发形成的、不以人们意志为转移的客观过程。一方面，农业的发展、农业生产率的提高使得农业人口剩余出现，迫使农业人口向农业以外的产业部门转移；另一方面，随着城市经济的发展和规模扩大带来较高的收入水平，更加方便和舒适的城市生活吸引着农村人口向城市迁移。

（2）经济活动集聚与城市产业结构的转变。主要包括：①要素的集聚。无论是人力资本，还是物质资本，都会不断地集聚于城市；②生产的集聚。生产的集聚首先表现为第二产业的集聚，随后表现为第三产业的集聚；③交换的集聚。城市不仅能为人们的交换提供功能完备的市场体系和交换所需的各种中介服务机构，而且还能提供交换所需的便利的交通条件和灵通的信息条件；④消费的集聚。人口集中、产业集聚和交换集聚使消费活动集聚。经济活动在城市的集聚过程也是城市产业结构发展变化的过程。

（3）人们生产与生活方式的转变。城市化改变了人们的生产方式和生活方式：农业劳动生产率的大幅提高使得农村剩余劳动力析出并转移到城市生产、生活；城市人口的增加对农产品的需求随之增长，刺激农业生产进一步发展；城市化扩大了消费市场的规模，刺激日用工业品和耐用消费品的生产，促进了工业化的发展；城市作为生产与生活的中心，对供电、供水、公路、铁路、通信等基础设施与服务的需求，促进公共服务业兴起；城市化在丰富城市居民物质生活的同时，也极大地带动了科学、文化、娱乐、教育的发展，丰富了城市居民的精神生活，人民的总体生活水平得到了提高。

（4）城市空间形态与布局的变化。人口与产业向城市的集聚最终引起城市形态与布局的变化，主要体现在：①城市数量增多。由于经济社会发展，人口逐渐从农村地区向更具有区位优势的区域转移，一些有条件的乡镇发展成小城市，大城市周边受其辐射带动也会发展出多个卫星城，不同线路或不同交通方式交汇处也常常成为人口、产业的重要聚集地，并逐步发展成城市。②城市规模扩大和城市群形成。城市原有的行政边界不能满足生产与生活的需要，于是不断向外扩展，城市内也由原来的单中心向多中心结构转变。城市在发展过程中与周边市镇的关系逐步密切，因而建立起紧密的功能互补关系。③城市产业与人口围绕交通等基础设施的高密度聚集。城市空间中交通线路、站点的周边地区成为可达性高、运输成本低的优势地区，吸引人口、产业等向这些地区集聚，而人口、产业等要素的集聚又会进一步增强这些地区的优势。在这种循环累积过程中，城市逐步形成围绕交通等基础设施高密度集聚的空间形态。

## 第二节　交通运输在城市化中的作用

### 一、早期城市与交通运输的关系

古代城市的形成与发展、城市文明的传播与便捷的水运交通密不可分。目前所知城市最早起源于大约一万年前位于两河流域的美索不达米亚平原，由于土壤肥沃、农产品有剩余，出现手工制造等其他行业，又加上江河流域交通相对便捷，产生了较大的人口集聚地区，城市文明开始传播。公元前 3500 年左右开始，相继出现两河流域的苏美尔与古巴比伦、尼罗河流域的古埃及、黄河流域的中国夏商周、地中海沿岸的古希腊和古罗马、印度河流域的古印度等，也产生了大量著名的城邦与城市。

中世纪欧洲进入封建社会，随着交通运输技术的进步、商品贸易的兴起，13 世纪地中海地区的米兰、威尼斯、佛罗伦萨、君士坦丁堡、阿拉伯半岛的巴格达等，由于位居交通要冲，商业、贸易及文化交流兴盛，发展迅速。15~17 世纪，伴随欧洲通往东方新航路的发现、美洲的发现、环球航行的成功以及其他航海探险活动的开展，欧洲经济中心逐渐由地中海移至大西洋沿岸，葡萄牙、西班牙、英国及荷兰的一些港口城市发展成为闻名世界的贸易中心。此后，始自 18 世纪的工业革命更开启了人类城市化的进程。

中国是人类文明发源地之一，夏商时期中国已经出现了真正的城市。春秋战国时期中国的封建制度萌芽并逐步确立，在手工业、商业、农业、造车技术和牲畜使用等全面发展的基础上，出现了众多的商业都会。秦朝统一全国后，中国古代都城—郡城—县城三级城市体系初步形成。为了便于统治，秦朝修建了从咸阳至各主要城市的陆上交通线，实施"车同轨"政策，并开凿运河，促进了不同地区城市间的交流与发展。汉唐以后，更多城市在沿江河、沿海的交通便利处得到发展。伴随晚清年代帝国主义的入侵，西方工业革命的成果也逐步传播至中国，近代工业开始萌芽、发展，中国的城市化进程拉开序幕。

## 二、交通运输与聚集经济

城市在本质上是聚集经济。城市使一定地区的人流、物流、资金流、信息流等聚集起来，通过城市活动满足内部需要并向其他地区扩散。英国学者 K. J. 巴顿将城市的聚集经济效应划分为10个方面，即：(1) 增加本地市场的潜在规模；(2) 减少实际生产的费用；(3) 降低输入本地区原料的费用；(4) 促进辅助性工业的建立；(5) 促进就业及相关制度的建立；(6) 有才能的经营家和企业家集聚；(7) 金融等行业机构条件更优越；(8) 提供范围更广泛的设施如社交、教育；(9) 工商业者可以更有效地进行经营管理；(10) 激励企业不断创新。

聚集经济是分层次的。第一个层次是企业内部聚集经济，是指企业在原有基础上扩大其产量规模（规模经济），或者在原有基础上增加产品种类（范围经济）所带来的长期平均成本的下降。第二个层次是企业外部、产业内部的聚集经济，被称为"区位经济"(localization economies)，主要指同一产业的企业或一组密切相关的产业，由于聚集在一个特定地区，通过产业功能联系所获得的外部经济。第三个层次是由多个产业向城市地区集中形成的聚集经济，也可称作"城市化经济"(urbanization economies)，主要是由于产业间存在外部经济，一个产业的发展通过其前向和后向联系，可能对多个产业降低成本做出贡献。城市化过程中的各种要素和经济资源向城市的转移和集中，正好满足了"城市化经济"的要求。

城市化过程在某个临界点之前，随着人口规模的增大，人均城市建设与运营成本递减，经济效益递增。城市产生规模经济的原因主要如下：第一，从人口集中的角度看，大城市就业机会多，商品种类齐全，生活便利，于是人口向城市集中创造出更大的消费市场及人才市场，从而吸引更多的企业来此布局。第二，从企业集中的角度看，城市由于拥有庞大的消费市场，有专业技术人才和管理人才，对工业或商业企业产生吸引力。而工商业企业在城市集中布局使城市生活便利性进一步提高，从而吸引更多的企业和人口集聚。第三，从基础设施网络的扩展来看，城市基础设施网络如道路网、供水网、供电网、供暖网、电信网等的完善，改善了城市的生产环境和生活环境，从而吸引企业和居民向城市集中。

产业集聚发生的三大要素为规模收益递增、可流动的生产要素与较低的贸易成本。产业链的上游环节和下游环节之间存在交换关系，在具有相对成本优势，特别是交通运输成本优势的区位上，上下游环节的相互作用就可能使得某些产业不断集聚、积累，最终促进以相关产业为主导的城市发展。企业在某一地区的大量集中又会促进城市基础设施的建设和完善，进而促进城市化发展。如浙江义乌从自发的传统地区性小商品集市到全国性小商品集散中心，再到国际性小商品交易中心；以小商品交易市场带动个体、家庭工业发展，再到小商品国际博览会和多种展会带动制造业和服务业全面发展，城市随着产业集聚而不断发展。

### 三、交通运输影响产业布局

机械动力运输工具取代早期运输工具、运输网络不断扩展和完善，使得运输能力扩大、位移的速度明显提高，各类物资与人员的流动更为便捷、高效，运输成本显著下降。运输化发展带来生产与生活时空结构的改变：从空间尺度看，在同等成本（包括时间成本和运价的综合成本）条件下，人员、物资等的可达区域范围不断扩展；从时间尺度看，到达相同地点所花费的时间缩短。交通运输可达范围的扩展、运输成本的下降等使得资源流动的自由性增强，产业通过对成本和收益的比较形成集聚或组团布局，人口也会因居住成本、交通成本等和收入的综合比较而形成新的集聚状态。

产业扩散可以分为两类，一类是企业整体迁移，另一类是企业分蘖。所谓企业分蘖，是在保持企业主体不变的情况下，将企业的具体运营组织机构（总部、研发、管理、采购、生产和销售机构）进行分设，在地区和空间上进行重新分布，大部分的产业扩散都是以企业分蘖的方式进行的。企业将知识密集型环节例如总部、研发和销售部门布局在城市中心，因为知识密集型功能对土地的需求量较小，土地等要素价格的上涨对其影响不大，而这些部门从城市产业聚集产生的知识和技术外溢中的受益很高。企业的生产、存储等环节则需要使用大量的土地，城市内土地价格的上涨会使企业将其生产环节布局到城市外围。企业分蘖会推动产业链的区域分工，即产业链的各个环节分布在拥有其所需要素条件较好的地区中，以充分利用各地区的比较优势，从而提高竞争力。

产业链区域分工的结果就是在城市周围形成若干个城市亚中心，这些城市亚中心和中心城市存在着密切的产业关联。产业扩散有就近扩散也有跳跃式扩散，产业扩散的方式不同会导致城市亚中心在地理位置上的不规则分布。导致跳跃式扩散的原因有两个：一是接受扩散的地区虽然与聚集地区在空间不相邻，但是整体发展水平相对较高，具备接受扩散所需的良好条件，如交通运输等基础设施网络完善、成本较低。二是接受扩散的地区存在某些方面的发展机遇或潜力。产业的跳跃式扩散会导致城市亚中心离主城区距离较远。如美国洛杉矶都市圈的28个亚中心城市，距离洛杉矶市中心最近的仅4.9公里，最远的为40.7公里。[①] 城

---

① 王旭等：《美国新城市化时期的地方政府》，厦门大学出版社2010年版。

市亚中心与主城区形成的产业链区域分工吸引着拥有不同素质的人口和资源在主城区和城市亚中心之间不断的分化和聚集。城市亚中心的产业聚集又会导致商业、交通运输业等第三产业迅速发展。

## 四、交通运输发展与城市形态

在交通方式和交通技术发展的不同阶段，出现了不同的城市形态，当然经济、文化、历史等其他方面的因素对城市形态的形成也有一定影响。19世纪中期以前，西方城市中的出行方式主要是步行和马车，在步行和马车为主要交通方式的城市中，人们出行一小时所达到的范围，基本上决定了城市的规模半径一般不超过5公里。19世纪中期，火车和有轨电车的使用推动城市向外扩展，这些新的交通方式的出现使可达范围和城市半径扩展到约20公里。第二次世界大战以后，汽车的普遍使用使城市继续向外扩展，欧美许多大城市的规模半径扩展到汽车可以达到的30~50公里，城市呈现出低密度、蔓延式、郊区化、汽车依赖型发展形态。但由于汽车城市导致交通拥堵、过长的通勤时间、汽车尾气污染等问题日益严重，世界上很多城市又重新强调快速轨道交通导向的城市发展模式，城市半径得到进一步扩展。图10-3是城市空间形态的演变。

图10-3 城市空间形态的演变

资料来源：奥沙利文：《城市经济学》，中国人民大学出版社2013年版。

城市空间形态的演变在图10-3中被分为4个时期：A时期是步行—马车时期；B时期是慢速电车交通时期；C时期是汽车主导时期；D时期是高速公路与现代轨道交通时期。在工业化以前的城市，人力、畜力交通使居民几乎都集中在城区内，城市规模有限。近代出现的火车、电车使城市规模扩大，城市郊区沿主要交通干道扩展，形成星状城市。汽车特别是私人轿车的发展、快速道路系统的建立使城市范围向蔓延式扩张。而城市地铁、市郊铁路、高架公路等的发展，使城市空间由平面向立体化方向扩展，城市核心区与卫星城之间的联系进一步加强。

特别值得注意的是，城市规模与形态的发展不是线性变化的，在某些时期城市进入快速扩张期，而在另一些时期城市发展的速度则明显减慢，在城市发展的不同时期交通设施建设对城市形态的影响程度具有显著差异。例如，旧金山湾区建设的 BART 轨道交通系统在 1973 年投入运营，但在这一时期旧金山大多数的地区道路系统和城市建设已经完成，居民出行和城市形态已经基本稳定。在这种情况下，BART 地铁增加的运输能力对城市形态几乎没有产生显著影响。由于城市交通在不同时期对城市形态的影响作用不同，在决定城市交通建设的时机和时序方面就显得更为重要。

### 五、城市化与运输化之间的关系

工业化、城市化与运输化三者共同的表现，就是经济社会的生产方式、生活方式及时空结构的转变过程。图 10-4 是工业化、城市化、运输化三者关系，其中三者之间的交集关系分别包括：人口的集聚与出行方式、经济分工与产业集聚以及相关产业与经济结构升级，而它们的综合交集则是一个国家或区域的时空结构与形态。

**图 10-4　工业化、城市化、运输化三者关系**

工业化、城市化与运输化互动发展的进程表明，运输化在城市化和工业化中的作用包括：以交通运输的网络经济与区位性能支持工业化的规模经济、范围经济与产业升级，帮助实现城市土地的功能化利用和城市化聚集经济，提高社会经济时空关系的有效性和城市形态的合理化程度，减少因拥堵、污染等情况而导致的各种非效率现象。

在不同的发展阶段，工业化过程分别由资源密集型产业、资本密集型产业、知识与信息密集型产业主导；城市化则分别处于单一城市城区扩张时期、大都市区与卫星城扩张时期、城市群形成与发展时期;而运输的发展分别对应着运输化的 1.0 阶段、2.0 阶段和后续阶段。当一个国家或地区的工业化从资本密集型产业向知识与信息密集型产业主导转化,城市化已进入都市区与城市群形成与发展时期,而运输发展已处于运输化 2.0 阶段,其交通运输结构所对应的经济时空关系与结构与此前阶段相比一定会出现重大变化。而在经济全球化已经通过对外贸易、资本流动、技术转移而使世界经济日益成为紧密联系的一个整体,信息化也通过充分利用信息技术,开发信息资源,促进信息交流和知识共享,推动经济社会发展转型的时期,交通运输体系在基础设施、产品服务、组织结构与体制政策各个相关层次上都必须与这种新变化相适应。

总之,工业化、城市化与运输化的密切关系要求三者之间必须协调发展,滞后的工业化无法创造足够的社会财富,也无法产生基础设施建设所需的物质与资金;滞后的城市化无法为工业化发展提供足够的人员、物资及其他相关资源支持;滞后的运输化则无法满足人员与物资流动的需要,也无法适应城市时空形态改善的要求。

## 第三节 城市功能的交通模型分析

沈阳市城市功能区分布与人口活动研究

城市功能区的区位决定和居住地选择也与运输需求有密切关系。在较短的时期内,城市运输需求取决于已经确定了的各种功能区的布局、居民的居住地点和上班地点、商业中心及娱乐场所的位置,以及交通运输设施的分布等;而在较长的时期内,以上这些区位因素都是有待确定或可以调整的。

城市居民往往必须在比较宽敞的住房面积和可以享受比较方便的购物与服务(包括子女上学的条件等)与每天比较少的上下班交通时间之间进行权衡与选择。一般距离市中心较近地点所需要的交通时间短,但由于地价高,因此住房的价格或租金也相对较高;而距离市中心距离较远的地点住房比较便宜,但交通所需要的时间和费用却相对较高。因此居民要做的权衡就是,或者选择较低的交通费用和较小的住房面积,或者选择较大的住房面积和较高的交通费用。图 10-5 是美国芝加哥市在 20 世纪 80 年代做的一个统计分析。从图上可以看出,随着距市中心距离的增加,每日交通所需要的时间在增加,但由于房价降低,供每户居民居住的房屋面积也在扩大。

如果随着城市交通的改善,一些地区居民上下班交通所耗费的时间和费用明显下降,那么该地区过去在做选择时的不利因素就减少了。随着城市化的进程不断加快,大城市不可避免地迅速扩大,用不受塞车困扰的地铁或轻轨列车连接市中心的卫星城方式,也可以在一定程度上解决人们在交通费用和住房面积上的权衡问题。因此,在一个较长时期内,交通条件的改善会影响城市的发展和布局,改变不同地区的人口密度,当然这也反过来影响了该城市居民的交通需求。

图 10-5 芝加哥市居民住房面积与交通时间的对比关系

资料来源：Alex Anas. *Residential Location Markets and Urban Transportation*，1982。

城市除了居住，还包括工业、商业和其他各种服务业，这些经济及社会活动的区位显然也与交通有关。巴顿（1993）曾用一个简单的图示模型把多位学者的研究成果结合在一起，演示了发达国家交通条件与城市区位变化的关系。在他的图示（见图10-6）中，横轴代表不同地点与城市中心的距离，纵轴代表城市土地的租金价值；对城市土地的使用者则假设只有三个群体，即商业、穷人和富人，其中商业要土地用来开商场，穷人和富人则主要是解决住房问题。图中的三条直线分别代表商业竞租线、穷人竞租线和富人竞租线，竞租线表示各群体能够承担的土地租金的范围或程度，竞租线的斜率与交通成本有一定关系，交通成本越低，竞租线越平缓，表示人们可以接受更远的位置和地点。模型中的穷人只能依靠公共交通，而富人则主要使用私人小汽车。

图 10-6 城市用地中不同群体的竞租线

资料来源：根据肯尼思·巴顿：《运输经济学》，改画。

图 10-7 中一条粗折线把三条竞租线相交以后形成的相对最高竞价水平结合到一起，该折线被称为最高竞价线，而两条相邻直线相交位置所决定的距市中心距离，也成为城市不同区位的分界点。如果让横轴以纵轴为中心旋转 360 度，就可以形成一个分为中心商业区、穷人居住区和富人居住区的城市区位分布平面。可以看出，商业竞租线可以承担得起市中心商业区的最高地租，富人由于有小汽车因此可以居住在距离市中心较远、环境条件较好的郊区；而穷人由于所依靠的公共交通服务范围有限，因此只好居住在市中心附近，这里居住环境较差，属于在一些西方国家可以看到的城市贫民区。

**图 10-7　由最高竞价线决定的城市用地划分**

资料来源：根据肯尼思·巴顿：《运输经济学》，改画。

图 10-8 表示的是，当小汽车的使用条件改善，如修建了更多市郊道路，则富人竞租线变得更平缓，其右端点向右延伸得更远；而这引起了这个群体的居住区范围变得更大，特别是他们可以住到距离市中心更远的地方去，城市的范围在这个过程中也变得更大了。

**图 10-8　小汽车使用条件改善引起的变化**

资料来源：根据肯尼思·巴顿：《运输经济学》，改画。

图 10-9 表示公共交通得到改善时的情况。穷人因为公共交通改善，因此

竞租线上移,居住区也因此扩大,特别是可以住到一些过去只是有小汽车的富人才能居住的地方。但在一些西方国家,由于一部分富人不愿意和穷人居住在一起,因此一旦地铁等公共交通把收入水平较低的新居民吸引过来,他们就会搬到更远的地方去住,这成为西方国家与交通条件有关的一种社会现象或社会问题。

**图 10-9 公共交通改善引起的变化**

资料来源:根据肯尼思·巴顿:《运输经济学》,改画。

图 10-10 表示的是由于大城市交通问题日趋严重,导致政府开始对市中心实施交通管制而引起的变化。这种情况对商业的影响最大,其竞租线甚至因此而变成了一条折线:因为市中心的车辆通行和停放在一定程度上受到限制,因此商业在市中心的竞租线变陡,表示竞价能力下降;而在市中心以外的一些地区,商业竞租线却由于交通相对方便而上升到很有利的位置。于是中心商业区变小了,原来集中在市中心的商业现在逐渐在城区四周开辟了一些新的大型商业区,这也正是近些年在西方国家比较普遍出现的一种趋势。

**图 10-10 市中心交通受到管制产生的影响**

资料来源:根据肯尼思·巴顿:《运输经济学》,改画。

现实情况比这个图 10-10 模型所反映的肯定要复杂得多,例如模型现在不能反映任何地形的变化,也没有任何城市规划在起作用,而现实中存在着太多的影响因素和行为群体。但我们从模型已经可以基本上比较清楚地看出交通条件对城市区位的影响作用。

## 第四节 都市圈的轨道通勤与 TOD 发展

### 一、都市圈的概念

我国正处于城市化加速发展阶段,过去 10 年人口城镇化率平均年增加 1.36 个百分点,截至 2019 年已达到 60.6%,城镇常住人口 8.48 亿人。2017 年时全国 667 个城市中市区城镇常住人口 1000 万人口以上的超大城市 4 个(上海、北京、重庆、深圳),500 万~1000 万人口的特大城市 5 个,300 万~500 万人口的城市 10 个,100 万~300 万人口的城市 59 个。我国已成为世界上百万人口以上城市数量最多的国家。

城市化发展经历了从中小城市到传统大城市,再转化为都市圈(也称"大都市区"),再到城市群的过程。大都市区化是一个趋势,即人口不但离开农村进入城市,而且进一步向作为大都市区的特大城市集中。一般一个国家在城市化率达到 50% 以后,就开始进入大都市区化阶段。大都市区一般是指其中心城市为人口规模在 100 万人以上,并且外围邻近有密切经济社会联系和一定人口密度的高水平城市化区域。大都区的出现不仅改变了城市的地域空间与规模,而且也使生产要素的流动以及政治、社会结构等发生了根本性变化,并正在成为各国资本累积、经济竞争和社会生活的主要空间尺度。

从世界范围看,新产业革命正在推动发达经济体的人口向大都市区集聚,这种趋势在纽约、伦敦、东京等全球城市表现得更为明显,这是新产业革命进程中市场机制进行人力资源空间配置的结果。例如,2010 年美国排名前 100 位的都市区聚集了 65% 的人口,生产了 75% 的 GDP,获得了 92% 的专利。伦敦的城市活力中心区已经成为世界上最具吸引力和竞争力的新型中心城区,伦敦城市活力中心区(CAZ)的面积仅为伦敦面积的 2.14%,但该区域 2013 年提供了 170 万个工作岗位,占伦敦的 33.33%;其产出为伦敦 GDP 的 55%,占英国的 10%。赵坚论证了这一重要趋势。[①]

如果第一次产业革命是用煤炭代替人力、畜力的动力技术革命,第二次产业革命是用二次能源代替一次能源的动力技术革命,那么第三次和将要到来的第四次产业革命则是信息技术和智能技术的革命。工业革命带来的岗位主要在靠近动力源的工厂车间,而以信息技术智能技术为代表的新产业革命,导致信息处理、

---

① 赵坚:《新产业革命须调整限制特大城市发展的政策》,载于《改革内参》2019 年 12 期。

研发、设计、管理的工作岗位大幅度增加，大量就业岗位向写字楼、实验室转移，信息处理和知识创造成为主要的生产活动方式。而且，不仅数字技术公司主要从事信息处理知识创造的工作，制造业公司为了提高竞争力也要进入"微笑曲线"的价值链两端，研发、设计、品牌和营销管理、售后服务成为制造业公司的核心业务。伴随新技术革命而涌现出大量与信息智能相关的数字技术公司、生产性服务业企业，这类知识密集型产业的生产活动倾向集聚在人口规模大密度高的大城市，才能获得集聚经济优势，而不是平均分布在不同城市。

一个城市的经济集聚边界确实受到相关土地、水资源、环境、资金等要素的制约，这些要素都是稀缺的，存在着承载力问题，但一向被忽视的却是最重要的时间因素。相比其他要素，时间对城市规模与效率是一天 24 小时无法扩展的硬约束（见图 10-11）。生活于城市中的任何个人每天在睡眠、工作、家庭生活与必要闲暇之外的通勤时间必然是有限的，于是随着城市人口与资源的不断集聚和城市空间的扩张，由单程 2 小时可忍受通勤时间所限定的城市时空矛盾一定会逐渐显露出来，如果不能及时解决交通的可达性与可靠性问题，则城市生活效率就会受到影响，城市的集聚经济边界也必然受到限制。

**图 10-11 时空关系决定的城市集聚经济边界**

显然，真正制约城市集聚经济边界的是交通，特别是大都市区几百万乃至上千万人的通勤交通。通勤交通的需求量最大、位移链时效要求最高、高峰期和方向差最明显、线路与枢纽设施覆盖范围最完整……因此，在各类城市交通问题中通勤交通是核心问题，在较好解决通勤问题的基础上，其他交通需求都可通过通勤系统及其附加功能得以满足。

## 二、都市圈的通勤特征

各种公共交通的技术经济特性存在差别，适用范围也不一样。表 10-2 对普通地面公交、BRT和有轨电车、轻轨、地铁（分车型）、市郊通勤铁路，在站间距、最小曲线半径、路权形式、运行速度、单向输送能力、单位造价几个方面进行了粗略对比。由表10-2可知，市内普通公交、BRT和有轨电车的站间距、最小曲线半径都比较小，但由于地面路权开放或半开放，交通拥堵期间运行速度受到很大限制，单向输送能力每小时一般只有几千人。而轻轨、地铁和通勤铁路都由于立体交叉和路权封闭专用，因此运行速度明显高于地面公交，特别是通勤铁路由于站间距相对较大因此速度更快，可以把半径50公里以外距离的乘客在1小时左右送进城里；轨道交通单方向的输送能力也都能达到每小时3万~7万人，因此是大容量快速交通工具。当然，轨道交通的最小曲线半径比较大，选线有一定难度，造价也比较高。

表10-2　　　　　各种公交方式技术经济特点的对比

| 交通方式 \ 特性 | 站间距（公里） | 最小曲线半径（米） | 路权形式 | 运行速度（公里/小时） | 单向能力（万人/小时） | 造价（亿元/公里） |
|---|---|---|---|---|---|---|
| 市内普通公交 | 0.5~0.8 | 12 | 开放 | 10~15 | 0.5~0.7 | — |
| BRT、有轨电车 | 0.8~1.2 | 15~30 | 半开放 | 12~25 | 0.6~1.2 | 0.5~1.0 |
| 轻轨 | 0.8~1.8 | 200 | 封闭专用 | 25~30 | 1~3.0 | 3~4.0 |
| 地铁B型车 | 0.8~1.8 | 250~300 | 封闭专用 | 25~40 | 2.5~5.0 | 5~8.0 |
| 地铁A型车 | | 350~400 | | | 4.5~7.0 | |
| 通勤铁路 | 市区1.5~2.5 | 400 | 封闭专用 | 30~45 | 3~7.0 | 0.6~1.2 |
| | 郊区3.0~7.0 | 500 | | 50~60 | | |

资料来源：根据各种资料汇集整理。

百万人口以上的城市必须依靠公共交通解决居民的通勤问题，但不同的主导公交方式在很大程度上决定着各类城市或大都市区的人口与空间规模边界以及城市运行效率。这里根据国内外大多数城市的归纳进行分析，按人口将城市分为接近100万、100万~200万、200万~500万、500万~1000万、1000万~2000万和大于2000万共六个级别，相应的城市半径则分别约为15公里、20公里、20~30公里、30~40公里、40~50公里和大于50公里，大体对应着相关通勤圈的范围。我们以通勤圈内较高单程通勤出行链条的时间距离作为主要指标，分别对比以普通地面公交、BRT、轻轨、地铁、市郊通勤铁路作为主导公交方式，并进一步辅以形成枢纽体系及TOD模式的条件下，考察能够以何种效率支持多大规模的城市或大都市区（见表10-3）。[①]

---

[①] 荣朝和：《铁路/轨道交通在新型城镇化及大城市时空形态优化中的作用》，载于《北京交通大学学报（社会科学版）》2014年第2期。

## 第十章 城市交通运输

表 10-3　　　　　　不同主导公交方式所支持的城市规模与效率

| 城市或通勤圈人口（人） | 接近100万 | 100万~200万 | 200万~500万 | 500万~1000万 | 1000万~2000万 | >2000万 |
|---|---|---|---|---|---|---|
| 城市或通勤圈大约半径（公里） | 15 | 20 | 20~30 | 30~40 | 40~50 | >50 |
| 主导公交方式1 | 普通地面公交 | 普通地面公交 | 普通地面公交 | 普通地面公交 | 普通地面公交 | 普通地面公交 |
| 通勤圈内较远单程时间距离 | 45分钟 | 1.0小时 | 1.8小时 | 2.5小时 | 3.0小时 | 4.0小时 |
| 主导公交方式2 | 普通地面公交 | 普通地面公交 | BRT | BRT | 地铁 | 地铁 |
| 通勤圈内较远单程时间距离 | 45分钟 | 1.0小时 | 1.5小时 | 2.0小时 | 2.5小时 | 3.0小时 |
| 主导公交方式3 | 普通地面公交 | 普通地面公交 | BRT | 地铁+市郊铁 | 地铁+市郊铁 | 地铁+市郊铁 |
| 通勤圈内较远单程时间距离 | 45分钟 | 1.0小时 | 1.5小时 | <1.5小时 | <2.0小时 | 2.5小时 |
| 主导公交方式4 | 普通地面公交+BRT+TOD | BRT+普通公交+TOD | BRT+地铁+TOD | 地铁+市郊铁+枢纽+TOD | 地铁+市郊铁+枢纽+TOD | 地铁+市郊铁+枢纽+TOD |
| 通勤圈内较远单程时间距离 | 0.5小时 | 45分钟 | 1.0小时 | 1.0小时 | 1.5小时 | 2.0小时 |

在出行高峰期旅行速度一般公交12~15公里、BRT15~25公里、地铁列车25~35公里、市郊通勤列车50~65公里的前提下，由于单程通勤时间多于3小时，因此2000万以上人口、半径大于50公里的超大城市在主导公交方式仅是普通地面公交的条件下几乎不可能出现；由于单程通勤时间多于2小时，因此500万以上人口、半径大于30公里的大城市在主导公交方式是普通地面公交或BRT的条件下，1000万以上人口、半径大于40公里的特大城市在主导公交方式是地铁的条件下，2000万以上人口、半径大于50公里的超大城市，在主导公交方式分别是地铁以及地铁+市郊通勤铁的条件下，即便能够出现，也必然在低效率状态下运行；而地铁、市郊铁、枢纽体系特别是TOD土地联合开发的成功引入，则可以显著扩展城市的集聚规模并提升运行效率，在理想状态下这六个级别城市所需忍受的较高单程通勤时间可分别降至0.5小时、45分钟、1小时、1小时、1.5小时和2小时。

显然，公共交通网络与城市形态的关系在于其能否提供城市生活所需要的时空关系与结构，有多大的城市规模就必须规划建设相应的主导公交系统。在高度复杂的大都市区交通体系中，铁路/轨道交通由于在时空可靠性方面所具有的隧道效应，克服了地面公交包括BRT系统所无法避免的平交拥堵，以至于唯其能够支撑起数百万甚至数千万聚集人口通勤出行的重任。铁路网络的时空特征深刻影响着城市形态与城市生活方式，当然铁路资源必须合理配置，通过形成合理的铁路网络形态以保持交通体系和城市生活的效率。除了以地铁、轻轨构建市区网络，还需要建设能使半径30公里以外更远距离郊区的居民迅速进出市中心区的市郊铁路；而且，由于轨道交通是大容量集体交通方式，线路数量难以保证所有人都能享受直达服务，因此高效率的枢纽换乘系统必不可少；此外，还必须让尽可能多的居民住在轨道交通车站附近，实现轨道交通导向的城市开发模式。

### 三、TOD——公共交通导向的城市发展模式

快速城市化背景下，一方面资源与环境对城市发展的约束不断增强，另一方面无序蔓延的城市发展模式也不具备可持续性。美国建筑设计师哈里森·弗雷克最早提出公共交通导向的城市发展模式（transit - oriented development，TOD），即发展一种以公共交通为中枢、综合发展的步行化城区。其中，公共交通主要是地铁、轻轨等轨道交通及巴士等，以公交站点为中心，以400～800米（5～10分钟步行路程）为半径建立集工作、商业、文化、教育、居住等为一体的城区。1993年，彼得·卡尔索普在其所著的《下一代美国大都市地区：生态、社区和美国之梦》一书中明确地提出了以TOD替代郊区蔓延的发展模式，并为基于TOD策略的各种城市土地利用推出了一套具体准则。TOD空间布局如图10-12所示，图中围绕公共交通车站的是密集开发的核心商业区和办公区，并通过公共开放空间连接外围的住宅区，TOD开发边界距离中心公交站600～1000米，核心商业区与办公区的就业密度和住宅区的居住密度都很高。如果把图10-12中的"主要交通干道"改为轨道交通，该图就是轨道交通TOD的简单示意。

**图10-12 TOD空间布局**

资料来源：彼得·卡尔索普等著：《TOD在中国：面向低碳城市的土地使用与交通规划设计指南》，中国建筑工业出版社2014年版。

TOD的本质是通过土地利用和交通政策来协调城市发展过程中产生的交通拥堵与用地不足的矛盾，塑造紧凑型的网络化城市空间形态，促进城市可持续发展。近年来，新城市主义及公交导向的TOD模式发挥交通网络的先导性作用，以交通发展带动站点周围紧凑型开发、土地综合利用等，成为交通研究的新思路。TOD模式应用真正更早而且比较成功的国家和地区有日本、新加坡、中国香港等，它们采用了以轨道交通为主导的城市高密度发展模式，吸引了大量居民在

铁路站点附近居住，同时利用换乘枢纽形成大规模车站城（station city），不但让居民离开家时尽可能使用公交，而且一并解决了出行过程中应尽可能方便换乘和日常生活所必需的采购、社交与文化消费等问题。应该说，轨道加土地联合开发模式是最有效的交通需求管理，可以显著减少对小汽车的依赖。

城市交通与土地利用之间存在着复杂的互相影响、互相制约关系。城市交通与土地利用的相互作用是通过可达性的改变而发生的。从短期考虑，当城市的某个区域出现交通拥堵，最直接的解决办法是拓宽道路，或通过大规模拆迁修建新的道路，使城市道路系统更加通达。但从长期考察，城市交通设施建设可以改变某一区域的可达性，例如轨道交通车站附近和道路交通干线的沿线具有比其他地区更高的可达性优势，而人们倾向于在具有可达性优势的区域进行生活和生产活动，因此房地产商认识到这类地区的价值及人们的需求，对这类地区实施高强度开发，从而引发新的交通需求。

轨道交通 TOD 创造并平衡客流如图 10-13 所示。图中一条轨道交通线路连接大都市中心和郊区，轨道交通公司在沿线站点都进行了不同密度的 TOD 开发，利用位于市中心的综合枢纽建设高密度的大型商业、酒店和办公楼，中间枢纽站区建设中高密度的商业、住宅和大型医院，郊区枢纽站建设商业、住宅、占地面积大的大学校园和旅游休闲设施，而其他普通站区则进行中密度的住宅开发。这种公共交通建设与土地综合开发紧密结合的模式，使得居民和乘客的居住、工作、上学、看病、购物、休闲生活都由可靠的大容量快速轨道交通融合在一起，而且能很好地解决上下班高峰期和周末节假日客流在时间与方向上的不平衡问题，有效地改善了大都市的时空形态。

轨道交通 TOD 开发

图 10-13 轨道交通 TOD 创造并平衡客流

### 四、东京和中国香港的经验

现代大都市区与传统大城市的显著区别，主要在于大运量快速公交系统特别是轨道通勤系统是否形成，即应该把轨道通勤圈看作是大都市区时空形态的内在逻辑要求。

只有轨道交通（包括地铁和市郊通勤铁路，虽然后者常需要跨城市行政边界）的技术经济特点才能支撑大都市的多轴向串状发展模式，才能彻底摆脱单中心蔓延式扩张所带来的弊端，才能让更大范围内大量居民的职住时空关系实现平衡，并使得现代大都市区呈现与传统大城市明显不同的时空形态。大都市区需要特别重视发挥市郊通勤铁路的作用，因为其 5 公里以上站间距可支持其列车旅行速度，解决市中心 50 公里甚至更远半径范围内的通勤问题，形成跨行政区的大通勤圈，而这对较近站间距的地铁系统来说较难做到。

根据日本国土交通省的大都市交通调查，东京都市圈的人口约为 3500 万人，目前其地铁里程只有约 300 公里，市郊通勤铁路却多达 2000 多公里。2010 年，东京都市圈的通勤圈的半径已达 70 公里，日均轨道交通发送人数 4074.2 万人次，平均单程通勤时间为 68.7 分钟，单程时间在 2 小时内的比重占 92.1%（见图 10-14）。

**图 10-14　东京大都市区平均单程通勤时间分布**

资料来源：《日本国土交通省的大都市交通调查》，2012 年。

图 10-15 是东京都市圈 1920～2019 年人口变化示意图。图中三条曲线分别代表东京都市圈一都三县总人口；东京核心区 23 区人口；一都三县不计核心 23 区的其他人口。可以看出东京都市圈一都三县总人口除第二次世界大战期间有所下降以外一直是上升的，从 1920 年的不到 800 万增加到 2019 年超过 3500 万，但东京核心 23 区的人口从第二次世界大战后恢复期结束以后就没有太大的增长，甚至 20 世纪 60～90 年代中期还有所减少，至今仍不到 1000 万人，也就是说，其余约 2000 多万人都是在核心区以外增加的人口。

图 10-16 是东京轨道交通网络与都市圈形态的耦合发展进程。可以看出，东京都市圈近百年来的发展与扩张，完全是按照其轨道交通，特别是市郊通勤铁路的分布格局进行的。这使得东京真正成为一个"轨道上的世界"。图 10-16 上没有体现 1985 年至今的变化情况，但东京都市圈的轨道交通仍在继续发展，呈现出通勤圈半径扩展、线路密度增加的趋势。

**图 10-15　1920~2019 年东京都市圈人口变化**

资料来源：《日本统计年鉴》（2021）、《东京统计年鉴》（2018）。

**图 10-16　东京轨道交通网络与城市形态的耦合发展**

资料来源：刘龙胜等：《轨道上的世界》，人民交通出版社 2014 年版。

伦敦经济政治学院 2012 年的一份报告对香港与纽约、伦敦的居民住职地与出行形态进行了对比。据报告分析，目前香港 43% 的人口居住在轨道交通沿线 500 米以内，75% 的人口居住在轨道交通沿线 1 公里以内，相比之下伦敦的数字分别只有 22%、53%，而纽约是 25%、48%；而香港 57% 的工作岗位分布在轨道交通沿线 500 米以内，84% 的工作岗位分布在轨道交通沿线 1 公里以内，伦敦的数字只有 43%、67%，纽约是 37%、58%（见图 10-17）。居民住职地距轨道交通车站的距离可以体现城市时空形态之间的差异，值得认真关注。

**图 10-17　香港、伦敦、纽约居民住职地与轨道交通车站距离的比重**

资料来源：London School of Economics and Political Science. *Going Green – How cities are leading the next economy. A global survey and case studies of cities building the green economy*，2012。

# 第五节　城市交通拥堵治理

## 一、城市交通拥堵问题

随着城市规模扩大及居住与就业密度提高，交通拥堵问题也随之出现。根据陆化普等的研究成果，解决城市交通问题是一个复杂的系统工程，可以分为"四个层次、两个方面"。所谓四个层次，一是现有道路的使用和管理；二是道路基础设施的建设和完善；三是多种交通方式的比例和匹配；四是城市交通与土地利用的配合。所谓两个方面，是从交通供给和交通需求两个方面同时采取措施，努力实现交通供需关系的动态平衡。

解决交通拥堵问题可以依照以上层次划分，分步骤进行判断并采取相应措施。先是关于道路使用和管理的判断：现有道路是否得到了充分利用？如果没有，则需要加强交通管理，包括：标志标线、信号控制、路口渠化、交通组织、宣传教育、强化执法等。如果现有道路已经得到了充分利用，则应进行道路基础设施建设，包括：新建道路、消除瓶颈、改进交叉口、增加车道数等完善道路网络的措施。如果现有道路基础设施改善已经没有余地，道路交通严重超负荷，则需要进行城市交通结构的调整，包括：建设地铁和轻轨、建设综合枢纽、优化城市公交、实行综合交通运营管理体制等，应强调优先发展公共交通，形成以公共交通为主体的综合交通结构体系。如果城市交通结构基本合理，而城市交通仍然严重超负荷，则需要调整土地利用，包括：避免土地超强开发、分散城市结构、避免单一功能超大型开发、建立合理社区、混合土地利用、强调用于商业和住宅的土地利用平衡等。

城市交通拥堵的根本原因是交通需求与供给不平衡。上述四个步骤中的前三步主要侧重于对于交通供给的管理，而在采取相应措施的同时还可以考虑进行交通需求的管理，包括：引导小汽车的合理使用、拥挤费（我们已在第七章讨论过拥堵收费问题）、停车收费、弹性工作制以及公交补贴等。而第四步土地利用与交通相互配合，则是从交通需求与供给两方面同时考虑，使交通供需关系趋于动态平衡。

以上所说解决城市交通的四个步骤，采用的是由表及里的顺序。对于城市交通问题，近期对策我们一般会按照上述步骤顺序解决，而远期对策则应按照逆序进行。近期对策是促进城市交通供需关系健康演化的重要环节，而且将为远期对策赢得实施的时间。但是，如果不在实施近期对策的同时系统实施远期对策，不但无法从根本上解决问题，甚至会造成更加难以解决的后果。制定城市交通政策时，应远近结合、标本兼治。

## 二、停车收费分析

根据王缉宪等的研究综述，城市交通领域对道路收费和停车收费的研究大致上都起始于20世纪五六十年代。道路收费（即拥堵收费）的核心是对交通流进行管理，对进入拥堵频发地区（或时段）的车辆征收一定的费用，从而减少车辆的驶入，直接降低因拥堵而带来的各种外部成本。与道路收费可对实时的动态交通流进行管理相比，停车收费的实质是对静态交通的管理。既定的停车收费区域仅会对抵达该区域的车辆产生影响。因此，有学者把道路收费称为缓解拥堵的"最优方式（first-best）"，停车收费因其影响的有限性被称为"次优方式（second-best）"。在过去半个多世纪的时间里，尽管学者们对道路收费进行了广泛、深入的研究，并不乏新加坡、伦敦等成功的实施案例，但真正将道路收费方案在城市中心区付诸实施的城市至今仍然屈指可数。有学者发现，现实中所谓的"次优政策"往往正是在多方利益权衡后较为可行的问题解决方式，停车收费也因其管理和运行上的灵活性而在世界范围的各大都市中得到广泛实施，并在一定程度上作为道路收费的替代政策来解决城市拥堵问题。

图10-18利用相互关联的多个象限，描述了停车收费是如何替代道路收费，最终实现减少交通拥堵和解决各种外部不经济问题的目标。首先，在第Ⅰ象限有一条进入城市中心区的驾车需求曲线，需求随驾车成本提高而减少。曲线AC描述了每位驾车者在交通畅通状况下为出行支付的平均成本，该曲线与需求曲线相交处对应着成本C1和用车数1。AC曲线之上的是边际成本曲线MC，其快速上升是因为驾车者需要为车辆增多而不断加剧的拥堵承担更多时间成本。而更上方的社会边际成本曲线TMC则体现了社会平均要为拥堵而承担更多像尾气排放、噪音污染等交通拥堵的各种外部性，该曲线与需求曲线相交处对应着成本C2和用车数2。对于社会而言，较少的用车数2显然优于用车数1。城市管理者的职责就是通过政策手段将交通流量从用车数1减少到用车数2。

**图 10-18 停车收费作为治理交通拥堵途径的作用机制**

资料来源：根据王缉宪等 2015 年《停车管理及其与城市土地使用的互动》改画。

图 10-18 显示了如何通过停车政策调整实现这一目标。第 Ⅱ 象限中那条水平停车政策曲线$_1$ 代表的是，无论用车密度高低都要满足每辆车的停车需要。1.0 的车位满足率通过第 Ⅲ 象限转换为车位数$_1$，而在第 Ⅳ 象限中，停车量随停车成本或价格也形成了一条停车需求曲线，该曲线与供给量大的停车供给曲线 1 相交，对应着车位数$_1$ 和较低的停车成本 $C_1$。图 10-18 中我们让较低的停车成本 $C_1$ 正好近似对应着驾车者平均成本曲线所决定的驾车成本，已知该成本水平导致了较高的拥堵水平。实际上，保证停车位数量的政策也不可能满足市中心停车的需要，结果只能是过量的汽车同时引起城市道路拥堵和停车难。但如果改变原来无论用车密度高低都要满足每辆车车位需要的停车政策，改为用车密度越大的市中心停车位供给控制越严（由停车政策曲线$_2$ 体现），少得多的车位满足率就会转换为较少的车位数$_2$。停车需求曲线与供给量较小的停车供给曲线$_2$ 相交，对应着较高的停车成本 $C_2$，也就是第 Ⅰ 象限中驾车的社会边际成本水平，并使所用车密度降至用车数$_2$。显然，在难以征收道路拥堵使用费的情况下，合理的停车收费也同样可以帮助城市管理者实现有利于社会整体可持续发展的目标。实际上，很多国家近些年来已经开始推行减少大城市市中心停车位和提高停车收费的政策。

### 三、公共交通补贴

为描述补贴的效果，奥沙利文设想了一个平均运营成本是常数的公交车系统（见图 10-19）。图中横轴是乘客数量，纵轴是每次出行的成本。公交车运营方能够调整公交车数量，如果客流量增加就增加车辆，如果客流量减少就减少车辆，而假设公交车的平均成本曲线 $AC_{运营}$ 不随运量改变，即保持为 $c_f$。出行者的总平均成本曲线 $AC_{运营和时间}$ 是出行者的时间成本 $AC_{时间}$ 和公交车平均成本曲线 $AC_{运营}$ 之和。出行者的时间成本 $AC_{时间}$ 向右下方倾斜，是因为随着出行人数增多公交车频率加快因而出行时间减少。代表需求曲线的直线也是向右下方倾斜的。

**图 10－19　公共交通系统补贴分析**

资料来源：［美］奥沙利文著，苏晓燕等译，《城市经济学》，中信出版社 2003 年版。

在图 10－19 中，当乘客数量是 R′时乘坐者的时间成本（点 b 所示）和公交车运营成本的合计为 c′，需求曲线与全成本曲线 $AC_{运营和时间}$ 在 a 点相交。假设公交车运营成本 100% 由政府补贴，在这种情况下，乘客的出行成本会降低到只是乘客时间成本，于是需求曲线与 $AC_{时间}$ 曲线在 s 点相交，平均出行成本从 c′降到 c″，客流量则从 R′提高到 R″。可以看出，政府补贴增加了客流量，提高了公交车服务的频率，相应地降低了出行的时间成本，因此鼓励更多的人乘坐公交车。

### 专栏 10－1

## 如何选择上下班方式

在几乎所有的美国大城市中交通拥挤都是一个大问题，因此城市规划者希望鼓励更多的上班者使用公共交通工具。在考虑达到此目的的最好方式时，他们发现建立一个上班族如何决定上下班方式的简单模型是非常有用的。虽然城市规划者认识到存在着许多因素影响人们是使用公共汽车、乘地铁还是开自己的车去上班，但他们可能会把主要注意力集中在费用和时间两个因素上。正如人们所说的，时间就是金钱，于是规划者把交通费用和时间的价值相加起来。类似地，不同人的时间价值有差别，规划者为了简化问题，就用小时工资代表来计算时间的价值。

我们假设一个叫作厄本尼亚的城市来了解如何使用这个模型。该市考虑把一条慢速铁路改造成快速列车线,这会使运行时间缩短30分钟,而现在乘慢速车需要1小时,票价1美元,开汽车需要45分钟,汽油加上汽车的磨损费是1.25美元。一个普通上班者的平均收入为每小时20美元,所以多耗费的15分钟价值5美元。于是,开汽车上班的成本为15(时间价值)+1.25 = 16.25(美元),而乘火车上班的成本为20(时间价值)+1 = 21(美元)。这个模型告诉我们,为什么在目前情况下很多上班者不愿意乘坐慢车上班。

高速线建好后铁路车票将提高到2美元。那么乘火车上班的成本变成10(时间价值)+2 = 12(美元),这明显低于开汽车的16.25美元。于是模型预测许多上下班者会转而利用铁路,并且证明了应该重视列车的速度。

虽然这个例子是虚构的,但在旧金山海湾地区高速运输系统实际建设时人们曾进行了类似的思考。许多城市在考虑扩建或改善地铁网络的时候也仍然需要考虑同样的问题。

资料来源:[美] 约瑟夫·斯蒂格利茨著,梁小民等译:《经济学》,中国人民大学出版社1997年版。

---

**专栏10-2**

### 应该为节省10美元而到市区去买东西吗

在大学附近的商店里某种电脑软件售价25美元,而同学告知在市里的商店只要卖15美元。如果进城需要的时间是1小时,那么应该在哪里购买这个软件呢?

费用—效益原理告诉我们:如果收益超过成本,就应该到市区去买软件。到市区去买软件可以少付10美元的售价,因此其收益就是这10美元;而进城所需要花费的时间和精力则是进城买软件需要付出的成本(进城的交通费用在这里省略不计),按照经济学机会成本的概念,它应该是那些时间和精力可以用来干别的事所能带来的价值。如何计算相应成本并进行权衡选择呢?

可以假想一种竞价的方法。假设有陌生人愿意付钱让你进城做一件事,而你所需要的也是同样要进一趟城。如果他愿意支付1000美元,你会做吗?如果答案是肯定的,那就意味着你进城一趟的成本低于1000美元。假设他愿意支付的钱数不断减少,直到最后你拒绝了他的出价。举例说,如果他支付9美元的时候你仍然愿意进城,但当出价降到8.99美元时你就会拒绝,那么你进一趟城的成本应该是9美元。在这种情况下,你应该到市里去买软件,因为买软件省下的10美元(收益)超过了走这一趟的成本9美元。但如果进一趟城的成本大于10美元,那就应该在大学附近的商店购买软件。

同样的情况不同的人完全可能有不同的选择,这取决于他们自己所估计的时间成本是多少。

资料来源:引自 Robert H. Frank 等(2004):《微观经济学原理》(第二版),清华大学出版社2004年版,第6~7页。

## 本章思考题

[1] 用图示加表格的形式分析运输化与城市化、工业化、信息化等之间的相互关系。

[2] 以实例分析交通运输改善推动了产业集群和现代城市形成。

[3] 根据本章城市功能区模型，试分别写出穷人、富人和商业竞租线的数学函数式。

[4] 试举例分析你所在城市的商业区与交通条件变化的关系。

[5] 以实例分析不同主导公交方式所能支持的通勤半径、时间距离、城市人口和GDP规模。

[6] 分析"大院经济"的职住平衡与都市圈尺度职住平衡的差别及后者的意义。

[7] 分析把轨道通勤圈看作是现代大都市区与传统大城市主要区别的内在逻辑。

[8] 对你所在的城市商品房价格做一个调查，并分析小区交通条件与房价的关系。

[9] 以一个具体轨道交通引导的土地综合开发（TOD）项目为例分析其成功的条件。

[10] 以实例说明停车收费作为治理交通拥堵途径的作用机制。

# 第十一章

# 国际运输

### 本章总体要求

了解国际客货运输相对于国内运输的特殊性，以及国际运输在全球化中的重要作用；了解国际贸易与国际旅行服务的主要业务类别及其经营主体；了解国际贸易单证的种类与作用；了解如何通过运输作业与流程明确各方在国际贸易中的权责关系；领会国际贸易与运输中过境权的意义与重要性；理解国际海运联盟与国际航空联盟所发挥的作用。

### 本章主要内容

- 国际运输的主要分类及其在国际贸易与全球化中发挥的作用。
- 国际贸易单证的种类、作用及一般流转过程，及其"无纸化"的推进。
- 《国际贸易术语解释通则》对国际贸易合同中的相关责任和义务的分类与规定。
- 国际贸易中"离岸价"与"到岸价"的区别与意义。
- 国际运输中过境权的意义及其对地区性贸易协定成员方的重要性。
- 国际海运联盟与国际航空联盟产生的原因和所发挥的作用。

## 第一节 国际运输的供应商

国际运输在运输经济领域是一个相对独立的部分，因为尽管基本的经济原理和分析方法与国内运输是类似的，但国际运输中承运人的资质、合同术语、手续文件、办理项目、支付过程、货币和语言以及政府政策等都表现出很大的特殊性。随着经济全球化过程的加快，国际运输的重要性还会进一步凸显，对此能有多一些了解是十分必要的。本章只能从大的框架上对相关国家有关国际运输的基本情况加以介绍，是对一些新情况则只能简单涉猎，更为详尽的分析还需要读者查阅有关专业文献。

## 一、国际海运

### (一) 班轮运输

班轮（liner）指的是在固定航线上按事先公布的船期表航行的船舶。典型的情况是，班轮公司按照确定航线上公布的船期、航程和运价表开行相应船只，这些船期、航程和运价表有时候是由在该航线上运营的几家班轮公司共同制定或由班轮公会制定的。班轮运输一般包括集装箱（container）运输、件杂货运输和滚装船运输。在托运人预定并确认了班轮运输的舱位和服务以后，要运的货物或集装箱必须在指定时间送到班轮公司在港口的货位以便装船，再由装卸机械根据船舱平衡的要求分别装载。有些港口发到国际班轮的频率特别高，因此托运人更喜欢选择这些港口作为货物的启运港，这些港口通常也成为其他港口进出口货物的中转港。班轮运输服务一般都是由受雇班轮公司提供的。

经过多年发展，目前的国际集装箱都遵循统一的标准尺寸，大体上分为20英尺箱（TEU，即国际标准箱）和40英尺箱（FEU）两种，各类集装箱船上的箱位和各国港口内的吊装设备及堆场都按相应标准设计，因此运输效率得到明显提高。集装箱运输相比于过去大多数件杂货和包装货物的运输，由于大大节约了货物集结和装卸的时间，从过去一艘船需要几天才能卸空，到现在一艘集装箱船从入港、卸货、装货和清港可能还不到12小时。轮船公司很看重这一点，因为货船只有载货在海上航行的时间才创造收入，不应该让它们在码头上耗费太多时间。集装箱也大大节约了货物的包装成本。也许正是由于集装箱为托运人和轮船公司带来了大量人力物力的节约，同时大大提高了货船和资金的利用率，才使得集装箱运输成为包装货物运输中最重要的一种形式。

集装箱运输虽然可以节约其装卸和运送的时间，但也给运输公司带来一些经营上的麻烦。首先，由于一部分集装箱正在海上的运输过程中，还需要另外一部分箱子用于陆上的货物交付和国内揽货并送往港口，因此需要在集装箱的购置上花费大量投资。一般海运公司集装箱的拥有量是其投入运营的集装箱船的箱位数的1.5~2.5倍。其次，如何对集装箱进行管理与控制。以前的海上货运只是单方向业务，而现在既要考虑集装箱上岸以后的移动和回收，还要考虑没有收入的空箱回程，都大大增加了轮船公司管理和控制的难度。

还有一种班轮运输形式是由滚装船（roll-on/roll-off ship）提供的。这些船主要用来运送各种公路车辆，包括小汽车、卡车、拖车和建筑设备等，车辆在船上都要特别固定，以防止船在航行中的摇摆和颠簸引起移位，保持船的平衡。滚装船最大的好处是能让车辆自己驶上驶下，不再需要特殊的起重设备，有时候在滚装船专用码头上根本看不到起重机。

## （二）不定期船运输

不定期船运输的对象一般都是大宗散装货物，如石油、煤炭、矿石、谷物等。这些货物大都需要装载量巨大的散装货轮。相对于班轮运输每只船装载很多家不同托运人的货物，不定期船大多数每只船只是运送一家或少数几家的货物。由于货物的性质和托运人很少的原因，不定期船运输对船期的要求一般不像班轮那样严格。不定期船运输中有些是由受雇轮船公司提供的服务，但也有一些是由托运人自己用船完成的运输。

不定期船运输中无论是由受雇轮船公司提供，还是托运人的自有运输，都会涉及船舶租赁。也就是说，无论是受雇轮船公司还是托运人自己从事的海上运输，都有相当一部分是通过租用其他船东的船只进行的。

## （三）船舶租赁

船舶的租赁体系中包括航次租船（voyage charter）、期次租船（time charter）和光船租船（bareboat charter）三种形式。其中航次租船是由船东负责配备船员和船只运行的租船形式，托运人寻找航次租船运货，可以是租整船也可以是租部分舱位，多数是单向运输但有时也会有双向运输租船。航次租船的船东一直都要寻找一次租船合同之后的其他租船合同，以便将两次租船之间的等候时间和空载航行最小化。期次租船也称定期租船，是一种船东向托运人提供船只和船员，供托运人在约定期间内使用的租船形式。船东将自己的船只在较长时间里交给他人使用，这段时间要长于航次租船中的时间，因此租用人可以审慎地安排货物运输，使期次租船比几个航次分别租船更经济。而光船租船是一种在很长时间段内，船东只出租光船，而由承租方自己配备船员并完成船只运营的租船形式。轮船公司或托运人是自己买船从事运输，还是从租船市场上租船从事运输，有时候会成为很重要的战略性决策问题。

## （四）船舶登记

在国际航运中，还存在一个很有趣的船只登记和挂"方便旗"（flag of convenience）问题。世界上有很多商船是由某一国家的船公司拥有，但却是在其他国家例如希腊、巴拿马或利比里亚登记注册并悬挂该国的国旗，这就是所谓的挂"方便旗"。挂"方便旗"的主要原因是那几个国家制定了很宽松优惠的船舶登记和税收政策。

## 二、国际航空运输

国际货运可以选择的国际航空承运人有航空邮政运输、航空快递公司、航空客运公司和航空全货运公司等。航空邮政运输是由一国邮政部门提供的服务，一般只运送小件包裹。邮政部门通常是与其他航空承运人签订航空运输合同，自己则通过邮局系统收发邮件包裹。使用航空邮件运送的货物在重量和尺寸上有一定限制，例如美国航空邮件的重量不能超过 70 磅，周长不能超过 108 英寸。航空快递公司的快递包裹一般也不能超过 70 磅，但快递公司服务的突出特点是门到门的快速送达，国内快递一般可做到第二日送达，而国际快递很多可做到隔日送达，美国联合包裹公司（UPS）和联邦快递（FedEx）是这类快递公司的典型代表。航空客运公司的主要业务是运送旅客，但客机也可以利用其底舱装运货物，尽管每架客机的底舱容积都有一定限制，但全世界每天数千架客机密如蛛网的飞行航线，确实为那些高价值的国际货物提供了很好的空中运输能力。航空全货运公司的飞机则专门用来运送货物，飞机上装备了较大的货舱开口和较坚固的底板支撑，一些大型货物甚至包括车辆和集装箱也可以装载进去，实际上一些快递公司也在利用自己的全货运飞机。

### 三、国际铁路联运

国际铁路联运是通过不同国家之间的跨境铁路线进行货物运送，北美、欧洲、独联体国家都存在较为发达的国际铁路联运，中国提出"一带一路"倡议以后，中欧班列的开行数量迅速上升，已成为国际铁路联运的典型。与海运和航空运输相比，国际铁路联运涉及一个复杂的轨距标准差异问题。由于历史原因，目前全球并存着宽轨、标准轨和窄轨三种轨距，而且每种轨距中又有进一步细分。在不同轨距的国家之间开展国际铁路联运，必须通过更换每个车厢的车轮—转向架，或者换装货物才能实现换轨，会造成时间和效率损失。

宽轨铁路门类中又分为四种：（1）印度宽轨（1676 毫米），主要是南亚国家，如印度、孟加拉国、巴基斯坦、斯里兰卡使用；（2）伊比利亚半岛宽轨（1668 毫米），西班牙、葡萄牙使用；（3）爱尔兰宽轨（1600 毫米），爱尔兰、巴西、北爱尔兰、澳大利亚使用；（4）俄罗斯宽轨（1520 毫米）约占全球铁路里程的 15%，主要是苏东国家，包括现在的俄罗斯、部分中东欧国家、中亚国家和蒙古国。标准轨铁路（1435 毫米）是目前被采用最为广泛的铁路轨距，约占全球 60%，中国、美国、欧洲大部分国家、日本新干线等采用这一标准。窄轨铁路内部也可以分为四种：（1）开普轨距（1076 毫米）约占全球 9%，印度尼西亚、日本、菲律宾、澳大利亚使用；（2）米轨（1000 毫米）约占全球 7%，中南半岛绝大部分国家使用；（3）另有东南亚和中欧部分国家还采用 762 毫米；（4）600 毫米窄轨。

### 四、国际运输中的中介服务

除了几种基本的运输方式以外，国际运输客户还可以利用一些其他的服务公司，这些中介性质的公司承担着各种服务功能，可以降低运输费用、提高服务质量并提供各种专业性帮助。

### (一) 国际海运代理商

国际海运代理商凭借着对海运的了解和专长为托运人代理运输业务，使国际运输变得简单。他们代表托运人安排包装、国内运输、轮船订舱、办理海关事务、各种单证、支付费用，当然也根据整个代理活动收取一定比例的佣金。对于那些不熟悉复杂国际运输程序的托运人和业务规模没有到达足以拥有自己的外运专家的贸易公司来说，代理商所发挥的作用是极有价值的。

### (二) 无船承运人

无船承运人（nonvessel operating common carrier，NVOCC）顾名思义，公司自己并不拥有船只，但却以海运承运人的身份进行揽货并与货主签订运输合同，且出具的提单与一般有船承运人（也就是船公司）的提单相同的法律效力。虽然都是先揽到客户的货物再交给船公司去运，但无船承运人与一般货运代理有本质的区别，货运代理向客户出具的是船公司的提单，而无船承运人出具的是该公司自己的提单。交给货代运输的货物如果出了问题，货主只能找船公司去索赔，因为货代只是代理去船公司订舱出运，出了事货代公司按规定不用赔偿。但无船承运人就要按规定负责赔偿，因为他是作为正式承运人签订合同的，而且一个正规的无船承运人在注册时，就要在银行存入足够数量的保证金作为发生赔偿的预防。

### (三) 租船代理

租船代理充当各种出租船舶的船东与租船人或托运人之间的中间人，并通过收取一定比例的租船费作为报酬。由于租船代理公司对整个船舶租赁市场乃至整个航运市场都非常熟悉，这些优势使它们成为国际海运协议中很有价值的参与者。

### (四) 船务代理

船务代理公司作为班轮公司或不定期船公司利益的代表，代替它们处理在具体港口的船舶入港、清关、装卸货物和其他各种需要支付费用的工作。当轮船公司较少在某航线上从事运输业务，以至于对所到港口的一应复杂程序不熟悉时，就会雇用那里的船务代理提供帮助。

### (五) 保险公司

国际运输具有相对较大的潜在风险，需要保险公司参与以分担风险。例如对于海运货物，除了要求比国内运输更加结实的包装条件，以应付航程中无法避免的多次搬运、托举、叠放和颠簸，还必须建立十分健全保险制度，以应付各种各样无法预计和有时候无法避免的气候或人为灾难（后者如战争、海盗、罢工及碰撞等事故）。

### （六）航空货运代理商

随着供应量全球化和电子商务的发展，航空货运在当今世界生产与贸易中扮演着越来越重要的角色。航空货运代理人也为托运人提供承运、交付和取送货服务，也要出具货票或运单，但所运输的货物主要是那些价格昂贵或者时间要求相对急迫的物品。由于航空公司自己只能提供机场到机场的运输，而航空货运代理则主要集中精力在机场之外的承运、交付和取送货服务，因此它们实际上填补了重要的空白，并因而能满足空运货物本身对时间上的特殊要求。航空货运代理商从航空公司处预定飞机舱位，同时从各处需要航空运输的托运人处兜揽货物来填充这些舱位，而且由于自己是提前批量预定，因此航空货运代理可以获得价格优惠。这些代理企业当然还要帮助办理其他国际运输的手续和单证。特别是当那些国际货物需要经过多家航空公司之间的航线，或者在整个运程的一端或两端还需要使用地面运输时，这些航空货运代理就可以提供方便。随着航空旅客与货物增加都很快，原来客机的载货空间已根本无法适应，使得全货机越来越多地投入使用，也都增加了对航空货运代理的需要。航空货运代理的收费相对较高，但由于所运货物的性质，较高的收费与相对快捷方便的服务结合，而且空运业务所涉及的诸如货物破损、宽松的包装要求、昂贵的仓储、人工等间接方面可以有效的降低货运成本。更为重要的是，有些航空货运代理公司还可提供某些增值服务。

国际运输中的中介服务还包括国际多式联运，特别是国际集装箱多式联运有关的其他中介服务公司，这些运输市场上的中间层组织通过自己的专业知识和组织能力，帮助各种相关运输方式的承运人共同组成全球性的货物运输链条，极大地方便了客户，也有力地推动了近些年来国际货运市场的不断发展和成熟。通过各国公路、铁路与海运联运所形成的集装箱长距离多式联运链条，更是帮助海运促进的各国沿海经济发达地区不断地向内地纵深推进，正逐步改变着国家和地区的经济结构与空间布局。另外，一些长距离的国际公路、铁路与海运联运链条，甚至形成了"大陆桥"运输，例如世界上著名的西伯利亚大陆桥、中国—中亚—欧洲大陆桥、北美大陆桥等，开辟了亚洲、欧洲和北美之间的运输新通道。

## 第二节　国际货运单证与相关责任规定

### 一、国际运输单证

国际运输涉及各种各样的单证，这些单证是国际运输得以顺利进行的基本凭据。没有适当的单证，货物就无法运输，无论是丢失单证还是使用不正确的单证,都会延误运输过程并可能导致货物不能进入要去的国家。相关的国际贸易和运输单证包括出口许可证、销售单据、财务结算单据、海关单据和运输单据等。相关贸易和运输单证的计算机化已经取得了巨大进步,但这种自动化改进还并没有在所有国家和所有的程序上实行。

### (一) 出口许可证

有些商品的进出口需要获得政府特许并申报领取许可证。出口许可证在很多国家分为特别许可证和一般许可证,其中需要特别出口许可证的货物大多被认为是关系国家安全、对外政策需要或者特别短缺的货物,而一般出口许可证大多只是涉及经济配额方面的考虑。在美国,出口许可证一般是由商务部负责审批,但其他政府机构也有相关许可证的审批权,例如农业部要对某些农产品的出口负责。

### (二) 销售单据

在国际贸易中通常使用形式发票(pro-forma invoice)、商务发票(commercial invoice)和领事发票(consular invoice)这三种由卖方出具的销售单据。其中,形式发票用来通知进口商和进口国政府机构货物的有关信息,并附以必要的外汇信息和进口许可证。商务发票是出售给买方的货物销售单据,它是确定货物价值和估计进口关税的依据,同时也是货物清关必须具备的文件。领事发票是一种由进口国规定的特殊表格,一般必须以进口国的语言填写。

### (三) 财务结算单据

财务结算单据一般是在外贸协定中规定卖方接受买方信用宽限的信用证(letter of credit)或汇票(draft)。其中信用证由买方银行开具,作为买方银行向卖方提供的保证文件,确认只要符合一定的条款条件,该银行就会支付货款,条款条件一般包括各种相关单据、货物启运和运到的确切时间等。汇票则是一种规定买方在未来某日将一定数目钱款划拨给卖方的书面指令,持票人只要将汇票出具给买方银行,银行方面就会从买方账户提取款项,为买方签发提货凭据,并将货款支付给卖方。

### (四) 海关单据

每个国家都有自己的海关管理系统,在美国,两种最普通的海关单据是托运人的出口申报单(shipper's export declaration)和货物的原产地证明(certificate of origin)。托运人出口申报单可用来判别货物是否属于限制性物品,并可提供出口活动的统计数据。原产地证明用来确认货物的产出国,它对于已达成特殊进口关税条约的国家间贸易特别重要。例如,原产地证明可用来防止其他国家或地区利用北美自由贸易区的方便条件向美国出口货物。

### (五) 运输单据

与国内运输相类似，国际货运中最重要的运输单据也是货票、运单或提单（bill of lading，主要在海运使用），作为托运人与承运人订立的运输合同，是承运人接管货物的凭据，也作为运输过程结束时交付货物的依据。除了运单或提单，大多数国际货运还需要包装清单，注明货物包装的详细信息、尺寸和重量。当货物到达启运码头但还没有装船时，水运承运人要签发凭证，证明货物责任和义务已由国内承运人移交给国际承运人。

在国际多式联运过程中，如何保证单证流程周转顺畅是一个重要问题。国际多式联运过程复杂，涉及单证众多，如据有关机构统计，一个典型的集装箱多式联运流程竟需要54种不同的单证，图11-1与图11-2是我国《国际货运代理作业规范》中国际集装箱多式联运进出口单证流转示意图。

**图 11-1 国际集装箱多式联运进口单证流转**

资料来源：《国际货运代理作业规范（GB/T 22151—2008）》。

**图 11-2　国际集装箱多式联运出口单证流转**

资料来源：《国际货运代理作业规范（GB/T 22151—2008）》。

## 二、有关国际贸易术语

《国际贸易术语解释通则》（见表 11-1）规定了买卖双方在国际性贸易合同中的相关责任和义务，该通则也为在国际贸易运输中被广泛认可的以下 11 个合同术语进行了界定。这 11 个术语根据各自的首字母和责任类别被分为 E、F、C 和 D 共四组。

## 第十一章 国际运输

表 11-1 2020 年国际贸易术语解释通则（INCOTERMS 2020）

| 按交货地分类 | 组别 | 性质 | 国际代码 | 全称 | 交货地点 | 风险转移 | 保险 | 运费 | 装货费 | 卸货费 | 出口报关 | 进口报关 | 适用的运输方式 |
|---|---|---|---|---|---|---|---|---|---|---|---|---|---|
| | E组 | 象征性交货，而不是货物到达目的地之时。实际交货起运地发货合同 | EXW 工厂交货 | EX works | 商品所在地 | 交货时 | | | 买方 | | 买方 | | 任何单一运输方式或多种运输方式 |
| 出口国境内 | F组 | 象征性交货装运合同 | FCA 货交承运人 | free carrier | 出口国指定地点 | 货交承运人 | 买方 | 买方 | 卖方 | | 卖方 | 买方 | 任何 |
| | | | FAS 船边交货 | free alongside ship | 装运港船边 | 装运港船边 | | | 买方 | | | | 海运、内河水运 |
| | | | FOB 船上交货 | free on board | 装运港船上 | 装运港船上 | | | 卖方 | | | | 海运、内河水运 |
| | C组 | 象征性交货运费已付装运合同 | CIF 成本、保险费加运费 | cost, insurance and freight | 装运港船上 | 装运港船上 | 卖方 | 卖方 | 卖方/买方 | 买方 | | | 海运、内河水运 |
| | | | CFR 成本加运费 | cost and freight | 装运港船上 | 装运港船上 | 买方 | 卖方 | | | | | 海运、内河水运 |
| | | | CPT 运费付至 | carriage paid to | 出口国指定地点 | 货交承运人 | 买方 | 卖方 | 卖方 | | | | 任何 |
| | | | CIP 运费保险费付至 | carriage and insurance paid to | 出口国指定地点 | 货交承运人 | 卖方 | 卖方 | 卖方 | | | | 任何 |
| 进口国境内 | D组 | 实际交货到达合同 | DPU 卸货地交货 | delivered at place unloaded | 进口国指定地点 | 卸货地运输工具 | 卖方 | 卖方 | | 卖方 | | | 任何 |
| | | | DAP 目的地交货 | delivered at place | 进口国指定地点 | 目的地运输工具 | 卖方 | 卖方 | | 买方 | | | 任何 |
| | | | DDP 完税后交货 | delivered duty paid | 进口国指定地点 | 目的地运输工具 | 卖方 | 卖方 | | | | 卖方 | 任何 |

注：（1）象征性交货：交单即交货，无须保证到货。CIF是典型的象征性交货术语。（2）贸易术语排列顺序：按照卖方责任从小到大。责任大小的主要体现：①进出口清关手续承担问题；②风险承担问题；③出口货物装卸关手续是否有遮盖，例如码头、仓库、集装箱堆积场或公路、铁路、空运站。卖方承担将货物运至指定港口或目的地运输终端并将其卸下的一切风险。（6）在CIF/CFR/DAP中，如果卖方按照运输合同在目的地港/目的地卸货站发生了卸货费用，除非双方另有约定，卖方无权向买方要求偿付。

资料来源：中国国际商会译：《国际贸易术语解释通则2020》，对外经济贸易大学出版社2020年版。

E 组只有 EXW 一个术语。EXW（Ex works）意思是"工厂交货"，这是一种将与运输货物有关的所有责任都交给买方来完成的启运合同。卖方在 EXW 条件下的责任是在货物产地将货物交给买方；买方则同意在货物产地取得对货物的所有权，并承担将货物运至目的地所需的一切费用与风险。

F 组中的三个术语（FCA、FAS 和 FOB）规定卖方有责任办理出口清关，并负担将货物交至买方指定的承运人处所发生的费用，买方则承担主要的国际运费、保险费及进口清关。其中，FCA（Free carrier）意思是"货交承运人"，适用于任何运输方式，当卖方将货物交至卖方指定的承运人时，货物再发生损失的风险即转移给了买方。FAS（free alongside ship）意思是"船边交货"，只适用于水运，当货物运到船边交给卖方指定的承运人时，货物再发生损失的风险就转移给了买方。FOB（free on board）意思是"船上交货"，也是只适用于水运，当货物越过船舷（实际掌握为装到船舱内）时，货物再发生损失的风险就转移给了买方。

C 组包括四个合同术语（CFR、CPT、CIF 和 CIP），规定了卖方必须负责货物运输并支付运费，还必须为货物办理保险并支付保险费。其中 CFR（cost and freight）意思是"成本加运费"，与"运费付至指定目的地"的 CPT（carriage paid to）非常相似，都规定由卖方选择国际运输的承运人并承担运费，但 CFR 只适用于水运，卖方责任在货物越过船舷时为止，而 CPT 适用于任何运输方式，卖方责任将货物交给承运人时为止。CIF（cost, insurance and freight）意思是"成本、保险费加运费"，与"运费和保险费付至指定目的地"的 CIP（carriage and insurance paid to）的关系很相似，但 CIF 只适合水运，而 CIP 适合任何运输方式，都要求卖方支付国际运输费用和货物保险费。

D 组包括三个合同术语（DPU、DAP 和 DDP），都要求卖方承担货物运至目的地国家所需的所有费用和风险，适用于任何运输方式。DPU（delivered at place unloaded）意思是"卸货地交换"，卖方需要将货物运至进口国买方指定地点，并在货物从运输工具上卸下的状态下将货物至于买方的任意处分之下，方完成交货义务，DPU 要求卖方采取自行运输或订立合适的运输合同，并需要对货物运输过程中可能出现的风险负责。DAP（delivered at place）表示"目的地交换"，该术语可适用于任何运输方式。"目的地交货"是指当卖方在指定目的地将仍处于抵达的运输工具之上，且已作好卸载准备的货物交由买方处置时，即为交货。卖方承担将货物运送到指定地点的一切风险。由于卖方承担在特定地点交货前的风险，特别建议双方尽可能清楚地约定指定目的地内的交货点。建议卖方取得完全符合该选择的运输合同。如果卖方按照运输合同在目的地发生了卸货费用，除非双方另有约定，卖方无权向买方要求偿付。如适用时，DAP 要求卖方办理出口清关手续。但是卖方无义务办理进口清关、支付任何进口税或办理任何进口海关手续。DDP（delivered duty paid）意思是"完税交货"，都可适用于任何运输方式。

实际上，这些国际贸易术语表述的是贸易条件，主要是用在国际贸易买卖双方的合同中，而并不是用在真正的国际运输合同，即收发货人与承运人之间订立的合同中。但这些术语都与运输密切相关，通过对这些术语的认识与分析，可以更好地理解运输活动的内在意义。

### 三、离岸价与到岸价

长期以来，人们习惯于把国际贸易中的 FOB 价格条件称为"离岸价格"。FOB 的字面意思是"船上交货"，把 FOB 价格条件称为"离岸价格"，说的是 FOB 价格只包含出口产品在越过船舷之前的所有成本与费用，其他费用与风险在装运港的船舷均由卖方转移给买方。也就是说，只要货物越过船舷，卖方就有根据合同约定向对方索取货款的权利。

在执行 FOB 价格时，卖方的主要义务包括：（1）负责在合同规定的日期或期限内，在指定装运港将符合合同的货物按港口惯常方式交至买方指定的船上，并给予买方充分的装船通知。（2）负责取得出口许可证或其他核准证书（商检证，原产地证等）办理货物出口手续（报关、出口订仓等）。（3）负担货物在装运港越过船舷为止的一切费用和风险（实际为到船舱内为止）。（4）负责提供商业发票和证明货物已交至船上的通常单据（已装船海运提单）。买方的主要义务包括：（1）负责按合同规定支付货物价款。（2）负责订舱或租船、支付运费（海运费），并给予卖方关于船名、装船地点和要求交货时间的充分通知。（3）自负费用取得进口许可证或其他核准证书，并办理货物进口以及必要时经由另一国过境运输的一切海关手续。（4）负担货物在装运港越过船舷后的一切费用和风险。（5）收取卖方按合同规定交付的货物，接受与合同相符的单据。

尽管对"到岸价格"相关的术语存在一定分歧，但目前通常使用 CIF 表示。CIF 的字面意思是"成本、保险费加运费"。在 CIF 价格条件下，卖方只要按期在约定地点完成装运，并向卖方提交合同约定的提单等有关单据就算完成了交货义务。至于货物何时抵达目的港，除非卖方在合同中做了明确的承诺，卖方不对货物的抵港时间承担任何责任。CIF 的风险转移界限是装运方船舷而不是目的港。例如，采用 CIF 价格术语成交的合同，如果载货船舶在尚未驶离装运港就触礁沉没了，买方是无法向卖方提除索赔的，理由是越过船舷后的风险已转移至买方，买方只能依据保险合同向保险公司进行索赔。这说明卖方对于风险并不负责至目的港。另外，在 CIF 的条件下，由装运港至目的港的保险属代办性质，卖方只需按规定惯例承担正常保险费用。如果没有特别规定，卖方只需投买最低的保险险别就算是完成了 CIF 的保险义务。

再者，CIF 术语中的 F 是指运费 freight，按《国际贸易术语解释通则》规定，CIF 合同中卖方的义务是按照通常的条件及惯驶的航线，负责租船或订舱并支付运费。但这里所说的运费只是正常的运费，在运输中载货船舶可能遇到恶劣天气，船上的机器可能出现故障，需要避风或修理，也可能由于转船或绕路等发生的运费称为不正常运费。在 CIF 条件下，不正常运费均应由买方承担。例如，某国公司曾以 CIF 纽约价格条件向美国出口某商品，在投保一切险的基础上加保了战争险和罢工险。在载货船舶尚未抵达纽约港前,船方获悉纽约港正在罢工,不能靠岸卸货,于是便将货物卸在纽约港附近的一个港口。纽约港罢工结束,货物又由该港转运到纽约港,但增加了1.5万美元的运费。对这笔额外运费的负担问题各方之间产生了争议,保险公司认为因罢工改港卸货多增加的运费属于间接损失,因而拒绝赔偿,承运人依据提单的免责条款也可以不负责任,而卖方在CIF价格条件下负担的是正常运费,在货物越过船舷后风险与费用就都转移出去了,不必再考虑货到目的港前的任何偶然事件所引起的额外运费。争议的最终结果是1.5万美元的额外运费由买方自己承担了。显然,在CIF条件下买方要准备承担船舶在没有到岸时发生的额外风险与费用。

在不同的运输阶段,不同主体承担的风险责任完全不同。因此,运输责任的认定本身就是一件复杂的事情,国际运输更增加了其中的复杂程度。运输业的发展中所包含的制度进步,也包括责任制度的进步。用完善的合同条款可以避免由于过长运输链条可能导致的逃避责任的机会主义,用准确划定责任的办法也能激励各方承担责任,减少运输过程中的不确定性。

## 第三节 国际运输中的过境权

国际运输中一个很重要的问题是不同国家之间过境权的处理。过境权包括航空过境权、陆地上的过境权以及水域内的过境权(和通航权),本节只给出简单的介绍。

### 一、航空过境权

根据惯例,国际民航业在各国之间共存在9种不同的航空过境权(简称"航权"),图11-3是这些航权的示意图。第一航权是指A国授予B国国际航班不降停地飞越其领土的权利,即"飞越权";第二航权是指A国授予B国国际航班在其领土内做非运输业务性经停的权利,即"技术经停权";第三航权是指A国授予B国承运人在A国领土内卸下来自B国客、货、邮业务的权利,即"下客或卸货权";第四航权是指A国授予B国承运人在A国领土内装上前往B国客、货、邮业务的权利,即"上客或装货权";第五航权是指A国授予B国在A国领土内卸下或装上来自任何第三国的客、货、邮业务的权利,但运输的起始地或目的地应在B国;第六航权是指A国授予B国运输经过B国的A国与C国之间的客、货、邮业务的权利;第七航权是指A国授予B国运输A国与任何第三国之间客、货、邮业务的权利;第八航权是指A国授予B国运输B国或任何第三国与A国境内两个地点之间的客、货、邮业务的权利,即"国际航线延伸的境内运输权";第九航权是指A国授予B国经营A国境内两点之间的业务的权利,即"完全的境内运输权"。

图 11-3  九种不同航权

资料来源：董箫：《航权交换研究》，知识产权出版社 2010 年版。

可以看出，这 9 种航权所代表的过境运输自由化程度，从允许不降落的飞越到完全开放国内航空运输市场是依次增加的。这些航权规定的内容起源于国际航空业发展中双边或多边的互惠协定，总的来说各国之间所相互给予的航权内容是越来越多，但航空协定谈判中决定相互开放哪一种或数种航权却往往非常耗费时日。一般航空业比较发达的国家总是在开发航空市场方面比较积极，而航空业相对不发达的国家总是希望多一些对本国航空市场的保护，例如美国多年来一直就在主张与其他国家相互"开放天空"。

2003 年，中国首次对外开放国际航权第五业务权，自新加坡经厦门和南京至美国洛杉矶和芝加哥的航班被允许在厦门和南京上下货物。随着航权政策的逐步开放，中国与越来越多的国家的双边航空运输协定中增加了第五业务权的内容，更多的中国城市，包括北京、上海、广州、海口、天津、银川、郑州、满洲里、西安等对外开放了第五业务权，中国空运企业在境外市场可利用的第五业务权也更加丰富和广泛。2020 年《海南自由贸易港建设总体方案》要求实施高度自由便利开放的运输政策，进一步放宽空域管制与航路航权限制等，除扩大包括第五航权在内的海南自由贸易港建设所必需的航权安排，也支持在海南试点开放第七航权，允许相关国家和地区航空公司承载经海南至第三国（地区）的客货业务。

## 二、北美地区的陆上过境运输

在北美地区，由于美国、加拿大和墨西哥三国于 1993 年签订了"北美自由贸易协定"（NAFTA），使得三国之间的陆上运输过境权发生了很大变化。加拿大和墨西哥都与美国相邻，它们既是美国产品的销售市场，又为美国提供原材料和产品的生产装配，NAFTA 的签订就是要在三国之间减轻关税，鼓励更大的贸易往来。NAFTA 包括相互之间的贸易最惠国待遇、货物的无障碍流动以及对边境之间货物及服务交易的开放承诺。2018 年 11 月，三国签订"美国—墨西哥—加拿大协定"（USMCA），被称为"北美自由贸易协定 2.0"，新协议在商品原产地、农业贸易、知识产权、数字贸易等领域做出了有利于美国的调整。

一直以来，美国的政策是要保护自己国内的运输市场，因此不允许外国承运人在美国境内承揽和运送货物，另外两个国家的政策也相似，因此三国之间的陆上过境运输包括汽车过境运输开展得很少，NAFTA 签署后这一情况已经有明显改善。美国、加拿大两国的公路货运目前也已经开放了很多，互相给以对方承运人在已方境内一定程度的运营权。例如开始的时候，加拿大的一辆货车将被允许在美国境内的芝加哥卸空车之后承揽并运送一批货物到底特律，只要该承运人在底特律已经有另一批货物要运回加拿大；美国的货车在加拿大境内也被许可有相等的经营权。随着时间的推进，三个国家的公路货运企业应该都可以在另外两个国家境内的一定距离内自由地揽货和运输。1994～2004 年，墨西哥与美国之间的过境卡车数量从每年 280 万辆增加到 450 万辆左右，2017 年又增长到 603 万辆；而加拿大与美国之间则从每年 500 万辆增加到 700 万辆以上。三个国家之间的铁路联系已经改善很多，加拿大两家最大的铁路公司都通过购买美国铁路线，而把运输业务延伸到美国，也有美国铁路公司取得了墨西哥铁路的经营权，开展跨界运输。

表 11-2 反映了墨西哥、加拿大与美国之间运输方式的分工，可以看出卡车运输在美国、加拿大、墨西哥三国跨国运输中扮演重要角色，在货物价值上卡车运输常年占到 60% 以上。

表 11-2　　　　美国与加拿大、墨西哥之间不同运输方式的运输量

| 运输方式 | 2000 年 价值（十亿美元） | 2000 年 重量（百万短吨） | 2010 年 价值（十亿美元） | 2010 年 重量（百万短吨） | 2017 年 价值（十亿美元） | 2017 年 重量（百万短吨） |
| --- | --- | --- | --- | --- | --- | --- |
| 卡车 | 429 | NA | 560 | 188 | 721 | 223 |
| 铁路 | 94 | NA | 131 | 134 | 174 | 170 |
| 航空 | 45 | <1 | 45 | <1 | 44 | <1 |
| 水运 | 33 | 194 | 81 | 210 | 76 | 210 |
| 管道 | 24 | NA | 65 | 106 | 65 | 223 |
| 其他 | 29 | NA | 37 | 11 | 60 | 20 |
| 总计 | 653 | NA | 921 | 650 | 1139 | 848 |

注：(1) NA：数据不可得；(2) 百万短吨（2000 英镑 = 907.18477 千克）。
资料来源：美国运输部：*Transportation Statistics Annual Report*, 2018。

## 三、欧盟的共同运输政策与过境运输

### (一) 初期的努力

第二次世界大战后,欧洲一些国家组建了"欧洲共同体"并逐渐发展成后来的"欧洲联盟",其成员国也从开始时的 6 个扩展为今天英国退出后的 27 个。欧共体/欧盟在发展过程中逐步实现了其成员国之间一系列政治、经济领域的一体化,包括在运输领域的共同政策和自由过境运输。

在 1951 年建立欧洲煤钢共同体的"巴黎条约"中并没有共同运输政策,该条约的有关运输条款主要是防止煤炭和钢铁运输里的歧视行为,而且运输政策也被明确为各国的国内政策。而 1957 年的《罗马条约》(即《建立欧洲共同体条约》)对运输政策的态度发生了重大变化。该条约规定,成员国与共同体的活动应建立在密切协调成员国的经济政策、完成内部市场和确定共同目标之上,并应遵循自由竞争的开放性市场经济的原则。规定共同体应采取一系列活动,包括取消成员国之间货物进出口的关税与数量限制,以废除成员国之间人员、货物、服务与资本流动障碍为特征的一个内部市场,特别提到要在共同贸易、农业和运输这三个领域分别制定共同政策,规定在有限的过渡时期中逐步实现共同体内的跨国境运输和在他国的国内运输权。

"罗马条约"表述的共同运输政策的核心是要逐步取消边境和其他各种市场进入的法律及制度障碍,但由于有关条款过于笼统和模糊,没有明确指出政策的制定原则与政策目标,也缺少实现政策的指导方针、明确期限和违约处罚规定,因此共同运输政策一开始是建立在一个不十分确定的基础上。1962 年,欧共体才在运输政策领域通过了第一个关于减少公路过境运输限制的指令,规定某些特殊车辆和货物在很有限的距离以内经过批准以后可以从事过境运输。在以后的多年时间里,欧共体也只在十分有限的范围内推进共同运输政策,在公路的过境运输领域采取了一些减少或取消限制的措施。但一般认为这些措施对于废除边境障碍、引入运输市场的竞争只有十分有限的作用,因为一旦新的进入与竞争威胁到本国的运输业者,当事国政府就有权拒绝这种进入和竞争,以保护本国已有的运输业者,而且其他运输行业几乎没有变化。

### (二) 加快进程

共同运输政策进程的重大转变发生在 20 世纪 80 年代。1985 年,欧共体委员会公布了关于需要在运输政策领域加快步伐的白皮书,明确提出在 1992 年底实现统一市场之前运输领域所必须采取的各项步骤和具体时间表,包括 1986 年海运方面开始实行自由化、1987 年民航开始实行自由化、1988 年公路的跨境运输配额与在他国的国内运输权限制大幅度放松,以及 1989 年内河水运的他国国内运输权放松等。1986 年的"单一欧洲法令"明确规定必须在 1992 年底建成统一市场，有关共同运输政策的法规数量迅速增加，欧共体国家之间在公路、河运、海运和航空等方面的跨境运输障碍很快被取消了。

从后来欧盟内各种运输方式市场化和取消边界障碍的程度看：公路的跨境运输程度是最高的，货运已于 1993 年取消了许可证限额，并统一了在燃油及车辆等方面的最低税收标准，目前一般的跨境客货运已经基本没有限制，实现了无国界运输；水运在 1986 年的法规实施以后，市场化进程也比较顺利，目前欧盟内的内河水运和沿海水运都已基本实现自由跨境运输；欧盟的航空运输市场化从 1987 年开始，已比较迅速地实现了欧盟内部各国之间"天空开放"；按照部长理事会 1991 年的指令，各国铁路均实行了基础设施与运营服务的分离，并开放客货列车的跨境运行与竞争。

### （三）共同运输政策的进一步完善

20 世纪 90 年代是欧洲共同体获得迅速发展的时期：1992 年《马斯特里赫特条约》（以下简称《马约》）签订标志着欧盟的建立；1993 年欧洲统一市场正式建立；1994 年欧洲经济区建立；1997 年进一步加强欧盟与其决策机制的阿姆斯特丹条约签订；1999 年欧元正式启用。在这期间，欧盟的共同运输政策也进入了一个新时期，除了进一步减少成员国之间的障碍，从人员与货物的自由流动方面保证统一市场的形成与发展，该共同政策也在多方面得以完善和正规化。

《马约》在共同运输政策方面提出了进一步的要求，除了要在市场化和无国界运输方面保证共同市场的要求，还增加了强调安全与运输质量、保护环境的可持续发展和建立有效率的运输基础设施等内容。《马约》中有一项关于基础设施的内容，要把"跨欧网络"（即 TENs）建成联结欧盟内陆中心地区与各岛屿、分离地区和边缘地区、由各国网络紧密连接与合作、联盟公民可以享受无内部边界障碍的真正利益。运输基础设施过去一向是各成员国自己负责规划与建设的，以便满足本国的客货运输需要，但如果从欧盟整体的角度来看，已有的运输基础设施网显然还不完善，没有能够形成一个整体。"跨欧网络"的主要目的就是要把过去不同国家的运输体系组合成为一个共同的网络，打通断线，并把分离或边远的地区与中心地区联系在一起。

根据欧盟委员会 1995 年发布的关于进一步发展共同运输政策的白皮书和相应的 1995~2000 年行动计划，共同运输政策已经形成在改善一体化运输系统、提高统一运输市场效率和扩大欧盟的对外联系三大领域的七个所谓"支柱"，即：（1）继续各种运输方式的一体化，使用新技术，进一步完善基础设施，鼓励公共交通和运输市场竞争；（2）注重环境保护，减少运输对环境的不利影响，将运输量向"绿色"和"环境友好型"运输方式转移；（3）保证安全，协调各国的交通规则，改善安全系统包括道路监视系统、海上和空中交通管制系统等；（4）加强对各国政府财政补贴的管理，继续促进各种运输市场的自由化，提高运输市场结构的适应性；（5）协调各种运输方式内部和方式之间的收费体系、减少不同运输方式之间的收费不合理状况；（6）使运输促进更好的居住与工作条件，给残疾人更方便的交通条件，同时健全乘务员工作时间制度；（7）停止成员国单独与第三国的有关市场进入的双边谈判，而代之以欧盟一致的共同行动。

尽管2008年全球金融危机，以及随后的欧债危机对欧洲一体化进程造成一定影响，但欧盟在推动交通运输一体化领域方面的工作一直在推进。2011年欧盟制定交通白皮书，为直到2050年的欧盟交通发展制定了蓝图，重申建立统一的欧洲运输系统；2013年欧盟进一步制定了交通发展的整体规划，要求考虑每种运输方式的具体情况同时保持整体性，推进将竞争力与可持续性相协调的投资体制与方法。

## 第四节　国际运输联盟

### 一、国际海运联盟

#### （一）集装箱班轮的主要航线与港口

海运的航线和港口有多种分类。根据行径水域，可分为国与国或地区间经过一个或数个大洋的远洋航线，一国至邻近国家海港间的近洋航线，和一国沿海区域各港口间的沿海航线。根据组织形式，可分为船舶从起运港到终点港不在中途挂靠港口、装卸货物的直达航线，以及船舶从始发港至终点港，在中途挂靠港口、装卸货物的中转航线。根据发船时间，可分为依据船货双方签订的租船合同安排船舶就航的不定期航线（不定期船主要从事大宗货物，如谷物、石油、矿石、煤炭等的运输，一般都是整船直达装运），另一类则是船舶定线、定点、定期的航线，即多为集装箱运输的定期航线（也称"班轮航线"）。而根据运输量、运力和运程，又可分为连接各枢纽港口的主干航线和连接地方性分流港口的分支航线。分支航线又称支线，是为主干航线提供集疏服务的航线，支线上运行的船舶多为小型船舶。

海洋运输大约承担了全球80%、中国90%以上的外贸货物运输，而目前国际航运集装箱化的程度已占到约60%。轴辐式网络是集装箱运输的典型组织模式，分布在各大洲、各大洋的枢纽港和主干航线所组成的核心网络居于最重要的地位，各大航运公司和主要的大型集装箱轮在这些主干航线上，组织包括一系列挂靠港口的定期班轮循环中转航线；而中小型航运公司则在枢纽港和地方性分流港之间提供集装箱的支线喂给或疏运服务。航班资源高度集中于少数集装箱主干航线和枢纽港。

在设定航线特别是主干航线时，不仅要考虑货物的情况、航线情况等，还要考虑港口的综合条件，包括自然条件、腹地状况、装卸能力、仓储能力、装卸效率等一系列参数。目前，世界主要集装箱枢纽港大多坐落在以下三大主干航线上：

一是北美到欧洲、地中海航线：即北美东海岸的魁北克、蒙特利亚、波士顿、纽约、迈阿密等港口，与欧洲及地中海的伦敦、汉堡、鹿特丹、阿姆施特丹、安特卫普、利物浦、哥本哈根、马赛、里斯本、伊斯坦布尔、康斯坦察等港口之间的航线。

二是远东到北美航线：即亚洲的上海、深圳、香港、广州、厦门、宁波—舟山、天津、青岛、大阪、神户、符拉迪霍斯托克、釜山等港口，与北美西海岸的温哥华、西雅图、旧金山、洛杉矶、奥克兰、圣迭戈、马萨特兰，以及东海岸的迈阿密、纽约等港口之间的航线。

三是远东到欧洲、地中海航线：即亚洲的上海、香港、大阪、釜山、新加坡、巴生、科伦坡、孟买等港口，与前述欧洲各港及地中海的亚历山大、海法、热亚那、巴塞罗那、马赛等港口之间的航线。

### （二）集装箱航运联盟的概念与作用

集装箱航运中存在着运输密度经济和网络幅员经济。在同一条航线上投入更多的集装箱轮，增加班次；或者让每个航班都使用更大的集装箱轮，每次装运更多的集装箱；或者提升每个挂靠港的集装箱装卸效率和堆场能力，缩短班轮的在港时间；或者加快集装箱轮的航行速度，缩短班轮的运转周期等……都可以提升相应航线上的运输密度经济。如果这条航线上的箱量足够多，船公司就可以利用这些运输密度经济手段降低运输成本，增加经营收益，赚取利润。但效益好的航线往往也会吸引其他船公司加入运营，导致竞争加剧，结果运输能力会发生过剩。如果要通过开辟新航线利用网络幅员经济，船公司也需要在船舶、码头、堆场、揽货等各个环节投入大量资源，而对某家公司来说是新的航线，对其他公司来说却可能已经是经营多年的老航线，于是也难免代价高昂的竞争，甚至完全力所不及。因此，集装箱班轮运输需要一种能够打破传统经营模式的新型组织结构，以适应经济全球化对海运网络扩张的需要，同时克服传统海运的局限性并规避过度竞争的风险，于是航运联盟应运而生。

航运联盟是一种战略联盟，是航运企业之间在保持独立法人地位的前提下，为获取经济效益而通过挂靠港口互补、船期协调、舱位互换、信息共享等方式，达成联盟内部成员的合作。航运企业建立航运联盟的主要动因，是为了降低运输成本，实现规模化经营，同时谋求扩张航线网络的竞争优势。集装箱运输的全球化、网络化、船舶大型化等特征决定了规模化经营是航运企业适应市场的必然选择，但单个运营主体即便通过兼并也很难在每一条航线上都具有优势并达到理想的舱位利用率。而采取航运联盟的形式，由多家航运企业共建公用码头和堆场、共派船舶、舱位互租，能够有效地解决船舶船队规模和舱位利用率的两难权衡问题。

舱位租赁是航运企业资源合作共享的重要方式，是指舱位出租人将舱位租用给其他经营主体，舱位承租人通过租用舱位在一定时期内获得稳定的货运舱容。舱位互租是舱位租赁的一种形式，是指一方将舱位卖给另一主体时，也可以同时向另一方购买其所需要的舱位,各经营主体在原有的航线上开展业务,并利用对方的特定航线来拓宽自身的业务领域。舱位租赁和舱位互租既有利于提升舱位利用率,又使航运企业无须投入相应的船舶便可获得相应的航线和市场,能够有效拓展航运企业的航线网络。以美国总统轮船为例,加入 G6 联盟前,该公司以美洲航线为主,在欧洲、东亚航线上不具有优势,而联盟内的东方海外、赫伯罗特公司正好提供了互补,总统轮船入盟后通过共享舱位使欧洲航线增至八条,扩大了市场份额,并迅速进入东南亚地区的市场。[1]

通过航运联盟内部成员之间的资源共享,能够有效提升原单个航运企业在航线上的发船频率和准点率,增加客户满意度,也能有效避免重复挂靠港口,优化航线网络。总之,航运联盟作为一种介于企业内部与市场之间的中间性组织,降低了联盟成员企业的交易费用和生产成本,既避免了组织的膨胀,又可以通过分享技术和市场获得外部资源,提高成员的战略灵活性。但航运联盟内的成员由于背景各异,企业文化、经营特色、管理制度等方面往往存在矛盾,利益分配的协调也有难度,因此联盟往往并不稳定。

### (三) 目前主要集装箱航运联盟的规模

20 世纪 90 年代中期,各大航运企业积极调整经营策略,扩大规模、提高市场份额,集装箱航运联盟开始取代班轮公会成为航运企业之间的主要合作形式。航运联盟自成立以来不断重组,先后经历 1996 年五大联盟初立、2001 年五大联盟改组为四大联盟、2007~2015 年四大联盟改组、2017 年四大联盟改组为三大联盟等阶段,形成目前三大联盟鼎立的格局。其中:(1) 2M 联盟主要包括马士基和地中海航运,并且与现代商船和汉堡南美达成中期合作协议;(2) 海洋联盟 (Ocean Alliance) 包括中远海运集运、达飞轮船、长荣海运和东方海外四家航运企业;(3) THE 联盟 (THE Alliance) 包括五家航运企业,分别是赫伯罗特、阳明海运、商船三井、日本邮船和川崎汽船。全球前 14 位航运企业中除阿拉伯轮船外均为三大航运联盟的成员。

2017 年,三大航运联盟总运力为 1560.3 万 TEU,市场份额合计为 75.6%。其中,2M 联盟总运力达 728.1 万 TEU,占全球总运力的 35.3%;Ocean Alliance 运力为 536.6 万 TEU,市场份额约为 26.0%;THE Alliance 的运力规模为 295.6 万 TEU,占全球的 14.3%。从航班联系的港口和国家(地区)数量看,三大联盟覆盖的港口数量均超过 200 个,覆盖的国家(地区)数量均超过 80 个。其中 Ocean Alliance 的市场范围共覆盖 97 个国家的 283 个港口;THE Alliance 覆盖 248 个港口,涉及 83 个国家(地区);2M 联盟覆盖的港口数量为 226 个。每个联盟的航班数量均在每月 1 万次上下。

三大航运联盟联合经营的航线数量,2M 联盟的航线数是 27 条,Ocean Alli-

---

[1] 王玮:《全球集装箱航运企业的航线网络格局及发展模式》,中国科学院地理科学与资源研究所博士学位论文,2018 年。

ance 为 40 条，THE Alliance 提供 32 条航线。主干航线的运力几乎为三大联盟所垄断。根据有关数据，2M 联盟、Ocean Alliance、THE Alliance 在亚欧航线的运力份额分别约为 38%、30% 和 25%，合计占 93%；在跨太平洋航线的运力份额分别为 20%、38% 和 27%，合计占 85%；在跨大西洋航线的运力份额分别为 49%、13% 和 33%，合计占比 95%。因此，三大联盟在全球主干航线的运力份额均超过 85%，基本上控制了主干航线的集装箱运输。加盟者在一定意义上借助联盟形成全球承运人；而未加入联盟的小型航运企业则倾向于发展支线运输，专注于区域市场。[①]

## 二、国际航空联盟

### （一）国际航空联盟的形成与合作内容

国际航空联盟形成的原因与前述集装箱航运的国际联盟十分类似，航空公司必须找到解决扩大航线网络与提升飞机客座利用率矛盾的办法，即平衡航空业中的运输密度经济和网络幅员经济。航空业还有一个特殊因素，就是飞机的远程快速运输能力对任何国家而言都具有重要的安全意义，因此航空公司的所有权和控制权往往被国家资本或者本国资本所拥有，一般不允许境外资本控股本国航空公司（仅欧盟内部存在跨国控股航空公司的个案）。因此，航空业就更需要通过收购、合并等产权方式以外的途径去实现跨境的网络扩张。据说第二次世界大战后不久就有了最早的航空联盟，但真正的国际航空联盟还是要等到大型客机开始普及时才会出现。

一般而言，航空联盟是两家或以上的航空公司之间所达成的合作协议。因此，国际航空联盟是建立在互相合作基础上的一种管理模式，在其中多个航空公司通过合作共同提高市场竞争力，以推进企业的全球化。联盟成员间的具体合作形式通常包括以下四类：

一是代码共享。代码共享是指一家航空公司的航班号可以用在另一家航空公司的航班上。具体到旅客方面，在整个旅行过程中会有一段航程甚至全部航程并非出票航空公司真实承运的航班。对于大型航空联盟而言，只要有新进成员加入，它就可以接入业已形成的联盟航线网络，同时已有成员也会共享到新进成员的国际和国内航线网络资源。现今的三大航空联盟，均以代码共享这种"拓扑"方式得以快速壮大，这是联盟协同价值最突出的外在表现。

二是航班运营和保障资源共享。联盟成员分别在其所属国的指定国际航空枢纽拥有特殊且不可复制的运营和保障资源，如重要机场的进出港时刻和登机口、候机区等。在联盟范围内，采用成员之间航班运营和保障置换等方式，就可以大

---

① 王玮：《全球集装箱航运企业的航线网络格局及发展模式》，中国科学院地理科学与资源研究所博士学位论文，2018 年。

幅降低航班增加、航线开辟、飞机维修、地面设备、服务人员、航材保障、航班配餐等运营和保障方面的成本支出。

三是枢纽机场的航班衔接协作。这种做法可增强联盟成员在航班时刻安排上的匹配性，缩短了旅客在枢纽机场的转机时间和转机次数，方便旅客更高效地抵达目的地。这种做法也形成了联盟成员对相同航线上非联盟成员的比较性竞争优势，在不增加资源投入的前提下提升了联盟成员的市场份额。

四是在航空联盟内推行旅客服务标准统一和对接。如航空公司头等舱和公务舱的"两舱"高端旅客服务，航空联盟推动给予旅客在不同航空公司之间旅行以相同品质的出行体验和周到服务；联盟通过做到在成员之间常旅客积分奖励计划的连接和互认，增强了成员常旅客对彼此产品的相互购买吸引力，强化了对常旅客的黏性等，都有助于提升成员航空公司对旅客的服务保障和营销竞争能力。

### （二）目前的国际航空联盟

当今国际航空客运领域已经形成三大联盟：（1）星空联盟（Star Alliance）成立于1997年5月，是世界上第一家全球性航空公司联盟，由北欧航空、泰国航空、加拿大航空、汉莎航空以及美国联合航空联合发起成立。截至2019年底，联盟共有26位正式成员，成员服务覆盖一百九十余个国家；（2）寰宇一家（Oneworld）成立于1999年2月，由美国航空、英国航空、国泰航空、澳洲航空、原加拿大航空联合发起成立。截至2019年底，联盟共有13位正式成员，成员服务覆盖一百五十余个国家；（3）天合联盟（Sky Team）成立于2000年6月，由法国航空、达美航空、大韩航空和墨西哥国际航空联合发起成立。截至2019年底，联盟共有19位正式成员，服务覆盖一百七十余个国家。三大国际航空联盟目前的运力和运量分别占约全球航空客运市场60%和80%的份额，全球销售收入前20强的航企一度都是三大航空联盟的成员。

随着我国民航业的快速成长，中国航空市场日益受到国际关注，同时为了更好进入国际航空市场，国内大型航空公司也纷纷开始加入国际联盟。2007年南航加入天合联盟，成为国内第一家加入国际航空联盟的航空公司。当时的南航已经是国内运量最大的航空公司，但由于国际航线屈指可数，在国际市场上的竞争力远不如国航和东航。时任南航集团公司总经理的刘绍勇接受采访时表示，"加入天合联盟，将弥补南航自身国际航线网络不足、航班密度低的缺陷，南航将利用天合联盟的国际航线网络将自己的航班延伸到世界。"

2007年末，国航、上航加入星空联盟；2011年东航加入天合联盟，上航因与东航合并而退出星空加入天合联盟。2012年，厦门航空加入天合联盟；深圳航空加入星空联盟。至此，国内三大航和上航、厦航、深航等六家航空公司加入了国际航空联盟。除国航、深航在星空联盟外，其余均在天合联盟。

### （三）国际航空联盟的磨合发展

2020年1月1日，南航正式退出天合联盟，这是国际航空联盟的组织形式存在着一些内在矛盾，特别是成员之间竞争加剧的反映。2011年东航也加入天合联盟，导致天合联盟内部存在南航和东航两家业务高度竞争的中国航空公司，南航在联盟内部的话语权和收益逐渐下降。2015年，达美航空斥资4.5亿美元入股东航，持股3.55%，成为东航最大的外部股东；2017年，东航入股联盟内的法荷航集团，持股10%。东航与达美航空、法荷航集团的合作使其得到了联盟优质成员的支持，在中美、北美和中欧航线上也取得了更多的话语权。由于达美航空此前已经和大韩航空成立合资公司，所以天合联盟在一定程度上已经变成了"达美航空和它小伙伴的联盟"。因此南航退出天合联盟的决定并不令外界意外。

  客机技术的进步也对国际航空联盟有一定影响。近年以波音B787和空客A350XWB为代表的新一代远程宽体客机问世，其航程几乎可满足旅客对全世界任意两点间直达飞行的需求。而波音737MAX和空客A320NEO为代表的新一代远程窄体客机问世（尽管前者饱受争议），也影响到航空市场已有的"支线—干线—支线"轴辐式航线网络结构，航空公司有可能增加跨洲的远程点对点航线，似乎将不再那么需要联盟成员导流的客源。

  南航在天合联盟内部的遭遇具有一定的普遍性，在不断有成员退出各联盟的同时，新加入的航空公司少之又少，除寰宇一家将在2021年迎来阿拉斯加航空外，天合联盟和星空联盟上一次迎来正式成员均在6年之前。为应对成员不断退出的压力，国际航空联盟出现了"非正式会员"这一新合作模式，如星空联盟2015年启动"优连伙伴（Connecting Partners）"、寰宇一家2018年推出"寰宇一家连通（Oneworld Connect）"，两者都是降低对联盟成员经营活动的束缚，天合联盟在实际运作中也表现出更多灵活性。吉祥航空公司在2016年成为星空联盟首位优连伙伴，但之后与天合联盟成员东航实现股权交叉。

  南航退出天合联盟后，仍将通过双边合作方式与该联盟的各成员航空公司继续保持原有代码共享合作以及常旅客合作，而且会新增与美航、英航等属于其他联盟的航空公司合作。据统计，处于独立状态的南航目前总计已与26家境外航空公司开展代码共享合作，这与最大的星空联盟成员总数持平。因此，预计国际航空联盟未来依然会存在，但组织结构和运作方式都会有所调整。

---

**专栏 11-1**

## 中欧班列

  2011年3月19日，首列中欧班列渝新欧国际铁路（重庆—杜伊斯堡）开通。中欧班列由于运输路径长、途经国家多等原因，其运营的复杂环境远胜其他线路，国际铁路运输优势与劣势都得到较好的体现，并展现了在现有条件下如何最大限度的提升运输效率。

  与传统的空运和海运等长途货运方式相比，中欧班列分别具有较好的费用与时间上的优势。事实上，中欧班列开行的主要目的是通过中欧班列，缩短中国内陆城市到达欧洲各国的时间，深化我国内陆城市与欧洲各国的互联互通，从而推动内陆城市的经济发展。以最早开行的中欧国际班列为例，"渝新欧"实行一次关检可通全线，全程运行约16天，比经东部的海运节省20多天，行程缩短一半；和空运相比，陆运载货量大，运行成本为空运的1/5左右，是高附加值货物运输的首选。正因如此，中欧班列开通后迅速发展，截至2020年，中欧班列累计开行数量已21163列。

武汉到法国里昂仅需16天，这列中欧班列到底有何不同

图11-1-1是中欧班列开行列数示意图。每年的总开行列数从2011年的17列，到2020年已达1.24万列。中欧班列的运行质量和外部环境也都有明显改善，其中空箱率下降，综合重箱率达92%。去程班列可做到基本都是重箱，回程班列也越来越多，从开始时的有去无回，到后来的"去二回一""去三回二"，2020年回程列数已到达5424列，相当于去程列车6983的77.67%，且重箱率也超过了80%。中欧班列运营安全环境显著好转，2018年成功打掉多个盗窃团伙，班列平均查验率和通关时间下降了50%。

**图11-1-1 中欧班列年开行列数**

但中欧班列沿线基础设施标准不统一还是对中欧班列的效率产生了一定影响。中国和西欧多国采用的是标准轨（1435毫米），但俄罗斯和中亚、蒙古国等国采用的是宽轨（1520毫米），西班牙的轨距则是1674毫米，因而中欧班列在部分边境口岸要换轨、换车头以及换列车司机，可能导致运输延迟。多斯托克的换轨车间只能容纳20节车厢左右，而且使用的是轮式吊车，整车换轨最快要2小时，很容易出现口岸拥堵。布列斯特换轨车间虽可容纳80节车厢并使用了大功率龙门吊，但换轨最快也需1小时。中欧班列从中国出发，要跨越多个复杂的气候和地理环境，气候及自然灾害也可能影响中欧班列准点运行。

此外，截至本书成稿之时，中欧班列在运营过程中依然依赖中国地方政府补贴。按照中华人民共和国财政部的要求，以全程运费为基准，2018年补贴不得超过运费的50%，2019年补贴不得超过40%，2020年不得超过30%，

2023 年开始取消财政补贴。届时中欧班列的开行情况如何还有待考察。

资料来源：张学刚：《中欧班列开行数量突破"万列"》，载于《中国航务周刊》2021 年第 1 期；杨寅根、张晓锋：《中欧班列的作用、问题及应对》，载于《中国经贸导刊》2021 年第 2 期。

---

**专栏 11-2**

### 新冠肺炎疫情对国际运输的影响

在新冠肺炎疫情防控期间，各国各自采取了限制人员往来和关闭边境的措施，严重影响了各国的客货运输，也扰乱了供应链和贸易流通。

**1. 新冠肺炎疫情期间的全球航空业**

根据国际民航组织预测，2020 年全球航空客运量预计同比下降 52%~59%，全球航空公司客运收入损失预计 3220 亿~3620 亿美元。而根据国际航空运输协会发布的全球航空市场分析报告，2020 年 10 月全球航空客运量比 2019 年同期下降 70.6%，但较 2020 年 9 月 72.2% 的同比降幅继续收窄。各国国内航空运输恢复是行业复苏的主要驱动力。国际航协预计，航空业复苏之路依然漫长，客运量最早要到 2024 年才能恢复至 2019 年水平。

然而货运收入逆势增长，从 2019 年的 1024 亿美元增至 2020 年的 1177 亿美元，增幅达 15%，成为 2020 年国际航空业一大亮点。航空货运的迅速增长在一开始在很大程度上是为了满足抗疫物资的紧急需要，后来则由于国际海运面临严重的压船压港问题。虽然 2020 年的货运业务无法填补航空客运收入急剧下降带来的缺口，但在航空公司收入的占比明显增高，帮助航空公司维持其基本的国际网络。为了增加收入，很多航空公司纷纷把客舱改为货舱运营。

**2. 国际贸易与海运**

2020 年的航运业可谓冰火两重天。上半年由于受第一波疫情影响，世界各地的经济按下暂停键，船东纷纷通过限制船舶运力，以避免空船运输造成的损失。然而随着世界各地库存的消耗，下半年供需空缺开始爆发。中国是世界上第一个对新冠肺炎疫情快速有效应对并加以控制的国家，很快便开始并向世界各地恢复出口商品。中国贸易在全球贸易的比重从原来的 16% 上升至 20%，造成大量海运集装箱集中从中国出口输送全球，国际航运业急匆匆重整旗鼓，把大把闲置的运力重新调动起来，但出现了集装箱进出口的严重失衡。

2020 年上半年疫情导致国际海运货源急剧减少，船舶运力过剩，全球集装箱船舶运力闲置 12% 以上，市场最低时，中国主要港口的集装箱吞吐量下降了 20%。而到下半年，原闲置的集装箱船舶已全部投入营运，但仍显紧缺因受新冠肺炎疫情引起的境外装卸、堆场、陆运、仓库等物流和集疏运体系效率下降，港口设施很难接受更多船舶，新增运力又加剧了塞港问题。据有关数据，2020年底前后集装箱船在美国港口的停泊时间为5～10天，在澳大利亚的部分港口等卸时间高达21天，大大影响了集装箱船舶周转的效率，而且大量空箱停滞港口难以回收，造成中国启运港口的投入箱量、回收箱量比例只有约3∶1，用箱极度紧张。

供求关系的剧烈波动，严重影响了即期运费。以广州南沙港和深圳港的40英尺集装箱为例，2019年12月去中东海运费最高为3000美元左右，2020年底差不多要到5000美元，原来去欧洲是2800～3200美元，2020年底是6000～7000美元，运费是前一年同期的两倍以上。在国际疫情的持续冲击下，海空运价格大幅提升和效率降低，致使有多的贸易商将进出口货源移至中欧班列运输。

新冠肺炎疫情对国际运输的长期影响还有待密切观察。

资料来源：胡进：《后疫情时代国际航空运输新趋势及其应对策略》，载于《空运商务》2020年第5期；《疫情致国际航空市场呈现新特征》，新华网，2020年9月23日；周诗豪：《疫情下国际物流业的变化与未来》，载于《中国航务周刊》2021年第2期。

### 本章思考题

[1] 相比于国内运输，国际运输有哪些主要特点？

[2] 分析国际货物运输中各种中介服务或代理商的作用，并尝试用相关经济学理论加以解释。

[3] 通过查阅相关国际贸易实务教材，熟悉主要的国际贸易单证及其流转过程。

[4] 通过分析国际贸易术语解释，简述划分国际运输风险责任的主要途径。

[5] 举例分析"离岸价"与"到岸价"对中国作为进出口大国的不同意义。

[6] 以中国为例分别说明9种不同的航空过境权的实际意义。

[7] 列举世界上主要的地区性贸易协定，分析其地理特征、运输条件与发展过程。

[8] 分析主要国际海运联盟产生的经济学原因、发展变化过程和未来前景。

[9] 分析主要国际航空联盟产生的经济学原因、发展变化过程和未来前景。

[10] 用数据分析中欧班列在新冠肺炎疫情期间发挥的作用。

# 第十二章

# 联运、物流与供应链

**本章总体要求**

了解联合运输和多式联运在交通运输体系中的作用和意义;理解标准化、集装化和衔接性对于提高运输服务质量与效率的重要性;了解运输中间商的作用与身份转变过程;理解多式联运经营人与缔约承运人及实际承运人等主体的关系;清楚现代物流所包括的重要业务,及其演变过程和主要的物流理论;了解供应链在目前和未来各国经济体系及全球化分工中的重要性;掌握区分运输企业与物流企业的方法。

**本章主要内容**

- 联合运输与多式联运两个概念的联系与区别。
- 现代集装箱多式联运的发展过程及其在国际贸易中发挥的作用。
- 货运代理的主要业务及其身份作用发生重大转变的原因。
- 缔约承运人与实际承运人在多式联运过程中的权责关系。
- 物流概念从 physical distribution 到 logistics,再到 supply chain management 的转变过程。
- 物流的实质及其与交通运输的关系。
- 物流的主要形态及物流的主要分类,第一、第二、第三、第四方物流的意义。
- 供应链的概念、意义及发展阶段。
- 在现实中判别运输企业与物流企业区别的关键指标。

联运是解决多运输主体参与运输活动与运输市场对完整运输产品内在需求矛盾的必然解决方式,一直伴随着运输业发展。而现代集装箱多式联运、综合物流和供应链管理等新思路、新模式、新体制更是运输业发展到近期较高水平以后出现的，它们或者是运输业新业态的表现形式，或者是与运输业共同组成更大范围、更高水平的社会经济流通基础，为社会提供质量越来越高的完整运输产品和物流、供应链服务。我国经济和运输业都已转向高质量发展阶段，因此有必要对多式联运、物流和供应链管理给予更多关注。

## 第一节　联运及其承运人

### 一、联运概念

联运实际上涉及两个相关但有差别的概念，一个是联合运输，英文是 combined transport，另一个是多式联运，英文是 intermodal transport。

按照有关专家的解释，联合运输是合理运输的主要组织活动形式之一，是将不同的运输方式、几个运输企业，或产、供、运、销部门有机地衔接起来，对全运程进行统筹，使货物办理一次托运手续便能从产地或始发地迅速、简便、经济、安全地运达收货地；旅客能一票到达目的地。实际上最早的联运是发生在同一运输方式内部，譬如最早修建的铁路不同线路的投资者和经营者都是不同的，如果没有铁路企业之间的客货联合运输，跨线出行或发运的铁路旅客和货主就必须多次购票、换车、重复发货、换装，出行和运货过程非常烦琐。铁路企业之间开展联运，既方便了客户，也增加了自身的运输量和收益。民国时期的交通部就曾推动早期分线运营的各铁路公司实行联运。联合运输后来延伸到不同运输方式之间，如 20 世纪 50 年代在我国推行的"一条龙"运输，就是由不同运输企业组织的不同运输方式之间的联运。铁路线联通的国家之间，也会实施国际铁路客货联运。但那个时期还没有使用标准化的集装箱，因此即便是方式之间的联合运输也不同于后来的现代多式联运。

现代多式联运是在传统联合运输基础上升级形成的标准化、高效率运输组织形式。多式联运有许多不同的定义。按照美国国家多式联运中心的定义，"多式联运是一种规划、构建并运营强调运输资源的有效利用和各种运输方式间的连接性的运输系统的方法，该方法注重整个运输过程的质量、成本、时效和安全"。而欧洲运输部长会议给出的定义则是："货物在同一个载货单元（loading unit）或车辆（vehicle）内，依次采用若干种运输方式，而不需在改变运输方式时装卸货物本身"。也有学者认为"多式联运是一种通过多种运输方式的协作，从而最大限度地利用各种运输方式的比较优势，并使运输链条成为一体的对集装化载货单元的运输形式"。尽管定义的角度各有不同，但都强调了在一个完整的运输过程中使用至少两种不同的运输方式提供"门到门"运输服务链条，包括重视集装化箱具的使用，综合利用各种不同运输方式的优势进行方式间协作，使货主能够按一个统一的运输规章或制度，使用同一个运输凭证，享受不同运输方式综合优势的运输形式。

也就是说，联运概念是发展变化的，既包括传统联合运输也包括现代多式联运；既包括某种方式内也包括不同方式之间的运输；既包括客运也包括货运；既包括国内运输也包括国际运输。其本质是由多个运输主体共同组成运输链条，以更好完成相对完整的运输服务。本章主要讨论货运领域的多式联运问题。

## 二、联运的经营人及承运人

### (一) 货运代理作用与身份的变化

集装箱的采用，改变了以往海陆运输方式需要重复装卸货物的局面，大大减少了货物装卸时间，也节约了劳动力和运输成本，促进了集装箱在海运进而在联运体系上的逐步广泛应用。一旦集装箱的尺寸、吊装设备乃至相关术语和信息处理被标准化，每种运输方式就都可以非常方便地设计自己的各种载运工具、固定设施和有关运营程序，以便提高运输效率，现代化的多式联运也最终成为可能。

在传统上，运输服务是直接从铁路、公路、海运或民航运输提供商那里购买的，托运人通过与各种运输方式的承运人订立合同进行运输。多式联运盛行以后，一些在涉及集装箱海运方面占据优势地位的大型航运公司，通过与其他承运人联合执行多式运输中的不同业务或作业，也在不断扩张它们的服务，提供门到门服务。铁路等运输方式的承运人也有可能通过主动连接其他运输方式提供全程运输服务，成为多式联运承运人。但越来越多的多式联运，特别是集装箱多式联运服务的主要提供者似乎主要是货运代理商。这些货运代理人通常不自己直接经营任何形式的运输服务，而是通过那些实际运输承运人安排并执行多式联运链条上各个环节内的运输活动。

货运代理长期以来一直起到在货主和承运人（如卡车、铁路、海运公司等）之间的中介作用，然而随着时间的推移及跟随市场和体制观念的转化，货运代理的作用已发生了重大变化。由于贸易越来越多地跨出国界，货物运输方式的多元化、过境清关手续的介入以及多方货运责任的分担等因素使货运业务程序日趋复杂，为货运中介公司提供了扩大业务范围的机会，也使他们的服务价值得到认可和重视。

货运代理（以下简称"货代"）是代表客户（如收发货人、进出口商等），并按照客户的特定要求以收费形式组织安排货物运输。首先，货代的职责是提供关于运费、港口费、领馆费和其他特殊文件费及货代佣金方面的信息，以至于使客户能确定最终报价并与买方完成合同签订；其次，货代的职责是确保运输舱位、准备文件、支付关税和国税及安排与海运和陆运公司的运输合同。图 12-1 是货运代理出口货物的租船订舱业务流程。在实质性运输程序上，传统货代只是负责协助安排所需的运输方式，他们是以客户的名字在承运人的 BL 提单（bill of lading）上申报运输，本身不具有"承运人"的责任，没有货物的监护权，而且对在运输过程中货物的任何遗失或损坏均不承担责任,因为他们仅是作为代理人来协助客户。

```
接受货主委托
    ↓
出口数据取得
    ↓
发单、装箱单制作
    ↓
场站收据制作
    ↓
运费查询、承运船确定
    ↓
根据场站收据订舱 ←──┐
    ↓                │
船名、航次、提号、装载日、开船日等
数据取得,货物装运、集装箱号取得
    ↓
┌───────┬──────────┬──────────────┐
通知委托人  通知报关公司   通知货物承运人
    ↓         ↓              ↓
确认提单    报 关      货物运至港口、入港
    ↓
结费、签提单
```

图 12-1 货运代理出口货物的租船订舱业务流程

但货代公司会提供进一步的服务,例如拼集货物或集装箱的拆箱货物服务。当运输拼集货物时,货代公司首先接受一系列件杂货物,将他们配装进集装箱后,再安排集装箱的运输;当运输拆箱货物时,货代将货物从集装箱中卸下后再在指定的时间内运送到收货人处。在这些情况下,货代公司的身份发生了改变,他们是以一种无船承运人(non-vessel operating common carrier,NVOCC)的角色来安排运输。作为无船承运人,拼集货物经营者先向海运承运人购买某一航路整装集装箱的运输服务,他们再将所购买的集装箱舱位销售给那些需要从某一港口到另一特定港口的拼箱货主。无船承运人还需要计算将空箱运送到拼集仓库的成本、仓储费、装箱费以及将满箱运到规定的海运公司集装箱场地等费用,并以此作为基础来制定自己面向公众客户的运价。无船承运人将由拼集货物而成的整箱集装箱通过实际承运人船公司来安排运输,但通常将他们自己的"货代提单"(house bill of loading,HBL)签发给发货人。

(二)无船承运人提单

货物运输关系实际上最终表现为财产关系,货物在整个运输期间处于承运人的完全控制之下,因此承运人有责任确保将货物按照约定的期限安全运到指定地点,并状态完好地移交给收货人。而且,货物运输是高风险行业,运输契约或合

同的订立应该能够保证货物运输各方的正当财产权利，包括运输过程中各种风险的化解。国际货物运输，特别是多式联运的运输程序与环节繁杂，运输链条上相关责任关系复杂，且各方参与人信息严重不对称，有许多复杂的财产权利关系要解决好，包括相关承运人的合法收益也应该得到保障，因此对运输契约订立的要求也特别高。

货票或提单是货物的承运人或其代理人收到货物后，签发给托运人的一种单据。一般来说，作为陆上铁路或公路运输主要单据的货票或运单，只起到接收货物和运输契约凭证的作用。而海运提单（ocean bill of lading 或 BL）除了是承运人收到货物后出具的货物收据，以及承运人所签署的运输契约的证明，还代表所载货物的所有权，是一种具有物权特性的凭证。在很多情况下提单可以转让，提单的合法持有人就是货物的主人，在一些条件下提单还可以用于质押。因此提单是各项货运单据中最重要的单据。

由于必须对被运输的货物承担财产责任，显然只有承运人才有义务向货主签发提单。而货代在自己只是作为客户的委托代理人办理货物运输业务的情况下，是无权也无须签发提单的。普通货代应是以客户的名义向承运人定仓，承运人以自己的名义签发提单，提单注明以货代的委托人为托运人，由货代将提单转交委托人，作为客户与承运人之间的运输合同的证明。货代作为代理人仅就承运人的选任向客户承担责任，对于货物在运输途中的灭失、损害以及延迟均不承担任何实际责任。

但货代公司有可能既作为纯粹货运代理人，又作为无船承运人（NVOCC）提供这两种性质截然不同的服务，在前者情况下他是货主的代理人，而在后者的情况下他实际上自己承担了承运人的责任。他在作为发货人代理的情况下，是帮助货主取得承运人即船公司的提单；而他在作为无船承运人出售服务产品时，就可以向发货人签发自己作为承运人的货物运输合同，即"货代提单"或无船承运人提单。

货代公司若要自己签发提单，意味着他必须具有财产责任的承担能力。提单是承运人据以交付货物的凭证，货主必须知道是和谁订立运输合同，是谁签发提单，即谁将来会保证交货或者在不能交货时负责赔付，以及他有没有赔偿的能力。

### （三）多式联运经营人

《中华人民共和国民法典》第三编第十九章专门对多式联运合同及多式联运经营人做出规定：多式联运经营人负责履行或者组织履行多式联运合同，对全程运输享有承运人的权利，承担承运人的义务。多式联运经营人可以与参加多式联运的各区段承运人就多式联运合同的各区段运输约定相互之间的责任；但是，该约定不影响多式联运经营人对全程运输承担的义务。多式联运经营人收到托运人交付的货物时，应当签发多式联运单据。

多式联运经营人具有双重身份，对货主来说它是承运人，而对实际承运人来说，它又是托运人，它一方面与货主签订多式联运合同，另一方面又与实际单运人签订运输合同，作为总承运人他要对全程运输负责，对货物灭失、损坏、延迟交付等均承担责任。

多式联运经营人既可以是单纯的缔约承运人，也可以是缔约承运人兼实际承运人。缔约承运人指以本人名义与旅客或托运人，或与旅客或托运人的代理人订立联运合同的主体；单纯的缔约承运人，是没有运输工具的运输代理人，仅负责联运合同中组织运送的义务；实际承运人指根据缔约承运人授权，履行全部或部分多式联运合同运输的主体；多式联运经营人若负责履行实际运输时，则为实际承运人，这时其往往为第一承运人，即担任第一阶段运送义务之人。

首先由多式联运经营人与托运人签订运送合同，并承担全程运送。实际上多式联运承运人于承揽运送任务后，会作为缔约承运人再将运送义务交由其他实际承运人完成，但托运人仅与多式联运承运人直接发生关系。因此，在各实际承运人的运送中造成迟延或给货物造成损害时，多式联运承运人应当承担赔偿责任。至于其与实际承运人间的关系，则依其相互间的合同而定。

多式联运的基本特点包括组织运输的全程性、托运手续的简便性、运程凭证的通用性、联运经营人的双重身份及代理性、各类环节的协同性。20世纪90年代以后，全球主要经济体的多式联运已得到长足发展。为了满足日益多样化的运输市场对高质量运输产品的强烈需求，多式联运经营人必须不断提高多式联运的效率，而这一效率的发挥主要取决于链条上不同运输方式间的有效协作，以及多式联运经营人对整个链条的有效控制。

## 第二节 物流的发展

### 一、物流的起源与发展

英文中关于物流的概念也有两个词：physical distribution 和 logistics。"physical distribution"实际上指的是流通领域中的实物供应，而"logistics"在西方最早的字典中解释为后勤，这个词本身就有"兵站""联合后勤补给基地与设施"的意思，因此有人认为它是指军事后勤。

#### （一）美国物流业的发展

第二次世界大战中，美军及其盟军的军事人员、物资、装备的战前配置与调运、战中补给与养护等军事后勤活动使得物流的系统分析方法得到有效应用，积累了大量军事后勤保障理论、经验，促进了第二次世界大战后民用领域物流理论的形成与发展。但直到20世纪60年代，美国企业对物流的理解还停留在工厂产成品的物理性移动功能。70年代，美国企业由于外部环境的变化，开始改善物流系统，专家学者开始出版学术著作探讨物流理论。80年代物流理论逐渐成熟，美国政府也先后出台了一系列物流改善政策，对物流发展起到了促进作用。这一时期，物流的概念从 physical distribution 向 logistics 转化，从对运输、保管、库存管理等个别功能的分别管理过渡到从原材料采购到产品销售整个过程的效率化。

20 世纪 90 年代以后，美国企业的物流系统更加系统化、整合化，物流也从 logistics 向供应链管理（supply chain management）转化，追求商品流通过程中所有链条企业（包括零售商、批发商、制造商、原材料及零件的供应商等）的物流整合。随着经济全球化步伐的加快，科学技术尤其是信息技术、通信技术的发展，21 世纪美国物流业继续向集约化与协同化发展，同时，电子商务物流兴起并迅猛增长。

### （二）日本物流业的发展

20 世纪 60 年代，原来以制造业为中心的日本为了提高流通效率，派团到美国考察，并带回了 physical distribution 的概念（日语译为"物的流通"），奠定了物流发展的基础，如何节省人力、提高效率成为企业非常关心的问题。流水线作业、自动化立体仓库等能够提高工作效率的技术和设备开始出现。日本企业不断改善产品结构，开发新产品市场，生产、消费开始向多品种、小批量的模式转变，物流也相应地转向多品种、小批量、多批次的模式。

为了加强管理、降低成本，企业成立了独立的物流部门，使商流和物流分离，对物流进行重点管理。同时，通过条形码和计算机等技术的应用，提高了库存、货位、拣货和分拣等方面的管理水平及准确度。计算机等信息技术的有效利用，使得对准确的物流信息进行有效统计和分析成为可能，这对于物流现场作业和管理的改善、降低成本起到了非常积极的作用。同时，精益物流在准时制（just-in-time，JIT）生产方式的基础上发展完善起来，通过消除生产和供应过程中非增值的浪费，以减少备货时间，提高客户满意度。

20 世纪 80 年代以后由于日元升值，日本掀起了海外并购的浪潮，企业也纷纷将工厂迁移到劳动力成本低廉的国家，开始了经济全球化的进程。这改变了传统在国内生产，然后出口到海外的供应链模式，日本物流也随其供应链模式的国际化而向国外延伸和发展，国际物流成为新的课题。为此，企业纷纷把物流作为发展战略的重要环节，来提高收益率和利润率。在这一时期，许多企业大力投资建设高自动化水平的物流中心。21 世纪以后，日本物流继续提高自动化水平，并开始重视节能减排等。

### （三）欧洲物流业的发展

20 世纪中期，欧洲各国为了降低产品成本，对传统的物料搬运进行变革，对企业内的物流进行必要的规划，以寻求物流合理化的途径。当时制造工厂还处于加工车间模式，工厂内的物资由厂内设置的仓库提供。这一阶段储存与运输是分离的，各自独立经营，可以说是欧洲物流的初级阶段。随着商品生产和销售的进一步扩大，物流需求增多，客户期望实现当周的供货或服务，工厂内部的物流已不能满足企业集团对物流的要求，因而形成了基于工厂集成的物流，仓库已不再是静止封闭的储存式设施，而是动态的物流配送中心。

经济和流通的发展促使欧洲各国不同类型的制造商、批发商、零售商等不断进行物流变革，建立物流系统。为解决流通渠道中各主体都拥有不同物流系统衔接上的矛盾，20世纪80年代欧洲开始探索联盟型或合作式的物流新体系，即综合物流供应链管理。目的是实现最终消费者和最初供应商之间的物流与信息流的整合，即在商品流通过程中加强企业间的合作，改变原先各企业分散的物流管理方式，通过合作形式来实现原来不可能达到的物流效率，创造的成果由参与的企业共同分享。

欧洲的跨国公司也一向重视在国外市场附近，特别是在劳动力比较低廉的亚洲地区建立生产基地，欧洲物流企业必须努力实现在整个供应链的库存量实现极小化。信息交换采用 EDI 系统，产品跟踪应用了射频标识技术，信息处理广泛采用了互联网和物流服务方提供的软件。目前，基于互联网和电子商务的电子物流在欧洲也受到关注，以满足客户越来越苛刻的物流需求。

## 二、物流概念及对物流的认识

20世纪60年代，日本从美国引入了 physical distribution 的概念，日本人最初把它翻译成"物的流通"，后改为"物流"。70年代，"物流"这个词从日本传入中国，并在物资经济领域采用。90年代初，logistics 的概念从欧美传到中国，也被采用了"物流"的译法。

物流目前已得到各方面重视，物流概念也有不同定义。美国2001年对物流的定义为："物流是为满足消费者需求而进行的对原材料、中间库存、最终产品及相关资讯从起始地到消费地的有效流动与存储的计划、实施与控制的过程。"日本综合研究所编著的《物流手册》对物流的表述是：物质资料从供给者向需要者的物理性移动，是创造时间性、场所性价值的经济活动；物流的范畴包括包装、装卸、保管、库存管理、流通加工、运动、配送等诸种活动。我国国家标准《物流术语》（GB/T 18354-2001）对物流的解释为：物品从供应地向接受地的实体流动过程。根据实际需要，将运输、储存、装卸搬运、包装、流通加工、配送、信息处理等基本功能实施有机结合。[①]

许多专家也从不同角度提出了自己的观点。丁俊发（2002）认为物流是随着经济全球化与信息网络技术的发展而出现的一种经济运作新模式，这种模式就是对全球物流资源与物流基本功能的整合，根据客户的要求，完成物品从供应地到接受地的实体流动过程，不管这一过程在何地或哪一个主体实施，采取哪些方式来完成，过程的复杂程度如何。所以，从这一意义上讲，物流是一种先进模式，

---

① 张余华：《现代物流管理》（第3版），清华大学出版社2017年版。

一种先进方法，代表一种先进生产力。陆江（2001）认为，物流是一项系统工程，现代物流是将供应、采购、生产制造、批发零售，直到消费之前各环节集成一个系统，强调系统的协调性和环节间的配套服务。何明珂（2004）认为，物流首先是一个系统，光搞储存或光搞运输，都不叫物流。真正的物流必须从整个系统的角度，把仓储、运输及相关的各个环节集成起来。

学者们对物流的认识和研究不断取得进展，以下的理论和学说便反映出这一过程：

**1. 物流成本中心学说**

物流成本中心学说强调如何通过物流管理的方式来控制和降低成本。日本的西泽修在研究物流成本时发现，财务会计制度和会计核算方法都不能掌握物流费用的实际情况，导致对物流费用的了解只是冰山一角，提出"物流冰山"学说，认为物流领域的方方面面对我们而言还是不清楚的，也是物流的潜力所在。成本中心学说意味着物流既是主要的成本产生点，又是降低成本的关注点，"物流是降低成本的宝库"等说法正是这种认识的形象表达。但有观点认为成本中心学说过分地强调了物流的成本机能，致使物流在企业发展战略中的主体地位没法得到认可，从而限制了物流本身的进一步发展。

**2. 第三利润源学说**

"第三利润源"的说法也是日本学者西泽修在1970年提出的，他认为由于受到科技和管理水平的限制，与物质资源和劳动消耗节约相关的第一、第二利润源泉已近枯竭，有待于科技的重大突破，而物流领域却正可以大有作为。"第三利润源泉"理论认为物流作为"经济领域的黑暗大陆"虽然没有被完全照亮，但肯定是一片富饶之源。在经历了几十年的实践探索之后，物流"第三利润源"的作用已经得到证实，物流在企业管理中的地位得到巩固。

**3. 物流服务中心学说**

物流服务中心学说代表了美国和欧洲一些学者对物流的认识，他们认为，物流活动的最大作用并不在于为企业节约了成本或增加了利润，而是在于提高了企业对用户的服务水平，进而提高了企业的竞争力。服务中心学说特别强调了物流的服务保障功能，借助物流的服务保障作用，企业可以通过整体能力的加强来压缩成本、增加利润。目前，在国内有关物流的服务性功能的研究也是一个比较热的话题，有的从顾客满意度的角度，探讨物流服务的功能和作用以及衡量指标体系；也有的从客户关系角度，研究客户关系管理在物流企业中的应用价值和方法。

**4. 物流战略中心学说**

物流战略中心学说把物流提到了一个相当重要的地位，认为物流会影响企业总体的生存与发展，应该站在战略高度看待物流对企业长期发展所带来的深远影响。将物流与企业的生存和发展直接联系起来的观点，对促进物流的发展具有重要意义。郝聚民在其研究中构筑了第三方物流公司的发展战略簇（2002）。马士华从供应链管理的角度，提出物流管理战略全局化的观念（2001）。还有学者从供应链的角度提出了"即时物流战略""一体化物流战略""网络化物流战略""物流战略联盟"等，此外战略投资、战略技术开发也是近几年企业发展现代物流的重要内容。

**5. 供应链管理理论**

1983 年和 1984 年发表在《哈佛商业评论》上的两篇论文（Kraljic Peter： *Purchasing must become supply management* 和 Shapiro Roy： *Get leverage from logistics*）开创了供应链研究的先河。目前，对供应链管理理论的研究已呈现出多样性，有从管理的角度来研究和阐述供应链管理的理论；也有从流通企业发展和物流运动的组织形式、组织模式等角度出发来探索供应链理论。目前这方面主要有以下几种理论观点：供应链管理是物流管理的超集；物流是供应链管理的一部分；供应链物流；物流供应链等。

**6. 精益物流概念**

这个新概念来自"精益理念"在物流领域的应用，而"精益理念"则出自于美国麻省理工学院教授詹姆斯和丹尼尔 1990 年所著的《改变世界的机器》和后来著的《精益思考》的研究成果。它的核心思想是从客户的角度出发，消除物流中非增值消耗，开发出新的产品，进而提高客户的满意度。国内学者田宇和朱道立在介绍这个理论思想时认为，精益物流是运用精益思想对企业物流活动进行管理。

**7. 绿色物流理论**

绿色物流是近年提出的新课题，是从环境和可持续发展角度建立的环境共生型的物流管理系统。绿色物流理论主要改变原来由"资源—产品—废弃物排放"所构成的开环型物质单向流动模式，而构成一种"资源—产品—再生资源"的闭环型物质流动系统。为此引入了逆向物流的概念，所谓逆向物流是指在废弃物回收利用过程中产生的物流活动。

## 第三节 物流形态与供应链

### 一、物流的形态与分类

物流的形态可以概括为物流活动在一定技术和社会经济条件下的表现形式。不仅包括运输、仓储等环节的实体设施，还包括物流的作业内容、运作模式、组织结构，甚至其所处的经济制度和政策环境等。

从不同角度可以将物流进行多种分类。按照物流活动的范畴可以分为社会物流与企业物流。社会物流是指超越一家一户、面向整个社会的物流，属于宏观的范畴。企业物流是从企业角度上研究与之有关的物流活动，是具体、微观物流活动的典型领域。

按照物流过程中所处环节的不同可以分为生产物流、供应物流、销售物流、回收物流和废弃物物流。生产物流是指企业在生产过程中的物流活动。原材料、零部件、燃料等从企业仓库或企业的大门进入到生产线的开始端，随生产加工过程的各个环节流动，同时产生一些废料、余料，直到生产加工完成，产品到达成品仓库。供应物流是购买和安排原材料、零配件、半成品或制成品从供应商到制造或装配工厂、仓库、零售商店的过程。销售物流是将制成品交给顾客或消费者的过程，带有极强的服务性。它以送达用户并经过售后服务才算终止，因而销售物流的空间范围很大。回收物流指将商品在消费者使用后进行回收处理，再利用，再加工，以产生经济效益。废弃物流是指根据环保要求，对生产过程或销售过程产生的废弃物、污染物进行处理，以减少对环境的不利影响。

按物流作业的地理空间范围来划分可分为国际物流、国内物流、区域物流、城市物流。国际物流指跨越国界的全球化的物流，涉及货物进出口、跨国界物流作业，国际物流企业需要雄厚的资金实力、全球化物流网络、高素质的员工队伍和现代化的管理，像联邦快递、中远物流等都属于国际物流企业。国内物流指本国境内的物流服务；区域物流指省市间的物流服务；城市物流指城市区域内具有城市特点的物流服务，如市内送货、城市垃圾处理等就是典型的城市物流。

按物流功能的不同可分为单一物流和综合性物流。仅仅承担和完成运输、仓储、流通加工、装卸搬运等功能中的某一项或几项的为单一物流，而综合性物流则能够完成和承担多项甚至所有的物流功能，提供完整的物流服务。

按照运作的主体不同可以分为第一、第二、第三、第四方物流等。第一方物流是指需求方（生产企业或流通企业）为满足自己企业在物流方面的需求，由自己完成或运作的物流业务。第二方物流是指由供应方（生产厂家或原材料供应商）负责提供运输、仓储等单一或某种物流服务的物流业务。第三方物流（third party logistics，3PL）是指由物流供应方与需求方以外的物流企业提供的物流服务，即由第三方专业物流企业以签订合同的方式为其委托人提供所有或一部分的物流服务，一般多是由多家第三方物流企业分别为客户提供不同的物流服务业务。第四方物流（fourth party logistics，4PL）是指由一个有供应链集成能力的外在企业，通过所拥有的信息技术、整合能力以及其他资源，为物流供需双方及第三方提供一套完整的供应链解决方案的服务。它是帮助企业实现降低成本和有效整合资源，并且依靠优秀的第三方物流供应商、技术供应商、管理咨询以及其他增值服务商，为客户提供独特的和广泛的供应链解决方案。

第三方物流服务包括 EDI 能力、报表管理、货物集运、选择承运人、货代人、海关代理、信息管理、仓储、咨询、运费支付和谈判等。第三方物流企业所具有的专业化能力对于提升客户的物流效率具有至关重要的作用。但第三方物流存在门类众多、企业小型化和经营分散化等局限性，造成客户往往需要针对不同的业务而去求助于不同的第三方物流服务，因此常常在总体的运输与物流体系上缺少系统性思考和构建。正是这一矛盾催生了具有更高综合性的第四方物流，以解决第三方物流只能从局部进行改善的不足。

第三方物流和第四方物流的共同特点包括：（1）信息化。具体表现为物流信息的商品化、物流信息收集的数据化和代码化、物流信息处理的电子化和自动化、物流信息传递的标准化和实时化、物流信息储存的数字化等，更好协调生产与销售、运输、储存等各环节的联系。常用的技术有 EDI 技术、实现资金快速支付的 EFT 技术、条形码技术、电子商务技术及全球定位系统等。（2）合同化。物流经营者根据合同的要求提供多功能直至全方位一体化的物流服务，并用合同规范所有服务活动及过程。（3）个性化。物流需求方的业务流程和要求各不一样，因而要求物流服务应按照客户的业务流程来定制，提供针对性强的个性化服务和增值服务。（4）合作化。物流服务各方之间应该谋求建立战略联盟，打破传统的业务束缚，从业务关系转变为伙伴关系，这是系统可靠性提高、服务改善以及更高效运作的保证。

各种角度的物流分类实际上都可以看成是物流形态的不同表现内容，如表 12-1 所示。物流形态还包括一些其他方面，例如从所采用的主要运输方式看，有公路物流、航空物流等，此外，各种形态之间也存在交叉的部分，因此在认识和描述物流形态时应注意其综合性。

表 12-1　　　　　　　　　　物流形态分类

| 形态分类 | 表现内容 |
| --- | --- |
| 功能形态 | 单一物流、综合性物流 |
| 链条位置形态 | 生产物流、供应物流、销售物流、回收物流、废弃物流 |
| 主体形态 | 第一、第二、第三、第四方物流 |
| 时效性形态 | JIT 精益物流、普通物流 |
| 空间形态 | 国际物流、国内物流、区域物流、城市物流 |

## 二、供应链的概念与发展

### （一）供应链的概念

供应链是指围绕核心企业，从配套零件开始，制成中间产品以及最终产品，最后由销售网络把产品送到消费者手中，将供应商、制造商、分销商直到最终用户连成一个整体的功能网链结构。供应链管理的经营理念是从消费者的角度出发，通过企业间的协作，谋求供应链整体最佳化。成功的供应链管理能够协调并整合供应链中所有的活动，最终成为无缝连接的一体化过程。

有观点认为供应链管理（supply chain management）是物流管理概念的延伸。该观点认为，传统意义上的物流只关注一个公司内部的产品、信息和其他流动，而供应链管理则是关注整个物流链条环境中的产品、信息、资金和其他流动环节。从图 12-2 可以看出，供应链管理是物流管理的进一步发展。

图 12-2　物流与供应链管理关系

资料来源：约翰·科伊尔等：《运输管理》（第五版），机械工业出版社 2004 年版。

也有观点认为供应链的概念是从扩大生产概念发展来的，它将企业的生产活动进行了前伸和后延。例如，日本丰田公司的精益协作方式中就将供应商的活动视为生产活动的有机组成部分而加以控制和协调。哈理森（Harrison）将供应链定义为：供应链是执行采购原材料，将它们转换为中间产品和成品，并且将成品销售到用户的功能网链。美国的史蒂文斯（Stevens）认为：通过增值过程和分销渠道控制从供应商到用户的流就是供应链，它开始于供应的源点，结束于消费的终点。因此，供应链就是通过计划（plan）、获得（obtain）、存储（store）、分销（distribute）、服务（serve）等这样一些活动而在顾客和供应商之间形成的一种衔接（interface），从而使企业能满足内外部顾客的需求。我国国家标准《物流术语》将其定义为生产与流通过程中所涉及将产品或服务提供给最终用户的上游与下游企业所形成的网链结构。

### （二）供应链的发展阶段

有研究将供应链的发展分为如下几个阶段[1]：

**1. 物流管理阶段**

早期的观点认为供应链是指将采购的原材料和收到的零部件，通过生产转换和销售等活动传递到用户的一个过程。因此，供应链仅仅被视为企业内部的一个物流过程，它所涉及的主要是物料采购、库存、生产和分销诸部门的职能协调问题，最终目的是为了优化企业内部的业务流程、降低物流成本，从而提高经营效率。

---

[1] 柳荣：《新物流与供应链运营管理》，人民邮电出版社 2020 年版。

**2. 价值增值阶段**

进入 20 世纪 90 年代，人们对供应链的理解发生了变化。由于需求环境的变化，原来被排斥在供应链之外的最终用户、消费者的地位得到了前所未有的重视，从而被纳入了供应链的范围。这样，供应链就不再只是一条生产链了，而是一个涵盖了整个产品运动过程的增值链。

**3. 网链阶段**

随着信息技术的发展和产业不确定性的增加，今天的企业间关系正在呈现日益明显的网络化趋势。与此同时，人们对供应链的认识也正在从线性的单链转向非线性的网链，供应链的概念更加注重围绕核心企业的网链关系，即核心企业与供应商及供应商的一切向前关系，与用户、用户的用户及一切向后的关系。供应链的概念已经不同于传统的销售链，它跨越了企业界限，从扩展企业的新思维出发，并从全局和整体的角度考虑产品经营的竞争力，使供应链从一种运作工具上升为一种管理方法体系，一种运营管理思维和模式。

世界权威的《财富》（Fortune）杂志早在 2001 年已将供应链管理列为 21 世纪最重要的四大战略资源之一；供应链管理是世界 500 强企业保持强势竞争不可或缺的手段；无论是制造行业还是商品分销或流通行业，掌握供应链管理都将助力掌控所在领域的制高点。

经过长期艰苦努力，我国已拥有相对完备的产业体系，生产制造能力强大，供应链管理也已经得到长足发展。以 2020 年为例，受新冠肺炎疫情影响，各国物流活动严重受阻、供应链断裂、企业无法正常接单等现象相当普遍，各国经济都受到严重冲击，但中国相关产业链条迅速复产转产扩产，短时间内产能快速提升，不仅满足了国内抗疫物资需求，还出口、援助了其他国家和地区，为全球抗疫作出积极贡献。有效应对全球经济发展面临诸多不确定因素，提升产业链供应链的安全性与可靠性，是推进经济高质量发展的必然要求。

## 第四节 物流与运输的关系

### 一、运输与物流的内涵

按照国家标准中的物流术语，运输是用运输设备将物品从一地点向另一地点运送，其中包括集货、分配、搬运、中转、装入、卸下、分散等一系列操作；而物流是物品从供应地向接收地的实体流动，根据需要将运输、装卸、包装、流通、加工、配送、信息处理等基本功能进行有机结合。但有专家认为这样的术语解释似乎难以说清运输和物流之间的异同，并提出了自己对此的看法。

根据专家的看法[①]，交通运输是通过铁路、公路、水运、航空、管道等运输

---

① 本节内容参考《肖星漫谈物流》，喜马拉雅 App。

基础设施的规划、建设、维护，以及运载工具的运用和运营，借助交通工具载运人和物品产生有目的的空间位移。物流则分为广义物流和狭义物流。广义物流是指在社会生产过程中，根据物资或物品实体流动的规律，运用管理的原理和科学的方法，通过运输、仓储、装卸、包装、配送、信息处理等物流活动，以及对物流活动进行计划、组织、指挥协调控制和监督，实现对物品的空间和时间进行有效管理，使各项物流活动实现最佳的协调与配合，从而降低物流成本，提高物流效率和经济效益的经营管理活动。其中的物流活动既包括运输、仓储、装卸等等这些物流操作活动，同时还包括各种物流活动之间的时空管理与协同。

狭义物流是在企业日常运营管理中的概念，是指企业以满足客户需求为目的，提供物流优化方案，协调运输、仓储等活动，共同实现物流优化的经营活动。狭义物流也可以理解为一般讲的物流服务。还有一个概念是现代物流管理，是指建立在信息基础之上，使得物流活动之间的协同达到最优化，创造物品空间和时间价值最大化的管理方法。它强调的是信息技术的应用，目标是物流管理的优化。

## 二、物流和运输之间的区别

可以看出物流和交通运输之间有以下五个方面的区别：第一，物流不包括旅客运输，而交通运输包括旅客运输和货物运输；第二，物流比货物运输的范围要大，物流不仅包括货物运输，它还包括仓储、装卸、包装、信息处理等物流管理活动；第三，物流的基础设施除货运设施外，还包括分拨、仓储、装卸、包装等基础设施；第四，运输一般只是强调运输设施和运载工具的高效和优化，而物流更强调物流活动的协同和优化，特别是要帮助客户实现运营时空转换的高效和优化；第五，物流是一个跨部门的行业，不同于交通运输领域设立了主管部门，物流事务经常需要跨部门的协调。

人们把一些企业叫做运输企业，而另一些企业被叫做物流企业。可以以中国比较典型的两家企业为例。其中一家企业是中国远洋海运，大家都认为它是航运公司，也就是远洋运输公司，即它的主要业务是用运载工具来运输。还有一家企业是中国外运集团，这家企业业界都称为物流企业，因为它主要提供的服务并不是用运载工具去提供位移，而是它跟大量的生产制造企业、商贸企业签订长期服务合同，为了满足客户的需要，这家企业就要去协调海运、铁路、还有各种仓储企业来提供物流运作，实现物流优化。

至于一个企业是属于物流企业还是交通运输企业，辨别标准一般是看两个方面：一是看企业的主要资产资源，即这个企业拥有的资产是什么。如果他拥有的主要资产是铁路，比如国家铁路集团有限公司就是个铁路运输企业而不是物流企业，因为它的主要资产是铁路装备和铁路设施。如中国远洋，它主要是航运企业，它的主要资源是船舶而不是物流资产。当然，运输型物流企业会自有一定数量的运输设备，且在其总资产中占一定比重，因此还需要第二个判别标准。二是看企业的主要收入来源。如果一个企业50%以上的收入来源于实际的运输业务，也就是使用运输工具运输，那它就是运输企业。如果一个企业50%以上的收入不是来自于承运，而是来自于其他物流服务，则一般可以叫做物流企业。前述多式联运经营人中的单纯缔约承运人显然应该属于物流企业。当然，如果企业主要的收入来自仓库，或者其主要资源是仓库，也说它是一个仓储企业。

### 三、运输企业与物流企业关系的变化

从运输市场的发展趋势看，运输企业与物流企业共同构建的运输与物流时空链条的衔接更为紧密，两大类企业之间的相互依存关系日益紧密，形成了典型的经营生态，但两类企业之间的功能分工、财产与组织边界则更加清晰，以便更有利于各司其职、各负其责。物流企业负责以"无船承运人"或"无车承运人"身份直接面对市场客户签约提供全链条的物流服务，保证货物时空位移的质量并收取全程费用，运输企业则以运输方式承运人的身份与物流企业签约，按要求确保提供链条内相应运输环节上的站到站、港到港运输，并获得分劈的相关收入。

也就是说，运输企业更多地是完成好自己站到站、港到港的专业运输，而把直接面对客户的工作移交给相应的物流企业。这其中有内在原因，运输企业是以车、箱为对客户的边际营运单位，而物流企业对客户的边际运营单位是无论大小和数量的件，把收来的各种货源靠拼货装车装箱在载重和容积两方面充分利用运输工具的装载能力去获得效率。运输企业主要是靠运输领域的整车、整船、整箱规模经济实现效率，靠的是量大，但在如何满足千家万户分散化的门到门运输需求方面是弱项；而一般轻资产的物流企业可以较好实现所必需的快速客户响应，在传统站到站、港到港的运输产品已经越来越无法满足日益提升的门到门、手到手和高度准时性运输服务需求的情况下，有效帮助运输业与市场匹配。

图12-3是货运市场需求与供应商的变化示意图。图中横坐标代表运输市场发展程度，纵坐标代表运输市场规模指标，由图可见运输市场的潜在规模是一条随时间不断提升的曲线，但在不同阶段提升的速度变化有所不同。几条短实线分别代表初始相对封闭阶段的运输需求、运输网扩张与区域连接性运输需求、标准化需求和准时性一体化运输需求，表示在不同发展阶段运输需求不但数量增加，而且对运输服务的质量也有更高的要求。该图中双实曲线代表直接面对客户的运输服务提供商数量，该曲线的形状表示面对客户的运输服务商数量从初期到中期是迅速增加的，而从中期到后期则开始不断减少；更进一步的分析表明，市场上的运输服务提供商一开始主要是水运、铁路、公路等行业的传统运输企业，但越到发展后期，在运输市场上直接面对客户的运输承运人已逐渐变为物流服务商，而且是那些有资质和竞争能力的大型物流企业，主要提供基本运输业务的运输企业和众多小型物流企业则被大都被整合到一条条高效率的供应链中。

图 12-3　货运市场需求与供应商的变化

资料来源：根据《欧盟一体化货物运输研究报告》改画。

运输企业与物流企业在市场上发生合作关系是必然的，也正在不断发生这两类企业之间的兼并收购活动，从其业务关系的紧密程度来看，这些兼并收购活动也符合经济学的纵向一体化解释。但从已经发生的多国铁路运输市场变化进程来看，已能大体梳理出运输与物流两类企业之间的合作、兼并及相容关系。一是有些铁路企业与物流企业长期在运输市场上保持合作关系，并没有发生兼并收购行为，例如几家大物流公司一直是日本铁路货运的主要客户。二是一般是家大业大的铁路公司并购物流公司，例如美国和欧洲著名收购案例都是如此。三是收购以后也不一定能长久维持，例如多家美国铁路收购物流企业或公路货运企业后又卖掉，自己仍回到做好站到站运输服务。四是铁路收购物流企业并保留下来的，铁路运输与物流也仍旧是由集团内的不同主体分别独立运作，例如德国国铁改革前后收购辛克物流的表现。轮船公司自己设立岸上物流/揽货公司的历史很长，但其物流/揽货业务与航运主业也都是分别独立运作的。

> **专栏 12-1**
>
> ## "无车承运人"与网络平台货运经营人
>
> 　　近年来，我国在国内货运特别是道路货运领域也已经开始实行"无车承运人"制度。2016~2019 年，交通运输部在全国开展道路货运无车承运人试点工作，推动利用移动互联网等信息技术，整合货源车源，实现零散运力、货源、站场等资源的集中调度和优化配置，逐步引导和带动行业向集约化、规模化、组织化方向发展。试点工作结束后，从 2020 年 1 月 1 日起，按照交通运输部和国家税务总局发布的《网络平台道路货物运输经营管理暂行办法》规定要求，申请经营范围为"网络货运"的道路运输经营许可。
>
> 　　该办法规定，从事网络平台道路货物运输（以下简称"网络货运"）经营是指经营者依托互联网平台整合配置运输资源，以承运人身份与托运人签

订运输合同，委托实际承运人完成道路货物运输，承担承运人责任的道路货物运输经营活动。网络货运经营不包括仅为托运人和实际承运人提供信息中介和交易撮合等服务的行为。实际承运人，是指接受网络货运经营者委托，使用符合条件的载货汽车和驾驶员，实际从事道路货物运输的经营者。

鼓励网络货运经营者利用大数据、云计算、卫星定位、人工智能等技术整合资源，应用多式联运、甩挂运输和共同配送等运输组织模式，实现规模化、集约化运输生产。鼓励组织新能源车辆、中置轴模块化汽车列车等标准化车辆运输。从事网络货运经营的，应当符合《互联网信息服务管理办法》等相关法律法规章关于经营性互联网信息服务的要求，并具备与开展业务相适应的信息交互处理及全程跟踪记录等线上服务能力。

网络货运经营者应对实际承运车辆及驾驶员资质进行审查，保证提供运输服务的车辆具备合法有效的营运证，应保证线上提供服务的车辆、驾驶员与线下实际提供服务的车辆、驾驶员一致。网络货运经营者应对运输、交易全过程进行实时监控和动态管理，不得虚构交易、运输、结算信息。

资料来源：交通运输部、国家税务总局：《网络平台道路货物运输经营管理暂行办法》，2019 年。

---

**专栏 12-2**

## 冷链物流的发展动态

冷链物流（cold chain logistics）是指在生产、储藏、运输、销售直到最终消费前的各个环节中，将易腐、生鲜食品、相关药品等始终保持在规定的低温环境下，以最佳物流手段保证食品与物品质量，减少损耗的一种物流体系。其要素包括：以科技进步、特别是制冷技术的发展为先导；以冷冻工艺学为基础；以制冷技术为手段；以利用专门装置为条件，掌控储藏和流通时间、温度和耐藏性、新鲜性。

冷链物流由冷藏加工、控温贮藏、冷藏运输及配送、冷藏销售四个方面构成，属于现代物流行业中较高端的部分。由于冷链物流是以保证易腐食品、相关药品等品质为目的，以保持低温环境为核心要求的供应链系统，所以它比一般常温物流系统的要求更高、更复杂，建设投资也要大很多，冷链物流的很多设施设备都是专用的，沉没成本比较高，冷库建设和冷藏车等设施设备的购置需要的投资比较大。冷链管理贯穿于采摘、产品加工、产品运输配送、储存和销售的全过程，各环节紧密相关，如果某环节脱节，将造成巨大损失，因此需要高度的组织协调性。冷链物流的运作始终是和能耗成本相关联的，冷链物流的电费和油费占企业营运成本的比重较高，所以在保证货品品质的同时，需要有效控制能耗，从而控制冷链物流成本。

冷链物流具有精益性和敏捷性的双重特征，参与主体多，为了确保易腐、生鲜食品在流通各环节中始终处于规定的低温条件下，必须安装温控设备，使用冷藏车或低温仓库，采用先进的信息系统，要求安全实时监控，因此需要高度信息化技术支撑。冷链物流是一个低温物流过程，必须遵循"3T"原则——即冷链产品的最终质量取决于冷链储藏与流通时间（time）、温度（temperature）和产品的耐藏性（tolerance），为开拓冷链物流更广阔的发展空间，必须加强各环节的高效衔接，尽量减少交易次数，缩短转换、存储与运输时间、保证货物的品种和数量的准确性。

我国冷链物流近年来已获得较快发展。但总体发展水平与发达国家相比仍有较大差距。食品产业的发展在一定程度上受制于冷链物流的发展。果蔬冷链物流体系存在作业手段简陋、技术落后、附加值低等问题，果蔬采摘后基本上未做到预冷处理，即使预冷处理也多采用自然通风或冷库预冷的方式，效果较差。运输多用普通货车运输，采用棉被、塑料苫盖等"土保温"方法。加工和分拣作业在未制冷的环境下进行。果蔬从采摘、运输到销售一般要2~3天，需要经过生产者、经销商、批发市场、农贸市场或超市、消费者等一系列的中间环节，在经历了无冷链保证的流通之后，鲜度和品质都大打折扣。

冷冻食品的部分产品虽然在屠宰或储藏环节中采用了低温处理，但在运输、销售等环节中又出现了"断链"现象。由于冷链物流体系各环节、上下游缺乏相应的低温物流点衔接，我国仍有部分冷冻食品仍在常温下流通，很多冷冻食品的装卸作业未按照相关食品标准在制冷环境下进行，而是在露天操作，全程冷链的比率较低。由于先进的信息技术的冷链物流管理体系使用率较低，各环节的信息不能有效传递，导致冷冻冷藏食品的冷藏、运输的准确性和时效性降低，增加了操作风险和营运成本。

由于目前我国尚未形成完整高效的冷链物流体系，冷链物流所要求的时空关系与效率未能得到满足，目前我国果蔬、肉类和水产品的冷链流通率，分别只有5%、15%和23%，而发达国家冷链流通率一般都在95%以上。我国果蔬、肉类和水产品的流通腐损率分别约为20%~30%、12%和15%，发达国家只有5%。

资料来源：王军、李红昌：《时空视角下中间层组织在农产品冷链物流中的作用研究》，载于《北京交通大学学报》（社会科学版）2019年第4期。

## 专栏 12-3

### 美国港口的自动化缓步前进

通过数字化和自动化改造，海港可以减少船舶在港口停留的时间，部分研究估计港口的生产力可以提升30%。

尽管在亚洲和欧洲港口自动化设施已经相对普遍，但在美国仍相对稀少。目前美国只有四个海港使用这项技术，包括了洛杉矶和长滩这两个美国最繁忙的港口（美国集装箱吞吐量分别排名第一、第二）。另外两个在弗吉尼亚州和新泽西州，后者是美国第一个实现港口自动化的公司。

西海岸港口自动化速度可能会快于东海岸的同类港口，而洛杉矶港和长滩港则走在美国自动化浪潮的前列。尽管自动化浪潮正在席卷美国物流行业，但不同类型的港口对自动化设施的要求是不同的，而且自动化设施非常昂贵。港口的自动化需要整套的自动化设备，包括了数字技术、软件系统和机器人硬件设施。港口每英亩自动化的成本可能超过 200 万美元，长滩港的自动化升级将花费 13 亿美元和大约两年多的时间。但巨额的投入难以得到立即回报，荷兰航运巨头 AP Moeller-Maersk 的子公司 APM Terminals 曾向《华尔街日报》表示，其在 2007 年在弗吉尼亚州开设北美第一个半自动化港口时，并没有得到相应的回报，以至于其最终出售了该设施。加之港口的工会有意保留工作岗位，都让美国其他港口对自动化的推广持怀疑态度。

资料来源：引自美国《财富》2018 年 1 月 30 日报道。

### 专栏 12-4

### 中国铁路的 35 吨敞顶集装箱运输

近年来我国铁路开发了 20 英尺 35 吨敞顶干散货集装箱，并通过推广带来了较好的经济社会效益。与传统通用集装箱比较，这种新型集装箱载重量为 32 吨，较通用集装箱提高了 14.7%，特别是增加了从箱体顶部装载并允许集卡从一端自流卸货的作业方式。目前该箱在铁路散堆装货物的运输中已得到了较广泛运用。

敞顶箱在使用中的具体优势包括：一辆 70 吨铁路平车或敞车可装载两个 35 吨敞顶箱，与车辆标记载重持平，有效提高了车辆运用效率；采用 55 辆固定编组列车及正面吊或门吊等装卸方式，铁路货场整装作业效率大幅提高，一条货物线单日能完成装卸 5 列、10 批次的工作量；解决了传统敞车装卸和倒短运输中存在的易扬尘、损耗大等环境污染和货损问题；根据不同条件，也可使用客户既有的装载机、皮带机、翻转机等设备直接在铁路线上装箱或离线装箱，极大优化公铁、水铁联运的作业流程，提升了物流服务对客户的价值。很多铁路企业采用敞顶箱大规模推进煤炭、焦炭、石灰石、玉米、铁精粉、氧化铝粉等货物的"散改集"，提高了包括车辆、列车周转在内的运输效率。

原本在铁路内部，大宗散堆装货物运输与集装箱运输是两类完全不同的服务，即便在多式联运搞得较好的欧美国家二者基本上也是互不搭界。传统铁路习惯于以满足规模化为主导的大宗货物运输组织模式，但难以适用于集装箱运输，因为后者多是以满足市场需求为主导的所谓"白货"物流服务。面对公路条件明显改善、多运输方式参与和物流链条化竞争的市场，铁路如果仍旧维持传统的运营宗旨和组织，不但会造成铁路"白货"集装箱运输长期得不到很好发展,甚至连传统的大宗货物运输市场也会不断萎缩。我国在"公转铁"的运输结构调整政策中,要求年运量超过150万吨的工矿储运企业修建铁路专用线,但对运量达不到的企业就难以实现铁路全程服务。以煤炭运输为例,大型煤矿有能力通过装车塔组织整列装车,效率是很高的,但用煤单位大多数都达不到修建专用线的运量水平。

例如,某铁路车站附近有200~300家各类企业要使用的350公里距离某煤矿的煤,大多数用户按照传统铁路运输模式显然无法享受门到门服务,需要承担更多的"倒短"费用和时间耽搁,即便是有专用线的客户煤炭卸车、存储难度也很大。于是灵活方便的全程公路运输就成为很多煤炭用户的首选,该市场曾一度由公路统领。而由敞顶箱打通的煤炭公铁联运模式在很大程度上实现了铁路、客户、物流企业、集卡车队、公路超载治理、环保治理、运输结构调整政策要求等多方的共赢,门到门全程运输时间比原有铁路敞车专用线运输至少节省6小时,在时间和运价上也不输原来的全程公路运输,而且很大程度上解决了扬尘、货损和装卸费高等问题。因此2017~2020年,该煤矿装车的敞顶箱运量增长近20倍达到约4200万吨,大量原来的全程公路煤运和已有专用线的煤炭用户也都改为敞顶箱公铁联运。

可见,如果铁路能及时进行市场化转型和创新,使自己尽快适应需求主导及多式联运的物流服务要求,它就能找回市场上的生存能力,不但能把集装箱运好,而且也能把规模化大宗运输优势发挥得更好。敞顶箱本身算不上高技术,但通过服务理念与联运组织的转变,不依靠专用线就可以帮助已部分失去竞争能力的铁路重回市场。这在很大程度上符合运输结构调整的政策要求,也充分说明运输业的服务理念与链条组织能力,有时比技术和装备的等级档次更重要。当然,中国铁路要想真正运好那些装载"白货"的集装箱,仍旧需要进一步艰苦的市场化转型。

| 年份 | 2008 | 2009 | 2010 | 2011 | 2012 | 2013 | 2014 | 2015 | 2016 | 2017 | 2018 | 2019 |
|---|---|---|---|---|---|---|---|---|---|---|---|---|
| 运量(万吨) | 6863 | 7172 | 8612 | 9351 | 9265 | 8844 | 9281 | 9825 | 12458 | 18206 | 26414 | 34644 |

**图12-4-1 2008~2019年我国铁路集装箱运量增长情况**

资料来源:黄民:《新时代交通强国铁路先行战略研究》,中国铁道出版社2020年版。

# 第十二章 联运、物流与供应链

## 本章思考题

[1] 分别简述传统联合运输与现代多式联运发展的过程和主要业务内容。

[2] 分析多式联运经营人所具有的两种身份及相互关系。

[3] 列举多式联运经营人在开展联运业务过程中所需要签订的合同和所需要准备的主要文件。

[4] 查找现实中货运代理的两种不同提单样式，画一张货代业务的流程图。

[5] 举实例说明多式联运经营人若负责履行实际运输时，则为实际承运人，这时其往往为第一承运人，即担任第一阶段运送义务的主体。

[6] 分别分析美国军事后勤和日本准时制生产对物流管理的影响。

[7] 分析物流"第三利润源"学说与物流服务中心学说的异同。

[8] 以实例分析"第三方物流"与"第四方物流"的异同。

[9] 以新冠肺炎疫情为例分析供应链在各国经济体系及全球化分工中的重要性。

[10] 从运输与物流的定义及业务内容举例对二者进行区分。

# 第十三章

# 运输业的分布式供给

### 本章总体要求

了解规模化运输可以满足运输市场上的集中化需求，但传统运输供给不适应服务于分散化需求的原因；领会分布式运输供给的核心思想；领会分布式运输供给形成的基础是交通运输领域已经构建起的新型物信关系；了解分布式运输推动形成了互联网共享出行的新业态；领会未来高质量发展的运输业将形成可以有效满足各种特定运输需求的服务谱系。

### 本章主要内容

- 运输市场上既有集中化需求也有分散化需求是不可否认的现实。
- 规模化计划主导型运输供给和资源急用型碎片化运输供给在服务于分散化需求方面存在的低效率矛盾。
- 分布式概念的源起和其他领域分布式供给的主要表现及发展趋势。
- 分布式运输及时响应运输市场特殊需求并提供即时性服务的核心思想。
- 社会经济中物信关系与结构的重要性，以及基本演变过程。
- 移动互联网平台通过大数据和算法进步能力优化了运输市场的匹配效率。
- 未来运输业形成同时包括规模化、多式联运和分布式供给服务谱系的前景。

## 第一节 分布式概念及其与规模化的关系

### 一、分布式概念与去规模化动向

分布式首先在能源领域被广泛应用，并得到相当程度认可。"分布式能源"（distributed energy resource）有较多定义，整体上看，不同定义都关注了如下特点：位于或者接近能源消费区域，较为分散；具有独立模块特征；规模较小，运行灵活。分布式能源被认为是革新能源生产系统、解决能源供需不平衡的重要方式。

在计算机领域，分布式早已走出实验室和理论圈，成为行业普遍接受和践行的重要策略，例如分布式系统（distributed system）、分布式存储（distributed storage）和分布式计算（distributed computation）等。计算机领域的分布式，除了强调分散化、小型化和模块化之外，还强调了分布式这种架构的去中心化特征，以及在此基础上不同模块间的协作等。分布式的结果是通过标准化的资源共享共用，提高了系统整体的可靠性和安全性，加快了复杂问题的处理速度。

管理学中的分布式创新（distributed innovation）理论强调了全球化、信息化背景下，企业的组织边界以及运营模式都发生了深刻的变化，因此，要求企业以开放、合作的态度，利用企业内部、外部的创新资源，通过资源共享和优势互补推动创新。分布式创新实质强调的是打破组织边界，通过开放和协作来加快创新的节奏，扩大知识产品的供给。此外管理学中，也将分布式作为"赋权"的重要方式，例如，分布式领导（distributed leadership）研究。

工业化以来的主导性逻辑一直都是要充分利用规模经济优势，钱德勒在其《规模经济与范围经济：工业资本主义的原动力》一书中论证过这一逻辑。但21世纪初当苹果手机、脸书、亚马逊平台等先锋科技产物开始飞速发展，随之则是虚拟现实、基因组学、人工智能、大数据、云计算等一系列突破，而且平台的作用越来越明显，通过平台完成的任务越来越多，于是，技术进步正在日益催生一个与传统相反的逻辑——商业和社会的去规模化（unscaled）。赫曼特·塔内佳和凯文·梅尼提出，在这一去规模化过程中，新技术正赋予私人订制的微型生产和精细定位市场新的机会，使其与廉价物美的大众商品不再像在工业时代那样不可兼得。人工智能（AI）与基于AI的技术浪潮使得创新创业者能够有效地利用去规模化经济，而且旧式规模经济正让位于微型经济。

他们分别分析了能源、交通、金融、医疗、教育和新闻等领域的去规模化动向，认为目前经济生活中的去规模化正在变得系统化，并开始重塑现有经济形态的各个环节，预言去规模化一定会成为我们的未来，赢家将是那些善于利用不同规模经济的人，而不是只知道依赖于传统规模经济的人。因此，应该更好地理解即将发生的巨大变化，过于夸大它的作用和否定它的价值都是不负责任的行为。

鲁格·森特恩、贾恩·卡霍和布拉姆·维梅尔则讨论过现代经济与技术系统中复杂性和规模效应的风险。他们认为分散化而非集中化的方式会提高技术的灵活性，而且将它们程序化非常有意义，因为只有这样它们在实际应用中才会更有弹性，厂商们才会根据实际运用的不同需要来自动调整所使用技术的特性，甚至它们可以自动调整自己的属性来面对不同的需要。

总之，分布式从整体上代表了主体小规模化、决策自主化、规则柔性化、互动开放化，面向需求即时生产的新供给模式，已开始得到不同领域的共同认可，并逐渐成为引领技术、经济和社会发展的一个重要趋势。学者们也旗帜鲜明地对传统规模经济提出了挑战，思考规模化所带来的问题。但已有成果尽管从不同角度强调了分布式的不同侧面，但未能深入考察各个不同行业分散化需求的具体特点，未能从物信关系视角深入分析各种供求关系的时空匹配，也未能对新的供给模式建立经济学分析框架。

规模经济或规模化也是运输经济学分析框架的重要基础之一，研究分布式运输，显然也必须说清楚分布式供给和规模经济的联系与区别。我们总的看法是，传统经济学是假设把时间和空间都压缩到一个点上，因此，它研究的是发生在针尖上并能瞬间完成的规模经济，当然现实并非如此。而分布式供给能够利用新的技术手段和组织形式，在更大的时空尺度和更特定的时空条件上去构建新的供需结构与生产形态，实现规模经济的精益化。分布式供给研究并不"反规模化"，但强调包括交通运输的各个行业在不同业务、不同环节和不同生产工具上的规模经济与范围经济差别相当大，分布式供给有能力把这些原本层次不同的规模经济在互联网和物联网基础上进行有效组合。

## 二、常规运输供给与分散化需求的矛盾

### （一）不同的运输供需边际单位

运输活动也在相当程度上存在着规模经济和范围经济，我们在第三章已经讨论过运输规模经济和范围经济转型为运输密度经济和网络幅员经济。人们在交通运输领域一方面看到运输业大型化、快速化的趋势非常明显，40万~50万吨的超大型货轮、2万TEU以上的集装箱船、数万吨的重载列车、500乘员以上的大型客机、高密度高铁列车等仍在源源不断地补充到运输系统中，但另一方面也存在着大量的中小型交通运输工具。运输市场中的需求也可以分为集中化需求和分散化需求。集中化运输需求用规模化的供给方式去满足就很合适，例如一列万吨级运煤列车有可能发货人只是一家煤矿，而且收货人也只是一家发电厂，但分散化运输需求的满足就比较麻烦，例如，一列快递包裹专列的发收货人则会涉及诸多电商和成千上万的最终客户。

运输产品的生产与消费是一个同时进行、不可分割的过程，故而相较于一般商品，运输产品一旦产出便无法储存，也就无法留给其他时间或其他地区消费。这意味着当运输产品生产或者说运输供给者提供运输服务时，如果没有足够的运输需求，运输供给者就无法收回成本。与一般经济学中讨论的以"单个商品"为边际单位的生产不同，对于提供具体运输过程的运输供给者而言，运输产品的生产决策是以载运工具为边际单位做出的，供给者决策是否提供单个运输工具的运输服务。由于运输产品生产与消费的同时性，当且仅当有足够需求能够支撑覆盖成本的收入时，供给者才会选择提供这一载运工具的服务，否则就会面临亏损。换言之，存在一个最低实载率或载运工具密度经济的阈值，运输供给者仅在该载运密度经济以上提供服务。

而运输产品消费者的决策则往往以自然人或具体货物为边际单位,除大宗货运外,往往并不一定能达到单个载运工具所要求的实载率。这种边际的差别使得运输产品消费者与供给者的决策存在尺度上的偏差。如果是一般商品,这种偏差可以通过简单的整合消费者需求或调拨产品来解决。但对于运输产品来说,整合消费者需求的成本要高得多。因为运输产品的异质性意味着即便通过同类载运工具或固定设施生产,不同时点、不同方向、不同起止点上的运输产品也完全不同,彼此很难相互替代。

### (二) 不同供需边际单位对决策的影响

在具体运输需求不可知的前信息化时代,边际生产单位不等于边际消费单位的传统运输供给者提供的一般是"常规式"的运输产品,以期能够覆盖足够多消费者来达到载运工具密度经济阈值。简言之,就是将一定范围内同类消费者的运输需求进行整合,在时点、方向、起止点和速度等维度上提取其中共性的部分,然后对这些共性进行运输供给。具体而言,传统运输供给往往根据需求预测,在空间上选择若干地点作为站点,在站点之间布置线路;在时间上规划一定始发终到时点,于是这种常规式运输产品在形式上就表现为"规划线路上站到站的班次性",典型代表如有明确列车时刻表的列车、航班等。由于存在对需求预测与提炼的过程,这种常规式供给需要集中化的高层决策,这种生产决策先于消费者进行,消费者在得到具体产品的(线路、时点、票价等)信息后才选择是否购买该运输产品。

而边际生产单位等于边际消费单位的运输供给大体上只适合由步行、自行车、私家车、出租车这些容量较小的载运工具包括自有车队提供,其中出租车是自有运输之外的典型,基本逻辑是每个载运工具为单个或少数几个需求重合的消费者服务,使运输供给与运输需求的边际单位一致。而平台服务出现之前,不少出租车司机为了减少巡游成本只愿在乘客出现概率较大的地方提供服务。

传统运输业的常规供给从载运密度经济出发,在满足营利性要求的同时也使高度分散的需求与供给之间必然存在缺口,且由于供给者的生产决策先于消费者消费决策,因此,消费者只能根据现有既定的运输产品安排自身出行,而弥补这种缺口的成本可能很大。这种成本体现在时点等时间维度上,是消费者等待服务或出租车司机在机场等待乘客付出的时间成本;体现在起止点等空间维度上,是传统运输"站到站"式的供给往往只能满足消费者运输需求的部分环节,消费者的运输链条被迫切分为多个环节,降低消费者体验的同时额外产生了各环节之间的衔接成本,同时也提高了运输链条的不确定性。

一般而言,运距越远速度越快的运输产品,固定设施和载运工具的成本就越高,因而运输供给者也就需要覆盖足够多消费者或收取足够高的价格以收回成本。不同运输方式的技术经济特征决定了其能够覆盖的消费者数量,也就限制了消费者的需求满足程度。而消费者未被已有运输产品共性覆盖的需求环节,往往只能支撑起速度与服务距离较低水平的运输方式,不同运输方式效率上的落差和运输链条中各环节的衔接成本导致了广为诟病的换乘不便和所谓的"最后一公里"问题。

### (三) 两种传统运输供给的局限性

图 13-1 是常规化运输供给示意图。在图 13-1 的左侧，规模化的运输供给可以较好对应集中化的运输需求，大型公共或受雇运输工具作用显著。但随着运输需求逐渐分散化，规模化运输供给就变得越来越不适应，包括我们在上面所说到的各种问题，于是只能依靠运输市场上超量配置闲用资源以碎片化的供给去满足，于是私家车和单位自备车辆等低效率碎片化供给在其中发挥的作用就越来越大。

图 13-1 常规运输供给

例如，公务用车需求大多属于分散性需求，能够被整合提供服务的公约数很小，于是在传统公务用车管理模式下，只能尽量先配置足够多的运输资源，包括车辆、司机、管理人员与场地、车库等，以便在需要时能尽可能及时地提供针对相应需求的服务。但这种公车管理模式的资源利用率低，成本代价高，而且容易引起公车私用等弊端。于是浪费巨大的公车领域成为改革的目标。根据这种分析，私家车也是用超量配置资源的模式去解决针对分散化需求的服务供给问题，很多数据都说私家车 90%~95% 的时间都是停在车位上，[①] 效率当然很低。出租车在分散化供给中属于车辆使用效率较高的，但在传统出租车管理模式下，也常常出现打车难、打车贵的问题。

综上所述，可以大体上把传统的常规运输供给分为两大类：一类是建立在规模经济基础上，依靠大型设施与设备，运输密度经济显著，其主要特征包括需求要整合并服从于供给、决策依赖于高层、信息化服务于内部管理、行业主管部门具有绝对权威等特点的供给，简称规模化计划主导型运输供给，或需求服从型供给。另一类则是资源怠用型运输供给，其主要特征是为满足分散化运输需求而提前超量配置各类交通运输资源，以备随时以碎片化模式满足特殊时空下的需求，相应资源的利用效率通常较低。规模化供给可以有效满足集中化需求，但无论是规模化计划主导型供给还是资源怠用型碎片化供给，在满足分散化需求方面都存在着不适应或低效率问题。

---

① Button, Kenneth John. Transport economics, 3rd edition, Edward Elgar, 2010.

## 第二节 大数据对交通运输物信关系的影响

### 一、时空经济分析中的物信关系

物信关系是经济学能够在一个更合适的时空尺度上去认识和解释信息化、大数据或"互联网+"等重大变化趋势的关键。物信关系是指经济活动的实体过程及其特征信息在相关场域中的组合模式与时空效率。从微观视角看，任何经济行为在产生相应实体活动的同时，也都会产生一系列相关的特征信息，包括活动发生的时间、地点、主体、客体、活动内容、活动过程、活动结果、活动绩效、影响因素、决策过程……其中有些信息包括了非常大量和细致的时空特征。

由于经济活动的特征信息在早期很难像现在这样被记录、传输、处理、使用和保存，因此在前工业化时代虽然信息在当时的经济活动中也伴随在旁边，但其所起的作用相对来说比较弱，实体活动在经济过程中一直占据绝对主导地位。工业时代的交通革命和通信革命使得信息作用大大提升，但从整体上看工业化时期的信息仍旧从属于实体经济活动，因为信息虽然被较多记录并传输，但信息的作用一般来说是相对滞后的。而在目前的信息时代，信息的作用已开始凸显出来，甚至在很多领域开始出现信息反过来要主导实体过程的趋势，"互联网+"的特征之一就是把大量原来不被重视和利用的信息数据变成新资源。

图13-2是实体经济与信息相互关系示意图，图中实曲线反映了随着社会经济发展阶段从前工业社会到工业社会再到信息社会，实体经济活动与信息所起作用相互地位的变化，从信息与实体难以分开的传统物信关系与时空结构，到信息与实体逐渐相对分离并逐步得到利用，物信关系与时空结构得以重构。实线上方

图13-2 实体经济与信息相互关系

大数据背景下航运交通特征的统计分析

的虚线反映部分传统行业中的企业对信息化认识不够，仍长时间停留在较传统的物信关系状态；下方虚线则反映部分互联网企业一度过于强调信息化作用，然后又回归到比较合理的物信关系认知，例如阿里巴巴和京东都又重新强调电商线上与线下的结合，滴滴也是要重拾对运输业安全红线的敬畏之心。

从时空经济分析的视角看，人类交往与互动的模式需要将时间、空间与人们行为的结构性特征融合在一起进行考察，沟通和互动只存在于一定时空区域内相关主体能够相互知晓、监督以至于干预的场景或场域之中。人们可以相对跨越时空距离，但也需要在最低程度上满足"共同在场（co-presence）"的本质要求，以实现在具体情境之中的沟通，因为人们无法在完全无关的条件下产生信任。根据时间是否同步及空间是否同地，时空经济分析划分了人类同步物理到场、同步虚拟到场、异步物理到场和异步虚拟到场四种交流模式（见表13-1）。其中A面对面直接交流，时间和空间都一致；B隔空的同步交流，只要求时间一致；C和D间接交流，时间不一致且空间也可能不一致。

表13-1　　　　　　　　　人类交流的时空要求与限制

| 项目 | | 交流的空间要求与限制 | |
| --- | --- | --- | --- |
| | | 同　地 | 异　地 |
| 交流的时间要求与限制 | 同步 | A 同步物理到场：面对面谈话、会议交流 | B 同步虚拟到场：电话、电话会议、手机 |
| | 异步 | C 异步物理到场：留言条、留言板、留言电话 | D 异步虚拟到场：信件、印刷品、电报、互联网邮件、短信、微信、异地播放录像 |

资料来源：根据 Harvey & Macnab：Who' up? Global Interpersonal Temporal Accessibility 整理。

经济时空形态重构的基础是相应物信关系与结构得到改善。从人类早期只能从自己所在的有限尺度具体时空感知实体世界并相互交流，受小尺度同步同场物信关系与时空结构局限，到现代人可以跨越宽阔尺度的时空界限去了解世界的变化，与远隔千山万水的其他人交流甚至成功交易并履约，靠的就是各种交通和通信工具的进步。交通进步实现人与货物实体位移，通信进步实现信息传递，它们支撑起越来越大尺度的跨时空经济活动，而在这其中交通和通信就是通过改善物信关系与结构发挥作用的。由于经济活动特征信息的标准化描述、测量能力提高与实时实地采集、处理、传输配合，加上信息传递速度已远远快于实体位移速度，因此经济活动的特征信息可以更高的效率打破时空局限，电商平台和移动支付都是企业时空转换能力得到巨大提升的例子。物信关系与时空结构变化的深刻影响正在并还将不断地表现出来。

## 二、运输服务的数据与算法

传统产品经济的营销因为要满足多数人群的需求，一般情况下规模经济占主导地位，因此个性消费被压抑，消费者在面对商品和服务时选择空间小。而随着移动互联网的发展，个性化定制开始成为可能，商家以体验为核心，带动与顾客的即时互动，并由此定义和开发新的市场。互联网公司一般都会注重组织整理信息、协调信息系统与使用者需求过程的信息架构，而公司产品如果具有好的用户体验，则被视为是扩大客户群并确保良好品牌忠诚度的有效手段。

传统运输业是分行业进行规划建设和运营管理，导致运输链条被人为割断，运营效率低，人们出行常常要经受衔接不畅、交通拥堵、耗时过长等不良体验。可以通过是以提升用户体验为导向还是以行业系统内部自我服务为导向，有没有针对用户数据进行有效匹配的算法，有没有针对市场动态的及时反应等，判断互联网经济数据化与传统运输业多年来推行信息化之间的差别。当共享出行平台企业能够利用时空信息整合资源实现更有效的数据化出行供需匹配，就会在市场上表现出显著优势。例如，网约车提供更方便及时的叫车乘车体验与传统扬召出租车打车难打车贵形成鲜明对照，神州租车等送接机送接站、人到车到的专车贴心服务就很为人称道。共享单车企业也都在短期内分别数次更新自己的车辆、智能锁和App功能，以在改善用户体验方面尽快提升竞争能力。

由于物信关系中的信息是靠数据记录和解读的，因此数据就成为互联网经济构建新型物信关系与结构的关键性资源。平台企业拿到实时时空数据是一种能力，其后必须通过算法才可能把握数据中所包含的有关行为主体的时空特征规律。算法注重搜集事实和数据，并用一种不断迭代的机制，告知企业如何通过整合资源改善服务提高自己达成市场目标的概率。因此，算法在一定水平上决定了企业数据化、信息化的能力与程度，也在很大程度上决定了企业在市场上的表现。

谁能及时准确地获取数据、收集维度更多更全面的数据，并通过适当的算法能力使用数据，谁就在一定程度上赢得了市场先机。平台企业作为信息化的中间层组织，必须靠自己的数据化能力提高供需两端客户的匹配效率，那么算法也就成为互联网时代平台企业最重要的核心技术与能力之一。很多互联网企业把自己定义为数据运营商，而电子地图和定位信息等都已被互联网时代提供各类出行服务视为不可或缺的"新型基础设施"。

正在迅速形成的物联网是新型物信关系与结构的重要体现。物联网是指通过各种信息传感设备，实时采集任何需要监控、连接、互动的物体或过程等各种需要的信息，与互联网结合形成的巨大网络，目的是通过所有物品与网络的连接方便识别、管理和控制。也可以说，物联网是应用传感器、无线射频和嵌入式系统等关键技术，让所有能够被独立寻址的普通物理对象实现智能互联互通的网络。物联网技术已经在仓储、物流、快递等领域发挥重要作用，也将被广泛使用在与出行有关的拥堵疏解、车辆定位和自动驾驶等方方面面。

总之，移动互联网是信息化在基础层面的革命性技术，而大数据和目前不断推进的智能算法属于移动互联网基础上的革新性技术，移动互联网促成了时空匹配模式的突破性变化，而大数据和算法进步则优化了匹配效率。信息化发展在分别经历数字化、网络化和智能化三大阶段，并分别对应获取数据、实现数据连接和让数据获得自主生产力要求方面的表现，需要不断深入考察。

交通出行本来就是离不开信息支持的典型领域，而且由于出行活动呈现越来越高的时空分散特点，因此运输市场供求匹配效率对信息化变得越来越依赖，这为互联网企业提供了充分的表现舞台，也要求我们梳理信息与互联网出行服务的内在关系。依靠现代信息技术包括移动互联网和物联网产生的数据，特点是数据量巨大、数据的种类非常多、数据产生的速度特别快，其中包括海量数据实时化收集与处理的所谓流数据。经济活动的特征信息是与活动发生的特定时间、地点和环境密切相关的，这些特征信息包括很多与特定时空相关的细节。通过大数据技术，人们对事务或行为的认识伴随对于过程数据的测量、记录、读取、分析和存储等能力的提升，逐渐从有限数据向完整数据方向转变。在这一发展过程中，出行活动既是大数据最重要的来源之一，也是大数据最好的服务领域。

### 三、物信同步与实时场景的意义

场景原本是影视用语，指在特定时间空间内发生的或因人物关系构成的具体画面，不同场景可以组成一个完整的故事。互联网经济注重消费和服务场景，尽可能通过线上线下的结合重新构建消费服务实体与信息的关系，让用户获得更好的消费体验，让服务场景帮助形成顾客的良好经历，甚至形成人们的全新消费习惯。服务场景已经成为用户能否重复购买企业服务的决定因素，互联网企业不断从线上渗透到线下，构建有诱惑力的场景，就是为了在线上线下的多个维度锁定用户。

斯考伯和伊斯雷尔认为场景时代的大门已经开启，主要是因为所需要的移动设备、社交媒体、传感器、定位系统和大数据处理等前提要素都已经渐次齐备，而且它们的联动效应使得场景构建所需的物信关系与时空结构得到充分满足。这些要素可以使配备手机的使用者与服务提供商在强大的移动通信技术和智能网联基础上，随时随处获取主体的准确定位信息，并了解相关物体或设备在随时随处的状况，于是不但可以做到对用户信息的实时动态进行感知、搜索、处理、传输、反馈，而且能够通过 O2O（online to offline）或 OAO（online and offline）线上线下结合模式，实时动态地构建起针对具体用户实际需要且物信关系与节奏高度匹配的服务场景。

根据经济发展和交通及信息化水平，经济活动的物信关系与结构可以分为物信不分、分离、信息滞后和同步多种状态，在场可得性的表现也大不相同，如图 13-3 所示。人类早期的物信同步只是在很小尺度物信不分状态下体现，传统交通与通信所能提供的交往效率也很低。在工业社会物信得以分离但信息仍旧滞后的状态下，交通与电信革命已能提供"同步同场 + 异步同场 + 异步异场"更丰富的在场可得性，人们根据预期进行计划和时刻安排希望争取更多主动性。然而信息滞后的局限性使得决策的正确与否必须要到下一期才能验证，因此除非行为主体亲身在现场，否则其计划、执行与策略调整只能分处不同时期。而在已经开始到来的信息社会，在移动互联技术支撑的物信关系状态下，所增加的即期同步虚拟到场即同步异场获得最低限度在场可得性的时空尺度范围就变得更大，因此可以构建具有高可信低成本的高效率动态连续时空场景，开创前所未有的快节奏时空关系与结构。

图 13-3　物信分离与同步对在场可得性的影响

一个场景可以被看作是一个在同步同场条件下发生的活动或事件。在传统物信关系条件下，场景只能在同步物理到场的条件下形成，或者只能在舞台上近似重复过去的场景，或构想未来可能的场景。场景在今天被日益关注甚至成为普遍的商业手段，是因为移动互联网提供了在更多和尺度更大的同步同场条件，特别是提供了满足最低限度在场可得性的条件，使商业场景建立在可靠的物信关系与时空结构基础之上。也就是说，是移动通信和实时大数据所提供的物信同步条件使得人们有能力越来越多地构建各种消费或交易场景。

交通出行是实体位移与状态信息密不可分的时空活动，运输中客货位移的生产与消费是同一过程，出行主体或服务对象必须本人到场，出行服务也有相对准确的时点与空间位置要求，由于存在这些时空特性，因此交通出行相比之下本来就是场景感特别显著的领域。互联网出行服务通过信息化手段促进交通改善，对消费者来说自然对应着一个个出行链条得以重新构建的生动场景。例如，网约车和共享单车的 App 都提供了线上线下结合的车辆位置实时动态变化和服务全过程的场景，网约车平台还可根据打车难度和用户时间价值的心理账户调整需要支付的鼓励接单加价，在一定范围内实现价格对市场供求的调节。

## 第三节　分布式供给中的互联网共享出行

### 一、分布式运输供给的概念

分布式供给是依托信息技术创新和商业模式创新，面向终端消费需求，通过有组织的小型、分散、柔性供给主体的分工与协作，提供满足特定时空要求的产品和服务。分布式运输供给是针对时空异质性提供的有别于规模化计划主导型供给，也不同于资源怠用型碎片化供给的运输服务。分布式供给具有以下典型表现和特征：

（1）面向终端需求。分布式供给要解决的需求，并不是笼统的整体需求，而是具体的终端需求。分布式供给发生在需求信号表达之后，与先生产、再营销、后消费的模式显著不同，其面向终端在时间上的表现为即时响应，在空间上的表现为临近响应，发生在微观时空尺度上。分布式供给也增加生产—消费者一体化或共享经济的趋势。

（2）供给组织具有柔性化特征。强调以小规模终端来组织生产，是任务导向型的组织，具有扁平化的特征；甚至可以动员个人和契约型组织，随任务产生而建立；强调供给终端在时间和空间上分型化布局，根据具体需要实现相应的集聚效应。柔性化的基础是生产或服务组织具有弹性和可调整性。

（3）分布式供给的发展得益于互联网信息技术的进步。移动互联网的发展使得消费者的消费诉求可以简单、快速地反映出来，供给者以此组织生产活动，双方匹配过程中的信息不对称问题通过场景化得到了很好的解决。

分布式供给相比传统供给模式，具有建构微观时空的能力，在时间上表现为面向需求快速准确地安排、实施、完成生产；在空间上则表现为其在给定的区域内组织协调本地特定要素的能力突出；分布式运输供给通过提供更好的供需时空匹配，本身也创造出新的运输需求，并在一定程度上增加了运输总量。

对于传统规模化运输业供给而言，决策顺序是供给者在先，供给者根据过往经验、需求预测等需求概率信息进行生产决策，决定运输服务产品的起止点、方向、时点、价格等，消费者则根据获得的运输产品信息进行消费决策。显然，匹配效率在很大程度上取决于物信关系，而若要尽可能满足特定的分散性客货运输需求，就必须及时掌握并处理特定时空条件下的物信关系，运输产品信息的公布范围决定了潜在消费者的上限。需求从时空场景的角度表现为高度异质化的分散需求，而运输供给者自身也随时处在移动中，不管是消费者还是供给者，在传统技术条件下都无法对另一端的情况有完全把握。

而分布式供给的核心思想，是要及时了解具体需求者的特殊需要，并迅速设计出能够满足这些特殊需要的运输产品，以提供给该需求者选择和决策，并在合同生效后进一步提供即时性的服务。在传统物信关系条件下，这种即时性的分布式运输供给很难想象，但建立在移动互联网基础上的平台企业就具备了这种能力。信息化带来的变化，一是使得消费者的具体需求可以被表达被披露，即对于供给者而言，消费者的具体需求变为可知；二是为供求双方提供了高效沟通的渠道。这就使得"需求响应"式供给成为可能，即消费者先公布自己的需求，供给者再根据这些信息决策是否生产和生产什么样的运输产品。

由于供给者的供给末端具有根据消费者需求随时进行调整的能力，于是分布式运输供给的发展具备了条件。相较于"站到站班次性"的传统常规式供给，分布式供给能够提供门到门、全链条式的运输产品，使得消费者减少承担传统模式下由供求缺口所带来的时间成本、衔接成本和不确定性成本，这种对全链条和时效性的偏好相应地提高了消费者对于运输产品的支付意愿。在其他条件不变的情况下，支付意愿的提升相当于是降低了运输供给者原有载运密度经济的数量阈值，变为只要价格合适就愿为更多人服务。

## 二、城市出行的分类与问题

如果从服务对象和资源共用程度两个角度进行分类，城市客运可以大致划分为私人交通、准私人交通、集体公共交通和准公共交通四大类（见图13-4），分别对应用小型车为自己服务、用中大型车为限定人群服务（主要是单位自有车辆服务，如公务车、班车等）、用大型交通工具为社会服务和用小型车为社会服务。由于传统公共交通和私人交通两分法的局限，在较长时期内对准公共交通缺少必要认识，采取相对忽视甚至推行不合理的抑制政策，致使准公共交通未能得到合理发展，其中出租车是传统准公共交通中比重最大的组成部分，同时在几乎所有城市都存在着长期难以消灭的"黑出租""黑三轮""黑摩的"现象。

图 13-4 城市客运交通分类

由于出行目的、时间、方向、起止点以及交通手段条件等的差别，人们的出行需求是分散的，包括步行、自行车、摩托车和小汽车的私人交通是很自然的交通供给方式，但随着城市扩大和交通拥堵问题日益严重，效率更高的集体公交当然要被作为城市规划与管理的优先选择，以便发挥规模化优势。城市公交已经得到巨大发展，特别是特大超大城市的轨道交通系统可以说已经将集体公交的优势发挥到极高水平。然而，由于站点、线路和班次固定的集体公交服务毕竟与时空高度分散的个体出行需求存在着矛盾，那些难以被集体公交模式合并处理的个性化出行需求如何得到满足，一直是城市交通和运输行业面对的难题。

出行主体只能面对高成本、低满足度的境遇，他们或者还是要依靠私人交通，或者想办法解决困难去服从集体公交站点、班次、衔接换乘等要求，或者求助于出租车甚至黑车，而后者却处于随时被打击的"非法"状态，最后，各企事业单位普遍自备成本高、问题多的公务车和班车。显然，传统交通运输在服务于分散化出行需求方面，只能提供适应性和匹配度不足的规模化供给，或是效率低和不方便的资源急用型碎片化供给。

由于出租车服务在时空上的高度分散性，使得供需信息配对在实现其服务过程中发挥着决定性作用。我们可以借助人类交流的同步同场、同步异场、异步同场和异步异场四种交流模式矩阵，分析在传统交通运输中最接近分布式供给的出租车运营，如何在信息化支持下实现分布式转型，以及网约车新业态如何在该领域异军突起。出租车打车方式从供需双方获取信息达成服务合约的时空关系的角度可分为以下四种（见图13-5）：（1）扫街巡游——供需双方同步直接达成服务意向，由于事前无法获取信息，需要双方分别承担搜寻和等待成本，有时司机空驶成本和乘客等待成本巨大，甚至使供需无法匹配并实现；（2）蹲点趴活——供需双方异步但直接达成意向，由司机承担空驶和等待成本，且只服务于酒店和机场相关人群，有时乘客在机场也需排很长队；（3）电话预约——供需双方异步间接达成意向，指老式主要是在固定电话年代由公司给正在等候的司机派活，由供给方承担等待和空驶成本，且只服务于使用固定电话的人群；非智能手机的预约也大体属于改善了的电话预约；（4）App手机网约——供需双方同步完全信息间接转直接达成意向，司机和乘客通过移动叫车平台的App使司机在最短时间内了解特定需求信息，并使到位的时空距离最短，乘客也同时获得司机与车辆的信息并可随时追溯。

**图13-5 出租车打车方式供需双方获取信息达成服务合约的方式**

手机网约改变了传统的打车方式，App打车软件不但在移动通信基础上通过定位、邀约、联络、追踪等帮助解决出租车市场供需时空匹配的矛盾，而且一并实现了至关重要的网上支付、清算与补贴、服务质量评价、职业信用等信息透明化，充分体现出"互联网+"对传统出租车领域的影响力。互联网企业渗入出租车业的优势是使时空匹配成本大幅降低，司机和消费者都有更多有用信息并做出选择，司机减少车辆空驶，乘客则享有实时化服务。移动互联信息平台不但为出租车极度分散的供求提供了高效率的撮合匹配系统，实现了更有效的服务，而且竟然具有动员社会资源的能力，使准入壁垒被其有效突破，在原本相当程度被垄断控制的出租车领域成功引入竞争。

### 三、互联网出行平台的作用

在互联网技术和资本的推动下，市场力量在准公共交通领域得到迅速发展，网约车、共享单车都在很短的时间里就显示出极强的业务扩展能力。首先，手机打车软件颠覆了原本的出租车扫街巡游模式，补贴激励出租司机抢单，一时间攻城略地；其次，平台企业转而让私家车变身为专车、快车，并引来汽车租赁企业推波助澜，更多私家车则加入有偿共乘的顺风车；共享单车则完全打破了有桩公租自行车租还不便的局限性，用手机随时可以打开路边车辆的电子锁，骑行结束以后则允许就近锁车离去，而且也是方便的无线支付。

互联网出行服务首先在准公共交通领域用信息技术支持高效率的供求时空匹配，满足分散化的交通需求，注重改善用户的可达性体验，方便出行者，以市场化和民营化为主的方式实现交通资源的整合与利用。在网约车冲击原有传统出租车、共享单车冲击有桩公租自行车的同时，在线共享出行还在集体公共交通领域实现了与地铁的更好衔接，改善了定制公交服务，也替代了部分短途公交运量，在原来的准私人交通领域也已经开始替代班车和公务车。

随着交通发展逐渐转向满足每个人的个体可达性，对应着每个人的特定出行链条和具体的时间价值，对交通运输系统也提出了更高要求。诸多互联网平台企业在交通出行领域的重要贡献，无论是网约车、共享单车还是票务平台，都在提供更好的出行体验或改善出行场景方面进行了积极探索。他们更强调对交通资源的整合与利用，推动从传统位移产品转变为建立在数据化基础上的交通服务，使高度分散的出行需求与各类交通供给得到更为有效的匹配，在改善出行体验的同时也提升了人们的时空转换能力，构建起更合理的交通物信关系与结构。

平台企业能够实时掌握分散化运输供求的信息并进行撮合，在最短的时间内整合资源提供精准服务。平台企业的数据获取、识别、传输、计算、反馈能力都高度中心化，且整个网络的即时性反应极强。平台系统的每一个客户和供给终端，一方面都既是高效率的信息终端，同时又是具体运输服务实物领域供需双方的实施主体，因此平台通过诸多终端构建起了延伸至每一特定运输服务具体细节的高效率物信关系。

在这样的背景下，提供专业化匹配服务的平台就显得尤为突出。互联网技术的出现降低了搜索成本，提高了供需双方的时空转化能力，提供了低成本、具体化的市场交易场所，容纳了大量差异化的供给和需求，为双方建立了连接的渠道。而且平台化的商业模式也发挥了重要作用，一些互联网平台有效地进行流量再组织，设计相应的规则和制度来实现匹配并以平台为核心重组产业生

互联网共享出行的物信关系与时空经济分析

科技创新下的共享经济变革研究

态,通过数字化、连接和精准匹配实现了市场的重新塑造。当然,平台在加强自身中心化能力的同时,还必须解决向终端赋权与赋能的问题,以便每一个服务终端都能具备所必需的服务能力,这也是分布式供给相比于传统运输供给的一个显著特点。实现高水平需求响应,离不开信息化,互联网才能使传统运输供给变得扁平化。

互联网出行服务首先在准公共交通领域用信息技术支持高效率的供求时空匹配,满足分散化的交通需求,注重改善用户的可达性体验,方便出行者,以市场化和民营化为主的方式实现交通资源的整合与利用。2015 年我国网约出租车客运量为 41.8 亿人次,订单量 20.9 亿单;2018 年网约出租车客运量增长至 200 亿人次,订单量上升至 100 亿单;2015 年我国网约出租车客运量占出租车客运总量的 9.5%,2018 年占出租车客运总量增长到 36.3%;2019 年底我国网约车市场乘客端活跃用户规模已超过 1 亿人,网约出租车在城市居民交通出行中占据越来越重要的地位。[①] 可以说,城市出行领域分布式供给的初步形态已经形成,推动从只提供满足一般时空特征要求的传统位移产品,转变为建立在数据化基础上注重特定时空特征的交通服务,使高度分散的出行需求与各类交通供给得到更为有效的匹配。

## 第四节 集装箱多式联运与道路货运平台

### 一、集装箱多式联运与分布式运输的关系

分布式运输的特性是随发展阶段变化而变化的,分布式供给的实现也可以分为不同层次。集装箱多式联运就是在互联网平台经济出现之前,运输业自发解决规模化供给与分散化需求矛盾的分布式供给的一次重要尝试。集装箱多式联运是解决海运和铁路这两种拥有大规模运力的运输行业,与分散化货运需求有效匹配的运输组织模式,它要求海运和铁路能够或经过多式联运组织帮助而具有陆上与线下的货物集散能力,并尽可能有效联系终端客户。一列集装箱班列往往要服务于成千上万的货主,而可装载上万 TEU 的大型集装箱班轮无疑联系着更多最终客户。因此,集装箱运输对于传统上只适合大宗货物运输的海运和铁路行业,既是重大挑战,也是把自己巨大的规模化能力与满足分散化需求结合起来的重要转机。

1956 年,美国轮船公司最早利用海船装运集装箱,其推广不但大大提高了件杂货在港口装卸船的效率,而且自然扩展了海公联运,把海运的规模化与公路的门到门优势结合起来。接下来就是开展海铁联运,让集装箱在陆地上运得更远。由于美国铁路之前就已成功推行马车和卡车的驮背联运,因此,不但接

---

① 易观千帆:《2019 年网约车行业总结》,行业报告,2020 年 4 月 19 日。

受了集装箱，而且还在20世纪80年代以后普遍开行起高效率的双层集装箱列车。为有效控制联运链条，多家美国铁路公司一度争相收购上下游的卡车运输甚至海运公司，但很快又放弃了这种纵向一体化，并转而主要通过市场契约与各种多式联运企业，包括货运代理、拼装公司、经纪公司、第三方物流公司、货主协会等结成紧密的多式联运链条。目前，美国铁路公司专注于提高自己的线上运输效率，但接受和推广方便联运要求的各种箱型、托盘和车辆，尽可能满足其他方式运输限界和效率的需要，并通过信息化手段与运输/物流链条的主导方深度合作。

集装箱多式联运的发展，使海运和铁路都实现了自身规模化特点与分散化需求的高效结合，同时也使大型化、重载化得到进一步加强和发展。如海运集装箱轮经过七八代的发展，已经从一开始只能装运百十箱到目前最大的国际集装箱轮已经可以装载2万TEU以上，世界上也已形成一批年吞吐量超千万TEU的港口，并据此改变了经济全球化的格局。美国铁路万吨级双层集装箱班列的上百辆车一次就可装运500以上TEU，而一些货运场站每天可组织发送十几列这样规模的列车。美国铁路的多式联运收入从2013年起已稳定超过原来比重最大的煤炭运输，且到目前已拉开约10个百分点。[①]

有研究指出，多式联运改变了不同运输方式间的关系，使它们从过去以竞争为主转变为以协作为主，也改变了运输业的竞争模式，使过去运输企业间的竞争转变为运输链条之间的竞争。此外，规模化的集装箱装卸、运输、衔接作业无疑也需要信息化支持，因此集装箱联运从一开始就是计算机应用的重要领域，集约化开发的计算机港口集装箱装卸与疏运管理系统、无纸贸易系统和物流管理系统，一直走在信息化商业应用的前端。因此可以说，集装箱多式联运的成功推进使海运企业和欧美大型铁路公司，在互联网+平台尚未出现的条件下，就通过必要物信关系的提升，通过一定程度上实现分布式供给较好地解决了规模化生产与分散化需求的关系。

现代集装化多式联运已经成为20世纪后期以来运输业一体化发展的重要趋势之一，在各国的运输政策调整和运输业改革中都有体现。如美国1991年颁布了著名的《多式地面运输效率法》，推动多式联运；德国铁路1994年改革以后，其货运公司为实现转型收购大型物流集团，主动将铁路货运融入完整高效的物流链条，并在2016年将铁路货运合并到该物流集团；又如日本国铁改革后形成的JR货运公司，目前40%以上的货运业务是为日本最大的物流企业日本通运公司服务。这些都体现了即便在铁路这样的运输领域，传统规模化运输也要尽快适应分布式运输的要求，铁路需要尽快承认靠自身主导多式联运和物流全链条的局限性，必须使自己站到站短链条服从于门到门长链条，让自己的慢链条适应更高效率快链条的节奏。

---

① Anthony Hatch："Roads in the Fork：Railroads 2018 & Beyond"。美国西北大学运输中心Sand House 专题讲座，2018年12月4日。

在传统计划运输模式下，我国铁路货物列车的等级管理和编组原则，主要是按去向、距离、区段站分工和列车编组计划编组列车，不能对市场需求作出及时反应。按既有货物集结及货物列车组织方法，也极易产生由于货物在发站集结时间过长，造成货物运到逾期，甚至尚未出发就产生逾期的现象。货物列车运输途中在编组站、区段站等技术站的解编组、集结和中间站的不合理保留，也是货物运到期限失控的重要原因。此外，在现有铁路局界面频繁割断货物运送全过程的格局下，避免途中延滞等运输质量责任显然无法得到基本保障。

传统铁路一直认为铁路货运就是提供整车、零担和集装箱运输，近些年增加了一些快运服务。但实际上，由于经济结构、需求结构以及运输市场上竞争对手的改变，运输市场的格局已经完全重构了。在物流服务日趋完善的今天，各种合同物流公司、货运代理公司、零担快运公司和快递公司已经成为运输/物流市场上的主角。铁路运输服务的优势是规模化的站到站能力，但这也制约了铁路提供更优质的门到门、手到手服务，除非它能够有效借助延伸服务的力量。也就是说，铁路必须实现规模经济＋多式联运＋分布式供给的转型。而做好这一转型的关键，是需要尽可能以班列运输对接各种联运、快递、快运和供应链服务的需要。

1997 年，我国铁路开始在一些城市之间试开行定站点、定线路、定车次、定时间、定价格为特征的"五定"快运货物列车，实行优先配车、优先装车、优先挂运、优先放行、优先卸车、不准停限车、不准保留、不准中途解体、严格按图行车、确保运输到期限的直达快运货物列车。这实际上打破了前述传统货运组织模式，仿照客运列车创新开行的货车。尽管可以为社会提供方便快捷的服务，但在缺少足够货源保证的情况下，开行班列的亏损风险也很大。因此班列大多采取由路外多式联运或物流机构承包运力的方式负责承揽货源，与国铁合作开行，近年发展很快的中欧班列就是由各地方政府补贴本地的国际陆桥集装箱联运而开行起来的。

虽然班列货运一开始推行的并不顺利，目前也仍旧存在一定问题，但它代表了一个重要的发展方向，就是铁路用自己快速可靠的站到站服务帮助别人建立起门到门的优质服务链条，这符合国内外运输市场发展的趋势。铁路失去竞争能力的原因是其传统的货运组织模式，是由于在总体上仍旧遵从规模化计划主导型运输供给，或需求服从型的供给。目前我国正在推行"公转铁"货运结构调整，其实铁路更应该增加传统运量以外的"白货"，提升自身的分布式供给包括与其他方式协作的能力，特别是要尽可能更多开行服从于他人供应链的集装箱、行包、快递和"驼背运输"等高质量专列，实现"铁连海""铁连公"。

## 二、道路货运领域分布式供给的转型

相比于铁路、水运和民航运输，普通道路货运起运重量更小、载运工具配置更加灵活，其所依靠的道路系统覆盖范围广泛，因此更适合于门到门的运输服务,也最有条件实现分布式运输供给。如图 13-6 所示,根据货物重量的不同,道路货运可以分为整车、零担和快递;根据运输距离可以分为干线运输、接驳运输和市内(区域)配送等不同业务;又分别对应着跨国、全国、地区和同城的大小客户或终端消费者;有些道路运输又是多式联运和供应链物流的组成部分。2018 年道路货运总运量为 395.69 亿吨,其中整车业务收入占比约 62%,零担业务占比 26%,快递业务占比 12%。[①] 近年来由于经济结构调整,道路货运量的增速有所放缓,但各细分市场有所差别,分布式供给的表现也不同。

**图 13-6 道路货运产品及市场分类**

资料来源:董娜、卢岩:《网络平台道路货运企业服务能力评估指标体系研究》,载于《交通运输研究》2020 年第 6 期。

绝大部分运输链条由道路运输构成的快递与城市配送成为最快实现分布式供给的领域,这和电商的迅速发展有密切关系。电子商务和快递有共同的特点:客户数量众多,很多需求在时间和空间上高度分散,随时可能发生,因此对处理客户信息和客户订单的能力要求很高,既要快又要准。一般快递的运输环节中包括对货物进行集转和分拨,其流程和物信关系的处理对网络化的依赖程度也较大,因此快递业的市场集中度也高,CR8 品牌集中度超过 80%。而货拉拉、闪送和外卖在同城货运领域为普通市民提供了家具或搬家物品、小件物品以及餐食不经过集转和分拨、直接门到门的快速服务,即便收费稍贵也让人觉得物有所值。还有城市配送企业采取了降低起运量并整合客户订单的策略,如把原来一台 4 吨车一趟只送一家客户,改为顺道送四家,既方便了客户,也充分利用了运输工具。快递和城市配送总体上正努力以体系化的分布式服务帮助实现商流、物流、信息流、资金流的"四流合一",给消费者带来好的体验。

道路货物运输所使用的车辆种类繁多,从小型的货运面包车到大型牵引车、

---

① 毕丹:《道路货运业高质量发展之策》,载于《中国道路运输》2019 年第 6 期。

挂车半挂车，载重能力与车型差异很大，为适用于特殊货物还有各种类型的专用车辆。道路货运的整车运输同样有分布式供给的可能性与必要性，以满足制造业、商贸业等各类基本客户群的需求。由于整车运输通常要在车辆空间（或额定载货量）利用率超过 80% 时才发车，但由于货源组织往往不能持续稳定满足起运要求，因此很容易导致运输车辆、场站、人员的配置浪费。为了减少空驶和缩短待货时间，"为车找货"和"为货找车"成为道路货运的核心物信关系问题。改革开放打破了原来国营运输公司以计划经济模式组织的运输，开始时的车货匹配问题主要是在大型停车场、商品批发市场等车辆或货物聚集地以黑板告示的方式解决，曾有人希望通过专业化模式提供车货信息服务，但当时没有信息化手段的支持。2000 年前后，一些企业开始通过计算机网络提供车货信息服务，但由于还没有基于手机的移动互联网技术，车货物信匹配的水平仍较低，而且也没有找到必要的信息服务盈利模式。

随着互联网和企业间电子商务的发展，道路货运的分布式供给已开始引起市场的广泛兴趣，一批网络货运与物流平台出现，进行了很多基于互联网的平台化道路货运经营服务尝试。但从总体上看，我国道路货运物信关系所支撑的行业效率仍旧较低。如我国货运车辆的月均行驶距离只有约 6000 公里，约相当于发达国家货车月均里程的 1/2 ~ 1/3，货车实载率则低 1/3，而且我国综合物流成本以及其中的仓储成本和管理成本均比发达国家偏高。这说明我国物流过程中货物的无效停顿和低效损耗过多，考虑到车辆空驶率高、待货时间长，以及由于托盘化没有统一标准，装卸一辆半挂车的时间往往超过七八个小时等因素，就可以理解我国道路货运的在整体上使用相对廉价的司机、车辆、限重、装卸、场地、能源……等条件下，为什么仍以高于欧美国家的运输成本提供运输服务。

我国道路零担货运在实现分布式供给转型方面也并不顺利。相比发达国家特别是美国拥有数以万计车辆的大型网络化零担运输企业，国内道路零担货运多给人留下小散乱和低效率的印象。我国道路货运企业和经营户的平均运营车辆数仅有 1.9 辆，零担市场上虽已出现少量被称为快运公司的网络型零担运输企业，但它们的市场份额还不大，2018 年排名零担货运前 10 名的企业营业收入只占全行业的 3.58%。[①] 交通运输主管部门近年来在道路货运领域先后重点推动在各地建设物流园区、鼓励甩挂运输和多式联运、运输物流业增值税改制、推行网络货运和无车承运人制度、治理超载超限运输和危险货物运输、规范道路货运平台经营、改变高速公路货车收费办法……分别发挥了一定作用，但在道路零担货运的集约化、规模化运营和分布式转型方面似乎未能获得整体推进的效果。

已有或曾有的传化物流、卡行天下、满帮集团等车货匹配服务类尝试性平台，由于很难取代或不愿参与专线经营者在货物交接、保管、配载、装卸等

---

① 中华人民共和国交通运输部：《中国交通运输年鉴》，人民交通出版社 2020 年版。

"硬"的方面的业务,因此平台企业一般都会偏重在开票、保险、加油、购修车优惠等"软"的方面扩展业务并获取收入。但软业务大都是通用性虚体服务,别人也很容易提供,而只有硬业务才是零担货运所不可或缺、不可替代的实体流程,因此就出现了货运平台"黏性不足",客户"忠诚度"差并很容易转换平台的问题。显然,不能期盼互联网平台可以自动如愿地解决道路货运中的难题,不同领域的特殊物信关系和"最低限度在场可得性"决定着不同平台所必须构建的信息化服务场景。因此,不能在道路货运核心流程上开发出信息化核心能力的平台,恐怕很难在整合专线资源、合理化供应链、提升单车效率等方面真正持续做大。应深入总结我国道路货运未能走出资源急用型碎片化运输供给状态的原因,未来货运市场转变的方向无疑是集约化、组织化和更高效率的分布式运输供给。

## 第五节 对未来运输业业态的展望

### 一、交通运输新业态的变化

自2006年出现首家专业租车网站以来,中国的互联网出行服务行业在10余年间经历了由"线下重资产+线上服务"向"互联网+共享经济/重服务"的转变,同时也实现了由PC端向移动端使用场景的转变。特别是近年来网约计程出租车、拼车、专车快车、顺风车、代驾、分时租赁汽车、共享单车等服务模式大量涌现,其中网约车和共享单车成为互联网出行的主流服务模式,甚至明显改变了人们的出行习惯和城市交通格局。互联网出行服务同时也成为中国共享经济风潮中表现最为突出的部分。而且,滴滴网约车很快就把先获得全球优势的优步挤出中国市场,由国内首创的无桩共享单车不但迅速完胜学自国外但多年徘徊的有桩公租自行车,其运营模式也已经向海外城市输出。

目前我国互联网共享出行总规模超过全球的一半,其中网约车的运营规模相当于第二名美国的4~5倍,互联网企业、传统出租车企业、汽车制造和租赁企业都在进入这个市场,除了原来的滴滴、首汽约车、神州租车之外,美团、携程、高德等也都加速了在网约车市场的布局。2018年,我国网约出租车客运量增长至200亿人次,订单量上升至100亿单,其占出租车客运总量增长到36.3%,网约车市场用户规模已超过3亿;70多家共享单车运营企业已投放了2000多万辆共享单车,注册用户达4亿人,2019年日均订单数达4700万单。[1]

互联网出行服务在交通运输领域引发和带来的改变包括:高度分散的出行供求信息被有效打通;个体特殊交通需求得到尊重和有效响应;新型承运人责任制

---

[1] 北方工业大学等:《中国共享出行发展报告(2019)》,社会科学文献出版社2019年版。

度和信用制度得以建立，交通服务体验提升；时空分解条件下的共用租赁业务可以更充分地利用资源；长期难以有效监管的黑车服务市场得到规范；《中国共享经济发展报告》（2020）显示：2019年我国共享经济服务提供人数约7800万人，平台企业员工数约623万人，对稳就业起到了促进作用；……这些变化使得在线共享出行成为企业家开展创新创业活动的重要领域。共享出行服务是不是真正符合共享经济闲置资源等条件已经不重要，引起人们更多关注的是这些服务的提供模式能否持续创新出不同的客户体验场景。

互联网出行服务确实对传统交通运输行业产生了冲击，而且冲击不仅仅作用在目前直接受影响的出租车、有桩公共自行车和地面公交等领域。共享出行迅速形成的交通新业态应该引起传统运输业的深刻反思，如何转变传统上更多注重自身系统效率而忽视需求方体验，特别是忽视完整运输链条高效率联程联运服务，如何使运输业发展尽可能满足每一位出行者的可达性需要，如何从更多关注设施建设转变为注重资源的整合与高效利用，以及如何使出行交通服务在更加分散化的市场决策基础上实现。

很多涉及交通运输活动的相关重要领域，都已经或正在发生与基本物信关系与结构有关的重大变化。例如，百度和高德作为提供位置和动态空间信息的出行服务商，结合电子地图基础数据和实时数据的导航帮助实现出行规划。平时常常有几十万人在同时使用导航，通过高德手机 App 所收集的交通数据到 2017 年 6 月已经覆盖全国 800 万公里各类道路、360 多个城市，6000 万台移动源每天可以产生 10 亿公里的行驶里程数据，每 5 分钟即可以重新覆盖一次全国主要路网，数据量级非常大。①

又如，携程从 2000 年开始代理机票，到后来逐渐增加旅行信用卡、酒店和旅行服务、火车票、全国长途公路客票、全国船票并进一步扩展到租车、专车等服务，正在构建以票务为核心、争取在一个 App 中尽可能包括线路规划、各种方式联程、衔接换乘、车票、退换票、提醒延误或取消、临时变更或改签、保险、理赔、酒店、导游、门票、打折、行李离身云寄送等各种服务的一站式全国甚至跨国的出行全链条服务体系，其平台的年交易额已接近万亿元。互联网出行服务还有很大的市场发展空间。

在线共享出行所涉及的物信关系与时空结构仍有进一步挖掘的可能，围绕出行活动所构建的生态圈还有很多商机有待开发。例如，互联网公司正纷纷从人工智能自动驾驶领域积极打入汽车制造业，逼迫主要汽车厂商必须实现制造＋出行服务的重大转型，数据化出行的市场一定会有更加丰富多彩和更多惠及大众的变化。如果在前述运输业网络形态分层分析框架的线网及设施、设备及服务、企业及组织和政策及体制的分层结构基础上，增加一个信息化平台层次（见图 13-7），就可以比较好地体现信息化在整个交通运输网络形态中的重要作用。

---

① 甄文媛：《高德的高精地图技术路线图》，载于《汽车纵横》2018 年第 9 期。

```
┌─────────────────────┐
│    政策及体制层      │
└─────────────────────┘
   ↕     ↕      ↕
         ┌──────────────────┐
         │   企业及组织层    │
         └──────────────────┘
           ↕         ↕
    ┌──────────────┐
    │   信息化平台  │
    └──────────────┘
      ↕        ↕
             ┌──────────────────┐
             │   设备及服务层    │
             └──────────────────┘
                    ↕
┌─────────────────────┐
│    线网及设施层      │
└─────────────────────┘
```

图 13-7　交通网络形态中增加信息化平台

## 二、互联网出行服务的组织生态

互联网、物联网、大数据等各种新一代信息技术的应用与普及，除了通过重构物信关系与结构导致供需的时空匹配效率得到改善，并进而引发生产经营效率的极大提升，同时也通过重构企业的组织与边界改变了产业的时空形态。互联网经济的新型企业往往以时空匹配能力或时空转换能力的类型为边界，只要是处理同一类型的物信关系，或者服务属于同一类型的时空结构，各种企业组织都可以包含进来。互联网企业更强调生态圈，这使得传统运输业的分类标准和行业划分都受到了冲击。

除了同类产品或服务领域的企业之间不断进行的横向兼并与整合趋势，以及关注或控制在生产经营领域具有上下游关系的企业所构成的纵向产业链，如汽车业的原材料—零部件—整车—销售—服务链条，还有原有产业由于不断进行技术与业务创新所呈现出的业态分化趋势，如电信业和互联网行业大量出现了增值服务运营商，而且还出现了产业融合，即原本属于不同产业的企业之间进行协作或兼并的趋势，例如家电业与 IT 业越来越难区分，综合购物中心则打破了商贸与餐饮、娱乐等的界限。也就是说，企业的发展已经从过去主要从产品维度关注自身的市场地位，到从价值链维度关注上下游纵向的产业链，再到更加关注更大尺度的产业融合与产业集群以及综合性的经营生态圈。企业要建立自身经营的生态系统，就必须关注系统的和谐共存，关注系统的长期发展、创新能力以及稳定与日渐强大。

互联网企业的经营生态圈，是为了促使企业在边际成本相对较低的互联网经济中进一步发展，通过并购、联盟、开放等形式，进行横向扩张和纵向深化，建立起循环商业经营体系。跨界是经营生态圈的一个重要特征，而跨界的前提是以足够大的活跃用户数据作为支持。由于互联网的本质就是通过信息优势整合资源，伴随着数据与信息流的流动，具有相关或相似物信关系与时空结构的资源、生产、服务、技术研发、数据服务等类企业都可以包括在其中，互联网企业扩展服务生态的跨界成本相对更低。

生态圈当然也有空间尺度的范围，但相比于主要是在地理位置上集中的产业集聚，以互联网大数据为基础构建的生态圈则更加强调时间上同步的要求，在空间尺度上的包容范围往往大得多。已经进入独角兽级别的互联网出行服务企业，如滴滴、携程等应已初步构建起自己包括数据规模、资源整合、支付信用和延伸服务的综合生态圈。滴滴目前已经将业务拓展到出租车、快车、专车、拼车、顺风车、小巴、豪华车、代驾、公交、租车、二手车、自驾租车等十几种细分领域，又实质性地扩张到共享单车，还在无人驾驶和新能源汽车方面有所布局。另外，交通出行也已被包括在BAT等互联网企业集团的一体化协作生态圈中，而对互联网经济中垄断地位、垄断行为和滥用市场势力等的判别和监管，对经济学和公共管理理论与实践都有需要重新进行认识的挑战。

### 三、互联网出行服务存在的问题

当然，互联网出行在发展中也暴露出一些问题，包括如何正确把控网约车辆及驾驶员资质、顺风车出现恶性刑事案件、共享单车超量投放、无序停放和押金缺少监管、大量补贴扭曲供求关系以及人们对资本助推作用的担心等。在共享经济总体上仍在快速发展的同时，一批企业倒闭也同样引人关注。仅2017年就有19家共享经济企业宣告终止服务，包括7家共享单车企业、2家共享汽车企业、7家共享充电宝企业、1家共享租衣企业、1家共享雨伞企业和1家共享睡眠仓企业。[①] 仍会有"熬不过寒冬"的共享出行企业，包括那些一直不景气的分时租赁汽车等平台退出市场。

当然，一些交通—物流平台虽然在发展中由于资本介入在一段时期似乎表现出可以不计成本，但实际上也必须遵循所在领域运输经济活动控制成本、以收抵支的基本要求，还是必须顾及车队规模、覆盖范围、使用频率、维修成本等指标等。以图13-8示例说明共享单车企业投入单车规模与成本—收益的变化关系。图中共享单车企业的总成本随着单车投放量的增加呈直线上升趋势；使用者的人车时空匹配即找车成本随着单车投放数量Q增加先是迅速降低，但在单车数量足够大以后下降就不明显了；共享单车企业的收入随单车的使用人数特别是使用次数与价格变化，而在一定规模以后继续增加车辆对提升使用次数并无贡献；因此，共享单车企业的盈利只发生在单车投入规模和使用强度合理的有限范围，也就是企业收入能够超过成本支出的范围内；其中$Q_3$处对应最高盈利水平。对于不同人口规模的城市，图13-8中$Q_2$和$Q_4$具体所对应的共享单车数量自然也不相同，但小蓝单车等退出的根本原因都是无法达到自我维持所需要的最小基本规模，扭转亏损无望，而摩拜和OFO等企业在一些城市过多投放造成车辆的日均

---

① 荣朝和：《互联网共享出行的物信关系与时空经济分析》，载于《管理世界》2018年第4期。

使用低于 2 次,在离开资本充分支持的条件下显然也不可能持久。汽车分时租赁企业的规模与成本—收益的关系与共享单车企业十分类似,目前汽车分时租赁企业难以盈利甚至选择退出的原因,基本上都是因为投入车辆数和使用强度达不到盈利所需要的规模,单车日均使用还不到 1 次,收入无法弥补成本。

图 13-8　共享单车企业规模与成本—收益关系

一些被诟病的雨伞、时装等共享平台,其实也是经营者希望找到资源分时租赁新模式的尝试,只不过由于租赁对象自身特性与拥有、使用方式的特点,致使希望通过互联网信息技术建立的共享型物信关系与时空结构,难以同时支撑起更好的用户体验场景和可持续的财务平衡,当然也因此无法得到风投资本足够长期的支持。共享经济与物信关系及时空结构密切相关,新的共享经济对象能否成功,在很大程度上必须由相关物信关系的构建能带来更好的用户体验,也包括节约或改善时空成本。实物体量与价值高低、拥有权与使用权分离造成供需时空匹配难度、使用密度与供给覆盖程度、信用保障与使用过程监督……在任何一个环节出现问题都会造成共享模式链条出现断裂。市场会淘汰掉任何无法真正满足物信关系与时空结构改善的尝试。

互联网出行及其所依靠的交通大数据领域本身也仍然存在很多有待解决的问题。例如,虽然出行数据作为新交通资源的重要性开始受到重视,但"暗数据问题"已开始变得突出,大量出行数据缺少深入分析和充分利用。分时租赁汽车所涉及的关键性物信关系与时空结构改善仍有待突破,停车资源的共享和有效利用还较少实现。此外,数据共享、数据安全和数据监管还缺少必要的法治环境,需要在公平和效率的基础上建立必要的体制机制,使在出行平台上形成的海量数据也能够更好地为提高公共交通的效率服务,也能用于公共部门实时发布城市和全国综合交通体系的动态统计信息,并为社会必需的应急抢险服务。这些发展中出现的问题有些应该可以在市场作用下自洽性地得到改善,有些则需要通过建立监管制度予以解决。

## 四、从规模化到分布式的服务谱系

互联网共享出行和分布式运输的革命性进程才刚刚开始,其对传统运输业已经产生了冲击并伴随着重要启示。其自身的进一步发展有赖于不断尝试和探索能够继续提升出行领域的用户体验场景,以及组织与机制创新。传统交通运输服务的提供者必须重视出行数据资源的开发和利用,主动打破原来的行业壁垒,着力改善用户的可达性体验。行业主管部门和城市政府也已经从互联网共享出行领域学到不少新的知识和管理经验,需要继续转换传统的监管思路与模式,构建针对数字化出行服务的治理体系,提升与高质量交通发展相匹配的安全、公平水平。

分布式供给是交通运输发展阶段性变化中的一个突出的变化和新趋势,它催生了互联网共享出行的崭新业态,也将极大改变那些传统运输行业,因此,它将对运输市场中的供求格局及所服务的社会经济都产生长远的深刻影响。预计未来运输业的业态发展将如图13-9所示。左边规模化运输供给依靠大型设施与设备,运输密度经济显著,其主要特征包括需求要服从于供给、决策依赖于高层、信息化服务于内部管理、行业主管部门具有绝对权威等,主要是满足集中化运输需求。而右边分布式供给的特征则是服务的需求响应、分散决策、信息化主导和服务生态化融合,因此,能够依靠小型载运设备,高效灵活匹配,满足更多分散化和特定可达性运输需求。规模化运输供给与分布式运输供给之间存在着联运、物流交集,通过这个交集,运输密度经济显著的运输方式也可以利用分布式供给很好地服务于分散化的运输需求。也就是说,未来运输业的业态将在信息平台的支持下同时包括规模化、联运物流和分布式供给,并形成一个可以满足各种特定运输需求的服务谱系。

图13-9 未来运输业业态

分布式运输总体上看是以市场为主，但其高质量发展也需要政府更好地发挥作用，因此也对运输政策的调整提出了要求，初步分析包括：（1）分布式运输要求从过去主要关注传统基础设施建设，转向更加关注"新基建"和提升运输服务质量；（2）分布式运输要求从过去主要关注扩张运输实体网络，转向更加关注提升运输的信息与组织网络；（3）分布式运输促进改变传统以不同行业为边界的政策、规划与监管行政管理体制，呼唤新监管模式；（4）既要鼓励互联网平台创新分布式运输供给新业态，同时也要鼓励传统运输业实现分布式供给转型，积极推进行业改革；（5）重视分布式运输的组织创新和人才培养；（6）充分发挥行业协会在分布式运输领域的引导、服务和扶持作用。

---

**专栏 13 - 1**

## 交通运输大数据及分析方法

交通运输行业数据比较分散，覆盖面广，不仅包括道路、车站、港口、码头等基础设施数据，以及交通流数据、运输方式数据等交通运输运行所直接带来的数据，也包括与交通运输有关的其他行业和领域所涉及的相关数据，如人口、气候、环境等数据，以及网络上 App、微信微博、公众号、论坛等上的数据。进一步来说，交通大数据还具有数据巨大、种类多、处理速度快、可视化、价值密度低、资源共享、精准需求、智能高效等特点。大数据信息化的应用使得整个数据系统更加庞大，同时处理数据的速度更加快速高效，能够促进交通运输行业更快更好的发展。

大数据分析的方法大致分为数据质量和数据质量管理、预测性分析、数据挖掘算法、可视化分析、语义引擎。数据质量关系到企业甚至是政府决策的正确性。这里的数据质量包括数据本身的质量，比如数据的正确性、关联性、自洽性等，也包括使用质量、贮存质量和传输质量。数据质量管理是通过信息技术手段和完善的制度管理提高数据在使用中的价值。预测性分析指的是应用多种高级分析工具，利用现有数据预测未来情况进展。数据挖掘指的是在庞大的交通运输实际数据中提取有用的知识和信息，找出数据间潜在的关联关系，提供给用户，可以进行更精准的决策和方便用户出行。可视化分析指的是对数据进行关联性分析，运用图表的方式把信息简单直接的传递给用户，提高大数据的利用效率。语义引擎是指借助人工智能最精确地把握用户所需，精准分析数据。

目前，交通大数据有着广泛的应用。例如，应用于治理交通拥堵问题，通过提前设置的传感感知设备获取和道路、车辆、用户以及环境有关的指标，分析拥堵的情况及原因，找出拥堵问题的解决策略。基于大数据的道路运输安全事故预警模型系统，可以整合运输安全相关各部门的各类数据，通过车牌识别，人脸识别，以及定位信息分析等手段对重点车辆和重点路段进行实时监控分析，以便掌握潜在的隐患，防患于未然。基于大数据分析与挖掘的高速公路稽查系统，可以在电子不停车收费（ETC）全国联网后，通过分析高速公路收费流水数据和客户服务系统数据，应用多种算法，帮助稽查人员确定可疑名单，提高稽查的效率，打击偷逃收费行为。此外，交通运输大数据目前的前沿应用还包括无人驾驶、民航空管、客流统计、共享出行、智慧城市、交通应急指挥服务管理等方面。

资料来源：刘振德：《信息技术在交通运输行业的应用浅析》，载于《建筑工程技术与设计》2017 年第 9 期；赵光辉：《大数据与交通融合发展的特点与展望》，载于《宏观经济管理》2018 年第 8 期。

### 专栏 13-2

## 电子地图及其应用

关于电子地图的概念，有观点认为电子地图是以数字地图为基础，并且以多种媒介显示的地图数据的可视化产品，也有观点认为电子地图是传统地图与信息化技术、GIS 技术相融合的产物，是地理信息的符号化表现。总之，电子地图是传统地图升级换代的结果，电子地图所表达的信息远远大于传统地图，所具有的功能也远远强于传统地图。

电子地图的功能包括 GIS 基础业务功能，又具体分为地图发布服务、地图操作功能、地物查询功能、路径分析功能、地图测算功能等。地图发布服务是最基础、最重要的功能，并且能给其他功能提供支持。地图操作功能是指矢量地图的显示以及自由放缩、自动漫游和动态标记。地物查询功能包括主动选择或者输入信息进行模糊查询和精确查询，也包括查询定位。路径分析功能可以根据出发地和目的地两者之间的实时情况，针对多种需求分析多种待选择路径，以备用户作出自己的最优选择。此外，电子地图相较于传统的纸质地图还具有动态、实时的反映空间位置信息的功能和更好的人机交互功能。

电子地图强大的功能背后是各种高科技的融合发展，共同作用。电子地图的技术流程大致分为收集空间数据、数据预处理、数据整合、地图编辑配置和服务发布。在具体的技术方面，可视化是电子地图制作与应用过程中的关键技术。可视化是利用地图制图技术，根据人的视觉思维习惯，采用符号、色彩、注记等，按照一定的规则对地图数据内容进行描述、表达，直观地在屏幕上显现出来。电子地图的测绘即地图数据的采集，其所应用到的技术手段大致有三类，分别是全球定位系统技术（GPS）、全球信息系统技术（GIS）、PDA 技术。GPS 和 GIS 技术主要完成外业信息的采集与整理工作，然后将信息输送到 PDA 终端，PDA 接受这些数据并对其进行内业处理，最终形成可以应用到实际生活当中的数据。此外，比较重要的还有图像处理技术和坐标信息转换技术等。

随着科技的发展以及人们对交通运输需求的增加，电子地图在我们的生活中发挥着越来越重要的作用，比如高德地图、百度地图、腾讯地图基本上是我们的出行必备。目前电子地图一般有三个方向的应用，即具有多媒体功能的电子地图、具有导航功能的电子地图和结合实际生活的虚拟电子地图。最近广受关注的 5G 技术是未来电子地图应用升级发展的主要方向，5G 技术和电子地图的有效结合，将使得地图的时效性、准确性大大提升，最终使我们的出行更加智能化、便捷化。高精地图一方面是指精确度更高，精确到厘米级，另一方面是指地图包含的细节更多。相比于普通电子地图告诉我们哪条道路拥挤，高精地图将进一步给我们指明哪个车道拥挤。5G 与电子地图的有效结合还有助于自动驾驶技术的发展，高精度的电子地图可以提供丰富的环境资源、精确的实时定位和智能的路线规划，是"智能驾驶的关键性基础技术"。

资料来源：余磊：《地理信息公共平台电子地图制作及服务发布技术探讨》，载于《工程建设与设计》2018 年第 2 期；付灿开：《电子地图的可视化》，载于《测绘与空间地理信息》2017 年第 11 期。

## 专栏 13-3

### 出行即服务（即 MaaS）

"出行即服务"源于英文 Mobility as a Service（MaaS）的意译，即使用一个数码界面来掌握及管理与交通相关的服务，以满足每一位消费者的交通出行需求。具体来说，就是在将多元交通工具全部整合在统一的服务平台的基础上，基于数据的共享服务原理，运用大数据技术进行资源配置优化、决策，建立无缝衔接的、以出行者为核心的交通系统，并使用移动支付的新方法，来提供符合出行者需求的，更为灵活、高效、经济的出行服务。MaaS 通过将离散交通子系统向一体化综合交通系统的转化，打造一个比自己拥有车辆更方便、更可靠、更经济的交通服务环境，让出行者从拥有车改为拥有交通服务，实现由私人交通向共享交通的转变。

MaaS 最早是 2013 年由瑞典的一家一站式出行服务企业进行了初步实践。2014 年，在芬兰赫尔辛基举办的欧洲 ITS（智能交通）大会上，MaaS 概念首次被明确提出。2015 年，在波尔多举办的世界 ITS 大会上成立了欧洲 MaaS 联盟，主要成员包括交通服务提供商、公交企业、MaaS 集成企业、IT 系统提供商、城市政府等。2016 年，MaaS Global 公司的移动服务交通 App Whim 在赫尔辛基及欧洲其他城市推广。

MaaS具有共享、一体化、人本和绿色等特点。一是提倡共享，强调更注重交通服务的提供而不是对车辆的拥有；对乘客而言，他既是交通服务的受益者，同时也是交通数据的提供者与分享者，并基于数据的挖掘分析使整个出行服务得以优化。二是推动一体化，强调高度整合多种交通出行方式，实现最优出行方案的动态推荐，并完成支付体系的一体化。三是以人为本，主要目标是为民众提供更高效率、更高品质、更安全和无缝衔接的出行体验。四是更多地鼓励民众使用公共交通方式出行，提升绿色出行的比例，减少私人机动化的出行，节能减排。

相比于传统交通模式，MaaS是在现代物信关系发生重大改变的条件下所推进的一次出行服务改善尝试，某种程度上也代表着出行领域未来的方向。但目前MaaS的发展也面临着一些需要解决的问题，包括MaaS系统的有效运转必须靠大数据支撑，而出行与交通数据的共享和开放问题并没有从根本上解决；公共交通是MaaS的骨干，但也需要整合其他交通方式，因为公交解决不了门到门的最初和最后一公里问题，如何吸引并整合尽可能多的各种交通方式和组织；如何让MaaS与技术进步，如自动驾驶、区块链、人工智能等新技术融合，并实现技术整合；政府如何角色定位，在制定政策、鼓励开放数据、为MaaS发展提供资金等各方面支持；如何构建开放的MaaS市场及创新性的商业模式，应由谁来控制MaaS生态系统，实现跨运营商、跨平台甚至跨体系的整合？MaaS从愿景到现实真正成为老百姓每天出行的模式，显然还需要一定时间。

MaaS出行即服务平台的成熟程度可以分为5个层次。L1-出行信息整合让出行更便捷：整合全出行方式、接驳和目的地信息，规划行程，并提供伴随式的出行前、中、后的个性化信息服务。L2-出行支付整合让支付更简单：在一个用户端实现全行程和目的地活动的一站式预约和支付体验。L3-出行供给整合让服务更高效：根据出行需求，优化交通供给，动态匹配出行需求和轨道、一般公交、定制公交、出租车/网约车、共享单车和停车等出行服务资源。L4-社会目标整合让需求更合理：根据交通设施通行和运载能力，通过激励来鼓励绿色出行方式、错峰出行和最优路径规划等选择，通过主动需求管理实现减堵、减排等社会目标。L5-运营生态整合让平台可持续：基于政策指导，协同政、企、商、旅等主体，形成市场化、可持续的平台运营体制与机制。

2019年11月4日，北京市交通委员会与高德公司签订战略合作框架协议，共同启动了北京交通绿色出行一体化服务（MaaS）平台。双方采用政企合作模式，共享融合交通大数据，依托最新升级的高德地图App，为市民提供整合多种交通方式的一体化、全流程的智慧出行服务。人们希望MaaS理念在中国也能更好推进。

资料来源：公安部道路交通安全研究中心：《MaaS的实践应用及其未来发展》，2020年12月7日。

## 本章思考题

[1] 简述工业化不同阶段中发生"规模化"与"去规模化"转变的意义。

[2] 分别举例说明客货运输市场上集中化需求和分散化需求的具体表现。

[3] 分别举例分析市场上规模化计划主导型运输供给和资源怠用型碎片化运输供给的典型表现与问题。

[4] 分别举例说明客货运输市场上供需两侧考虑边际单位不同对运输主体决策的影响。

[5] 尽可能完整地列举并分析分布式运输的主要特点。

[6] 从物信关系视角根据时间是否同步及空间是否同地,分别举例说明人类的四种交流模式,并讨论"最低限度在场可得性"的意义。

[7] 分析不同出租车打车方式中供需双方获取信息达成服务合约的方式的变化。

[8] 分别通过出行领域中网约车、共享单车、定制公交、票务平台等分析移动互联网平台通过大数据和算法进步推动构建的交通运输新业态。

[9] 从分布式运输视角分析集装箱多式联运与现代物流的经济学意义与发展过程。

[10] 预见未来5G、无人驾驶等技术和MaaS(即出行即服务)意识对运输业的影响。

第四篇

交通运输的责任关系与治理

# 第十四章

# 运输风险与责任

> **本章总体要求**
> 
> 深入了解交通运输是典型的高风险领域，建立有效的责任制度是运输业与社会经济正常发展的必要保障；掌握经济学由最有能力管理和控制相关风险的一方承担主要风险责任的基本原则；深入了解运输风险管理的特殊性，以及承运人在运输活动中的核心主体作用；较全面和深入地把握旅客运输合同与货物运输的特点；了解保险在运输业发展的历史中所发挥的作用，并解释运输保险演变的阶段性。

**本章主要内容**

- 运输活动的特殊性致使其在风险管理上形成风险高、责任大、赔偿难的难题，因此客观上就要求运输风险责任必须在货主、承运人、承保人之间进行合理分担。
- 运输合同的概念、当事人、客体，运输合同的种类、主要特征以及所规定的各方权利与责任。
- 经济学关于风险的认知和经济学主张责任分工和风险分担的基本原则，即由最有能力管理和控制相关风险的一方承担风险责任。
- 运输风险的概念、来源、主要类别以及运输风险防范的制度建立过程。
- 保险是分摊意外事故损失的一种财务安排，也是风险管理的一种方法。
- 客货运输保险的概念、起源、发展以及在运输业发展中所发挥的作用。
- 承运人责任制度确立在运输风险管理中的意义。

## 第一节 运输合同

### 一、运输合同的概念与当事人

合同，也称为契约。它是当事人（法人或自然人）之间为了明确相互权利义务关系，而达成的真实意思表示一致的协议。

我国《民法典》第三编第十九章（运输合同专章）第八百零九条明确界定："运输合同是承运人将旅客或者货物从起运地点运输到约定地点，旅客、托运人或者收货人支付票款或者运输费用的合同。"《民法典》对运输合同的定义说明了：（1）运输合同的基本内涵：运输合同的主体是承运人、旅客、托运人或者收货人；（2）运输合同以运送旅客或者货物为直接目的，当事人订立合同的目的是直接将旅客或货物运送到约定的地点；（3）运输合同是双务、有偿合同，运输合同的双方当事人互负给付义务，承运人的主要义务是实现人或物的空间位移，从起运地点运输到约定地点，旅客、托运人或者收货人的主要义务是支付票款或者运输费用。

运输合同的内容是运输合同的当事人依运输合同所享有的权利和须承担的义务。如运送人有义务依约定的期限、地点将运送物品或旅客运抵目的地，有收取运费的权利，托运人或受货人、旅客有支付运费的义务等。

### （一）承运人

承运人是进行旅客或货物运输经营活动，并以此而取得报酬或运费的人，包括运输企业与从事运输服务的个人。承运人一般为运输工具的所有人，但不以所有人为限，使用他人的运输工具而进行运输行为的人，也可以作为承运人。同时，随着社会经济快速发展带来的分工链条进一步细化与延长，虽无交通工具但实际充当承运人角色的无船承运人、无车承运人等也成为承运人主体中不可或缺的一部分。

一般来说，首先，承运人应拥有或支配适当的运输工具，配备掌握运输技术的运输专业人员并具有较雄厚的经营资本。其次，从现代企业制度角度来说，运输企业一般是企业法人，能够独立承担法律责任，其资格首先应符合法人的一般法律规定，在运输技术要求较高的领域，承运人进行运输经营活动还必须符合专门运输法的规定。即使是具有独立民事责任能力的自然人，在进行运输经营时也必须取得特定承运人资格。在我国，承运人既有国有企业运输组织，也有民营企业、集体运输组织及城镇运输个体户和农村运输专业户等。

承运人从事运输经营活动，其首要目标是获得利益。但是，由于运输生产的性质所决定，运输经济关系的相对方不是特定的、少数的个人或组织，而是不特定的、全社会的人或组织，因而运输经营活动具有公用性质。运输行业的二重性使得承运人在经营活动中必须考虑经济效益和提供公共服务作用的对立统一。为避免承运人只从私人利益考虑，侵害社会公共利益，法律必须对运输经营活动予以控制和调节。另外，考虑到特定地区和线路上所容纳的运力与运输需求应当适应，并且应具有运行的固定性和规律性，有些行政当局会要求限制承运人数量，并且限制承运人之间进行无节制的竞争。

### （二）托运人及旅客

托运人是指与承运人订立货物运输合同的一方当事人。托运人在货物运输合同中，以自己的名义将货物交付给承运人进行运输。依运输合同，托运人承担支付运费的义务，享受其货物从一地运送到另一地的权利。

旅客是旅客运输合同中与承运人订立合同的当事人。旅客作为运输合同一方当事人，人数是不特定的，可以是一人，也可以是多人（即团体旅客）。在旅客运输合同中，旅客既是当事人，又是被运输的对象。严格来说，旅客运输合同当事人应为承运人和购票人，购票人因购票行为的完成而与承运人成立运输合同。但客票仅仅是运输合同的证明，本身并不表明购票人的身份（记名的火车票、飞机票等除外），在运输合同实际履行之前，购票人可以转让客票。一般认为实际乘车的旅客是合同当事人。

一般对旅客的运输合同主体资格没有任何特别限制。但考虑到旅客运输的安全，往往对有可能造成其他旅客生命、财产损害或损害旅客运输秩序的人加以限制，如对恶性传染病人可以拒绝运输。

另外，无论是国际或是国内运输，国际公约和国内法对旅客分类一般分为成人和儿童，但对儿童的划分标准各有不同，通常运输规则中对儿童采取了身高标准。随成年旅客同行持半价票或免票的儿童是否是运输合同的当事人，在理论上有不同看法，但一般认为半价票乘客理应属于运输合同的主体。免票儿童虽然其往往不具有民事行为能力，但其享受了承运人提供的服务，实际形成了合同关系，应视为运输合同的第三人，由法律法规规定其享受服务、取得赔偿等权利，否则不利于对他们利益的保护。

### （三）收货人

收货人就是在货物运输合同中有权依照合同的约定接收货物的人。收货人一般是承运人和托运人以外的第三人，但托运人也可以在运输合同中指定自己作为收货人，在收货人为第三人的情形下，运输合同在性质上属于"为第三人利益合同"，收货人是运输合同的收益人。收货人在行使领取货物的权利时，也应当依法承担相应的法律义务。

## 二、运输合同的客体

一般而言，合同客体是权利义务的对象，而标的应指行为所要达到的目的。通常认为运输合同的标的为服务，即运输合同标的不是被运送的货物或旅客及其行李包裹，而是运送行为本身。运输合同属于提供服务的合同，运输合同的客体应是运输服务作用的对象，即人身和货物。

### （一）人身及其行李包裹

人身作为运输合同的客体具有特殊性，其特殊性表现在以下方面。

作为运输合同一方当事人的旅客必须将自身"交付"给承运人，这是承运人履行运送任务的先决条件，缺少这一交付行为，承运人不具履行运送服务的可能。旅客既是运送服务的对象，又是能动的活动主体，基于对人的生命健康价值的特殊保护，客运中要求承运人提供适合人身安全和旅行舒适的必要保障和完善服务。人身运输的性质决定客运合同承运人的义务内容与货运合同中承运人的义务内容有差异。

旅客应服从承运人的管理。由于旅客的能动性，旅客在运送过程中，一方面，有权享受承运人必须提供的各种服务；另一方面，旅客必须遵守运送方所要求的安全规则，服从承运人的指示和管理。在全部运送期间和运送过程中，旅客都有服从承运人指示和管理的义务。从承运人角度看，其对旅客享有命令权、管辖权和某种准司法权。这些权力并不来源于承运人的身份或市场地位，而是来源于人身运输中的安全需要。

旅客在旅途中携带的行李物品分为自带行李和托运行李。自带行李是指由旅客自行随身携带，自行保管的行李。自带行李的费用实质上已包括在客票价内，但自带行李也要占据运输工具空间和载重，因此运输法为了保护承运人的权利，一般都对自带行李做重量和体积上的限制。托运行李是指需由承运人负责载运，保管的行李。托运行李均需有行李票，旅客应为托运超重的行李另行付费。行李运输是旅客与承运人之间的从合同，依附于旅客运输合同。

### （二）货物

物能否运输，取决于物的自然属性以及包装技术。不同的物对运输安全的要求不同，对包装的要求亦有不同。不同的物和不同包装的物对承运人来说，所在运送期间应付出的照管服务量不同。所以，货物的种类、包装、数量、体积以及自然属性等，决定了承运人照管义务的内容。各种交通运输方式均对物做详细分类并提出不同的包装要求。

随着当代运输包装技术的发展，集装化已经成为越来越普遍的运输包装方式，目前水运中还对公路和铁路车辆进行滚装滚卸运输，这些新的运输技术不仅简化了运输劳务强度、提高了便利度和安全性、加快了运输速度，同时也构成运输合同的具体权利义务内容。货物可根据不同交通运输方式的条件做多种分类，如普通货物、特种货物和危险品，整车（船）货物与零担货物，散装货和集装货等。这种分类的意义在于各种不同货物所需的运输费用不同和运输手段不同，所有这些差异都会直接或间接地决定运输合同的内容。

### （三）运输工具

在运输合同中，运输工具不是一般的合同客体或者标的，而是承运人提供的基本运输条件，关系到运送的安全和速度，即关系到承运人能否履行合同。所以，运输工具也是构成合同的内容之一。运输工具一方面是承运人履行合同的手段，另一方面是旅客和托运人合同权利实现的物质基础。运输合同中往往规定承运人应提供与运输经营活动性质相适应的运输工具，而且合同成立后不得随意变更运输工具。

## 三、运输合同的种类

根据不同的标准，可以将运输合同分为不同的种类。同一种类的运输合同又可以依据其他分类标准进行二次分类或三次分类。因此，运输合同呈现出多层次、多分支、相互交叉的模式状态，各种运输合同共同组成一个完整的、独立的合同体系。

根据运输对象的不同，运输合同划分为旅客运输合同和货物运输合同。旅客和货物各自不同的自然属性和社会属性，决定了其对运输条件的要求也不相同，因而也具有不同的法律意义。

根据运输方式的不同，运输合同划分为公路运输合同、铁路运输合同、水路运输合同、海上运输合同、航空运输合同和管道运输合同。

根据运输链条的种类，运输合同可分为单式运输合同和多式联合运输合同。多式联合运输合同（也称"多式联运合同"），是托运人（或旅客）与多式联运经营人签订，由多式联运经营人组织多个承运人通过衔接运输的方式将货物或者旅客运输至目的地的运输合同。

根据运输是否跨越国界，运输合同分为国内运输合同和国际运输合同，后者也称涉外运输合同。国内运输适用国内法，而国际运输则需适用有关国际公约和国际惯例。

根据旅客或托运人是否需要支付客票或运费，运输合同可分为有偿运输合同和无偿运输合同。相比较而言，无偿运输合同中承运人的责任较有偿运输合同中承运人的责任为轻。

上述分类方法有些是互有交叉的，也可分不同层次进一步细化。

## 四、运输合同的特征

首先，运输合同属于提供服务的合同，合同标的是运送行为本身，而不是被运送的货物或人身；其次，运输合同是双务有偿合同，多数是诺成、标准合同，运输合同整体上具有计划性。运输合同是承运人开展运输业务的法律形式，是实现人员、货物从一地流动到另一地的重要法律工具。运输合同的特征既不同于一般民事合同，又不同于其他种类的经济合同。这些特征体现为以下三个方面：

**1. 承运人资格特定化**

运输合同当事人，一方为旅客和托运人，另一方为承运人。旅客和托运人是不特定的社会公众，而承运人必须是具有特定资格、拥有运输能力的企业或经济组织。在我国，对运输企业主体资格方面的要求主要包括：运输企业首先应符合民法规定的法人条件，其次必须符合公司法的一般规定，从事各种运输方式营业的经济组织和个体户也必须取得相应的资格，在批准的范围内从事经营。

**2. 运输合同的强制缔约性**

运输合同的强制缔约性体现在公共运输中。承运人所从事的运输活动，面向的是社会公众，即具有社会公共事务的职能，关系到人们的日常生活和企业的正常生产经营，乃至国家的政治生活和社会稳定。因此，承运人的运输活动范围，以及对运输活动结果所负有的责任，国家均以法律作出相应的详细规定。如《民法典》第八百一十条规定，"从事公共运输的承运人不得拒绝旅客、托运人通常、合理的运输要求。"

**3. 合同内容格式化**

运输合同广泛采用标准合同的形式，主要是由运输营业频繁、不断重复进行的特点决定的，而且由于国家对运输合同当事人的自由意志加以限制，往往通过法律、法规对运输合同当事人的权利义务内容加以确定化，也就是说合同的基本内容不是由具体合同当事人双方协商确定，而是由相应的专门法律法规予以详细规定，只有法律法规未作规定、没有不同规定或允许当事人协商的，当事人才能行使合同自由。这样由承运人制定格式合同，是运输经济关系产生的必然要求。运输经营者利用标准合同可以节省时间，降低运送成本；而旅客或托运人也可基于标准合同，避免讨价还价，减少缔约的麻烦。

当今世界各国运输合同普遍呈现标准化的特点，也即运输格式合同。其实，自20世纪以来格式合同便变得非常普遍，其对社会生产生活影响的广度和深度是前所未有的，甚至有学者认为格式合同是对传统合同法的最大突破。据统计，我国消费者购买商品和接受服务时，90%以上都是通过格式合同的形式明确经营者与消费者之间的权利义务的，在房屋买卖、邮电通信、旅游保险等行业中，这个比例甚至达到了100%。

运输格式合同，又称运输标准合同，一般是由承运人预先制定的、并为不特定的第三人所接受的、具有完整的定型化特点的运输合同。

另外，格式合同也可能会增进效率。正如英国的迪普洛克勋爵所说："格式合同的条款都是经过多年的实践后固定下来的，它们由那些能够代表某一行业的经常从事此类交易的人制作，经验证明，它们能够促进贸易的发展。"[①] 格式合同对经济效率的提高主要是通过节约交易成本和提高竞争水平来实现的。首先，格式合同可以减少需要起草、议定和达成协议的条款数量，从而降低了交易成本。如果一个供应商有100万个消费者，在不使用格式合同的情况下，就必须和每一个消费者单独订立合同。每个消费者都有特殊的要求，因此每份合同都有不同的条款，为此拟订和商议各个条款所花费的成本要明显高于格式合同。其次，格式合同可以在一定程度上规范厂商的行为，使得消费者被欺骗的可能性大大降低。一方面相对固定的合同形式和内容使得合同提供方作出欺骗性承诺的空间变小，另一方面格式合同所呈现出的规范性和系统性也使得合同相对人能产生更强的信任感，以促进合同的顺利签订和交易的快速达成。

---

[①] 李少伟、张晓飞：《合同法》，法律出版社2021年版。

## 第二节 运输合同中的责任

### 一、旅客运输合同的责任

#### (一)承运人的主要责任

旅客运输中的承运人责任,一般统称为安全保障义务,国外法律将之称为安全关照义务或交易安全义务。旅客运输合同承运人的安全保障义务是按照有关法律规定、行业要求和旅客运输合同约定,承运人承担的保护旅客运输安全和旅客人身财产安全的义务。根据我国的法律法规和我国加入的相关国际条约,旅客运输合同承运人的安全保障义务主要包括:安全运送义务、旅客人身安全保护义务、告知义务和尽力救助义务。

**1. 安全运送旅客**

安全运送旅客是承运人的主合同义务,承运人只有将旅客及其行李安全地运送至约定的地点,合同目的才算实现。同时,安全运送旅客也是一种法定义务,即使运输合同当事人没能在运输合同中进行明确约定,承运人仍应承担此义务。在旅客运输过程中,承运人应负有此种义务,倘若承运人未将旅客安全、及时送到目的地,将构成违约。

**2. 保护旅客人身安全**

在客运合同中,承运人之所以负有对旅客生命健康安全的保护义务,主要原因在于旅客所遭受的大多数损害,都与承运人的运输行为有关,而承运人采取有效的保护措施,可以在很大程度上保护旅客,使其免受安全危害。另外,承运人一方通常是具有法律规定的运输资质的企业,其财力等各方面普遍优于一般的旅客。因此,要求承运人负担对旅客生命健康安全的保护义务是合理的。

承运人应承担相应的责任的构成要件包括:第一,旅客在运输过程中伤亡。这就是说,在运输开始前或运输结束后,旅客遭受的人身损害都不由承运人负责。第二,旅客不属于无票乘运的情形。承运人仅仅对持有有效客票乘运的旅客负有人身安全的保护义务,对无票乘车又未经承运人许可搭乘的旅客的人身伤亡,承运人不承担赔偿责任。除非是依据法律或规章的规定旅客在乘车过程中无须支付票款或减价支付票款。第三,不存在法定的免责事由。包括以下两种情况:一是伤亡是旅客自身健康原因造成的,主要是指因旅客自身患病而突然死亡或发病造成的;二是伤亡是由旅客故意、重大过失造成的,例如,在车辆行驶中旅客擅自从窗口跳车导致其摔伤。如出现了法定的免责事由,承运人也可以免于承担责任。

**3. 及时告知**

在客运合同中,由于运输过程中可能会存在相应的风险,为了使该种风险能够得以及时避免，承运人具有将相关事情进行告知的义务。告知内容主要包括两个方面：一是有关不能正常运输的重要事由。如因为恶劣天气、航空管制等不能使飞机正常起飞，如果不及时进行告知，造成的责任应该由承运人承担。二是安全运输应注意的事项。承运人不仅在开始运输之时应该将特定安全事项进行告知，而且在起飞过程中，遇到了相关影响安全通行的事项，承运人也应该将安全处理事项进行告知。违反了该种告知义务导致顾客损害的，承运人应该承担相应的责任。

#### 4. 尽力救助旅客

《民法典》第八百二十条规定："承运人在运输过程中，应当尽力救助患有急病、分娩、遇险的旅客。"依据这一规定，在旅客运输中，承运人负有对旅客的尽力救助义务，这是承运人所负有的附随义务，也是以人为本和人文关怀的体现。确立承运人负有救助义务，有利于保障旅客在运输途中的生命健康安全。因此，承运人在运输过程中有义务为旅客提供必要的医疗和照顾，并对遇险的旅客采取各种措施救援。当然，所谓尽力救助，是指承运人尽到自己最大的努力，采取各种合理措施，以帮助照顾旅客或对旅客实行救援。但这一义务并非是无限的，而且其并非要保证特定的结果。因此此种义务不同于前述安全保护义务。

### （二）旅客的主要责任

#### 1. 持有效客票乘车

持有效客票乘车是客运合同中旅客最基本的义务，这也意味着旅客有支付票款的义务。有效客票的一般形式为无记名的有纸化客票，具有流通性与一次性的特点。有效客票是客运合同的凭证，客运合同自当事人之间就运输达成合意时即宣告成立。随着科技的发展，旅客可以通过手机等客户端下载电子客票，并以此作为凭证甚至凭身份证进行乘车。因此，所谓有效客票，并不限于无记名的有纸化客票，还包括无纸化票证。

旅客违反此种义务的形态主要有如下几种：无票乘运、越级乘运、超程乘运或者持无效客票乘运。所谓无票乘运，是指旅客没有购买车票或者车票遗失后进行乘车。所谓越级乘运，是指旅客乘坐的等级席位已经超出客票指定的范围。例如，本应该是二等舱的旅客乘坐了头等舱。所谓超程乘运，是指旅客乘坐超出了约定的既有客票的目的地，在没有另外补缴价款的情况下继续乘运。所谓持无效客票乘运，是指旅客持有已经过期或者伪造的车票乘车。

如果旅客违反该义务，承运人有权采取如下措施：第一，按照规定补收票款。如果旅客无票乘运、超程乘运、越级乘运或者持无效客票乘运的，旅客应补交票款。第二，拒绝运输。如果旅客不交付票款，承运人可以拒绝运输。此外，《中华人民共和国海商法》第一百一十二条规定了"承运人有权向其追偿"，这就是说承运人事后发现乘客有此种情形的，可以要求乘客补偿。

**2. 携带有限行李乘车**

在客运合同中，旅客有权携带必备的行李，而携带行李搭乘交通工具不必支付相应的价款。但如果旅客所携带的行李超过合同约定的限量时，则有可能加重承运人的运输负担，毕竟旅客运输不同于货物运输，承运人运输的对象主要是旅客而非货物。如果旅客超出规定携带行李的，则应该对超出部分的行李支付相应的价款。

**3. 不得携带违禁物品**

在客运合同中，为了保障客运运输合同的安全，旅客不能携带违禁物品（如易燃、易爆、有毒、有腐蚀性、有放射性等危险物品）。旅客携带违禁物品不仅会对旅客自身的生命健康造成威胁，还会对承运人的运输安全及其他旅客的生命健康安全等造成威胁。该规定是强制性法定义务，是旅客必须遵守的义务，如果旅客违反此种义务，承运人有权拒绝承运。

## 二、货物运输合同的责任

### （一）承运人的主要责任

**1. 完成运送并交货**

承运人最主要也是最基本的责任是按照运输合同的约定将货物及时送达指定地点，并将货物交付给指定的收货人。另外，在承运人将货物交付收货人之前，托运人对货物享有一定的处置权，包括中止运输、返还货物、变更到达地或者将货物交给其他收货人等。托运人变更到达地或改变收货人以后，承运人的运输义务也产生相应的变化。承运人应按照托运人变更之后的要求履行运输义务，将货物安全、及时地运送至新的到达地并交付给新的收货人。

**2. 妥善保管货物**

在运输过程中，承运人应对货物进行妥善保管。否则，承运人就难以将货物安全送达，合同订立的目的就不能实现。所谓妥善保管，是指承运人应根据托运货物的性质采取合理的运输方式，制订严格的运输计划，保证货物安全地送达目的地，防止货物毁损、灭失。我国《民法典》第八百三十二条确立了承运人的妥善保管义务，即承运人对运输过程中货物的毁损、灭失承担损害赔偿责任，但承运人证明货物的毁损、灭失是因不可抗力、货物本身的自然性质或者合理损耗及托运人、收货人的过错造成的，不承担损害赔偿责任。

**3. 及时通知收货人**

承运人依法负有及时通知的义务，在货物运输到达后，承运人知道收货人的，应及时通知收货人，收货人应及时提货。承运人及时通知收货人的义务，涉及收货人能否及时提货以及承运人运输义务是否履行完毕等问题。如果不及时通知，在货物到达后收货人不知道收取货物的具体时间，货物会存在毁损、灭失的风险。如果承运人不知道收货人的，应通知托运人在合理期限内就运输的货物的处分作出指示。

铁路货物运输合同实施细则

### （二）托运人的主要责任

**1. 告知义务**

根据《民法典》的相关规定及运输实践中的惯常做法，托运人办理货物运输，应向承运人准确表明收货人的名称或者姓名或凭指示的收货人、货物的名称、性质、重量、数量，收货地点等有关货物运输的必要情况。

告知收货人不仅有助于明确货物的具体交付对象，也有利于维护托运人的利益。告知货物名称、性质、数量和重量这些涉及货物本身的情况，才能使承运人采取恰当的措施，确保货物在运输过程中不会发生意外。要求托运人准确申明所运货物，也是托运人诚实履行合同的要求。收货地点、包装状态等其他情况也是顺利完成运输过程所必需的信息。

**2. 协助办理相关手续**

《民法典》第八百二十六条规定："货物运输需要办理审批、检验等手续的，托运人应当将办理完有关手续的文件提交承运人。"这就确立了托运人负有协助办理相关手续的义务。所谓审批、检验等手续，是指在进行货物运输及货物通关等时需要办理的有关手续，例如，特种货物的运输需要特定部门批准。而国际货物的运输，则需要办理检验及进口等各种审批手续。对于托运人没有向承运人提供这些手续或者提供的手续不完备，或者没有及时提供这些手续，给承运人造成损失的，托运人应赔偿损失。

**3. 合理包装货物**

之所以要求托运人应对货物进行合理包装，是因为妥当的包装既可以保护运输货物，也可以维护承运人的运输安全。例如，托运人托运的货物是易燃、易爆等危险物品的，货物在运输过程中通常会面临毁损或灭失的风险，对货物的合理包装则会降低此种风险，使托运人、收货人以及承运人免受经济损失。很多货物在生产过程中已经进行了产品包装或商品包装，但如果这些包装不足以满足运输过程的要求，就需要补充或增加必要的运输包装。

**4. 支付运输费用**

货运合同为双务有偿合同，因此，托运人应依据合同约定向承运人支付费用。依据《民法典》规定，托运人所应支付的费用包括三项：一是运费，指承运人为履行货物运输义务，将货物安全、及时地运至目的地而支付的必要的费用；二是保管费，指承运人将货物安全、及时地运至目的地之后，收货人未及时收货而由承运人代为保管所产生的费用；三是其他运输费用，指承运人在运输过程中为将货物及时、安全地运至目的地而支出的必要费用，但该项费用并未包含在运费之中。

### （三）收货人主要责任

**1. 及时受领货物**

在承运人通知以后，收货人收到通知后就负有及时提货的义务。否则，不仅会对承运人造成保管货物之累，徒增保管货物的费用，也会增加货物毁损、灭失的风险，还有可能会造成货物经济价值的减损。《民法典》第八百三十条规定："收货人逾期提货的，应当向承运人支付保管费等费用。"这就是说，如果收货人在通知之后没有收取货物，发生的保管等费用应该由收货人承担。如果收货人逾期提货，货物的毁损、灭失的风险由收货人承担。

**2. 检验货物**

我国《民法典》第八百三十一条规定："收货人提货时应当按照约定的期限检验货物。"依据这一规定，收货人负有检验货物的义务。所谓检验货物，是指收货人按照货运合同记载的货物的数量、质量等事项进行核对和校验。在货运合同的履行过程中，托运的货物可能会在运输途中发生毁损等情形，因此，在货物运交收货人之时，由收货人对货物进行检验，这既是对承运人是否按照合同约定履行其运输义务的确定，也是对收货人自身利益的维护。收货人一旦发现货物存在毁损、灭失等情形的，应及时主张权利。

**3. 支付运输费用**

如果运输合同规定由收货人支付费用的，收货人应在规定的期限内支付费用。如果货运合同中已经就收货人支付费用的期限作出具体约定的，收货人应在约定的期限内支付。如果货运合同未作约定的，应依据《民法典》第五百一十条确定支付期限。如果依据该规定仍不能确定，按照同时履行的原则，收货人应在提货时进行支付。

## 第三节　运输保险

### 一、旅客运输保险

因为篇幅限制，我们在这里不涉及机动车驾驶人常需处理的机动车交通事故责任强制保险（交强险）、车辆损失险、第三者责任保险、盗抢险、车上人员责任险和各种商业附加险等机动车辆保险，主要讨论公共（或受雇）运输中的旅客运输保险。

旅客运输保险主要是指旅客意外伤害保险，意外伤害是指外来的、突然的、非本意的、非疾病的使身体受到伤害的客观事件。旅客意外伤害保险是一种以乘坐火车、飞机、轮船、长途汽车等的旅客为被保险人，在指定的旅程内因意外伤害事故致死、致伤、致残，由保险人按约定给付保险金的意外伤害保险。

凡持有效客票乘坐从事合法客运的机动车辆、船舶、轮渡、火车等客运交通工具的旅客，均可作为被保险人参加旅客意外伤害保险。

保险合同的保险期间自保险人同意承保、收取保险费并签发保险凭证，被保险人购票踏入约定的客运交通工具时起，至离开约定的客运交通工具时止。

保险人给付的各项保险金以相应保险金额为限。在保险合同有效期间内，被保险人乘坐约定的客运交通工具过程中，因该交通工具发生交通事故遭受意外伤害而导致死亡、残疾或者发生医疗费用支出的,保险人也可参照国务院《道路交通事故处理条例》等的规定执行,在意外伤害保险金额范围内承担死亡保险金、残疾保险金(含残疾用具费、抚养费);在意外伤害医疗保险金额范围内承担医疗保险金(含伙食补助费、误工补助费、护理费)。当保险人约定的机动车辆乘坐人数超过投保人数时,发生意外伤害事故致使被保险人死亡、残疾或者发生医疗费用支出的,保险人按投保人数与实际乘坐人数的比例给付各项保险金。

旅客运输保险规定了相应的除外责任。通常因下列情形之一,造成被保险人死亡、残疾或者发生医疗费用支出的,保险人不负给付保险金责任:

(1) 投保人、受益人对被保险人的故意杀害、伤害。
(2) 被保险人故意犯罪或者拒捕。
(3) 被保险人殴斗、醉酒、自杀、故意自伤及服用、注射毒品。
(4) 被保险人受酒精、毒品、管制药物的影响而导致的意外。
(5) 被保险人疾病、流产、分娩。
(6) 核爆炸、核辐射或者核污染。
(7) 战争、军事行动、暴乱或者武装叛乱。
(8) 爬、跳交通工具等违反客运规章的行为。
(9) 当地社会医疗保险主管部门规定不可报销的费用。

旅客意外伤害保险的被保险人负有以下如实告知和保险事故的通知义务:

(1) 被保险人故意隐瞒事实,不履行如实告知义务的,或者因过失未履行如实告知义务,足以影响保险人是否同意承保或者提高保险费率的,保险人有权解除合同。

(2) 被保险人故意不履行如实告知义务的,保险人对保险合同解除前发生的保险事故,不承担给付保险金的责任,不退还保险费。

(3) 被保险人或者受益人应于知道或者应当知道保险事故发生之日起5日内以书面形式通知保险公司。否则,被保险人或者受益人应承担由于通知迟延致使保险人增加的勘察、检验等项费用。但不可抗力导致的延迟除外。

## 二、货物运输保险的概念

货物运输保险是以运输过程中的各种货物作为保险标的,保险人对由自然灾害和意外事故造成的货物损失负有赔偿责任的保险。

货物运输保险属于损害保险的范畴,是有形财产险的一种。一般财产保险的法律原则同样适用于货物运输保险。货物运输保险与财产险的主要区别在于:货物运输保险是对动态中的财产进行保险,而其他财产险通常是对静态的财产进行保险。从期限上看,货物运输保险的期限比较短,一般是以一个航程或运程来计算的,即从起点到终点,货物交付完毕则保险合同也就履行完毕,而其他财产保险的期限一般比较长。《保险法》和《海商法》都规定,货物运输保险从保险责任开始后合同当事人不得解除合同。

货物运输保险的标的是运输企业运送的货物。只要是装载在运输工具上的物资，都可以进行运输保险，包括一切生产资料和生活资料在内。但按照有关法律法规的规定，下列物资不能作为运输保险合同的保险标的：

（1）国家禁止运输或者限制运输的物品。

（2）托运人没有按规定进行包装的物品，以及缺乏保证货物运输安全的必要包装的物品。

（3）无法鉴定其价值的物品。

货物运输保险的投保人可以是托运人、收货人，甚至承运人。因为从托运人、承运人直到收货人，在货物运输过程中，对货物能否平安到达，都有一定的利害关系。因此，各人可根据与自己有关的利益关系，即保险利益，向保险公司投保货物运输保险。

保险公司承保的货物运输险的责任范围主要限于自然灾害和意外事故。也就是说，保险责任的范围主要是由不可抗力造成的货物损失，诸如遭受恶劣气候、雷电、洪水、地震等自然灾害造成交通工具损毁，货物发生灭失、损坏，以及其他意外事故所造成的运输工具损毁和货物损失。

按业务范围是否跨越国境，货物运输保险分为国内货物运输保险和进出口货物运输保险。

货物运输保险常用名词

（1）航程保险：货物运输保险一般采用航程保险，即保险期限以航程的起讫划分。

（2）定值保险：保险标的的价值由双方当事人约定载明于保险单中，作为保险公司事后计算赔款的依据。如果因保险事故发生而使标的全损，保险人将按此约定价值给予补偿，不论保险标的在受损时的价值是否涨落，均不影响赔款的金额。对于部分损失，则按实际损失程度赔偿。货物运输保险一般采用定值保险，当事人在投保定值保险时，可将货物出售后的预期利润计算在内。

（3）全损与推定全损：保险标的遭受全部损失为全损。保险标的因实际全损不可避免而予以合理委付，或出现虽可免遭实际全损但须支付超过其本身价值的费用的情况，即可构成推定全损。

（4）救助费用与施救费用：救助费用是指因第三者的救助行为使船舶或货物确能有效地避免或减少损失而支出的酬金。施救费用指被保险人、代理人、受雇人或受让人在保险标的遭受任何保险事故时，负有采取一切合理措施避免或减轻损失到最低限度的责任，从而进行各种施救工作并支出的费用。

## 三、国内货物运输保险

货物运输保险是以运输途中的货物作为保险标的，保险人对由自然灾害和意外事故造成的货物损失负责赔偿责任的保险。国内货物运输保险适用于国内沿海、内河、铁路、公路、航空或联运方式，在保险货物遭受保险责任范围内的自然灾害或意外事故时，可以得到保险人给予的经济补偿，但被保险人需交纳保险费。

国内货物运输保险分基本险和综合险两种。基本险承保货物在运输过程中因遭受自然灾害或意外事故造成的损失；综合险除承保基本险责任外还负责包装破裂、破碎、渗漏、盗窃、提货不着和雨淋等造成的损失。此外，还有鲜活易腐货物特约保险和国内沿海货物运输舱面特约保险等。

国内货物运输保险的特点：

（1）承保货物在各个不同地点可能出现的价格有差异，因此货物的保险金额可由保险双方按约定的保险价值来确定。

（2）货物运输保险的保险合同通常随着保险标的、保险利益的转移而转移，无须通知保险人，也无须征得保险人的同意。保险单可以用背书或其他习惯方式加以转让。

（3）货物运输的特殊性决定在货运险中通常采用"不论灭失与否条款"，即投保人事先不知情，也没有任何隐瞒，即使在保险合同订立之前或订立之时，保险标的已经灭失，事后发现承保风险造成保险标的灭失，保险人也同样给予赔偿。

## 四、进出口货物运输保险

### （一）险别分类

在我国，进出口货物运输最常用的保险规则是中国保险条款（CIC），该条款是由中国人民保险公司制定，中国人民银行及中国保险监督委员会审批颁布。进出口货运险 CIC 条款按承保的保险责任的大小，又可分为若干种不同的险别，具体分类如下。

**1. 主要险别**

（1）海洋货物运输保险有：平安险、水渍险、一切险。

（2）陆上货物运输保险有：陆运险、陆运一切险。

（3）航空货物运输保险有：空运险、空运一切险。

（4）邮包保险有：邮包险、邮包一切险。

**2. 附加险**

（1）一切险范围内的附加险：偷窃险、提货不着险、淡水雨淋险等。

（2）特别附加险。不属于一切险范围内的特别附加险主要有：进口关税险、舱面险、卖方利益险、港澳存仓火险、虫损险等。

（3）特殊附加险，指战争险和罢工险。

### （二）保险人承担的保险责任

**1. 平安险**

保险人主要负责下列保险事故造成保险货物的损失、责任和费用：

（1）恶劣气候、雷电、海啸、地震、洪水等自然灾害造成整批货物的全部损失。

（2）由于运输工具遭受搁浅、触礁、沉没、互撞、与流冰或其他物体碰撞、失火、爆炸意外事故造成货物的损失。

（3）在运输工具遭受意外事故的情况下，货物在此前后又在海上遭受自然灾害所造成的损失。

（4）在装卸、转运时由于一件或数件整件货物落海造成的损失。

（5）被保险人对遭受承保责任范围内危险的货物采取抢救、防止或减少货损的措施而支付的合理费用。

（6）运输工具遭遇海难后，在避难港由于卸货所引起的损失以及在中途港、避难港由于卸货、存仓及运送货物所产生的特别费用。

（7）共同海损的牺牲、分摊和救助费用。

（8）运输契约订有"船舶互撞责任"条款，根据该条款规定应由货方偿还船方的损失。

**2. 水渍险**

除包括上列平安险各项责任外，还负责被保险货物因自然灾害所造成的部分损失。

**3. 一切险**

除包括上列平安险、水渍险的各项责任外，还负责被保险货物在运输途中由于外来原因所致损失，它包括下列11种条款：（1）偷窃、提货不着险条款；（2）淡水雨淋险条款；（3）短量险条款；（4）混杂、沾污险条款；（5）渗漏险条款；（6）碰损、破碎险条款；（7）串味险条款；（8）受潮受热险条款；（9）钩损险条款；（10）包装破裂险条款；（11）锈损险条款。

### （三）免责

属于以下原因导致的运输货物损失，保险人免于承担损失赔偿责任：

（1）被保险人的故意行为或过失所造成的损失；

（2）属于发货人责任所引起的损失；

（3）在保险责任开始前，被保险货物已存在的品质不良或数量短差所造成的损失；

（4）被保险货物的自然损耗、本质缺陷、特性及市价跌落、运输延迟所引起的损失或费用；

（5）战争险条款和罢工险条款规定的责任范围和除外责任。

### （四）保险金额、费率与责任期的确定

出口货运险保险金额按离岸价确定；进口货运险保险金额按到岸价确定；进出口货运险的保险金额也可由保险双方协商确定。

进出口货物运输保险费率的确定，基于下列一些因素：

（1）货物品名及其特性特征，如果特殊货物风险比较高，费率要高一些。

（2）目的港的管理状况，目的地的治安状况等，如欧美线费率相对要低一些，非洲南美线费率要高一些。

（3）承保险别及其他承保条件。如加保战争、罢工、民变等险种，费率相对要高一些。

（4）船名、船龄、船籍、船级等。整船运输必须提供船资料，以确定是否承保、费率。

（5）包装方式。

（6）运输方式（是否集装箱运输，是否整船运输）。

（7）业务量大小。

（8）出险记录。

（9）其他方面。

根据国际保险惯例，出口货运险的责任期自被保险货物运离保险单所载明的起运地仓库或储存处所开始运输时生效，直至该货物到达保险单所载明的目的地收货人的最后仓库或储存处所时终止。

进口货运险的责任期自被保险货物运上运输工具（越过船舷）起开始生效，直至该货物到达保险单所载明的目的地收货人的最后仓库或储存处所时终止（散装货物一般以到达保单载明的目的港仓库或储存场所时终止）。

### （五）保险责任的范围

海上货物运输的损失又称海损，指货物在海运过程中由于海上风险而造成的损失，海损也包括与海运相连的陆上和内河运输过程中的货物损失。海上损失按损失的程度可以分成全部损失和部分损失。

**1. 全部损失**

全部损失又称全损，指被保险货物的全部遭受损失，有实际全损和推定全损之分。实际全损是指货物全部灭失或全部变质而不再有任何商业价值。推定全损是指货物遭受风险后受损，尽管未达实际全损的程度，但实际全损已不可避免，或者为避免实际全损所支付的费用和继续将货物运抵目的地的费用之和超过了保险价值。推定全损需经保险人核查后认定。

**2. 部分损失**

不属于实际全损和推定全损的损失为部分损失。按照造成损失的原因可分为共同海损和单独海损。在海洋运输途中，船舶、货物或其他财产遭遇共同危险，为了解除共同危险，有意采取合理的救难措施所直接造成的特殊牺牲和支付的特殊费用，称为共同海损。在船舶发生共同海损后，凡属共同海损范围内的牺牲和费用，均可通过共同海损清算，由有关获救受益方（即船方、货方和运费收入方）根据获救价值按比例分摊，然后再向各自的保险人索赔。共同海损分摊涉及的因素比较复杂，一般均由专门的海损理算机构进行理算（adjustment）。

不具有共同海损性质，亦未达到全损程度的损失，称为单独海损。该损失仅涉及船舶或货物所有人单方面的利益损失。

按照货物险保险条例，不论担保何种货运险险种，由于海上风险而造成的全部损失和共同海损均属保险人的承保范围。对于推定全损的情况，由于货物并未全部灭失，被保险人可以选择按全损或部分损失索赔。倘若按全损处理，则被保险人应向保险人提交"委付通知"。把残余标的物的所有权交付保险人，经保险人接受后，可按全损得到赔偿。

## 第四节　运输风险

### 一、风险的概念

在风险管理领域，风险一般定义为与损失相关的不确定性。现有研究比较一致的看法是，风险概念的产生背景可以追溯到中世纪以前欧洲地中海一带的频繁的商船贸易往来，风险概念被创造出来主要是为了形容商船在运输货物过程中可能遭遇的触礁或海难等因素招致损失的危险。风险在后来的社会经济发展中所起的作用越来越重要，风险和风险管理也成为重要的研究领域。根据研究对象和观点差别，不同的研究者对风险有不同的定义，简单列举若干如下：

风险是发生不幸事件的概率。换句话说，风险是指一个事件产生我们所不希望的后果的可能性。风险是某一特定危险情况发生的可能性和后果的组合。

风险是指在一个特定的时间内和一定的环境条件下，人们所期望的目标与实际结果之间的差异程度。

从广义上讲，只要某一事件的发生存在着两种或两种以上的可能性，那么就认为该事件存在着风险。而在保险理论与实务中，风险仅指损失的不确定性。这种不确定性包括发生与否的不确定、发生时间的不确定和导致结果的不确定。

风险是行为目的与成果之间的不确定性，大致有两层含义：一层含义强调了风险表现为收益不确定性；而另一层含义则强调风险表现为成本或代价的不确定性。例如只强调风险表现为损失的不确定性，没有从风险中获利的可能性，则属于狭义风险。也有人强调风险和收益成正比，所以一般积极进取的投资者偏向于高风险是为了获得更高的利润，而稳健型的投资者则着重于安全性的考虑。

经济学家奈特将可预测和度量的不确定性称为风险，认为在完全竞争的条件下，承担风险的报酬可转化为生产成本，因而可预测和度量的风险不能产生利润。但对于不可被预测和度量的不确定性事件，就应以利润对应企业家承担这种无法预见的不确定性的结果，如果有利润，就是应对这些无法预见的不确定性遗留后果的剩余。认为企业制度的确立过程，在某种程度上也是解决不确定性的发展过程。管理不确定性是企业组织出现的初衷，也是企业组织形成发展的原因，企业家职能体现在企业内部的风险分配问题上。

风险是一个关系性范畴，指的是一种不确定性的可能状态，它特指一切自然存在和社会存在相对于人的生存和发展而言可能形成的一种损害性关系状态。风险概念的出现体现了人们主动规避不确定性因素的一种努力，不仅表明人类行为具有趋利避害的本质属性，而且彰显了人类主动认识世界和改造世界的主体意识。

## 二、运输风险概述

运输风险既包括狭义运输风险，也包括广义运输风险。狭义运输风险仅涉及运输结果损失的不确定性，即因各种不确定因素的存在导致相应风险事件的发生，产生人员伤亡、承运货物损失或延迟，令利益相关方的预期经济利益无法实现的不确定性。导致人员伤亡及经济损失的原因有自然灾害、意外事故和责任事故。自然灾害指由于自然界的变异引起破坏力量所造成的灾害，例如：恶劣气候、雷电、海啸、地震、洪水、火山爆发等人力不可抗拒的灾害。意外事故是指由于意料不到的原因所造成的事故，例如：战争、瘟疫、火灾和失踪等。责任事故指由于当事人未履行应尽的义务而导致货物损失或延迟，根据合同或法规应承担赔偿责任，分为承运人责任和货主责任。

广义的运输风险不仅包括运输结果的不确定，也涵盖运输企业的经营风险、系统性风险和财务风险等。经营风险指由于经营上的原因给企业的利润带来的不确定性，其影响因素主要包括需求的稳定性与固定成本的比重等；系统性风险表现为政治经济法律环境变动的风险；财务风险指企业在生产经营中的筹资、融资、投资等活动中所面临的风险，以及金融条件的变化对企业未来收益造成的不确定性。本章主要关注狭义即仅涉及运输结果损失不确定性的运输风险。

运输生产的核心产品为客货运输服务。运输系统是一个在时间和空间上分布的复杂动态系统，运输生产过程由多工种和各环节的协同配合完成，具有资产庞大、线长点多、工种复杂、人员素质状况不齐及易受自然环境的影响等特点。运输生产活动的主要风险包括财产风险、人身风险与责任风险，影响运输风险发生概率及后果的因素主要包括自然灾害、意外事故、技术缺陷及人为疏忽等。简述运输安全风险的影响因素如下：

（1）环境因素。环境因素分为内部环境和外部环境，内部环境通常是指作业环境，也包括通过管理所营造的运输系统内部的社会环境；外部环境主要包括自然环境和社会环境，自然环境包括晴、阴、雨、雾、雨夹雪、雪天气因素对安全的影响。

（2）技术因素。运输技术装备种类多、数量大、配置分散、受自然力影响大，对安全性要求较高。有关技术装备又分为固定设备，主要包括线路、场站、通信信号、照明灯光等；移动设备则主要包括工作移动载运工具，如列车、车辆、船舶、飞机等。

（3）人为因素。人为因素分为运输系统内人员，主要包括专职管理人员和基层作业人员；运输系统外人员，主要包括旅客、货主以及铁路沿线居民、机动车驾驶人员等。

(4) 管理因素。管理因素是安全的重要影响因素，主要包括安全组织、安全法规、安全技术、安全教育、安全信息和安全资金等对安全的影响。

现代企业的风险一般都属于复合型风险，但从风险的成因来看安全事故的发生往往是导致运输企业财务风险、法律/合规性风险、声誉风险的直接原因。事故不仅造成巨大的财产损失、人员伤亡和环境破坏，且由于运输中断会波及运输秩序、影响社会生产和运输的全局，因而各界都高度重视运输的安全风险。

## 第五节　运输风险管理

### 一、运输保险的产生与作用

保险是指投保人根据合同约定向保险人支付保险费，保险人对于合同约定的可能发生的事故因其发生所造成的财产损失承担赔偿保险金责任的商业活动。从经济角度看，保险是分摊意外事故损失的一种财务安排；从法律角度看，保险是一种合同行为，是一方同意补偿另一方损失的一种合同安排；从社会角度看，保险是社会经济保障制度的重要组成部分，是社会生产和社会生活"精巧的稳定器"；从风险管理角度看，保险是风险管理的一种方法。

保险公司是采用公司组织形式的保险人，经营保险业务。保险费率是保险费与保险金额的比例，又被称为保险价格。保险人使用保险精算来量化风险。保险人通过数据的编制来估算未来损失（预定损失率），保险精算使用统计学和概率来拟合并分析风险分布状态，保险人运用这种原理并附加一定条件来厘定保险费率。也有各种以经济补偿为目的的互助保险合作组织，用参与者预交风险损失补偿分摊金，发生损失时由多数人共济少数特定人损失的办法实现互保的目的。

自从有人类社会存在，人们就一直在寻求防灾避祸的方法，以谋求生活的安定和经济的发展。因此，救济后备以及互助保险的意识和思想早在古代就已经出现。多数学者认为海上借贷是海上保险的前身，而海上借贷最初又起源于中世纪意大利和地中海沿岸的城市中所盛行的商业抵押习惯，即冒险借贷。所谓冒险借贷是指船东或货主在起航之前，向金融业者融通资金。如果船舶、货物在航海中遭遇海难，依其受损程度，可免除部分或全部债务；如果船舶和货物安全抵达目的地，船东或货主则应偿还本金和利息。这实际上就是一种风险转嫁。由于这种契约的风险极大，债权人收取的利息也很高，通常为本金的 1/3 或 1/4。除正常利息外，其余为补偿债权人承保航程安全的代价。

但是真正意义上的保险制度却是资本主义发展的产物。15 世纪末，美洲大陆和通往印度航道的新发现、世界市场的形成和扩大，要求商品的生产和交换以更大的规模进行。商品流通不仅是在国内，而且越过国界、穿过大洋，在世界范围内进行。商品的运输规模越大，风险也越集中。正是在这样的背景下，近代的保险制度应运而生了。从保险发展的历史来看，财产保险先于人身保险，海上保险早于陆上保险。保险从萌芽时期的互助形式逐渐发展成为冒险借贷，再到海上保险合约，到海损保险、火灾保险、人寿保险和其他保险，并逐渐发展成为现代保险。

道格拉斯·诺斯和罗伯特·托马斯1973年在《西方世界的兴起》中提出，有效率的经济组织是欧洲兴起的主要原因，其中包括对早年欧洲海运业及保险业发展的论述。在12世纪后期和整个13世纪，南欧特别是意大利诸城市开始创立海上贸易规则。为了进行海上贸易，这些城市的商人发明了作为委托制和合伙制的单程航行契约，以自愿结合形式提供资本和经营合伙人，分散和减少风险并使外部因素内在化。保险业使用市场机制的作用来分散风险，使当时冒险性的海上贸易至少能得到部分保障。至于16世纪到18世纪海上贸易的持续发展，以及海上贸易霸权相继转移到荷兰和后来的英国，诺斯更强调航海业组织和制度进步的作用，甚至国际海运从长期使用中小型船舶转向使用大船，也是由于包括保险的海商制度完善、海盗的肃清或减少，国际货物种类和数量的变化，才致使大型船舶的制造和使用变得有利可图。

还有很多经济学家都认识到风险因素在经济活动中的作用。马歇尔考察过人们为什么投保的原因，他写道"厂商和商人通常都保火险和海上损失险"，"火灾或海上事故所引起的损失如果发生多半是如此严重，以致支付这笔额外费用大多是值得的"。阿罗则指出，由于存在不确定性，保险作为风险转移的一种方式存在，可以使保险合同双方的福利都增加。也就是说，投保人觉得投保成本小于面临的风险成本，而保险人又觉得有利可图，那么市场可以实现帕累托改进，从而将保险需求分析融入到一般市场均衡分析之中。20世纪60年代以后，伴随着风险与不确定性经济学和现代消费行为理论的发展，保险需求理论应运而生。

## 二、承运人责任制度的确立

保险在运输业的发展中无疑起到了重要作用，但承运人责任制度的建立对于运输风险的管理更加重要，也更为基础。

在运输风险的管理中，运输产品这一生产与消费同时进行的无形服务还有一个关键特点，就是在运输过程中作为运输对象的货物的所有权与保管权处于分离状态。并不像一般制造业对购入原材料进行加工和一般商业销售的"低价买进高价卖出"，运输业只是提供货物的空间位移，承运人在服务期间要对所有权并没有转移的运输对象的状态进行控制，并负有保管义务。也就是说，运输业者不但要负责把货物按时运到，而且要在常常是高危的状态下负责运输对象的状态完好。而如何让人们对不是自己的东西真正负起责任，并能分辨损失是由不可抗力还是未尽责任造成，这本身就需要制度建立并不断完善的过程。

承运人和货主是现代运输市场上最重要的供求双方，但在早期却并不是这样。由于早期交通运输条件充满艰难和危险，而且根本没有专业的运输业者，因此最早的商人其实自己也是运输者，那时无论陆上的马帮、商队，还是水上的商船都是如此。除了应对自然交通条件的恶劣,早期商人运输者还必须防范随时可能出现的劫匪或海盗,所以雇佣镖局护送或在船上安装自卫火炮往往必不可少。那时候高昂的运输成本和高昂的风险成本混在一起,绝非一般人能够承担得起。后来,专业技术性很强的海船在独立成业的过程中,为解决损失风险的困境,也经历了货主与船主合伙制、委托制以及货主随船航行制等阶段。

前面已经提到保险业对促进海运业的发展起到了很大作用,但承运人与货主的责任关系仍旧是近现代公共运输业能否形成与蓬勃发展的真正关键。经济学主张契约关系中用以规定责任分工和风险分担的基本原则,是由最有能力管理和控制相关风险的一方承担该风险的责任。在承运人与货主这一对矛盾主体中,作为运输过程包括运输对象控制者的承运人,无论在运输安全管理与过程控制的技术能力上,还是在抵御风险减少损失过程中的信息掌握能力上,相比货主都是强者,而且他们还在很大程度上取得了对他人所有货物的控制权。因此,运输风险理应主要由运输业者承担责任,但承运人责任制的建立还是经历了长期博弈。

运输业者也是风险厌恶型的理性人,只要有可能他们总是希望把责任更多地推卸出去,于是,海运业中的责任条款一直随着运输市场上运力供求关系的变化在调整,既有过船方承担一切损失的时期,也有过货方无法兑现大多数索赔的阶段。海运业最早是使用一式两联从骑缝处剪开的"提单",船货双方各执一联,到达目的港后对缝即可提货。提单也可以看作保管凭证,承运人对货物的安全负有完全责任,提单可以转让甚至作为质押凭证。但有些提单中的免责条款曾经多达六七十种,甚至承运人最基本的一些义务也被免除。承运人对货物安全几乎不负责任的做法使当时的国际贸易和运输秩序陷入混乱,还出现保险公司不敢承保、银行不肯汇兑、提单难以转让流通的局面。这其实并不利于海运事业的发展。

在承运人与货主之间合理分配责任是风险管理的基础,且承运人应该多承担一些责任。但现实中海运承运人责任的规定曾长期在严格责任(承运人无论有没有过错都需赔偿损失)和过错责任(承运人只需为自己的过错赔偿损失)之间反复摇摆,最终稳定在偏过错责任一边。另外,相比于所运商品的价值,运费往往还是比较低的,如果一定要承运人用收取的运费赔偿昂贵的货物损失,这个差额承运人也确实难以承担,后来人们逐渐接受了限额赔偿,即按照所有货物单位重量的平均价值进行赔偿。对于贵重货货主可以另行选择保险或保价运输。随着经济发展、技术进步、制度成熟,运输风险在货主和承运人之间实现合理配置,并逐渐形成了承运人限额责任制度,成为对各方当事人的良性激励。一系列国际条约,包括1921年国际法协会通过的《关于统一提单的若干法律规则的国际公约》(也称"海牙规则"),以及1978年通过的《联合国海上货物运输公约》(又称"汉堡规则")对此相继确认。

图14-1是运输风险与相关责任及契约的关系。由图14-1(a)部分可以看出,货主、承运人和不可抗力等原因都可能是运输风险的来源,而运输活动的特殊性使其在风险管理上形成风险高、责任大、赔偿难的难题;因此客观上就要求运输风险责任必须在货主、承运人、承保人之间进行合理分担。我们从运输业

发展的历史中其实可以很清楚地看到运输风险责任分担制度的形成。

图 14-1　运输风险与相关责任及契约的关系

由图 14-1（b）部分可以看到，运输风险责任分担制度基本形成以后的各个责任主体与赔偿方式。如果是货主责任，运输损失风险应该根据货物的相应购销合同和运输合同由货主承担；如果是承运人责任，运输损失风险应该通过货物的运输合同和相应的保价或自保运输合同，由承运人分别承担限额赔偿和其他赔偿；如果损失是由不可抗力造成，且承运人在限额赔偿外不提供保价或自保运输的条件下，则风险责任根据商业保险合同由作为外部参与者的承保人负责赔偿。运输合同是购销合同的实现条件；保险合同是运输合同的保障条件；保价或自保运输合同则是一般运输合同的补充。

## 三、对运输风险的综合管理

### （一）运输责任制是公共运输的基础

运输向来都是风险非常大的领域。责任是与风险息息相关的概念，无论是当风险已经变成事实损失，也就是说当损害得到证实时，还是当风险可以提前防范或避免，都得有人为风险承担责任。前者是一种后顾视角，也称事后、溯源和追溯性责任，后者则是一种前瞻视角，也称事前或前瞻性责任。有些学者认为，尽管后顾责任是对责任的流行解释，但更应关注的是前瞻责任，尤其是在与风险管理这个话题相关的情况下。用经济学激励相容和信息有效的机制设计理论看，运输风险责任显然应该由最方便和最有能力进行风险管理和控制的一方承担主要责任。

运输业从最初的由商人货主自己组织私人运输，自己承担风险；到商人货主和运输者合伙从事运输，但仍旧是在内部分担风险；承运人和货主分离的公共运输出现，当然是经济发展和社会分工的结果，也仍然需要运输责任制度的建立做基础。公共运输的概念在中世纪时期出现，其含义是以同等方式对待所有客户，公共运输出现之后，才确立了独立承运人的概念。承运人责任制度实现了对有关各方的良性激励，有益于社会效率提升。

承运人和托运人是运输市场最重要的供求方，承运人对运输作业环节的信息占有优势，托运人对货物内在信息占有优势。一个完整的运输过程需要多方主体的共同参与，所以划分清楚各方主体的运输责任就显得尤为重要。由于运输风险的客观存在，各方须准备相应的资源投入到事前的防损和损失发生后的物质补偿，由此产生了风险管理成本。运输业不断发展，风险控制和对损失补偿的平衡关系不断得以调整，承运人责任仍然是有效的运输风险管理基础。运输业也从早先商人和海员们以生命财产为代价的极具冒险的赌博，逐渐变成为正当的社会行业。

### （二）货物保价运输与运输保险的区别

我们在图14-1中已经提及货物的保价运输，这里需要介绍一下保价运输及其与运输保险的区别。保价运输是指运输企业与托运人共同确定的，以托运人声明货物价值为基础的一种特殊运输方式，托运人除缴纳运输费用外还要缴纳一定的保价费，在保价运输中因承运人责任原因造成的损失，按货物保价声明价格进行赔偿。

从海运业的历史看，承运人责任制度发生过几次重要变化，而且催生出限额赔偿与保价运输等制度。前文提到英国法院曾在船东的压力下认可航运资本家在海运提单中几乎任意规定免责条款，结果导致货主几乎承担了货物在海上运输过程中的一切风险，这引起了当时贸易界的强烈不满。而且提单是可转让的物权凭证，由于收货人、提单受让人和银行无法审查提单条款，于是更多的免责条款显然也影响到提单的自由转让。各国民法在传统上均遵循行为人须对自己的过失致害行为负责的理念。承运人不负过失责任的做法引发贸易界与航运界矛盾加深，且显然与主流经典理论的背道而驰。1921年《海牙规则》在一定程度上制止了承运人在提单中滥用免责条款的做法，规定"运输合同中的任何条款、约定或协议，凡是解除承运人或船舶对由于疏忽、过失或未履行本条规定的责任和义务，因而引起货物或关于货物的灭失或损害的责任的，或者以本规则规定以外的方法减轻这种责任的，则一律无效"。

但海上运输毕竟是高风险的行业，《海牙规则》于是也重申了承运人赔偿责任的限额制度。其第4条第5款规定："承运人或是船舶，在任何情况下对货物或与货物有关的灭失或损害，每件或每计费单位超过一百英镑或与其等值的其他货币的部分，都不负责。"该条款同时还有"但托运人于装货前已就该项货物的性质和价值提出声明，并已在提单中注明的，不在此限"的例外性规定。这种排除承运人责任赔偿限额的规定便是保价运输。保价运输是为适应并弥补承运人责任赔偿限额制度而产生，并在航运、铁路、公路和航空领域得到普遍使用。

货物保价运输与货物运输保险是有区别的。第一，保价运输责任的基础主要是因承运人责任造成的货物损失；而运输保险责任的基础主要是因自然灾害、意外事故等非人为因素造成的损失。第二，保价运输的目的是了解决限额赔偿不足以补偿托运人损失而设立的一种特殊的赔偿制度；而运输保险目的则是为了解决因自然灾害、意外事故而造成的经济损失的社会救济问题。第三，货物保价运输是货物运输合同的组成部分，承运人作为合同的一方直接参与货物的运输工作，有条件对保价货物采取特殊的安全管理措施；而保险公司不参与运输管理，货物运输保险只是一种经济补偿形式。

### （三）运输风险的两次配置

我们发现在运输风险责任分担领域存在着诸多不同的方式，如货主风险自理、承运人风险自理、承货双方分担、限额陪偿、保价运输、企业自保、商业保险、再保险等，似乎已经形成了一个可供选择的谱系。为弄清它们之间的关系，这里还应该分析一下企业自保。

自保是指经济单位预测在未来一定时期内将会发生某种灾害或意外事故造成的损失时，自己预先提留一定的货币和实物，作为对可能发生的损失进行补偿的后备基金。

保险和自保都是对损失的补偿，但两者的不同之处主要体现在：第一，保险为多数经济单位的集合行为，是各经济单位将风险转移给保险人承担；自保则是个别经济单位的单独行为，是各经济单位将风险保留的一种特殊形态。第二，保险投保人在缴付保险费后，不管约定的事故发生与否，均不能收回；而在自保情况下如果风险不发生没有赔偿，所存留基金仍为原经济单位所有并自主使用。因此，也有自保的实质是风险自留，是风险管理的财务手段，也是一种风险融资方式的说法。

自保也应该视作是保险的一种。运输企业自保与保价运输的不同之处在于，保价运输是解决限额赔偿不足以补偿托运人损失的制度，承担的是运输责任，而自保则是为解决因自然灾害等不可抗力事故造成损失的赔偿，承担的是保险责任。保价运输要解决的是承运人与货主之间的责任划分问题，而企业自保要解决的则是承运人与外部商业保险公司之间的责任和利益关系。

自保公司也称专属保险公司（captive insurance company），由非保险业的大型企业投资设立，用于承保母公司所属范围内的风险。一般资本雄厚的大型公司更有意愿，也更有能力设立自保公司，目的是降低企业运营成本、控制纳税、减少保费支出。2015年，保监会正式同意由原中国铁路总公司出资筹建中国铁路财产保险自保有限公司，注册资本人民币20亿元，经营国铁集团所属单位内的财产损失保险、责任保险、短期健康保险和意外伤害保险等业务。

有专家把运输风险管理分成了两次风险配置。运输风险的初次分担发生在运输活动供需双方之间。而运输风险的第二次配置则是借助市场力量，将风险责任延伸到更多外部主体身上，并努力使得风险配置的结构更加优化。

我们已经知道，保险业在历史上对于运输业的发展起到了至关重要的作用。但保险在帮助运输业分担风险的同时，也分流了运输业的一部分资金与盈利收益。出于经济理性，运输企业当然希望在有效控制风险的同时也能不断扩大收入、节约开支，包括希望通过自办保险等业务增收节支，使资金回流到自身内部。

因此，伴随着运输业发展和运输市场的不断完善，运输风险分担也由风险自理、承货分担等内化模式，转向限额赔偿、保价运输、企业自保、商业保险、再保险等多元化分担方式。由于价格、税收、包括道德风险在内的交易成本等的差异性，运输相关市场会出现不同运输风险管理模式之间的替代性和互补性。也就是说，运输风险管理也是社会专业化分工不断深化的过程，同时也应该有更多的市场竞争。

### （四）单位运输安全风险的倒 U 型变化

从世界范围看，交通运输活动每年所造成的生命财产损失总量还在增加，但以人均或单位车公里、吨公里等指标为基准的事故损失率已处于一个开始下降趋势的过程。导致这一现象出现的最根本经济原因是技术进步、制度变迁和市场规模等因素的变化。从技术进步来看，由于交通运输工具、基础设施和信息化水平的不断提升，使得运输风险发生的概率得到很好的控制；从制度变迁来看，承运人责任制度、私人保险等的不断发展，有效管控了信息不对称条件下人的逆向选择和道德风险，大幅度降低交易成本；从市场规模来看，是由于托运人和承运人之间契约关系逐渐由风险自理、风险分担向限额赔偿、保价运输、社会保险、再保险方面的不断转向。

有研究认为，单位运输的风险率水平从长期看呈倒 U 字形态：在初步运输化时期，经济发展带动运输量迅速增长，但交通基础设施还不完善，技术装备水平和群众现代交通意识程度也都不够，因此以单位货损或人伤为代表的运输风险水平呈现上升趋势；而到运输化中后期，在技术进步、制度完善以及服务水平提升、安全意识改变等多重因素作用下，运输风险水平逐渐降低并趋于平稳。图 14-2 是 2000~2016 年世界机动车数量和每 10 万辆机动车引起的道路交通事故死亡率变化，由图可以看出在此期间，世界机动车数量从 8.5 亿辆增至 21 亿辆，而每 10 万辆机动车引起的道路交通事故死亡人数，已从 135 人降至 64 人。

**图 14-2　2000~2016 年世界机动车辆数量和每 10 万辆机动车道路交通事故死亡率**

资料来源：国际交通安全数据分析小组：《2018 年全球道路安全状况报告》。

根据国际交通安全数据分析小组的数据，全球道路交通死亡人数 2016 年达到 135 万人，但不同国家差别很大。道路交通死亡率最高的非洲（每 10 万人死亡 26.6 人）是高收入国家死亡率（每 10 万人死亡 8.3 人）的 3 倍。而 2017 年，奥地利、比利时、加拿大、捷克共和国、德国、希腊、爱尔兰、日本、韩国、立陶宛、卢森堡、挪威、波兰、斯洛文尼亚和瑞典等 15 个国家的道路死亡人数是系统记录开始以来的最低水平。

尽管从全球平均指标看交通事故死亡率已经下降，甚至一些高收入国家交通事故死亡的绝对数字都在减少，但交通运输毕竟是风险程度非常高的领域，特别是低收入国家的道路交通死亡人数仍在增加。国际交通安全数据分析小组希望将世界道路交通死亡人数尽快减少一半的目标在短期内尚无法实现，交通运输风险管理仍旧任重道远。

---

**专栏 14-1**

## 机动车交通事故责任

第一千二百零八条　机动车发生交通事故造成损害的，依照道路交通安全法律和本法的有关规定承担赔偿责任。

第一千二百零九条　因租赁、借用等情形机动车所有人、管理人与使用人不是同一人时，发生交通事故造成损害，属于该机动车一方责任的，由机动车使用人承担赔偿责任；机动车所有人、管理人对损害的发生有过错的，承担相应的赔偿责任。

第一千二百一十条　当事人之间已经以买卖或者其他方式转让并交付机动车但是未办理登记，发生交通事故造成损害，属于该机动车一方责任的，由受让人承担赔偿责任。

第一千二百一十一条　以挂靠形式从事道路运输经营活动的机动车，发生交通事故造成损害，属于该机动车一方责任的，由挂靠人和被挂靠人承担连带责任。

第一千二百一十二条　未经允许驾驶他人机动车，发生交通事故造成损害，属于该机动车一方责任的，由机动车使用人承担赔偿责任；机动车所有人、管理人对损害的发生有过错的，承担相应的赔偿责任，但是本章另有规定的除外。

第一千二百一十三条　机动车发生交通事故造成损害，属于该机动车一方责任的，先由承保机动车强制保险的保险人在强制保险责任限额范围内予以赔偿；不足部分，由承保机动车商业保险的保险人按照保险合同的约定予以赔偿；仍然不足或者没有投保机动车商业保险的，由侵权人赔偿。

第一千二百一十四条　以买卖或者其他方式转让拼装或者已经达到报废标准的机动车，发生交通事故造成损害的，由转让人和受让人承担连带责任。

第一千二百一十五条　盗窃、抢劫或者抢夺的机动车发生交通事故造成损害的，由盗窃人、抢劫人或者抢夺人承担赔偿责任。盗窃人、抢劫人或者抢夺人与机动车使用人不是同一人，发生交通事故造成损害，属于该机动车一方责任的，由盗窃人、抢劫人或者抢夺人与机动车使用人承担连带责任。保险人在机动车强制保险责任限额范围内垫付抢救费用的，有权向交通事故责任人追偿。

第一千二百一十六条　机动车驾驶人发生交通事故后逃逸，该机动车参加强制保险的，由保险人在机动车强制保险责任限额范围内予以赔偿；机动车不明、该机动车未参加强制保险或者抢救费用超过机动车强制保险责任限额，需要支付被侵权人人身伤亡的抢救、丧葬等费用的，由道路交通事故社会救助基金垫付。道路交通事故社会救助基金垫付后，其管理机构有权向交通事故责任人追偿。

第一千二百一十七条　非营运机动车发生交通事故造成无偿搭乘人损害，属于该机动车一方责任的，应当减轻其赔偿责任，但是机动车使用人有故意或者重大过失的除外。

资料来源：2020年版《中华人民共和国民法典》第七编 侵权责任，第五章。

---

**专栏 14-2**

## 海运台风损失合同纠纷案

**【基本案情】**

深圳市恒通海船务有限公司（以下简称"恒通海公司"）于2015年9月23日与吉安恒康航运有限公司（以下简称"吉安公司"）签订航次租船合同，恒通海公司委托吉安公司从深圳运输3000吨散装玉米至湛江。吉安公司"吉安顺"轮到达湛江后，遭遇台风"彩虹"，船舶走锚，海水和雨水从舱盖的缝隙处流入舱内，货物受损，恒通海公司请求吉安公司赔偿货物损失，吉安公司辩称本案是由于不可抗力所导致，并反诉恒通海公司要求赔偿船体损失。

**【裁决结果】**

广州海事法院一审认为，判断台风是否属于不可抗力需要结合案情具体分析。中央气象台、广东海事局网站发布了台风"彩虹"在海南琼海到广东湛江一带沿海登陆的预报，吉安公司疏于履行对天气预报的注意义务，并怠于履行采取防台措施的义务，其仅基于台风"彩虹"实际强度与预报强度不符，从而认为台风"彩虹"属于不可预见的抗辩主张没有事实依据，不予支持。

法院认为，吉安公司在"吉安顺"轮锚泊防台过程中，明知"吉安顺"轮货舱水密性较差，针对货物仅采取加盖三层帆布并用绳子加固舱盖的防台措施，单凭此防台措施，没有对舱盖的缝隙进行及时有效的处理，不足以保证货舱的水密性，也不足以保证货物的安全，具有管货过失。判决吉安公司赔偿恒通海公司货物损失及利息，并驳回吉安公司反诉请求。吉安公司不服一审判决，提起上诉。

广东省高级人民法院二审认为，吉安公司是专业运输公司，每日关注案涉船舶拟将航行相关海域天气情况系其基本工作要求，因台风来临前两天中央气象台、广东海事局网站已经对台风"彩虹"进行预报，此后于台风登陆前两天仍不断地对台风强度和路径予以修正，故一审法院认定台风"彩虹"对吉安公司而言属于可以预见的客观情况，故未支持吉安公司关于不可抗力的主张并无不当，判决驳回上诉，维持原判。吉安公司不服二审判决，向最高人民法院申请再审。最高人民法院裁定驳回吉安公司的再审申请。

【典型意义】

在海上货物运输实务中，台风是一种较为常见的自然灾害，因台风引发货主、码头、船舶损失进而诉至法院的情况屡见不鲜，责任方往往抗辩台风构成不可抗力而免责。台风是否构成不可抗力，目前司法实践对该问题存在分歧。本案对不可抗力的三个构成要件进行分析。

首先，判断台风是否属于不可抗力，系针对案件当事人在案涉事故发生时的判断，需要结合案情具体分析，在同一次台风事故中，不同的承运人预见能力不同，不同的承运船舶防风能力不同，不能以相同的要求来衡量不同的承运人。

其次，如果责任人以台风预报误差为不可抗力理由，应举证证明其基于不同级别的台风采取了何种防台措施，以及台风实际强度与预报强度之间的差异足以影响其防台风措施的效果。

最后，在航运实践中，因台风造成货损的情况下，往往还同时存在承运人管货过失的因素，法官应正确区分管货过失与不可抗力之间就造成货损的原因力比例与作用大小，从而准确区分责任。本案对判断台风是否符合不可抗力的构成要件进行深入分析，为类似案件的处理提供了参考。

资料来源：《以案说法：外国银行为何主动选择到我国海事法院诉讼？》，人民网，2020年9月8日。

## 本章思考题

[1] 从运输性质、风险特性、相应合同特点差异等视角分析旅客运输与货物运输的不同。

[2] 尽可能完整地列举客货运输合同可能涉及的不同当事人及其相互关系。

[3] 说明运输合同的标的与运输客体、运输条件或工具之间的关系。

[4] 尽可能详细地了解和分析一张车票或机票背后所包含的各种权利、义

务（责任）关系。

［5］分析从早期商业活动中马帮、商队、商船"商运一体"演化为近现代专业公共运输企业与行业的条件。

［6］如何用经济学激励相容和信息有效的机制设计理论解释运输风险管理制度的建立和完善？

［7］为什么在运输风险管理中承运人责任制的建立至关重要？

［8］举例说明货物运输中购销合同、一般运输合同、保价或自保运输合同以及商业保险合同之间的关系。

［9］分析限额赔偿、保价运输、商业运输保险以及运输企业自保的异同关系。

［10］试分析"好意同乘"中发生交通事故的责任认定。

**善意搭乘的法律纠纷**

# 第十五章

# 交通运输的公益性

**本章总体要求**

了解运输业属于社会基础产业、具有公用事业属性、具有显著外部性，因此交通运输也要注重社会效益；领会公益性是指一个主体的生产或服务行为使公共获得利益，但自身没有获得相应的完全补偿；理解在公益性运输中需强调政府的主导地位和政府与企业的委托代理关系，也需要关注公益性运输的治理模式；初步掌握如何对交通设施和服务进行分类，据以引入竞争并进而提高基础设施的建设与运营效率；清楚要逐步缩小城乡之间、不同区域之间、不同群体之间的基本公共服务差别，促进社会公平，并合理划分交通事权。

**本章主要内容**

- 公益性是出于公共利益的考虑提供生产或服务行为，但自身没有获得相应的完全补偿，而公益性运输则是交通运输活动公益性的表现形式。
- 政府在公益性运输中居于主导地位，而在政府与企业之间应该构建起有效的委托代理关系，并形成公益性运输提供领域有效激励约束机制。
- 交通运输分为交通设施和运输服务两大领域，可以根据设施与服务的纯公益性、公益性较强盈利性较弱、公益性较弱盈利性较强、纯盈利性等不同属性，分别采取政府为主、政府与市场合作以及市场方式为主的建设运营模式。
- 在区域、城乡和群体三个层面体现交通运输领域存在社会公平性问题，以及逐步缩小不同区域之间、城乡之间、不同群体之间基本公共服务差别的任务。
- 与交通运输有关的行政事权、财权、财力、支出责任及其相互关系是国家现代治理体系与能力的重要组成部分，也是交通运输得以合理发展和有效运营的必要条件。
- 经济学机制设计原理对通过激励性手段提高公益性运输效率的解释。

公益性是相对经营性或私利性的一个概念。公益性是指出于公共整体利益的考虑，一个主体的生产或服务行为使公共集体获得利益，但自身没有获得相应的完全补偿。公益性运输则是交通运输活动公益性的表现形式，公益性运输也是综合交通运输体系和现代社会治理中需要不断予以完善解决的重要问题。

# 第一节 公益性运输及其提供

## 一、公益性运输内涵界定

### （一）运输业具有公益性属性

运输业在现代经济和社会生活中是一种基础设施产业，同时具有很强的外部性，表现出全社会拥有、全社会使用的公益性和公用事业属性。

**1. 交通运输业属于社会基础产业**

交通运输业是国民经济的基础产业，其基础性表现在工农业生产、人民生活、国防建设和社会生活对交通运输业具有普遍需求性。交通运输业是其他生产部门正常运转、协调发展的前提，是社会再生产得以延续的不可缺少的基本环节。世界银行在1994年《世界发展报告》中，把交通运输设施定义为经济基础设施，认为以道路、铁路、航道或各种客货运输枢纽为主体的基础设施与载运工具一起所构成的交通运输体系，是支撑一国经济、决定该国经济生活力水平的前提，是国家最主要的基础产业。交通运输业还具有军事战略性。交通运输基础设施在平时虽以民用为主，但同时在军事上也具有重要战略意义。

**2. 运输业的公用事业属性**

公用事业是指提供某种基本的公共服务并且受到政府管制的行业，从公用事业范围来看，包括电力、天然气等能源供给，电信、邮政等通信服务，各种交通服务以及城市的给排水等行业，也包括公共卫生事业。公用事业的普遍服务是指国家为了维护全体公民的基本权益，缩小贫富差距，通过制定法律和政策，使得全体公民无论收入高低，无论居住在本国的任何地方，包括农村地区、边远地区或其他高成本地区等，都能以普遍可以接受的价格，获得某种能够满足基本生活需求和发展的服务。由于交通行业提供的产品，客货位移服务的对象是全体公民，并且由公益性运输提供的服务一般都是以低于成本价格或者免费提供给广大居民，因此可以将交通服务中的公益性运输定位在公用事业的普遍服务范围内。

**3. 交通运输业具有显著外部性**

交通运输业是具有显著外部性的部门。交通运输业的外部性既包括正外部性也包括负外部性。负外部性主要包括交通运输带来的环境污染、交通拥挤和交通事故等。正外部性则主要体现为交通运输有助于提高生活水平和拉动经济增长，优化产业结构，促进地区间商品和生产要素流动，节约运输时间和运输成本等。

交通运输业通常被赋予一些公益特性,去承担一定的社会公益义务,它对社会的利益是长期的,所以交通运输不仅要讲究经济效益,而且要注重社会效益。

### (二) 公益性运输的效应

公益性运输会带来以下效应:第一,公益性运输带动经济发展。经过贫困地区的交通基础设施对贫困地区的经济起飞起到基础性推动作用。交通设施可促进沿线的经济发展和资源开发,是这些地区经济持续发展的重要保障;可促进地区的资金、技术、人才及观念的交流和管理体制的变革,对沿线的经济发展具有深远影响;同时,贫困地区沿线国土及资源的开发,经济的发展,反过来也会促进发达地区消费市场的开拓,人才、资金和技术的输出,为发达地区经济的持续发展创造有利条件。

第二,公益性运输推动城市化进程。城市是人口和各类经济活动大量聚集的地区,城市化进程是经济持续良性增长的推动力量,大都市与城市群在发展中必须通过提供优良的交通基础设施和服务,解决大量人口与经济活动聚集所带来的时空矛盾,满足城市化过程的效率要求。

第三,公益性运输为突发事件的解决提供有力保障。交通基础设施具有为解决突发事件而需要短期内提供大量人员和物资装备的运输能力,更具有重大政治意义。在历年的各类洪涝、地震等灾害的救援中,铁路、公路和航空运输均发挥了重要的作用。

第四,公益性运输有助于社会和谐。不同社会人群的经济支付能力有差异,也体现在交通运输需求领域,而如果一些社会人群基本性的交通需要由于支付能力限制得不到满足,就可能转变成为社会问题。因此,采用公益性运输手段为普通民众提供相应交通运输服务,就成为各国政府的基本职责之一。

### (三) 公益性运输的表现形式与分类

根据运输的目的及功能的不同,可以把公益性运输分为地区开发导向型、民族政策导向型、国防安全导向型、抢险救灾导向型、支持农业导向型、其他功能导向型等几种形式(见表 15-1)。

表 15-1　　　　　　　　　公益性运输的表现形式

| 表现形式 | 功能或目的 |
| --- | --- |
| 地区开发导向型 | 可分为经济开发和资源开发两种类型,促进线路所经地区土地、资源的开发,带动地区经济的发展,如我国的青藏公路、京九铁路、青藏铁路、格拉输油管道等均体现了地区开发功能 |
| 民族政策导向型 | 可以加强民族团结,带动西部地区经济的发展,如我国的青藏铁路、川藏公路、新藏公路及新疆地区支线机场的建设,很好的体现了民族政策的功能 |
| 国防安全导向型 | 为军队和军需物资的运输提供保障,加强边疆地区与内地的联系,巩固国家边防,维护国家的整体利益,如青藏铁路、滇藏公路、拉萨等边远机场等均具有重要的国防战略意义 |

续表

| 表现形式 | 功能或目的 |
|---|---|
| 抢险救灾导向型 | 为受伤人员的快速转移、救灾物资的及时送达提供保障，目的是最大限度地降低灾难造成的人员伤亡及经济损失，如我国的青海玉树机场等为抗震救灾发挥了重要作用 |
| 支持农业导向型 | 农村公路为农业生产及广大农民的权益提供了巨大保障，铁路承担的支农物资，如农药、化肥及大宗谷物等运输也在一定程度上支持了农业的发展 |
| 其他功能导向型 | 铁路承担学生、残疾人、军人等优惠运输，城市公交、地铁的优惠票价，公交专用道，免费使用自行车等都在不同层面体现了公益性运输的其他功能 |

根据运输业内部分工与特点的不同，公益性运输可分为交通基础设施的公益性和交通运营的公益性。由于交通基础设施投资规模庞大，成本特性对网络经济要求高，资金周转期长甚至难以收回，因此私人部门一般较少涉及，需要由政府财政投资建设，这就导致基础设施建设具有很强的公益性。交通运营的公益性则是指交通运输企业根据政府要求，以低于经济成本的收费水平向社会提供相关交通运输服务，如公共客运交通系统的低票价、支农或救灾物资的低运费等。

根据受益主体的不同，公益性运输可以分为国家层面的公益性运输和地方层面的公益性运输。有些公益性运输体现了国家层面的公共利益，如国土开发、民族政策、学生优惠、抢险救灾及国防特殊物资运输、农村公路无偿使用等，这些运输活动理应由国家承担起相应的责任。有些公益性运输主要解决某一区域内的交通问题，如城市公交、地铁、轻轨、公共自行车的租赁、快速公交系统（BRT）的设置等，因此相应的公益性运输则主要应由地方政府来承担相应的责任。

## 二、政府主导下的公益性运输

### （一）政府在公益性运输中的责任

运输业的网络形态既是运输活动得以进行的基础和保证，同时也是运输活动本身的存在和表现形式，运输业网络形态的分层也为分析公益性运输的主体关系提供了基本框架。首先，从公益性运输所提供的物品属性的角度看，运输的公益性越强，其盈利性越弱，完全由市场机制提供私人物品的难度越大，运输产品与服务便更多地依赖于政府主导的公共提供机制。政府掌握着社会公共资源，拥有分配社会资源的权威，有义务通过合理配置公共资源，承担起提供公益性运输的责任。作为公共机构，政府要明确公益性运输的本质与范围、权力与责任界限，定价与补贴等，并通过直接投资、财政补贴及税收减免等财政与税收政策在公益性运输中发挥主导作用。因此，在运输业网络形态分层中政府层面格外重要。

保障公益性运输服务的铁路客票管理策略

其次，尽管公益性运输欠缺盈利性，但仍具有商业营收性质。尽管政府要承担公益性运输的责任，居于主导地位并承担最终责任是绝对必要的，但随着对政府作用与界限认识的深化，已经有很多具有商业营收性质的原政府职能被交由相应的企业及其他类型组织承担。在政府主导的公益性运输中，运输企业在公益性运输中的地位、作用、权利、义务、责任如何，政府与企业在公益性运输发展中各自应该发挥什么作用，其作用范围的界限及相互关系如何等在这里成为不可回避的重要问题。公益性运输网络形态分层中，企业及组织层及其与政府层的相互关系必须得到特别关注。在政府与企业及组织层之间，如何才能构建起有效的委托代理关系，形成公益性运输提供领域的有效激励约束机制，是政府与企业及组织层间关系的核心。

最后，由于公益性运输的特点，其实际及潜在服务对象并不仅仅是市场机制下单纯的消费者。正如有学者指出，在公益性运输领域，实际及潜在服务对象甚至其他利益相关主体不仅可以基于普通消费者的契约权利，更可以基于公民享有的基本政治权利和社会权利，要求政府及政府授权的提供公益性运输的企业承担相应责任。在公益性运输中，实际或潜在服务对象的作用远远超越单纯消费者与经营层的联系，更多的是基于政治权利和社会权利参与政府层面及企业层面的互动。

因此，在公益性运输分析中我们不仅应强调政府的主导地位、政府与企业的委托代理关系，也需要关注公益性运输中服务对象及其他相关利益主体参与形成的以政府为主导的多主体间相互竞争、相互依赖的公共治理模式。

### （二）公益性运输中的政企关系

公益性运输中，政府不仅是发展公益性运输的主导者，也是责任的最终承担者。当政府通过立法或公契约将具有营收性质的公益性运输职能从纯粹的政府机构剥离，而授权相应企业承担时，为了使相关企业能够合法提供公益性运输产品，政府必须运用公权力对其授权，相关权力包括特许经营、垄断权力、信用保证、向投资者支付可预期的回报、破产例外、征用权、收费权、税收减免、直接补贴等。获得政府授权的企业事实上是一种从事公益性运输活动的特殊企业。特殊企业获得的权力虽然都直接体现为经济特权，但同时也是政治权力的延伸。

更重要的是，这种政治权力的延伸在某些情况下甚至要求企业合法地以政治主体的身份行事，并基于政治身份承担对公众之责任，构成权力与责任的统一。这也是政府与特殊企业在公益性运输中所形成的委托代理关系的核心。尽管特殊企业并不是政府机构，但公众对该类组织的要求也类似于针对政府的标准。比如，对该类组织信息公开、程序正当的要求，要求该类组织负责人以引咎辞职承担责任的方式等。权力与责任的统一是权力转授存在的前提。

因此，公益性运输领域政府对特殊企业的构建或选择是十分重要的。公益性运输在不同国家、不同地区、不同时期及不同运输方式上的表现形式是有差异性的。比如，各种运输方式中，铁路在公益性运输领域发挥的作用通常要大于航空运输；在偏远地区，公路道路运输具有相当程度的公益性，需要政府提供各种资源支持，而在大都市，城市轨道交通较城市道路交通具有更强的公益性。

由于公益性运输的资源约束条件和财务可持续方面的多样性和动态发展特征，很难一概而论地去界定公益性运输中特殊企业的具体职能和作用。比如，如果只是需要由运输企业在既有铁路线路上以优惠价格甚至免费承担特殊群体（如军队、学生等）的运输，则特殊企业承担的任务只是相对单纯的运营服务、确保运输安全和提高运营效率。如果公益性运输涉及促进偏远地区发展的新线建设，则政府需要把该线路和沿途站点的规划、设计、投融资以及建设管理等职责移交给负责的企业，特殊企业的职能就必须由职能相对单纯的运营向前扩展。

如果涉及运输网络规划、建设与运营的综合任务，如一个城市的轨道交通系统，特别是在城轨系统迅速扩张并成网阶段，城轨在城市交通体系中地位的确定、城轨网络的总体规划、建设标准和车型的选定、资源的整合与共享、换乘站点设计与建设的综合统筹、投融资管理、建设管理、系统调试、安全保障、运营效率、互联互通、甚至包括与其他交通方式的衔接等方方面面的工作量极其庞大复杂，协调难度也极大。政府要想完全依靠自身力量承担或指挥多个处于分散状态的专业化企业去完成，就非常困难了，因此特别亟须找寻或构建一个能够承担起整个轨道交通领域的综合性职能，且尽心尽责、高效有力的特殊企业主体作为政府的最主要代理人。

因此，在具有营收性质的公益性运输领域，政府在构建或选择特殊企业时，对特殊企业具体的权责转授程度与范围以及资源配置规模与方式会有所不同，但都要遵循权力与责任统一、职能与资源统一的基本原则。

## 三、公益性运输的提供与治理原则

### （一）基础设施分类建设

有必要对基础设施进行分类，引入竞争机制并进而提高基础设施的建设与运营效率。根据基础设施纯公益性、公益性较强盈利性较弱、公益性较弱盈利性较强、纯盈利性四种不同属性，可分别采取政府为主、政府与市场合作以及市场方式为主的建设模式。

### （二）构建公契约和特许经营制度

要根据企业主体在公益性运输中承担具体职能和责任的不同，尽快完善服务协议、运营维护协议、租赁协议、特许经营协议等公契约制度，更好地解决公益性运输问题。政府通过特许经营协议授予企业特许权，由企业投资、建设及运营政府监管的公共基础设施项目。企业在获得政府许可的经营权后，承担有关设施的修建、更新改造及经营责任。

### (三) 构建有效的补贴机制

政府财政补贴对于公益性运输是必不可少的,但需要构建起有效的公益性运输补贴机制。在完善激励性补贴机制方面,可将公益性运输补贴分为对生产者的总额补贴、对生产者的要素补贴、对消费者的总额补贴和对消费者的要素补贴等多种类型,根据各类补贴形式在不同运输市场结构下的优缺点与适用条件加以采用,尽量提高补贴效率。在选择公益性运输经营者方面,可以引入竞争机制,并把竞争延伸到"为市场而竞争",尽量降低补贴水平。也可以采用外部效益内部化的办法,把诸如城轨交通促使沿线土地升值通过允许投资经营方将交通与土地联合开发的方式,减少其对政府财政补贴的依赖。日本铁路和中国香港地铁在这方面的经验也很值得借鉴。

### (四) 成立公益性运输服务基金

可考虑成立普遍服务基金作为公益性运输的相应资金保障。中国邮政已拟向快递企业征收普遍服务基金,这对于处理公益性运输问题有所借鉴。也可考虑在一定条件下把已有的铁路建设基金和公路方面车购税或燃油税的一部分作为铁路与公路普遍服务基金。公益性运输服务基金成立后,应对基金的收支采用公开透明原则,以便于社会的监督与监管。

### (五) 完善相应的法律法规体系

为保障公益性运输的有效供给,必须完善相关的法律法规体系。对公共交通行业的补贴,需要在相关法律明确补贴对象及补贴金额等,进而保障补贴资金的公开透明,便于广大公众监督;对于市场上赋予特许经营的企业,也要有相关的特许经营法对市场准入的标准、企业的准入标准等都作出明确规定。

### (六) 提高公众的参与度

公益性运输是服务于广大公众的,因此在制定规划、定价等策略时,要尽可能考虑到公众的意见,鼓励其参与政策的制定与执行。美国旧金山金门大桥从大桥的施工、运营、定价以及是否继续收费等政策的制定过程中,都有广大选民的普遍参与、质询与监督,效果也很好。为改善我国的公益性运输,也应该提高公众的参与度。

## 第二节 交通运输领域的社会公平性

交通运输领域的社会公平性具有多种层次和多种角度。总体来看,交通运输的社会公平性是指通过政策制定、市场导向、投资决策、交通规划等手段将有限的交通资源在地区间、城乡间、社会各群体间公平合理地配置,达到保障交通资源合理布局、社会成员享受均等运输服务和出行机会的目的，使全社会各地区、各阶层、各群体民众能充分享受到交通发展的丰硕成果，充分体现交通事业的社会性、共用性和公益性。因此，交通运输领域的社会公平性问题，实际上也是当前我国社会主要矛盾已经转化为人民日益增长的美好生活需要和不平衡不充分的发展之间的矛盾的一种表现，必须以运输业的高质量发展加以解决。

本章主要从区域公平、群体公平和城乡公平三个方面讨论交通运输领域的社会公平性问题，对于有些研究所关注的外部公平，即主要考虑交通运输负外部性所造成的社会问题，本书在后面的章节会有所涉及。

## 一、区域间存在的不平衡问题

区域公平是从空间的角度来考察交通设施分布的公平性问题，主要包括不同地区之间的交通资源配置是否公平，交通资源是否成为地区间社会经济发展差异的因素，或者对某地区而言，它从交通资源建设和使用中获得的利益和相应的付出是否对等。我国目前的交通运输区域不公平主要存在于东部地区与中西部地区的交通运输资源的配置差异方面。

分析我国地区之间经济发展水平的差异一般多以东、中、西部三大地区进行对比。根据《中国交通年鉴》的划分，东部地区包括北京、天津、辽宁、上海、江苏、浙江、福建、山东、广东、海南；中部地区包括河北、山西、黑龙江、安徽、江西、河南、湖北、湖南、吉林；西部地区包括内蒙古、广西、重庆、四川、贵州、云南、西藏、陕西、甘肃、青海、宁夏、新疆。我国各种运输方式的路网密度在区域上存在很大的不均衡性，其中2010年东部地区的铁路路网密度、公路路网密度、高速公路路网密度、内河航道密度分别是西部地区的4.37倍、4.73倍、9.73倍、13.14倍；中部地区分别是西部地区的3.79倍、3.46倍、4.50倍、4.55倍。可以看出，东、中、西部地区在路网密度方面呈现出明显的阶梯状差距。[①]

这里再讨论一下"胡焕庸线"东西两侧人口与交通条件的差别。我国从黑龙江黑河到云南腾冲有一条约呈45度角的斜线，这就是地理学家胡焕庸1935年提出的我国人口密度划分线，亦称"胡焕庸线"（以下简称"胡线"）。20世纪30年代中国人口约4亿人，这条线的东南以36%的国土聚集了96%的人口，而西北则以64%的国土只承载4%的人口。在历经80年的城镇化和各种人口迁移之后，这条斜线的人口分布含义仍然依旧。根据2000年第五次人口普查的数据，全国近13亿人口中居住在这条线东侧43%国土上的仍占94.1%，居住在西侧的人口从1800万人上升到7700万人，但只占5.9%，增加了不到两个百分点，与此同时，"胡线"以西地区经济总量占全国比例为4.3%。[②]

---

[①] 傅志寰、孙永福等：《交通强国战略研究》，人民交通出版社2019年版。
[②] 黄昉苊：《破不掉的胡焕庸线？》，载于《视野》2015年第5期。

这条线两侧的交通基础设施分布也存在着类似的特点。按照大体"胡线"西侧包括内蒙古、宁夏、甘肃、青海、新疆、西藏六省区,其他省区市为东侧计算,2015 年我国铁路营业里程 12.1 万公里,"胡线"西侧和东侧之比为 21.7∶78.3;全国公路总里程约 458 万公里,"胡线"两侧之比为 14.9∶85.1,其中高速公路里程约 12 万公里,"胡线"两侧之比为 13.8∶86.2;全国民用机场 208个,"胡线"两侧之比为 25.5∶74.5(见表 15-2)。①

表 15-2　　　　2015 年全国及"胡线"两侧交通基础设施情况

| 分类 | 铁路营业里程<br>(公里) | 公路总里程<br>(公里) | 高速公路里程<br>(公里) | 民用机场数<br>(个) |
| --- | --- | --- | --- | --- |
| 全国 | 120970.6 | 4577246 | 123521 | 208 |
| 西侧 | 26234.3 | 680870 | 17081 | 53 |
| 东侧 | 94736.3 | 3896376 | 106440 | 155 |

以国土面积拥有交通基础设施数量计算,西侧交通基础设施密度也低于东侧。全国每百平方公里国土拥有铁路 1.261 公里,西侧拥有铁路比全国平均低 0.765 公里,东侧铁路密度为西侧的 4.43 倍;全国每百平方公里国土拥有公路 47.70 公里,西侧拥有公路比全国平均少 34.83 公里,东侧公路密度为西北侧的 7.03 倍;全国每百万平方公里国土拥有机场 21.67 个,西侧拥有机场比全国平均少 11.65 个,东侧机场密度为西侧的 3.59 倍(见表 15-3)。②

表 15-3　　　　2015 年全国及"胡线"两侧交通基础设施密度

| 分类 | 铁路<br>(公里/百平方公里) | 公路<br>(公里/百平方公里) | 民用机场<br>(个/百万平方公里) |
| --- | --- | --- | --- |
| 全国 | 1.261 | 47.70 | 21.67 |
| 西侧 | 0.496 | 12.87 | 10.02 |
| 东侧 | 2.199 | 90.44 | 35.98 |

数据说明"胡线"西侧的交通条件确实明显不如东侧。尽管"胡线"西侧拥有的交通基础设施数量和以国土面积计算的交通基础设施密度,都低于东侧,但如果基于历史数据分析,改革开放以来我国进行了大规模交通基础设施建设,"胡线"西侧交通建设所占的比重其实有所提高。我们从表 15-4 中的数据可以看到,"胡线"西侧铁路营业里程所占的百分比从 1980 年的 16.8% 已稳步上升到 2015 年的 21.7%,整体呈现上升趋势;"胡线"西侧公路总里程所占的百分比从 1980 年的 14.6%,也上升到 2015 年的 16.7%。③

---

①②③　交通运输部科学研究院:《"胡线"两侧交通情况变化及趋势》,《交流报告》,2017 年。

表 15-4　　　　　　"胡线"两侧铁路与公路里程所占百分比　　　　　　单位：%

| 分类 | | 1980 年 | 1990 年 | 2000 年 | 2005 年 | 2010 年 | 2015 年 |
|---|---|---|---|---|---|---|---|
| 铁路 | 西侧 | 16.8 | 17.5 | 19.5 | 17.5 | 21.0 | 21.7 |
| | 东侧 | 83.2 | 82.5 | 80.5 | 82.5 | 79.0 | 78.3 |
| 公路 | 西侧 | 14.6 | 14.6 | 13.7 | 15.4 | 16.1 | 16.7 |
| | 东侧 | 85.4 | 85.4 | 86.3 | 84.6 | 83.9 | 83.3 |

另据数据，2005 年"胡线"西侧只有 29 个民用机场，在全国 146 个机场中占比仅为 19.9%，2015 年"胡线"西侧已有 53 个民用机场，在全国 202 个机场中占比升至 26.2%。也就是说，在全国交通基础设施的大规模发展中，"胡线"西侧的发展速度要更快一些。虽然其交通基础设施的数量和密度，还有运输能力都低于东侧，但仅就交通设施简单数量所占比重已经远远超过西侧拥有人口所占的比重。[①]

"胡线"西侧客货运输量的增长相对比例也是比较快的。1980~2015 年，西侧铁路客运量占比从 2.64% 上升到 5.04%，提高了 2.40 个百分点；西侧公路客运量占比从 3.14% 上升到 5.89%，提高了 2.75 个百分点；2005~2015 年，西侧航空旅客发送量占比从 3.84% 上升到 7.08%，提高了 3.24 个百分点。1980~2015 年，西侧铁路货运量占比从 7.83% 上升到 22.67%，提高 14.84 个百分点，很大程度上体现了资源开发型经济结构的特点；西侧公路货运量占比从 5.14% 上升到 9.16%，提高了 4.02 个百分点；2005~2015 年，西侧航空货邮量占比从 1.62% 上升到 2.81%，提高了 1.19 个百分点。[②]

从以上数据看出无论是交通基础设施拥有量还是运输量，总体上说总量和占比都是东侧远远高于西侧，但是西侧各项指标的占比均处于上升趋势。一方面反映了交通运输发展不平衡不充分的状况，另一方面也反映了在克服东中西部地区发展不平衡方面所做的努力。目前"胡焕庸线"以西的高铁里程长度占全国的比重为 8.2% 左右，东部高铁交通圈明显体现出时空压缩特征，大量东部城市分布在 4 小时交通圈内，但"胡线"以西城市的交通可达状况一时还难以达到这个水平。

## 二、群体间存在的不平衡问题

群体公平是指交通运输资源在不同群体间公平的配置。交通运输作为社会服务系统，其服务对象既有强势群体，也有弱势群体。弱势群体主要是指在社会上处于经济、社会不利地位的人群，即老弱病残贫人群，综合交通运输系统必须为这些弱势群体提供基本的可达性，不至于损害相应群体的权利。

---

[①②] 交通运输部科学研究院：《"胡线"两侧交通情况变化及趋势》，《交流报告》，2017 年。

## （一）生理性弱势群体面临的交通公平问题

生理性弱势群体主要包括老、幼、病、残、孕等，在交通方面他们比普通人受到更多的限制，一般的交通设施和服务方式难以满足其基本交通需求。这一群体只有在无障碍的交通环境中才能享有和普通人群平等的出行机会和出行条件。

我国无障碍交通环境建设起步较晚，已建成的公共建筑、道路设施大多数都是按照健全成年人的行为模式和使用习惯进行设计的，而老、幼、病、残、孕这些生理性弱势群体较难正常使用。虽然已经制定了《城市道路和建筑物无障碍设计规范》等文件，但相关政策的执行力度不够，无障碍交通设施的设计和开发还有待于完善，现有无障碍交通设施的管理还有待规范化，公众的无障碍交通意识也比较淡薄。由于上述问题的存在，我国生理性弱势群体的出行特别是单独出行仍面临较多困难，有些基本交通需要得不到有效满足。

## （二）经济性弱势群体的交通问题

经济性弱势群体主要指低收入者，他们对交通服务价格的承受力差，受自身经济条件约束，可选择的交通方式相对较少。随着社会的进步，这一群体的出行次数与出行距离都在逐步增长，交通需求不断提高，需要更多大众化、经济型的交通方式来满足其需求。但如果交通运输的发展片面追求高速、豪华，导致票价贵、买票难的现象逐年加剧，这部分弱势群体的交通权益就会受到一定程度的损害。

## （三）城市交通中不同群体路权分配的不公平

其一是行人路权。目前交通运输设施规划上"重车轻人"现象比较严重，建设的更多是"车性"的交通运输系统而非"人性"的交通运输系统，重视车行道的建设，轻视行人道路系统的建设，轻视行人横过道路设施的建设。此外，一些城市中的便道往往被摆摊、广告柱等占用了，行人行路十分不便，危险性也比较高。

其二是自行车路权。在环保、安全日益成为时代主题的今天，重视发展自行车道也是以人为本的必然要求，自行车曾经一度是我国城市最主要的交通方式，但它的路权却一度难以得到保障，因为随着城市交通结构的变化，机动车道日益挤占非机动车道的空间。当然，近年来又开始出现自行车逐渐回归的动向。

## 三、城乡间存在的不平衡问题

城乡间存在的交通不平衡问题，也即农村交通问题，与前述区域间存在的交通不平衡问题和社会群体间存在的交通不平衡问题有交集，但又有自己的特殊性。农村交通既涉及与城市不同的区域空间差异，也涉及与城市人口不同的群体间差异，但其所关系的人口数量和比重之大，所覆盖的地域面积总和之大且问题特性之复杂，和其在国家发展进步中所具有的意义，都使其必须得到特殊关注。实际上，农村交通在进入 21 世纪以后就一直是中国政府下大力气着力解决的问题之一。

根据国家统计局发布的中国人口数量有关数据，2017 年全国农村人口数量有 5.77 亿人，占比 41.48%。这是官方统计的农村人口，此外还有研究讨论过 2015 年末全国总人口 13.7 亿人，城镇常住人口 7.7 亿人，农村人口 6 亿人，但为什么说"我们还有 9 亿农民"？解释是按照政府的统计标准，凡是在城市连续居住 3 个月以上就被统计为城镇常住人口，而当前进城打工的农民工约为 3 亿人，这 3 亿进城农民工的绝大部分人的土地在农村，父母在农村，房子在农村，特别是户口也在农村，因此还不是真正意义上的城市居民。这种解释有一定道理，因此可以理解国家近年出台了不少政策要加快转变农民工的市民身份。也就是说，尽管我国的城镇化比重已接近 60%，但实际上多数人口的生活仍旧与农村保持着相当密切的联系。

在大体弄清农村人口的情况下，还必须了解究竟什么是农村。根据国家民政部统计，截至 2017 年底全国共有 14677 个乡和 19522 个镇，乡镇以下是 69.15 万个行政村和 261.7 万个自然村。行政村是国家按照法律规定而设立的农村基层管理单位，其组织形式是作为村民自治组织的村民委员会。行政村下设若干个村民小组，村民小组通常是以自然村划分的。也就是说在一般情况下，一个行政村管理若干个自然村，但也有规模较大的一个自然村为了管理方便被划分为几个行政村的，当然还有一个自然村就是一个行政村的。

一个行政村的人口通常在七八百至四五千人之间，典型的平均规模是 250 户左右，1000 人左右。自然村则是指我国农村地区的自然聚落，自然村的规模大小悬殊，北方平原地区的自然村通常比较大，南方丘陵水网地区的自然村通常比较小，山区和西部地区的自然村通常人口也比较少。若干年前有数据说最大的自然村在河南省兰考县，有 2720 户、12337 人；而湖北省江陵县平均每个自然村只有 8 户、33 人。经省市级国家机关批准设置的行政村也被称为建制村，因此行政村的数量是基本稳定的。但自然村的数量变化较大，据说改革开放初期全国差不多有 400 万个自然村，很多边远或偏远贫困村庄已经消失。除了生态条件等方面的原因，交通不便也是导致这些村子衰落以至于消失的重要因素[①]。

至于农村公路，在我国通常是指县乡公路和通村公路。国家有关部门也对农村公路下了定义：农村公路一般是指通乡镇、通行政村的公路；其中通乡镇公路是指县城通达乡镇以及连接乡镇与乡镇之间的公路；通行政村公路则是指由乡镇通达行政村的公路。1978 年，中国农村公路里程只有 58.6 万公里，大量乡镇和村庄都不通公路。改革开放后国家高度重视农村公路建设，先后出台多项相关政策，为乡村公路提供制度性保障。到 2018 年底，农村公路总的里程已经达到 405 万公里，占全国公路总里程的 83.5%，有 99.64% 的乡镇和 99.47% 的建制村通

---

① 张天佐：《我国乡村治理模式变迁及发展》，载于《乡村振兴》2021 年第 6 期。

了硬化路，有99.1%的乡镇和96.5%的建制村都通了客车。

农村交通问题应该放在农村、农业、农民这个"三农"问题的大背景下来看。有研究认为，"三农"问题是在历史形成的二元社会中，城市不断现代化，第二、第三产业不断发展，城市居民不断殷实，而农村的进步、农业的发展、农民的小康相对滞后的问题。"三农"问题是农业文明向工业文明过渡的产物，无论是发达国家还是发展中国家都有过类似的经历。实际上"三农"问题当前在我国尤为突出，主要表现在一是我国农民数量多，解决起来规模大；二是国家工业化的进程单方面独进，"三农"问题积攒的时间长，解决起来难度大；三是城市政策设计带来的负面影响和比较效益已变得凸显，"三农"问题解决起来更加复杂。

解决"三农"问题与扶贫有密切关系，因为我国贫困人口大多数生活在农村。改革开放以前的扶贫主要是采取政府发放救济款资助生产和"以工代赈"等措施。1978年以后，适应农村经济体制改革的形势，开始有组织、有计划地依靠国家、集体力量和群众互助，扶持贫困户发展生产和商品经济。1986年起国家开始实施大规模扶贫开发政策，从上到下正式成立了专门扶贫机构，并相继划定了几百个国家级贫困县。后来又划定了包括老根据地、少数民族地区和边远山区的18个集中连片贫困地区，进行强化扶贫，以解决这类地区生活条件差、生产力发展缓慢、文化落后，甚至部分农民温饱尚未完全解决的问题。

2000年，基层干部反映的"农民真苦，农村真穷，农业真危险"的问题，再次引起中央对"三农"问题的关注，并开始将解决"三农"问题视作是全国改革的焦点问题和"全党工作的重中之重"。2005年，党的十六届五中全会作出了加快社会主义新农村建设的决定，明确统筹城乡发展和以工促农、以城带乡、缩小城乡差距、全面解决"三农"问题的基本策略。2015年的中央扶贫开发工作会议将消除贫困，坚决打赢脱贫攻坚战，确保到2020年所有贫困地区和贫困人口一道迈入全面小康社会，逐步实现共同富裕，作为对中国人民的庄严承诺。

在这样一个背景下，我国农村公路的建设得到巨大发展。根据回顾，2002年国家把加快农村公路建设作为服务社会主义新农村建设的重要抓手，有关部门加大了对农村公路建设的投资力度，开始了农村公路建设热潮。2005年，《全国农村公路建设规划》正式发布，提出到2020年全国具备条件的乡镇和建制村修通沥青或水泥路。同年，国务院公布了《农村公路管理养护体制改革方案》，明确了各级政府的工作职责。有研究机构的调研结果表明，农村公路在农村建设中享受率、满意度和关注度均列前位，是农村地区面貌变化最大的领域之一。

针对农村公路建设、养护中存在的问题，国家近年来仍旧继续增大关注力度。2015年交通运输部印发《关于推进"四好农村路"建设的意见》和《农村公路养护管理办法》，将"建设好、管理好、养护好、运营好"作为今后一个时期全国农村公路工作的核心任务。2017年，国务院办印发《关于创新农村基础设施投融资体制机制的指导意见》，其中明确农村公路建设、养护、管理机构运行经费及人员基本支出纳入一般公共财政预算。2018年，交通运输部印发《农村公路建设质量管理办法》，明确我国农村公路建设工程要实行质量责任终身制。2019年，国务院发文进一步部署深化农村公路管理养护体制改革，着力解决"四好农村路"建设中管好、护好的短板问题。

显然，改革开放以来我国的农村公路和农村交通已经有了很大改善，"要想富先修路"的理念也早已成为人们的共识。但农村公路和农村交通领域仍旧存在很多问题，包括农村公路普遍路况差、宽度不够、缺少排水措施，特别在欠发达地区和山区，坡陡、弯急、缺桥少涵，抗灾能力差；农村公路安全防护设施历史欠账多，机动车安全性能不高；交通安全监管和安全意识薄弱，交通安全形势严峻；农村客运服务受客流、路况、成本等因素影响，缺乏发展后劲和动力，如果自然村与行政村距离较远，那么农民的出行和交通还是会有很多不便或困难，一些山区小学生每天上学放学都要徒步几个小时，有些途中还要跋山涉水；农村交通还不光是农民的出行问题，作为农、林、牧、副、渔业生产所需要的种子、化肥、农药、机械以及各种农、林、牧、副、渔业产品的运输与交易问题都需要解决；建养资金不足的矛盾仍旧尖锐和突出，县级政府的主体责任与其财力难以匹配。因此，当前农村交通基础设施和运输服务的短板依然明显，农村公路高质量发展，交通运输在服务和支撑乡村振兴战略实施中仍有很多工作要做。

## 第三节　基本公共服务均等化与交通事权

### 一、基本公共服务均等化

交通运输的公益性实际上与基本公共服务均等化有非常密切的关系。所谓基本公共服务，是指政府使用公共权力或公共资源提供与人民群众密切相关的基础性和必需的公共产品与服务。基本公共服务覆盖全体公民，满足公民对公共资源最低需求的公共服务，涉及义务教育、公共卫生、医疗保险、公共安全、劳动就业、社会保障、基础设施、环境保护、科学技术、公共文化体育、国防外交等方面。所谓基本公共服务均等化，是指建立在一定社会共识基础上，根据一国经济社会发展阶段和总体水平，为维护国家经济社会的稳定和凝聚力，保护个人的基本生存权和发展权。政府及其公共财政要为不同利益集团、不同经济成分或不同社会阶层提供一视同仁的公共产品和服务，其目的是逐步缩小城乡之间、不同区域之间、不同群体之间的基本公共服务差别，促进社会公平。

2006年，第十二届全国人民代表大会第四次会议和党的十六届六中全会都从公共财政体系建设的角度提出了"逐步推进基本公共服务均等化"的任务。2010年，"十二五"规划中就已经包括加强社会建设，建立健全基本公共服务体系的内容，要求着力保障和改善民生，逐步完善符合国情、比较完整、覆盖城乡、可持续的基本公共服务体系，推进基本公共服务均等化。要提高政府保障能力，加强社会管理能力建设，创新社会管理机制，切实维护社会和谐稳定。2012

年，国务院出台《国家基本公共服务体系"十二五"规划》，基本公共服务范围一般包括保障基本民生需求的教育、就业、社会保障、医疗卫生、计划生育、住房保障、文化体育等领域的公共服务，广义上还包括与人民生活环境紧密关联的交通、通信、公用设施、环境保护等领域的公共服务，以及保障安全需要的公共安全、消费安全和国防安全等领域的公共服务。

2017年，国务院又推出了《"十三五"推进基本公共服务均等化规划》，进一步明确基本公共服务是由政府主导、保障全体公民生存和发展基本需要与经济社会发展水平相适应的公共服务。基本公共服务均等化是指全体公民都能公平可及地获得大致均等的基本公共服务，其核心是促进机会均等，重点是保障人民群众得到基本公共服务的机会，而不是简单的平均化。享有基本公共服务是公民的基本权利，保障人人享有基本公共服务是政府的重要职责。国家基本公共服务制度框架如图15-1所示。

**图15-1 国家基本公共服务制度框架**

资料来源：国务院：《"十三五"推进基本公共服务均等化规划》，2017年。

近年来，我国已初步构建起覆盖全民的国家基本公共服务制度体系，各级各类基本公共服务设施不断改善，国家基本公共服务项目和标准得到全面落实，保障能力和群众满意度进一步提升。同时，我国基本公共服务还存在规模不足、质量不高、发展不平衡等短板，突出表现在：城乡区域间资源配置不均衡，硬件软件不协调，服务水平差异较大；基层设施不足和利用不够并存，人才短缺严重；一些服务项目存在覆盖盲区，尚未有效惠及全部流动人口和困难群体；体制机制创新滞后，社会力量参与不足。

根据规划安排，国家基本公共服务制度要紧扣以人为本，围绕从出生到死亡各个阶段和不同领域，以涵盖公共教育、劳动就业创业、社会保险、医疗卫生、社会服务、住房保障、文化体育、残疾人服务等领域的基本公共服务清单为核心，以促进城乡、区域、人群基本公共服务均等化为主线，以各领域重点任务、保障措施为依托，以统筹协调、财力保障、人才建设、多元供给、监督评估五大实施机制为支撑，是政府保障全民基本生存发展需求的制度性安排。

实现基本公共服务均等化是一个长期的动态过程，是随着经济社会的发展和体制制度的完善而逐步实现的，必须从实际出发，分步骤逐步推进。有研究认为，首先要实现底线基本公共服务的均等化供给。所谓底线基本公共服务，即与一定的经济社会发展水平相适应，保障居民个人的基本生活与发展权利所必不可少的公共服务。推进这类基本公共服务均等化，要从低水平、广覆盖开始，将基本公共服务的受益人群逐步扩大。

交通运输是基础性、先导性产业和服务性行业，其最终产出是为社会生产生活提供交通基础条件和客货运输服务，是经济社会发展的重要公共基础设施，是改善民生的重要领域，也是居民享受其他基本公共服务的重要基础。因此，也应该推进交通运输领域基本公共服务的均等化，坚持以人为本、民生为先，以便民、利民、惠民作为根本出发点，加强交通运输基本公共服务体系建设，为人民群众提供品质更优、效率更高的交通运输服务，不断提高服务保障民生的水平，是当前和今后一个时期交通运输改革发展的重点任务。

由于交通运输分为交通基础设施和运输服务两个大的领域，因此有研究认为应该从这两个方面分析交通运输的基本公共服务。交通基础设施领域的普通公路、农村公路、少数民族地区公路、渡口、相应铁路、机场、港口和枢纽场站等，运输服务领域的城市公交、城乡客运、农村货运、邮政服务及出行信息服务等，都具有基本公共服务的特性，完善交通基础设施和改善运输服务的任务仍旧很重。

## 二、交通权的概念

随着我国政府职能向服务型政府转变，基本公共服务均等化也在逐步落实之中。但目前我国基本公共服务的范围主要是涵盖出生、教育、劳动、养老等领域，针对衣食、居住、健康、文体等需求，而在交通领域的基本服务还没有得到强调，与国际上通过立法确立交通权的趋势也还有一定差距。

在西方国家的运输政策中可以看到一些属于公益性运输的处理办法。例如，在英国1930年的公路运输法中，有关公路运输执照的条款就包括公共需要的概念，并被解释成是与有效市场需求不同的服务，由于经营者可能在这种营业中亏损，因此有权获得补贴。英国1968年的运输法中更是明确规定，有222种运输服务由于社会原因造成的财务亏损可以由政府补贴；20世纪70年代开始要求满足老人和残疾人的交通需要，并明确社会运输需要"包括人们作为现代社会成员所必需的工作、采购、休闲和其他活动的运输需要"；英国1985年的运输法又授权各地方政府对城乡公共汽车给予补贴。其他欧美国家也都有类似的补贴政策。

但一般认为1982年的《法国国内交通基本法》最先提出了"交通权"的概念。在该法中，交通权具体包括四方面的权利：居民自由移动的权利；自由选择交通手段的权利；自己运输或委托运输财产货物的权利；获得交通手段的相关信息及使用方法的权利。法国 2010 年《交通法典》又对交通权的内涵进行了补充和完善，增加了对环境因素的考虑，要公开公共交通的成本与价格，对于弱势群体的出行提供经济上的帮助，政府是公共交通的责任者等法律条款等。交通权逐渐成为法国制定交通政策与法规的基本支柱之一，同时形成交通负担金制度保障交通权的实现。其他欧美国家及韩国等也进行了相关的交通权立法活动，支持以公共交通为主要内容的高水平居民出行。

经历多年曲折过程，日本《交通政策基本法》在 2013 年由众参两院通过并实施，被认为是该国交通立法领域的一个重要事件。实际上，日本有关方面是主张学习法国通过交通基本法确立公民的交通权。但之前法案中对交通权及其"国民健康及最低限度的文化生活运营所必需的移动，以及国民日常生活与社会生活运营中所必要的移动、物资的快捷流通和其他国民对于交通的基本需要"的定义性表述最后未能在法条中正式出现。

据分析，日本各方在交通权立法上的主要分歧，一是若要通过交通基本法强调交通权就必须有相应的财政支持，而日本尚没有相应的税种而且增税难度很大；二是法国交通基本法通过后，进一步增加了地方政府的权力，而日本当下似乎并没有做好这方面应有的准备。但各方还是认可在交通政策基本法的制定中向前迈出了重要步伐，此后可依据该基本法进一步修订相关交通运输的法令与政策措施，内阁与国土交通省也依法获得了扩大财政预算完善交通政策的责权。

该法所阐述的交通政策基本理念包括：（1）交通是确保国民具有独立的日常生活及社会生活、实现区域间交流、国际交流和物资顺畅流通、促进国民生活安定与提高及国民经济健康发展不可缺少的重要部分；（2）必须针对人口减少、生育率降低和老龄化等问题采用相应对策，保障和提高交通满足国民生活基本需求、强化国际竞争力及区域经济振兴所需要的机能；特别要尽可能避免大规模灾害过程中交通机能的低效，并迅速恢复所要求的顺畅交通；（3）必须减少交通对环境的负面影响，维护和保障国民能够拥有健全的环境；（4）必须推进各种交通方式的适当分工及有效协作，要以各种交通设施及运输服务的竞争及国民自由选择为基础，针对各自的特点分担责任，实现有机、高效的协作；（5）要促进国家和地方政府、运输业者、交通设施管理者、居民及其他相关者在实现相关政策中的相互协作与联动。

2015 年，日本内阁通过《交通政策基本规划》，该规划包括大量落地项目，如区域公共交通网形成的项目总数到 2020 年达到 100 件，铁道事业再实施项目由 2013 年的 4 件增加到 2020 年的 10 件，地方基本需求项目涉及的市町村由 2013 年的 311 个增加到 700 个，区域公交线路由 2013 年的 11684 条增长为 17000 条，无障碍化公共汽车覆盖率由 44% 提高到 2020 年的 70%，交通卡互联互通则覆盖到全国。过去财务效益比较差的地方性交通项目很难列入规划，但目前一些公益性强的乡镇公共交通已成为规划的主要内容。

### 三、交通事权与支出责任的划分

交通运输基础设施的建设和运营，以及各类客货运输服务的提供，其责任主体是分层次、分地域的。因此，与交通运输有关的行政事权、财权、财力、支出责任及其相互关系是国家现代治理体系与能力的重要组成部分，也是交通运输得以合理发展和有效运营的必要条件。其中事权是一级政府对其辖区公民应尽的提供公共服务的职责；财权是政府为履行公共服务职能而应该拥有的财政资金的筹集权，包括征税权、收费权、资产收益权、发债权等；财力是政府为履行公共服务职能而拥有的所有可支配的财政资金，一般等于由财权取得的收入加上级政府的转移支付；而支出责任是政府履行财政事权的支出义务和保障。

由于实践中事权与财权匹配所要求的条件比较严格，因此我国实行事权和支出责任相适应的制度。划分各个领域包括交通事权和相关支出责任的原则一般包括：体现基本公共服务受益范围；兼顾政府职能和行政效率；实现权、责、利相统一；激励地方政府主动作为；做到支出责任与财政事权相适应。体现国家主权、维护统一市场及受益范围覆盖全国的基本公共服务由中央负责，地区性基本公共服务由地方负责，而跨省（区、市）的重大项目建设维护与部分社会保障事务则由中央与地方共同负责。

2019年，国务院公布交通运输领域中央与地方财政事权和支出责任划分改革方案。该方案着力解决：（1）在完善中央决策、地方执行机制的基础上，适度加强中央政府承担交通运输基本公共服务的职责和能力，落实好地方政府在中央授权范围内的责任，充分发挥地方政府区域管理优势和积极性，保障改革举措落实落地；（2）提高交通运输基本公共服务供给效率，着力解决交通运输领域发展不平衡不充分问题，不断增强人民群众的获得感、安全感；（3）遵循交通运输行业发展规律，充分考虑行业特点，对运转情况良好、管理行之有效、符合行业发展规律的事项进行总结和确认，对存在问题的事项进行调整和完善，稳步推进相关改革。

该方案划分了公路、水路、铁路、民航、邮政、综合交通六个方面的中央与地方财政事权和支出责任。考虑到我国人口和民族众多、幅员辽阔、发展不平衡的国情和经济社会发展的阶段性要求，需要更多发挥中央在保障公民基本权利、提供基本公共服务方面的作用，因此应保有比成熟市场经济国家相对多一些的中央与地方共同财政事权。在已公布的其他基本公共服务领域，在教育和医疗卫生两个领域的中央与地方财政事权和支出责任划分改革方案中，对属于中央与地方共同财政事权的事项，其支出责任及分担方式都明确划分了中央与地方按比例分担的具体档次和比例。但在交通运输领域中央与地方财政事权和支出责任改革方案中，各类被列为中央与地方共同事权的事项，如包括干线铁路的建设、养护、管理、运营的组织管理等，都未明确中央和地方支出责任的具体比例，反映出对交通领域共同事权的复杂性仍需进一步认识。

## 第四节 公益性运输的激励机制

### 一、激励机制的基础

运输业具有一定的公益性,参与项目建设和运营的运输企业有些由于项目自身的经济属性而难以实现收支平衡。政府可以通过激励性规制手段,提高公益性运输的运营效率,降低企业成本,同时减少机会主义行为,使资源的利用效率得到提高。而经济学机制设计的基本原理则包括激励相容和信息有效,即参与者按照自利原则所达到的效果能与机制设计的目标一致,以及机制运行所需要的信息与成本最低。

激励性规制是政府或监管部门给予受规制者合理竞争压力和提高生产经营效率的激励。通过放松进入退出规制、灵活价格制定及在产品生产领域给予企业更多自主权等方式,在利润最大化动机条件下,激励企业利用自身优势,主动提高内部生产、运营、管理等各环节的效率,降低生产运营成本。激励性规制的设计既要调动企业生产经营的积极性,又要防止企业滥用相机抉择权、攫取信息租金。激励性规制通过建立合理的风险分担机制,调整政府与企业所承担的责任,降低公益性运输项目负债率,使双方本着互惠、双赢的理念,根据承担能力建立合理的风险分担机制。

政府部门调整自身的定位,扮演好监督者的角色,建立绩效考核机制,防止运输企业为了追求最大利益而放松安全标准,从而维护公共利益。社会资本与运输企业在享受政府的优惠政策时,积极履行合同义务,提供更优的服务。公益性运输的激励机制可以分为外部补贴激励机制、内部补贴激励机制、价格机制三个维度,如图15-2所示。

图15-2 公益性运输的激励机制

补贴是指国家通过提供财政援助维护一项事业或项目发展的行为。从传统意义上讲，补贴是针对特定群体、行业或地区的政府财政转移，接受补贴的可以是个人、组织、企业、行业或者地区，补贴可以给接受者带来收益。但我们认为补贴是一个广义的概念，传统意义上的财政补贴是补贴的狭义形态，凡是具有外部效益内部化性质的政策其实都是补贴，既包括类似于"庇古税"的外部补贴，也包括类似于"科斯产权解"的内部补贴，还包括具有将受益在供给者和使用者之间转移功能的价格机制。

外部补贴机制是指政府根据公益性运输的外部性，通过税收政策、财政补贴等方式，在兼顾公平与效率的前提下，激发项目社会投资者的积极性，提升公益性运输的收益，也叫公益性运输的外部激励。

内部补贴机制是指增加公益性运输提供者的整体收入，提高项目的经营性水平，包括票价收入+广告收入、交通土地综合开发等多元化经营方式的共同收入。在公益性运输服务合理定价的基础之上，提高社会投资者的收益分担比例，从而降低机会主义行为，也称为公益性运输的内部激励。

价格机制是指以社会总福利最大化为目标，确定公益性运输的最优定价水平和机制。使用者付费票价是影响消费者剩余和社会投资者利益的关键因素，因此确定最优的定价水平对公益性运输的激励机制尤为重要。外部补贴价格机制是当公益性运输的收入来源为使用者付费加政府补贴时，在整体运输项目中选出一个或几个业务，这些选中业务的价格（指使用者付费价格）的设计要满足社会福利最大化。

## 二、外部补贴激励机制设计

外部补贴机制中政府通过税收政策和财政补贴实现对公益性运输的激励（见图15-3）。以明确的财产界限为前提，政府在平衡公共利益时，干预运输企业及社会投资者追求经济利益的行为，通过财政补贴或税收政策来增加运输项目的

**图 15-3　公益性运输的外部补贴激励机制**

运营收入,从而实现对公益性运输的激励。合理的外部补贴机制,需要满足一定的约束条件并发挥激励作用。制定外部补贴激励机制时的约束条件有:政府要从社会福利最大化角度出发,在保障资源充分利用的基础上制定合理的补贴机制;作为公益性服务的一种,提供运输服务时的票价不能太高;由于预算有限,运输企业要考虑如何充分利用有限的资金实现基础设施的建设、车辆等固定资产的购买及维修、服务质量的提升、员工薪金的发放等。

### (一)基于税费的公益性运输激励机制

基于税费的公益性运输激励机制,是以第三方为中介,实现公益性生成方和公益性得益方之间的转移支付。推荐的主要方案包括特别收益估价、分列税率土地价值税、税收增额融资、物业税制度下增值效益返还等。

**1. 特别收益估价**

根据收益的不同,建立特别收益评估区,使基础设施和公共服务设施的运行维护成本按照一定比例的投资进行分配,以达到回收投资的目的。例如,轨道交通站点的建设有助于提高周边地区的可达性,有助于吸引人们参与各种经济活动,因此,可以相应划分铁路站点的特别收益评估征税区,对受益地区的特定群体征收相关费用。20 世纪 80 年代,美国洛杉矶市为了筹集地铁建设资金,设立了两个特别收益评估征税区,对地铁站点 1/3 英里半径内的物业征收税费,征收额度基于地铁线路的建设能够引起的土地预期收益,并按照一定比例予以确定。宾馆、商业和写字楼等建筑用地的收费额度根据实际的建筑面积进行计算,两个特别收益评估征税区的收费时间是从 1985 至 2007 年,回收的总资金约占地铁建设总成本的 9%。[①]

**2. 分列税率土地价值税**

一般财产税结合土地与财产来综合评估和征税,为确保运输基础设施的顺利引进和良好的服务质量,既能实现高品质的回收利用,又不会影响土地开发商的积极性,解决办法是将一般财产税转换为分列税率的财产税。前者将土地税与房屋税相结合,税率相同;后者采用土地和房地产的双重征税制度。

**3. 税收增额融资**

税收增额融资是指地方政府将特定地区因未来建设开发所增加的税收作为现在建设项目的融资担保,先行筹措建设经费。待实施期间内税收实现后,再予以偿还融资借款,即地方政府利用未来租税增额作为融资担保,进行公共投资与建设,借以促进计划地区的社会投资,是扩张税基产生租税增额的一项公共财政工具。可以将轨道交通站点周边划分为"实施税收增额融资政策的区域"与"没有实施税收增额融资政策的区域"两类地块分别征税。

---

① Alvaro C., "Using Land Value Capture to Fund Rail Transit Extensions in Mexico City and Santiago de Chile", Massachusetts Institute of Technology, 2004.

**4. 物业税制度下增值效益返还**

物业税是一种间接税，是财产税的分支，主要是对物业征收的一种税。它是抽取现有房地产税、土地增值税和土地租赁费合并为统一征收的物业税，是政府与房地产业主之间的收入分配方式。这种做法的优点是：使物业税的税率易于调节；物业税金额与经济增长有关；当经济增长迅速时，相应的税额将会提高，否则会下降。交通运输项目将带来项目周围区域的增值效益，同时也会增加政府的物业增值税收益，可以作为补贴投入项目中。

**（二）基于财政补贴的激励机制**

财政补贴政策是政府为实现具体的社会经济发展目标而提供的财政资金。因此，制定财政补贴政策的目的是优化外部效益分配。建立财政补贴机制的目标可以从保障运输公益性、维持运输企业正常运营、提高服务质量、提高补贴资金效益四个方面来确定。从补贴的角度来看，这意味着提供公益性运输的企业实际收入增加，企业内部财务状况好转。财政补贴的本质是协调企业需求和公共需求，这是政府经济功能的延续。政府通过干预微观经济实体的活动，以维护公共利益，使公益性运输业务成本得到直接补偿。例如国家对青藏铁路格拉段的财政补贴、北京市对北京地铁四号线的财政补贴等。

## 三、内部补贴机制设计

内部补贴的主要手段在于，政府给予运输企业除运输主业外更大的经营权限，扩大其经营范围，如站点物业开发、交通土地一体化开发、广告传媒经营等，以增加企业经营收入，提高企业盈利能力。政府通过控制运输企业的多元化经营，从内部补贴层面实现对公益性运输的激励。

基于开发的公益性运输激励手段，需要组建法人形式或者契约形式的利益共同体，推荐的方案有：（1）联合开发分配方案，包括法人模式、协议模式、"法人+协议"模式，可以适用于运输企业不拥有或不完全拥有土地产权的情形；（2）自主开发方案，是指运输企业拥有土地所有权的情形，具体包括自持物业和外包，如图 15-4 所示。

**图 15-4 基于开发的内部补贴激励机制实现方案**

### (一) 联合开发与协议分配

(1) 法人模式。这种开发方式通过成立项目公司进行开发经营，土地权属转移至项目公司。运输企业与地方政府、开发商及其他投资方联合形成开发主体实行联合开发，土地权属转移至项目公司。在进行开发工作时，项目公司是开展一切工作的法人主体，如办理手续、组织建设活动等，它是一个有限责任公司，承担的责任以其注册时的资本为上限。对于所得收益，按照出资的比例予以分配（类似股权分配制度）。

(2) 协议模式。该方案是指由公益性运输的合作各方按照合同约定进行合作，不需要成立新的公司法人，土地所有者仍然享受土地的所有权利，但是合作方可以根据签订的合同条文来对土地进行合理的开发；各方的权利和义务约定于合同；关于投资安排，可要求各方共同投入、共担风险、共享收益，可一方出地、一方出资，按协议约定分配收益。例如，香港地铁采取协议型模式与开发商进行地铁的建设和沿线物业的合作开发，土地是划归在香港地铁的名下，开发商则负责全部投资与具体开发操作。

(3) "法人 + 协议"模式。该方案是指在协议型合作框架下，根据需要共同成立法人开发公司，但土地所有权不发生变更，按协议约定比例，共同投入、共同分担风险和收益。例如，台北捷运公司为获得建设用地，选择与其他运营商联合开发的方式建设场站及联合开发大楼，各投资人依土地和投资比例来分配开发建筑面积。

### (二) 自主开发

(1) 自持物业。这是提供公益性运输服务的企业拥有土地完整产权前提下的选择之一。具体包括两种方案，一是运输企业拥有站区土地完整产权的自持物业开发，例如 JR 东日本公司自主开发东京站，使得车站区域成为集交通枢纽和商业中心于一体的城市综合体。二是政府拥有站区土地的所有权，运输企业特许拥有土地开发权的综合物业开发，例如中国台湾地区桃园高铁站 50 年的站区开发项目。

(2) 外包。这是运输企业拥有土地完整产权前提下的另一个选择，是特许经营或者委托管理思想的实践。共有两种外包模式：一是所有权外包，运输企业将土地的所有权委托给地方政府，由地方政府全权负责，运输企业作为股东按照出资比例获得收益。二是开发权外包，运输企业以招标形式确定开发公司，自己拥有所有权，从开发收益中获益。

## 四、价格机制设计

在社会环境、制度环境、市场环境运转良好的条件下，公益性运输价格机制的设计应兼顾社会资本与公共使用者之间的利益，在社会资本能够获得合理回报的情况下，保证使用者利益不受损害，最终使社会总福利最大。公益性运输价格机制设计基本原理如图 15-5 所示。公益性运输定价的基本原则包括：合理的可负担水平；合理的总成本补偿；合理的回报机制；服务质量与价格匹配；具有上限的动态调价。香港地铁长期按照"审慎商业原则"经营，且在地铁票价上引入根据市场通胀或通缩水平的政府监管机制。2014 年，北京市公共电汽车和轨道交通价格也开始实行激励性动态调整机制。

**图 15-5　公益性运输价格机制设计原理**

总之，我们需要从过去谈公益性就仅关注狭义的财政补贴、容易将所有经营亏损都归结为公益性、且只片面强调公益性或经营性，转变到实行公益性运输的激励机制。更多关注包括以税费为主的外部补贴、以综合开发为主要形式的内部补贴和价格机制的"广义补贴"；更多关注以公益性运输本身属性为内界，以其影响区域或影响群体为外界，以其运营期为考察期的"有限公益性"；更多关注公益性与经营性平衡机制。

---

**专栏 15-1**

## 公共物品与公益性的区别

有些学者将公共物品与公益性混淆了，因此有必要就公共物品与公益性之间的关系做一下说明。公共物品是一种具有非竞争性和非排他性双重性质的物品，其判定条件更多的是客观标准；而公益性主要体现的是外部性概念，是成本补偿问题。可以完全通过市场补偿成本和投资，就具有 100% 的赢利性；必须通过政府补贴才能补偿成本和投资，就带有了公益性。公益性的多少或程度常常是人为确定的，不同政策指向会导致公益性水平的变化。世界各地城市轨道交通的公益性程度表现就不同。北京市 2007 年为强调支持公共交通的政策，降低票价增加补贴，致使北京地铁的公益性程度明显左移，而 2014 年公交提价又使得地铁公益性的程度右移（见图 15-1-1）。香港地铁成功实行"谨慎的商业原则"，成为全球范围内少数能够自负盈亏且回收投资的经营主体，但其仍需要政府给予土地开发政策，说明也不能做到百分之百的盈利性。

```
公益性        公益性       公益性       有一定       盈利性
为主          较多         居中         盈利性       为主
                                                  盈利性
公益性                                           (外部性内部化)

免费乘车全    票价只覆盖    不提折旧     只提部分     全成本票价    项目
额补贴        部分变动成本              折旧                       盈利

个别          目前多数欧美              北京         上海   东京    香港   早期欧美
案例          城市地铁                  地铁         地铁   地铁    地铁   城市地铁
                          ←──────
                          2007.10
                                  ──────→
                                  2014.12
```

**图 15-1-1　城轨交通公益性程度**

---

### 专栏 15-2

### 修编的全国民用运输机场布局规划

国务院 2017 年批准了经过修编的全国民用运输机场布局规划，这对我国民航事业和综合交通运输体系的发展都具有重要意义。到 2025 年，全国民用运输机场规划布局 370 个，规划建成约 320 个。建成覆盖广泛、分布合理、功能完善、集约环保的现代化机场体系，形成京津冀、长三角、珠三角 3 大世界级机场群，北京、上海、广州机场国际枢纽竞争力明显加强，成都、昆明、深圳、重庆、西安、乌鲁木齐、哈尔滨等机场国际枢纽作用显著增强，还有 29 个城市的机场成为区域枢纽，航空运输服务覆盖范围进一步扩大。

修编规划中的布局方案根据地域范围划分了华北、东北、华东、中南、西南和西北六大机场群，其中西南和西北规划新增机场的数量高于其他几个区域，体现了机场布局规划向中西部边远地区、民族地区倾斜的意图。对边远地区而言，机场建设是改善其时空可达性的重要基础设施。边远地区一般陆运条件都较差，因此航空成为其得以有效改善可达性和交通区位的有效手段。在运输化和经济发展的一定阶段，有必要通过机场建设显著提升边远地区的可达性，这也是各发达国家都已经历的过程。

还有必要说明的是，从综合交通运输体系的角度看，在今天技术条件已经完全具备的情况下，在西部边远地区修建机场并开通航线或开展通用航空服务，比硬是不顾条件是否具备一律都要修建高速公路特别是高速铁路，经济上要合理得多。对铁路不够经济的运输量对航空就可能变成很有优势的市场需求。例如，每天单向 200 人次的客运量对于高速铁路微不足道，但已经是很好的航线规模。要结合机场建设从政策上扶持支线航空加快发展，改变目前众多中小城市缺少航空服务设施的情况。

资料来源：国家发展改革委、民航局：《关于印发全国民用运输机场布局规划的通知》，2017 年。

> **专栏 15-3**
>
> **交通不便的四川凉山"悬崖村"**
>
> "悬崖村"名叫阿土列尔村，位于四川省凉山彝族自治州昭觉县支尔莫乡，坐落在海拔 1400～1600 米的山坳中，从山底小学到山顶村庄海拔高差近 1000 米。因为道路不通，村民要想进出村庄，最近的路就是顺着悬崖攀爬 17 条岌岌可危的藤梯。因此，阿土列尔村也被称为"悬崖上的村庄"。全村 84 户建档立卡贫困户居住在这里，在专家眼中，"悬崖村"是彝族民众在险恶环境里生存的"活化石"。
>
> 从村里到山下共有三条路可走，一条是从峡谷走，但在夏秋季雨季河水暴涨很危险，另一条山路尽管不陡峭，但很绕道，从村里到山下的小学大概有 18 公里。村民们最常走的是"天梯之路"，长约 4 公里，其中有 13 处峭壁，攀爬全靠藤梯。一些惊心路段，能下脚的地方不到手掌大。据统计，"天梯"共有梯子 17 条，218 级，是昭觉县境内层级数最多的一条天梯。
>
> 2016 年 5 月，媒体报道了"悬崖村"的故事。村里娃娃们背着书包爬藤梯上下学的惊险画面，让人揪心不已。引发社会关注后，当年 11 月，一架钢制新梯代替了老藤梯。村里还接通了通信信号，部分村民靠卖土特产增收……但村民进出依然要爬悬崖，高危并未完全改变，出行依然困难。据测算，为该"悬崖村"修路需要投资 4000 万元，昭觉县一年的财政收入才 1 亿元，而该县不通路的村还有 33 个。
>
> 针对"悬崖村"这种原生环境不宜居，各种设施严重不足的农村，整体易地搬迁是脱贫攻坚的一种行之有效的办法。将村民迁至基础条件较好的地方，生活改善立竿见影，发展前景也更开阔。在精准扶贫政策推动下，2020 年 5 月，阿土列尔村迎来了历史时刻：全村居民将陆续搬迁至县城易地扶贫搬迁集中安置点。其后经双向选择，青壮年可自愿留在"悬崖村"参与旅游项目开发。
>
> 资料来源：曹晓：《四川"悬崖村"陷扶贫困局：修路或搬迁都很难》，载于《新京报》2016 年 6 月 6 日；蒋萌：《悬崖村搬迁，决战脱贫攻坚的缩影》，人民网，2020 年 5 月 12 日。

### 本章思考题

[1] 公益性运输会为社会经济带来哪些正面效应？

[2] 尽可能列举公益性运输的表现形式与分类。

[3] 对"胡焕庸线"两侧国土面积、人口数量、经济总量与交通条件、客货运输量的增长变化做对比分析。

[4] 举例说明城乡间存在的交通不平衡问题，并分析解决农村交通问题的可能措施。

［5］分别举例说明在生理性弱势群体、经济性弱势群体、路权分配中"慢行群体"等方面存在社会群体之间的交通公平性问题。

［6］说明国家提出"逐步推进基本公共服务均等化"任务的时间和背景，并分析其必要性。

［7］举例说明划分不同层次交通事权和相关支出责任的一般原则，以及其中的经济学原理。

［8］分析外部补贴激励机制、内部补贴激励机制、价格机制在公益性运输激励机制框架中的关系。

［9］如何区分判别公益性运输与运输企业社会责任的标准？

# 第十六章

# 可持续交通运输

**本章总体要求**

　　深入了解人类在发展过程中所日益面临的巨大经济、社会与资源环境挑战，以及提出可持续发展理念的意义；领会可持续交通运输（或可持续移动性）的概念；深入了解运输业是外部性显著的部门，掌握交通运输活动外部性及其内部化的经济学分析思路；了解为实现运输外部性内部化而可能采取的各种市场手段和政府行政措施；领会世界各国小汽车低碳化的趋势和各国所采取的主要措施。

### 本章主要内容

- 交通运输的社会可持续、经济可持续和环境可持续的意义及相互关系。
- 可持续交通运输（或可持续移动性）的概念及其提出背景。
- 阐明交通运输在提供大量社会经济效益的同时，也产生了巨大的负面环境影响，包括大量的能源消耗和土地占用、空气污染、噪声、拥挤、交通事故以及生态平衡干扰。
- 对由运输活动所引起的各种噪声、污染物排放、拥挤以及交通事故等的不良影响进行计算和分析的方法，以及相关方法的局限性。
- 将运输活动引起的外部性内部化，是为了降低运输活动的外部成本，使之达到对社会适宜的水平，并减少市场失灵。
- 《巴黎气候协定》等重要文件的主要内容及其在交通运输领域的相关规定，以及主要国家的承诺。
- 如何通过可持续理念实现社会经济、交通运输高质量发展与生态环境保护的双赢。

# 第一节 可持续交通运输的概念

## 一、可持续发展与交通运输的可持续

城市交通可持续发展的三大维度

1972年,"罗马俱乐部"发表了题为《增长的极限》的报告,预言在未来一个世纪中,人口和经济需求的增长将导致地球资源耗竭、生态破坏和环境污染,除非人类自觉限制人口增长和工业发展,否则悲剧将无法避免。这项报告发出的警告启发了后来者。1987年,世界环境与发展委员会在题为《我们共同的未来》的报告中,第一次阐述了"可持续发展"的概念。1992年,在巴西里约举行的联合国环境与发展大会上,来自178个国家和地区的领导人通过了《21世纪议程》《气候变化框架公约》等一系列文件,明确把发展与环境密切联系在一起,提出了可持续发展战略并希望将之付诸为全球性行动。

如今,可持续发展观强调的是经济、社会和自然环境的协调发展,其核心思想是经济发展应建立在社会公正和环境、生态可持续的前提下,既满足当代人的需要,又不对后代人满足其需要的能力构成危害。交通运输是国民经济活动的重要组成部分,它在给经济带来巨大利益的同时,也对生态环境造成了日益严重的威胁,但由于交通运输对社会经济发展具有的重大促进作用,常常使人们忽视由其所造成的直接和间接的环境影响。人类在交通运输方面也需要趋利避害,特别是要建立可持续发展的意识,把自己的运输活动限制在一个合理的水平以内。

要达到人类社会机动性目标和环境目标的协调,唯一的出路是走可持续的道路,人们为此提出了可持续交通运输(sustainable transport)和可持续移动性(sustainable mobility)的概念。可持续运输最终要达到的目标是:保证最佳的运输活动水平和环境友好型的交通运输方式,使其既能满足社会经济发展的需要,又不至于对生态环境造成严重危害;既能满足当代人社会经济福利的最大化,又不至于降低子孙后代的生活质量。有学者认为,可持续运输政策所要取得的效果应该是:(1)提高运输系统的效率,降低运输成本;(2)保证有合适的运输服务满足社会需求;(3)推动区域平衡和贸易的发展;(4)减少环境污染;(5)保护各种动植物的生存环境;(6)保证环境友好型运输方式获得优先发展,鼓励利用公共交通和环境损害小的运输方式;(7)提高安全性,促进社会福利。

也有研究认为可持续的综合交通体系应该具有以下几个特征:综合运输体系具有相当的运输能力及运能储备,能够满足持续发展的经济体当前和未来进一步发展的运输需求;综合运输体系本身是高效率的,能够充分发挥各种运输方式的优点和潜力,减少不必要的损耗,通道处理能力与枢纽处理能力相匹配,交通拥堵和事故可控;综合运输体系中的各种运输方式有机协调,既竞争又合作,达到合理的运量结构、能耗结构和排放结构;综合交通运输体系与自然环境相协调,尽可能地节约利用土地资源、采用清洁能源,减少对空气、水、土壤、野生动植物等生态环境基本元素的破坏。

如果以图 16-1 所示的关系来看，可持续交通运输是人类可持续发展的组成部分，同时包括基础设施、移动设备和服务与组织的完整可持续交通运输，又可以分为社会可持续、生态环境可持续和经济可持续三个方面。其中交通运输社会可持续的内容包含保证安全、健康要求、促进社会稳定、机会可期和公平正义；交通运输环境可持续的内容包含稳定气候变化、空气质量、噪声控制、土地综合开发以及各种资源的再利用；交通运输经济可持续的内容则包含能够有效支持经济增长、就业与繁荣、具有竞争能力、保持自身合理的价格和财务良性。

**图 16-1 可持续交通运输**

资料来源：Jean-Paul Rodrigue. *The Geography of Transport Systems*, 2020。

交通运输的社会、环境和经济三个可持续相互支撑，缺一不可。由于前面的章节已经在一定程度上涉及过交通运输的社会可持续和经济可持续问题，这里我们用少量篇幅再简单强调一下这两点，本章的其余各节将重点讨论交通运输的资源与生态环境可持续问题。

## 二、交通运输的社会可持续

随着我国经济的快速发展和人民生活水平的不断提高，人们的出行需求急剧增长，各种交通工具数量大增，交通矛盾亦趋尖锐。因此，为适应我国经济高质量发展和构建和谐社会的要求，要对交通协调和可持续发展问题进行深入全面研究，从安全、舒适、便捷、低碳、环保、可持续、多样化等特征入手，建立一个和谐发展的综合交通运输系统。

交通运输的社会可持续必须强调"以人为本"的核心思想，要把交通发展的重心，放在满足人民群众的多方面需求和促进人的全面发展上来，把"更好地为公众服务"作为交通工作的核心价值。在交通工作的各个方面，体现对人的关注，体现人性化的要求，注重公众服务安全性、方便性、舒适性、愉悦性的和谐统一，为人民群众提供最大限度的出行方便。

交通运输的社会可持续包含安全、健康、促进社会稳定、机会可期和公平正义等要求，这与我们前面涉及的要解决区域、群体和城乡三个方面交通运输发展不平衡的社会公平性问题一致。要继续采取多种途径、多渠道筹措交通建设资金，加大对西部地区的运输基础设施的投入。要根据社会结构满足群众的出行需要，做到高、中、低档运输产品齐全，不能仅盯住满足富裕人群需求高速、奢华的交通供给，特别要保证社会弱势群体的出行需要。要继续重视农村交通总体上仍不能完全适应农村社会经济发展需要和农民要求的问题。此外，尽管因为宣传和执法力度的不断加强交通事故死亡人数逐年下降，但是绝对数量依然很大，道路交通死亡率仍然很高，交通事故已成为和平时期造成人员伤亡和财产损失最为严重的一种社会灾害，因此必须高度重视交通安全问题。

日本交通政策基本法明确要求在保障国民日常生活及社会生活的运输过程中，尽可能实现人们必不可缺的通勤、通学、通医以及其他人与货物的顺畅交通，采取必要的政策措施确保交通条件落实；要求对于老人、残疾人、孕妇及携带哺乳婴儿的家长等群体在日常生活及社会生活中实现顺畅的交通；针对日本地震多发强调确保发生大规模灾害时由于避难而产生的要求，确保交通设施抗震安全性的提高和具备能够相互替代的交通手段，注重交通机能迅速恢复所需要的相关方合作。

随着经济社会的发展，自然灾害或重大突发事件引发的应急物资运输问题，交通应急运输需求显得更加迫切。应急运输管理对于提高应急响应能力、节约救援时间、降低生命财产损失具有重要的作用，已成为运输管理机构面临的一个新课题。《中华人民共和国道路运输条例》《交通运输突发事件应急管理规定》《道路货物运输及站场管理规定》《道路旅客运输及客运站管理规定》以及各地方政府的有关应急条例，都规定了"当发生交通事故、自然灾害以及其他突发事件，客运经营者和货运经营者应当服从县级以上人民政府或者有关部门的统一调度、指挥""在需要组织开展大规模人员疏散、物资疏运的情况下，交通运输主管部门应当根据本级人民政府或者上级交通运输主管部门的指令，及时组织运力参与应急运输""客货运输经营者应当依法承担抢险、救灾、交通战备等应急运输任务"等。

在2020年新冠疫情期间，交通运输部、国家铁路局、中国民航局、国家邮政局、国家铁路集团、国家邮政集团，按照《传染病防治法》《突发事件应对法》等规定，在国家启动重大突发公共卫生事件Ⅱ级和Ⅰ级响应后，迅速统筹防疫物资、重要的生活物资和生产物资运输，统筹不同运输方式针对疫情防控急需的检测试剂、医用酒精、口罩、防护服、消毒液等，建立专业的冷链物流、危险品运输保障力量，确保急需物资第一时间送达，同时将群众重要生活物资运输和农业生产物资纳入绿色通道，保障了蔬菜、粮油、肉蛋奶、水产品等群众基本生活用品供应，为打赢抗疫战提供了保证。民航局严格按照国务院联防联控机制的部署，及时启动重大航空运输保障机制，安排临时航班协助海外公民回国。

## 三、交通运输的经济可持续

前面已经提到交通运输经济可持续的内容包含能够有效支持经济增长、就业与繁荣、具有竞争能力、保持自身合理的成本、价格和财务良性。这里特别要强调，运输业在实现其社会可持续和资源与生态环境可持续目标的同时，也能够使各类运输企业乃至各个运输行业维持其自身的财务良性，具有长期生存的能力。

运输业发展需要数额巨大的基础设施建设与移动设备投资，运行期间也仍然需要庞大的人力、物力、财力维持各种设施设备的正常运转。在客货运量不足的情况下，各类运输企业都很容易面临现金收益短缺、运营亏损、设施设备缺乏合理维护、债务本息偿还负担过重、进一步融资困难等压力。很多国家的铁路、公路、水运和民航企业都有过难以维持、破产倒闭的案例，甚至整个行业都不同程度陷入危机。这里举一下美国铁路陷入困境和日本国铁债务处理的例子。

美国铁路建设高潮到1920年时，上千家铁路公司已经建成峰值约40万公里铁路线，但由于客货运量不足，很多铁路公司很快就面临经营困难，出现了公司倒闭和拆除铁路的现象。再加上后来公路建设、私家车发展、航空业激烈竞争和政府不合理的管制体制，致使美国铁路行业经历了超过半个世纪破产、兼并、萎缩、政府接管等艰难的调整岁月，全国铁路运营里程减少了约1/3。人们普遍认为直到1980年国会通过《斯塔格斯铁路法》，美国货运铁路才逐步恢复市场竞争活力，代价相当惨痛。[①]

从《斯塔格斯铁路法》宣示的立法宗旨中，可以看到美国政府铁路政策的转变："本法旨在恢复、维护和改善美国铁路系统的物质设施，稳定其财务状况。为此，本法遵循以下宗旨：（1）支持公共铁路系统振兴，以满足州际商贸和国防的需要；（2）改革联邦管控政策，保证建立一个安全、充足、经济、高效以及财务稳定的铁路运输系统；（3）支持铁路系统在私有经济部门中保持其活力；（4）建立一种调控程序，以平衡承运商、托运者及公众的需要；（5）为重振铁路系统提供财政方面的支持"。稳定铁路业的财务状况显然已明确成为国家政策的核心目标之一。

日本国铁自20世纪60年代中后期运营低效和债务过重，亏损越来越大，补贴越来越多，陷入难以自拔的财务黑洞，也成为国家财政的沉重负担，到20世纪80年代中期已经进入不仅铁路自己无法维持，国家也不堪重负的境况。1987年实施国铁民营化改革之前，日本颁布《日本国铁改革法》等一系列法律，为铁路企业卸下巨额债务包袱并实现其商业化，同时对已有巨额债务安排消化分担办法。由于国铁债务的恶化程度致使其不可能依靠国铁自身解决，因此只能尽可能周全地设计债务分解与清偿方案，避免危机传播扩散。日本国铁债务分为部

---

[①] 肯尼斯·鲍伊尔：《运输经济学》，五南图书出版股份有限公司2012年版。

分由新成立的JR公司承担、部分靠出售国铁资产偿还和部分由国家财政兜底三种方式清偿。债务处置被作为国铁改革的重大任务之一，也成为日本国家财政需要60年偿债的长期负担。日本国铁债务失控的教训也值得深刻汲取。

我国运输业在某种程度上也存在着财务可持续方面的问题和风险。相当时期以来，中央和地方财政性资金对交通运输建设和养护的投入是不足的，大量资金主要来自债务融资，杠杆率过高造成目前特别是公路和铁路的债务问题十分严重。必须有效控制公路、铁路的债务规模，统筹交通领域相关专项资金，加大中央、地方财政对交通建设投入力度，建立持续稳定的交通建设资金保障机制，化解债务风险。交通运输是社会经济重要的基础设施和基础服务，其健康发展需要明确国家政策，财务良性应该是政策的核心目标之一，也在很大程度上体现出现代国家的治理水平。

## 第二节  交通运输可持续的资源环境约束

### 一、能源约束

#### （一）有关能源的基本概念

能源指可以提供能量的资源。交通运输的能源则是指为交通运输业提供能量的资源。如果交通运输业没有了能源，一切的交通方式都将陷入瘫痪状态。正是由于能源的提供，才使得交通运输业体现了蓬勃的生机。因此，能源对于交通运输业来说，就如同淡水对于人类的生活一样，一刻也不可少。在发达国家中，交通运输业是主要的能源消费行业之一，平均约占社会总能源消耗的30%。

交通运输的能源从大体上说，可以分为两类：一类是比较集中且较易转化的含能物质，成为含能体燃料（燃料能源），如煤炭、石油、天然气等；另一类是可以利用的能量过程，称过程性能源（非燃料能源），如太阳能、风能等。

按照能源的利用方式，可分为两类：一次能源指自然界天然存在的，未经加工和转化的能源，如煤炭；二次能源是由一次能源经加工、转化而成的能源产品，如电力。

按照能源利用的历史状况可将能源分为：常规能源，即已经得到大规模利用，技术较成熟的能源；新能源，即尚处于研究开发阶段，或仅有少量利用的能源。

按照能源消费后是否造成环境污染，可以分为污染型能源和清洁型能源，如煤炭、石油类能源是污染型能源，而电能、水能、太阳能、天然气等是清洁型能源。

尽管可利用能源种类很多，但由于技术成熟性和经济成本的低廉性，石油及其制品是交通运输中使用最为广泛的能源，除铁路运输的电力牵引方式外，其他几种运输方式传统上几乎完全依靠石油来作为能源。

### (二) 我国交通运输的能源消耗

交通运输是国民经济的一个重要组成部分,对国民经济的发展起着基础性、支撑性和服务性的作用,这种特点决定了交通运输企业在提供客货位移的运输生产服务时,必然伴随着大量的能源消耗。国际能源机构(IEA)能源统计显示,1971～2001年,交通部门的能源消费以每年9.3%的速度增长。从世界范围来看,交通运输作为能源消耗性行业,尤其是石油能源消耗大户备受社会各界关注。我国经济正在经历高速增长期,经济增长、城市化加快和机动化趋势,使得交通运输需求和服务急剧扩张,也使交通部门的能源消耗尤其是石油消耗迅速增加,交通运输能力的扩张与能源约束的矛盾已经十分突出。

近年来,我国交通运输业能源消费增长很快,已成为继工业和生活消费之后的第三大能耗产业。目前国家统计部门的数据并没有将交通运输中的能源消费指标进行专项统计,而是将其与仓储、邮政进行合并统计。从增长率来看,除了2003年、2004年两年交通运输业能耗增长率稍低于全社会能耗增长率外,其他年份都要高于后者,而且两者的差值呈扩大趋势。尤其是2007年两者的差距比较大,交通运输业能耗增幅高出全社会指标3.3个百分点。根据测算,2007年交通运输总能耗在全部终端能耗中的比例为12.7%,而交通运输石油能耗占全部石油能耗的比例为60.1%。[①]

### (三) 发达国家交通运输的能源消耗

美国是以道路交通为主导的国家,同时也拥有世界上最发达的民用航空网络,主要承担中远距离旅客运输。相对而言,铁路主要承担一部分货物运输和城市旅客运输。基于上述交通运输结构特征,公路和民航运输是美国主要的能源消费领域。在美国国家能源总消费中,交通运输系统占29%,是最大的能源消耗部门。[②] 由于美国是以小汽车为主导运输方式的国家,而且汽车保有量巨大,因此其交通运输能耗相对于其他国家的特点主要是小汽车能耗比例较高。随着国际能源价格的逐渐高企,美国的交通运输体系开始逐渐重视小汽车的过度使用问题,并在新的交通运输政策和能源法案方面做出了相应的限制。

在日本,20世纪70年代以后,由于私人汽车的大量普及,使之成为主要耗能工具,铁路一直是旅客运输和城市交通的主要方式之一,民航在中长距离旅客运输中占有一定比重,海运则承担很少的客运份额。在货物运输方面,公路和海运是主要运输方式,而铁路的作用很弱,民航货运近十多年来增长迅速。这种运输特征决定了道路交通是日本交通能耗的主体,海运和民航运输依次列第二、三位,铁路在四种运输方式中能耗水平最低。日本自第一次石油危机后,就把节能降耗放在首位,并且制定了一系列法律法规,大力推进节能降耗工作。日本政府

---

①② 盛来方等:《运输业发展中的资源环境约束与绿色发展对策》,载于《综合运输》2013年第5期。

1979年颁布实施了《能源合理利用法》,并进行了多次修改,以促使企业、机动车辆、耗能设备遵守更为严格的能效标准;1993年制定了《合理用能及再生资源利用法》,1998年又发布了《2010年能源供应和需求的长期展望》,强调通过采用稳定的节能措施来控制能源需求。

欧洲是工业革命发源地,许多国家工业都比较发达,对能源的需求也较大。随着石油在能源消耗中的比重迅速增长,以及欧洲煤炭大国对煤炭开采的限制,能源供应不足的问题逐渐突出。到1973年石油危机发生,欧洲开始真正重视解决能源的对外依赖问题。2003年,欧盟出版了《欧洲能源与运输——2030年的发展趋势》,分析并预测了欧盟过去和将来能源进口依赖程度,预计到2020年,欧盟对进口石油的依赖程度将从2000年的75.1%上升到85%。因此,确保能源供应的安全性,对欧盟而言是个生死攸关的问题。运输一直是能源消耗的大户。根据欧盟的统计,运输业能源消耗的98%是石油,公路运输消耗了欧盟石油消费总量的大约67%,小汽车消耗了运输石油消费量的50%。因此,欧盟的运输政策和运输规划必须有助于节约能源,降低能源的对外依赖度。[①]

## 二、环境约束

### (一) 有关环境的基本概念

从哲学上讲,环境是相对于主体而言的客体,它与主体相互依存、相互作用,内容随着主体的不同而不同,其差异源于其界定。对于环境科学来说,主体是人类,环境就是人类生存的环境,是指以人类为主体的外部客观世界的总体,它包括自然环境和社会环境两部分。

自然环境是人类赖以生存和发展的物质基础。广义的自然环境,是指人类社会以外的自然界,通常是指非人类创造的物质和能量所构成的环境。空气、水、土壤、岩石、野生动植物等都属于自然环境,这些自然环境和能量与一定的地理条件结合,即形成具有一定特性的自然环境。社会环境是指人类在自然环境的基础上,通过长期有意识的社会劳动,创造或改造了的自然物质、物质生产系统、积累的文化等所组成的环境体系。所以,社会环境是人类生存活动范围内的社会物质、精神条件的总和。

《中华人民共和国环境保护法》规定:"环境是指影响人类生存和发展的各种天然的和经过人工改造的自然因素的总体,包括大气、水、海洋、矿藏、森林、草原、野生动物、自然遗迹、人文环境、自然保护区、风景名胜区、城市和乡村等。"这是把环境中应该保护的要素界定为环境保护的工作对象。

区域、地区乃至全球环境中出现了不利于人类生存和发展的现象,均概括为环境问题。环境科学与环境保护研究的环境问题主要不是自然灾害问题,而是人

---

[①] 蒋仁才:《低碳交通的政府职能和市场机制》,载于《综合运输》2013年第6期。

为因素引起的环境问题。人类是环境的产物，又是环境的改造者。人为环境问题通常分为两类：一是不合理的开发利用自然资源，超出环境承受能力，使生态环境恶化或自然资源趋向枯竭；二是人口增长、城市化和工农业高速发展引起的环境污染和环境破坏。

### （二）交通运输对环境的影响

交通运输的发展既加快了我国的工业化进程，同时也带来了环境上的负面效应，导致了一系列严重的环境问题和生态问题。交通运输在建设、运营过程中会对区域的水土、植被、动物生存环境及人们的居住、生活环境与人文景观带来影响。交通运输带来的环境污染主要表现在以下三个方面：

(1) 空气污染。交通运输业的空气污染是指各种交通方式在运营过程中的碳氧化物、氮氧化物、碳氢化合物以及微粒物等有害物质的排放。其中公路机动化交通是造成地区和全球环境影响的尾气排放的主要源头，占总污染量的75%以上。根据能源消费增长推算，2007年中国交通运输业二氧化碳排放量约为6.3亿吨，占当年全国二氧化碳排放量比重的10%左右。同时，汽车尾气已成为城市空气污染的主要污染源，90%~95%铅和碳氢化合物、60%~70%的氮氢化合物来源于城市道路交通，13%的粒子排放和3%的二氧化硫的排放也是运输造成的。2011年以来，北京、上海、南京等各大城市的灰霾现象逐渐增加，引起了交通安全、居民健康等一系列问题，使得城市空气质量问题受到前所未有的关注。[①]

(2) 噪声污染。交通噪声伴随城市交通向高等级、高速度、高架立体等现代化方向发展的过程，机动车数量急剧增加使城市道路交通噪声污染日益严重。交通噪声污染问题产生的原因，一是地面交通设施由于规划布局不合理，未预留必要的防噪声距离，造成噪声敏感建筑物投入使用后出现交通噪声污染问题，二是由于地面交通设施的建设或是运行造成的环境噪声污染。噪声污染对人们的生活和健康造成重大影响，引起一系列的医疗卫生问题与社会矛盾，还容易引发交通事故。

(3) 水质和土壤污染。一方面，运输基础设施建设改变地表水和地下水的水流和水质，有时会导致洪水、水土流失、淤泥的增加或地下水的枯竭，从而影响排水系统的形式和地下水的分布；另一方面，运输产生的粒子排放物及其他排放物会污染水源，也会通过排水系统，导致土壤的酸化以及其他形式的土壤污染。此外，交通运输还会导致土壤侵蚀，影响生态平衡。道路挖掘的废弃材料可能会毁坏自然生长的植被，并加重侵袭和破坏边坡的稳定性。

运输业在欧盟的温室气体排放中也占了很大比重。欧洲运输业的二氧化碳排放量1990年就达到7.39亿吨，1998年运输业排放的二氧化碳占欧盟总排放量的28%，是欧洲空气质量恶化和导致癌症、呼吸和心血管系统疾病死亡率上升的主

---

[①] 盛来方等：《运输业发展中的资源环境约束与绿色发展对策》，载于《综合运输》2013年第5期。

要元凶。公路运输部门碳排放量占整个交通运输体系的 84%。[①] 欧盟环境总署 2008 年的报告表明，很多欧洲人仍然处在严重的空气及噪声的环境污染中，尤其是在很多空气质量较差的地区，可吸入颗粒物的集中度已接近极限值，而交通业正是该污染的第二大来源。来自交通的氮氧化物和硫氧化合物排放污染也需要得到控制。欧盟在减少汽车尾气污染方面进行了不懈努力，建立逐步提升的限排措施。在欧盟，汽车产业研发的重点是开发更加清洁、安全、节能的汽车。在优化交通运输方式组合、研制清洁运输工具和运输信息化应用等领域，欧盟委员会也已经投入巨资以促进相关研究和技术的发展。

### （三）环境对交通运输的影响

自然环境也会对交通运输产生影响。联合国欧洲经济委员会 2020 年发布的《欧洲及加拿大交通基础设施因气候变化面临空前风险》报告指出，全欧洲和加拿大地区公路铁路网、港口、机场及内陆水运航道等关键基础设施正面临气候变化加剧所带来的空前风险。西班牙刚刚经历了数十年来最严重的暴风雨雪，桥梁被毁、公路和铁路中断、沿海地区有多座城镇被完全淹没。估计英国与极端降雨和洪水等其他气候事件相关的花费，可能从 2010 年的 5000 万英镑，上升至 2040 年的 5 亿英镑。欧盟未来用于桥梁防洪的费用则可能超过每年 5 亿欧元。尽管形势严峻，但欧洲各国及加拿大对于改造交通系统以适应气候变化风险仍然重视不够。这些国家绝大部分交通基础设施都是以 20 世纪的气候样本设计，因而识别极端气候事件发生时的薄弱环节至关重要。

报告列出了需要上述区域国家重点关注的一些领域。一是大幅降水与极端暴风雨所引发的洪水，此类灾害给所有交通方式造成了威胁。主要公路动脉、铁路网络，以及欧洲主要河流多瑙河、莱茵河、易北河、波河、第聂伯河、顿河及伏尔加河流域人口最为稠密、经济最为发达的地区尤其需要重视。加拿大易受洪水影响的关键交通网则主要位于不列颠哥伦比亚沿海地区，包括温哥华和鲁珀特王子港。

二是海平面上升及浪涌，可能导致海水侵蚀，使海滨公路、铁路、海港和机场等关键的沿海交通基础设施面临风险。预计到 2100 年，超过 60% 的欧盟海港可能面临运转受阻、基础设施及船只遭到破坏等严重威胁。其中，占到全球货运量 15% 的北海沿岸地区尤其脆弱。海平面上升以及夏季海冰融化加剧，预计还将影响整个北部及北极海岸线。[②]

三是气温上升将导致热浪增加，夏季更加干旱炎热，会使公路路面损毁、桥梁受损、增加山区山体滑坡的风险。这方面尤其需要引起注意的地区包括法国东南部、意大利、西巴尔干、葡萄牙、西班牙、希腊和土耳其，以及挪威、瑞典和芬兰等北欧国家。对主要铁路网来说，高温引发的危机包括铁轨变形和被迫限速

---

① 蒋仁才：《低碳交通的政府职能和市场机制》，载于《综合运输》2013 年第 6 期。
② 联合国欧洲经济委员会：《欧洲及加拿大交通基础设施因气候变化面临空前风险》，经济日报碳交易网，2020 年 2 月 27 日。

等,这方面地中海国家西班牙、意大利和法国,以及北欧和克罗地亚的风险较高。同时,气候变暖还可能导致内陆航道行驶风险增加,这在部分中欧国家已经是一个棘手问题。多年冻土融化还将给欧洲和加拿大北极地区的公路和铁路基础设施带来严重影响。

## 三、资源环境约束下的发展模式转型

交通运输系统的外部成本,主要表现为大量的土地占用、能源消耗、空气污染、运输振动噪声、交通拥挤和交通事故,也包括因运输设施供给造成的水土流失、自然景观破坏和各种动植物的生态平衡被干扰等。表16-1具体说明了交通运输产生的各种负外部性。从国外发展经验来看,经济越发达,交通运输所占用的土地和其他资源数量越大,能耗在全国总能耗中所占的比重也越大。因此,交通运输给社会经济所造成的资源环境压力是逐渐提升的。

表16-1　　　　　　　　交通运输负外部性的具体内容

| 主要项目 | | 具体内容 |
| --- | --- | --- |
| 资源占用 | 土地 | 土地占用,即对土壤条件的破坏 |
| | 能源 | 对可再生及不可再生能源的消耗 |
| 大气污染 | 常规排放 | 碳氢化合物、一氧化碳、氮氢化合物、粉尘、铅等污染物 |
| | 温室气体 | 致使全球变暖的 $CO_2$ 等气体 |
| 噪声污染 | | 交通所引起的震动和噪声 |
| 水污染 | | 地表径流对表面水体及地下水的污染,道路建设对水流的影响 |
| 固体废物 | | 废弃的运输工具(车辆、船等)与运输路段等基础设施 |
| 生态破坏 | | 上述环境污染对整个生态环境造成不同程度的破坏 |
| 交通拥堵 | | 时间价值损失,并会使大气污染和噪声污染加剧 |
| 交通事故 | | 财产损失,人身伤亡 |
| 公平性缺失 | | 非机动化出行或贫困人口因私人机动车化水平增高而减少的交通选择 |

2007年,中国交通运输业在总终端能耗中的比例为12.7%,而美国为28.6%,英国为28.6%,日本为25.9%。这说明按照现在的经济发展模式,交通能耗增长速度将远远大于社会总能耗增长速度。从1993年开始我国成为石油净进口国,进口量逐年增长,2011年8月,国家工信部披露我国原油对外依存度达55.2%,能源安全问题突出。同时,我国现在每百万美元GDP所消耗的能源数量是美国的3倍、德国的5倍、日本的近6倍,单位产出的能源和资源消耗水平明显偏高。土地资源方面,我国正处于快速城镇化过程中,而且土地城镇化速度明显超过人口城镇化,加上水土流失和土地荒漠化形势严峻,保持18亿亩耕地红线存在相当难度。[①]

---

① 贾顺平、毛保华:《中国交通运输能源消耗水平测算与分析》,载于《交通运输系统工程与信息》2010年第2期;李连成:《交通用地配置的经济分析》,经济科学出版社2014年版。

在这种高增长、高消耗、高污染的发展模式下，交通运输业对资源环境的消耗将是我国的资源环境现状所无法承受的。面临未来巨大的增长需求和有限的资源环境容量，我国交通运输业的发展正处于两难境地，这种进退两难的发展困境事实上已经证明传统的交通运输发展模式，在逐渐加强的资源环境条件约束下已经无法持续。我国交通运输必须顺应时代潮流，及时转变发展理念和发展模式，适应资源节约型、环境友好型社会的发展要求，探索出一条交通运输、经济、环境与资源和谐共存、协调发展的新道路。

从传统交通运输发展模式向可持续的、协调发展的综合交通发展模式的转型主要体现在资源利用和环境保护两个方面：第一，从资源粗放投入向集约型增长转型。我国近年来交通运输规模的快速增长是以高投入为代价的，各种运输方式的基础设施建设在资金和土地等资源上投入巨大，粗放型发展特征十分明显。近年来各省市交通用地指标与交通基础设施用地需求之间的缺口逐年扩大，特别是公路建设。土地资源的稀缺性要求交通运输的发展需要更加注重土地的集约化利用，在规定交通用地指标时优先安排集约用地，规划时提倡重要通道与区位的共用及组合，枢纽的立体化建设与集成，并在建设上优先发展铁路与城市公共交通等土地节约型交通方式。港口城市发展与岸线资源充分利用的关系也需要得到重视。

第二，由高资源环境代价向绿色低碳转型。以往的交通运输发展模式过多地强调了对于机动性要求的满足，在这种模式下，我国交通运输体系面临着资源环境代价难以维系的局面。交通运输的能耗结构与我国的能源状况不相适应，交通运输装备的生产和使用所造成的废气废物排放、噪声和由于交通基础设施建设而造成的生态破坏日益严重，大城市交通拥挤现象严重，造成运输时间延长、运输费用增加和巨大社会财富的隐形浪费，而且会加重环境污染和无谓的资源消耗，也会使交通事故的发生频率增加。因此，随着资源紧缺、环境污染、节能减排等约束的日益强化，未来的综合交通运输体系应该以低能耗、低排放、低污染为绿色低碳型交通发展导向，积极开发有利于环境保护的新技术和智能交通系统，减少排放和污染，在抑制运输对环境造成危害的同时，形成一个环境可持续的交通运输系统。我国政府已宣布力争2030年前实现碳达峰，2060年前实现碳中和，交通运输是实现国家碳达峰、碳中和目标的关键领域之一，必须做出应有的贡献。

## 第三节 运输负外部性的内部化

一般认为，运输外部性的内部化是指将运输的外部影响纳入市场过程，其目的是为了使资源能够得到更有效的利用，并减少市场失灵。通过外部性的内部化，人们就会从价格上获得更多有关成本和效益的正确信息，就会便于在各种替代方案中做出正确的判断，特别是运输设施的使用者会更多地意识到自己行为所产生的全部成本，结果那些外部成本的不利影响会减少，经济与环境资源总的利用也将更有效率。学者们认为，外部性的产生并不是由于存在着对其他人的影响，而是人们没有积极性去充分考虑这一影响。任何经济行为都可能影响到其他人，因此外部影响是相当普遍存在的，但在一个良好运作的系统中，其价格机制本身就可以激发出正确处理这些影响的积极性。内部化并不意味着由运输而引起的负外部性，包括环境成本和拥挤成本会完全消除，内部化导致的正确价格可以提供一种导向，促进外部成本最小化。

## 一、体现完全成本的价格

不少学者认为私人小汽车过度发展的主要原因，是私家车使用者并没有承担其全部成本。小汽车的普及应该与社会资源环境的利用相协调，而每种有限资源如果都有价格，而且每个消费者都完全承担其消耗的资源的成本的话，那么市场竞争的结果将使资源达到最优配置。据此原理，一个协调合理的小汽车发展需要一个健全的价格机制，保证价格的真实性，并在此基础上赋予消费者自由选择的权力。而国家经济政策的任务就在于创造价格真实性的条件，使价格机制发挥其作为资源配置协调工具的职能。

图 16-2 反映的是不同出行成本所决定的行车量。图中横坐标是开车出行的行车量，纵坐标是出行的成本，向右下方倾斜的需求曲线代表出行成本越低行车量越大。图中实际的个人边际出行成本曲线等于人们意识到的个人边际出行成本曲线加上未意识到的个人边际出行成本（在图 16-2 的偏下部），而社会边际出行成本曲线则等于实际的个人边际出行成本曲线再加上其出行所引起的外部成本。由于人们意识到的个人边际出行成本曲线位置较低，其与需求曲线焦点所决定的行车量最大，为 $Q_1$；加上未意识到的个人边际出行成本后，实际的个人边际出行成本曲线与需求曲线焦点所决定的行车量缩小为 $Q_2$；再加上外部成本，社会边际出行成本曲线与需求曲线焦点所决定的行车量进一步缩小为 $Q_3$。图 16-2 大体上说明了当驾车人支付的成本低于其所引起的全部成本时，其行车量会明显超过合理水平。

负外部性与解决对策

图 16-2　不同出行成本决定的行车量

很多学者主张价格要真实,以便使所有资源消耗的成本都进入驾车人的决策之中。这些成本因素除了与交通直接有关的运行成本、车辆折旧等私人成本外,还包括道路基础设施成本、环境污染成本以及通过能力有限时的机会成本。

传统上是把公路作为一种公共物品,由国家投资修建,公路免费使用,于是公路成本负担不合理成为引起交通拥挤的基本原因之一。使用者承担的基础设施成本应该包括：(1) 为补偿公路的日常运行管理成本,使用者要交与运行里程有关的道路使用费；(2) 为补偿公路的投资成本,使用者按年或按月交纳固定的道路使用费,它赋予交费者以使用公路的权利；(3) 如果公路交通拥挤,那么在拥挤区段或拥挤时间的使用者应交纳拥挤费,以避开拥挤的路段和时间；(4) 如果每次出车都与停车费相连的话,那么小汽车使用者会更合理地选择交通工具。

交通运行引起的环境污染主要是噪声和有害气体的排放。噪声成本很难确定,可以规定最大允许的分贝量及在某些时间如夜间禁止行车等措施。有害气体的成本往往也难以确定,可通过逐步提高费率使总的废气排放量控制在一定幅度内。如废气排放量与燃料消耗或运行里程成比例,可通过燃油税或按运行里程收费。也有发放可买卖的废气排放许可证的思路,使许可证流到出价最高的企业手中,从而鼓励减少废气排放技术的开发。

价格真实性的思路要求健全价格机制,通过外部成本内部化,使所有运输消费者都要承担其引起的全部成本。也就是说,出行者不但要考虑他们原来就有概念的个人出行成本(包括燃油费、过路费、停车费等),也要考虑自己原来未意识到的个人出行成本(包括折旧费、保险费、拥堵成本等),而且还应该包括其出行所引起的对社会外部成本(包括污染排放、噪声和其他各种中长期影响等)。通过让出行者承担所有资源消耗的成本,使驾车人的成本意识提高,人们做出的决策就应该更理性。当然,理论上的分析与实际中的可操作性还是有差别的。

## 二、产权交易

科斯定理提出了外部性内部化的一个思路。科斯定理是指在某些条件下,经济的外部性或非效率可以通过当事人的谈判而得到纠正。其较为通俗的解释是,在交易费用为零和对产权充分界定并加以实施的条件下,当事人受市场驱使会就互惠互利的交易进行谈判,使外部性因素内部化。科斯提到的一个著名例子是如何解决传统蒸汽火车溅出的火星引燃农民收割的作物。实际上每一方都可采取防备措施以减少火灾的损失,例如农民可以停止在铁轨边种植和堆积农作物,而铁路公司可装置防火星设备。根据科斯定理,无论法律如何规定权利的最初分配,无论是农民有权禁止铁路运营,还是铁路有权不受惩罚地溅出火星,对方都可以通过谈判支付费用而换取行为和结果改善。因此,市场决定着最终结果。

还可以通过公路上汽车行驶时发出的噪声对邻近居民区的影响进行说明。如果采取科斯定理的内部化方法,可以将居民区宁静的权利赋予居民,汽车驾驶者要想通过该地区,就必须向居民区的居民购买一定的"噪声制造权"。这样,一个有关噪声的市场就形成了，汽车噪声的外部影响也会降到一个较优的水平。因为制造噪声是要付费的，因此汽车驾驶者就会尽量将噪声控制在较低的水平，以免支付过高的费用；而另外，居民也会采取一些措施来隔离噪声，例如为房屋安装双层隔音玻璃等。如果要让汽车完全消除噪声，在技术上也许可以做到，但在经济上肯定是不合理的，因此只需要确保实施一定的技术标准就可以了，而且该标准可以通过谈判加以确定。于是，市场就会通过动员双方的积极性，共同努力把噪声保持在一个人们都能接受，同时治理成本也比较低的水平上。在此例中，也可以一开始把"噪声制造权"赋予汽车驾驶者，而由居民区的居民向驾车人购买减少一定噪声的权利。只要有关产权可以明确界定，而且不存在交易成本，那么最后的结果也将是在双方共同努力下实现那个最优的噪声水平。

经济学家认为，在这种财产权的交易市场上，居民通过出售部分宁静产权保护了自己的利益，而不是强迫驾车人不出声或绕道行驶，驾车人则通过购买一定的噪声制造权也实现了自己的利益，因此是得到各有关利益集团的响应而获得了资源的最优配置。但应该指出，科斯定理要求对产权进行充分界定并且交易成本为零的条件，然而在实际中环境产权的界定往往很难，这类交易所引起的交易成本也不能忽视。因此科斯定理的使用常常并不尽如人意。尽管如此，近些年来在交通外部性的治理领域还是越来越多地推行产权交易的模式。

例如，美国采取了可交易的铅排放许可减少燃油的铅排放量。添加铅可以提高燃油的燃烧性能，但含铅燃油污染环境，因此各国总的趋势是要减少燃油中铅的添加。1982年，美国是先由联邦政府将预先确定的铅使用量用许可证的方式分配给炼油厂，炼油厂可以将节约出的铅排放额度存入铅排放银行以备将来使用，也允许炼油厂之间根据自行商定的价格进行许可证的交易，以便使铅的使用量达到最优。结果，汽车的铅排放控制其实在一定程度上通过内部化方式实现了。在完成了分阶段降低铅的计划后，美国环保局估计交易计划的实施节约了20%的成本，即每年节约2500万美元。这应该是利用市场机制解决交通环境问题的成功案例之一。

我国深圳市于2013年启动了全国首个碳排放权交易市场。首批635家工业企业于2013~2015年获得的碳排放配额总量合计约1亿吨，这些配额被划分到各企业后，提前用完配额的企业就必须上市场向配额有盈余的企业购买。据深圳市发改委碳交办披露，深圳635家碳交易体系管控企业2015年的碳排放绝对量较2010年下降531万吨，碳强度下降幅度高达41.8%，远超"十二五"期间国家下达给深圳市的目标，减排成效显著。深圳酝酿扩大碳交易覆盖面，将更多工业企业纳入交易范围，并将启动实施公共交通碳交易机制，将公共汽车、出租车等移动排放源纳入碳市场。2018年底前，深圳已将全部燃油巡游出租车更换为纯电动车，且对于提前将燃油车更新为纯电动出租车的，除享受正常减排奖励，额外再给予提前更新减排奖励。深圳还禁止非纯电动车进行网约车注册。[①]

---

① 中国能源网：《全国碳排放交易市场建设持续提速！》，人民网，2021年6月1日。

### 三、负外部性的币值评估

对运输外部性的货币价值估计是解决外部性问题的一个重要方面，尽管它不是政策制定中的一个绝对条件。近年来，在运输外部成本的币值估算方面已经取得了较多成果。学者们探讨用各种方法，对由运输活动所引起的各种噪声、污染物排放、拥挤以及交通事故等的不良影响进行计算，这些计算结果有些涉及很大的地域和相当综合性的层次，有些则只针对很具体的运输工具和具体的外部影响，有些结果很具代表性，有些还可以用于进行不同地区或时期之间的对比。不少学者认为这些计算结果对于从定量的角度把握运输活动的外部成本，已经提供了比较可靠的初步基础。但直到目前为止，人类在运输外部性的计量方面所掌握的方法应该说仍旧有很大的局限性，在这方面还有很长的路要走。

评估运输引起的外部性，尤其是在环境方面的外部性的主要困难，首先在于其影响的角度和范围可能是非常多非常大的。为了便于理解，我们在图16-3中根据时空影响的范围，把运输外部性大致分成了三个级别，即地区级、国家级及全球级。在地区级层次上，许多运输外部成本都是直接对周围产生影响的，例如拥挤、噪声、振动和引起人们呼吸和视觉障碍的排放物等，但也有一些外部影响会在较长时间以后才反映出来，例如污染物对人体的其他有害影响、某些污染物对当地植物或建筑物的损害等。在国家级或跨地区的层次上，一些污染物包括引起酸雨的氮氧化物和硫等气体，对水体的污染等，会在相当大的范围内扩散，危害远离污染排放地点的林地和湖泊，但这种作用一般需要一定的时间和累积，往往不是立即就出现的。在跨国或全球级的层次上，大量二氧化碳的排放会引起温室效应，改变全球气候，加快荒漠化和海平面的上升，氟利昂等有害物质的过度使用则破坏大气中的臭氧层，这些都是更为长期和更大范围的影响。运输外部成本这种在多时空层次上的多样化影响，使得对这些影响的评估和币值计算变得十分复杂，而且必然增大了有关政策制定的难度。目前运输外部性的评估方法一般

**图16-3 运输外部性影响的时空范围**

资料来源：根据欧洲运输部长联合会：《交通社会成本的内部化》第12页图修改。

只局限于在地区级层次上使用，对于跨地区或国家级层次的评价或计算，这些方法已经很难适应，而在跨国或全球级的层次上如何计量运输活动对气候变暖和地球生态的各种影响，现有的方法几乎完全无能为力。

运输外部性币值计量的另一个重大难点是，物理性的外部影响与其货币估价之间的联系在很多情况下并不是直接的，例如计算汽车排放 $NO_x$ 对林业造成的影响，就要从测量特定时间和特定地域的 $NO_x$ 排放量开始，到测定这些 $NO_x$ 对一定时期内环境所造成的影响，再到测定有关地区内林木因此而遭受的损害程度，最后才是对林木损失价值的估计。在很多情况下，人们对其中每一种联系的理解都有很多模糊不清之处，因此有时要衡量某一外部性的物理或生化影响本身都很困难，更不用说对其进行价值估计了。在这方面如果再把很多外部性通常具有显著的非线性特征，以及在很多变化或影响过程中会出现的关节点和临界阈值，即从渐变转为突变考虑进去，问题就更复杂了。尽管存在着这些困难，计量运输活动造成的环境、拥挤或事故成本的方法，近年来已经取得了一定进展，有人把有关的方法大体分成了如下几类：

（1）实际发生法。该法是把实际发生的严重交通污染如车船泄漏，或交通事故所造成的直接和间接成本进行加总计算。该法一般只适用于较严重的交通环境事故。

（2）物理（或生化）转换法。该法首先要通过技术手段测定有关交通污染对空气、水体、动植物和建筑物等造成的物理或生化后果，然后通过对这些物理或生化损害进行价值评估，从而计算出交通污染造成的成本。

（3）防护行为法。该法是通过对一定数量的人们为保护其自身不受某种交通污染影响所花费的成本（例如为减少噪声而加装的防护设施费用），利用统计分析推算出该种交通污染对该地区造成的环境损害。

（4）价值影响法。交通震动、噪声和其他污染超过一定水平，就会使暴露在其影响下的有关住房等不动产价值遭受贬损，该法就是根据住房等市场价格与环境质量方面的联系，推断交通污染所引起的环境成本。

（5）拥堵成本法。该法是依据不同人们的出行时间价值和交通拥堵给人们造成的时间损失，相对性地推算交通拥挤对社会造成的额外成本。货物运输在交通拥堵中的损失，也可以通过有关货物占用资金的时间价值类似地进行计算。

（6）表述性调查法。该法是通过问卷调查方式，向一定数量的人群询问他们为消除某种交通污染（例如噪声、空气污浊）或交通拥挤影响所愿意花费的成本，再利用统计分析推算出该地区该种交通外部性的成本。由于并不是对实际发生损害或人们实际支出的直接计算，而是依据人们在问卷上的意愿表述进行的推断，因此被称作表述性调查计算法。

这些评估方法各有自己的长处，也都存在着局限性。很难对所有不同的外部性影响都只使用同一种价值评估手段，因此可能会对不同的外部成本利用不同的定量计算方法，或者可能需要利用一种以上的评估方法。甚至对同一种外部成本，不同的分析人员或在不同的国家所使用的评估方法也不同，计算结论于是也存在很大差别。表16-2是欧洲国家运输外部成本的估计值,该表数据是综合20世纪末前后十余次不同学者的研究结果而得的,可以看出每一个运输外部性项目的成本估计值都有相当大范围的差别。此外还有其他很多别的计算结果,例如据有人计算仅交通拥堵成本就占西方国家GDP比重的1.3%~3.2%。我们从中也了解到当前外部性评估方法的不成熟程度。

表16-2　　　　　　　　欧洲国家运输外部成本的估计值

| 项目 | 占GDP百分比 |
| --- | --- |
| 空气污染（%） | 0.4~0.7 |
| 噪声（%） | 0.1~0.6 |
| 其他环境效应（%） | 0.1~0.5 |
| 交通事故（%） | 0.3~0.9 |
| 拥堵（%） | 0.1~0.5 |
| 总计（%） | 1.0~3.2 |
| 按车公里平均（欧元/车公里） | 0.03~0.06 |

资料来源：欧洲运输部长联合会：《交通社会成本的内部化》,中国环境科学出版社1996年版。

## 第四节　治理运输负外部性的政策选择

运输业是外部性显著的部门,政府制定和推行运输政策的主要任务之一,就是要通过各种必要的政策手段,纠正由于运输业外部性所引起的市场失灵。而政府在制定运输环境政策方面的目标,应该是将交通运输的外部成本最小化。尽管外部成本是引起政府对运输业采取较多社会管制措施的原因,但也不排除在这方面更多引入市场化的方式。经济学家一般认为通过价格的变动,个人或企业可以灵活地做出反应,例如选择更合适的空间地点居住、消费和生产,改变所使用汽车的类型,调整旅行的次数和空间分布,改变对运输方式及运输路径的选择,重建为原料供应、中间产品和最终产品的运输与销售提供服务的物流系统等。这样由千百万个体决定的行为改变积累在一起,就可能比较好地实现节约能源、减少污染等可持续运输的目标。

表16-3是20世纪90年代初一项对伦敦居民问卷调查的结果,该调查是针对如果在伦敦市中心交通高峰期向车辆收取拥挤费,了解居民的反应及选择。从表16-3中的数据可以看出,在收费为0.5英镑的很低水平时,大多数伦敦居民仍会选择驾车并支付高峰期费用,做其他选择的比较少;而随着收取拥挤费水平的提高,选择在高峰期驾车的就越来越少,其他如选择公共交通、在非高峰期驾车或干脆不去市中心的逐渐多了起来;特别是在收费水平达到一小时5英镑的时候,选择自己在高峰期驾车的人已减少到不足1/4,而选择公共交通的则超过了50%。这是用表述性偏好分析方法说明通过价格机制可以起到缓解交通拥挤的一个例子。伦敦后来拥堵费的实施情况又提高了收费标准。

表16-3　　伦敦居民对市中心在交通高峰期收费的反应及选择　　单位：%

| 小时收费 | 0.5英镑 | 1英镑 | 2英镑 | 5英镑 |
|---|---|---|---|---|
| 驾车并支付高峰期费用 | 73 | 63 | 45 | 23 |
| 转向公共交通 | 14 | 20 | 34 | 51 |
| 在非高峰期使用轿车 | 10 | 12 | 11 | 16 |
| 尽可能不去市中心 | 3 | 3 | 9 | 9 |
| 合　计 | 100 | 100 | 100 | 100 |

资料来源：欧洲运输部长联合会：《交通社会成本的内部化》，中国环境科学出版社1996年版。

对于运输外部成本的治理，经济学家一般主张只要有可能就应尽量采用市场手段，例如收费和许可证交易制度，因为它们比较灵活，而且与市场体系可以更加吻合，此外政府通过经济手段还可以获取可观的收入，以补偿那些受外部性损害或因政策影响需要调整自身行为的群体。已经有一些运用市场手段减少运输外部性的成功案例，例如美国和欧洲分别采用许可证交易和税收差异的办法淘汰了含铅汽油的使用，又如伦敦、新加坡和其他一些城市为控制中心区拥堵而采用小汽车通行收费的方式等。但当严格的内部化或纯经济手段在现实中难以实行，这时政府的直接管制和其他行政命令就成为控制环境损害的必要途径。而在越来越多的情况下，经济手段与行政措施相结合也许更为有效，因为它们既避免了一些靠实行纯内部化无法克服的难点，同时又保留了市场手段为运输使用者所提供的经济激励。

从表16-4可以看出，尽管只考虑了对公路运输污染排放和拥挤外部成本的控制，可以用于减少运输外部性的政策手段也是多种多样的。例如对车辆排放，可以采用制定排放标准、强制性推行低污染汽车或强制报废旧汽车等直接或间接的行政命令手段，也可以采用排放收费、可交易的许可证、不同类别汽车的差别税收或补贴新型汽车等直接或间接的市场手段；对交通拥挤，可以采用汽车禁行区、限定行驶路线或公共汽车专用道和其他优先等直接或间接的行政命令手段，也可以采用拥挤收费、停车收费或对大众交通方式实行补贴等直接或间接的市场手段。

国务院关于加快建立健全绿色低碳循环发展经济体系的指导意见

表16-4　　控制公路运输外部成本的政策选择

| 控制对象 | 市场手段 | | 行政命令手段 | |
|---|---|---|---|---|
| | 直接手段 | 间接手段 | 直接手段 | 间接手段 |
| 车辆排放 | 排放收费 | 可交易的许可证 | 制定排放标准 | 强制性检查排放系统 |
| | | 汽车的差别税收 | | 强制性推行低污染汽车 |
| | | 补贴新型汽车 | | 强制报废旧汽车 |
| 燃油类型 | | 燃油的高税收 | 燃油成分标准 | 燃油的经济标准 |
| | | 燃油的差别税收 | 逐步淘汰高污染燃油 | 限速 |
| 交通拥挤 | 拥挤收费 | 停车收费 | 汽车禁行区 | 汽车使用限制 |
| | | 对大众交通方式实行补贴 | 限定行驶路线 | 公共汽车专用道和其他优先 |

资料来源：根据欧洲运输部长联合会的《交通社会成本的内部化》第18页资料整理。

由于公路运输的外部成本可能受车辆类型和状况、燃油的级别和成分以及交通量等多种因素的影响,因此可以从不同角度选取最合适的政策手段,哪一种手段最为有效在很大程度上取决于特定的环境或者所考虑控制的外部性形式,当然也可以采取多种手段混用的方式减少运输污染和拥挤等外部影响。

从更加宏观的意义上看,运输外部性不能完全依靠市场力量去解决,因此除了需要更多地采用经济手段,必要的行政手段无疑也是必不可少的,此外还需要更多地唤醒人们的环境意识,借助道德的力量。为了说明外部成本内部化问题的复杂性,我们借助图 16-4 和图 16-5 来表示运输外部性影响及内部化方法的类别。从图 16-4 中可以看到,最内部的小圆由许多个人和作为市场主体的企业组成,紧靠它外面的圆表示市场能够作用的范围,在该范围内的外部影响属于简单

**图 16-4 运输外部成本影响的类别**

资料来源:根据欧洲运输部长联合会的《交通社会成本的内部化》第 218 页图修改。

**图 16-5 运输外部成本内部化的类别**

资料来源:根据欧洲运输部长联合会的《交通社会成本的内部化》第 221 页图修改。

外部性；市场外面的圆环是公共物品和准公共物品的范围，在该范围内市场会逐渐失灵，外部成本则由社会群体集体承担；再外面一个圆环是人类对自身行为感受的边缘区，有关的外部成本要由自己所在社会群体以外的其他相邻群体，例如其他邻近国家或下一代人去承受；最外面的圆环是地球的生物圈，有关的外部成本是对全球生态环境的长期影响。

图 16-5 是运输外部成本内部化方法的分类。从图中可以看出内部化的方法可以分为若干组：第一组包括①②③④四个箭头，表示凡能够直接让造成外部成本的个体承担该全部代价的方法，都属于直接内部化方法；第二组包括⑤⑥⑦三个箭头，表示这类内部化不能直接完成，而是需要通过市场的转移作用让造成外部成本的有关个体承担部分责任；第三组包括⑧⑨两个箭头，表示这类内部化的方法只能是通过让有关社会群体集体承担的方式，让造成外部成本的个体间接承担部分责任；第四组只有⑩一个箭头，表示某些对全球生态环境的长期影响很难找到让有关个体承担责任的内部化方法，而只能依靠人类共同的觉悟或道德的力量来约束。

## 第五节　小汽车低碳化政策及未来展望

### 一、交通低碳化的要求

交通低碳化意为降低交通运输产生的二氧化碳排放。交通工具的单位二氧化碳排放量与使用的能源种类及单位能源消耗量直接相关。汽车的单位能耗越低则其碳排量也越少。汽车使用的能源越清洁，含碳量越低，则单位能耗的碳排放也越低。因此要降低汽车的单位碳排放，原则上有两种选择：一是提高汽车的能效，降低汽车的单位能源消耗；二是用含碳低的清洁能源，如生物燃料、绿色电能、燃料电池等，替代常规的汽油、柴油作为汽车燃料。这里着眼于小汽车的低碳化。

小汽车交通低碳化发展趋势与减排潜力分析

使用汽车要消耗燃料，其费用一般由汽车使用者直接承担。如果一款车油耗大，那么其使用者的燃油费用也高。但除了直接的燃油成本外，燃油消耗所产生的碳排放会引起温室效应，导致全球气候变化，从而产生诸多的社会成本。这些社会成本，虽然终归将由全社会作为整体（也包括其造成者）来承担，但却无法界定每个个体本身应承担的份额，故属于外部成本。如果每个汽车使用者只负担直接的燃料成本，却并不承担消耗燃油引起的碳排放的外部成本，实际产生的总成本（直接燃油成本＋碳排放外部成本）就大于消费者支付的价格。价格低于成本，价格的引导功能就会失灵，需求就会过度膨胀，从而导致对资源的过度使用，使市场本身无法实现资源的优化配置。

为实现资源的合理利用，政府需要对节能减排实行一定的干预，调整市场竞争行为的背景条件，以弥补市场价格功能的不足。综观国际上政府调节市场的主要手段有禁止或限制市场行为、制定法规标准、引入碳排放权以及税收和价格调节。禁止或限制市场行为对市场的干预最强，只能不得已而为之。税收和价格调节是比较市场化的手段，前提条件是外部成本能够量化，可以计入燃油价格中。但二氧化碳排放导致的环境恶化却因众多因果链条的复杂关系，外部成本难以确切计算，故到目前为止，尽管许多国家征收燃油税，其主要目的并非用于调节碳排放。

另一种可能性是引进可市场交易的碳排放权。在该机制下，每个碳排放者必须取得相应数量的排放权，排放权发放总量越小，市场对排放权的需求则越大，排放权的价格就会越高。排放权交易已在航空和发电等领域应用。但小汽车用户众多，其每年行驶里程和排放量差异很大，为保证每个用户都按排放权来排放，需要一个庞大而昂贵的监督控制系统，交易成本昂贵，行政管理难以实现。而汽车制造厂家全球数量有限，因此各国都把控制小汽车碳排放的着眼点转向汽车制造商。但汽车制造商本身并不直接产生汽车碳排放，没法强制要求他们去购置碳排放权，故政府机构通常的做法是规定汽车制造商要满足平均排碳标准。

## 二、国际上小汽车减排法规示例

### （一）欧盟小汽车碳排放法规

欧盟于2008年底通过了首部小汽车碳排放法规，规定小汽车行业新车平均碳排放到2015年降至每公里130克（相当于每100公里约耗油5.6升）和到2021年降低到每公里95克（约每100公里耗汽油4.1升）。在此基础上，欧盟于2019年4月发布了2025年和2030年小汽车碳排放法规目标，要求小汽车新车平均碳排放在95克基础上到2025年继续降低15%到每公里81克（约每100公里耗汽油3.5升），到2030年降低37.5%到每公里59克（约每100公里耗汽油2.56升）。[①]

用企业新车平均碳排量作为考核指标，一车企内部超标车型可由达标车型来补偿，且不论是进口还是当地生产的车辆都一起核算，使企业具有一定灵活性。一车企也允许与别的车企自由组合，共同核算其新车平均碳排是否达标。此外欧盟法规还鼓励生态创新技术和电动车的发展。所谓生态创新技术是指能实际降低汽车的能耗，但在现行的汽车油耗认证中没有考虑汽车节能技术。如太阳能天窗、节能空调等。经过测试认证，生态创新技术可以最多抵扣每公里7克的碳排量。鼓励电动汽车采用的是"超级信用"机制，即每出售一辆电动汽车，可按多辆加权计算碳排实际值。由于电动汽车碳排量很低甚至为零，就可以用来摊低制造商的平均碳排实际值。

如果一车企新车平均每公里实际碳排值高于其目标值，则该厂商达不到目标，必须支付罚款。从2019年起，每车超标的每克罚款是95欧元。欧盟小汽车碳排法规明确规定了企业的目标和奖罚措施，提供了一个明确的框架结构，让企

---

① Regulation (EU) 2019/631 of the European Parliament and the Council on $CO_2$ emission performance standards for new passenger cars and for new vans in the EU, adopted on 17. April 2019.

业自主决定是否要达标，如何去达标，用何种技术去达标，充分发挥企业作为市场主体的能动性和创造力。从实施情况看，欧盟2015年小汽车碳排目标提取两年在2013年已经实现，而2020年的目标则难以达到，众多厂家正面临巨额罚款。

**（二）美国小汽车温室气体排放法规**

美国于2009年发布了2012~2016年小汽车碳排目标，随后又于2012年8月公布了2017~2025年的目标，新注册小汽车的每公里平均碳排目标分别为2016年139.8克和2020年113克，2020年后要保证在2020年基础上每年5%的连续减排。2020年4月特朗普政府发布修订法案，把之前每年减排5%的要求放松到1.5%。[①]

同欧洲一样，美国的碳排法规中也包括了对绿色创新技术以及电动车的一些激励机制，如低排放的车用空调、双燃料汽车和电动车都可以加分以摊低企业的平均排碳目标值。同时引入一些灵活性措施，如允许企业自由组合、进口和国产一起算、超额完成额度可以存结或转让交易、中小批量企业在过渡期内允许一定数量超标车辆免算等，使企业能充分发挥各自优势去满足目标。

**（三）日本小汽车油耗标准法规**

日本小汽车的油耗法规不同于欧美体系。它采用的是"领跑者"方法（top runner），即在每一等级里，选择当前最省油车的耗油量作为下一步所有该等级车要达到的油耗目标值的基础。每次都以最省油的车型作为全行业的目标，向先进看齐；同时建立相应的激励奖罚机制，促使企业有动力去研发和引进节油技术，获取竞争优势；每次给企业长达10年的过渡期去准备，并鼓励提前达标。

日本在1999年首次建立了领跑者体系，并发布了以1999年领跑者车型为基础的2010年小汽车油耗目标体系，行业目标每百公里6.62升。2007年日本公布了基于2004年的"领跑者"车型为基础的2015年小汽车油耗目标体系，行业目标是每100公里5.95升。2011年日本发布了2020年小汽车油耗目标体系，以2009年最省油的"领跑者"车型为基础来确定每个等级的2020年目标值，小汽车全行业的油耗平均目标值是每100公里4.93升，比2015年目标降低17.1%。日本在2019年6月发布了2030年的目标体系，2030年小汽车全行业的油耗平均目标值是每100公里3.94升，比2016年实际降低32.4%，比2020年目标改善20%。[②]

**（四）中国小汽车的低碳政策**

中国于2011年首次发布了基于企业平均油耗为基础的2015年乘用车油耗标准，要求到2015年行业平均油耗降到每100公里6.9升（约每公里排碳160

---

① 腾讯汽车：《美国即将修改燃油效率规定标准或每年提高1.5%》，人民网，2020年3月26日。
② Japan's Ministry of Land, Infrastructure, Transport and Tourism (MLIT) and Ministry of Economy, Trade and Industry (METI): New fuel economy standards for passenger vehicles starting in model year 2030, 3. June, 2019.

克），并于 2013 年 3 月公布了乘用车企业平均燃料消耗量核算办法。2014 年，中国发布了 2020 年乘用车燃料消耗量评价方法和指标，规定了 2020 年行业达到每 100 公里 5 升的油耗目标（约合每公里 116 克碳排放）。2019 年底中国发布了 2025 年乘用车燃料消耗量评价方法和指标，规定了 2025 年行业达到每 100 公里 4 升的油耗目标（约合每公里 93 克碳排放）。①

与其他国家类似，中国的企业平均油耗目标体系不仅包括传统燃油车，也纳入了新能源车。新能源车的油耗按 0 计算，同时一辆新能源车可作数辆核算，以提高其权重予以鼓励。而不同于别的国家按新车上牌销量企业平均油耗，中国按小汽车生产量或进口量进行核算。同时，中国为促进企业生产新能源车，还引进了新能源车积分比例要求，作为每个汽车生产或进口企业生产进口新能源车的目标，并和油耗目标并行管理。

### 三、小汽车低碳化中的市场力量：企业的灵活性

在明确的汽车碳排法规之下，企业可以自主决定如何来达到规定的碳排目标，这时企业的创新能力将起主要作用。各个企业各有技术优势，节能减排可供开发和使用的技术多种多样，其成本和节能效果也各不相同。一个企业首先要把各种技术根据其成本和节能减排效果进行筛选，按单位节能减排成本排序，把减排效果好且成本较低的技术首先研发或采用，然后依次采用节能成本性价比稍次的技术。这一新技术研发引进的过程会一致持续下去，一般来说，欧洲企业的柴油车技术比较领先，而日本企业在混合动力方面具有一定优势。

由于技术优势和产品结构的差别，不同的企业降低油耗/碳排的单位成本也不相同。在政策法规的设计上必须要有鼓励措施，而不是要"鞭打快牛"。一种最简单有效的措施是允许企业之间自由组合或买卖超额减排或节油额度。这样，节能成本低的企业可以多节些，超额达标可以有偿转让给其他需要的企业。转让价格通过市场供需自主形成，原则上会落在节油成本和罚款之间的区域。企业之间自由组合或减排额度的交易既能保证汽车行业作为总体满足规定的节能减排要求，又能保证达到这一目标的手段是最经济合算的。

### 四、对未来小汽车低碳化的展望

#### （一）电动化是未来小汽车低碳化的方向

如前所述，世界主要国家和地区都要求小汽车新车平均油耗和其对应的碳排放到 2025 年降低到 4 升，2030 年甚至 3 升以下。单纯依靠传统内燃机效率的改

---

① GB 27999－2014《乘用车燃料消耗量评价方法及指标》，2014 年 12 月 22 日；GB 27999－2019《乘用车燃料消耗量评价方法及指标》，2019 年 12 月 31 日。

进难以实现小汽车低碳化的目标，必须寻求新型动力和驱动方式，电动汽车应运而生。电动汽车主要包括纯电动汽车、插电式混合动力汽车和燃料电池汽车。目前世界各国都在积极推进汽车的电动化。中国计划到2025年电动车达到20%~25%，2030年40%~50%的市场份额。在2019年的世界新能源车大会上，世界主要国家参会者达成到2035年全球电动化达到50%的共识。电动化已成为小汽车低碳化的主要方向。

### （二）关注小汽车全生命周期的碳排放

当前小汽车的油耗和碳排放法规主要着眼于汽车使用燃油引起的从加油到轮子驱动的碳排放，而没有考虑能源获取和汽车制造环节的能源消耗与碳排放。特别是电动车在使用时很少或几乎不产生碳排放和其他废气，但在发电环节产生的排放则不能忽视。为全面综合评价碳排放，有必要进行小汽车全生命周期的碳排放核算。

小汽车全生命周期的碳排放的核算包括两个方面。一是除了汽车使用环节外还要把汽车生产销售和售后服务的碳排放纳入进来，生产环节不仅包括整车制造，也包括各种零配件的制造。二是汽车使用能源时不仅要考虑能源消费产生的碳排放，还要把能源生产、运输和储存环节的碳排放考虑进来，这即是从油井到轮子的概念。燃油要考虑原油采掘、提炼、运输、储存以及使用时的消耗，电力同样要考虑发电、输电和用电时的消耗。当然，不同环节的责任主体各不相同，是否都要由汽车生产厂家来承担或直接由最终消费者来承担更好等都值得商榷。

### （三）数字化技术将会不断改进需求侧的低碳化管理

前面提到的油耗和碳排放法规主要针对生产者，规范其产品的油耗和碳排放技术水平，属于供给侧管理的范畴。而小汽车出行的碳排放终归是由汽车使用引起的，需求侧的管理原则上会更直接有效，之前由于定量难和交易成本高等原因难以实现。但随着网络技术、数字化技术和移动支付的不断发展，需求侧管理的交易成本大幅降低，提供了精准施策的可能性。

需求侧管理最简便有效的方法是在燃料价格中纳入一个碳排放的税收因子。尽管如何合理确定碳排放的税收因子等问题还需要探讨，但征收碳排税符合责任人负担原则，而且对降低油耗减少排放有明显的激励效应。碳交易是另一种直接让责任主体承担碳排放外部成本的方法，其基本机制是国家根据总体排放控制的要求，发放碳排放权的总量，需要排放的每个责任主体都要在碳交易市场购买与其排放量相适应的碳排放权。目前碳交易已广泛应用于发电、化工等高排放行业，主要针对生产性企业，随着网络交易技术的发展，交通出行也可以纳入碳交易体系。设立低排放区和零排放区也是针对特定区域控制排放的手段，该区域只允许零排放或达到一定低排放条件的车辆进入，其他的车辆则禁止驶入或只能缴费进入。智能交通和网络技术的发展已能够灵活设置低排放区和零排放区。汽车行业正处于向电动化、智能化、网联化和共享化的转型，这些新型技术和出行模式的发展也将促进小汽车的进一步低碳化。

> **专栏 16-1**

## "避免—转移—提升"绿色出行策略

与城市蔓延直接相关的是小汽车过度使用、能源消耗以及污染物和温室气体排放的增加。从城市规划入手，建造混合用地的紧凑城市形态，能够从源头降低对小汽车的依赖性，创造低碳城市。而"避免—转移—提升"（avoid-shift-improve，A-S-I）绿色出行策略，开始被一些城市接受作为交通政策目标。

避免—转移—提升策略旨在推动绿色出行方式的使用与可持续交通系统的建设，以实现降低交通空气污染物和温室气体的排放，缓解交通拥堵，创建可持续宜居城市。其中：避免——通过以公交为导向的城市开发（TOD）等城市规划手段，建造紧凑型城市，尽量避免小汽车出行的产生；转移——通过改善慢行和公共交通基础设施、提高小汽车使用成本等措施，促使居民从小汽车出行转移到公交、自行车和步行等绿色出行；提升——在技术方面推行新能源汽车和其他新技术，减少机动车排放，理念方面建立居民绿色出行理念，提升社会绿色出行氛围。

"避免—转移—提升"绿色出行策略建议：

（1）全方位统筹协调，综合制定绿色出行措施。A-S-I 策略其实是一项综合性的工程，每部分内容之间联系紧密，并不是各自独立的关系。例如，TOD 其实也包含了转移和提升方面的内容。在实际操作中，应统筹考虑各项政策的实施，包括政策实施的时序安排和作用配合，并建立实施的保障和监督评价机制，不断根据政策效果调整政策内容，以最大化实现政策效力。

（2）落实多规合一，健全城市土地交通协同发展机制。对于现有城市的更新与新兴城市或新规划的城市开发区的开发，应强调公共交通沿线的土地混合利用布局与高密度开发，加强公共交通站点地区（尤其是轨道交通）的城市规划与交通设计，实现城市土地利用规划、城市总体规划、城市综合交通规划与公共交通专项规划等多规合一，引导居民使用公共交通等绿色出行。

（3）引入市场价格机制，用经济手段引导居民绿色出行。灵活使用经济手段进行交通资源管理最重要的原则是"使用者负担原则"，通过拥堵收费、停车管理等措施，使小汽车使用者承担小汽车出行所产生的外部成本，进而控制机动车使用强度，并将收缴资金用于改善公共交通和慢行交通系统，为居民提供多样化绿色出行选择。

（4）促进居民意识提升和价值观转变。通过一些激励措施推动居民采用公共交通、自行车和步行等绿色出行方式。居民对于绿色出行政策制定过程的参与，也有助于提高其绿色出行意识。地方政府可以搭建多方参与的协作平台和对话机制，鼓励居民对政策提供反馈和建议，共同实现可持续城市与交通的建设。

资料来源：邱诗永：《基于"避免—转移—提升"的绿色出行经验与启示》，载于《世界环境》2019年第4期。

### 专栏 16-2

## 各种交通出行方式的碳足迹

澳大利亚理智交通研究所根据墨尔本市实际数据测算研究，各种交通工具的平均碳排放（克/人公里）和占用面积（平方米/人）如下（见图 16-2-1）：

一般汽油轻型车：碳排放 243.8 克/人公里；占用面积 9.7 平方米/人。

性能最优电动车：碳排放 209.1 克/人公里；占用面积 9.7 平方米/人。

汽油车（双人乘坐）：碳排放 121.9 克/人公里；占用面积 4.9 平方米/人。

摩托车：碳排放 119.6 克/人公里；占用面积 1.9 平方米/人。

电动列车：碳排放 28.6 克/人公里；占用面积 0.5 平方米/人。

有轨电车：碳排放 20.2 克/人公里；占用面积 0.6 平方米/人。

汽油公交车：碳排放 17.7 克/人公里；占用面积 0.8 平方米/人。

性能最优电动车（绿色电源）：行驶无碳排放；占用面积 9.7 平方米/人。

自行车：无碳排放，占用面积 1.5 平方米/人。

步行：无碳排放，占用面积 0.5 平方米/人。

图 16-2-1 一张图看清交通出行碳足迹

资料来源：新能源网，2018 年 8 月 9 日。

**Assessing carbon dioxide emissions of high-speed rail**

**我国铁路运营二氧化碳排放影响因素研究**

> **专栏 16-3**
>
> ## 德国能源转型进展：清洁电力达标、交通能耗反弹
>
> 国际能源署发布德国能源政策评估报告汇总了德国能源转型各项目标的进展数据：
>
> **温室气体排放：**
>
> 目标：到 2020 年温室气体排放相比 1990 年下降 40%。
>
> 进展：截至 2017 年温室气体排放比 1990 年下降 27.5%，难以达标。
>
> **可再生能源：**
>
> (1) 可再生能源发电比例：
>
> 目标：到 2020 年可再生能源电力占比 35%。
>
> 进展：截至 2018 年可再生能源电力占比已达 37.8%，提前达标。
>
> (2) 可再生能源在终端能源比例：
>
> 目标：到 2020 年可再生能源在终端能源占比 18%。
>
> 进展：截至 2018 年可再生能源占终端能源比例为 16.6%，有望达标。
>
> **能源效率：**
>
> (1) 一次能源消费总量。
>
> 目标：到 2020 年一次能源消费总量比 2008 年下降 20%。
>
> 进展：截至 2018 年一次能源消费比 2008 年下降 10.3%，达标无望。
>
> (2) 交通领域终端能耗。
>
> 目标：到 2020 年交通领域终端能耗比 2005 年下降 10%。
>
> 进展：截至 2017 年交通领域终端能耗比 2005 年上升 4.3%，达标无望。
>
> 资料来源：搜狐网，2020 年 2 月 24 日。

## 本章思考题

[1] 分别简述可持续发展和可持续交通运输（或可持续移动性）的概念。

[2] 简述交通运输的社会可持续、环境可持续和经济可持续的意义及相互关系。

[3] 分析不同发展阶段交通运输与资源环境约束相互影响的关系。

[4] 用示意图和文字分析交通运输活动存在的外部性及其内部化思路。

[5] 简述"科斯定理"的主要内容及其假设条件，并以交通运输活动举例说明。

[6] 为什么与运输活动有关的环境资源的产权界定与监测难度很大？这对相应产权交易制度的设计有何影响？

[7] 分别尽可能列举通过政府行政措施和通过市场手段，以实现运输外部

性内部化问题。

［8］根据网上数据对比中国、美国、日本三国交通运输能耗与排放指标的动态变化，并做简要分析。

［9］结合《巴黎气候协定》评述小汽车低碳化的趋势和各国所采取的主要措施。

［10］如何在合理的时空尺度上正确把握交通运输与资源环境的可持续问题？

# 第十七章

# 交通运输政策与监管

> **本章总体要求**
>
> 了解交通运输政策的概念、体系与发展趋势；领会交通运输政策在运输业发展中的作用；掌握分析交通运输政策的基本思路与方法；了解运输业监管的含义、内容与发展沿革；理解运输业监管的必要性与理论基础；理解运输业属性认识的变化对运输业监管发展趋势的影响；理解交通运输业行业监管与市场监管的协同机制；初步领会行为经济学在运输政策领域的应用。

### 本章主要内容

- 交通运输政策的概念及其在运输业发展中的作用。
- 交通运输政策的体系分类与主要内容。
- 以公权力与私权利的关系作为运输政策分析逻辑主线的依据。
- 交通运输政策在全局性、高层次性、多部门协调性及程序规范性等方面的发展趋势与特点。
- 典型国家与地区交通运输政策的发展沿革与有益经验。
- 交通运输业监管的必要性与监管改革的趋势，以及主要的监管理论。
- 交通运输业行业监管的主要模式及其与市场监管的协同机制。
- 行为经济学以及"助推"等理论在运输政策领域的影响与应用。

交通运输政策是政府对社会运输活动的公开介入和干预，包括有关运输的法律、战略、规划、投资、监管及其他有目的的影响。有专家认为政府的运输干预可以采取三种方式：一是政府公共部门直接生产并提供公共设施和服务（make）；二是政府不自己生产而是到民间购买（buy）相关设施和服务；三是监管（regulation），政府既不自己生产也不花钱购买，而是建立监管框架来影响相关市场。总之，交通运输是一个政策密集的领域。

# 第一节　交通运输政策概述

## 一、交通运输政策的概念与作用

### （一）运输政策的概念

政策是指国家或国际组织为实现一定历史时期的任务和目标而制定的约束人们行为的行动依据和行为准则，其通常以具有强制性的规章、制度、法令、条例、政府文件等形式出现，起着调整或修正单纯依靠市场调控条件下出现过高或过低的经济发展偏差的作用。

运输政策是指交通运输领域里的政策，是指国家针对交通运输发展所制定的一系列行为谋略。就本质而言，凡是反映政府发展交通运输的方针性和实践性举措，都属于广义的运输政策。从界域范畴来看，既包括交通运输自身层面的相关政策，也包括经济、社会、资源、环境等涉及交通运输的大领域范围的相关政策。从载体形式来看，既包括政府部门下发的关于交通运输发展的通知、决定、办法及主要领导的讲话、报告等，也包括涉及交通运输发展的各类战略、规划乃至相关法律法规等。从政策制定主体来看，既包括中央政府和地方政府，也包括中央和地方政府中的综合部门和交通运输行业部门等。

### （二）运输政策的作用

运输业在完全市场化机制下难以实现资源配置的最优化。政府提供的运输政策作为运输领域的一项制度安排，通过为各种运输方式、运输业者及运输业的消费者、投资者提供明确的游戏规则，可以节省相关的信息成本、降低各种风险、降低交易费用等，激励运输业的潜在效率得到最大程度地发挥。具体来说，运输政策主要具有以下作用：

（1）导向作用。运输政策对一个国家运输业发展的方向有引导作用，具有超前性、规范性等特点。运输政策可以为运输业发展提出明确的目标，确立方向，为实现政策目标规定行为规范和行为准则。另外，运输政策还为许多具有运输决策权的行政管理机构、立法机构、国家领导人以及各级法院提供指导方针。

（2）激励作用。运输政策的激励功能，主要体现在对各种运输方式（利益集团）发展的影响上。例如当运输业发展到一定程度时，资源和环境等问题日益受到重视，内部化外部成本或收益的一些运输政策，就可以通过限制负外部性较强运输方式的发展，激励环境友好型运输方式的大力发展，最终达到改善运输结构的目标。

（3）再分配作用。运输政策的再分配功能是指对社会福利和经济利益在人们之间或地区之间进行重新分配的功能。如提高运输安全、降低污染方面的政策，可以提高公众出行的安全性并改善人们的生活环境，而运输业者则需要在提高安全和降低污染等方面加强投资，从而对社会福利和经济利益在运输业者与公众之间进行重新分配；而促进边远地区、贫困落后地区运输业发展的政策，则是对社会福利和经济利益在不同地区之间进行重新分配。

（4）提高运输效率、降低运输成本。由于各种运输方式技术经济特性的不同，各自最优的运输范围也不同，国家通过制定促进综合运输发展的运输政策可以加强各种运输方式的衔接，从而使一体化、无缝隙运输成为可能。在货运方面，可以降低货物在整个运输体系中的周转时间和运输成本，在客运方面则可以增强人们出行的便捷性。

### （三）运输政策的分析思路

运输政策是在运输业发展中发挥重要作用的制度性因素。然而，由于运输活动自身的复杂性和多样性，及其与城市发展、环境保护、公民权利及国家安全等领域密切关联，运输政策表现出内容庞杂、缺乏纲领、体系分散等特点，给运输政策的分析和研究带来一定的困难。专注于特定运输方式或特定问题的运输政策分析方法，对于把握某一特定运输政策领域具有重要意义，但由于缺乏统领全局的逻辑主线，仍难以从整体上形成对运输政策核心问题和基本原则的深刻认知。因此，有必要建立一个基本分析框架，涵盖各种运输方式和重要运输问题，在推进运输经济与政策研究的同时，也为我国运输政策体系的合理建构提供支撑。需要指出的是，法治社会中重要运输政策的法律化是基本趋势，是运输政策取得社会共识和权威性的体现，也是获取政策实施所必须社会资源的法律保障。因此，运输政策与运输法律的基本分析框架在很大程度上具有一致性。

政府主体与市场主体是运输活动中的两类基本主体，分别以公权力和私权利为行为合法性之基础。如果我们从运输业市场主体和政府主体关系的角度进行细分，可以将运输法律体系分为四类法律关系：第一类为市场主体之间以私权利为基础的权利交换关系，体现为运输契约与运输侵权；第二类为政府主体以公权力对市场主体私权利的干预关系，这种干预可以细分为直接干预和间接干预。直接干预典型体现为管制政策与法律，即决策干预；间接干预典型体现为竞争政策与法律，即市场维护；第三类为政府主体以公权力与市场主体的私权利合作，典型体现为政府投资与补贴及公私合作伙伴关系；第四类为政府主体间的公权力协调与配置，即权力机构设置与权责配置。

## 二、运输政策的内容体系

凡是反映政府发展交通运输的方针性和实践性举措，都属于广义的运输政策。为了更好地认识运输政策，我们可以从内容体系上主要将运输政策分为运输设施建设政策、运输市场化政策、运输一体化政策、运输可持续发展政策、运输安全政策及其他政策。需要指出的是，有时一项运输业政策性文件可能会涉及两个甚至两个以上的政策目标，上述运输政策的内容体系分类只是为了讨论的清晰与便利。

**（一）运输设施建设政策**

（1）交通网络建设政策：目前应坚持适度超前，继续保持交通运输基础设施建设适度规模和速度，确保国家扩大内需的重点在建和续建项目顺利建成并发挥效益，完善国家综合交通运输基础设施网络。

（2）运输装备技术政策：用现代科技和信息技术改造、提升基础设施和运输装备，适应经济社会发展和人民群众对交通运输安全性、快捷性和多样化、个性化需求。

（3）区域交通发展政策：统筹区域交通运输发展，大力推动中西部地区、农村地区的交通基础设施建设，改善这些地区的交通出行条件，实现交通运输公共服务的均等化。

（4）运输结构政策：实现运输方式间均衡发展，公路、民航建设力度较大，交通状况得到明显改善，但铁路运能与运量的矛盾一度突出。不同等级运输方式的发展也不均衡，高速铁路、公路建设应与普通铁路和公路平衡。

（5）运输通道建设政策：为了很好地满足生产、流通和居民出行的需求，以及解决能源资源压力问题，必须将有限的资金投入到承担大宗运量的主要骨干线路建设上，促进综合运输通道的形成。

（6）城市交通建设政策：努力实现城市内部与外部交通基础设施衔接；加强城市交通规划与城市总体规划衔接；促进城市公共交通体系建设，确立优先发展城市公共交通特别是城市轨道交通的城市交通发展战略。

**（二）运输市场化政策**

（1）市场主体建立政策：大力推进运输业市场化，实现铁路政企分开，确立铁路局的市场主体地位；加快国有运输企业建立现代企业制度的步伐；保证市场化程度不同运输方式间运输企业的平等竞争。

（2）市场结构政策：改善运输市场结构，充分发挥市场机制作用，通过运输企业间的竞争以达到市场集中的目的；通过区域协调机制和相关政策，打破地域等方面的隔离，鼓励企业跨行业、跨地区、跨所有制进行并购、重组，推动规模企业的形成。

（3）市场监管政策：加强交通建设市场监管，完善招投标等建设市场管理机制；加快建立运输市场诚信体系，制定运输企业从业资格标准；加强运输市场公平竞争管理，严格禁止不正当竞争行为及垄断行为。

（4）运输价格政策：建立运价与物价联动机制，以市场形成价格为主，促使运价适应市场变动；制定多层次运价体系，如实行季节性浮动运价政策、区域性差别运价政策以及城市交通高峰时段特殊票价政策等；保证垄断和公共交通领域运输价格合理。

（5）税收政策：规范运输行业税收管理，促进运输企业公平税收负担。建立完整运输税收体系，通过税收实现交通运输外部成本和收益的内部化，以及税收从公路向铁路与水运的税收财政转移支付，提高运输行业效率。

（6）投融资政策：通过借贷、合资、BOT等方式吸引和鼓励各方参与运输基础设施的建设，积极促进投资主体多元化。创新筹资模式提高筹资效率，充分利用股票、资产证券化等金融创新工具，实现交通专项资金和通行费收入等现金流变现。

### （三）运输一体化政策

（1）客运场站建设政策：加快推进综合客运枢纽建设，加快建设适应客流特点、便于交通组织、利于城市发展的现代化综合客运枢纽。合理确定综合客运枢纽的功能、规模和标准，注重一体化换乘系统和以公共交通为主导的集疏运系统建设。

（2）货运场站建设政策：加强货运枢纽及集疏运体系建设，大力推进高等级公路与港口、铁路货运枢纽、民航机场、大型物流园区等的衔接，积极促进铁路、管道与主要港口以及煤炭、原油、集装箱等专业化港区的衔接。

（3）城市交通衔接政策：实现城际交通与城市交通的顺畅衔接和能力匹配，注重相关基础设施和服务功能的配套建设；加强城市交通与城际交通在管理、标准等方面的衔接和协调，推进运输服务一体化。

（4）运输组织政策：优化运输组织管理，积极推进多式联运，发展现代物流。优化组织结构，鼓励客货运输企业向集约化、规模化方向发展。推进信息技术应用，促进货物运输市场的电子化、网络化，加快现代客运信息系统建设。

（5）运输标准政策：设定行业标准，统一技术规范，积极引进、吸收国外先进标准，加快标准规范的更新。积极促进各交通方式标准的统一，特别是各企业信息系统的相互衔接和配套，更好实现方式间的衔接工作。

### （四）运输可持续发展政策

（1）运输方式发展政策：调整运输结构，在合理满足运输需求的条件下，大力发展水运、管道、铁路等资源节约型和环境友好型运输方式。同一种运输方式内部，在符合经济社会效益的情况下，加快提升路网结构。

（2）交通能源政策：大力研发应用资源节约与循环利用技术，加强运输工具节能技术的研发和应用。鼓励使用清洁能源，发展交通循环经济。

（3）交通环境政策：制定严格的能耗和排放标准，淘汰落后运输工具，推动运输工具向大型化、专业化、清洁化方向发展。确立交通需求管理策略，征收机动车使用费、交通拥挤费以及交通污染费等。

（4）交通土地政策：限制公路运输超比例用地、促进各种运输方式有序发展。充分利用城市立体空间，高效使用土地资源。明确节约使用土地原则，严格项目用地审查。大力推广节地技术，优化工程建设方案，高效利用线位资源，提高土地资源综合利用效率。

（5）交通线位资源利用政策：集约利用通道资源，协调促进干线建设，促进桥隧线位资源共享，加强公路与轨道交通的通道资源共享。集约利用港口岸线资源，保障港口岸线资源合理利用。鼓励通过提高等级、改进工艺等方式，提高老港区岸线资源利用效率。

（6）TOD 发展政策：通过城市 TOD 策略的实施，实现公共交通与土地开发相互配合，交通引导城市发展，实现节约城市土地资源、节约能源和保护环境的可持续城市发展战略。

（7）消费方式引导政策：建立资源节约、环境保护的激励机制，大力推动节能减排工作。加强社会引导，提倡资源节约、环境友好的出行方式，鼓励选择公交出行和使用节能环保型交通运输工具。

**（五）运输安全政策及其他政策**

（1）运输安全监管政策：完善运输安全监管法规，建立健全运输安全监管体系。加强安全监管，实现独立安全检查，提高运输安全水平。严肃安全检查和强制性设备报废制度。严格危险货物运输从业人员资格管理，危险货物运输车辆管理等。

（2）交通基础设施安全政策：提高交通运输设施安全水平，加强交通基础设施建设安全监督管理，安全设施必须与主体工程同时设计、施工和投产使用。继续推进公路、铁路等安保工程建设和技术改造。将识别、查找危险源或安全隐患制度化，发现问题并及时采取有效的预防、整改措施。

（3）交通安全事故应对政策：加强专业救助装备和队伍建设，完善交通突发事件应急体系，提高应对突发事件的能力。加强各层面、各部门应急预案的有效衔接。有针对性地开展预案演练，促进相关单位协调配合和落实责任。

（4）交通科技政策：加大交通科技的扶植和引导政策，着力推进科技创新。加强运输领域信息化建设，推动建立智能交通系统，努力搭建公共服务信息平台。大力推进行业重大关键技术研发，加强先进适用技术研发应用等。

（5）交通人才建设政策：提高运输从业人员素质，深入实施"人才强交"战略，加强交通运输系统干部职工队伍、执法队伍和人才队伍建设。创造优秀人才脱颖而出的良好环境，把更多的优秀人才集聚到交通运输行业。

（6）政府管理政策：增加社会管理力度，提高政府行政管理水平，加大监督和综合执法力度，建立健全安全生产、节能减排、环境保护等的目标责任制等。

（7）交通债务处理政策：妥善处理交通债务，加强对各类交通融资平台公司的监管。地方人民政府要全面清理和偿还各类交通建设形成的历史债务。通过降低当前利息、展期还本等方式对铁路债务进行重组。

## 第二节 运输政策的发展

### 一、运输政策发展趋势

在运输业发展的不同阶段,社会经济对交通运输相关问题的重视以及重视程度都有所不同,运输业的具体状况不仅决定了运输政策所要解决的运输问题,同时也成为运输政策制定的限制条件。运输业的发展直接对运输政策转变产生了需要,根据运输政策所要解决问题和实现目标的不同,相应运输政策的制定程序和实施形式也存在一定的变化。具体来说,不同国家或地区的运输政策会在什么时候发生什么样的变迁,运输政策的实施是否能达到预想的目标等,都需要更多考虑影响运输政策制定及实施过程,进而影响运输政策发展方向的因素。从发达国家和地区的实践看来,运输政策内容全局化、思路前瞻化、手段综合化、程序规范化的趋势比较明显。

#### (一)运输政策内容的全局性

运输政策本身具有一定的层次性,既有国家的宏观产业政策,也有具体项目实施的政策。因此可将运输政策划分为涉及具体项目、规划的支持性运输政策和涉及发展战略、原则的协调性运输政策。由于不同项目、不同运输方式之间的经济技术特性和利益出发点的不同,只有从国家层面制定全局性的综合运输政策,才能更加有效的配置运输资源。因此,在更高层次上起指导和协调各运输方式发展战略作用的全局性运输政策的地位越来越重要。

#### (二)运输政策的高层次性

在运输化的不同发展阶段,一个国家所面临的主要运输问题显然是不同的,所需要制定的运输政策也是有差别的。在运输业发展的前一个阶段,所要解决的主要问题包括各种运输方式分别单方式发展、基本网形成、通达性问题、公众基本出行和煤炭等大宗货物的运输问题;而当运输业发展的新阶段到来以后,所要解决的主要问题转变为多种运输方式共同发展、方式间衔接、枢纽问题、可持续发展、现代物流及社会公平等,新的相关问题越来越突出。运输化不同阶段对政府的政策制定能力和行政能力提出了不同要求:在运输化的初级阶段,相对简单的系统状态也只需要相对简单的政策体系和行政管理体制;而在运输化的较高级阶段,运输系统所具有的综合性和复杂性使得政府必须在更高层次上设立综合性的运输主管机构,制定综合运输政策与规划。

#### (三)运输政策的多部门协调性

由于很多交通运输政策是跨部门的,其制定过程需要不同的部门相互配合,根据多米尼克·斯蒂德（Dominic Stead）的研究，在对部门政策的横向管理过程中，按各部门合作的紧密程度依次可分为：政策合作（policy cooperation），只是在各部门之间进行对话和信息沟通；政策协调（policy coordination），在政策合作的基础上进一步增加各部门信息的透明度，并通过协调相互之间的利益来避免政策冲突；政策一体化（policy integration），在政策合作与协调的基础上，联合工作，统一目标来制定政策。目前世界上绝大多数国家都选择了综合性交通运输管理体制，统管各种交通运输方式，甚至包括与交通运输发展关系密切的国土开发、城市建设等领域的管理，以便提高政策制定与实施的一体化程度。

### （四）运输政策的程序规范性

运输政策的程序规范性与其法律化特征密切相关。运输政策与运输法规是同一起源。运输政策是运输法律的重要依据，运输政策是方向性的、总体性的，要想使运输业者的行为发生相应改变以适应运输政策的目标，就必须将运输政策的目标具体化。在法治化程度较高的国家，如美国，几乎所有的运输政策都是通过法律的形式来体现或者是在法律的框架范围内制定的，即运输法律和法规是运输政策的具体体现，是实施运输政策的最有效形式，用运输法律的形式规定一些重要运输政策目标，有利于保证它的权威性和稳定性。另外，为了实施政府的有关运输政策，各国政府往往会制定较多的规定、规章、规则来补充国家有关的运输法律并使其细则化，运输法规也可以被视为实施运输政策的工具。

对于一个法治化国家，政策的合法性是根本的政治要求，因此运输政策首先在内容上不能与国家的法律（如宪法等）相抵触，其次还表现在程序上要严格守法。只有这样，运输政策才能得到社会普遍确认，才能成为各运输业者与消费者普遍遵守、执行的基本规则和指导准则。

## 二、典型国家与地区的运输政策

### （一）美国的运输研究与咨询报告

美国高度重视运输政策。为了提高运输业效率，促进运输业发展。自20世纪90年代起，美国开始对运输政策进行新的思考。1991年，美国通过《多式地面运输效率法》（ISTEA），开始将燃油税的使用范围扩大到公路以外的领域，鼓励多式联运和城市公共交通，标志着该国运输政策领域的一次重大调整。美国后来又通过《21世纪运输衡平法》等一系列法律，延续该政策的执行。2008年，美国参众两院分别收到了美国国家地面运输政策与收入研究委员会提交的《关于未来运输的报告》。这份报告总结了前一阶段美国运输政策出现的投资不足与绩效难以识别、运输政策与其他政策存在冲突及政策程序烦琐和政治化等问题，分析了建设一个便捷、安全、高效的运输系统对于提高国际竞争力、提高公众机动性、支持国土安全、保障能源利用等的重要性，预测了运输系统未来客货运输需求及其关键影响因素，测算了长期投资的资金需求与融资渠道，提出了优化投资决策程序、提高投资决策效率的建议。

2009年，美国国家运输政策研究小组提交了《国家运输政策方案》，该小组成员包括运输政策领域的专家和官员，也包括在之前运输政策制定过程中参与较少的使用者，而该方案的结论也是在结合政治、商业、公众等各个利益集团不同意见基础之上形成的。该方案指出美国国家运输政策已经失去了方向和清晰的目标，这对于建立繁荣、安全、环保和公平的社会环境是一个巨大威胁，为此国家运输政策小组建议进行大胆的综合改革，并主张美国的运输政策需要更加注重效果，要有一系列明确的目标以及政策实施效果的可评估性。该方案赞同前述《关于未来运输的报告》中关于促进美国交通运输发展，建立更加适应未来可持续发展等结论，也强调了建立一个经得住投资收益成本分析及基于绩效结果的系统，完善政府投资运输业的合理化和方案优选的主张。虽然这两次的报告和方案只是作为运输政策研究咨询报告出现，尚未成为运输政策立法，但各方普遍认为它们将对美国未来的运输政策制定产生重要影响。

## （二）英国《交通运输业的未来》

20世纪90年代后，英国也对运输政策进行了相应调整。1998年7月，英国工党政府公布《交通新政——为了每一个人的利益》，重点突出一体化运输和交通运输可持续发展的重要性，为英国交通描绘了一个一体化和可持续的发展前景。其战略目标包括：充分发挥各运输方式的技术经济特性，构建全国范围内的一体化交通运输系统；优先发展公共交通；重视环境保护和运输安全；增加地方的交通决策权，实现政策制定全民参与等。这份报告是针对过去运输市场私营化和放松管制等政策占据主导地位，而公共运输以及环境保护等运输政策不受重视后做出的深刻反思，提出了未来可持续运输系统的建设方向。

2000年7月，英国运输部颁布了《英国2000—2010年交通运输发展战略：10年运输规划》，该规划是在《交通新政——为了每一个人的利益》政策框架下，为长期内交通运输的可持续发展而制定的较为具体的战略方针。其内容主要包括：计划十年内投资1800亿英镑来解决运输投资不足问题，其中涉及80多个重点计划项目；改善交通基础设施，利用新技术建设现代化、高效率和少污染的运输系统；在保障运输系统机动性、畅通性的同时，提高运输安全质量和社会生活质量；实行运输一体化新方案，加强多式联运等。该规划标志着英国过去几十年对交通只有间断性投资和短期计划行为的结束。

2004年7月一份由英国综合运输委员会组织协调交通使用者、私营部门、政府交通当局及其他相关部门，并得到国会认可的运输政策白皮书《英国交通运输业的未来》出台。白皮书从政策层面对英国交通运输业的现状进行了总结，并提出了未来30年的发展战略及规划思路，即围绕"长时期持续投资""提高运输管理质量""提前做好运输规划"3个关键主题制定，目标是要在满足运输需求和提高生活质量之间取得平衡。《英国交通运输业的未来》是在前述《英国2000—2010年交通运输发展战略：10年运输规划》基础之上发展和改进而来的，但相比较而言，新政策更加重视长期和全局性的政策方针，而不仅仅是关注特定的交通建设项目。

### （三）中国台湾地区的运输政策报告

中国台湾交通运输机构于1995年公布第一份运输政策报告，综合分析了中国台湾地区交通运输现存的主要问题，并阐述了今后运输发展与管理的政策设想。该报告认为，台湾当局过去对运输部门的政策从形式上主要散见于各种有关规定、运输规划和建设项目中，未曾做过系统的整合和公布；运输建设投资一直采取"以需求刺激供给"的方式，缺乏整体性、均衡性与前瞻性的政策规划。台湾当局制定此报告的目的，就是要通过公布一套完整而有重点的运输政策，使台湾地区的运输发展具有综合性、一致性和持续性。

鉴于自1995年以来经济社会已发生了巨大变化，为使运输系统的发展更为有效和稳健，台湾当局于2002年推出了第二份运输政策报告。这次，台湾交通主管部门采取同步编订并汇集成套的做法，将运输、邮政、电信、气象、观光等各部门的施政方针整合于共同的理念架构之下，合成交通政策报告，全面展现综合交通政策方针。新版运输政策报告在旧版的基础上根据实际情况的变化，在运输政策的内容和主要要素方面进行了相应的改变，特别是将环境、能源与科技单独列出，并增加运输资讯一项构成独立单元进行分析。

运输政策报告的起草与公布，使台湾地区交通运输业的发展与管理改革有了一个比较明确、全面和长短期结合的政策体系，使运输业者、管理当局和社会大众各方面都有了可供执行遵守和监督批评的原则框架。这些年来，中国台湾在交通方面基本依据这两套运输政策报告的要求与规定进行相应的规划、建设及方针调整，推动了各项策略与短、中期措施的落实，已经收到了一定成效。

表17-1以美国、英国、中国台湾地区作为典型对当前世界运输政策发展趋势进行了总结归纳。

表17-1　　　　美国、英国、中国台湾地区运输政策的发展变化

| 国家（地区）及年代 | | 内　容 | 程　序 | 形　式 |
|---|---|---|---|---|
| 美国 | 20世纪40年代至90年代初 | 全面建设州际高速公路，努力发展各运输方式，放松运输业管制 | 1967年成立运输部，联邦政府根据经济发展需要提出各种运输方式的发展与管制改革议案，国会分别立法 | 运输法律：《运输法》《联邦资助公路法》《联邦机场法》《斯塔格斯铁路法》等 |
| | 1991～2008年 | 强调多式联运，重视运输质量提高、技术应用及环境保护 | 联邦政府在充分研究的基础上向国会提出将燃油税的使用范围扩大到公路以外的领域，鼓励多式联运和城市公共交通，国会举行听证会后讨论表决 | 运输法律：《多式地面运输效率法》《21世纪运输衡平法》等 |
| | 2008年至今 | 强调运输投资合理性和有效性，完善综合运输系统 | 国家运输政策项目组等专家组织或机构通过调研、研讨及论证提出综合性运输政策建议和方案（非强制性政策） | 研究咨询报告：《关于未来运输的报告》《国家运输方案》等 |

续表

| 国家（地区）及年代 | | 内　容 | 程　序 | 形　式 |
|---|---|---|---|---|
| 英国 | 20世纪50年代至90年代末 | 交通基础设施建设（特别是道路建设）、私有化、竞争等 | 运输部针对交通需求急剧增加的情况提出改善议案，相关利益集团对政府进行游说，由于环境保护团体以及公众意见影响力较小，导致交通政策偏向于道路建设派 | 政策白皮书：1966年运输政策白皮书、《英国2000-2010年交通运输发展战略：10年运输规划》 |
| | 21世纪初至今 | 重视交通需求管理及改善公共交通，强调运输与环境、土地规划相协调 | 综合运输委员会将交通使用者、私营部门、当局及其他相关部门团结起来，为政府出谋策划，交通部统筹全部各方意见，出台综合性政策 | 政策白皮书和运输发展规划：《英国交通运输业的未来》《更加绿色的未来》等 |
| 中国台湾地区 | 20世纪50年代至90年代初 | 大力改善交通基础设施不足问题 | 基于跟进和维持经济发展的政策，台湾当局提出一系列建设计划，其中包括运输发展计划 | 运输规划、建设项目：《台湾地区整体规划报告》、"十四项建设计划"等 |
| | 1995~2002年 | 加强运输管理及系统间转运与联议，重视运输安全 | 中国台湾地区交通主管部门成立专案小组讨论形成草案，委托运输学会开展专家座谈会以及举办全地区运输会议，形成运输政策 | 1995年的运输政策报告 |
| | 2002年至今 | 满足民众需要，有效利用资源，重视运输均衡发展、资源消耗和环境污染 | 运输、邮政、电信等部门联合成立作业小组，同步编制交通政策报告。中国台湾交通主管部门提出运输政策草案，再举行集产、学、官、民等代表的交通会议，纳入各方意见后形成综合运输政策 | 2002年的交通政策报告——运输 |

目前，经济较发达国家和地区都已相继制定并实施以白皮书为形式并有相关法律支撑的正式运输政策，这也成为综合运输发展阶段政府体制与机制领域的重要特征之一，对综合运输体系的发展及与社会经济和资源环境的一体化匹配进程都发挥了极其重要的作用。我国也已经到了用正式的运输政策制定程序代替或减少该领域政策制定和实施过程中过多随意性的时候，应在借鉴欧美发达国家先进经验的同时，结合我国实际情况，建立和完善我国综合运输政策的制定与实施机制。

## 第三节　交通运输监管概述

### 一、监管的概念

一般来说，监管（regulation，又称管制、规制等）是政府相关机构为控制自然垄断企业的价格、销售和生产决策等，依据法律授权而做出的一类政府行为，

加快完善以信用为基础的交通运输新型监管机制

是为了克服市场失灵，维护良好的经济绩效。监管一般分为经济监管和社会监管。

经济监管是指在自然垄断和信息不对称的领域，主要为了防止发生资源配置低效率和确保利用者的公平利用，政府机关用法律权限，通过许可和认可等手段，对企业的进入和退出、价格、服务的数量和质量、投资、财务会计等有关行为加以监管。总结大多数市场经济国家的经验，政府的经济监管政策主要包括准入监管和价格监管。准入监管是指在自然垄断产业中，特定一家企业或极少数几家公司进入，或者从防止过度竞争的观点出发，由监管机关视整个产业的供求平衡情况来限制新企业的加入。准入监管是直接监管政策中最主要的内容之一，其根本目的是限制过度进入，保障社会总成本的最小化和资源配置的高效率。价格监管主要指在受监管产业中，政府监管部门从资源有效配置和产品或服务的公平供给出发，对产业价格体系和价格水平进行的监管。价格监管与实现资源配置效率的经济再生有着直接联系，而且也与维持原有企业生存和健全经营有着直接联系，它是政府监管的最重要的内容。

社会监管的直接目的比较复杂，它既涉及环境保护、公众健康、安全等领域，又包括政府对文化、教育和居民生活水平的考虑。因此，社会监管有着如下的特点：（1）社会性监管的对象较为广泛，大多针对具体的行为。（2）社会性监管的手段也较为广泛，它既包括对某些行为的直接禁止或限制，又包括对市场准入、产品或服务质量、特定生产经营行为、生产设备和产量等方面的一系列以所谓标准、资格等形式出现的限制性规定。另外，许多社会监管还设有特定的审查或检验制度。（3）在同样进行立法的前提下，社会监管的政府行政机构设置通常采取的是职能部门的形式，即针对某类特定的行为，政府通常设有专门的社会监管机构。（4）社会监管的依据大多涉及经济方面的因素，但也有一小部分涉及政府对一些非经济问题的考虑，如国家安全、意识形态以及文化教育等。其中，针对交通运输产业的社会监管主要包括：安全监管、环境监管和质量监管。

## 二、交通运输业监管的必要性

### （一）交通运输业的经济特性

交通运输产业属于基础设施产业，历史上它们在绝大多数国家都由政府直接投资或通过国有化政策，形成法定的垄断性产业结构。交通运输产业具有区别于其他产业的经济特性。其中有三大经济特性尤为显著，即外部经济特性、公共物品特性、规模经济特性。

**1. 外部经济特性**

交通运输产业的外部性一般包括正外部性和负外部性两个方面。负外部性主要体现在污染生态环境、交通拥挤和交通事故等方面。正外部性更多地体现为交通运输基础设施的公共物品性质，包括消费的增加和生活水平的提高；收入效应和增加就业机会；拉动经济增长，优化产业结构；节约交通运输时间价值和运输成本；促进劳动力市场的发展和居住生活质量的提高；促进地区间的商品流通；开发边远落后地区等。比如公路、港口等交通运输基础设施及运输服务同时具有正、负外部性，其中负外部性集中表现在对可持续发展的影响。交通运输基础设施的正外部性作用不仅体现在运输方面，而且具有区域经济"增长极"的功能，会使周边土地、房产升值，并促进相关产业发展，同时又很难向非设施使用者索取回报以阻止其效果外溢。公路、港口等基础设施可以对过往的车辆、船舶收费，却无法对公路和港口给区域经济的带动作用收费。上述交通运输外部性现象是世界各国交通运输外部性的共同特征，而各个国家交通运输产业的外部性又具有特殊表现。

**2. 公共物品特性**

从我国的经济实践来看，大部分交通运输基础设施和运输服务属于准公共物品。交通运输产业中具有公共物品性质的主要有农村、县乡公路、内河航道、港口基础设施。高等级公路及营运性码头具有部分商品的性质。因此应对交通运输基础设施的经济特征进行区分，并制定不同的政策。

**3. 规模经济特性**

交通运输基础设施一般具有网络特征和大量的沉没成本，规模经济显著，具有一定的自然垄断特征。在一定条件下，由一家公司建设和运营比由多家公司建设和运营成本更低，更有效率，因而政府往往对其进行较多干预。

综上所述，交通运输产业具有外部经济性、公共物品特征、规模经济等经济特性。由于交通运输产业具有以上性质，该产业通常被认为是自然垄断产业。鉴于此，交通运输产业受到政府部门的严格监管。交通运输产业改革与发展的前提就是要识别交通运输产业要素的经济特性，然后针对不同特性采取相应的政府监管措施。

### （二）监管相关理论

近年来，与政府监管相关的理论主要包括以下三种：

**1. 公共利益理论**

公共利益理论是20世纪30年代美国广泛实施的政府监管改革的理论基础。政府监管是为了抑制市场的不完全性缺陷，以维护公众的利益，即在存在公共物品、外部性、自然垄断、不完全竞争、不确定性、信息不对称等市场失灵的自然垄断行业中，为了纠正市场失灵的缺陷，保护社会公众利益，由政府对这些自然垄断行业中的微观经济主体行为进行直接干预，从而达到保护社会公众利益的目的。这即是政府管制的"公共利益理论"。

**2. 监管俘获理论**

伴随着政府监管的发展，施蒂格勒在20世纪40年代就对政府监管能提高社会福利的效果提出质疑。他认为监管通常是自然垄断产业争取来的，而且其设计和实施都主要是为了使该产业获得更大利益。他的观点使监管理论有了重大突破,并对美国后来放松监管的政策产生了直接影响。监管俘虏理论认为政府监管是为了满足产业对市场利益的需要而产生的,监管机构最终会被自然垄断产业所控制,无论如何设计监管方案,监管机构对某一自然垄断产业的监管实际是被这个自然垄断产业所"俘获",意味着监管提高了自然垄断产业利润而不是社会福利。

**3. 放松监管理论**

由于在实践中出现了越来越多的政府监管失灵现象,从20世纪50年代开始,西方发达国家反对政府监管的呼声日益高涨。在社会各界的呼声下,西方国家开始改革政府监管制度。20世纪70年代以来,发达国家政府治理出现了放松监管的发展趋势。支持放松政府监管的理论主要有政府失灵理论和可竞争市场理论。

政府失灵理论认为个人对公共物品的需求得不到很好满足,自然垄断产业在提供公共物品时总是趋向于浪费和滥用资源,致使公共支出成本规模过大或者低效率,政策效果往往是削弱了而不是改善了社会福利现象。由此,布坎南提出了政府失灵理论,即认为政府同样存在难以克服的缺陷。

可竞争市场理论认为,只要取消人为的进入和退出壁垒,同时依靠科技进步和技术发展尽量消除沉淀成本,就可以在自然垄断行业形成可竞争市场。在一个进入和退出完全自由的市场中,不可能存在超额利润。因为如果有超额利润的话,潜在竞争者就会迅速进入。潜在竞争压力的存在,将迫使现存企业只能遵循可维持定价原则和保持高效率的生产组织。在可竞争市场理论看来,政府监管政策与其说是重视市场结构,不如更应该重视是否存在充分的潜在竞争压力。

## 三、交通运输监管的发展趋势

随着监管理论的发展以及实践的进展,严格监管交通运输产业的观点和举措受到了质疑和挑战。根据可竞争性理论,潜在竞争会促使交通运输企业采取有效的市场运作方式。为了提高交通运输产业的竞争力,对其放松经济监管,加强社会监管势在必行。许多国家对交通运输产业进行了监管改革。

### (一) 放松交通运输业经济监管的趋势

由于交通运输产业具有自然垄断产业的特殊性,长期以来,传统的政府监管理论认为,交通运输产业应该由政府垄断经营。但理论与实践都证明,政府垄断经营往往使企业缺乏竞争活力,从而使交通运输产业处于低效率运行状况。20世纪70年代以来,经济发达国家在政府监管经济学的理论研究方面有了较快的发展,提出了许多新的政府监管理论与方法,特别强调在自然垄断产业重视运用市场竞争机制,以提高经济效率。在实践上表现为,自80年代以来,经济发达国家对交通运输、电信、电力、煤气和自来水供应等自然垄断产业纷纷实行了重大的政府监管体制改革,积极引进和不断强化市场竞争机制的力量,以提高自然垄断产业的运行效率,从而形成了一股世界范围的政府监管体制改革浪潮。

尽管世界各国在交通运输产业政府监管体制改革的时间、具体改革内容等方面存在较大差异,但其改革的实质内容都包括放松政府监管,实行开放与竞争政策,即通过改革原有政府垄断经营的监管体制,实行政企分离,使交通运输产业的经营企业成为自负盈亏的竞争主体。在此基础上,开放交通运输产业市场,允许国内外新企业进入,强化市场竞争力量对经济效率的刺激作用,从而使优胜劣汰的竞争规律成为一种普遍规律。而且,这种竞争逐渐跨越国界,形成了国际化竞争的势态。

因此,如何增强交通运输产业与国外企业的竞争能力,这已成为中国所面临的一个重要问题。对此,中国应顺应世界发展潮流,对交通运输产业实行以放松经济监管为主要导向的政府监管体制改革。

### (二) 加强交通运输业社会监管的趋势

交通运输产业具有很强的外部经济性,既表现为正外部性,也表现为负外部性,其中负外部性的突出表现就是环境与安全。社会监管作为解决和控制负外部性的主要监管方式,近年来在世界主要国家和地区都有加强的趋势。

从西方发达国家交通运输体系的演变看,在基本完成综合交通运输规划和能力建设之后,政府对交通运输的监管逐步从建设管理为主转入以建立公平、竞争的市场秩序为主;在市场基本实现自由化之后,管理转入以交通运输的安全监管、环境监管、质量监管为主。

## 第四节 交通运输业监管模式

### 一、交通运输业基本监管模式

根据监管机构独立性的大小及监管机构与行政系统的权力关系,大体上可将监管机构设置划分为三种基本模式。一是独立的监管机构;二是在政府相关部门下设立相对独立的监管机构;三是由政府部门直接承担基础领域监管职能,即政府部门与监管机构合一的监管模式。

### (一) 独立监管机构

独立监管机构模式通常包括两层含义:其一是指监管机构与被监管对象之间的独立性;其二是指监管机构与其他政府机构之间的独立性。可以认为独立监管机构意味着监管机构的执行职能与政府其他机构的政策制定职能的分离,实现独立监管,使监管机构的决定不受其他政府机构的不当影响;监管机构与作为其监管对象的企业之间的分离,实现政企分开,从而保证监管的独立性。监管机构的独立性主要体现在:第一,法律授权独立。第二,人事独立。监管机构的组织安排由法定程序组成，任何人无权任意变更。第三，职权独立。法律赋予监管机构依法独立行使其职权的权力，以保证监管机构决策的客观和中立性。第四，经费来源独立，独立监管机构一般有完全的经费来源。

独立监管机构模式以美国最为典型，因此以美国为例，分析独立监管机构模式。

**1. 美国独立监管机构的具体特征**

第一，监管机构的独立性很强。美国各级公用事业监管委员会习惯被人们称为"独立"监管机构，其独立性表现在四个方面：（1）委员会成员的任期是固定的，并且是缺额补选的；（2）委员会中的多数成员不得来自同一个政党；（3）不得随意解除委员会成员的职务；（4）委员会本身的运作程序减弱了行政控制的力度，委员会一般按照公开听证的结果记录做出决定，在一定程度上排除了来自行政高层干预的可能性。

第二，监管机构具有混合权力。美国的各级监管委员会习惯被认定是一种介乎司法、立法和行政之间的独特机构，具有准立法和准司法的混合性质。在进行费率、服务或者安全标准的监管时，监管委员会扮演的是行政机构的角色。在举行听证、收集有关事实和进行裁决时，它又履行着类似法院的功能并且配备有"行政法官"等专门人员。不仅如此，监管委员会还可以决定收集证据并且采用它认为需要采用的规则来起诉和处罚违规的企业，即建立起一种类似法庭的机制使特殊权力得以实施。

**2. 美国独立监管机构优点**

第一，独立监管机构的创立和运作有利于缩短过于冗长的立法、司法程序，提高监管效率。

第二，独立监管机构所实行的委员会制度有别于一般的行政监管机构。没有采用行政首长负责制，其内部决策的形成更有赖于委员们之间的互相磋商而非简单的命令与服从。

第三，独立监管机构体现了专业、灵活化管理的特点。由于独立监管机构的人力资源配置中的各方面的专业化人士的多元化配置，不同的知识信息可以进行直接的汇合和交流，一定程度上保证了监管政策的连续性、监管手段的应用性和监管程序的灵活性。

**3. 美国独立监管机构缺点**

从美国垄断性产业监管机构所拥有的职权来看，存在过于集中的问题。其拥有的权力使得监管机构始终成为企业致力要俘获的对象。因此，施蒂格勒针对监管机构提出的"监管俘获"和"企业保护主义"等观点并非空穴来风或者危言耸听。

随着放松监管运动的兴起和发展，美国独立监管机构的经济监管权力受到了很大的削弱，如公用事业特许权竞争等激励性监管体制的建立，使得监管机构的控制焦点由以往的限制市场进入转向鼓励竞争性进入，最高限价模式和比较价格等模式进一步削弱了监管机构直接制定价格的权限。可以这样说，随着市场竞争原则更多地引入政府监管过程或者监管行为更多地进入模拟可竞争市场，美国独立监管机构的经济控制功能在不断地萎缩，这有助于降低企业的利益预期，也减少了监管机构被俘获的可能性。美国交通运输业的监管机构部分或完全丧失了独立监管机构的法律地位。如美国航空运输业的监管职能已经被并入运输部；公路运输与铁路运输监管职能由原完全独立的州际商务委员会转移至地面运输委员会，虽然仍保留一定独立监管权，但从该机构的法律地位上看已隶属于运输部。

### （二）行政部门中相对独立的监管机构

由于企业相对于政府来说拥有信息优势，而政府则处于信息劣势，政府要获得关于企业选择的信息是不完全的，且成本高昂。因此，政府为提高监管效率往往采取分权的方式在政府部门下设立相对独立的监管机构。

政府部门下相对独立的监管机构是指承担政府监管职能，但隶属于现存行政部门的监管机构。政府部门下相对独立的监管机构存在于行政系统内，不能完全摆脱部长或最高行政首长的影响，但法律赋予他们很大的独立权力，在一定的范围内可以单独地决定监管决策，部长和政府首脑对他们的控制不能像对其他行政部门那样广泛和严格。主要表现在：第一，该机构既是产业主管部门，同时又是相对独立的监管机构，因此这是一种监管机构相对独立的体制。第二，管理权力由主管部门与监管机构分割。最常见的情况是主管部门制定产业政策，监管机构负责执行政策、处理监管具体事宜。双方权力划分的情况在各个国家相差很大。

政府部门下设立相对独立的监管机构模式以英国最为典型。我们以英国铁路与公路办公室（Office of Rail and Road，ORR）为例，分析这种监管机构模式。ORR 是政府部门下相对独立的铁路监管机构。ORR 具有法律地位上的独立性，按照法律授权对国会和司法部门负责，该机构拥有广泛而集中的监管权力，负责发放路网运营许可证，并对路网公司（Network Rail）在路网运营过程中对运营商的收费及其对路网的维护更新进行严格的监管，保障路网公司的经营能够符合公共利益需要，同时要促进铁路运输业的竞争。ORR 享有较高的独立性和裁量权，只在人事任命上受运输部的制约，ORR 的理事会成员由运输部部长任命，任期 5 年。

### （三）政府部门和监管机构合一的监管机构

在政府部门和监管机构合一的模式中，不区分宏观政策部门和监管机构，而由传统行政部门统一行使宏观政策制定职能和监管职能。政府部门和监管机构合一模式一般出现在公用事业仍属于国家独占经营或国有股份仍占主要地位的国家，或正处于转型时期的国家，较为典型的国家为中国、日本以及韩国等。这些国家往往采取传统行政部门统一行使所有者、经营者、政策制定者和监管多重职能的管理模式。即使在实行市场化改革后，在转轨时期，这种监管模式仍然没有改变。我国民航、邮政、铁路等行业进行政企分开的改革后，原行业主管部门的相关政府职能并入运输部。但作为运输部下设机构的国家民航局、国家邮政局和国家铁路局的行政管理职能与监管职能并未分开。

## 二、行业监管与市场监管的协同模式

从行业监管与行政管理关系的角度，即行业监管机构在多大程度上独立于行政管理系统，我们对运输业监管模式进行了基本分析。下面我们要从行业监管与市场监管的角度进一步分析运输业监管模式。

### （一）运输业的垄断与竞争

**1. 运输业放松监管的趋势**

市场经济中，公平有序的市场秩序是市场主体公平竞争、消费者权利得以保护的基本条件。自百余年前美国颁布《谢尔曼法》，各国特别是发达国家，均制定了竞争法（包括反不正当竞争法和反垄断法）并建立了执行机制，以规制市场中的不正当竞争行为，卡特尔协议以及滥用市场垄断地位的行为，即市场监管。尽管竞争法是经济宪法，但并非对所有行业同等适用，特别是在严格行业监管下的交通运输业。

这是因为交通运输业关系国计民生，通常被认为是具有较强自然垄断性的行业。由于运输业的经济特点，从历史上看，运输业的投资、建设、运营曾受到严格的政府管制，运营主体缺乏生产经营、定价等决策权。由于严格监管下的运输业运营主体不享有自主经营权，自然无法从事反垄断法所规制的行为，市场监管意义不大；随着运输业放松监管，运输业市场主体具有了一定程度的投资、建设、运营的自主权，竞争法的适用性以及适用中的特殊性被逐步提上了日程。加之运输部门通常是国有经济的重要部门，更增加了以竞争法进行市场监管的特殊性和难度。因此，在运输业放松监管的大背景下，行业监管与市场监管关系的处理也成为运输业监管中的重要问题。

**2. 行业监管的局限性**

可竞争理论支持下的放松监管趋势加强了运输运营主体的自主决策权力。如果放松行业监管后的运输业保持垄断性市场结构，运输企业的自主决策权力将可能被滥用，从而妨碍行业发展并损害消费者利益。因此，形成可竞争的运输市场是提高生产效率、创新和经济增长的核心驱动因素，并可为消费者带来利益，更低的产品价格、更高的服务质量及创新性服务的发展。

严格的行业监管在法定的监管制度下维持服务标准，提高效率、限制滥用垄断性市场力量并在某些情况下控制价格，以此作为市场竞争的替代机制。放松监管后，运输业行业监管机构能够通过直接监管方式要求运输业基础设施无歧视地向第三方开放促进竞争，如英国实行网运分离的改革后，由国家路网公司向客货运输公司开放铁路网络。可以说，通过行业监管机构的努力，运输业可以并已经在一定程度上形成了竞争。但不可否认的是，作为市场竞争替代机制的监管制度，即使在放松监管的趋势下能带来一定程度的市场竞争，但对于竞争性运输市场的形成与有效运行，仍然是不够的。消费者需要强有力的竞争法以及竞争执法机制发挥更大的作用。

### （二）部门监管与市场监管的协同要求

在运输业这样曾经被认为具有垄断性或准垄断性的部门中，竞争性不断增强，使得人们意识到竞争性目标可以通过以竞争法为基础的市场监管机制来实现，包括通过竞争法纠正限制竞争行为或市场势力滥用。

无论是行业监管还是市场监管都可以在促进竞争中发挥作用，而且二者可以协同作用以取得更好促进竞争的效果。通常来讲，行业监管在开放被监管部门方面是有效的，如在开放网络接入或要求产业上下游之间交易成本透明等。以英国铁路为例，英国铁路的行业监管机构是铁路与公路办公室（office of rail and road，ORR），该机构以其准入许可的法定监管职权为基础在满足一定条件的情况下批准铁路运营公司进入特定线路铁路客运市场，从而与在位特许经营公司形成市场内竞争。该机构也曾基于促进竞争的法定职权对铁路货运市场的垄断性协议及滥用市场支配地位展开调查。可以说，行业监管机构往往要权衡决定：行使准入许可权还是竞争法的相应职权可以更好地促进铁路竞争，增进消费者福利。当行使竞争法赋予的相应职权时，不可避免地需要与市场监管机构发生关系。市场监管机构和行业监管机构协同合作，可以帮助行业监管机构在行使竞争法和直接监管权力间实现适当的平衡。

### （三）行业监管与市场监管的协同机制

不同国家在部门监管与市场监管的协同机制有所不同，主要可以分为一体化型、协作型和相对独立型。

#### 1. 一体化型

一体化型是指行业监管与市场监管完全合一的模式。尽管较少国家采取这一机制，但仍有典型体现。如2013年西班牙的市场监管机构国家竞争局（National Competition Authority，CNC）与若干行业监管机构（其中就包括铁路及航空运输监管机构）合并成立国家市场与竞争委员会（National Markets and Competition Commission，CNMC）。该委员会具有执行竞争法规则和直接监管经济部门的混合职能。通过市场监管和行业监管在机构上的一体化，从组织结构上保障市场监管和行业监管的协同。

#### 2. 协作型

协作型是指行业监管与市场监管在正式制度的规范与约束下分工合作的模式。英国是比较典型的协作型模式。英国2013年通过了《企业与监管改革法案》（*Enterprise and Regulatory Reform Act*）。该法案明确，对于受监管行业，要改革以使其接受竞争法约束。竞争法的权力不仅由市场监管机构，即竞争与市场管理局

（Competition and Market Authority，CMA）的行使，也由部门监管机构在其监管部门内行使。该法进一步规范了竞争与市场管理局和各部门监管机构之间的协同制度，确保市场监管机构和行业监管机构更紧密地合作，并通过执法、培训及研究分享竞争领域的专长。行业监管机构在行使直接监管权力之前（如颁发市场准入许可证），要充分考虑是否以竞争法下垄断性协议或滥用市场支配地位更合适的措施。在这一安排中，市场监管机构起着主导作用，有权决定哪个机构应主导调查，甚至从行业监管机构接手某一已开始调查的案件。市场监管机构每年要发布协同工作的年报以评估相关工作的进展。

**3. 相对独立型**

相对独立型是指市场监管与行业监管各自独立行使法定职能的模式。相对独立型机制并非市场监管机构与行业监管机构法定职能有非常明确的界限，互不相关，无需协作；而是指并未正式制度安排来规范与约束行业监管机构与市场监管机构的协同关系。美国是比较典型的相对独立型模式。20世纪80年代运输业放松监管后，美国航空运输监管的职能并入美国运输部，而地面运输监管职能则由地面运输委员会（Surface Transportation Board，STB）行使，该委员会为运输部下设的独立监管委员会，直接受国会管辖，具有准司法权。美国联邦反垄断机构主要有司法部反垄断局（Department of Justice Antitrust Division，DOJ）和联邦贸易委员会（Federal Trade Committee，FTC）。司法部反垄断局主要负责执行《谢尔曼法》和《克莱顿法》，是典型的行政机构，具有提出包括刑事诉讼和民事诉讼在内的司法诉讼权力。联邦贸易委员会主要负责执行《联邦贸易委员会法》和《克莱顿法》，可对相关涉嫌违法行为展开调查。该机构属相对独立的联邦执法机构，且具有一定的准司法权，有权在执法过程中做出行政裁决或提起民事诉讼，但不能提起刑事诉讼。也就是说，即使仅在市场监管领域，美国也有两个相对独立的机构并在职能上有一定交叉。

美国立法资源充分，政府机构的设立与职能都有法律进行明确规定。因此，在正式制度层面上，美国的市场监管和运输业部门监管采取的是相对独立的工作机制，各自在法律授权的范围内行使市场监管和部门监管职能。各个机构的职能既有分工也有重合的部分，往往通过非正式的沟通来实现协作。

# 第五节 行为经济学在运输政策领域的应用

## 一、"助推"概念及其意义

公共政策的有效性依赖于它在多大程度上影响人们的行为。个体有限理性、个体异质性都可能导致传统的"一刀切"式公共政策失效，新时代呼唤个性化、现代化的公共政策，将政策影响触角深入影响微观个体决策过程。助推理论注重微观个体行为的精细化促进方案，有助于提高公共政策的有效性。

助推在中文中是指一种辅助性的推进手段。而助推所用的英文 Nudge 原意是用肘朝某方向轻推。"助推"一词来自芝加哥大学行为经济学家塞勒教授和哈佛大学法学家桑斯坦教授在 2008 年出版的著作《助推》，含义为轻微但有针对性的助力可以更好发挥政策的作用。助推方法是基于对人们在特定选择环境中的有限理性的行为倾向的考虑而设计的，通过改变个体决策环境，能够达到成本小、收益大的政策效应。实践表明，助推机制能够改变人们的行为和决策，在不限制人们选择机会，也不显著改变外部经济诱因条件下，按更优化的方式进行选择。

行为经济分析是将心理学现象高度嵌入人们社会经济活动中的方法。行为经济学认为，政策制定者可以在选择体系设计方面进行优化以制定出更有效的公共政策。也就是说，当人们没有好的动机去限制自身的不良行为时，政府应当尽力为人们寻找这些动机。选择设计者可以在保持选择自由的同时将人们助推到改善自身生活水平的方向上去。通过情境打造和心理暗示，政策设计者可以促使民众做出设计者所希望产生的行为决定。采取适度的干预措施，优化人们在做决策时所面对的环境，这样就能推动大多数个体做出更好的决策。

近年来，一些国家的政府部门和国际组织已开始重视行为助推方法，并将其应用于公共政策领域，国际上已有助推在公共政策实践中的成效值得我们借鉴。例如，政府部门通过社会规范、信息传递、设置默认选项和信息披露等措施提高了公共政策的效率。行为助推理论吸纳了当代心理学和其他行为经济学的新思想，将其引入公共政策领域，有助于建立更加完善的公共政策分析框架，从而提高公共政策的有效性。

行为经济学是近年来经济学发展最快、最有活力的一个分支，它引入了心理学和其他社会科学的方法，对传统西方经济学的理性经济人假设提出挑战，形成了很多关于经济活动、经济决策和经济解释的全新观点。21 世纪以来，已经有三位行为经济学家获得诺贝尔经济学奖，他们是 2002 年的丹尼尔·卡尼曼，2013 年的罗伯特·席勒，以及 2017 年的理查德·塞勒。这一流派的发展势头强劲，影响力也越来越大。

## 二、"参照点"和"心理账户"等分析方法

### （一）基于损失的时间价值衡量

时间价值应该表现为对于时间的货币替代率，它取决于时间的使用者对其价值的判断。从时间节约带来收入视角观察的交通时间价值，通常只考虑旅客的平均工资和货物的平均在途时间价值，多被用于交通项目评价中因项目实施导致交通时间节约而产生社会效益的计算。但出行时间价值往往因人而异，行为经济学也提供了不同的时间价值分析方法。

虽然时间价值一般容易被理解为是在确定的时点上或时段内可能使人们获得

的机会收入，但在更大的程度上，时间价值更应该是可能使人们必须想办法避免的机会损失。相对于增加收益视角的时间价值分析，避免损失视角的时间价值分析将理性趋利性和价值感受性统一起来，符合大多数人对损失要比对收益更敏感的前景理论（Prospect Theory）的基本原理（Kahneman & Tversky，1979）。我们在第三章已经用图3-5表明过人们对损失的价值感受比收益更显著。

对交通运输时间价值高低的评价，往往更多是取决于如果不能准时到达所造成的损失有多大。一般而言，经济越发达、出行链或供应链越成熟，社会所需要避免的损失越多。因此，分析交通—物流时间价值的思路也应该更多转变为分析如何避免交通不可靠造成更大的经济损失。在客运领域，如果交通系统不够可靠，人们避免损失发生的办法自然就是提前到达以便预留时间。在货运领域，如果受雇运输系统不够可靠，人们避免损失发生的办法通常就是更多依靠自有运输和保有更多的物资储备，以防万一。时间价值对于人们的意义，在于人们有能力在一定程度上将时间变为可控，以便能让事情的发展符合预期，并不让时间的延误造成过大损失。

## （二）参照点依赖理论

参照点是人们进行决策时判别（或判断）得失的对比依据。参照点依赖理论，人们对得与失的判断主要是来自比较，或者说人们对得失的判断往往是根据参照点决定。也就是说，一般人对一个决策结果的评价，看的往往不是最终的绝对结果，而是看最终结果与参照点之间的差额。

与传统经济学所要求的"偏好不变"条件不同，人们的参照点是经常变化的。具体的得失参照点是由决策内容与限定条件，以及不同决策者所处的时空环境的特殊性所决定，参照点的确定同时也受一系列心理因素，包括已发生得失的水平、决策者对得失的期望水平、周边其他人的看法……的影响。显然，不同人对同一事务所确立的参照点完全可能不同；同一人在同一事务上的参照点由于条件变化也完全可能发生改变。例如，当赶飞机的乘客被通知飞机将推迟起飞时，该乘客对原来起飞时点的时间价值敏感性会立即明显下降；而由于堵车可能会赶不上列车发车的乘客，其相关的时间价值敏感性会立即陡升。在这两种情况下，乘客的时间价值参照点都产生了移动，他们的心态、决策和行为也会发生改变。

参照点对于决策至关重要，所以应该尽可能确立适当的参照点。人们趋利避害的本能和意愿会驱使决策者根据自己的参照点，做出尽可能合理的选择。但情况差异、认知能力不同和各种心理因素包括习惯、情绪、身边氛围、从众、心理账户等都可能影响参照点的判定以及最终决策，因此每次确立的参照点及相关决策都会有差异，而且多多少少都可能偏离传统经济学完全理性的要求。

依据行为经济学和前景理论参照点依赖分析，人们的决策可以从内外部加以影响。很多商家都会利用改变人们参考点的办法，以便影响消费者做出有利于商家的决策。很多学者也在研究政策制定与实施领域应用该方法引导人们，在交通出行行为上尽可能做出有利于资源节约与环境友好的选择。

中国铁路客运服务实行差别定价问题研究

### (三)心理账户和行为经济学的其他解释

所谓心理账户就是人们在心里下意识地把钱财划归不同的账户进行管理，不同的心理账户有不同的记账方式和心理运算规则，并以不同的方式影响着决策。

人们会把在现实中收益和支出在心理上划分到不同的账户中。比如，把工资收入划归靠辛苦劳动的"血汗钱"账户中；把年终奖视为一种额外收益放到"奖励"账户中；而把买彩票赢来的钱，放到"意外之财"账户中。对于"血汗钱"账户里的钱，一般会精打细算，谨慎支出；对"奖励"账户里的钱，就会抱着相对轻松的态度花费掉，比如买一些平日舍不得买的衣服等；而"意外之财"账户里的钱就最不经用了，人们甚至会拿其做一些善举。

此外，还有相当多人在差旅、食宿等方面的开销可以由公家报销，相关资金显然也属于特殊账户，要服从特殊的预算与管理规定。这其实也是一种特殊的心理账户，在交通出行中，人们一般倾向于在自己的报销级别内把账户中的钱花光。属于公款的类似"意外之财"有规定的时间窗口，当然如果管理不善也会存在漏洞。

行为经济学还会使用包括"锚定效应""可得性效应""代表性法则""诱惑性因素""群体性因素"等的其他分析方法。其中：锚定效应指在面对未知的新问题时，人们往往会把脑子里先入为主的信息当成参照物，就像是船的锚，即使起了风浪船也不会离开锚的位置太远；可得性效应是指如果一件事情更容易出现在大脑里，人们就会认为这件事情更容易发生，这种效应在面对风险的时候体现得特别明显；代表性法则指人们在面对不确定性的情形下，会抓住问题的某个特征直接推断结果，而不考虑这种特征出现的真实概率以及与特征有关的其他原因；诱惑性因素指在感官和思维层面面对的各种诱惑，会动摇人们的理性；群体性因素指从众心理，人们很难摆脱从众心理对决策和判断的影响。

## 三、助推理论的应用

助推理论认为，在现实生活中要优化决策环境，就应适当干预，帮助人们优化决策环境。但总体来讲，经济学家们赞成选择更为自由和强制性较弱的政府干预。助推既不同于"自由放任"，也不同于"一刀切"强制性政策，而是一种目标主体有自由选择机会的"温和的家长主义"。塞勒认为，助推的思路可以看成是在自由放任政策和政府积极干预之间的第三条道路。不过在大多数情况下，行为经济学家还是会小心翼翼反复强调助推的干预是温和的，并不是要彻底颠覆自由主义。

至于具体的助推方法，有研究提出在设计决策环境时可以通过：(1)减少直觉迷惑；(2)提供容错空间；(3)优化默认选项；(4)提供充分信息；(5)简化选择体系等五种方法，为公众提供尽可能友好的决策环境，帮助做出更好的选择。桑斯坦2014年发表的助推应用指南，将能够有效引导人们行为的方法归纳为10种助推工具，包括：(1) 默认规则（人们一般大概率执行默认规则）；(2) 建立社会规范（也是使大多数人选择）；(3) 简化（减少不必要的程序）；(4) 增加便利性（减少实施某些行为的障碍）；(5) 信息披露（充分提供相关影响信息）；(6) 警示图形（引起人们的注意）；(7) 预先承诺（引导人们承诺采取某种行动）；(8) 适当提醒（有利于人们看到信息后行动）；(9) 引导联想（提出关于行为的简单问题）；(10) 告知本质及后果（警示人们相关选择产生的后果）。

各国学者采用"助推"工具对交通领域治理进行干预，已经取得了不错的效果。在各种交通实验中，社会规范、信息披露、提醒等工具作为变量被频繁使用。如为了让人们更多购买节能环保汽车，美国政府要求汽车公司给每辆汽车贴上节能环保标签，标明这辆车每加仑汽油能开多远，和这辆车开一年预计要花多少钱加油。用提供充分信息的办法推动消费者购买节能环保汽车。在汽车导航系统中加入节油路线信息，有助于减少二氧化碳的排放量。有些城市针对性地给车主发送之前在哪里违规的短信使得交通违规行为减少了15%。

为顺利实施道路拥堵收费，有些国家开展基于心理账户构建交通拥堵收费模型的研究，以收费后小汽车的出行成本与交通出行费用预算构建心理账户价值函数，以代表性出行者作为评判标准计算交通拥堵收费的合理水平。交通拥堵费如何使用一直是民众关心的问题，某些民众对交通拥堵收费有误解，认为这是政府变相收税的一种方式。政府应公开交通拥堵费的使用去向，将其用于改善城市交通拥堵问题，使老百姓成为受益者，提高民众的认可度。

为了使交通拥堵收费达到预期的效果，还需要建立全面的交通引导系统让交通出行者能更好地了解道路情况，引导交通出行者选择合适的出行路径。根据引导对象的不同可以分为车内引导和车外引导。车内引导是指利用百度地图或高德地图等导航软件发布信息，对单个车辆进行实时引导。车外引导是指利用LED液晶显示牌等路外信息显示设备动态发布信息，对道路上的车流进行引导。

2020年5月以来，法国政府采取多种措施鼓励民众骑自行车出行，避免因人群聚集导致新冠肺炎病毒传播。设立"自行车基金"，每位骑行者均可申请报销50欧元自行车修理费；雇主也将得到政府资金为骑自行车通勤的员工提供交通补贴；地方政府也可从基金中获得自行车临时车位的补贴。仅一个月时间，已有近15万辆自行车申请修理补助，自行车上路数量与年初相比增加了87%，新政策还带来一波自行车销售"小高潮"，法国5月共售出50万辆自行车。[①]

新的社会经济发展阶段呼唤精细化的公共政策体系，基于行为科学的个性化助推理论确实可以在一定程度上为交通运输领域的公共政策制定与实施提供帮助。但年轻的行为经济学自身也还需要不断进步，包括克服在人类理性基本假设目前仍存在的局限性等不足。

---

[①] 《法国多举措助推"自行车热"》，人民网，2020年6月30日。

### 专栏 17-1

### 日本交通政策基本法

交通运输政策水平是现代社会治理体系与能力的重要组成部分。日本《交通政策基本法》于2013年由日本众参两院通过，该法明确了一定时期内交通政策的基本框架，规定了各级政府及其他相关方面在政策实施过程中的责任与义务，对交通运输政策的制定和实施产生深远影响。

《日本交通政策基本法》所宣称的立法目的是，在交通相关政策事务中确立基本理念及实施路径，明确国家和地方政府的责任与义务，并与《交通安全对策基本法》相对应，综合性、计划性地进行推进，以保障国民生活安定，促进经济健康发展。该法针对交通政策基本理念，规定了国家、地方政府、交通企业和普通国民的相关责任与义务。其中国家具有制定综合交通政策措施和实施的责任与义务；在实施交通政策过程中，政府必须构建必要的法规及财政措施；国家通过提供信息等活动促进国民对基本理念的理解并取得国民的合作，特别是要从国民立场出发，尊重国民的意见，制定反映国民意见的相关政策和措施；政府必须每年向国会提交关于交通动向的书面报告，其中要明确交通政策措施的内容。

地方政府必须在交通方面与国家分担相应责任，并负有制定与本地区自然经济社会条件相适应的政策措施和实施义务，以振兴区域；地方政府要通过信息和其他活动促进国民对基本理念的理解，并取得国民的合作。交通相关企业和交通设施管理者在基本理念的实现过程中也负有重要责任，在努力实施自身业务的同时，必须对国家及地方政府所实施的交通政策措施给予协作。交通相关企业还必须提供与自身业务相关的信息。国民则要深刻理解前述基本理念并为之实现做出自己的最大努力，应对国家以及地方政府所实施的交通相关政策措施给予协作，对基本理念的实现发挥积极作用。

为了推进与交通相关的综合政策措施的实施，该法规定政府必须制定相配套的交通政策基本规划。交通政策基本规划应包括确定交通政策措施的基本方针、交通政策措施的目标、关于交通的政府综合规划措施及有计划推进交通相关政策措施所必需的其他事项。规定交通政策基本规划必须与国土综合利用、治理及保护的国家规划以及环境保护基本规划相协调。规定由内阁总理大臣、经济产业大臣和国土交通大臣负责制定和变更交通政策基本规划的方案，同时规定了规划制定、修订和及时向国会报告、向社会公布的程序。

日本《交通政策基本法》颁布后其效果还是很显著的。从2014年4月开始，国土交通省利用交通政策审议会和社会资本审议会研究讨论交通政策基本规划的制定，并向公众征求意见，在此基础上，两个审议会的会长于2015年初向国土交通大臣提交了书面文件。2015年2月13日，《交通政策基本规划（2014—2020年)》由内阁决议通过。《交通政策基本规划》是日本政府以交通政策基本法为依据，制定的具体政策措施。该政策规划的主要内容包括三个部分，即交通政策的基本方针、规划期间内实施的具体目标、为实现实施目标应采取的措施。

此外，内阁还按时向议会提交了年度交通政策白皮书、汇报政策和法律落实情况。与此同时，日本国会在2014年11月对《地方公共交通活性化与再生法》进行了修订，并在2015年和2016年又进一步补充完善，包括多项促进地方公共交通的实施步骤和财政预算措施，以便作为落实《交通政策基本法》的重要法律依据。总之，《交通政策基本法》的制定和实施已在日本交通政策领域产生一系列重要影响，很好地体现了交通运输政策综合性、高层次性、跨部门性、程序法定性等发展趋势，值得我国有关方面关注。

资料来源：张改平等：《日本交通政策基本法及其对中国的启示》，载于《长安大学学报（社会科学版)》2014年第12期。

## 专栏 17-2

### 网约车监管

无线通信与互联网技术的发展极大地改变运输业，其中运输网络公司（transport network company, TNC）的崛起与迅速发展给运输业监管带来了新的挑战。2016年，美国第七巡回法庭针对运输网络公司的监管案例做出了重要判决。判决由以波斯纳大法官为首的合议庭做出。波斯纳大法官是法律经济学的重要奠基者，其在判决书中对受雇运输市场放松监管、促进竞争等问题做了深入解析。

该案由美国伊利诺伊州运输业协会作为主要原告提起，起诉芝加哥市，认为该市对网络运输公司的管理规则过于宽松，以至于剥夺了传统出租车的财产权并使得传统出租车处于不公平的竞争环境中。传统出租车由于网络运输公司的迅速崛起，一定程度上失去了城市受雇运输市场的垄断地位，既得利益受到较大冲击。本案中，原告的主要诉求包括两点：第一，其取得的运营许可是受法律保护的财产权利，相关管理规则允许运输网络公司进入受雇运输市场，侵犯了其财产权利；第二，网络运输公司在市场进入、价格等方面享有更为宽松的管理规则，使出租车面临不公平的竞争环境。

波斯纳大法官从管制与竞争的角度针对上述两个诉求进行了分析。首先，原告认为准予从事出租运营的许可是一种具有排他性的财产权，而芝加哥市允许运输网络公司进入受雇运输市场是剥夺了出租车公司的这一财产权。波斯纳大法官认为，芝加哥市并没有将运营许可这一财产权利充公或没收，只是使出租车公司处于与运输网络公司的竞争环境之中，而所谓财产权并不包括

市场监管部门应扛起网约车计费监管责任

免于替代性服务竞争的权利。出租车运营许可只是创设了出租车运营领域的财产权利，而不是所有商业客运服务的财产权利。出租车公司无权要求在商业客运领域免于竞争。

其次，原告认为芝加哥市未对运输网络公司的许可和价格纳入与出租车相同的监管规则，是对出租车公司的歧视性做法，是反竞争的。波斯纳法官对原告的这一诉求进行了更细致的分析，重点强调运输网络公司所提供的服务与传统出租车客运服务的差别，而这一差别可以支持监管差异的合理性。其中主要差异之一在于运输网络公司的客运服务中，乘客在使用服务前必须通过 App 与运输网络公司达成合同关系，对诸如费率、司机资格、保险等达成一致，乘客在使用服务前可以对即将开始的行程拥有更多信息。波斯纳法官认为整个相关市场并不认可传统出租车服务与运输网络公司的服务可以相互替换。既然是不同的产品与服务，自然不要求同一的监管规则。芝加哥市选择放松监管、促进竞争而不是保留传统出租车行业的垄断，是符合法律要求的。

该案判决最后指出，竞争比监管更有效是放松监管趋势的思想基础。当新的技术、新的商业模式出现时，原来技术或商业模式衰落甚至被彻底淘汰是正常的。如果法律认可旧的技术和商业模式享有新技术新模式进入市场的法律权利，则经济发展将会陷入停滞。

此案体现了互联网新业态发展在包括交通运输领域的方方面面改变着社会经济的发展方式，并由于技术与模式创新性与法律滞后性的矛盾所带来的监管困惑。针对这一监管难题，有学者提出我国已形成包容审慎监管的公共政策。包容审慎监管原则在我国最早源于针对互联网金融的监管政策并于 2019 年 10 月被写入行政法规《优化营商环境条例》，从此成为一项新兴的法治原则。这一原则包含包容创新、审慎监管和有效监管三方面的含义。包容创新是指监管者对新业态要有宽容态度，要站在促进创新的角度实施监管，不能让新业态因为缺乏包容的监管而无从发展。审慎监管原则是指政府对新业态监管要审时度势、谨慎干预，在充分考虑监管得失利弊之后再实施科学合理适当监管。有效监管是指政府对新业态监管必须坚持守住底线，特别是法律底线、人身安全底线和系统性风险底线。

本案中的原告芝加哥市在对待网约车这一新兴业态的发展采取了与传统出租车准入许可、严格价格监管完全不同的态度，并没有简单地类推适用，其监管主张和思路得到了法庭的司法支持，也符合我国所主张的审慎监管原则。类推适用是填补法律漏洞的方法。如果允许此类类推适用，将适用于传统行业的监管规定类推适用到新业态，将不可避免增加新业态承受的合规义务。因此，审慎监管要求根据新业态的具体情况实施监管，反对将监管传统业态的方式方法套用到新业态领域，也就反对将传统行业的监管规定类推适用到新业态。我国网约车监管实践也体现了这一思路。交通运输部等七部委出台《网络预约出租汽车经营服务管理暂行办法》,将网约车监管与巡游出租车监管区分开来,没有简单地将巡游出租车监管规定类推适用到网约车行业。

此外,为加强和改进包括出行在内的平台经济领域反垄断监管,保护市场公平竞争,维护消费者利益和社会公共利益,促进平台经济持续健康发展,国家市场监管总局 2021 年也发布了《关于平台经济领域的反垄断指南》。2021 年的《建设高标准市场体系行动方案》明确要求,推动完善平台企业垄断认定、数据收集使用管理、消费者权益保护等方面的法律规范,加强平台经济、共享经济等新业态领域反垄断和反不正当竞争规制。

资料来源:张效羽:《行政法视野下互联网新业态包容审慎监管原则研究》,载于《电子政务》2020 年第 8 期。

## 本章思考题

[1] 交通运输政策如何对运输业发展产生影响?

[2] 列表对包括运输设施建设政策、运输市场化政策、运输一体化政策、运输可持续发展政策、运输安全政策及其他政策的运输政策内容体系进行说明和分析。

[3] 选择某典型国家与地区的交通运输政策,以此为基础分析运输政策的发展趋势与特点。

[4] 选择我国近年发布的重要运输政策文件(任选一个),对其目的、作用与效果进行评析。

[5] 举例说明分行业的运输政策与综合性交通运输政策的关系。

[6] 经济学对运输业属性认识的变化如何影响运输业监管发展趋势?

[7] 如何理解建立交通运输业行业监管与市场监管协同机制的必要性?

[8] 运输业新业态的发展对运输业监管带来哪些挑战?如何应对?

[9] 简述并评价行为经济学对交通运输政策研究的影响。

[10] 举例说明"助推"等理论在运输政策领域的实际应用。

# 参 考 文 献

［1］A. 沃尔特斯著，李庆云译："运输"辞条。引自约翰·伊特维尔等：《新帕尔格雷夫经济学大辞典》（第四卷），经济科学出版社1996年版。

［2］M. 萨维、J. 伯纳姆著，王建伟、付鑫译：《货物运输与现代经济》，人民交通出版社2016年版。

［3］阿尔文·托夫勒著，黄明坚译：《第三次浪潮》，中信出版社1980年版。

［4］阿瑟·奥沙利文著，苏晓燕等译：《城市经济学》（第八版），中国人民大学出版社2013年版。

［5］保罗·克鲁格曼著，张兆杰译：《地理与贸易》，北京大学出版社、中国人民大学出版社2000年版。

［6］北方工业大学等：《中国共享出行发展报告（2019）》，社会科学文献出版社2019年版。

［7］北京交通发展研究院：《2020年北京交通发展年度报告》。

［8］贝克尔（Becker）、刘易斯（Lewis）、维克瑞（Vickrey）："运输经济学"词条。引自克洛德·热叙阿等著，李玉平等译：《经济学词典（修订版）》，社会文献出版社2013年版。

［9］彼得·卡尔索普著，杨保军、张泉等译：《TOD在中国：面向低碳城市的土地使用与交通规划设计指南》，中国建筑工业出版社2014年版。

［10］陈航等：《中国交通地理》，科学出版社2000年版。

［11］陈洁等：《可达性度量方法及应用研究进展评述》，载于《地理科学进展》2007年第5期。

［12］陈小君：《引入参照点的旅行时间价值分析》，北京交通大学博士学位论文，2014年。

［13］陈贻龙、邵振一：《运输经济学》，人民交通出版社1999年版。

［14］傅志寰、孙永福等：《交通强国战略研究》，人民交通出版社2019年版。

［15］管楚度：《交通区位分析范型例说》，人民交通出版社2006年版。

［16］管楚度：《交通区位论及其应用》，人民交通出版社2000年版。

［17］管楚度：《新视域运输经济学》，人民交通出版社2001年版。

［18］郭海涛：《市场势力理论研究的新进展》，载于《经济评论》2006年第3期。

[19] 国际商会：2020 版《国际贸易术语解释通则》，搜狐网，2019 年 12 月 21 日。

[20] 国家统计局：《国民经济和社会发展统计公报》(2016~2019)。

[21] 杭文：《运输经济学》，东南大学出版社 2016 年版。

[22] 胡思继：《综合运输工程学》，清华大学出版社、北京交通大学出版社 2005 年版。

[23] 黄民：《新时代交通强国铁路先行战略研究》，中国铁道出版社 2020 年版。

[24] 黄阳华：《德国"工业 4.0"计划及其对我国产业创新的启示》，载于《经济社会体制比较》2015 年第 2 期。

[25] 加里·杰里菲等著，曹文等译：《全球价值链和国际发展：理论框架、研究发现和政策分析》，上海人民出版社 2017 年版。

[26] 加拿大 TTA 技术培训公司：《多式联运操作手册——多式联运货运代理模式》，2003 年。

[27] 贾顺平：《交通运输经济学》，人民交通出版社 2019 年版。

[28] 姜旭：《日本货物总运输量与纯运输量的实证研究》，载于《中国流通经济》2010 年第 6 期。

[29] 姜旭：《铁路货物运输与规模经济发展》，经济管理出版社 2020 年版。

[30] 蒋惠园：《交通运输经济学》，人民交通出版社 2016 年版。

[31] 蒋晓丹、范厚明：《"一带一路"战略下中欧班列开行中的问题与对策探讨》，载于《对外经贸实务》2017 年第 1 期。

[32] 金凤君：《基础设施与经济社会空间组织》，科学出版社 2012 年版。

[33] 克里斯蒂安·沃尔玛尔著，刘薇译：《铁路改变世界》，上海人民出版社 2014 年版。

[34] 肯尼思·巴顿著，冯宗宪译：《运输经济学》（第二版），商务印书馆 2001 年版。

[35] 肯尼斯·巴顿著，李晶等译：《运输经济学》（第三版），机械工业出版社 2013 年版。

[36] 肯尼斯·鲍伊尔著，陈秋玟译：《运输经济学》，五南图书出版股份有限公司 2012 年版。

[37] 李松庆：《现代物流学》，清华大学出版社 2018 年版。

[38] 李洋等：《国际货运代理公司航空货运业务发展战略探析》，载于《营销界》2019 年第 32 期。

[39] 李永生：《运输经济学基础》，机械工业出版社 2017 年版。

[40] 林晓言、罗桑：《轨道交通公益性与经营性平衡新模式》，社会科学文献出版社 2018 年版。

[41] 林晓言等：《中国交通公平性测度研究——基于交通基尼系数的分析》，载于《宏观经济研究》2019 年第 5 期。

[42]［日］铃木博明、［美］R. 瑟夫洛、［日］井内加奈子著，赵晖、李春艳、王书灵译：《公交引导城市转型——公交与土地利用整合促进城市可持续发展》，中国建筑工业出版社2013年版。

[43] 刘贤腾：《空间可达性研究综述》，载于《城市交通》2007年第6期。

[44] 刘延平等：《运输统计理论与方法》，中国铁道出版社2005年版。

[45] 刘志丹等：《促进城市的可持续发展——论城市形态研究的发展方向》，载于《国际城市规划》2012年第2期。

[46] 陆化普、黄海军：《交通规划理论研究前沿》，清华大学出版社2007年版。

[47] 吕斌等：《城市低收入群体的就业可达性变化研究——以北京为例》，载于《城市规划》2013年第1期。

[48] 马克·莱文森著，姜文波译：《集装箱改变世界》，机械工业出版社2014年版。

[49] 马克思、恩格斯：《马克思恩格斯全集》（第23卷，资本论第一卷：资本主义生产的发展）、（第24卷，资本论第二卷：资本的流通过程）、（第25卷，资本论第三卷：资本主义生产的总过程）、（第26卷第一册，资本论第四卷），人民出版社1974年版。

[50] 牟春艳：《影响企业自身的市场势力的因素探析》，载于《理论界》2004年第1期。

[51] 欧国立：《轨道交通经济学》（第二版），中国铁道出版社2018年版。

[52] 欧国立：《运输市场学》（第二版），中国铁道出版社2018年版。

[53] 欧洲运输部长联合会、经济合作与发展组织著，云萍等译：《交通社会成本的内部化》，中国环境科学出版社1996年版。

[54] 钱仲侯、杨爱芬：《铁路运营与经济指标》，中国铁道出版社2004年版。

[55] 任英：《运输风险配置及管理模式研究》，北京交通大学博士学位论文，2020年。

[56] 荣朝和：《对运输化阶段划分进行必要调整的思考》，载于《北京交通大学学报》2016年第4期。

[57] 荣朝和：《互联网共享出行的物信关系与时空经济分析》，载于《管理世界》2018年第4期。

[58] 荣朝和：《经济时空分析——基础框架及其应用》，经济科学出版社2017年版。

[59] 荣朝和：《论运输化》，中国社会科学出版社1993年版。

[60] 荣朝和：《破除行政垄断是铁路改革必须解决的核心问题》，载于《交通运输研究》2019年第4期。

[61] 荣朝和：《铁路可持续发展必须明确事权与支出责任》，载于《北京交通大学学报（社会科学版）》2019年第3期。

[62] 荣朝和：《西方运输经济学》，经济科学出版社2008年版。

[63] 荣朝和等：《论分布式运输供给的转型趋势》，载于《北京交通大学学报（社会科学版）》2020年第3期。

[64] 荣朝和等：《综合交通运输体系研究——认知与建构》，经济科学出版社2013年版。

[65] 谭向东：《飞机租赁实务（修订版）》，中信出版社2012年版。

[66] 唐可月：《运输经济学》，北京交通大学出版社2019年版。

[67] 托马斯·弗里德曼著，何帆等译：《21世纪简史》，湖南科学技术出版社2008年版。

[68] 王缉宪：《易达规划：问题、理论、实践》，载于《城市交通》2004年第7期。

[69] 王缉宪、刘倩：《停车管理及其与城市土地使用的互动——理论与实践》，载于《城市规划》2015年第11期。

[70] 王姣娥等：《简明中国交通历史地图集》，星球地图出版社2018年版。

[71] 王利明：《合同法研究（第三卷）》，中国人民大学出版社2018年版。

[72] 王璐萍等：《中欧班列运输货源增长机制研究》，载于《物流工程与管理》2020年第11期。

[73] 王庆云主编：《交通运输发展理论与实践》，中国科学技术出版社2006年版。

[74] 王湘红等：《引入行为"助推"手段提高公共政策有效性》，载于《社会科学报》2018年12月27日第3版。

[75] 王杨堃：《现代多式联运的发展及其经济组织》，经济科学出版社2018年版。

[76] 魏伯乐主编：《私有化的局限》，上海人民出版社2006年版。

[77] 吴薇薇：《航空运输经济学》，科学出版社2014年版。

[78] 徐玉萍、魏堂建：《运输经济学》，中南大学出版社2014年版。

[79] 许庆斌、荣朝和、马运等：《运输经济学导论》，中国铁道出版社1995年版。

[80] 严作人、杜豫川、张戎：《运输经济学》，人民交通出版社2019年版。

[81] 颜飞：《交易治理与经济管制：基于公路运输的分析》，经济科学出版社2012年版。

[82] ［荷］伊·维尔赫夫、王雅璨、胡雅梅：《市场和政府：运输经济理论与应用》，社会科学文献出版社2019年版。

[83] 尹德挺等：《新中国70年来人口分布变迁研究——基于"胡焕庸线"的空间定量分析》，载于《中国人口科学》2019年第5期。

[84] 于立：《"产业≠市场"是反垄断经济学的基石》，载于《反垄断研究》2019年创刊号。

[85] 余思勤：《运输统计学》，人民交通出版社2011年版。

[86] 俞吾金：《本体论研究的复兴和趋势》，载于《浙江学刊》2002 年第 2 期。

[87] 约翰·科伊尔著，张剑飞等译：《运输管理》（第五版），机械工业出版社 2004 年版。

[88] 张改平、罗江等：《日本交通政策基本法及其对中国的启示》，载于《长安大学学报（社会科学版）》2014 年第 4 期。

[89] 张丽娟：《运输经济学》，中国人民大学出版社 2015 年版。

[90] 张天然等：《伦敦公共交通可达性分析方法及应用》，载于《城市交通》2019 年第 1 期。

[91] 张文尝等：《交通经济带》，科学出版社 2002 年版。

[92] 张文忠：《经济区位论》，科学出版社 2000 年版。

[93] 张效羽：《行政法视野下互联网新业态包容审慎监管原则研究》，载于《电子政务》2020 年第 8 期。

[94] 张焱等：《航权纳入 WTO 多边体制的分析研究》，载于《华北电力大学学报（社会科学版）》2016 年第 2 期。

[95] 赵坚：《新产业革命须调整限制特大城市发展的政策》，载于《改革内参》2019 年第 12 期。

[96] 赵姝杰：《国内航空公司设立融资租赁公司的现象分析》，载于《中国民用航空》2016 年第 5 期。

[97] 赵锡铎：《运输经济学》，大连海事大学出版社 1998 年版。

[98] 郑国华：《交通运输法概论》，中南大学出版社 2011 年版。

[99] 郑翔、张长青：《交通运输法》，北京交通大学出版社 2018 年版。

[100] 中共中央、国务院：《国家综合立体交通网规划纲要》，新华社，2021 年 2 月 24 日。

[101] 中华人民共和国交通运输部：历年《中国交通运输年鉴》。

[102] 中华人民共和国民政部：《中华人民共和国行政区划统计表》，2019 年。

[103] 中华人民共和国商务部：《国际货运代理作业规范（GBT22151—2008）》，中国标准出版社 2018 年版。

[104] 中华人民共和国住房和城乡建设部：《城乡建设统计公报》（2016~2019）。

[105] 朱志愚：《民航运输经济学》，西南交通大学出版社 2014 年版。

[106] Becker, G. S. A Theory of the Allocation of Time. The Economic Journal, 1965, 493–517.

[107] Bel, G., Brown, T., & Marques, R. C. Public-private partnerships: Infrastructure, transportation and local services. Local Government Studies, 2013, 39 (3): 303–311.

[108] Boyer, Kenneth D. Principles of transportation economics: New York:

Addison-Wesley, 1997.

[109] Bureau of Transportation Statistics. Transportation Statistics Annual Report 1998 – 2018. US Department of Transportation.

[110] Button, Kenneth John. Transport economics. 3rd edition. Cheltenham: Edward Elgar, 2010.

[111] Cole, Stuart. Applied Transport Economics-Policy, Management and Decision Making. 3nd Edition. London: Kogan Page, 2005.

[112] Cowie, Jonathan etc. The Routledge handbook of transport economics. London: Routledge, Taylor & Francis Group, 2018.

[113] Czerny, A. I., Cowan, S., & Zhang, A. How to mix per-flight and per-passenger based airport charges: The oligopoly case. Transportation Research Part B: Methodological, 2017, 104, 483 – 500.

[114] Dupuit, J. (1844). On the measurement of the utility of public works. International Economic Papers, 1952 (2): 83 – 110.

[115] Fosgerau, M. etc. Discrete choice and rational inattention: a general equivalence result. International Economic Review, 2020, 61, 1569 – 1589.

[116] Fu, X., etc. Private road networks with uncertain demand. Research in Transportation Economics, 2018, 70, 57 – 68.

[117] Galichon, Alfred. Optimal Transport Methods in Economics. Princeton: Princeton University Press, 2016.

[118] Hibbs, John. Transport Economics Policy: A Practical Analysis of Performance, Efficiency and Marketing Objectives. London: Kogan Page, 2003.

[119] International Bank for Reconstruction and Development, The World Bank. Belt and Road Economics—Opportunities and risks of transport corridors. 2019.

[120] Keeling, D. J. Twenty Five Years of the Journal of Transport Geography. Journal of Transport Geography, 2019, 81 (C), 102595.

[121] Khaled, Alawadi. etc. Revisiting transit-oriented development: Alleys as critical walking infrastructure. Transport Policy, 2021 (1), 100.

[122] Krugman, P. Increasing returns and economic geography. Journal of Political Economy, 1991, 99 (3): 483 – 499.

[123] London School of Economics and Political Science. Going Green—How cities are leading the next economy. A global survey and case studies of cities building the green economy. The 3GF Copenhagen edition, 2012.

[124] McFadden, D. The measurement of urban travel demand. Journal of Public Economics, 1974, 3 (4): 303 – 328.

[125] Office of the United States Trade Representative. United States-Mexico-Canada Agreement, https://ustr.gov/trade-agreements/free-trade-agreements/united-states-mexico-canada-agreement.

[126] Palma, Andre de etc. A Handbook of Transport Economics. Cheltenham, UK: Edward Elgar, 2011.

[127] Rodrigue, Jean-Paul. The Geography of Transport Systems, 5th Edition. London: Routledge, 2020.

[128] Small, K. A. The scheduling of consumer activities: work trips. The American Economic Review, 1982, 72 (3): 467-479.

[129] Tian, Q., Huang, H. J., & Yang, H. Equilibrium properties of the morning peak-period commuting in a many-to-one mass transit system. Transportation Research Part B: Methodological, 2007, 41 (6): 616-631.

[130] Verhoef, E. T. Optimal congestion pricing with diverging long-run and short-run scheduling preferences. Transportation Research Part B: Methodological, 2020, 134, 191-209.

[131] Vickrey, W. S. Pricing in urban and suburban transport. The American Economic Review, 1963, 53 (2): 452-465.

[132] Vickrey, W. S. Congestion theory and transport investment. The American Economic Review, 1969, 59 (2): 251-260.

[133] Wang, Shiying, etc. Regulating platform competition in two-sided markets under the O2O era, International Journal of Production Economics, Vol. 215, 2019, 131-143.

[134] Yu, X., etc. Carpooling with heterogeneous users in the bottleneck model. Transportation Research Part B: Methodological, 2019, 127, 178-200.

图书在版编目（CIP）数据

运输经济学通论／荣朝和等编著．—北京：经济科学出版社，2021.6
ISBN 978-7-5218-2662-3

Ⅰ.①运… Ⅱ.①荣… Ⅲ.①运输经济学-高等学校-教材 Ⅳ.①F50

中国版本图书馆 CIP 数据核字（2021）第 128499 号

责任编辑：杨　洋
责任校对：杨　海
责任印制：范　艳　张佳裕

**运输经济学通论**

荣朝和　林晓言　李红昌　等／编著
经济科学出版社出版、发行　新华书店经销
社址：北京市海淀区阜成路甲 28 号　邮编：100142
总编部电话：010-88191217　发行部电话：010-88191540
网址：www.esp.com.cn
电子邮箱：esp@esp.com.cn
天猫网店：经济科学出版社旗舰店
网址：http://jjkxcbs.tmall.com
北京季蜂印刷有限公司印装
787×1092　16 开　31.5 印张　670000 字
2021 年 8 月第 1 版　2021 年 8 月第 1 次印刷
ISBN 978-7-5218-2662-3　定价：89.00 元
（图书出现印装问题，本社负责调换。电话：010-88191510）
（版权所有　翻印必究　举报电话：010-88191586
电子邮箱：dbts@esp.com.cn）